DISCLAIMER

The author and publisher are providing this book and its contents on an "as is" basis and make no representations or warranties of any kind with respect to this book or its contents. The author and publisher disclaim all such representations and warranties, including but not limited to warranties of merchantability. In addition, the author and publisher do not represent or warrant that the information accessible via this book is accurate, complete, or current.

Except as specifically stated in this book, neither the author nor publisher, nor any authors, contributors, or other representatives will be liable for damages arising out of or in connection with the use of this book. This is a comprehensive limitation of liability that applies to all damages of any kind, including (without limitation) compensatory; direct, indirect, or consequential damages; loss of data, income, or profit; loss of or damage to property; and claims of third parties.

BESTACTIVITYBOOKS.COM

FIRST EDITION - Published 2021

Extra Graphic Material From: www.freepik.com
Thanks to: Alekksall, Starline, Pch.vector, Rawpixel.com,
Dgim-studio, Upklyak, Macrovector
& Freepik.com Designers

GET
YOUR
BONUS
FREE
CODE: WSBONUS20

5 TIPS TO START!

1) HOW TO SOLVE

The Puzzles are in a Classic Format:

- Words are hidden without breaks (no spaces, dashes, ...)
- Orientation: Forward & Backward, Up & Down or in Diagonal (can be in both directions)
- Words can overlap or cross each other

2) LEVEL UP THE GAME!

A space is provided next to each word to write new ones, translations or notes. We also offer a convenient **NOTEBOOK** at the end of this edition. It can help you organize your annotations, new words and/or observations.

3) TAG YOUR WORDS

Have you tried using a tag system? For example, you could mark the words which have been difficult to find with a cross, the ones you loved with a star, new words with a triangle, rare words with a diamond and so on...

4) EASY TO CUT!

The Puzzles come with an Extra Large margin to easily cut the page out of the book. Some people may feel it more convenient to solve them this way.

5) FINISHED?

Go to the bonus section: **MONSTER CHALLENGE** to find a free game offered at the end of this edition!

Want **more fun** and activities to **relax? It's Fast and Simple!**
An entire Game Book Collection **just one click away!**

Find your next challenge at:

BestActivityBooks.com/MyNextWordSearch

Ready, Set... Go!

Did you know there are around 7,000 different languages in the world? Words are precious.

We love languages and have been working hard to make the highest quality books for you. Our ingredients?

One part easy-to-read print, three parts entertainment, then we add some challenging words and a pinch of rare ones. We brew them with care to serve you lots of fun and an opportunity to solve the best puzzles.

Your feedback is essential. You can be an active participant in the success of this book by leaving us a review. Tell us what you liked most in this edition!

Here is a short link which will take you to your Amazon orders review page.

BestBooksActivity.com/Review50

Thanks for your fidelity and enjoy the Game!

Delta Classics Team

Puzzle 1

ו	א	ה	ט	ע	ו	י	ל	ב	א	נ	ד	ש	ב	נ	ד	ג
ר	י	מ	ד	ר	מ	ט	י	ו	ו	ר	ד	ח	◌	א	ו	ל
כ	מ	ח	נ	ע	ל	נ	ל	י	ר	ל	ר	ר	ה	ן	ק	ב
ו	ל	ל	ה	ד	ע	ה	ך	ד	ו	י	מ	ו	ו	ָ	ר	כ
ו	ו	ה	צ	ן	ן	ג	י	נ	ד	ר	ו	ף	א	ש	א	ר
ק	י	מ	ב	ע	ל	י	ז	י	ם	א	ג	ב	ע	ש	ע	ו
ן	נ	מ	ע	ת	ע	פ	כ	ת	י	ש	ו	ט	ר	נ	ו	מ
ר	ר	ו	ה	י	ס	י	א	ה	א	ע	ל	א	נ	כ	ת	ם
פ	ן	ו	ן	י	ו	נ	מ	מ	ר	ף	ג	צ	ן	א	ך	י
ן	ו	א	ו	ת	ב	ו	כ	ת	נ	ב	ח	ש	ד	ו	נ	ל
ש	ם	ן	נ	ש	ו	ח	ה	מ	ה	מ	ו	ן	ן	מ	ב	י
ב	ר	ו	ג	ש	ט	ע	פ	ו	ו	ו	א	ו	מ	ו	ע	מ
ב	ו	ו	ס	ת	ו	ע	מ	ל	ס	נ	ת	י	ד	י	ו	מ
ו	י	ד	ב	י	א	מ	ו	ן	ת	י	ת	ה	ח	ב	ת	ת
ר	ו	פ	ס	ל	צ	ר	י	כ	ה	ג	ס	פ	ה	י	ן	ה

פסיון
הפסגה
מורכב
המחלה
עטלף
שוטר
עלידים
בסגנון
לילך
ורוד
דעה
אוטובוס
הצבעה
דרמטי
נראים
ידנית
נהג
לספור
כאשר
צריכה

Puzzle 2

ח	ו	ש	ק	ה	ל	ו	ז	ו	א	א	ו	י	ע	ה	ה	ר
ו	א	ל	י	ב	נ	ש	כ	מ	ע	ד	ל	ר	ן	ד	ו	י
מ	נ	ת	פ	א	ש	י	ח	ב	י	ו	ב	ן	ש	ח	·	ת
ו	פ	מ	ה	כ	ד	ל	ה	ד	מ	ה	ָ	ר	י	ר	ד	מ
ו	י	ו	ס	י	ו	ר	א	מ	ב	י	ל	ך	ם	ח	ש	ב
ק	צ	ה	ח	ח	ן	מ	כ	מ	ע	ר	ת	ו	ל	ק	ב	ט
ל	ח	מ	ן	ב	ו	ג	ב	ר	פ	ר	ו	ר	ח	ש	ד	ן
א	ו	י	ת	ר	י	ו	ד	י	ד	ב	ק	א	ג	ב	ל	ל
ר	ו	ד	ח	ת	כ	נ	ר	ר	מ	ק	ר	י	ו	י	א	י
ד	מ	ק	כ	ל	ם	א	ו	ו	ע	מ	י	ג	ד	ח	ש	א
ט	ס	י	י	נ	ד	פ	ם	ו	ז	נ	ת	ו	ר	י	ח	ב
ו	ו	מ	ו	ו	ה	ו	ג	ח	ט	י	ל	ש	ן	ע	ל	י
מ	נ	ר	ר	ר	א	ם	ה	ו	פ	ז	ו	ס	י	ב	ל	ן
ק	צ	ר	ה	ת	ר	ס	ק	ו	ת	ד	ל	פ	כ	ר	ל	ה
ד	ו	מ	ה	מ	י	ל	י	צ	ת	ן	א	ו	ג	ג	ש	ל

בקלות
בדרום
פלדת
ארוך
חמור
שדון
קדימה
שליט
מערת
כלי
גם
עז
קצרה
מבט
קשוח
בחירות
קצה
ירקות
התרסקות
רווח

Puzzle 3

ן	ב	ט	ח	ו	מ	ל	ח	ע	ש	ף	י	ק	ם	ר	ו	ח
מ	ל	ו	כ	ה	נ	א	ל	כ	ו	ת	ז	נ	מ	פ	א	נ
ל	ו	א	ם	ר	ס	ו	ה	ב	מ	ה	ל	י	ך	נ	ל	ב
ר	ה	ג	ת	ד	ה	מ	ע	ר	ב	ה	פ	ט	ר	י	ו	ת
צ	כ	ש	פ	ר	ח	י	ש	ע	י	ו	ל	ר	ב	ן	י	ו
נ	ו	מ	ת	ב	ד	ג	◌	ס	ק	נ	מ	ל	ה	א	ג	ן
ָ	ר	ר	ב	ל	י	ס	ו	ק	ו	ח	ו	כ	ת	ב	ה	ת
א	ע	ר	ו	ו	ש	מ	·	נ	ר	ה	ד	י	מ	ו	כ	ר
ו	ת	ש	ת	ב	נ	ל	נ	ו	י	ן	נ	ר	ב	י	ד	ו
ב	י	כ	כ	מ	ע	ו	ר	ע	מ	ן	ר	ל	ל	ח	נ	ו
א	ב	ה	י	מ	מ	ט	ָ	י	ח	ב	ו	א	נ	י	ג	ד
ם	ל	ד	ב	ק	ר	מ	ה	ב	צ	פ	פ	נ	ס	מ	ב	ן
י	ר	כ	ו	ר	ח	ר	ש	י	ל	ר	ת	מ	מ	ל	מ	ו
ב	ד	ק	ו	ת	ב	צ	י	ב	ו	ת	ח	ד	ר	ת	ש	י
נ	פ	ל	פ	ת	כ	ד	מ	נ	ת	ל	ב	ן	ס	ק	ב	ו

פטריות
כתובת
מלוכה
תערוכה
ביקור
שׁוּנֲרָה
חכמה
נמלה
מנסה
בדק
ברד
לאומי
להשתלשל
לבן
סדרת
מנת
משב
עסק
פרח
הליך

Puzzle 4

אדמת
חיבור
משלבים
להיהנות
חיים
יעלה
נכתב
בלוטי
ללוות
העברת
חשוב
בלי
זכו
מקרר
סבון
בפורמט
המורים
רצף
טריק
סעיף

א	צ	י	ט	ל	נ	ו	נ	ר	ן	ו	י	ו	ו	ת	ט	ו
ק	ת	ק	א	י	נ	י	ה	כ	ב	ן	ו	ל	ו	ח	ר	כ
ו	ב	ת	מ	ב	ב	ל	ר	מ	ת	ו	מ	פ	א	ב	י	ק
ו	ת	ל	ל	ו	ו	ת	ם	·	כ	ב	ח	ש	ו	ב	ק	ע
א	ד	מ	ת	ר	ב	ע	ה	ו	ה	ח	ב	ש	כ	ו	ב	א
מ	ו	ח	ח	ו	ח	ש	י	י	א	ת	ז	ם	ז	ר	ג	ב
ב	פ	ו	ר	מ	ט	ס	ב	ו	ן	ו	ב	ד	ן	א	ו	ו
ו	י	ן	ב	ו	י	א	פ	א	ח	ר	י	צ	ת	צ	ו	י
ל	ב	ו	א	ס	ל	פ	ו	א	י	ט	ו	ל	ב	ג	נ	ג
ת	ה	ם	ת	ח	י	ה	ע	ר	י	ל	ב	י	ו	ו	ו	ו
ת	ל	י	י	ע	ל	ה	ם	ג	ם	ר	פ	ן	ז	ל	ד	ח
ב	נ	ב	ה	ה	מ	ו	ר	י	ם	מ	צ	ו	ח	נ	י	י
ע	ו	ל	ו	נ	מ	ק	ר	ר	ד	ת	י	ף	י	ע	ס	ב
ב	א	ש	א	מ	ו	א	ה	צ	ח	ד	ט	ד	מ	ו	ל	ו
ה	ע	מ	י	ב	ש	ת	נ	ו	ק	ף	·	מ	נ	כ	י	ר

Puzzle 5

ת	א	מ	ו	ש	ל	ד	כ	ח	ע	ב	נ	ת	ה	ו	ר	מ
צ	א	ח	ר	ט	ר	ת	י	ן	י	ת	ר	ם	ר	ר	ו	ל
ל	ע	ק	ד	ם	י	י	נ	י	ע	ו	ת	ש	ע	ב	ר	ו
מ	ה	ח	ו	ב	ה	פ	י	י	ג	ך	י	ג	י	ר	ו	ת
כ	ד	ו	ר	ס	נ	ו	ש	נ	א	נ	ק	ת	י	ו	נ	א
ו	ת	י	ל	ר	ו	ש	ו	ב	ל	ו	ז	נ	ס	ר	ס	מ
ד	ו	ז	ד	ת	מ	ב	ן	ו	י	ד	ו	ש	ל	ב	ק	ק
ת	ע	כ	י	ת	ש	ו	ת	ו	מ	מ	פ	ם	ם	כ	ה	ט
א	ו	א	ע	ק	ב	ל	ה	כ	ו	פ	ח	ח	מ	מ	א	ל
ל	ע	ש	מ	ד	ו	ד	ל	ג	ת	ת	ה	ל	י	י	י	ה
ה	ס	ר	א	ל	מ	ו	מ	ל	פ	ע	כ	ו	ו	מ	מ	ז
ר	ק	מ	ר	א	ג	מ	ע	ר	ד	פ	ל	ב	ו	ג	ר	ת
ח	י	ר	ו	ו	·	ה	ע	ל	מ	ש	פ	ק	מ	צ	ח	ו
י	א	ה	מ	ת	ו	ף	ב	ש	י	ל	י	ח	ן	ד	ק	מ
ב	ת	ס	ו	ו	ו	ו	ס	כ	ר	ח	ב	ד	י	ל	ה	ה

נרתיק
מדידת
שמונה
כלפי
שעברו
בניין
אלימות
להרחיב
החובה
חפוז
עיניים
אחד
גשם
זול
בוגרת
טיפש
בתוך
סקי
לסייע
קבל

Puzzle 6

ם	י	ת	ה	ק	י	ט	י	ל	ו	פ	ר	מ	ן	מ	ב	ו
ל	כ	ק	ש	ח	א	כ	פ	ב	ן	ד	ה	ב	כ	ט	ס	א
ו	ר	י	מ	פ	ח	ש	ה	מ	ס	נ	מ	ד	ת	ר	א	כ
ו	א	ת	ל	ד	צ	ד	א	ק	ח	ד	ָ	ב	ל	י	א	כ
ס	מ	צ	ה	ג	ע	י	ל	ב	ו	ל	ש	מ	ח	ם	ש	י
ת	ו	ע	ל	ת	נ	י	נ	ל	ו	ב	ו	ח	ף	י	ד	ר
ע	ש	ו	י	ה	ב	ש	ו	ו	ט	נ	א	ן	ת	ס	נ	ו
צ	ל	ס	נ	ח	י	ו	ו	ו	ר	ו	ק	ו	ס	ב	י	ת
ו	פ	ל	פ	ל	ם	◌	פ	י	ס	ו	ק	ל	ש	ו	ח	ב
ג	ב	ר	י	א	ת	ו	ד	ב	ב	ח	ה	י	ת	א	ל	י
ר	ה	ו	ב	ש	ה	ן	ר	ט	מ	י	י	ו	מ	ע	ר	ב
ן	ם	ג	ר	ו	ע	י	ר	ר	ם	ו	מ	מ	צ	ס	מ	ס
י	ו	ס	ג	א	א	ח	ו	ר	ל	ק	נ	ו	י	ן	נ	ר
ף	ח	מ	ל	ר	א	ו	ו	ר	ן	י	א	ר	נ	י	מ	מ
ל	א	ת	י	נ	ה	מ	ע	ו	ל	ב	ב	ר	מ	ע	פ	ד

וילון
ופלפל
תועלת
חלון
עשוי
אגס
מטרים
גור
פוליטיקה
מקבל
מבחינת
טווח
בסרט
קקאו
צינור
ענבים
השמלה
גברי
סביבת
רגלי

Puzzle 7

פ	ל	ר	ק	א	ם	ו	י	ק	פ	מ	נ	ב	ג	ד	פ	ש
ת	ס	ר	צ	א	ח	י	ן	נ	ת	פ	ו	ד	מ	ד	ו	מ
ר	פ	ע	ר	ך	מ	ן	ו	ו	מ	ב	ג	ס	ם	י	נ	ב
ו	ו	ו	ע	א	ר	ו	ח	ה	מ	ך	פ	ב	א	ד	ו	ד
ן	ר	ו	נ	ק	י	ו	ו	ב	מ	י	ה	י	ה	א	נ	ג
ת	ט	ם	י	ל	א	ו	ש	ג	מ	י	ע	ה	ב	ו	ט	ת
ו	ר	ל	י	פ	ז	ח	ר	ד	ת	ג	מ	ח	ר	ו	כ	ו
ר	ו	ב	ן	י	ה	ה	י	י	ק	ל	ב	ג	ב	מ	ה	נ
ה	ה	ר	ו	ב	י	ד	ל	ר	י	ו	א	ר	ו	ת	ו	פ
ל	ל	כ	ו	ת	ר	י	י	ו	ת	א	ל	ד	פ	ר	י	מ
ו	ח	ר	י	י	ה	נ	מ	ד	ס	·	ו	ב	ל	ת	ת	מ
ב	ו	מ	נ	ז	ב	ס	ר	ה	י	ר	ו	ג	ט	ק	ב	ש
ג	א	ל	י	ח	י	ח	ק	ר	צ	ן	ב	ן	פ	ו	ב	פ
א	ב	ל	נ	ם	ע	ה	ו	ה	ר	א	ת	ה	ו	מ	ע	ק
ו	ר	נ	ת	ט	ה	י	ת	ד	ו	ד	ס	ה	ש	מ	ל	ך

שואלים
יהיה
ספורט
בקטגוריה
חמים
שופט
בגדי
להרות
הראתה
דין
דרג
החג
דיבור
תרבות
זהיר
פתרון
ממתקי
ארוחה
גבול
עניין

Puzzle 8

פ	ף	ל	ע	ו	ק	מ	ו	ם	ר	מ	ל	ו	ת	ף	ס	ב
נ	כ	ף	י	מ	ד	א	ב	י	ו	ת	פ	א	כ	י	ד	ח
ח	ו	י	פ	ד	ו	ל	ן	י	ר	ו	ח	ש	ת	ר	ה	ר
ש	פ	י	ר	ו	י	ד	א	ג	נ	ח	ו	נ	י	ג	ך	ל
ד	מ	ע	ו	ב	ש	פ	ו	ס	ל	ה	ת	ר	ל	צ	ר	ה
מ	ת	ם	ן	ו	ו	ז	ס	ל	ק	א	פ	י	ג	ה	ב	ן
ס	פ	ב	י	ר	ו	ה	ק	ש	ל	ו	ע	א	ע	ו	ל	ר
ו	נ	ן	י	מ	ו	ר	ע	ע	מ	מ	ר	ת	מ	ב	ר	ו
ב	מ	ב	ט	ח	מ	מ	ה	ר	ד	ג	י	א	ף	י	ו	נ
נ	ה	ב	י	ע	ב	א	ר	א	מ	ס	כ	ד	ם	ם	מ	ד
ת	ש	ן	ל	א	ה	ר	פ	נ	פ	ו	ר	ר	ה	ל	ק	ש
ו	ל	צ	ט	ס	ר	ו	ה	ו	מ	ר	ה	ם	ה	ע	ב	ו
ם	מ	ט	ו	ר	ף	ם	י	ח	ר	ה	ת	ש	ע	נ	ש	כ
ל	מ	ה	ו	א	צ	מ	ה	ר	ש	ל	ו	ן	ה	י	ג	ו
פ	ה	ר	ק	ח	ר	ק	ו	ר	ם	ם	ו	י	ו	ר	א	

מעגלית
מבינה
חברה
סופשבוע
אתגר
לברך
עיפרון
ממהר
לפחות
להרוס
צהובים
במבט
מתוח
שנעשתה
אף
גס
דם
למה
מטורף
נשא

Puzzle 9

י	א	ו	ת	ב	ו	י	פ	ה	ס	ב	מ	ם	ע	נ	מ	ו
י	ע	ע	ב	ד	ר	ו	ז	ש	ת	ו	ע	ד	ר	ב	א	ש
ב	ו	פ	י	י	ר	י	ה	ק	ע	א	ה	ד	נ	ד	ת	צ
נ	ש	י	מ	ו	ס	ס	מ	ע	א	מ	ו	פ	י	ת	ר	ו
ת	ו	צ	מ	ו	ף	ח	ד	ה	ם	ן	מ	ס	ח	י	י	ת
ר	ל	ה	כ	ר	ב	ם	י	כ	י	י	ש	י	ם	י	י	ד
פ	ג	ו	ש	צ	ם	ו	נ	ן	ל	ת	ב	ק	ג	ה	ו	ע
ו	ל	נ	כ	ב	ה	ל	ה	ם	ל	ב	י	מ	ח	ג	ל	ה
ש	ט	ף	ו	י	ב	כ	ט	ם	ו	א	מ	ר	ו	פ	ח	נ
פ	ל	ה	צ	ע	ק	ה	ד	ו	כ	ו	ן	ל	ט	ה	מ	ן
ס	ו	פ	ת	ל	י	ר	ס	ב	ו	צ	ו	ו	פ	ה	פ	נ
ק	ר	ן	א	ש	י	ע	ר	ק	ו	א	נ	ת	ס	ה	ה	ר
◌	ת	ו	נ	מ	ד	ז	ה	ב	נ	י	ו	ח	ר	ל	ע	מ
ב	א	ד	ש	ח	ן	נ	נ	ו	מ	ש	י	צ	מ	ד	ל	מ
ח	ע	פ	מ	ס	ה	ם	ל	י	ב	כ	ה	ב	ר	ג	א	ש

אוצר
פגוש
כלום
אמרו
יכולת
פיצה
צעקה
פסיק
הזדמנות
וכוללים
שייכים
אמן
שנאת
דחף
לתפוס
המדינה
יבש
יחס
קרן
השקעה

Puzzle 10

ב	י	נ	פ	ן	ג	ד	ה	ח	פ	ש	מ	ה	צ	ח	א	ו
ב	ר	ל	מ	ו	ד	א	י	ב	ר	מ	ה	ב	ע	א	ו	ה
מ	א	ל	ה	ז	ת	מ	ב	ו	ל	י	ש	ב	י	י	ט	צ
ז	ב	ר	ה	ח	ר	ת	ו	י	פ	ו	ק	ש	ר	ס	ו	מ
מ	ר	מ	ו	ג	י	י	א	א	ף	ר	ד	ב	ת	ר	מ	ג
ב	ו	ב	ה	ל	מ	צ	א	כ	ו	ה	ח	ו	פ	ט	ט	י
ל	ש	ס	ל	י	י	ל	ה	ב	ה	י	ר	ז	י	נ	י	ר
א	ל	ג	ב	מ	ג	ת	ש	א	ה	ת	ר	נ	ק	י	ת	ת
ת	י	ו	פ	ח	ע	ו	ת	ו	ב	ס	ר	ה	מ	ם	י	ת
ל	ל	ל	ב	פ	ד	א	ת	כ	ל	ו	א	ג	ו	מ	ר	פ
ת	י	י	מ	ה	ח	ו	ח	ת	ח	ז	ע	ס	ר	ס	א	ס
א	ת	מ	ש	כ	פ	ל	מ	י	י	א	ג	ר	ב	ע	ש	י
ר	פ	ל	ע	ר	י	י	ת	ק	ו	ו	צ	ר	י	ד	ד	ה
נ	מ	ג	י	ו	ג	ה	ל	ג	נ	מ	מ	ו	י	ה	ו	כ
ו	ע	י	ו	ו	ה	ע	א	ג	ו	מ	מ	ד	ע	ר	ה	פ

כואב
שקופיות
אחיו
משכפל
צעיר
חזון
המשפחה
בשילוב
אומדן
אוטומטית
שלילית
היבוא
שארית
בובה
סרטנים
מסעדה
חזק
זברה
מגירת
להבהיר

Puzzle 11

ג	י	ה	א	פ	ה	י	מ	ו	ב	מ	י	ו	ח	ד	פ	ג
ע	ל	ש	י	ם	מ	ל	פ	ד	ס	נ	כ	ר	ו	ק	ו	א
ב	ק	ז	נ	ו	ו	ד	ח	ו	מ	ע	ש	מ	ש	י	ר	ב
ה	י	ו	ו	ב	א	מ	ו	ת	ז	מ	ט	ה	ש	ם	צ	ד
ל	ז	ר	י	ס	ר	ר	י	נ	ה	ג	ר	ה	צ	י	ב	נ
י	ח	ם	ד	ה	ע	ו	ה	מ	ל	י	ת	ס	ת	א	ל	ו
כ	ה	ג	ב	י	כ	מ	י	ש	ד	ר	ן	ו	ם	ו	ה	י
ק	ל	ם	ח	ר	ח	ר	ל	ט	ש	ד	ד	א	י	ש	ק	ה
נ	ע	ב	צ	ע	ק	ו	י	ר	מ	י	ת	ה	ר	י	פ	י
ן	ש	מ	ו	ל	ר	א	נ	ת	ד	ט	י	ח	ה	נ	ף	ל
מ	פ	ס	ם	ק	ס	ר	א	י	ח	מ	מ	ם	מ	ם	י	ו
ו	נ	י	מ	ק	נ	כ	◌	פ	ו	ן	י	כ	מ	ר	ת	ל
ת	פ	ב	ט	ו	ו	ן	מ	ר	ד	פ	י	ס	מ	נ	ה	ת
ת	מ	ה	ר	ר	נ	ן	א	י	ו	מ	ר	ן	י	י	צ	י
ד	ה	י	ה	ט	ו	י	ל	ל	ל	א	ח	ח	ג	ח	א	ו

משטרת
להחזיק
פיזי
חושש
ובמיוחד
ידידותי
מטרה
הסכום
ביצה
ילד
בדיוני
מי
עם
לשים
סיבה
פשע
צבע
לרחרח
נישואים
רוק

Puzzle 12

ו	ה	א	ק	ע	א	ח	ה	נ	י	ת	ו	ו	ת	ת	מ	מ
ו	ת	צ	ב	ג	ב	ת	ה	מ	ן	ו	ה	ר	ע	י	ו	י
י	ו	ט	ה	ר	י	מ	ו	ו	מ	כ	ן	ם	צ	ג	א	ר
ה	צ	ש	ת	י	ר	ס	ב	ה	ח	ו	ל	י	ם	ד	ה	נ
ל	א	י	ש	ב	א	ר	ג	נ	נ	נ	ט	ש	ר	ח	י	ס
ו	ה	ב	ק	א	ו	ב	נ	ו	ח	ו	ל	פ	נ	מ	א	ס
ק	ו	י	ה	ה	א	מ	י	מ	ט	ע	ש	ו	י	ל	ן	ל
ק	ו	ו	ן	מ	פ	ה	מ	ה	ן	ה	ח	ח	א	מ	ב	מ
א	ת	ע	ט	ר	ו	ה	ה	מ	ת	ש	ם	י	ס	ס	ה	מ
מ	ן	מ	ו	ד	נ	ס	א	ך	ה	ל	י	א	ע	ח	צ	ה
ל	ר	ת	ל	ף	ה	ף	ר	צ	ל	א	א	מ	ה	י	י	ד
ד	ט	ע	ז	א	צ	י	צ	ת	ח	ו	ל	ו	ן	י	ל	ו
ר	ב	י	ו	ן	ט	ס	ת	מ	ב	צ	י	ש	ל	ת	נ	ב
ת	נ	ח	ט	ר	ר	ע	פ	י	ה	מ	ה	ר	פ	מ	א	י
נ	ג	ל	כ	ל	ו	ל	ו	ל	ש	ל	י	נ	ו	נ	ש	י

למצוא
גבוהה
המונה
התוצאה
חברתי
לשלול
החולים
מתייחס
מהססים
לכלול
ציטוט
חופשי
ישנוני
מרדף
טחנת
לצרף
רגע
אפונה
התיישבו
אביר

Puzzle 13

ת	ו	ז	ס	ל	ד	פ	מ	צ	ל	מ	ה	ר	י	ק	ס	מ
ו	ו	א	י	י	ו	ת	ו	צ	ע	כ	ג	פ	א	ר	ס	נ
א	ו	ב	נ	א	מ	י	ר	מ	ד	ם	ר	ר	ח	ח	ר	ו
ר	מ	נ	ו	ס	מ	מ	י	ו	ב	ל	י	י	ר	מ	ו	י
ת	א	ן	ש	ו	ו	ד	מ	ו	ק	ר	ט	י	ב	ע	נ	ר
ה	י	מ	א	ז	ע	ו	ו	מ	ע	י	ת	י	נ	ע	ש	ב
ת	ח	ב	י	ת	ל	א	ר	א	ה	ש	ב	ס	י	ח	נ	י
ח	מ	ק	ת	כ	ל	מ	ב	ת	פ	ת	מ	ו	י	ו	מ	נ
ר	ה	ת	י	נ	ל	ת	י	ד	ב	ש	ו	ל	ל	ר	כ	מ
ו	ל	ק	ס	י	ר	י	א	ו	ש	ן	ע	ם	ב	ש	ו	מ
ת	נ	ו	ל	נ	ב	ב	ו	ס	ם	ט	ו	פ	ו	פ	י	ה
ר	ו	פ	ו	י	ד	ר	ח	ק	ן	מ	מ	ו	ר	נ	ם	ע
ת	ן	ה	ו	ג	ן	מ	י	ר	א	מ	ם	י	ב	ה	ו	א
מ	ל	ל	מ	ז	ס	י	ר	ן	י	ו	ב	ד	ו	צ	נ	ו
א	ו	ו	מ	ח	ו	ו	ו	מ	צ	ד	ו	א	מ	י	ה	מ

סקרן
שבדית
היפופוטם
תקופה
נושא
איריס
מאוד
מצלמה
מושב
מוזיקה
דמוקרטי
זאב
התחרות
אוהבים
מה
סולם
מאז
נמר
סקירה
מסחרית

Puzzle 14

בוגרים
למעצר
גרבי
חוסם
המיטה
נוטים
עמוק
בכלל
מעשה
מרחב
קיטור
אש
למד
מקסים
נגד
עשר
פחם
סכנת
שבע
גחלילית

י	ח	ו	י	א	י	ב	ח	ב	ס	מ	ם	י	ט	ו	נ	ק
ל	ר	ר	ך	ר	י	מ	י	ו	ל	ע	ב	ב	ב	ן	י	ד
י	ה	ע	ד	ה	ו	ל	ג	ג	ע	ש	ר	ר	ן	ס	י	ה
י	ש	ה	צ	ו	ע	י	ח	ר	ו	ה	ת	ג	י	ש	א	ש
ל	ר	מ	ל	א	מ	ק	ס	י	ם	מ	י	ת	ו	ט	א	ו
ו	ש	א	ד	ג	נ	ר	ה	ם	ת	ל	ם	ר	פ	ט	ס	פ
ס	ל	ל	מ	י	כ	י	ו	מ	פ	ת	ו	ב	ד	ע	ח	א
ל	כ	ע	ל	ת	מ	ו	ע	ה	ת	י	א	ה	א	ם	ה	ד
ר	מ	ת	ו	מ	מ	ד	ו	מ	מ	ל	פ	ה	ס	ה	ע	ב
מ	ש	ו	ג	י	י	ע	ב	ש	ק	י	ט	ו	ר	מ	ד	ב
ך	ב	ח	ר	מ	ל	ו	ל	כ	מ	ל	ח	ד	ו	מ	ע	ל
ר	א	י	י	ו	מ	ו	מ	ד	ח	ח	ל	ק	א	מ	א	ל
ש	ס	נ	ך	ח	י	י	פ	ן	ע	ג	ו	ט	ו	ר	מ	ד
ס	כ	ה	ט	י	מ	ה	ו	ר	צ	ע	מ	ל	ת	נ	כ	ס
ז	ן	י	ל	ר	מ	ר	ע	ת	ת	פ	מ	א	מ	מ	פ	י

Puzzle 15

ח	ט	פ	ח	מ	נ	ד	ד	ד	פ	י	ף	מ	ל	ל	צ	ו
ח	ל	נ	ס	י	ע	ו	ת	נ	ס	ל	ף	ט	נ	ת	נ	ס
ר	ו	ו	ל	י	פ	א	א	ר	ק	ע	ב	ר	כ	ו	ת	ב
ג	פ	ם	ם	ת	ח	ו	ש	ת	ה	מ	מ	ל	פ	ת	פ	א
נ	כ	ם	י	ע	ב	ר	א	ג	פ	ף	ה	נ	מ	ש	ו	ו
י	ק	ה	ד	ח	פ	א	ו	ר	צ	מ	י	ל	ן	ה	ל	ת
מ	ר	ץ	ר	פ	ת	ה	ל	ך	ר	ר	ב	ד	ו	א	ק	ר
ה	י	נ	ו	ב	פ	ע	מ	ו	ן	ו	ת	פ	ב	א	ב	ד
ת	י	ח	י	ב	א	מ	צ	ע	ל	ס	ך	ח	א	ת	ק	ג
ר	ר	מ	ו	ת	ר	י	ל	ר	ס	ו	ב	ו	ר	ה	ו	ש
ב	ת	ע	י	מ	ך	מ	ה	ו	כ	ת	ד	ס	ב	ר	ט	ר
ל	פ	ו	י	א	ר	ח	א	ת	ד	ח	נ	ר	ת	ו	ן	ר
ש	מ	כ	ר	נ	י	מ	כ	מ	ל	ח	י	ת	ע	ק	ב	מ
ו	ת	ה	ר	ן	מ	ה	י	ו	מ	א	ן	נ	ח	י	מ	א
ק	י	ע	מ	ת	ד	א	ל	ב	מ	ב	צ	ע	ל	ת	מ	ש

להתפרץ
להאכיל
כפול
פסקה
מאמר
חלום
במבצע
תחושת
וסבא
נסיעות
שמנה
אפילו
פעמון
באמצע
לשפר
ארבעים
צפה
ברכות
יורדים
קריירת

Puzzle 16

ו	ד	ג	ל	כ	ע	ם	ל	ך	ה	כ	פ	ס	ה	ר	ב	ה
ם	י	ל	ג	ו	ס	מ	ב	נ	ו	ן	ם	ר	א	ז	ה	ר
ד	ו	ב	כ	ה	ח	מ	ש	ב	מ	ת	א	ר	מ	מ	ד	צ
ל	ש	ר	ת	ע	ל	ו	ה	ס	א	מ	א	ה	ה	ל	ס	ה
י	נ	א	ו	פ	א	י	מ	ן	מ	ח	ל	ל	י	א	ר	ב
ת	י	ל	ר	ש	ר	מ	ע	ו	ו	ה	ם	ה	ר	ו	ב	ר
ה	ן	י	מ	ה	א	ן	ב	ד	ב	ו	ד	פ	ו	ב	ק	ע
ר	ן	ך	ת	ן	·	צ	ו	ח	ק	י	ם	נ	ת	ב	ת	ו
ת	ש	ו	ו	ע	נ	מ	ק	י	ה	י	י	ו	י	פ	ה	פ
ו	א	ח	ק	ו	ש	ק	ב	ר	ל	ל	ס	ת	ו	ל	ע	מ
ע	צ	מ	א	ו	ת	מ	ק	ן	ש	י	ב	ק	ה	י	ר	ר
ת	ל	מ	מ	ו	ת	ר	צ	ו	ו	ת	ג	ב	פ	ב	ל	ר
י	א	ן	ו	ו	י	נ	צ	ו	ע	ל	ח	ו	ס	ב	פ	ב
ר	ל	ג	ז	ב	ש	ב	ס	ה	ה	ו	מ	א	ק	ב	ר	נ
פ	מ	ו	◌	א	מ	ה	ש	י	ש	י	ד	מ	ה	ף	נ	מ

מהירות
עצמאות
הרבה
הראש
הפסקה
צוחקים
אפוא
עלות
דובדבן
בשמחה
מאובקת
גיליון
נשוי
הכבוד
זה
בקתה
לשרת
השפעה
להפנות
מסוגלים

Puzzle 17

נ	א	י	ה	י	ן	ם	ו	ק	י	ה	ב	ג	ו	ו	ק	י
ך	ע	נ	ו	ה	ש	י	מ	ש	ר	ש	ב	כ	י	ו	ו	ן
ה	פ	מ	פ	מ	ל	י	פ	ה	ח	י	מ	פ	פ	ג	י	ת
ח	ג	מ	י	י	פ	ז		ל	מ	ש	ל	ל	ב	כ	כ	צ
פ	ק	א	ע	ה	פ	כ	ד	ם	ו	י	א	ק	ד	מ	י	מ
ן	נ	ל	ה	ע	מ	ר	ש	ג	ש	ד	ר	ר	י	ר	ש	ק
נ	ת	ו	א	ו	ה	מ	ך	ג	י	ע	ב	ו	ת	מ	ו	ל
ך	ו	א	ה	י	ל	ו	ג	ד	י	ו	ז	ו	ו	ו	י	◌
י	ה	ה	א	ו	ש	ח	ן	נ	ה	נ	מ	ל	נ	ר	נ	ה
ה	י	מ	א	א	מ	ת	כ	פ	ר	י	י	פ	ד	מ	א	כ
ר	מ	ע	נ	י	י	ן	ו	פ	צ	ב	ן	נ	ר	ק	ו	ש
ו	מ	א	ע	ו	ר	ו	ס	ו	ו	ל	מ	י	ש	ו	מ	ר
ד	ח	ת	ה	ר	ו	ו	ו	ג	מ	א	ב	י	כ	ם	ה	ת
ב	ה	א	כ	ת	ד	ם	ש	ג	ו	י	א	מ	ף	מ	צ	י
ב	ע	ש	ו	א	ק	ו	נ	נ	ז	ל	ו	ו	ל	מ	ה	צ

כדור
הכשרת
מישהו
אומה
השישי
דולפין
עוני
אקדמי
נדרש
מרכזיים
חקלאי
הופיעה
גשר
בצפון
מקום
לפני
מעניין
זמין
רמת
בכיוון

Puzzle 18

ה	ג	ח	ט	מ	ב	פ	מ	מ	ש	ל	ת	ר	ה	ח	ג	ט
ב	צ	נ	ל	ג	ח	ס	ד	ד	ר	ר	י	נ	ל	ל	פ	כ
א	ש	ר	פ	ז	י	ו	מ	כ	פ	ו	י	ר	ו	ל	ת	נ
ל	י	צ	ו	י	ר	ל	ר	ו	א	י	ם	א	ו	פ	·	ו
ר	ב	א	ן	ן	ת	ת	ד	ק	ו	י	פ	ו	ג	י	א	ל
ד	כ	ל	ע	ם	ה	ו	ו	ד	ר	ב	נ	י	·	ה	ו	ו
ב	ל	ו	ה	ע	נ	פ	ש	ג	נ	ו	ל	מ	ר	ו	ו	ג
ל	ס	ן	ש	ק	מ	ם	ש	ח	ש	ק	ו	ע	צ	ל	ו	י
צ	ה	ו	ח	ר	ר	ח	י	ע	ו	ו	מ	ק	ו	מ	י	ת
ס	א	ס	ק	ע	ב	ן	כ	א	ו	ף	ה	ע	א	י	ק	ר
ג	ר	מ	ת	י	י	ד	ו	ת	ו	ד	ת	ה	ן	ת	ו	ל
מ	מ	ו	י	י	ת	מ	י	ש	ו	ל	ר	ע	י	ג	ה	נ
מ	ת	י	מ	ו	ר	ו	י	ל	י	ב	ת	ם	ד	ל	ן	צ
פ	ב	ה	פ	ת	י	מ	ר	ע	פ	ע	מ	ב	ג	י	ה	ח
ם	י	י	מ	ח	פ	ן	פ	פ	ר	א	ו	ן	א	מ	א	ח

להסתיר
ולצעוק
טכנולוגית
מקומי
רואים
טלפון
פסולת
מגזין
אשר
לנצח
בחירת
מראה
ידע
כמו
ממשלת
הגיע
הוקי
קוף
לכביש
אפונת

Puzzle 19

א	ס	ט	ר	ט	ג	י	ה	ה	ש	מ	ו	ר	י	י	ב	ר
מ	ת	ה	נ	ל	י	ל	א	ש	ו	ד	ר	ג	א	ר	ו	א
ת	ב	ת	ד	ב	ק	ע	ר	פ	ת	ה	ר	ש	מ	ו	פ	כ
ט	ו	ר	מ	ו	ר	ב	ת	ת	ק	ת	פ	ה	י	ו	ע	ד
ם	ש	מ	י	א	י	ן	ה	ב	מ	ת	ט	נ	ת	מ	ק	מ
י	נ	ו	ג	ק	ם	מ	מ	ו	ל	ה	ו	ל	ל	ע	ר	ב
ק	ת	נ	ו	ו	ה	ג	ר	ר	ת	ו	ו	ע	י	ק	י	ה
י	ל	ר	ח	ו	ק	ל	ק	ר	י	א	ת	מ	ח	פ	ה	מ
ק	מ	ה	ו	ד	י	א	ע	א	פ	ו	מ	ע	ת	נ	ו	מ
ל	ש	ח	כ	ן	ל	כ	י	פ	כ	מ	י	י	ה	ח	מ	י
ח	מ	ל	ש	ו	ו	א	י	ר	ח	נ	ה	ר	ל	ת	ל	ת
ה	מ	ש	ל	פ	ג	א	ש	ו	ו	ב	ע	נ	ק	ד	ע	ח
ר	י	ג	ן	ו	ר	נ	פ	ג	ש	ה	י	ו	ו	ה	נ	ר
ש	ד	ה	ע	ד	ם	י	י	ר	ת	א	ב	ת	ה	ה	ת	נ
נ	א	ע	י	ר	י	א	מ	ו	א	י	ן	ל	ת	ו	מ	ב

החלקיקים
התראה
יקרים
אסטרטגיה
לשכוח
דווקא
להתחיל
נפגשה
שמלת
בית
לקריאת
לערב
יש
יתרון
עלי
ענק
שוב
שפת
קילוגרם
מבריקה

Puzzle 20

ל	ה	פ	ו	כ	ת	ן	ב	ל	ב	ו	ע	נ	ד	ו	מ	ה
ס	ה	ח	מ	מ	נ	ה	ג	ש	ב	ד	א	נ	ב	ל	ג	ד
ש	כ	ו	ש	ח	א	נ	ר	ק	ת	פ	ר	ר	ג	ו	צ	ה
נ	נ	כ	ד	מ	ף	צ	ן	ו	מ	ש	מ	י	ל	ן	ש	ק
ק	י	ה	י	ו	ל	י	מ	ל	נ	ל	כ	ג	ל	ו	ח	י
ר	פ	מ	ה	ל	ת	י	ל	ד	ו	י	ו	ס	פ	נ	מ	מ
א	נ	ר	ו	פ	א	ב	ל	ת	ר	ש	ע	ד	י	ד	מ	ה
ת	ל	ק	ת	י	ו	ם	מ	א	ת	י	ס	ה	ל	י	ו	ב
י	ו	מ	ד	ל	נ	כ	ד	ת	א	י	מ	ח	מ	י	ו	ו
ו	ו	ז	ה	י	ה	ם	ה	ש	ה	ם	מ	ב	ן	ת	ת	ט
ה	ת	א	ה	ר	י	ג	ר	ג	ר	ו	מ	מ	ד	י	ל	ת
נ	ב	פ	ן	ו	א	י	ז	ו	מ	ב	י	ר	נ	י	ה	נ
פ	ו	ג	י	ת	ג	מ	ו	א	ל	ד	ח	ה	ד	ב	כ	א
ר	ז	ו	ע	ב	ח	ב	ר	י	ם	ק	ב	ב	ן	כ	מ	ד
ד	כ	ח	ב	ף	ל	ד	א	נ	ב	ת	ה	ס	ו	ד	ק	ל

כועס
החשמלי
לשקול
מילוי
לירות
חברים
תכופה
מנורת
מחמיא
בגלל
שנקראת
שלישיים
בעין
סל
להודות
הנפרד
פתק
ההפוכה
גרגיר
במוזיאון

Puzzle 21

א ו ה ב ש ו י ו ה מ פ ע י ל ש ד ס
ו א ד ת ע ן ר ב מ ל ו ב ז ו ה פ מ
ת א ש מ ו נ ת ה ד ו מ ר ד ב ר י ו
ע י ח י ה ד ו ת ם ק ו ב א ס ח מ ר
ן ר ו ש ק ל י פ י ם ע מ ש ל ו נ י
א ו ו ו ט ה פ ו ג ל י ג י ד א א ן
א ע י ר ו י ל ו ו מ ר ק ו ת מ ע פ
מ ב כ י י ש פ ע ז ש ו ס ל ד ו ר פ
ת ט ד י מ ה א א ל פ י מ ן ז א ס מ
ו ה ש י ה ה ז ב י י ח ם ל ע ר ל ש
מ ל ו נ ק פ ס ר ן ע ו מ ל ש מ ו ו
ע ד ף א ן ה ס ב ח י ט ד ה כ מ ן ר
כ ר ה ה ש ש ו נ י ם ו ן ו ב ל ע נ
ו ו ר ה ש ע ד פ ב ג ל י א ת ת י ח
ב ו ר כ ו ר ה ך ר ו א ח מ ב א א נ

אורך
שונים
וכרוב
לסבול
יסוד
פעיל
אירוע
משפיעים
מודה
מישורי
לזרום
דיג
חיה
טבע
מאוחר
מרק
קליפים
ספר
עיר
גוזל

Puzzle 22

ת ג ן ר ן ו פ ל מ ד ת צ ם י נ ש ה
ל ל י מ י ס ם ה ט ה ח כ ת ף ו ח ס
ת י ל ג נ א ב ש ס ר ת פ ג ר י מ ל
ו ו א ק ג י מ ת ם ק ו ק י ו ם י ו
ר ן פ ה ד פ ר ק מ ט ן ס ב ח ו כ כ
ש ה ד ת מ י ו ק נ ל ר י ה נ א ו מ
פ ט ס ב מ ה ש ר ה נ ת ו ק ג ס י ז
א פ ר ת ל מ ע ש י י ת ב ן ע ו ד ד
ה ל י ל ה ד ר ה ג פ ס ת א ו פ ו י
ה י ק ס נ מ ח ע נ פ ב ס ש א א מ ל
י ו ר א ם י ב מ נ מ ת ל כ מ א ש ג
י ת י ה ה ע מ ז ב ק ה ר י י ע א מ
מ ח ר ב א ה נ ו ל י ב ה ח ט מ ן ב
ש צ ה ה נ ק ב ר כ י ה ע מ ו ל ח א
נ ת ל ו ה ע י פ ו ה ל ה י ל ד ח ת

המדמיעה
אהבה
חורף
מנהיג
אפשרות
אנגלית
קיום
להופיע
החיובי
קרפדה
כתף
קו
קן
הלילה
תחתון
קטלני
קנס
שני
עשיית
זנקה

Puzzle 23

◌ ח ב ר ס י א ר ו ו נ ד נ מ א ח א

ו ל י ר ס י ל מ נ ב ר ט י א ו מ א

ו ל מ ה ס ו ג ח י ל ל ל ס ל י ו ש

נ ע ב ד ל מ י מ ס ג ש ה י ץ פ ם צ

א פ ג צ נ מ ד ח ו נ ו ח ו ת מ ב ן

ם פ מ י ג ד ו ל י ן ם צ ן פ ת ו ◌

י מ ו י נ מ ר ת ע ן י ט ק ל מ נ ח

ת ת ר ו פ ו ה ת ם י ע ג י ב מ ג י

ר י ק ו נ י פ ח ת מ נ ל ו ב ק ע מ

נ ת ז ג ו ר ב ת ד כ ד ט ס ו מ נ ח

ו ב ת ו ה י מ ת א ש ל ו ע ל ו ע ח

א י מ ב מ י ו ק ד פ מ צ ד מ י מ ת

י ב ת ן מ ש ר ן נ ה ו ב י מ ר מ ו

ה ס י א ב מ ח ה ב ש צ ע א ח פ ה נ

ה ח מ ו ו ה ת ש א ק י י פ י ר א ר

מניות
אמיץ
ניסוי
נוחות
וצבעי
מכשפה
לגידור
קטין
מעקב
ניסיון
סביבתית
מהסוג
חי
מחל
יגעים
גדול
פינוק
תחת
ברוגז
ומבוטל

Puzzle 24

י ש ל ה ו ח ך ח פ ד נ ל ו ו ע ד ב

ש ל מ ש ז ה ב מ ה ר מ ו ש ל נ ס ו

א ט ט י ח כ ו מ א ר ש ה פ ן ו ר פ

ר ו ר מ מ י א ה כ ת ו ר ב כ ע ה ר

א נ מ ג נ ר י ו ן ע ו ר ר נ ג ב ץ

א ו ו ל ד נ ר ק ו ב א ש ד פ ב ל ש

ל ב ה מ ח ת ת נ מ י פ י ר ו ת ש נ

ת ק נ כ ה ב מ ל ד ש נ מ ו ר ם נ פ

ה ל י צ א ן י ה ק ק ם נ ד ל ג ה ר

ע מ ש א נ ר ה ך ע ה ר י ל ח י ת ו

ו ל כ א ת ל נ ז מ ל ח ג ר ר כ ב ת

נ כ ס א פ ש ר ו ג פ ח מ ר י ן מ י

צ ש ד ז ק ו מ ג ח ו ת י פ מ ל נ א

ב י י י ב ד ש ה ו ק ו מ ו ו ר ד ה

י ט ק ה ח ן ב ל נ ס ו ת ע ד ו ה ב

רכבת
קדמון
גמישה
העכבר
חזיר
להקשיב
פרות
שווא
לנסות
בהודעת
בוקר
מנוע
נראה
זוג
צנועה
פיתוח
לשנה
שלטונו
פרץ
אצילה

Puzzle 25

ג	ש	ל	מ	ד	ו	ת	א	ר	ך	ת	ם	ל	כ	ר	ד	ד
י	ו	י	ר	ה	ב	ו	ע	ס	י	ם	ר	מ	ר	נ	צ	ק
ן	ן	פ	י	א	ש	ב	ג	ה	ב	כ	ו	פ	ו	ע	י	ל
ו	ס	ו	ש	ו	מ	פ	ר	ס	ו	ם	מ	ת	ב	צ	ע	ע
א	פ	ו	ר	ה	ת	ו	כ	ש	מ	א	מ	ר	י	נ	פ	ו
ח	ר	ג	ת	ל	ת	ע	א	ש	מ	ט	ב	ע	ת	י	ל	ר
ו	מ	פ	ו	מ	ת	מ	ל	ת	א	ל	ו	ג	ו	כ	ד	ש
נ	ו	ח	ת	ר	כ	י	ז	ח	ח	ה	ל	ו	נ	ו	ר	ע
ו	ה	ב	ו	י	ח	ו	נ	ס	י	ל	ם	כ	מ	ו	מ	ר
ה	א	כ	י	ה	י	י	מ	ג	ר	ם	ו	ע	ו	ר	ג	ה
ש	ת	ג	י	ט	ט	נ	ד	ה	ש	כ	ד	י	א	א	מ	ע
ח	נ	ב	פ	ב	ב	ר	צ	ד	מ	ל	ל	ח	פ	מ	י	ר
ם	ף	ת	ל	ח	א	מ	מ	ו	ו	ת	ט	ף	ר	פ	ד	פ
ד	ך	מ	ו	ה	ו	ר	ת	פ	פ	ג	ו	א	א	ר	ע	ה
ן	ו	ת	ה	א	פ	ן	ז	י	ע	ם	ה	ו	י	א	ל	ר

רכוש
אוהל
שליחה
כרובית
הפרעה
מאמרי
כרגע
תרכיז
הגרוע
מידע
אבטיח
החבטה
מנות
טבעת
כועסים
עת
פרסום
עור
רעב
אפורה

Puzzle 26

ב	פ	ק	נ	י	ה	כ	ב	פ	ב	ה	א	א	מ	נ	א	ו
ר	ד	ו	ק	ה	י	מ	פ	מ	י	ב	ב	ו	ו	ת	מ	ר
צ	ש	ד	מ	ר	י	מ	פ	ח	ת	ר	ג	י	ל	ח	ה	נ
י	ו	ל	מ	ב	נ	ק	מ	ח	פ	ר	י	ה	ד	ט	ל	ר
פ	ה	ל	ל	ד	י	ר	א	ד	ו	ר	ע	ח	ד	ו	ו	ר
ו	מ	ה	ז	ו	י	י	ו	ל	ש	ו	ל	ח	ן	ת	י	ן
ת	ס	ת	י	ו	ר	כ	ת	י	ב	י	א	ח	ו	ם	מ	ע
י	א	ת	ש	נ	י	ו	ו	ד	ל	מ	ד	ל	ו	מ	ו	א
ו	ו	ע	ד	ר	פ	צ	י	מ	א	ר	ו	ו	ב	ד	ח	ר
ר	ר	ל	ר	ש	ו	ם	ן	פ	מ	א	ם	ו	נ	נ	מ	ה
ש	ע	ו	ק	ָ	י	א	ל	צ	ת	ש	פ	מ	ר	מ	ח	צ
ם	ס	ו	ב	ג	ת	פ	ו	ן	י	י	מ	ד	ל	א	ב	ס
ה	מ	י	ד	ו	ל	ר	נ	א	ד	ה	ת	ר	ו	ש	ק	ת
י	ק	ר	ת	ו	ך	ו	ר	כ	ו	ל	מ	ן	ו	ע	ל	נ
ע	א	ו	ל	ל	מ	ד	ת	ו	ל	ע	ו	פ	ה	י	י	ו

צורך
ברציפות
הפועל
תקשורת
כתיב
צפרדע
נייר
מולד
פלפלו
עובדים
בכה
תרגיל
כאן
עש
לשולחן
לדמיין
נתח
סבא
להישאר
אדום

Puzzle 27

ש	ס	ב		ש	י	ש	ו	ה	פ	ו	ע	י	י	מ	ק	ו
ב	ב	ח	כ	א	ב	א	מ	ת	מ	ו	א	ע	מ	א	ג	ל
ו	ג	ף	כ	ש	ח	ח	א	מ	ו	י	ד	ת	ע	פ	ש	ה
ו	ו	ר	נ	י	ג	ת	ל	ה	ב	ו	ה	י	מ	נ	כ	ד
ח	א	ע	ז	ח	ו	ב	ר	ח	ו	ת	ל	א	י	ו	ת	ו
ו	ק	ת	ס	ר	כ	ף	ש	ו	ח	ק	פ	ח	ת	ר	ו	ב
כ	א	ב	ט	ת	א	ר	ה	ז	מ	ו	ג	י	ח	מ	מ	ע
ש	כ	ש	פ	ו	ת	צ	ג	ה	ו	ר	פ	ס	ב	מ	נ	ה
ו	ם	ל	ל	נ	נ	ת	פ	ג	ג	ל	ו	פ	מ	מ	ק	א
נ	ש	ל	י	ו	ח	ו	ל	י	פ	מ	ע	ל	ק	ן	ג	ר
י	ר	ב	מ	ת	ך	י	ש	ר	ה	ר	ב	כ	ן	מ	ן	ו
ה	פ	ד	ח	י	מ	ח	ד	ט	צ	ו	ם	י	ג	ד	ע	מ
ו	נ	פ	י	ע	מ	נ	ת	נ	ר	ת	א	ו	ל	ו	ה	ם
ל	מ	ע	ש	ה	ה	ה	ו	ט	ש	ל	ה	ד	י	ג	ם	ב
ר	ו	ם	נ	י	ג	י	מ	ו	ל	ה	ל	ה	נ	י	מ	ז

הפוך
למעשה
למרות
חושף
וחול
דגים
העבודה
שליו
הנחיות
שפות
העיתונות
תרחיש
כאב
אחיזת
וניהול
לשבת
זמינה
השפעת
רוב
המקל

Puzzle 28

ל	ו	ב	ו	פ	צ	א	י	ש	ב	מ	י	ת	ש	י	ג	פ
ש	ת	ו	ש	ד	ח	ק	מ	ן	ל	ל	ד	ח	ן	מ	ו	ס
ד	ל	ת	ו	ד	ש	ח	פ	מ	ב	י	ר	י	ו	ע	פ	ס
ו	ח	ו	י	ד	ה	ש	ע	י	ד	י	ה	ד	ל	ע	ת	ו
ד	ז	ל	ך	י	נ	ל	ח	נ	ז	ע	ג	ו	ב	ש	ח	ק
ה	מ	י	נ	ר	ו	נ	ש	ה	א	ש	ו	א	א	ו	ך	ת
ב	מ	ר		ו	ב	ח	ת	י	כ	ת	ן	ה	ן	ל	ד	ר
ל	מ	ו	ן	ף	א	ב	י	מ	ד	ק	מ	ה	י	ר	מ	ל
ח	ח	כ	ח	מ	נ	ג	ח	ו	ב	ל	מ	ו	ח	ל	ח	פ
ר	ז	מ	ב	י	ב	ה	מ	א	נ	ח	ק	מ	ד	ו	י	ה
ו	ו	ר	ד	ר	ה	ר	י	א	ו	ה	ו	ו	ע	כ	ק	ת
א	ר	ן	ק	ו	ח	י	ב	פ	ו	ה	ר	ת	ו	י	ו	ג
ת	ד	י	פ		ך	ר	ר	ו	מ	ו	ן	ו	נ	צ	כ	נ
ו	ן	ת	ג	ש	ה	כ	ל	א	ר	פ	ו	י	ט	ו	ח	א
ב	ו	ב	ו	ו	ח	ו	ד	מ	ג	א	ו	י	ק	ר	ג	ל

חריזה
החלקת
פגישת
צנון
לשדוד
מחזור
מודגש
חתיכת
שמחה
בלון
בלבד
היו
חדשות
יחד
כלא
לשחק
פרא
קטנוע
מזחלת
תשע

Puzzle 29

ל ר א י ר ב ג ן פ ש ב ו י ל ה ל פ
י ס ע ו ר ל ד מ י ת כ י ן נ ו ע מ
ת ל ר ח ג ו מ ף ד ה י ו א י ר ט ם
ו ב ב ל ו י ל ו נ ו ת ד פ ף י ו י
ש י ס ח ה ו ס ת ו ה א ת ר ב ח ל
ב ו ע מ ש מ כ ב ב י א נ ל פ ר פ ע
ה ס צ ת ר א ל ל צ ד ו נ ד ס ע פ ו
ל ו ש מ ת ה פ ו ח ו ו ס מ מ י פ ש
י י ג פ כ ת כ מ ה י י ש י י ל י ה
ר ה י ג א ר פ ו ה ל ת ם ש א ל מ ה
ש נ ז נ ן ד י ש ח ו פ ה נ א ה ב ב
כ מ ן ר ת י א מ ט ד י א י ה ל ר ד
מ ו א ר ה מ ר ו ב ת כ מ ה ר ו ד ד
פ ד מ ו פ ו פ י ב ה ש ג י מ ו ט א
ג ה כ ב ה מ ב ה ע י ב א צ ב ב ו י

גלגל
אטומי
חברת
אננס
יסעור
השועל
מעונן
לפעמים
בבטחה
וידוי
מכתב
לכול
מספר
בכיתה
וילונות
תושב
שמע
ולבסוף
ברחבי
המאה

Puzzle 30

פ מ ר ת ך נ ל ה ע ב ז י ן ר ו ג י
ט ו ה כ י ל ה ש ל ם ת ר ק ד י ל ו
ר ז ו ו מ ב ט נ י ל ד ו ת ף נ ש ק
ו י ס פ צ י פ י ע ו ד מ פ ע נ ה ר
ז א ח ל ו י י י י א מ ש ר ף ו ו ה
י ו ו ג ח ו ל ם ו ה ז י ה ר מ ו ו
ל ן י ם ל ש ק ל ן ל ה מ ו ח נ י ד
י כ ש י מ ו ו ן מ י ס ת ש ל ר פ א
ה ב ו ו ב פ ט ו ש ס מ ל ט ט ק ל א
ו ה נ ק ד ו ר ו א צ י ו ו ר פ ם ר
נ י ב ר א ד ד ע ש א ל א ו ו ו ס ד
ו ה מ מ ג פ ח פ א א ל ו ח י ס א ב
ש ס ל נ ר ו ב ר ב י ת ר פ ת מ ר ג
מ י ב י ב נ י ס ת ת ד ק ר ד ו ו ס
ת ר ה ע ה מ ם ס ו ל ר ל מ ב ה ח ו

משימת
לקרוא
סוודר
וירטואלית
יוקרה
ספציפי
ילקוט
הרפתקן
השניים
מוזיאון
לנער
כניסת
ילדות
ברבור
סימן
הליכה
הבקבוק
שלג
שלם
פטרוזיליה

Puzzle 31

ן	ק	פ	א	ג	מ	מ	ז	מ	י	נ	ה	ת	א	ר	ר	י
ס	מ	מ	ב	ל	כ	ע	י	צ	ג	ה	ב	ד	כ	פ	ו	ר
ן	ט	י	ד	ן	ה	ס	ו	ד	י	י	ו	מ	ב	ה	ה	ת
ע	י	י	ד	ה	פ	ר	ר	ע	ו	כ	ח	ר	ש	ב	ע	ר
פ	ם	ל	ת	ל	ו	מ	ת	ג	ה	ר	ע	צ	ד	ת	ר	נ
ה	מ	ת	י	ף	מ	ח	י	ע	ת	מ	א	ה	י	ע	י	ר
ו	ט	ש	ר	ד	ח	פ	ה	ם	ב	ת	ע	ד	פ	י	כ	ג
ח	ק	ו	ד	ל	ת	ה	א	ה	ו	ק	ד	פ	ב	ו	ה	ה
ד	ש	ה	ע	ל	א	ה	ר	ל	נ	ר	י	נ	ת	מ	ג	ח
ז	ן	ב	ב	ו	מ	ע	ג	ג	נ	כ	ו	ק	ע	ע	ב	ב
ד	ק	ד	י	א	י	ת	פ	ג	ו	ם	ו	ס	ו	א	ו	י
ב	ט	ר	צ	ן	ו	ד	ל	ז	ת	י	ם	א	ל	פ	ה	מ
ס	ר	ך	ב	ח	י	נ	ה	ב	ל	כ	ן	ו	י	ו	ה	מ
ר	י	נ	ר	ו	ב	מ	מ	מ	ד	נ	מ	י	כ	נ	ת	ו
צ	ת	ר	מ	ו	מ	ו	א	ו	פ	ר	א	ה	ה	י	י	ש

עריכה
הפחד
העלאה
הכילו
לדון
קמטים
קופה
לידת
אתה
בשר
דרך
ואן
חשב
בחינה
או
לתל
מכה
מזמינה
רצה
התבוננות

Puzzle 32

משועמם
הקנגורו
ארית
דאגה
אומרת
ירוק
נעלי
זכוכית
ועדת
באזור
הים
מציע
חוט
לפטר
ענן
ארבעה
ובודד
עשירה
האקלים
פעולה

י	מ	ה	ע	ח	מ	כ	א	ל	ל	ח	ש	ב	ן	ו	א	כ
ל	ר	ש	ע	ב	י	ו	ב	פ	ת	י	ד	ד	ו	ב	ו	ת
ע	ה	ו	ו	מ	ת	מ	ן	ט	ד	ן	ם	א	ר	ח	מ	מ
נ	ו	צ	ק	ע	ד	ח	מ	ר	א	ו	ו	ט	ו	ח	ר	ת
ב	ח	ס	ר	י	מ	ת	ת	מ	ר	ר	מ	ר	ג	ב	ת	נ
י	ה	ך	ן	צ	א	ם	ת	ה	נ	ו	ו	ן	נ	ע	י	מ
מ	ג	פ	ם	מ	ג	מ	י	ו	ע	ד	ת	א	ק	ת	ר	פ
י	ב	נ	ב	ת	מ	צ	כ	ל	ז	ף	ב	י	ה	י	א	ל
י	ו	א	י	ס	ו	ה	ו	פ	ק	ש	ק	ד	ת	י	ח	ו
י	מ	ר	כ	ר	ל	צ	כ	ה	ו	א	ר	נ	מ	א	י	ן
ש	ב	ב	ו	ל	ו	י	ז	י	א	ד	ה	ל	ה	מ	י	ח
ת	א	ע	ה	י	ם	ו	ה	ו	ל	ר	ש	ד	ד	מ	מ	ר
ל	ז	ה	א	א	ת	ת	ל	פ	י	ח	י	א	כ	ת	ק	כ
ו	ו	פ	ע	ו	ל	ה	י	ה	ה	א	ס	ג	ח	ר	נ	נ
ה	ר	י	ש	ע	י	ש	ו	ת	ן	·	ף	ה	ו	י	ד	כ

Puzzle 33

ב	ח	ה	א	ק	ה	ל	ק	ת	ר	י	ע	ל	א	א	ן	מ
כ	כ	ק	ע	י	ע	ת	ב	פ	פ	ר	א	ה	ר	י	צ	ד
ו	ו	ע	י	ו	ג	ר	ו	ל	מ	ח	ו	ם	נ	ו	ן	ת
ר	ב	ו	ג	ו	א	ד	א	ח	ר	ד	נ	ר	ב	מ	פ	כ
נ	ב	ש	ר	י	כ	ש	ל	י	י	צ	ר	ת	ד	ב	ו	ע
ח	ם	ר	ל	ח	ק	ר	ם	ו	ה	ר	ד	ם	ה	ל	ד	י
ת	י	ב	ת	י	ח	ק	א	ו	ב	ו	י	ן	י	כ	נ	נ
ף	א	פ	צ	נ	ס	ו	ל	ר	ל	מ	ו	ת	ו	י	נ	ה
ר	ש	ו	ר	ו	א	ד	ל	ה	כ	ג	ו	מ	ב	י	ב	א
ט	ר	ת	ו	י	ו	ת	א	ל	ל	פ	ו	מ	מ	ב	פ	ב
ד	ו	ג	מ	ל	ח	ח	נ	ו	נ	כ	מ	ב	ל	ל	ל	נ
ד	ד	א	ו	ג	ט	מ	י	ו	י	ך	ג	ם	מ	ל	א	ח
פ	ש	ד	י	ש	ו	א	ר	ה	ת	ר	ו	ק	ן	פ	כ	ח
ו	מ	ו	ס	נ	ק	ת	ו	א	פ	ח	ו	כ	ר	מ	י	ו
ו	י	מ	ר	ן	נ	ק	ג	ש	ת	כ	ן	ר	ב	ה	ע	א

קאובוי
לאחרים
מודאגת
כלנית
יותר
התרוקן
ארנב
חמאת
ולהרוויח
בהיר
מגוון
קיווי
לייצר
מס
על
עובדת
פלא
קלה
ראה
אביב

Puzzle 34

י	ח	ו	מ	ל	מ	ו	ג	כ	ר	מ	ת	י	ט	א	א	ה
ש	ה	ָ	ת	מ	י	ח	ה	ו	ן	כ	ל	ה	פ	ו	צ	ס
כ	י	ד	ב	נ	ץ	ה	מ	נ	ו	מ	א	י	ש	י	ת	ו
ח	ש	ן	כ	ו	ב	ו	ש	נ	מ	פ	ס	ד	מ	ז	ו	ר
ה	ק	ר	ק	ע	ו	ג	ת	ם	מ	ו	ו	י	ו	ם	מ	ר
י	כ	ר	ו	ו	ז	ָ	א	י	י	ר	ר	ד	ל	א	ח	ב
ו	פ	ר	נ	ד	ס	ל	ו	ד	ש	ס	ג	י	ל	ו	ר	ת
◌	כ	ה	ק	א	ו	ל	ה	נ	נ	ם	א	כ	ת	ב	א	י
ר	ם	נ	ָ	ר	ת	י	ב	ס	ר	י	ת	ם	ז	פ	ח	ב
נ	ס	ד	ע	ל	ס	ה	ע	צ	ו	ב	י	ח	י	ו	מ	ק
פ	ו	ק	ב	ר	ן	ו	ת	צ	ה	כ	ד	ג	ן	ר	מ	מ
ס	ם	ש	ה	ח	ש	א	פ	ן	א	ו	י	כ	י	ר	ק	י
ו	ד	ב	מ	א	ה	ם	ר	ע	י	כ	ר	ב	ד	ן	ו	ד
ו	ו	ה	מ	כ	ב	א	י	ב	ד	ה	ד	ו	ת	ו	ר	ם
ב	ו	ו	מ	נ	נ	ן	ה	י	א	ר	ב	נ	ו	ח	י	ה

אוהב
כוכב
למנוע
ידית
אישי
עוגת
תכונת
ומחר
עצוב
בכמה
הקרקע
הבת
מפורסם
משפט
כהה
לאסור
כן
מיץ
תירס
הסורר

Puzzle 35

ו	מ	פ	ע	י	ל	י	ו	ג	ט	נ	ד	ב	א	מ	ו	נ
נ	ה	ג	נ	ם	א	ח	ב	ה	ת	ן	ו	ץ	ל	י	ב	ל
ש	ר	ה	ו	ז	ח	כ	ו	ו	ד	ב	ן	ו	ב	ק	י	ר
ל	ע	ר	ב	ב	ר	ד	י	א	ב	י	ר	פ	מ	ה	י	ת
ח	ת	נ	ה	א	ו	ר	ח	ף	י	נ	ס	ק	ר	ו	ו	נ
ל	ב	ה	ו	ם	נ	י	ט	כ	ע	ו	ה	ל	מ	כ	ש	ע
מ	ה	מ	א	ל	ה	י	י	ר	ל	ב	ו	ו	ו	ו	י	ו
ר	ו	י	ת	ס	ט	מ	ב	א	מ	א	ך	י	ע	ו	ו	י
ח	ט	ש	ו	ב	ל	ו	ת	ר	ל	ף	ע	ח	ת	י	ע	ם
י	ץ	מ		מ	ח	מ	נ	מ	ת	מ	ע	י	ר	י	ס	מ
פ	ח	נ	נ	י	ה	ם	א	ת	ז	ב	ה	מ	מ	ל	ן	י
ה	ל	י	ש	ת	י	י	ש	פ	ח	מ	ו	כ	ע	א	נ	ק
ד	ב	ג	י	ע	ש	ה	ו	י	ו	ב	ה	ו	ה	ז	ת	ל
נ	ט	ת	ו	ח	ל	ת	נ	נ	י	ה	פ	ה	ף	פ	ו	ט
ר	ו	ל	ת	ר	מ	א	ב	ת	ב	מ	ר	א	ה	ת	ו	ב

החמוס
משימה
סתיו
החלטה
ריקבון
לקפוץ
בנושא
לערבב
מחפש
לתרום
בלחץ
להשתתף
חטיבת
לאחרונה
זוהר
קלט
סניף
תזה
מפעילי
ונשלח

Puzzle 36

ן	ע	ן	ת	י	ל	ח	ל	ל	פ	ל	ר	ב	ז	ת	ש	ר
ר	ה	ר	י	ו	ד	ה	י	ב	ו	ה	א	ק	פ	ר	כ	ג
ר	ד	ח	מ	ן	א	ה	ד	ד	י	ה	ה	צ	ן	נ	ב	מ
ב	א	ו	מ	ד	ם	ו	ר	ב	ר	ג	י	ב	ו	י	י	ו
ר	י	ה	ף	ר	מ	ן	ש	פ	פ	ש	ר	ר	ה	ה	א	מ
ת	ס	ר	פ	ה	ס	ב	מ	ת	ר	נ	ג	ו	ל	ת	ו	ף
מ	ז	ו	ו	א	ו	נ	ה	ע	ה	ת	ע	ע	ל	ט	ה	ו
ט	ח	ג	ר	ע	כ	ה	ס	ט	נ	ד	ר	ט	י	י	ת	צ
ו	ל	ע	ת	נ	י	מ	י	ל	ו	ב	ר	ב	ג	א	ר	ל
ס	ב	ן	צ	ו	ע	ד	ב	ו	ל	ת	צ	ח	י	מ	ב	מ
פ	י	ה	ו	ו	ל	מ	כ	ו	א	י	א	א	י	מ	ו	ת
ב	פ	מ	ר	ת	א	צ	ו	ה	ה	ו	ו	ג	צ	י	ת	ן
ה	ת	ר	ת	ו	י	נ	מ	ה	ט	א	י	ג	ו	מ	י	ו
א	ד	ח	ו	י	א	ה	ו	ט	מ	ן	ע	א	ם	פ	ת	ק
ג	י	ק	א	ה	י	נ	ר	ל	ל	א	צ	ע	ה	ב	ה	ל

אהוב
התרבותית
אווז
הסטנדרטי
בשבוע
פרסת
מטוס
כביסה
המניות
למטה
תרנגולת
מוטיבציה
כוס
לצוף
בד
תא
בקצב
הוצאת
תוף
המרחק

Puzzle 37

א	א	י	כ	מ	ט	י	מ	ה	י	כ	ם	ב	ה	נ	מ	ל
ש	א	י	ל	ד	ת	מ	ק	ר	ה	פ	ם	פ	א	ב	י	ג
ו	ג	ס	ע	ו	ל	י	י	ש	ם	י	ב	ו	ר	ק	ד	ו
י	ל	ר	ל	מ	ע	י	ו	י	ו	ל	י	ד	ס	ק	ב	ק
ה	ש	י	ג	ה	ר	ו	כ	ב	ל	ת	י	פ	ל	ר	ר	ק
ח	ש	ב	א	ר	ו	צ	י	ק	ש	מ	ז	י	ח	ק	מ	ח
ו	ק	ה	ג	ב	ח	ל	ס	ל	ו	ד	ר	ל	נ	ח	מ	ע
ט	פ	ל	ת	ח	ב	ח	ו	ן	ר	ס	פ	ה	י	ה	ו	ד
ב	ו	י	י	ב	ר	ת	נ	ו	נ	י	ל	ר	ב	מ	י	י
פ	א	ק	ס	נ	כ	ו	ם	ו	א	פ	ט	ת	א	ד	ר	ל
ן	מ	י	ח	ר	י	מ	ש	ו	ד	ו	ק	ך	ו	ש	מ	ל
י	ח	י	נ	מ	ב	ס	ר	פ	ם	ל	ח	י	ו	ל	כ	ק
א	י	ל	ג	ב	ה	י	ז	ו	ו	י	ר	ש	פ	א	א	מ
ע	מ	מ	ח	ו	ה	א	ר	מ	ב	ד	ס	ל	י	ת	ו	ו
א	ה	ת	ת	מ	מ	י	ש	ל	א	ל	ו	ו	ו	י	ן	א

גישה
בטוחה
מדומה
צלחת
למשוך
במראה
סיכוי
ילדת
בחברה
אדם
דרום
רכיבה
רק
ליישם
ושלום
קרובים
פרס
קמח
רוחב
להכיר

Puzzle 38

לנשום
אזרח
מוכרת
פסנתר
מחברת
תרמית
רחוקה
פסולי
שטיח
נמלת
בחור
מסעדת
ירח
מחט
לשמחתי
חיצוני
הדרקון
להאריך
ובמצב
בחופשה

א	ו	ת	ה	ד	י	מ	ח	ו	י	מ	ב	ב	כ	י	ה	א
ט	ת	י	י	ל	ר	א	ת	י	י	ם	ח	צ	ת	ל	מ	נ
י	ר	ו	נ	ן	י	ה	ד	ר	ק	ו	ן	מ	ר	ו	ה	ה
ח	ל	ב	ח	ח	ל	פ	ו	ג	פ	ש	ה	ב	כ	ס	פ	ב
ר	מ	א	א	מ	י	ו	ג	ש	ש	נ	נ	ו	ו	פ	ס	ן
מ	ח	ב	ר	ת	ש	נ	ה	צ	ט	ל	נ	ט	מ	ת	ת	פ
ה	ט	ר	ח	ו	ק	ה	ן	ו	י	ו	ס	מ	ס	ע	ד	ת
ל	ו	מ	ר	י	ע	ו	פ	ס	ח	ב	ר	ה	ב	ח	ו	ר
ו	ש	ע	ז	ל	כ	מ	ה	ת	ו	פ	י	ך	ל	ו	ם	מ
ל	א	ע	א	י	י	מ	ה	ו	ח	ר	ח	י	צ	ו	נ	י
ר	ל	נ	נ	ו	ד	ר	ת	נ	ס	פ	י	ר	ע	ר	ד	ת
ר	ה	ר	ל	ר	ן	ג	מ	ג	נ	ה	נ	א	ל	נ	ק	ת
י	ב	י	א	מ	פ	ל	ס	ר	ו	ו	ע	ה	ם	ו	ל	ע
ב	ל	ס	נ	ד	צ	א	ש	י	ד	ו	ל	ל	ב	ת	ד	א
פ	ד	א	י	ק	פ	ו	ת	י	ו	ס	ו	כ	ת	ן	ס	א

Puzzle 39

ש	ד	ר	ר	א	ה	ג	ח	ב	א	ר	כ	א	ן	ס	א	י
י	י	ר	מ	נ	ה	ל	נ	מ	צ	ש	י	י	ר	ד	מ	ו
י	ר	ו	ג	ת	ק	ו	ת	ח	א	פ	ה	א	ע	ט	ת	ו
ן	ג	ו	י	נ	ב	ל	ח	ת	ר	ת	ש	ו	ב	ש	ו	ם
י	ת	מ	ו	ם	ו	צ	ע	ה	י	פ	ר	ג	ו	א	ג	י
ג	ן	ת	ש	י	פ	ח	ל	ה	פ	פ	ו	ו	מ	ר	ד	פ
צ	ן	ר	י	ע	י	ס	ו	ב	ו	ן	ר	ח	ל	י	נ	ק
ל	ו	נ	ו	ו	מ	ג	ת	ר	א	מ	ד	ש	ש	מ	ש	י
ב	ש	י	ל	צ	ן	י	א	א	ש	ו	נ	ה	מ	ו	ת	ה
י	ה	ע	ש	י	ר	י	ל	ט	ה	ת	ש	ו	ב	ה	ו	ס
ק	א	א	◌	ב	פ	ן	נ	ו	ר	ל	ב	מ	י	ז	ח	י
ו	ה	מ	ל	ו	ב	ד	ט	נ	ש	י	ב	כ	ר	כ	ת	ג
ר	ר	ם	ת	ר	ד	ס	ו	מ	ת	מ	ת	א	י	נ	ב	כ
ת	ו	י	י	ם	י	מ	י	ש	א	מ	ש	ק	ל	ר	ק	ר
י	ח	ל	פ	ו	י	ו	ו	ח	ת	ו	ק	ו	ח	ר	ת	א

לקנות
היקפי
אופי
הנושא
תשובה
מאשימים
רחוקות
מוסד
עצום
העשירי
ביצועים
אמת
מנהל
ביקורת
משקל
גאוגרפיה
קשוב
ראש
רוח
כביש

Puzzle 40

א	י	נ	ו	נ	י	ב	מ	מ	ד	נ	ת	י	ג	נ	ש	מ
ק	ש	ר	ע	נ	כ	מ	ו	ע	ע	ס	ג	ר	ז	מ	ו	י
ט	מ	ו	פ	ד	ב	ע	ד	ו	ג	י	ו	ה	ה	ד	צ	ש
י	ש	ק	ת	י	ו	ת	א	ר	ה	ך	ב	ן	י	כ	ה	ל
ב	מ	ח	י	ר	ו	ן	ג	ב	ח	◌	ה	ת	ק	א	ו	י
י	ה	ל	ו	ו	ת	כ	ר	ו	ב	ב	ד	ח	ט	א	ה	ר
ת	ס	ה	מ	ת	ב	ש	ו	ת	ף	ו	י	כ	ר	מ	ָ	ו
ה	כ	י	ם	ש	מ	נ	מ	ו	מ	ע	ש	ן	כ	מ	מ	ב
ג	י	מ	מ	נ	ע	ס	ך	י	ש	מ	ה	ל	ק	א	ד	נ
ג	י	י	ק	ן	ה	ו	כ	פ	ק	י	מ	ל	ש	י	פ	ב
מ	א	ל	א	ו	ב	ס	מ	ו	י	ב	ם	פ	מ	ו	ת	מ
נ	א	ן	ר	ס	ת	מ	ן	ו	י	ג	ג	ח	ת	ת	ר	ה
מ	ו	א	נ	ל	ש	צ	ד	ו	ת	ל	ט	ו	ה	צ	ח	נ
ו	ר	ת	ל	נ	י	ז	ו	ה	נ	ת	ש	מ	ו	ג	י	ר
י	ר	ר	ה	ר	ס	י	נ	ט	ק	ב	ח	ן	ו	ר	ה	ן

מרצון
מעורבות
לחקור
שותף
נסיך
מודאג
אקטיבית
דתי
חבק
תגובה
נדירות
משנה
להמשיך
משתנה
ערש
טניס
הוטל
להכין
בינוני
המשמש

Puzzle 41

ש צ ק ב ד ד ק מ כ מ ל צ ק מ ב נ ב

ש מ ת ח ב ט ש י ו ש ו ד י ת ר כ ן

ן ח ר ו ן ת ו י פ ל ע ל ו ל ב י ר

כ ו א ר י ע נ צ מ ו א ב ם ו ג ו ד

ז ס ב י ב ת ן מ ו ע ו מ ד ר מ ב מ

ש ד א י ה מ ב ע מ ו א י ה י ר ו ר

ב ו ת ף ל פ נ נ ן ו ב ג י ע ב ט ת

י א ו ן ת ר י נ ל א ל מ מ ח י ר ל

ת ו ת נ ל א ם ת מ י מ ז ש ש ד ה ט

ו י ו ם י ט י ה ר מ ר י י ת ב י מ

ה ל צ ח ח ם ג א ר ד א ו ם א ר ו ו

ת א א ס ל פ ח ו ת ו ת י א ו פ ר ל

ם ו ת ו ב ט ח ה ב י ג ר ב ה י ן מ

ל ת ס א ח ל י ס פ ק כ ה מ ע ר ג י

נ ל ו ת ד י ב ע מ ת ש ה ר נ מ מ ר

מדויקת
מחיר
מטלת
רפואית
וילאות
אגם
הוא
טבעי
סביב
בחורי
חם
להבין
תוצאת
צמח
קטן
שדה
תרד
רטוב
בכבוד
רהיטים

Puzzle 42

ה ס ד א ח י מ ח ד א ל ל ם י י ס ש

ה ב ח ו א פ ס ב ו ח ה ו ר צ ב ר ג

ב ח ב י פ ל י ה ר י ח ש פ ש כ פ פ

ר ב מ ו ר כ ב ת נ נ מ מ ע ר ב ר ו

ו ק ה ז מ נ ת ש ל י א ח כ א מ פ ע

פ ר א ו ד כ א ר ה ע ק ו צ י ס ו ל

ב ר ו א ם ה י י ח ה ם כ ב ש ו ר ח

ג מ כ ס ו ל א מ ס ב ב ו פ י ב מ ש

ב ש א א א ר ה א ד י ל ה ד י כ ה ח

ר ן צ ן י ר מ י ת א ש ב ר ד ת י ל

י י ת ו ק מ מ פ ש ל ה ן ף י נ פ צ

ה מ י ח ה ן פ ו ס י נ א מ נ ל ת ל

צ ד ה ר ת כ ב ת ד פ י י א ב ב ו ל

ה ב ו ר ו ה מ מ ד ט ל ה ם ל ו ל ל

ל כ ז ה ב י ה ו א י נ נ ס ו נ י ת

להצהיר
רפורמה
פועל
חייהם
ממערב
מסובכת
רשמי
מורכבת
דואר
אליפטי
אפס
גבר
הרי
הזמנת
כוח
אח
להינשא
מסיבת
רשת
כרכום

Puzzle 43

ל	ת	ר	א	ף	פ	ש	א	ד	י	י	ד	כ	א	ג	ה	נ
ב	מ	ו	ד	י	ו	ם	ר	ת	ב	ו	ז	ק	י	מ	א	ב
מ	ע	ט	י	ר	ו	ר	ך	ע	ו	ת	ו	ש	ב	צ	ד	נ
ר	פ	ר	נ	י	ו	ע	ה	ל	מ	ל	ה	ע	ד	י	ן	ו
ע	ו	י	ש	כ	ח	ל	כ	ה	י	ק	מ	ח	ו	ץ	י	ם
ו	ר	ו	פ	פ	ת	ה	ו	מ	ד	מ	ח	ק	פ	ח	מ	מ
ע	ק	ח	·	ח	ו	ג	ב	ו	ז	ב	ל	א	ו	ד	א	א
ה	ד	ך	ר	ע	ח	ל	ש	כ	ו	ח	מ	ו	ה	ב	ה	ת
ר	ו	א	ם	מ	פ	י	י	ו	ל	ש	ו	ב	ן	ר	ל	ל
מ	מ	ס	ר	א	ב	א	ל	ק	נ	א	י	ו	א	נ	ש	מ
נ	ן	פ	ת	ב	ר	ו	ד	ה	ק	ו	י	ת	פ	נ	ר	ד
כ	ר	ה	מ	ו	ל	א	ר	ג	ר	ו	פ	ו	מ	י	א	ס
ב	ו	ר	ב	מ	ו	ב	ר	י	ד	נ	ל	ת	ט	ל	ק	ב
ש	כ	י	א	מ	י	ו	צ	ל	ל	ח	ת	א	ו	ת	ב	ש
א	נ	מ	א	ב	ד	א	ע	ו	ו	מ	ע	ר	י	ש	כ	ו

רופפת
רעוע
פחות
מלחמה
נדיר
מארחת
לנפול
מחוץ
האמין
בדיוק
העדין
בצד
קלטת
לנקר
טרי
כבש
רך
עלה
ערך
שבת

Puzzle 44

ו	ל	נ	מ	ר	ל	ב	ו	ה	ח	ש	מ	י	ד	ל	י	ל
ר	א	נ	ר	ו	ד	ע	נ	ל	ל	ו	כ	ו	נ	ו	ה	מ
א	ו	נ	מ	י	ר	ד	ל	ו	ם	ם	נ	ו	ת	ח	ו	ג
נ	ן	מ	ו	נ	ו	פ	ק	ש	ו	פ	ס	פ	ל	צ	ע	ו
ד	ס	נ	א	י	כ	ל	ר	ע	צ	מ	י	י	ם	ו	מ	ו
ר	י	ל	ו	ף	ו	ח	צ	ר	ש	ו	ק	א	י	ש	ו	ח
ס	ו	ל	ר	י	ה	ס	ף	ו	ח	י	א	ב	ל	ח	כ	מ
ו	ב	ה	מ	ו	י	ה	ת	ו	ה	ק	ו	נ	ע	ו	ח	פ
מ	י	ו	ר	נ	צ	ן	ן	י	ע	ה	א	ל	ב	ק	ש	א
ר	ו	ס	מ	ר	ו	ט	י	ק	ר	ו	ב	נ	ה	ג	ה	ר
פ	ב	ך	ס	ת	כ	ל	ר	ב	ת	ה	ט	כ	ב	ן	ן	ב
ג	ר	ר	ו	א	מ	נ	ח	ו	ס	ר	ל	א	ר	ש	ט	כ
נ	י	ד	י	ו	נ	ב	ת	צ	ר	נ	ה	ם	ל	י	ב	צ
ת	י	מ	ם	ז	ָ	ו	פ	ת	ט	ן	ו	ח	ט	י	ב	ה
ה	ד	ר	פ	ן	ת	ח	ל	ר	ן	ה	ר	א	ן	ב	ו	ח

אוזן
סרטן
לקרצף
עצמיים
ילדי
מכנסי
קבוצת
שחוק
בבטן
גמל
לנבוח
ביישן
לפתח
כף
הבעלים
להחליק
צבי
הביטחון
תות
מסוים

Puzzle 45

ר	ק	ל	ה	י	ד	ו	ע	מ	נ	ש	פ	ר	ר	י	נ	מ
ו	ו	ח	ח	ח	א	ס	ב	ה	ף	ו	ד	ו	ת	ו	ו	מ
י	ו	ו	א	י	ס	ל	ת	א	ו	ד	מ	ה	פ	ה	נ	ד
ו	א	ח	ו	ת	ו	י	פ	א	ד	ד	י	מ	ת	ס	ו	ל
ד	מ	ן	נ	ו	ט	א	א	ל	פ	י	ם	נ	ב	ר	ן	ה
ו	ש	ב	מ	ו	ו	ן	ו	ר	י	ב	ע	ה	ל	ח	פ	א
ש	ד	א	ב	ע	ד	ט	ל	י	ד	ו	מ	ע	ל	א	ד	ד
י	ס	כ	ו	ע	י	נ	ש	ב	ג	ע	י	ו	ט	ל	ת	ד
ד	ר	ב	ת	ד	ר	ו	מ	ה	ל	ב	מ	א	ת	נ	ח	ל
ו	ת	א	ל	ז	מ	ב	ן	נ	י	ב	ב	ה	ש	ש	נ	י
ח	ה	י	ל	ז	ק	ם	ו	ת	מ	ש	א	מ	ל	ה	ע	ג
כ	צ	י	י	ן	ש	ם	ג	ה	ס	נ	א	י	ה	ח	ת	ל
ש	ו	א	ס	ד	י	ר	ר	ש	צ	ם	ם	נ	ב	ב	ם	ר
ח	ת	ו	י	ע	כ	ו	א	א	י	ו	ת	ת	י	ר	נ	ד
נ	א	מ	ן	ת	פ	ג	ק	ק	ו	פ	ו	ד	ע	י	ד	ף

צהוב
אלפים
איות
להעביר
נאמן
נברן
לעמוד
חצאית
ואחותו
לאחר
אשמתו
במזל
שם
בעובי
ערב
ארגון
להביע
סנאי
שכח
גורם

Puzzle 46

ו	ח	כ	ד	ו	ש	ו	י	ל	ת	ח	ח	ח	ע	ר	י	ב
מ	י	נ	י	ם	ק	ש	ל	ו	ח	כ	מ	ב	נ	כ	ו	ש
ו	ע	מ	א	י	י	ו	ו	ב	נ	ה	ש	מ	ה	ר	ס	ו
ן	ז	א	מ	ח	ע	ר	ח	ל	ר	א	ל	י	ה	פ	י	נ
ו	ם	כ	ס	ה	ה	א	ב	א	ר	י	ח	ת	ו	ע	מ	ה
ן	ר	ד	ל	ת	ו	ו	ס	ה	ל	ת	ת	ת	א	י	ע	מ
ו	א	ן	ה	ה	ל	ת	ק	ן	מ	ת	ו	נ	ד	ל	ב	ק
ל	ל	ל	צ	פ	ב	ש	ב	ה	ז	ו	כ	ד	ב	ו	ה	ו
ו	א	ב	ט	ו	נ	א	ד	ו	נ	י	י	ר	א	ת	ו	ת
ש	ו	ו	ר	ג	ק	א	ו	ה		ב	ס	כ	ו	ה	ן	ש
ל	ל	כ	ף	ח	נ	ל	ב	ר	ג	י	ל	ח	ו	ש	ד	מ
ט	מ	ב	י	ה	ב	י	ת	ח	ט	ל	ו	ה	י	נ	ן	ו
נ	נ	ם	ע	א	ו	ר	ה	ו	ח	ע	ו	ל	ר	ת	י	ו
ד	ן	ק	צ	ש	ה	ט	פ	י	א	א	י	ל	פ	י	מ	ת
ב	ו	ד	ה	ל	ל	י	צ	ו	ר	ר	כ	נ	ה	ת	ת	ה

להצטרף
שקיעה
אנפה
משלחת
צעיף
ליצור
להסוות
ההסכם
אדוני
שונה
מינים
אבא
הגלולה
התה
באוויר
במכחול
לפת
לתקן
השנתי
פעילות

Puzzle 47

ר	ר	ס	מ	ם	ה	מ	ט	ר	ס	ש	ר	ר	ו	ל	ו	מ
ד	ה	ו	ר	י	י	ע	ק	ם	מ	ד	פ	ו	ס	ח	א	כ
ן	ל	ה	ו	ך	ח	י	י	ה	כ	ו	ב	ס	י	י	ת	ו
ו	מ	מ	ר	א	ל	ו	י	ר	ו	ו	ד	ף	ה	ו	מ	ס
פ	י	ל	ו	י	ט	ה	ב	כ	ת	כ	ל	ל	ב	ק	ר	ה
ב	ד	ת	ן	ו	ד	נ	ו	ו	ו	ס	פ	מ	ו	ח	מ	ת
ו	י	א	ר	י	ק	ה	א	מ	ט	נ	ד	א	ג	ו	◌	י
נ	ט	ר	ו	א	י	ר	כ	ה	ל	ו	ד	ג	ו	ו	ח	ב
ו	ר	א	ב	ו	ט	ג	ת	ת	ש	ר	ף	י	מ	ו	ו	ה
פ	ו	ל	ו	ס	ח	י	ו	נ	י	ג	נ	ת	ק	פ	ר	פ
א	ר	מ	א	ד	י	ו	נ	ב	ם	י	ע	ב	ש	ו	מ	ה
ג	ו	ש	ס	ח	ט	א	ל	ר	נ	ע	ש	א	ת	ל	מ	נ
י	ה	ע	ו	ה	ד	ר	ו	מ	ל	ה	ש	י	מ	ח	ו	י
ס	ג	ס	ר	ל	ת	כ	כ	י	א	ע	ש	מ	פ	ה	כ	י
ל	ש	ר	ו	ף	כ	ח	ז	נ	ח	ב	כ	ב	ו	ו	י	נ

העיר
המושבעים
המוכר
לשרוף
חיוני
אובייקט
דוור
גדולה
רגיעה
דפוס
מכוסה
טיול
סולו
לתאר
הביתה
ריק
חמישה
טרור
סבוכה
סמכות

Puzzle 48

מ	ד	ו	ש	י	מ	ף	ש	י	נ	ה	ח	ב	ו	נ	ו	ד
נ	ה	ב	פ	ר	א	ס	מ	ל	ו	ה	א	ל	י	מ	ו	ת
ג	ב	פ	ר	ח	ב	כ	פ	ה	ן	ו	ו	ו	ת	ף	א	ו
ר	ל	ו	ת	נ	ו	פ	ה	י	ר	ס	ר	ת	כ	נ	ו	ד
ס	ו	מ	ל	ח	פ	ו	ף	ו	ק	ה	ז	ג	ו	ף	ל	ק
ה	ר	ד	ב	ו	י	א	ק	ח	ר	ה	ת	ב	ר	ו	ו	ז
נ	י	ד	ע	·	מ	נ	ש	ס	ח	י	ל	ז	ו	ן	ו	ל
ל	ט	פ	ס	ה	ד	י	ל	ט	ו	ם	כ	ה	ו	ו	ז	ר
ג	ה	מ	ו	ו	א	ק	ם	ח	כ	ר	פ	ת	ה	ר	מ	ת
ב	ב	ג	ת	ר	מ	פ	י	מ	ל	ב	א	י	פ	ו	ר	י
י	נ	מ	ו	נ	ט	ג	ב	ר	א	פ	ו	ר	מ	ר	כ	ח
י	ם	ר	ח	א	י	ה	ל	א	מ	ש	ר	י	א	מ	מ	ת
פ	ו	ו	ל	נ	א	ב	ס	ב	ד	ו	מ	ח	מ	ק	י	א
ד	נ	מ	ד	ח	נ	ה	ק	מ	פ	נ	פ	ו	ל	ו	מ	ר
י	ו	י	ה	ד	י	ו	ב	א	ו	ר	ן	ו	ד	ב	ו	מ

תנופה
גרסה
אפור
אורזת
לחפוף
שינה
לטפס
הטרופי
גוף
איפור
לרתיחת
מספיק
חילזון
כסף
כתר
לו
סט
מדד
לשקף
ברווז

Puzzle 49

ת	נ	נ	ע	נ	צ	ף	ו	ן	ל	ש	ר	א	ו	ת	ש	א
ל	ה	ת	ר	ח	ש	ו	י	ח	ם	י	א	א	ל	מ	ת	ם
ו	ו	ו	י	ו	כ	ע	ג	ר	י	ה	ל	מ	ב	ר	י	ך
ח	מ	י	י	ש	ל	ן	ו	פ	ח	נ	י	י	י	ק	ק	ה
כ	ו	ב	ר	ת	כ	ו	ו	ש	ק	ד	ג	ל	ז	ו	ה	ו
מ	ל	ש	מ	מ	ל	י	ס	י	ל	ל	ת	ח	י	ת	נ	א
י	ח	ו	ש	י	ת	ד	מ	ו	נ	ו	נ	א	ר	מ	ה	מ
ת	ו	ו	צ	ה	ב	ש	ב	י	י	כ	ם	ל	ש	י	ו	ב
ו	כ	ש	ד	נ	ו	ר	ו	י	נ	פ	א	ל	פ	ה	י	ו
ר	י	י	כ	ו	מ	ר	י	ח	ק	ב	י	כ	ה	ש	ה	א
ש	נ	י	ר	מ	י	נ	ה	ק	ו	א	ט	י	ג	ו	ח	א
פ	ר	מ	י	ר	ס	ר	א	ט	מ	ל	ט	ל	ן	ת	נ	י
א	י	ל	נ	ש	ו	ך	נ	פ	נ	ו	ו	י	ע	ש	נ	א
ה	ב	פ	ה	ח	ב	ו	מ	י	ק	ט	נ	ח	צ	פ	י	ת
ו	ם	ט	ו	ע	ן	ש	י	פ	ם	ה	ו	ז	ל	ם	ו	י

לנשוך
צוות
נחושת
האפשרות
חזקים
להתרחש
כריך
כלכלת
שתיקה
ממשל
אות
מכחול
חור
טוען
מתוק
נלקחים
סוכן
תלמיד
עוף
להירגע

Puzzle 50

ו	ג	מ	י	ו	נ	ג	ו	ב	ה	נ	ו	ז	ל	ה	נ	פ
י	ת	ל	י	נ	ק	ו	א	ו	ם	ו	י	ם	ח	ן	מ	י
ו	ו	י	פ	ג	נ	ל	ד	י	ב	ו	ר	י	ם	ה	ק	מ
ס	ג	ח	ו	ר	ח	ב	א	י	ד	ט	ה	ש	י	ש	ו	ח
י	מ	א	ל	מ	ו	ם	ח	ל	נ	ח	ת	ת	ז	ו	פ	ת
ע	ת	ש	ד	ס	ד	נ	ע	ל	מ	י	ם	ג	ץ	מ	א	מ
ו	ר	ח	ח	כ	א	י	י	ל	י	י	ה	ז	כ	ק	ב	מ
ל	נ	ר	ו	ת	ט	ל	ך	ג	ק	ל	צ	ד	ו	ב	ס	א
ר	ת	א	ף	ק	ר	ג	ו	ה	י	ת	ו	ע	ג	ו	ו	ל
ה	צ	ם	ל	ו	ב	ס	י	ת	צ	ה	ר	נ	ש	ס	נ	ד
ב	פ	כ	ץ	ש	ר	ו	ח	ק	ו	מ	פ	ק	ט	י	ת	א
ו	א	ו	ד	ה	ו	ק	ש	ב	ר	ם	י	י	מ	י	נ	פ
ו	ל	כ	ת	מ	ר	ע	מ	ת	ג	ו	ן	ר	ה	ל	ס	מ
ת	ל	ד	ה	פ	י	ה	ר	י	ב	נ	ו	נ	ת	נ	מ	נ
ל	ד	ה	א	נ	ם	ל	י	ד	ד	י	ו	ת	ו	מ	ח	מ

ברורים
לדיבורים
הנוזל
חייל
חיוך
קיצור
מאמץ
פנימיים
לדחוף
איילי
נתנו
קומפקטית
לחם
גז
הם
לרוץ
סוגיית
נעלמים
שבר
רוצה

Puzzle 51

ס	ע	י	ע	ל	י	י	ה	ס	ו	ה	ם	ע	מ	א	א	ת
י	פ	י	ע	ן	י	י	ו	ג	א	מ	פ	ק	ו	ג	ו	ב
ה	ו	ן	מ	ס	ו	מ	ק	ר	ק	ק	ע	ת	ר	ו	א	י
ד	ע	מ	ת	ו	פ	י	י	ע	ת	ם	י	ל	י	ח	ת	מ
ד	ח	א	ב	ק	ל	ה	ח	ת	י	ם	ו	ז	ב	ע	ף	מ
ת	ו	מ	י	א	נ	ב	י	ו	ש	ד	ח	ר	ס	ה	ו	ו
נ	◌	י	ש	ו	ל	ת	ל	נ	י	ו	ג	ב	ה	ב	ר	י
פ	ב	ה	ח	י	ה	ת	י	ת	ר	ד	ב	ן	ל	ו	ג	ע
א	א	ו	ת	כ	ד	ר	מ	מ	ח	ב	ג	ה	ל	ש	א	ה
ש	ת	ו	◌	ד	א	ק	ז	ג	ו	י	ו	ו	ר	ס	י	ה
ג	מ	ת	מ	ו	א	ר	ה	ב	ב	ב	ו	ו	ל	ד	·	ן
א	נ	ש	י	ק	ף	ה	ל	ל	ח	כ	מ	י	ם	ש	מ	ו
ע	ד	ו	ש	ת	ן	ש	ע	ו	מ	י	ר	פ	ס	י	נ	ב
ו	ו	מ	ו	ג	ו	ע	ט	פ	ל	ס	ת	ס	א	צ	ב	י
ב	ת	ו	פ	ק	ע	ו	ה	ל	ו	ס	ל	ת	ב	מ	ש	פ

חכמים
עייפות
מאמן
באסם
אגרוף
עלייה
אבק
להחתים
הפתיעו
להסביר
חגב
מתנות
ברזל
סמן
חשיבת
להקדיש
שמח
תלוש
מתחילים
רחוב

Puzzle 52

ט	ו	ק	ל	צ	מ	ר	ש	ו	ס	ן	ל	ו	ה	ה	כ	ה
ב	כ	ס	כ	י	ן	כ	ע	ח	ל	ת	פ	ו	ר	ה	ו	ר
ד	י	נ	ן	ב	ו	י	ל	נ	ו	ח	מ	ק	י	ט	מ	ת
ל	ל	ה	י	נ	ר	ח	·	י	מ	ר	ש	ו	כ	מ	ס	ר
ה	ו	ת	ב	ק	א	ס	ך	מ	ט	ו	י	נ	ז	נ	פ	ו
ו	צ	מ	נ	ו	ה	ס	י	נ	כ	ל	מ	ם	ה	נ	ר	ר
א	א	נ	י	ע	פ	מ	ו	ל	נ	ר	פ	ה	ל	פ	י	מ
ב	י	ג	ה	ו	ת	א	ש	ו	ב	ג	ת	ל	ו	ר	ח	ר
ש	ר	י	נ	ן	י	ס	מ	א	ו	ב	מ	ש	ש	ל	ה	מ
ל	ו	ח	נ	ו	מ	ל	ת	פ	פ	ע	ש	ל	פ	ו	נ	מ
ר	ל	ת	ת	ק	ל	ו	מ	ד	ב	ה	א	מ	ע	ט	ד	פ
י	ה	ו	פ	ה	ע	ד	ד	ע	ד	ת	י	נ	י	נ	ר	ו
ח	ה	ב	ה	נ	ג	א	ע	נ	מ	מ	ת	ל	י	כ	ח	א
ה	מ	ר	א	ה	ל	ו	ן	ו	ב	ש	ח	מ	ר	מ	ז	ר
ו	ו	ח	ל	י	ת	י	כ	ו	ק	מ	א	ו	ת	ה	פ	ת

עגלת
ארון
נולד
מדען
לשלהם
משאית
שחורים
ולהזכיר
לתפור
חרב
כניסה
טכניקה
מספרי
מול
חשבון
סכין
גבעה
צמר
המראה
מפוארת

Puzzle 53

מ	מ	ר	מ	י	ח	ס	א	ו	ד	ן	מ	ד	נ	פ	מ	מ
ו	ת	י	ק	מ	ו	פ	ו	נ	כ	ו	ה	ו	ו	ו	ו	ב
ע	נ	י	ת	ה	ו	ח	י	פ	ח	ב	י	ו	א	י	ד	ר
ד	ב	ל	ס	ס	ב	כ	מ	ה	מ	מ	א	ן	ו	ו	ת	ר
ו	ח	ח	ל	ה	כ	ח	ב	ל	ע	ן	נ	י	כ	מ	ח	ר
ן	ל	מ	כ	ו	ך	ה	ל	ך	ר	ו	מ	י	ל	פ	מ	ב
ט	ל	ס	ק	ו	פ	ב	ב	ה	ל	ת	כ	צ	ב	כ	ל	ד
נ	מ	ח	ש	ה	ם	פ	ן	י	ג	פ	ה	ל	ק	י	נ	מ
ג	נ	מ	י	נ	ר	ג	ש	י	ת	כ	ר	ע	ה	ל	מ	פ
ל	ט	ו	י	י	ק	ש	ס	ו	ס	ה	ת	ע	ר	ו	ב	ת
פ	ו	ד	ג	א	ע	ו	ב	ו	נ	ר	ר	ד	מ	ח	מ	א
י	צ	ר	ו	ח	א	ו	ג	ל	ש	ה	נ	ו	מ	ח	א	נ
מ	י	נ	י	ה	ד	מ	א	כ	ר	ר	ת	ד	ע	נ	מ	מ
א		ס	ד	פ	ק	ע	ת	ו	פ	ח	י	ר	ש	ד	נ	א
ח	ת	ח	ד	ב	ן	ל	ח	א	פ	מ	ד	ת	ק	ש	ה	ו

להפגין
פרשנות
ציין
הערכת
תערובת
ובכך
חמוד
מדבר
מועדון
נרגש
הלך
אוכלוסייה
התיבה
כפל
לב
מחר
טלסקופ
קרם
קשה
כבאי

Puzzle 54

ב	ר	ח	ח	י	ו	ה	ו	ת	ו	כ	י	ג	י	ב	כ	ו
ו	ז	ן	ר	ל	פ	נ	ש	כ	ל	ו	ב	כ	ר	י	ם	ח
ד	ת	נ	ו	ו	ה	ש	ל	ר	צ	ח	ו	ר	י	פ	ף	ש
מ	ו	נ	ה	ד	ו	מ	ע	ב	ש	ד	ר	ו	א	ג	ד	מ
י	כ	מ	ט	ן	ן	ו	ג	ה	א	א	ו	פ	נ	ו	ע	י
ד	ל	ת	י	ר	י	ג	ל	ב	ע	ע	ו	נ	ג	מ	צ	ר
ב	נ	ב	ש	נ	ל	ו	ו	י	י	ת	ן	א	ם	פ	ב	ר
ו	ל	ע	פ	ד	נ	ר	ה	ב	ד	ף	ת	ר	ב	ר	מ	ב
נ	פ	ש	י	י	י	ט	ל	ח	י	י	ך	ע	ע	פ	ו	ו
ו	ע	ר	צ	ד	נ	ו	י	ת	א	ר	ל	צ	ף	מ	י	א
ח	ת	ב	נ	ב	ת	ת	י	ת	ת	ח	ה	י	ו	א	ו	ד
ק	ן	ע	ו	ב	פ	ע	ת	מ	ד	ה	מ	ס	ן	נ	א	ל
א	ל	י	נ	י	ט	י	פ	ו	ס	י	ב	ס	ו	ל	ו	י
י	ח	ה	ס	צ	פ	י	ר	ש	ו	ו	ת	ת	מ	ר	ד	ה
ה	א	ב	י	י	פ	ה	כ	נ	מ	י	ל	כ	ש	י	ו	פ

דומיננטית
כלוב
החריף
אופנוע
טיפוסי
במהלך
מבצע
גירית
שיטה
תחביב
נפשי
ביצי
דלת
ילידי
בפינת
בר
זר
בעמודה
רכב
לווייתן

Puzzle 55

מ	ש	ל	מ	ו	ה	ר	ה	ד	מ	ו	ק	ר	ט	י	מ	מ
ש	מ	א	ת	ו	ג	ג	ל	ל	ו	ק	ח	י	ם	א	ע	א
ו	ג	ן	נ	פ	ו	ח	ו	ח	ס	ו	ו	י	ד	ב	ל	ת
ו	ו	י	פ	ע	י	י	ח	ב	ו	פ	ט	ג	ק	ן	ג	מ
פ	ק	א	ח	ח	ס	ל	ע	ג	ז	ר	ב	ו	ו	כ	י	ר
י	ע	ת	א	ו	ם	ל	ת	ב	מ	ב	ו	פ	מ	ה	א	ר
ל	ד	ה	ה	ו	ו	א	י	מ	ו	י	ר	ס	ו	מ	ך	כ
ה	ס	ש	י	ש	א	ו	י	ך	ח	ד	ט	ל	ל	ו	כ	מ
ו	ז	א	י	ש	פ	ר	ש	א	ה	ל	ל	ה	ש	ש	ט	ן
נ	ו	ת	ת	ל	ש	נ	מ	ס	נ	כ	י	ה	ל	ר	ב	כ
ל	נ	ת	י	ו	ר	י	ח	ן	ל	ר	ה	א	מ	ש	ו	ר
ג	מ	ש	ה	ל	א	ו	פ	ד	ת	ל	י	ם	ע	צ	נ	ד
ו	ת	מ	ל	ש	מ	פ	ל	ח	מ	ר	ל	ו	ו	ב	י	צ
י	כ	ר	ו	ך	ח	ר	ש	נ	י	ת	נ	ו	ת	ו	י	א
ך	ו	ב	מ	ז	מ	א	ס	י	ב	ו	ם	ה	כ	ז	ד	ו

כולל
מוקדם
להיכנס
חולה
מוסרי
לשרוד
סיכום
מיטה
דיבר
בטוח
לוקחים
יכרוך
שניתנו
להמציא
כבר
הדמוקרטי
אך
אם
כל
ספוג

Puzzle 56

התקדמות
ספינה
תקין
פחדן
טעימים
אמריקני
ארבע
שבעה
כוכבי
יצוא
הגבוהה
בין
מזרקת
מיומנות
כול
קרקע
ספת
דיבורי
בקהילה
להוסיף

ה	ד	י	ת	ו	ל	ה	ה	י	ה	ע	ס	ו	י	ת	ח	
א	י	ח	ה	ת	ב	ג	ה	ו	ש	ס	ש	י	ח	א	י	א
ד	מ	ל	ק	צ	ש	ב	ו	ע	ף	מ	ף	י	ק	ת	ת	מ
ן	י	ב	מ	ה	י	ו	ת	ק	י	ן	י	ב	ר	נ	י	ר
ה	ע	ב	ש	ע	ם	ה	פ	ר	ס	ד	ו	ו	ד	ש	ל	י
י	ב	א	ו	צ	י	ה	ס	ק	ו	ח	ת	ב	מ	מ	י	ק
ת	ר	ו	ר	ר	מ	ת	ש	נ	ה	פ	מ	ו	ו	נ	ת	נ
ר	א	י	ב	ו	י	ה	נ	ף	ל	ס	פ	י	נ	ה	ו	י
נ	ל	ל	ק	נ	ע	ב	ב	ק	ה	י	ל	ה	י	ב	מ	ת
ה	ן	פ	◌	פ	ט	ח	ב	ס	ב	י	ו	מ	נ	א	ד	ק
מ	צ	ר	א	ע	ר	ח	ג	ו	ד	ד	י	ה	פ	נ	ק	ר
ס	נ	ה	י	ו	ל	כ	ו	ל	כ	ת	ל	מ	ו	א	ת	ז
ה	א	ב	מ	ב	י	ר	ג	נ	ב	ש	ו	ד	ע	ר	ה	מ
ח	נ	י	מ	ל	ו	נ	ה	ש	ר	י	ח	ק	ת	ו	ד	י
ו	כ	ן	ו	ר	ח	מ	ת	נ	מ	ה	נ	ר	כ	נ	ה	נ

Puzzle 57

א כ ה ה כ ע י ס ל ה פ ר י ע י ג ב
מ ו א ר א ו ן פ ק ש א ש ז צ ק י ע
ל ו ו ה צ י ו ר ח ו י ו ח ב נ ש ו
ד ו ו מ ב ד ו י א ח ב י ט ל י פ מ
פ ו ח י י נ ע י ת ת ו ף א ו מ י מ
ו י ת ר י ה ד ת ר ה ס ו ו ט פ ט ב
ק ד ו ל י ב ו ה ל פ מ ס ד ה ד ר ר
ה ר ע ת מ י ש א ע י י א ח ע ט כ ו
ו כ ש ב ר ר ו ל ו י ו ל ר פ ת י א
ב נ נ י ל מ א ו ע ב מ ש ר י נ ח ס
א ו ז ש ו מ ו א מ ב פ י ל א ר ג ן
ע מ מ ו ז נ ו מ א ו ה ח ה י ה ו מ
ו י י א ל ה צ ר י ל ש פ ו ך ש פ י
ג א ב כ ת ח י פ ו ש י ת ל י א ס א
ס י ה ר מ ס ג צ ר ב נ נ ל מ א ל ז

לשפוך
לדפוק
בינלאומי
אחריות
להוביל
צמחי
לארגן
הכעיס
ירצה
לבצע
תחושה
שעות
דהירת
ספריית
יפה
לאסוף
לספוג
טיפשי
להפריע
חיפושית

Puzzle 58

ש י א ף ג פ א ה נ ב מ א ש י ך ל ר
פ ן ע ָ ש ש ה ש ף ע ן ם ר י ל ן ג
ל ה ר נ מ ל ן ת ו מ ג נ י ב ה ו א
ל ם י פ ו צ ו ל ס ס נ א ר צ מ ק ה
ז א ו צ ת פ ם נ ו י ו י י י י י ה
ס ע ל ו י נ כ ל נ ו ו ב מ ח ב ת ט
מ ס ת פ י י ת נ י ד מ ב ו ל ו ו ו
ו ע ג ו ל מ ב ב ש מ י ת ו מ ב ם מ
י ת ת מ ה י ג ת ו כ פ ם י נ ו ת נ
כ ו א ב ב ג מ ו ה ד ג ד ט ן מ ר נ
ד מ ו א ל ו ן ב ר ה ב ו ג ח ע נ ח
נ נ ו ר ת י ל ב י י ו ו מ ס ו כ ן
א ע נ ה ו ר ת א ל ס ו נ י י ק ו א
פ ו נ ט פ ל ד ה י י י ש ה ת ל י ל
ן ל ו נ ס ק ב ח ר ה ו ו ד ת מ ת י

במדינת
אוקיינוס
מנעול
כנרת
תיקון
נתונים
מעולם
מגניבה
מגבת
מהלך
לאתר
פתוח
במחבת
צופים
פנימי
מלח
סוף
תלוי
גומי
מסוכן

Puzzle 59

ק	י	ר	ה	נ	נ	ת	ש	כ	י	ד	ב	ר	י	נ	ב	מ
י	ר	ד	ה	ה	ה	ט	ב	ג	פ	מ	כ	ה	מ	ש	ט	ח
ל	ה	א	י	ל	ה	ש	ו	ל	ש	מ	ח	ו	י	ב	ו	ת
ן	ו	ָ	פ	ט	ת	ש	מ	מ	ו	צ	ל	ח	ה	י	ל	ם
ק	ן	ד	ו	ע	ו	ה	ע	ו	צ	מ	ת	ד	י	ר	ל	ט
ת	ו	ם	פ	ב	מ	ב	נ	ת	ם	ן	י	א	ו	נ	ו	מ
ס	ס	ו	ו	ר	ה	א	מ	ו	ס	א	מ	י	ל	ס	נ	י
נ	ל	נ	ט	י	ח	ס	י	ם	ן	ב	ס	ה	ו	ת	ש	א
א	ו	א	מ	א	ח	פ	ה	ר	י	ח	ת	ל	ק	י	א	ש
מ	ו	ק	י	ג	ב	מ	ל	כ	ר	ר	נ	ת	ב	ס	ת	ב
י	ו	ו	ם	י	ח	א	ד	ה	צ	י	ם	ל	ע	ת	ה	ל
ן	ל	ש	א	ו	ל	ו	א	ו	י	א	ב	ל	ר	א	ה	א
ג	ה	ר	ס	ו	נ	א	ן	ו	ת	ו	ש	ש	ו	א	ת	ה
ו	נ	ר	ו	ד	י	ו	ן	ש	ח	ק	ב	ע	ן	ק	ב	ד
ג	ו	א	ן	ו	ר	ו	מ	ד	ה	ח	ו	מ	ה	ך	ש	מ

העוצמת
להתעלם
מוצלח
שלושה
רצון
אסון
התאוששות
אשתו
שווה
מחויבות
בשיחת
יחסים
אין
דבק
ההיפופוטמים
משטח
בקול
משך
סחר
להימנע

Puzzle 60

בבירור
פריט
שוות
פרפר
בובת
בלוקים
מלכה
אפשריים
מעבר
חדה
דומדמניות
נפח
פרט
צלב
שלד
שמר
התפשטות
העגולה
אגוז
חולצה

ל	ג	ח	מ	מ	ו	ו	ט	ס	ל	א	ב	נ	ת	י	א	א
ו	ו	ו	ן	ם	י	י	ר	ש	פ	א	ל	י	י	ו	ו	א
מ	ש	ל	ד	נ	ט	ר	פ	ר	ה	ל	ו	ג	ע	ה	ג	ב
ע	כ	צ	ם	י	ק	ו	ל	ב	ה	כ	ל	מ	ק	ו	ו	ם
ב	י	ה	ר	ש	מ	ר	י	מ	ת	ו	ו	ש	ז	ב	ע	ו
ר	ו	פ	פ	ו	א	י	צ	ר	ו	ש	ו	ל	ת	ע	מ	ר
י	ד	ך	ר	ת	ה	ב	ה	ש	י	נ	ש	י	י	ר	י	נ
ן	ל	ו	פ	ו	ל	ב	א	ג	נ	י	ו	ו	ל	ח	ל	ע
א	ד	ת	ע	מ	ר	פ	ת	ד	מ	ב	ו	א	ת	ב	ל	צ
ה	ו	ף	מ	ם	ם	א	ן	י	ד	י	ל	ט	ט	ע	ר	ה
ו	א	ר	ת	ע	ל	ד	ה	ו	מ	ו	ו	ל	נ	י	ם	י
ל	ה	ד	ח	ה	ת	פ	ש	ט	ו	ת	י	ת	פ	ד	מ	ן
ש	ו	ק	נ	א	נ	מ	ה	ח	ד	א	ם	ד	ח	ה	ת	י
ר	ס	◌	ר	ב	ר	ו	פ	ס	מ	ד	מ	מ	מ	ה	א	ת
ב	י	ד	פ	ח	י	ו	ל	ו	ב	נ	ר	ס	י	ר	ת	ו

Puzzle 61

א	ו	ב	מ	ק	צ	ר	ם	כ	ש	ו	כ	ט	ו	ע	י	מ
ע	י	ל	ר	ו	ת	ו	נ	ח	פ	י	ב	ו	ד	ר	פ	ו
ם	י	ב	א	מ	י	מ	י	נ	ג	ר	ו	מ	י	ו	י	ר
ת	ת	ע	י	ק	י	ד	י	ה	א	ד	ד	ו	כ	ד	ב	א
ח	מ	ת	ל	ו	ס	ח	ת	ו	ת	ר	ת	ו	כ	מ	ר	ק
ב	ו	ו	ו	ם	נ	ו	ם	מ	ת	ה	נ	ג	ח	א	א	ע
י	ת	נ	ס	ה	כ	פ	ע	ד	ה	מ	ן	ש	ח	נ	ב	ו
נ	ל	ר	ב	ג	מ	ש	ב	א	ב	י	ב	ו	ד	ל	ו	א
מ	ם	י	א	מ	ש	ז	י	י	ע	ו	ץ	ח	ה	ו	א	י
י	ד	ל	פ	ל	ס	ה	ם	ר	ן	י	ם	ס	ו	ט	פ	ע
ו	א	ר	י	י	צ	ל	ו	ב	ו	ש	י	א	ו	א	כ	ב
ה	ל	ו	ז	ג	ן	ל	ר	ש	ה	ח	ש	א	ן	ב	ק	ך
ח	ט	ת	מ	ד	ו	ה	י	ם	א	ש	ו	ה	ק	ע	ו	ל
ן	א	י	ה	פ	ו	מ	ל	י	נ	ת	ל	ע	ה	ו	א	ו
א	ת	ל	ע	ו	פ	ב	ו	מ	ו	ס	ש	א	ש	ת	ה	י

קומקום
חופש
מכנסיית
חנות
מיעוט
כותרת
בפועל
לטאת
ייעוץ
הון
לצייר
פי
מדע
בריא
מחשבון
שיא
להסיח
באביב
כבוד
שלושים

Puzzle 62

י	ח	ד	ר	ר	ר	ע	מ	צ	ט	ע	ר	ח	ן	נ	ח	ה
ו	ז	מ	ח	ר	ד	מ	ק	ל	י	ו	ל	כ	י	ס	א	ל
ן	ק	ש	ש	ד	ש	ד	צ	י	ב	ד	ו	ר	ו	צ	ו	י
ו	ג	ן	ר	ש	ל	ה	ת	ל	ל	נ	ל	ס	י	י	ם	ו
א	ת	ד	ר	ת	ת	נ	ה	ת	ו	ר	י	מ	מ	ו	ת	ו
ע	ש	ו	א	ש	מ	ב	נ	ו	נ	מ	א	ר	◌	פ	מ	ש
מ	ר	מ	מ	ה	ו	ת	י	י	י	י	מ	נ	מ	פ	ס	מ
ו	מ	ו	ח	פ	ו	ר	ג	נ	ל	ד	נ	ל	ת	ה	ז	י
ת	ל	י	י	כ	ו	ו	ב	ב	א	י	פ	ח	ב	ב	ה	א
ח	ט	ו	א	ח	י	ס	מ	ג	ב	ו	ה	ו	ו	ר	ב	כ
ג	א	ב	ך	כ	ד	ו	ל	ע	ו	ק	ך	ב	ת	ג	ה	ה
ו	ו	ב	ה	ז	מ	י	ט	פ	ס	ת	מ	י	ע	י	ו	מ
ש	ל	ו	ת	ו	י	ת	ר	ד	ק	ח	צ	ל	ר	ר	ו	פ
צ	ט	ו	ו	נ	ל	ה	ל	מ	ח	ם	י	ב	ר	ל	ח	ו
ו	ו	ר	ע	א	ה	י	ת	ה	ר	ב	ה	ה	פ	ז	י	א

עגבניות
כיסא
לנווט
עמדה
חמלה
בלוני
כותנת
דיוק
צלילת
גרב
זהב
מצטער
זבוב
סוס
לסיים
צחק
בגינה
רבים
קצת
שלה

Puzzle 63

ת	נ	ד	ק	ד	ל	מ	ש	א	ב	ד	א	פ	ו	א	צ	י
ת	ג	ח	ש	ל	כ	ח	א	צ	ב	ו	מ	ח	ו	צ	כ	פ
ל	ן	ת	מ	ת	ב	א	ד	ו	נ	ר	כ	ן	א	ר	ה	ב
י	י	ש	ז	י	ה	ב	ת	ג	ו	י	ה	כ	ר	ע	נ	ש
ו	ה	ו	ד	צ	ס	י	ר	ק	צ	ד	ת	ד	מ	ח	ש	ק
ת	פ	ד	מ	ה	ר	נ	פ	ת	ל	ר	י	ח	ס	ח	ת	ה
ם	ע	מ	מ	ה	ח	ו	י	ה	ב	ק	ו	ע	מ	ר	כ	ע
ה	ם	י	ו	ח	מ	ת	ג	מ	מ	ר	ת	ס	ח	ק	ע	ו
ד	נ	ח	ו	י	ר	ר	ן	נ	א	ב	ה	ב	ו	ג	ב	פ
ד	י	ת	ק	ע	א	ט	ח	ת	מ	ק	ע	ל	ח	ס	ש	ו
ה	נ	מ	מ	ו	צ	ע	ת	ק	י	ך	י	י	י	ו	ח	א
ק	ש	נ	ו	ו	י	ם	ו	ס	ב	י	ח	ר	כ	ה	ג	ג
ד	ו	ת	י	ס	ם	ם	פ	פ	ח	ל	י	א	ו	ל	י	מ
א	ף	ל	מ	ו	ח	נ	מ	ה	ו	ה	ך	כ	ה	ד	מ	א
נ	נ	◌	י	א	ס	א	ד	ק	ץ	ת	ד	ה	ל	ג	כ	ב

במקום
הפסקת
הכרחי
ממוצעת
פותחן
ינשוף
להגר
בחוץ
מסמר
תהליך
חמת
חסת
טעם
מילואי
די
שנערכה
רע
תג
בגובה
להוכיח

Puzzle 64

שירות
מקלחת
נכון
לגנוב
ולשמר
ספרייה
כדורגל
בפרט
מתנה
לוח
להתנועע
מצא
בתורו
אגורת
להגיש
פני
ראוי
מתנחלים
רכי
באותו

ר	י	ו	ד	ש	ת	י	ל	ר	ו	ב	ד	מ	מ	א	ת	ה
י	ה	ב	י	ש	ה	ד	ם	ו	ה	פ	ם	ד	ד	ו	ב	ח
ף	ח	י	ו	ו	מ	פ	כ	ד	ו	ר	ג	ל	ר	ת	ק	ו
ד	ו	ת	ו	א	ב	ל	ו	מ	ו	ט	ה	א	מ	פ	ד	ן
ג	מ	ד	מ	צ	ד	ם	ר	ת	ו	ל	ש	י	ג	ה	ל	ו
ו	י	ן	ו	מ	צ	ו	ו	י	א	פ	ב	ם	ד	ה	מ	ס
ם	ת	ע	ע	ו	נ	ת	ה	ל	ו	מ	נ	ב	ו	נ	ג	ל
ד	ו	ר	ב	ש	ו	ו	א	נ	ר	ו	ו	ו	ו	ש	ח	ב
כ	ס	מ	ע	נ	מ	י	ס	פ	ר	י	י	ה	ש	ת	ת	ו
ע	ד	ח	מ	ו	ת	ד	ת	ב	ה	ו	נ	מ	ד	ו	ח	י
ק	נ	נ	ל	ר	ם	י	ל	ח	נ	ת	מ	ב	ר	ל	ל	פ
י	ת	מ	נ	י	כ	ו	ל	ש	מ	ר	ב	ו	ע	נ	ק	ד
ע	נ	ל	כ	ר	ל	א	ש	י	ר	ו	ת	כ	ת	פ	מ	י
ג	י	מ	ו	ו	ל	ר	ל	נ	ע	ג	ב	ז	ו	ו	כ	מ
ר	י	י	ן	א	ח	ו	ל	פ	י	א	ח	מ	י	ב	מ	כ

Puzzle 65

ו	ע	מ	י	ד	ג	ר	ו	ו	ו	א	ל	פ	ג	מ	ם	ו
ד	ד	ז	ו	ר	ת	כ	ד	ו	ת	מ	ת	נ	ו	י	מ	מ
י	ת	ל	א	ה	י	ה	ש	א	י	פ	ה	י	ך	א	א	מ
פ	ו	ג	נ	ז	י	ם	י	ד	ל	י	י	י	ע	ל	מ	מ
ת	מ	י	ה	ר	א	ו	ל	צ	ח	א	ג	פ	ט	ח	ש	מ
ב	ז	ר	ם	ו	ק	ב	א	מ	ת	ה	ר	ו	ז	א	ת	מ
מ	ל	ת	ו	ע	נ	ב	ר	מ	י	ו	נ	נ	פ	מ	ה	ב
ר	ן	א	ד	ו	ת	ו	ב	פ	נ	ד	א	ה	נ	מ	ר	מ
א	ה	צ	ו	ח	ה	ר	ו	ו	ד	י	י	ע	ב	ף	ה	ד
ד	י	צ	מ	פ	ל	צ	ת	ל	י	ב	ל	ב	מ	מ	ר	א
ו	ר	ת	ה	ס	ה	ו	ע	ת	י	כ	ל	ו	מ	ר	א	מ
ו	ת	מ	ה	פ	מ	ש	א	ה	ל	ה	ל	ר	כ	ו	י	ח
ב	א	כ	ה	ב	י	◌	ו	ת	י	מ	ה	מ	ח	א	ר	א
י	מ	ד	ו	ט	ר	ת	א	ב	ה	י	ו	י	ב	ע	י	ה
ב	ר	ח	פ	פ	ו	מ	א	ל	א	ל	ו	ש	י	י	ח	ד

כמות
זרועו
מאבק
אנרגיה
החוצה
באתר
מזלג
עפרונות
מפלצת
מרובע
ילדים
אז
הר
תה
מזל
השאיפה
נעל
ציד
הכאב
הכבידו

Puzzle 66

ה	ש	ו	ד	◌	ה	מ	ת	פ	ך	ו	ב	ע	ט	ל	ו	ש
פ	ו	ד	כ	כ	י	ע	ר	ד	ו	ס	מ	נ	ר	ט	ה	א
ו	ק	ר	י	ש	י	ן	ו	ד	נ	כ	ר	ק	ג	צ	ש	ה
א	ל	ס	ו	ב	ו	ל	ג	ל	י	א	ש	י	י	ז	נ	י
מ	י	ו	ה	ן	ת	ש	ז	ת	ח	ר	ח	ת	א	י	י	ל
ת	ם	ח	פ	ס	ת	ב	ד	ע	ק	ע	ו	מ	ה	י	ו	מ
א	נ	ו	ו	מ	ו	י	כ	ו	ר	ו	ד	ה	ר	ו	מ	ן
ע	א	ח	ב	ר	ד	א	ב	ד	ב	כ	ן	נ	ע	ו	ת	ל
ה	י	צ	ק	א	ר	ט	נ	י	א	ן	ת	ת	מ	ר	ל	מ
ט	ר	ו	ו	ן	י	י	פ	מ	ק	כ	ב	ת	א	ל	ח	ג
א	ה	צ	ח	פ	ע	ה	ר	י	מ	ש	א	ו	כ	ד	י	א
מ	פ	ו	צ	ג	י	ת	מ	ה	נ	י	פ	י	ש	י	ב	מ
ת	מ	נ	ל	ה	ו	ל	כ	י	ם	א	ד	ש	פ	ב	א	ו
ל	ס	נ	נ	ש	מ	י	פ	נ	ק	ע	ל	ג	ר	ב	ל	א
י	ח	ו	א	ף	ך	ל	י	י	י	ח	ש	ר	ת	ג	ל	ו

שמירה
ידוע
רקוב
נהמת
ורודה
הולכים
גלובוס
ענקית
שוקלים
אינטראקציה
לצחוק
יער
קמפיין
רגשיות
לזכור
חינוך
שכן
טרגי
מתאים
מסודר

Puzzle 67

פ	נ	ו	י	ל	ל	ד	ל	ב	פ	ו	י	י	ר	ד	ו	ם
ש	ה	ו	ט	ד	ר	ה	נ	ו	ק	ך	מ	ד	ף	ד	ת	א
ו	א	ה	א	ד	צ	ו	נ	ה	ו	ו	ח	ש	ו	פ	י	ח
ט	ב	ש	י	ת	ו	ע	ש	מ	ס	מ	ר	מ	ק	ן	ב	ר
ג	כ	מ	ן	ר	ת	ו	י	ו	ע	נ	ע	ו	ש	ף	ר	כ
א	ר	ת	ו	א	ד	ק	ה	ל	ו	ב	ט	ב	נ	כ	ע	מ
פ	ה	מ	מ	ו	ה	י	י	ב	ש	ק	ר	י	צ	ת	מ	ר
מ	מ	מ	כ	ו	נ	נ	ת	ח	ר	ה	ח	ו	ל	ו	ש	ו
ו	ר	י	ב	ב	ו	ע	ר	ן	ר	ר	ו	ם	נ	י	מ	א
ם	ל	ש	ל	ה	ע	י	ג	ה	ז	ל	ת	י	ת	נ	ת	ה
א	נ	ף	כ	ק	ר	צ	ו	א	ד	ג	א	מ	ל	י	מ	י
נ	ה	פ	ן	ו	ש	ה	ת	ו	כ	ח	י	ו	ת	ד	ו	נ
ח	י	ב	ם	ה	ג	ל	ל	י	ר	ה	ם	ק	פ	מ	ה	ת
ל	ז	ה	ו	י	ד	פ	ב	ל	ו	א	ט	ע	ע	א	ל	נ
מ	ר	ח	ה	צ	ר	ט	ר	ל	א	ד	י	א	ר	י	ס	ב

ריצת
מערבי
חווה
בעמוד
עסוק
פשוט
נמוך
ביום
אחר
הגיעה
שקוף
לרצות
מדיניות
מדף
לשלם
נשי
בשקר
חיפוש
עקומים
אזרחי

Puzzle 68

כותב
מתכוונים
קינמון
מוכנה
שאלה
בארון
מחבר
שעועית
לדלקי
לנקודה
לחפש
חתך
ירד
תעשיית
רציני
עשרונית
זכות
בריחת
חומוס
המשאית

פ	ס	ו	כ	ש	א	ל	ה	מ	מ	ה	ה	ז	ו	א	ל	א
ק	ב	ו	י	ב	נ	ת	ח	ת	ך	ח	ג	כ	ד	ק	י	ק
מ	ת	א	ג	ק	ע	ע	א	כ	י	י	י	ו	ר	ב	ח	מ
ב	ת	א	ו	ז	ן	ש	ע	ו	ע	י	ת	ת	א	א	ף	ל
י	כ	ד	פ	ת	נ	י	ט	ו	ת	י	י	ח	ג	ת	ר	ח
ת	ה	ר	צ	י	נ	י	ה	נ	מ	ל	א	י	ת	ו	פ	פ
ש	מ	מ	י	ק	ו	ת	מ	י	ג	י	ש	ר	ה	ו	ו	ש
ה	נ	כ	ו	מ	י	י	ע	ם	ו	פ	מ	ב	ן	ת	ו	ג
ל	פ	פ	ת	נ	מ	ש	ב	ב	א	ס	ה	ש	ב	י	ש	ב
א	ו	מ	ו	ח	ר	ט	ת	מ	ן	ו	מ	נ	י	ק	א	ו
ן	ו	ר	א	ב	פ	ע	צ	ו	נ	מ	י	ו	א	א	מ	ו
ה	ש	ו	י	ו	מ	ת	ת	ו	ו	ו	ר	י	ע	ה	ג	ג
ע	ה	ב	פ	ד	כ	פ	פ	ד	ו	ח	ד	ו	ר	ב	י	ת
ו	י	י	ת	ו	ה	מ	פ	י	ק	ל	ד	ל	כ	ז	ח	מ
ן	ד	ר	ח	ו	ר	י	כ	ו	ר	ע	ה	י	ו	ו	י	

Puzzle 69

נ	י	כ	ו	ג	ל	ר	ז	ר	ג	ש	ל	ת	נ	י	ת	ו
ר	ש	נ	ם	מ	ש	כ	י	ת	ש	ע	ה	ל	ע	ו	מ	ח
מ	ד	י	נ	כ	א	ו	ב	ל	מ	מ	ח	מ	נ	י	ת	א
כ	נ	ס	י	י	ת	ו	ן	ג	ג	ח	א	ר	ס	ץ	פ	ו
ת	י	ר	ם	א	ח	ה	י	ו	נ	ה	ד	ם	י	ר	ג	ש
מ	ג	י	ן	ה	פ	ש	ר	ב	י	ו	מ	נ	ת	א	נ	ר
י	י	ת	ו	י	נ	מ	ח	י	נ	ו	פ	נ	ר	ו	ל	ה
ד	י	ו	ל	ח	ו	א	ת	ו	י	נ	ע	ס	פ	ל	פ	ת
ס	נ	ו	ן	י	נ	ת	מ	ב	ל	ל	ח	ח	ו	מ	ר	נ
ו	ה	ת	ש	י	ר	כ	ל	י	ל	ש	י	ו	מ	ר	ק	ה
כ	פ	ר	מ	ל	◌	ו	י	ה	ע	ן	י	י	ל	ת	י	ל
ר	פ	י	ה	כ	ח	ב	ט	י	מ	ה	ף	ת	י	ת	י	ו
מ	ד	כ	י	ו	ו	פ	ק	ה	ד	ר	ר	נ	י	נ	ן	ת
ע	מ	ה	ו	נ	י	ת	א	פ	ר	ע	ו	פ	ג	י	ו	ָ
י	ת	ל	ג	ן	ם	ת	ו	ו	ה	י	ר	א	ל	ו	ד	ב

תנין
כנסיית
חמניות
פוני
חומר
אריה
לוויה
זכאים
שגרים
שלנו
ארץ
לכונן
האי
מפרש
סוכר
התנהלות
ספל
פרק
כרישת
תמיד

Puzzle 70

י	ר	ך	ז	ו	נ	כ	נ	ב	ח	ס	ח	ת	כ	ז	ב	ה
ד	ב	א	ת	ק	ע	ז	ל	ז	ו	ן	א	ל	ר	ל	ס	נ
ע	ת	ת	מ	ף	ו	ג	ב	ה	ד	ן	כ	י	ו	ס	י	ו
ל	ה	כ	פ	י	ל	צ	ר	י	ש	ל	ק	ל	ג	י	ר	ק
ד	ת	ג	ו	ב	ר	ר	י	ר	י	ה	ש	ו	ל	ח	ן	ו
א	ר	י	א	ן	כ	ו	ס	ו	ה	ש	נ	ק	פ	ס	ב	פ
ל	ב	פ	ג	י	ל	ס	ר	ת	ר	י	ק	ו	ד	ר	ל	ב
ל	ו	א	א	ת	ת	ו	ג	ר	ד	מ	ב	ר	ו	ע	ש	ג
ר	ת	י	כ	ו	ו	צ	מ	ס	ע	ו	ר	ב	ת	ל	י	ק
מ	ט	א	ו	ו	ד	ע	ח	מ	א	ג	י	י	ו	ר	ר	ח
ר	ע	ה	י	ב	א	ד	פ	ל	י	ת	מ	ו	י	ה	נ	ס
ב	ו	א	ט	ם	ע	ה	י	י	א	ה	ו	נ	ג	א	מ	ג
מ	ת	ח	פ	א	ק	א	י	◌	ק	מ	י	ת	ד	ב	ר	ו
ק	ר	ד	ד	ש	פ	ש	נ	ת	ת	ל	ה	ד	י	י	נ	ל
ו	י	י	ש	ו	א	כ	ת	נ	ת	ד	ן	ן	א	ו	ו	ל

שולחן
התרבות
להכפיל
חודש
הססגוני
ריקוד
במדרגות
כלכלי
בגוף
זריקה
קונה
אבד
עורבת
סגול
ברוקולי
עד
לשיר
בזהירות
טעות
זעקת

Puzzle 71

ד	◌	ו	ת	ע	ו	ל	א	ה	ב	א	ג	י	מ	ר	ש	ת
א	ש	ע	ם	ת	ם	ש	ל	פ	ע	ג	ש	צ	ן	ך	ע	י
ן	מ	י	מ	ב	ו	ו	ר	ו	מ	ו	א	ע	ח	י	ב	ו
ו	ב	ו	ח	ח	ו	י	ו	פ	ד	ו	ג	א	א	ר	ר	ל
ב	א	ת	ב	נ	מ	ר	ו	ו	ת	ה	נ	י	ד	ע	נ	ו
ל	נ	ש	ו	ו	ו	ח	ד	ל	ע	פ	ת	כ	י	ה	ו	נ
נ	ע	מ	ר	מ	ד	י	ו	ר	א	ת	ת	ב	נ	ל	ק	ט
ב	י	פ	ל	ל	ד	כ	א	י	י	ע	ד	פ	י	צ	ר	ו
א	א	ה	נ	ש	י	ו	ז	ת	ו	ה	ש	א	ד	ה	נ	ג
ת	י	מ	ו	א	י	ת	ה	י	י	ב	ת	ר	ד	י	מ	א
ד	ש	ר	ת	ל	ב	ו	ת	ל	ה	ב	י	נ	ר	ת	י	א
ח	ס	ו	ו	י	ב	ו	י	ח	ב	כ	י	ת	ת	ח	ש	ה
ל	ז	י	ע	ל	נ	ע	כ	ב	ר	מ	מ	ד	י	ל	פ	א
ר	ה	ל	ר	ח	ן	ו	פ	ל	ט	ב	ש	ת	י	ס	ם	ב
כ	מ	י	ו	ד	ו	ה	מ	ג	נ	ע	ג	ם	נ	ם	ת	נ

מונית
כיתה
שעברנו
חיובי
הפתעה
בטלפון
עכבר
בעמדת
הפופולרית
דחליל
באמת
ישנה
לדכא
שמפה
בכיתת
כי
משם
נטו
להעריך
עדינה

Puzzle 72

תמיכה
להרשות
עומס
מחקרי
מאמין
כללית
מוחלט
עפיפון
לתקוף
המשולש
לציית
השלטון
בתגובה
חלש
שרפה
אנושי
לקח
מדברים
קהילת
אומללות

מ	פ	ן	ב	ו	מ	פ	א	כ	ו	ר	ת	ח	ל	ו	נ	מ
א	ח	ב	י	ש	ר	פ	ה	נ	ר	ל	כ	ב	ל	נ	מ	א
מ	ה	ר	י	ת	ב	ס	ב	ת	ו	ש	ר	ה	ל	מ	ד	ע
י	ש	ב	כ	ב	ל	ן	ו	ט	ל	ש	ה	ח	ט	ת	ב	פ
ן	ם	א	ג	ג	ן	ט	ג	ו	ו	ת	י	ל	ל	כ	ר	י
ה	ס	ר	ם	כ	ת	ע	ת	י	י	צ	ל	ש	ח	מ	י	פ
ל	מ	ח	ס	ר	ע	ח	ב	ו	ת	פ	ל	ר	ו	ד	ם	ו
ו	ו	ש	י	ח	א	ד	מ	ת	ל	י	ה	ק	מ	ח	ר	ן
ו	ע	ף	ו	ק	ת	ל	מ	מ	ב	ל	י	א	ר	ש	מ	ו
י	מ	ו	ם	ל	ד	ו	ע	י	ר	ה	מ	ר	י	ל	ח	ל
ו	ח	י	ה	צ	ש	ד	ש	כ	ן	ו	מ	ו	נ	כ	ג	ס
מ	ק	מ	ח	י	י	י	ה	ה	ע	ח	ד	צ	א	פ	מ	נ
ק	ר	ה	ה	י	ה	ו	מ	ו	ר	ד	י	א	מ	ו	ו	נ
ר	י	נ	ה	ו	ת	ב	ו	ב	ו	ה	ר	נ	ש	ם	י	י
פ	ה	מ	ו	ב	ר	ח	א	ו	ם	ר	פ	נ	פ	ש	י	מ

Puzzle 73

ש	נ	ו	ע	ו	ד	ל	נ	ו	י	ו	מ	ת	ד	מ	צ	ן
ב	י	ח	ס	י	ף	פ	ל	נ	ב	י	ן	מ	נ	פ	נ	י
ל	נ	ש	י	ח	ס	ל	ק	ל	ק	מ	פ	ן	מ	צ	מ	ז
ה	י	מ	י	ב	ל	ו	י	מ	ו	ת	מ	ו	מ	ל	ש	מ
ר	ש	ל	ב	ב	ו	ש	ם	ק	ח	ק	א	ל	ת	ו	ע	ב
א	מ	י	ס	נ	ו	ש	ש	ר	ו	י	ש	ל	ר	י	ו	ק
ו	ה	ק	ו	נ	י	ת	ר	י	צ	ס	ה	נ	ל	פ	ו	ע
ת	ר	מ	י	ח	ם	א	פ	ט	נ	פ	ל	ה	ס	ם	ר	ק
ק	פ	נ	מ	ה	י	ר	פ	י	נ	מ	ח	א	ו	פ	ה	ל
ו	ה	ה	מ	נ	ל	מ	ע	ו	צ	ד	ט	י	ד	ד	ו	ע
כ	ל	ב	ה	ה	ק	ק	ם	ו	א	ג	ל	ה	ג	ב	ר	נ
ר	ב	ל	מ	ג	א	ר	ר	ל	צ	ר	ב	ד	א	ר	ו	י
מ	ר	י	ו	ה	ל	י	נ	נ	ש	י	ו	ו	י	ר	ה	ג
פ	מ	י	א	ב	ן	·	י	א	ו	ה	ת	ע	ד	ח	ד	ו
ל	ל	ו	ד	פ	ש	ע	ש	ו	ב	ה	מ	ש	א	ר	מ	ב

הנהג
פסיקת
תינוק
לאקלים
עונש
להראות
מהיר
שיני
ביחס
גדר
חשמלי
מפתח
לפלוש
כלב
קר
מהר
פעם
שאר
קריטי
להמחיש

Puzzle 74

א	ש	ת	ו	מ	ר	ה	ק	ג	ו	ר	ע	ע	ז	ג	ר	ו
ה	ו	נ	י	ס	נ	פ	ד	ד	ק	ש	י	ו	ע	כ	ש	ח
מ	·	ו	ל	ד	נ	ש	ד	מ	מ	צ	ש	ב	י	נ	נ	ב
ד	ס	ע	ה	ת	ס	א	ט	מ	ו	ו	י	ע	ר	ח	ש	מ
ש	מ	ת	ר	י	א	ע	ע	ב	ר	ח	ל	ק	ה	ו	ק	ל
פ	פ	ד	ס	ח	מ	ד	י	י	א	מ	ז	ב	ג	א	ה	ב
ב	ס	ו	ו	י	ו	ו	מ	פ	ו	א	ד	ו	ע	ע	ב	ר
מ	ג	ב	ו	ע	ף	י	ב	א	פ	י	י	ת	ס	ל	י	א
ל	נ	נ	ר	ר	י	פ	ה	צ	ה	ר	י	י	ם	ו	ח	ר
ח	ו	י	נ	ו	ת	ח	י	ר	פ	ב	ק	ר	מ	ש	ם	ד
מ	ן	ס	ת	ת	מ	ו	י	ו	פ	ה	י	ל	ע	ל	ב	י
ק	ו	י	מ	י	ק	ל	ח	ד	ו	ן	ו	ס	פ	ח	ב	מ
פ	כ	ו	כ	ף	ל	א	ש	כ	י	ר	א	ש	נ	כ	כ	ל
ו	ד	ן	ס	י	ה	נ	ד	מ	א	מ	ט	מ	נ	נ	י	מ
י	ע	ר	ד	ס	ב	ו	ר	ב	ד	ר	ו	ל	פ	ר	י	ש

סגנון
תנועת
זעירה
בפריחת
חיבה
שחייה
בניסיון
אשת
גאה
אפיית
חלק
בסדר
לפשט
הצהריים
סלרי
בעקבות
עדכון
שיר
עיצוב
להעסיק

Puzzle 75

ק	י	ל	ב	י	ח	ל	ג	ר	ת	ל	ק	ד	ד	ו	ל	ו
ו	י	ו	ו	ו	ה	ה	נ	ר	ל	י	ה	כ	י	ף	י	ז
ה	ל	פ	ל	ב	פ	ד	י	מ	ג	י	ע	ב	ו	ו	י	ה
ד	נ	ח	ו	נ	י	ג	כ	ם	ח	י	מ	ש	ק	כ	ר	ו
א	ס	ב	ה	ד	ן	י	ש	ע	י	ו	מ	נ	ם	י	ט	ת
ר	ש	מ	ו	צ	ע	ש	ג	כ	ב	ע	ל	י	פ	נ	ע	ד
ב	כ	ע	ר	ם	נ	פ	ל	ס	ט	י	ק	ם	ג	י	ט	ו
מ	ג	י	ר	פ	ק	ן	א	כ	ס	מ	ל	ש	ב	ך	ל	י
ח	מ	י	ח	מ	ו	ת	ו	ה	ר	ה	ב	ו	ג	ר	ב	ח
כ	ש	א	פ	מ	ס	ת	נ	מ	ל	ב	ס	מ	י	ב	ח	י
י	ש	ת	ר	ז	ת	ם	ן	ו	ָ	צ	ח	מ	ו	מ	ד	ת
א	כ	כ	ה	ו	ד	ע	ת	מ	כ	ל	ל	ר	נ	ק	ר	י
מ	כ	ח	נ	י	נ	ה	א	י	מ	י	ל	ת	ע	ה	ז	ג
מ	י	ז	נ	ו	ר	ם	ל	ה	ן	ו	ו	ב	ל	נ	י	ר
ר	ת	ד	ח	ו	ה	א	א	ש	ע	ו	ו	ר	ו	א	י	ש

כיור
הודעת
קיפוד
מגיע
בוגר
בחדר
שנים
בעל
המומיה
ברך
חלל
להבקיע
לייר ט
כיף
זהות
הבצל
להדגיש
רגל
פלסטיק
חנינה

Puzzle 76

ב	ם	ו	ח	ה	ט	ה	ח	ב	א	י	י	ג	ת	ו	ה	ר
נ	ש	י	נ	ב	ג	ו	ל	ש	ד	נ	ו	א	ס	י	ו	י
ק	ן	ק	ת	ש	נ	ר	ו	ו	י	ו	ש	י	נ	י	י	ם
י	ה	ס	ר	י	פ	נ	ס	ר	פ	ו	·	ש	ל	ע	ב	ל
פ	ש	י	ו	ס	ר	ך	י	ה	ו	ב	ג	נ	א	י	פ	ו
פ	ו	ד	צ	ד	ו	מ	ל	א	מ	ה	ת	צ	ן	ב	ה	א
ל	ש	ש	ב	ו	ב	צ	ל	ח	ת	ש	ן	ו	ש	ר	נ	ר
נ	ס	נ	א	ו	ו	ק	ו	נ	נ	פ	מ	מ	ג	ה	נ	מ
ן	ו	ד	ש	ד	ר	ה	ו	ל	ת	מ	ע	ו	ב	מ	ר	ם
ר	ע	י	מ	ו	מ	ת	ע	י	י	פ	ר	מ	כ	ב	י	ף
ל	פ	ו	מ	ב	נ	י	א	א	פ	ש	ב	ב	י	ה	ה	א
ר	ה	ו	פ	י	ו	י	ש	ל	ר	ו	ק	ה	מ	ם	פ	ד
ל	ח	ף	מ	א	ט	ה	נ	מ	ק	ל	י	ם	א	ר	ס	י
ה	ע	פ	נ	י	ד	ד	נ	ש	ו	ו	ד	ע	ע	ר	ח	ל
מ	ת	ח	ת	ח	ר	ל	ח	ר	ב	ת	מ	א	ה	ח	ח	ר

אולם
יצווה
דבורת
בשורה
הייתה
שיניים
בצלחת
מנהג
פעמים
נשיא
הרביעי
משאב
מתחת
שן
מלא
הבמה
נקי
גבוה
סנפיר
בצורת

Puzzle 77

ש	מ	ם	ל	ה	מ	כ	נ	ל	ל	ה	ע	ש	נ	ד	י	ר
ה	ח	י	ע	ר	ו	ס	נ	ה	ר	ב	מ	ך	י	ל	י	ר
ד	ד	י	ם	צ	ב	ס	ר	ל	ה	ת	י	ר	ו	א	ה	פ
א	ד	ק	ג	כ	ע	ם	ת	ק	ב	פ	ה	ג	ט	י	ע	נ
ו	ו	י	י	ל	ד	א	ו	ד	ד	מ	פ	ע	מ	ד	ת	ר
מ	ל	ה	ט	ל	מ	מ	י	ב	ב	א	י	מ	ד	ב	י	ג
ח	ל	פ	ר	א	ד	א	ב	צ	ר	ר	ו	ה	ט	א	ק	מ
ל	ש	ל	י	ב	ע	נ	ח	ל	ח	ה	ר	ה	ת	ה	ה	נ
ע	ע	ל	ד	ר	י	ו	פ	ט	ו	ה	ד	מ	ן	ע	ל	נ
ש	ו	כ	ת	ו	ב	ס	ן	פ	ו	ל	מ	ש	ל	ו	ה	ח
ל	ו	ב	נ	כ	צ	ר	ו	ל	ק	ל	ו	פ	ה	ל	ט	מ
ו	ל	ו	נ	י	מ	ק	י	ד	ר	ה	ו	ל	א	ם	פ	ה
ו	י	א	י	ש	ד	י	ל	פ	י	ש	ם	ו	ר	א	ת	ך
ה	מ	י	ו	א	נ	ו	ע	א	י	ו	ל	ה	ק	י	ם	ל
ג	פ	א	ו	ת	ה	ר	ה	י	ג	י	ת	י	ח	פ	ה	ל

העליון
להפחית
שלווה
יסודיות
מגיב
הפולקלור
העולם
מחדד
להקים
ביותר
מצביע
מסרק
ולא
להתיר
כמה
מטל
מפת
נחל
צרה
העתיקה

Puzzle 78

ד	צ	נ	ש	ר	ן	י	ה	פ	ן	ח	ב	מ	נ	ל	ל	מ
י	א	ב	פ	א	ר	ה	א	ס	ר	נ	צ	י	א	ו	י	ר
ע	ת	ם	ה	ה	א	ב	ע	נ	כ	ש	ל	ד	ת	ם	ף	ן
ש	מ	י	ה	א	ל	נ	ר	ן	ד	ש	ו	י	מ	ר	ק	ד
ו	ו	ז	פ	ר	ו	פ	ס	ו	ר	א	ת	ו	נ	נ	ר	מ
י	ג	ם	י	י	נ	פ	ו	א	ו	ק	ח	נ	ו	ל	י	מ
ר	ו	ו	ר	ן	ב	ל	מ	ב	א	ע	ו	א	ע	ד	ס	י
א	ו	ז	ו	י	פ	ע	ב	ר	ס	י	ת	ת	ה	א	ת	ס
ד	ל	ו	כ	י	נ	ו	ה	מ	פ	נ	י	ת	ת	א	ו	ו
ו	ש	י	ב	ס	י	ר	מ	פ	ק	ת	נ	מ	ע	ב	ה	ן
צ	א	א	ד	ו	מ	מ	י	ם	ת	ו	מ	ד	מ	י	ז	י
ה	ו	ו	ר	פ	ל	י	ב	ת	ח	ע	ן	ו	פ	פ	ל	מ
ר	ה	ג	מ	מ	ז	ד	ו	ב	ו	מ	ה	ר	ן	ה		א
י	נ	ב	מ	נ	ה	י	ת	כ	ק	ר	ח	ו	נ	י	ם	ב
ת	ה	ר	נ	י	ל	ם	ס	ו	ו	ך	ו	ל	א	ג	ל	נ

צהרי
לזהות
יכול
קרחונים
אופניים
מלפפון
לשכנע
מזין
דמות
חתול
בצל
דשא
בסיר
ואספקת
ליד
נשר
פרופסור
ניתוח
שלו
קריסת

Puzzle 79

ד	א	ג	ת	ת	ו	ת	י	ו	ם	פ	ה	ר	ב	ו	ו	ס
ו	ו	ד	ר	נ	א	כ	מ	ו	נ	ל	ג	י	ל	ה	ע	ו
ב	י	ר	פ	א	ת	ר	נ	ר	מ	י	א	מ	י	ו	ת	ח
ל	מ	ת	א	ח	י	ח	צ	ו	א	נ	ח	ב	מ	ל	ו	ג
ל	נ	ק	פ	ת	ו	ו	ל	ה	ל	ש	ר	ס	ח	ו	ד	ל
ן	ה	ה	ו	ד	נ	י	ת	ח	ע	י	ב	ו	ה	א	ל	מ
י	ת	ו	פ	י	י	פ	ן	י	מ	ק	ב	ק	ג	פ	ר	ל
ג	כ	י	ר	ו	ש	מ	ת	ש	י	ה	ו	ב	ד	כ	א	ח
מ	מ	נ	י	י	מ	מ	ס	ל	א	ל	ק	ת	ו	נ	ש	ק
ו	ו	ר	א	ה	ם	י	מ	ש	א	א	ר	מ	ל	א	מ	פ
ב	ה	ס	פ	ס	פ	ם	ו	ו	נ	ם	י	ו	ג	ח	ק	א
ב	ח	ג	נ	ב	ד	י	נ	ה	כ	ש	ב	ר	א	פ	ל	מ
ל	נ	ז	פ	פ	ע	ח	מ	ו	א	ד	י	ת	י	ד	ס	כ
פ	ל	ו	ר	מ	ת	ו	ר	ל	פ	י	ו	ת	ח	ת	ת	נ
ל	ל	מ	ד	ה	פ	ש	נ	ת	ר	נ	ג	ו	ל	נ	נ	ן

בתמורת
ללכוד
מנומסת
דאגת
תרנגול
שינוי
בבוקר
אשמים
שיחה
לגיל
ללמד
בחזרה
הגדול
נר
ראיות
מעל
הורים
נשק
נשיקה
להלוות

Puzzle 80

תפוח
קופידון
להיכשל
רצפת
ספציפית
חושבים
נוסף
מכונאי
מבחר
שלהם
בקר
בריאותי
דגל
הבא
ציפור
נסיעה
עדר
קול
צבאי
סערת

י	ש	ל	א	ד	ב	מ	ל	ו	ג	ז	מ	ח	ת	ש	ה	ת
א	ת	ת	ה	ן	ו	ש	ג	ה	ה	ר	ש	כ	ר	מ	מ	מ
נ	ו	ס	ף	מ	ל	ו	ו	ב	ב	ל	א	ע	ו	ה	נ	ס
ס	פ	צ	י	פ	י	ת	צ	א	ד	ה	ע	י	ס	נ	ת	ו
ק	ו	פ	י	ד	ו	ן	ו	י	ת	ע	א	ו	ד	מ	א	ם
ב	י	ת	ו	א	י	ר	ב	ת	פ	צ	ר	ד	ע	ע	ו	י
ת	ן	א	מ	ב	ח	ר	מ	נ	ג	ו	ב	ה	ר	ע	מ	ב
י	ר	ק	ב	מ	ש	ו	י	כ	ר	ד	ר	ד	ם	ג	ב	ש
ר	כ	ו	נ	צ	ל	ר	ס	ב	ז	ח	מ	ו	ב	ח	ד	ו
א	א	ל	ש	ר	ה	ו	מ	ע	א	ל	ר	ו	ע	ה	א	ח
מ	ה	ג	י	פ	ם	ב	ו	ד	מ	ה	ת	ת	פ	ו	ח	ש
ב	י	ד	ת	ו	ת	ת	מ	י	ר	י	י	ר	ג	ו	ד	ת
א	ו	מ	ף	נ	ת	ו	ל	ו	י	ב	פ	ע	ר	י	ה	ב
ד	ה	ה	ה	ק	ף	ב	ו	ם	ל	ש	ת	ס	ן	ו	ק	ת
ל	מ	א	ו	ח	א	י	ר	נ	א	ל	ב	ה	ב	ש	ר	ש

Puzzle 81

נ	מ	מ	ק	ב	ל	ב	ג	ב	י	נ	ת	ב	ח	פ	ש	ב
מ	כ	ד	נ	י	ב	א	ל	מ	ג	ד	ב	ט	ג	ד	ש	ת
ר	ה	ר	ה	ש	ד	ח	ג	ג	מ	ע	א	ק	ו	י	ש	י
ו	י	מ	ר	ו	ו	ר	ל	ת	ל	ם	ל	ס	פ	ק	ן	ר
נ	י	מ	י	מ	ק	א	י	ב	ו	ו	ס	ט	כ	פ	י	מ
ב	נ	י	ד	ן	ו	י	ע	ר	ו	ל	ת	ד	ר	ת	ר	ח
נ	א	ע	ס	ד	ל	ן	ש	ה	ד	ש	ד	י	נ	ב	ה	י
ב	ח	ל	י	מ	ו	נ	ד	ת	נ	א	ר	ט	ה	נ	מ	י
מ	ק	מ	ה	ב	ב	א	ה	ר	ו	ק	ר	מ	ו	י	ו	ר
ס	פ	ק	ד	ז	ו	ב	ל	ח	ז	ו	ת	א	ק	י	מ	ו
א	ל	ב	י	ו	ד	ת	א	ג	מ	ר	ד	ו	ן	ד	ד	ת
ק	ק	ף	ח	ח	צ	ח	כ	ו	ח	י	ר	ע	ד	מ	י	ו
ד	פ	פ	י	ם	ן	נ	י	נ	כ	ר	נ	ה	ד	נ	נ	ל
א	ו	ב	מ	ר	י	ה	ס	פ	י	נ	ת	ר	ם	א	ח	ו
ג	מ	כ	·	א	ן	צ	ח	ה	צ	ש	ב	ל	מ	ה	ה	ו

לימונדת
ספינת
גבינת
תפקיד
רעיון
אחראי
נחמד
נייד
לבדוק
שלום
בלב
לגלות
לחזות
חדש
לפקח
בתחנה
יחידה
קנה
בטקסט
סדירה

Puzzle 82

ו	ב	ק	א	א	ר	פ	ו	ר	ע	ר	ט	ע	י	י	ו	ו
ש	ו	י	כ	מ	א	ר	ל	ח	ק	מ	מ	י	ה	מ	ח	ק
ד	ר	ב	י	ה	י	ב	ס	ר	ה	ש	ת	ן	ק	ו	י	ד
מ	י	ו	ה	ש	ר	ר	א	ְ	ו	פ	ד	ו	ן	ו	ק	מ
ע	י	◌	ת	י	נ	ש	נ	ו	ש	ע	ה	ה	ת	ר	ת	ו
ו	ל	ש	ח	ר	ר	י	י	ו	א	פ	ר	ה	י	ו	כ	י
מ	א	ר	י	ת	נ	ו	ת	נ	ת	ן	צ	מ	י	ש	כ	ת
ח	פ	ד	ל	ם	י	ע	ו	ג	ח	ו	ד	ו	ר	ד	ם	ו
פ	ת	ו	ש	מ	מ	נ	ו	כ	ו	פ	ד	א	ג	ו	ד	ל
ה	מ	פ	צ	ו	ה	ו	נ	ע	ז	ג	י	פ	מ	מ	ר	צ
ב	מ	ל	ה	פ	ס	י	ק	ו	א	ל	ם	ו	ד	ד	ת	נ
ל	ל	מ	ל	מ	ל	ל	פ	נ	כ	נ	ם	ל	י	ף	כ	ת
י	ר	ל	א	פ	י	ו	ס	ת	ע	ל	ב	ו	א	י	ב	ה
ע	פ	ו	י	י	ד	א	ל	ח	א	ס	ח	ל	ם	ר	ר	ן
ו	ת	ו	ב	ש	מ	ן	ם	ש	ו	ע	י	מ	ק	ו	מ	ע

אולי
התנצלות
שליחת
מועמד
ולשחרר
עונת
דיוקן
צדדים
לכוננית
לבוא
אלה
גזע
ביישנית
לספק
הביא
עין
פרה
להפסיק
שאת
גודל

Puzzle 83

א	ט	מ	ה	ם	ר	ת	נ	ק	א	נ	ש	ן	ו	ל	י	ח
י	ו	ת	ו	ב	ן	מ	ג	ר	ב	ו	י	א	ו	ו	מ	ו
מ	א	א	י	ח	י	ה	ח	ר	מ	א	ו	מ	מ	ו	מ	ס
י	נ	ב	ח	י	נ	ה	ל	א	ת	ב	ה	ם	ר	י	א	ד
י	ת	ש	נ	ד	י	ב	ה	נ	ד	י	ו	ק	ד	ג	ס	פ
ו	מ	ו	ט	י	ף	ז	ס	ר	י	כ	ד	ל	ת	ו	ו	י
ו	ו	י	נ	ס	ו	ע	ב	ל	י	ע	י	מ	ו	ו	ש	ב
פ	ה	מ	ד	ו	ו	ג	ו	ת	כ	א	ק	ב	ל	י	ו	ו
ח	ח	ק	ו	ס	ז	ל	ן	ש	ק	ב	ר	ס	ו	ס	ר	י
ל	א	י	ט	ח	ת	ס	ר	ה	ב	ד	ל	ת	ן	י	צ	ק
צ	מ	י	ס	ק	ה	ל	נ	ל	פ	ו	ת	ד	ר	ש	מ	ב
ן	ו	י	ל	ב	ע	צ	ל	ב	ח	נ	י	י	ו	י	ה	מ
ך	פ	י	ן	ת	ח	ר	מ	ד	ן	ה	ן	ת	ת	ב	נ	נ
ב	ר	י	ש	ט	מ	פ	ר	ט	ו	ר	ה	ע	י	כ	מ	ס
ס	י	ע	ן	ה	מ	ל	י	ר	כ	א	ב	ע	ע	ו	ו	

יושב
במשרד
עזבה
לחמנייה
סטודנט
עכביש
בעתיד
הרס
חכם
טמפרטורה
יקר
רכיבת
לבד
קצין
לסלוח
נהר
הבדל
תוכן
להניח
הסבון

Puzzle 84

ת	ח	ר	ז	מ	ד	◌	ד	ר	ו	ו	ת	פ	ר	א	מ	ע
מ	ו	ק	י	ב	ס	מ	ש	ל	ח	ש	ב	י	ע	י	ן	ת
א	ד	ך	ל	י	ו	ו	ו	מ	ו	ר	ש	ה	ו	כ	ו	ש
ן	ר	ר	ה	ד	ו	ו	ז	ה	ת	כ	פ	י	ת	ל	ו	י
מ	א	ד	ן	ל	ע	ו	מ	ל	ה	נ	ע	צ	ה	א	ו	ל
ל	ג	ח	ו	מ	י	ת	פ	ת	מ	ר	ר	ק	ע	ן	ז	א
א	ב	א	ל	א	ל	ח	ז	י	ד	ו	ס	נ	נ	ר	א	י
י	ע	ו	ת	מ	ק	פ	י	ת	צ	י	ב	ו	ר	י	ת	ג
ת	ת	ב	ר	י	א	ל	ב	ה	ס	ר	י	פ	מ	ק	ב	ה
ל	ה	ן	ו	מ	י	ש	ח	ב	ע	ו	מ	ש	ל	ר	ר	ם
ה	י	ע	ל	נ	ה	ת	ן	ו	ש	א	ר	ה	ת	ו	ע	ה
י	א	א	מ	מ	ל	ו	פ	כ	ל	מ	כ	ל	ב	ט	פ	ו
ט	ר	פ	ה	ת	ו	נ	מ	א	ך	א	ת	ה	כ	י	ט	נ
נ	ו	ר	ו	ס	ג	פ	ל	ס	כ	מ	ו	ד	ר	נ	י	ו
ב	נ	ל	י	ס	ס	ל	י	ש	ו	מ	י	ש	ה	י	ת	ן

הפרט
שביעי
סגולה
לפנות
הרכבת
מזרח
לשמוע
שימושי
ערבת
שימון
חתלתול
טורקי
בסיס
בשפע
ציבורי
פונקציה
גברת
מודרני
הראשון
נוראי

Puzzle 85

נ	א	ר	ב	ל	ה	נ	ז	ן	כ	ד	י	י	ר	ר	נ	ב
י	ת	ד	מ	ע	ה	ו	ח	ל	ו	נ	ך	ק	מ	ם	ל	ף
ו	כ	ר	ו	ב	י	ת	מ	ח	ת	י	א	ס	ב	י	ד	ס
מ	ת	ז	ר	י	ד	כ	א	ו	ל	מ	ל	ה	ק	צ	ו	ת
ב	ת	ג	ו	ק	ת	י	ה	ף	מ	פ	מ	כ	נ	ת	ח	ד
ה	ס	ו	מ	מ	ו	ס	י	מ	ט	ח	ל	ד	ל	ע	ר	צ
מ	י	ל	ח	מ	ס	ת	נ	ו	א	ד	כ	ל	ל	ן	א	ח
ו	ע	ד	ב	מ	ת	ו	ע	ל	ע	ה	ב	נ	מ	ל	ו	ה
מ	ע	צ	י	כ	ו	ב	ד	פ	י	ל	ו	ו	ל	מ	י	ח
ת	ב	ה	ר	ש	ע	ע	י	ר	ו	ב	ש	ו	כ	ו	ו	ל
ב	ך	ס	ם	ו	ד	ל	ו	ש	כ	ו	ח	ף	מ	ש	מ	ם
נ	ר	ו	ו	מ	ל	ש	א	ל	כ	ו	מ	ת	ע	פ	ק	י
א	כ	י	ל	י	ל	ל	ס	ג	נ	ו	מ	ן	ט	ו	ר	ת
ב	ג	ה	ד	ש	ד	ל	ו	מ	י	מ	א	ו	ב	י	י	י
מ	ו	ג	ו	ף	ו	מ	ד	ד	ש	ח	פ	ו	א	ס	ר	ר

הסקי
אכיל
כמעט
חמאה
שבור
עניה
שימוש
מלאך
לחוף
עשרה
גזר
מעצר
מפחד
להקצות
ומסודר
לכל
קריר
סיכת
וכרובית
לכבוש

Puzzle 86

חמנייה
במירוץ
כובע
צורת
הראיון
כיוונים
השחור
מפורשים
להסכים
שרשרת
לקבוע
שמים
מעדיפים
אבן
צפופה
עץ
נוסחה
כרגיל
קיר
שער

ח	נ	מ	ל	ע	ו	ב	ק	ל	ב	מ	ש	ח	ו	ר	ב	כ
מ	מ	י	ץ	ץ	ל	ה	ו	ל	ב	·	צ	י	ד	ד	ב	י
נ	מ	פ	ו	ר	ש	י	ם	י	מ	ש	ל	פ	ת	פ	ן	ו
י	ד	ת	ר	ו	צ	ה	ג	א	ב	ן	א	ו	ו	פ	י	ו
י	י	ד	י	ע	י	ח	ש	ר	ש	ע	ר	י	ק	פ	ה	נ
ה	ז	ל	מ	ב	ב	ס	ש	ח	כ	ו	י	ח	ו	ו	ה	י
ו	ח	ע	ב	ו	כ	ו	ר	ס	ו	ל	ה	ס	כ	י	ם	ם
ה	ר	א	י	ו	ן	נ	ש	ת	מ	ר	נ	ו	פ	ו	י	ה
ת	ב	א	כ	נ	ג	ס	ר	פ	ב	ו	צ	ו	ד	צ	פ	ד
ע	ת	ת	ש	ת	ר	נ	ת	ל	ן	ו	ד	נ	ו	ד	י	ד
מ	ו	מ	ו	ג	ת	ר	ו	א	י	ב	ג	ב	י	ו	ד	צ
ו	נ	ת	ס	ו	י	ו	ו	ר	מ	ס	י	ג	ב	ו	ע	א
י	ב	י	ג	ם	ל	ו	ח	נ	י	נ	י	מ	י	כ	מ	ו
ש	ג	ד	ש	ש	ת	א	כ	ל	ו	ת	ר	נ	ד	כ	ב	פ
ש	מ	ו	י	ב	ש	ע	ת	ן	י	נ	ר	ה	א	ל	ג	ם

Puzzle 87

ב	נ	ק	ע	פ	כ	צ	י	ג	ח	ו	ל	ח	ש	מ	צ	ל
ע	י	נ	ת	ב	נ	א	מ	ר	מ	י	ר	ה	פ	ב	ת	ן
י	נ	ח	י	כ	מ	ב	ו	ד	ד	ת	מ	ל	י	נ	מ	ה
ח	ת	ה	ק	ו	א	מ	י	ב	מ	מ	ל	ב	ר	ה	ו	ו
א	י	נ	ש	ש	צ	◌	ק	ת	ת	ב	ח	ו	י	א	ו	ק
ל	ר	ת	ה	ר	ט	ו	ל	צ	ה	ו	ר	ה	ת	י	צ	ע
א	א	י	ן	ש	א	כ	ו	ן	ו	ע	ש	ן	כ	ר	ם	א
ו	נ	ט	א	ב	ו	ר	ק	ן	ן	ע	מ	ב	ה	ק	ד	ל
ק	י	ד	ל	ו	ר	ד	ד	ו	ח	נ	י	ע	ת	פ	ד	ת
ב	י	ב	י	ס	ו	ע	ל	נ	ה	ל	ל	ד	ש	ע	ק	מ
ע	ן	ר	ת	כ	◌	מ	ע	י	ב	ע	ם	ב	ל	ו	ק	ק
ת	צ	ו	פ	נ	ס	ו	כ	ו	ה	ח	ר	ר		ד	ד	ו
י	מ	ם	ב	י	ת	ו	נ	ז	מ	ן	ד	פ	ו	ס	מ	ע
ו	ו	ע	ב	ר	ן	מ	א	ח	י	מ	ו	ש	ש	ד	נ	מ
ס	ד	ו	ב	ך	ן	ו	ה	י	נ	א	ה	פ	ר	מ	מ	ב

לוטרה
מבנה
נפוצת
שפירית
בוהן
עתיק
אור
בנק
שעון
מעדר
לנהל
מבודדת
שש
קרוב
עצי
עצם
מקצועי
המתנת
בכושר
קריאה

Puzzle 88

ר	ו	ד	י	ן	א	א	י	ש	ג	ח	ל	ב	ה	ד	ב	ש
נ	פ	ב	ש	ל	א	י	י	ק	י	ה	ד	ע	י	ל	ן	ו
פ	ח	ר	ו	נ	ם	ד	ו	ל	ש	ט	ו	ף	ו	י	מ	ה
א	ד	ח	ר	כ	י	ל	נ	ה	ו	ע	ו	ר	ת	פ	א	ת
ו	ת	כ	ש	ק	ע	ת	י	ב	ת	ש	ק	ה	ו	ה	ה	ת
ס	מ	ב	פ	י	ת	א	ל	ס	י	ר	ה	ל	ל	ו	ע	ר
י	ם	ש	א	ב	ק	ה	ל	מ	מ	ה	נ	מ	ה	נ	כ	ו
ו	ש	ת	מ	ז	ה	י	ם	ח	ר	ו	י	ר	ב	ו	א	ע
ל	י	ו	מ	ע	ח	ש	מ	ל	מ	י	ו	ח	ד	י	ם	ו
ד	ר	ט	ש	נ	ו	ו	מ	ם	ת	ו	ו	מ	ה	ב	מ	ח
ד	ב	ו	ר	ה	י	ת	מ	י	מ	ל	ה	ע	פ	י	ל	ו
ף	ה	ר	ח	ן	פ	ח	י	מ	ס	ב	י		ג	י	ו	ח
מ	ל	פ	ב	מ	ת	י	י	ת	ק	ח	ג	פ	ו	פ	א	ן
ס	פ	ם	כ	י	ר	נ	י	ם	נ	ט	ת	א	ו	ד	ע	מ
ה	ו	ל	ך	ו	י	א	י	ה	ה	ס	ס	ו	נ	ו	ד	ן

מיוחדים
דליפה
משמעותית
דבורה
כפית
היותו
פרוטות
מניחים
יתוש
לשטוף
להוט
מאפשר
דבר
מסקנה
עט
זהים
מאה
הולך
קשת
להעפיל

Puzzle 89

י	פ	י	ע	ב	צ	ב	ת	ד	ר	ד	ו	ו	ר	ך	פ	ש
נ	ב	ע	ה	י	י	ו	ה	ו	ו	מ	ח	נ	א	ל	ד	ר
ב	ע	נ	מ	ן	נ	ק	ט	ד	ל	ו	ו	ר	ל	ו	מ	ס
נ	ש	ח	ל	ו	ן	ל	ו	ר	ב	ק	ר	ו	ב	ה	נ	ח
ע	ו	מ	נ	י	ש	פ	ל	כ	ד	פ	ר	ע	כ	ל	ר	פ
ר	ע	ה	ר	ז	ע	ת	מ	נ	ד	ם	צ	ר	פ	ת	ב	ל
ט	נ	ק	ו	מ	ו	ו	צ	ת	י	ר	ח	ו	ר	ח	ב	י
נ	ו	ב	מ	מ	מ	ת	ב	ל	ס	ב	ב	ה	מ	ה	ה	ח
ת	ו	ד	ו	ר	ח	מ	ע	ב	נ	י	ג	ו	ד	נ	ו	ר
כ	ה	ח	צ	נ	מ	י	נ	ע	ו	ב	ס	ת	ו	ק	ח	ל
ת	ס	י	י	ם	י	מ	א	י	ע	א	ל	כ	א	פ	ע	ח
י	ד	ג	ר	ת	ו	ב	מ	י	ת	י	ל	י	י	ל	ח	ט
ו	ו	ר	ו	ג	נ	ק	ת	ל	י	ג	ן	ל	ל	ת	ד	ו
ר	ר	מ	י	י	ו	ו	ש	י	ה	ו	ג	ה	ד	ל	כ	פ
ם	י	י	ק	ל	ן	ש	מ	י	ל	ב	מ	מ	ט	ש	נ	ס

לקיים
בקרוב
עזרה
דבקה
חמוס
בניגוד
לחקות
ערפד
בחצר
בכפר
למעט
טופס
מים
מצב
עשן
הליכת
בעיתון
שפך
בצבעי
קנגורו

Puzzle 90

ם	ת	ל	ז	מ	ה	ר	ט	ת	ט	ו	ע	ה	ג	ע	ר	ו
ו	י	ת	מ	ו	א	ה	י	ע	ש	ת	ד	ש	ש	ח	צ	ע
ס	פ	ה	ס	צ	ו	ר	ג	י	ל	ת	מ	י	ס	ע	ד	ל
[illegible]	ר	ו	ב	ו	ז	ט	ת	פ	ך	י	ר	ר	ו	ד	צ	י
ו	ק	י	ט	נ	ן	ד	ו	ל	ר	ק	ג	ד	י	מ	ו	נ
א	ש	ף	צ	י	מ	מ	ה	ו	ב	ש	ר	נ	ו	כ	ל	י
מ	ר	ו	ג	ח	ן	ר	ב	ר	ן	מ	ף	ש	ר	מ	נ	ל
ד	ב	נ	ב	ר	ם	מ	נ	י	ו	ה	ו	מ	ת	ם	כ	נ
ל	מ	ר	ם	פ	צ	ח	נ	א	ש	ר	ש	ש	ו	ו	ש	ג
ש	ה	ע	ד	ב	ל	נ	ק	נ	י	ק	י	ו	ת	ע	כ	ל
ו	י	נ	כ	ח	ד	ו	ם	ו	ר	פ	כ	ת	מ	י	ש	ר
ק	ר	ד	ש	מ	י	א	י	ו	ה	ו	י	ג	ו	ו	ז	ל
ו	ו	ב	ל	י	ת	ב	ך	ו	א	י	מ	ל	ו	צ	ר	ד
ל	ת	מ	י	ו	ו	ח	י	ה	י	ח	ם	צ	ל	ר	ב	נ
ד	ם	א	ג	מ	י	ט	ן	ת	ב	ע	ם	ר	ו	ל	ח	ת

רשימת
נקניקיות
חגור
לזווג
גשמי
האוזן
כישוף
פרחי
נכחד
לחשב
גרף
במצב
טועה
שקית
דרישה
שוקולד
גל
רגיל
שלך
במהירות

Puzzle 91

ק מ ל ה ג י י ה ש א כ פ ת ו ר צ ב
ט ה ע ו ר ב ק י ץ מ ת ס ח י י ת ה
נ ג ח ת ח ח צ ו ו א ר ו ה א מ נ נ
נ כ י ע ו ל ה ם ו ם י ב ה ד כ ר ו
ה י ז ה י מ ו מ פ ל ב ו ו מ ת ו ו
ם י ל ע ו י י נ י ח ל ט ב ב י ת ו
פ מ ה ס י ל ב ש י ש מ ו ו ד ח מ ו
מ ס ר י ו מ מ י ש ו ל א ת ע א י ה
ד ה ו ל ו ו ה י ר ף ו ה ם מ ד ת ג
מ ט ב ע ש ו פ ת ש י נ י נ · ת ו ח
ק פ ח ו ק י מ ל ר א ן ח ו י צ צ ל
ח ו ז ר ק מ ב ס ר כ ל י ר ו ל ה ב
מ ד ו ב ו ה נ ג ר ר י מ ט ס ש י ח
א ש ר ו צ י י א ח ח א ג ה י ו מ ת
י ו כ ב ר מ ב ת ל ה ת נ ג ד מ ר ל

להתנגד
חוזר
עורב
בצרות
העורב
מטבע
לחשוף
פתאומי
מכנה
להשיג
בירת
דוב
ייצור
הגייה
צוואר
בקיץ
מחק
היום
התייחס
האוטובוס

Puzzle 92

ט ר ע ל צ א ד ב צ כ א ו י י מ ט ס
ס ת צ ל ו ם ש ע ק ד י מ ע י ב ש ע
ח ה ד ד ו י נ ו ו מ ה ט י ל ח ה ל
מ ל י א פ ה ת ע נ ת ל ו ל ס ל פ א
נ ש א ו כ ד ו ר ס ל ש מ ל ן ב י ב
ן צ ע צ ט ב ר ו ל כ ו א ע י ה ו א
י י מ י פ א ק נ פ ה ב ם ו ה מ צ ע
ט פ ו מ ן ק ל ת כ ו ל ל א י ל פ ו
ו י מ ב ה ה ק ו ל ח ו מ א י ש י ת
ל ו ש צ ד ו מ ג ה ג מ י ל י ן ל ·
ח ת פ ג צ י י ל י פ ב ע י ש י ל נ
ל י ט י ר י ד ת ע ב ה מ ד י א ר ס
ם ה י ו ו כ י נ ד ן י ח ל ב ת ן מ
י ם ת ד ו ש ש ש מ ו ל ח ו א א ל ס
ו ו מ ל ת מ נ ו י כ י מ ת ך ו י ר

תנור
ציפיותיהם
לחלוטין
ביולוגית
ירידת
לקרות
משפטית
אישית
לבוש
עצמה
תצלום
בשיפוע
חלוקה
למשל
לייצג
כדורסל
להחליט
פיל
אודישן
שנת

Puzzle 93

ח	ל	ש	ס	ב	ת	א	ב	מ	ן	ל	ח	מ	פ	פ	ח	ת
א	ת	א	ו	ש	ל	מ	ס	ו	ג	ל	ו	ק	ד	ש	מ	ו
מ	ע	ר	ו	ט	ק	ח	י	ר	ה	א	ף	ס	ר	ו	ת	ת
ס	ל	ד	ן	ו	ר	ד	ס	מ	ב	ף	פ	י	ל	ו	ח	ס
ר	ו	ב	ו	ח	א	י	נ	ח	מ	ה	ו	מ	י	ה	ל	ש
ל	מ	ל	ה	א	ב	ע	ד	ג	ש	ע	מ	ל	ר	י	ת	ע
ל	ו	ה	ת	ם	ט	ו	פ	ק	ז	נ	ב	י	ק	א	א	מ
ר	ת	א	ב	ק	ח	א	ו	ת	פ	ר	ש	ת	ו	ל	ש	מ
י	ת	ש	מ	פ	ת	ע	ל	ו	ת	ה	ר	י	כ	ב	ו	ס
ל	י	מ	ו	ן	ל	י	ת	ו	נ	כ	ו	ס	מ	ר	ע	ל
ר	ב	מ	מ	ה	ה	ל	י	ע	מ	ס	ח	ת	ן	י	ו	מ
ה	ו	ל	ב	ל	א	ם	ו	ו	ו	ת	י	ר	ט	י	ן	י
ע	ר	כ	ב	ו	כ	כ	י	כ	י	ד	ג	י	י	ס	ג	א
פ	ו	י	א	ר	ו	י	ב	ה	ס	ג	ה	מ	פ	צ	נ	מ
ה	פ	י	ו	צ	י	ב	ג	כ	ל	ל	ל	ש	י	ו	ד	ת

לתעלומות
תולעת
תעודה
מקסימלית
שטוח
אבטחת
במסדרון
פדרלי
מעיל
בכירה
חוף
חלב
לימון
סבתא
לה
מסוכנות
קפה
ריח
רעל
מסוגל

Puzzle 94

י	ס	י	ד	י	ת	נ	ג	ה	א	ר	ש	ה	ה	ר	ט	ן
ח	ו	נ	ה	ר	י	ת	ת	ש	ר	ב	מ	ט	ה	פ	ע	פ
מ	ת	נ	ד	ו	ר	ם	א	א	ר	ו	ח	ק	ה	ו	ת	י
ו	כ	ה	ע	ת	ו	ב	נ	ס	י	מ	פ	ש	ו	א	ר	ד
ר	י	ע	ע	י	פ	פ	ה	י	ו	ז	י	א	ב	ה	א	כ
ה	ת	מ	ת	ש	א	י	ק	ר	א	ג	ר	ס	י	ב	י	י
מ	ג	ס	י	ת	ו	ת	י	ת	מ	פ	ו	מ	נ	ב	מ	ת
מ	ט	ה	ת	י	א	ר	ק	א	ף	י	ח	צ	ה	ו	י	ל
ב	נ	י	א	מ	צ	ב	ר	ת	ף	ו	ב	פ	ת	ב	י	ו
י	צ	א	ב	ו	ו	ת	ל	ת	ל	ס	ל	ו	ס	מ	ב	מ
א	ר	ר	ן	פ	ש	נ	ב	א	א	ש	ד	ר	ח	ד	ר	ד
ח	ב	ר	ל	י	א	ד	ה	א	כ	י	ר	ת	ש	ע	ע	ו
י	ך	ב	ו	ב	ו	פ	ח	מ	ו	י	ת	פ	ק	א	ת	מ
ה	ה	י	ס	ט	ו	ר	י	ה	ל	צ	ר	ק	ו	י	ל	נ
י	פ	י	ר	ק	ס	ו	ל	ר	ע	י	ו	ו	ר	ה	י	פ

העשור
תמונה
מסולסלת
ההיסטוריה
ההשראה
אגרסיבי
לבחור
לאכול
רפואה
חבר
חמש
שקטה
הרופא
הגנת
סירת
פגז
רופא
אקראית
מברשת
חמורה

Puzzle 95

ו	ב	י	ק	ש	א	ת	ש	ה	א	ה	ש	א	ח	מ	ר	י
פ	ו	מ	ח	מ	ק	ו	ש	ב	ת	ו	ע	ט	ה	ל	י	ה
ז	ג	ו	ס	י	ד	י	א	י	ו	ה	ס	ו	ל	ח	ר	פ
ל	י	ת	י	פ	ח	ל	ו	כ	ד	ה	ו	ף	י	י	ב	ם
נ	פ	י	ך	ר	ה	כ	נ	ר	ר	י	ו	ת	ג	נ	ל	י
ש	נ	ר	ס	י	ה	ל	ד	מ	ד	ד	ו	ד	מ	ח	א	ו
ה	נ	י	כ	ש	נ	כ	ו	פ	ן	ק	ל	ו	ד	ו	ד	ו
ע	פ	נ	ו	ן	נ	מ	ר	·	ד	ו	ב	מ	ו	ף	ח	מ
ו	נ	א	ו	ט	ה	כ	ם	מ	ו	מ	א	נ	ן	נ	י	ן
ל	ה	י	ח	ל	ר	ן	י	ל	י	צ	א	ד	נ	ו	ן	ה
ה	ב	ס	ב	ח	י	ת	ר	ה	פ	י	ן	ד	ג	ש	ת	י
פ	ף	ק	ת	ה	מ	ו	ש	ג	ה	ס	א	ד	ר	ר	ע	ת
ב	ו	ו	ד	ב	י	נ	ע	א	ב	ו	א	ד	ס	ה	ס	מ
ה	י	ר	ו	י	ר	ב	א	ת	ן	ח	ג	ג	י	ד	ו	ר
ש	ח	מ	ו	ו	מ	ע	צ	ה	ו	ס	י	ה	ב	נ	ה	ו

אוסף
הפכה
התקף
אקדח
נואש
להטעות
מוקד
דודו
כלכליות
בנו
דוד
עשרים
גידור
מרכיב
בהחלט
בשוק
אצילי
עניבה
הגשומה
צביה

Puzzle 96

ס	צ	ו	מ	מ	נ	ב	מ	ע	פ	ל	ת	פ	ש	ח	א	א
ת	ו	נ	ש	ע	ן	ו	ת	ו	מ	ש	ל	י	ל	ל	ן	ה
ה	ו	ל	ו	ב	נ	נ	ת	ר	י	ק	ח	ו	ד	ן	ו	א
ד	י	כ	ו	ה	ט	מ	ד	ג	י	י	נ	ב	ע	ו	ד	ש
ל	ו	י	י	מ	ן	ח	ו	ב	ש	ז	ן	י	י	מ	ו	א
ס	ן	ח	מ	ו	י	ג	ב	ר	ל	י	ט	ק	ר	א	ה	י
ה	מ	ח	ק	ז	י	ס	ע	ו	ת	ם	ר	ו	פ	ת	ה	ה
ב	נ	ת	פ	ר	ט	ו	ר	ק	י	ה	ס	צ	ס	ו	י	פ
ע	ץ	נ	נ	ה	ע	ת	ר	פ	נ	ד	ו	ב	ב	צ	ז	מ
ל	ו	ו	·	י	י	נ	ו	ע	ת	ג	ו	ו	ל	ד	ו	פ
ל	א	ש	ו	ל	ע	מ	ר	ט	י	ל	ב	ו	ב	ר	ט	נ
ב	ו	ז	א	ר	נ	ב	ת	ם	ב	י	נ	נ	ו	ף	ע	נ
ר	י	ת	ר	ו	ו	ג	ר	צ	י	ס	ן	י	מ	א	ע	ל
א	ל	ס	נ	י	י	נ	נ	ה	ה	צ	י	פ	ו	ד	ו	ח
ו	ד	ת	ב	י	א	ק	פ	ן	פ	ל	ה	ו	ד	ב	ש	ת

הארקטי
אמון
טורקיה
שלוש
בוחן
עבודת
חקירת
נתיב
בננת
בספר
בעוד
נץ
נוף
סרט
זירת
זיהה
תוכי
ארנבת
המחק
המוזרה

Puzzle 97

ת	ת	י	מ	ה	מ	ו	ד	·	ד	ה	ע	ע	ב	ר	ו	ו
י	ק	ת	ת	ת	ת	ה	ד	ו	ב	ע	ל	ס	ק	ד	ו	ע
נ	ו	ו	ת	ק	ר	ח	ב	ה	ו	ב	ה	ו	ה	ו	ש	ת
ו	ל	ש	ר	ו	ו	ח	כ	ת	ת	מ	צ	ן	ן	ד	ע	ד
ו	נ	י	מ	ה	ז	א	מ	ה	ר	ג	י	ש	ו	פ	נ	א
ו	ו	א	ן	ן	א	ב	ר	ק	ש	ש	ג	מ	ח	י	ה	ס
ו	ע	ש	מ	מ	ל	ת	ם	כ	ו	פ	ל	ם	י	ם	ל	ש
ד	ו	א	ל	ל	ן	ד	י	י	א	ל	ב	ן	ו	ה	נ	ן
ל	ף	ו	מ	ו	י	מ	ש	ו	מ	ן	א	ו	י	מ	ר	מ
י	ש	ת	ת	ד	נ	ס	ו	·	ן	ם	ת	ו	ח	מ	ה	ת
י	ב	ם	ג	ג	ו	ו	ט	ו	ו	ת	ש	ן	ו	מ	מ	ד
ו	ת	ך	ע	נ	ק	י	ה	ת	ל	ך	ת	ו	פ	ש	מ	ע
ס	א	פ	ש	מ	ח	מ	ד	פ	ג	ד	ל	ו	ת	מ	ם	נ
ו	פ	נ	פ	ב	ג	ת	ו	ל	ה	ה	מ	נ	י	י	ח	ה
מ	נ	א	ה	ל	ת	ל	ל	נ	ט	י	ג	ה	צ	ת	ש	ס

ללמוד
אותם
הרגישו
יתושי
מסוימת
קולנוע
חותם
תפוחי
אמורה
ענקי
שומן
דומה
מאושרת
להציג
עבודה
לאזור
כבד
לתת
עוד
קרח

Puzzle 98

ת	ה	ה	ח	ש	ק	א	ם	י	·	י	ו	י	ס	ע	ה	נ
ק	ר	ע	ת	פ	ו	ר	ת	נ	א	מ	ס	מ	ו	ה	נ	ו
ן	י	מ	ל	א	ט	ק	ה	נ	ו	ו	ש	ת	פ	י	פ	י
מ	ב	נ	ה	ש	ה	נ	ת	י	פ	מ	ה	ך	ו	ל	מ	נ
ח	י	ו	ע	מ	ש	י	מ	ן	מ	נ	כ	ר	י	ס	ת	ו
א	ה	ה	ל	א	ת	ל	י	ה	ד	ת	ו	ו	ד	ם	מ	מ
כ	נ	ל	י	ט	ו	ב	ש	ק	ד	ה	י	ק	ד	ן	ש	ר
ז	ו	מ	ב	מ	פ	ק	ה	ו	מ	י	ט	ר	פ	ב	מ	ע
כ	ו	כ	י	ם	ב	ש	ת	ח	ל	צ	ה	ס	ר	ו	ש	ת
י	י	צ	ו	ב	ה	ה	ע	מ	ד	ע	צ	ה	כ	מ	י	ב
ו	ן	ח	ב	מ	ה	ע	ש	ת	ב	י	ה	ר	מ	כ	ח	·
ד	ס	ש	ן	ל	ו	ר	ץ	מ	א	ל	י	ק	ו	ב	ל	ל
פ	ה	ו	ו	פ	ו	נ	ת	ל	ש	מ	ט	ז	ב	ה	ד	
ב	ח	ר	ח	מ	ה	א	ר	ם	ט	כ	י	ו	מ	ג	ר	ב
פ	ה	ר	פ	נ	ל	ר	ר	ו	ת	ח	י	ת	ן	מ	ה	נ

רקטות
תשעה
הבוצי
הצלחת
כמובן
מבחן
פרטי
לאמץ
לאבד
להגן
תרופת
טוב
משבר
בקשה
להעליב
ערמוני
ההפך
צעד
רחב
שמש

Puzzle 99

ח	נ	ר	י	מ	ש	ק	פ	י	נ	מ	ו	ע	ת	י	ח	ט
ח	י	מ	ד	ה	ס	ל	י	ד	ו	ב	ר	ו	צ	ק	מ	כ
ח	ל	א	מ	ח	מ	מ	ע	ט	ל	ו	מ	י	ו	מ	ו	נ
ד	ת	ש	ו	כ	ו	י	ו	ז	ה	ב	מ	י	ם	א	ך	ו
ק	פ	ץ	ה	ם	א	ם	מ	ב	מ	י	ל	א	ג	ר	פ	ל
ו	א	ח	י	ה	ל	ם	ר	ב	מ	ס	י	נ	ה	ש	ב	ו
ב	מ	ר	כ	ז	ח	ו	ש	ב	כ	ק	ץ	פ	ו	ש	ד	ג
ן	ט	ק	ל	י	ב	ל	ף	ה	ר	ד	ר	ו	ע	ח	ל	י
ו	ע	ח	ש	ם	ט	מ	ת	ג	ה	נ	ת	מ	ו	ם	ל	ה
ב	ת	מ	ח	ר	ב	ח	ת	ה	ר	י	ד	י	א	ן	ו	ן
ה	פ	ר	ו	ה	י	ר	ש	ר	ה	א	מ	ש	ה	ו	מ	מ
ל	ע	ו	ת	ו	ח	מ	מ	ע	ז	מ	ו	ע	ד	ר	צ	ל
ם	ל	א	ר	ו	ם	ך	פ	ד	א	מ	פ	מ	ו	י	ָ	כ
ם	ל	ט	ד	ר	ו	ת	ו	ב	ט	כ	י	ו	ל	ל	ג	נ
י	ז	ל	ל	ר	מ	א	מ	ת	מ	א	צ	א	ה	א	ת	י

אזהרה
טכנולוגיה
ממליץ
במרכז
חושב
כפור
פנאי
מתנהגת
מחקר
לשחות
עצמך
מכרה
מעשי
אינדקס
הלם
משהו
משקפי
נוח
משתתף
קפץ

Puzzle 100

הסכם
מחודדת
עליז
קודמת
מבין
במלון
הובלה
לפתור
להיט
מפרץ
משחק
לעכל
משקה
כרטיס
קרובות
סוג
הבינה
מושלם
צוף
רבה

ו	ר	ה	מ	ע	פ	ב	ל	ל	ה	ק	ו	ב	ת	ת	ו	ם
י	ב	ס	ש	מ	פ	ה	ה	ב	ר	מ	ה	י	ו	ה	ח	ב
ה	י	כ	ח	ה	ג	ס	י	ט	ר	ב	ש	א	ל	א	פ	ק
א	ה	ם	ק	ח	ק	ח	ט	ל	פ	ת	ו	ר	ר	ו	ח	כ
ד	י	ל	ן	ר	ס	ל	ו	ת	י	ה	מ	ת	מ	ד	ו	ק
ר	ד	ש	י	ה	נ	י	ח	ו	א	ו	ן	ר	ק	ש	מ	ת
י	ו	ו	ג	ד	מ	ה	ר	ו	ת	נ	ת	י	ק	א	ק	מ
ג	ו	מ	ג	ן	ח	ה	ב	י	נ	ה	ל	ע	כ	ל	צ	ה
י	ה	ו	ז	כ	ו	נ	ך	י	ר	ה	ר	ח	מ	א	ו	מ
ד	ה	ו	ה	ו	ד	ל	ח	א	ל	ת	ה	י	ב	ח	ף	ה
י	ת	ת	ן	כ	ד	ו	מ	ח	נ	ש	ו	ל	י	ג	ד	ו
נ	פ	ם	ת	ט	ת	ו	מ	ב	ר	ו	ב	ב	ן	מ	ו	נ
א	ה	נ	ד	י	ב	ש	ס	נ	ז	י	ל	ע	ו	ן	ה	ת
ו	פ	י	ו	י	ד	ר	ו	ש	ח	מ	ה	ם	ץ	ר	פ	מ
ח	ש	נ	ס	·	ר	פ	ג	ש	ס	פ	ב	א	א	פ	ק	י

Puzzle 101

ר	ו	צ	ע	י	פ	כ	ו	ר	מ	ר	א	ר	ב	ח	ת	ב
ח	ת	ג	ת	נ	ל	ע	ש	י	ע	ע	י	י	י	ה	ל	נ
ב	ר	מ	ר	ב	ן	ג	ת	ן	ד	ת	ב	ת	י	מ	ף	ד
מ	ע	ר	ו	מ	ט	מ	י	ב	י	ת	ה	י	ה	ח	ה	י
ב	מ	מ	י	ן	ל	ר	א	ש	ף	ב	ו	י	ו	א	ר	ב
ט	מ	י	ז	מ	מ	ל	מ	ת	ת	ל	י	מ	ב	ר	נ	ו
י	ר	נ	ל	ו	ו	ן	צ	ן	ו	ז	ו	ו	ר	ב	ה	ת
ח	ו	י	י	ה	ן	ו	ע	י	ח	ט	ו	ח	י	ד	ו	ד
צ	ב	מ	ג	ר	י	ד	ג	ה	ל	ד	י	ו	ן	ל	ו	ו
י	ד	ט	ס	ע	ט	ר	ה	י	י	ח	ו	ק	ל	ו	ק	ס
ו	י	י	ל	א	ק	ו	נ	ך	ו	ל	מ	ו	י	ת	ת	ו
ל	ח	ו	ס	ר	ה	י	ט	ל	ף	ו	ב	מ	י	ל	נ	מ
ל	ו	כ	ח	ת	ל	ל	ה	ב	פ	י	נ	י	א	ע	ו	ג
ש	נ	ת	ו	ת	ה	ו	כ	ו	ב	ן	ל	פ	ו	ד	מ	ש
ת	ר	ג	נ	ו	ר	ח	ע	ה	ש	מ	ט	ק	ח	ו	ת	ן

גישת
תקווה
תמונת
חוסר
עצמאי
מבטיח
מעדיף
מזון
דיון
מילת
להגדיר
הברווזון
לחות
להקטין
היה
צבע
מגע
נדיבות
ויטמיני
הלכה

Puzzle 102

מ	ע	ש	א	ח	מ	ל	ר	א	ל	מ	מ	א	מ	ש	ו	ו
י	ט	פ	כ	מ	ן	ה	ק	נ	ל	ת	ה	ד	א	ס	ד	ז
ר	נ	ב	ו	ו	נ	ד	ת	ו	א	ל	פ	ק	ר	נ	ד	פ
ע	ד	ש	ח	ו	ר	ז	ל	ם	ם	א	ע	נ	ו	ק	מ	ר
ש	ך	ח	ר	צ	נ	א	ו	ה	י	ע	צ	מ	ו	ש	ן	א
ב	ל	מ	פ	א	י	ן	ע	ה	נ	ב	ל	ת	ס	י	ת	ש
ם	ב	י	ט	ח	ו	ה	פ	ל	מ	נ	ו	ת	ב	מ	ר	ו
ש	א	ו	ח	י	ק	ש	ר	ר	ז	ר	ז	ו	מ	י	ג	י
ק	י	ח	צ	מ	פ	ל	מ	פ	ו	ת	ו	ו	ס	פ	ח	י
ס	ל	ב	פ	ר	ד	ו	א	ח	ר	י	ד	ש	ל	ת	י	נ
ו	ה	נ	ו	כ	נ	ה	ל	י	פ	א	ן	ה	ו	י	ו	נ
ח	א	ל	י	ר	ת	ד	ר	ף	ו	א	ד	ל	ל	ל	ס	א
ל	פ	י	נ	ד	כ	י	ו	י	ן	נ	נ	ס	ר	ח	מ	ה
ג	ק	ס	ג	ב	ו	מ	מ	מ	י	א	ו	ע	י	י	ת	ל
ל	ה	מ	מ	ו	ה	ו	י	פ	ט	נ	ק	ו	ס	ב	ו	ד

למפות
למנות
אחרי
צפוי
כרוב
מוזר
מחשב
מטבח
עצמו
לזרוח
מצחיק
חמה
הנכונה
קשר
טיפול
זמנים
להשוות
במסלול
הקפאה
פעולת

Puzzle 103

ן	ש	נ	ה	י	צ	ל	ו	ג	ר	צ	ר	ה	ת	ו	נ	ג
מ	ק	ו	ר	ו	ק	ע	ל	צ	ו	ב	ש	ם	ו	·	ץ	י
י	ם	מ	ר	נ	ב	נ	ח	ה	ו	ח	ו	נ	צ	ח	ו	ן
מ	ו	צ	ר	◌	ו	ת	ס	י	מ	ו	ת	מ	ן	ב	צ	י
ה	ה	ו	מ	נ	ת	מ	ד	ו	ה	ל	ה	ף	י	ל	י	י
נ	ח	נ	ו	ה	צ	פ	י	י	ו	ש	מ	ב	ת	ה	נ	ד
ו	א	מ	י	ר	ו	ע	ח	ט	י	ה	ש	ר	ח	ו	ב	ע
ה	ש	מ	ש	ו	א	ח	י	כ	ת	מ	א	נ	ב	ח	י	ק
מ	א	ב	א	ד	צ	מ	צ	מ	ה	ת	ד	נ	ו	ג	ה	ת
י	י	מ	י	י	ב	ח	א	י	ב	ה	ל	א	ן	מ	ס	צ
ו	א	ם	ו	מ	ע	מ	ו	ל	צ	ד	ע	ו	ד	נ	ל	ו
ע	מ	צ	ס	ש	מ	ב	ן	א	י	כ	ו	ת	ע	י	י	ז
ח	ר	ק	י	צ	מ	ה	פ	ל	ר	ה	נ	י	ף	א	ל	מ
ת	ר	ו	כ	נ	ח	ש	ו	פ	ה	ר	מ	ו	ג	ן	ג	ג
י	א	ד	ו	מ	ל	מ	ח	פ	ר	ר	ל	ע	ח	ר	י	

כחול
ניצוץ
רגולציה
השמש
רשות
אצבע
וחצי
מוצר
לעקור
נצחון
איכות
בימּמה
חרד
מקור
כיסוי
עף
נחש
להביא
שנה
עדיין

Puzzle 104

ה	ה	פ	ט	ט	ח	ר	פ	ל	ו	ב	מ	מ	י	כ	ב	ט
ה	נ	מ	ל	ט	ר	ד	ת	נ	מ	ר	ס	ם	ו	ר	י	ח
א	מ	נ	ו	ת	נ	ד	א	ח	ל	נ	ו	י	ח	ו	ש	ו
י	א	ר	י	כ	י	ק	ו	ב	ק	ב	ב	נ	ס	ד	ת	ו
ו	פ	ו	ג	ד	א	ו	ם	ו	י	ק	ד	פ	ן	י	פ	י
ו	ו	ל	י	ח	ה	ל	י	א	ל	ל	ו	ע	י	ש	ת	ת
ו	ן	א	ל	מ	ו	מ	ח	ה	ר	מ	ה	ר	ר	י	פ	נ
ר	ב	י	א	ד	ש	ו	ר	ת	ד	ו	ב	י	מ	ט	ת	נ
ע	ז	ר	ר	ה	ר	ד	מ	ז	נ	ק	ו	ו	ן	פ	ע	ה
ן	ב	י	ו	ח	ה	ה	ן	י	ל	ה	פ	י	ץ	ד	ס	ת
ה	מ	ב	ת	ר	ן	ק	ש	כ	ת	ר	א	פ	כ	ו	י	צ
ו	ם	י	ת	ם	ב	ו	נ	ר	ע	ב	ו	פ	ו	ד	מ	ק
נ	נ	מ	ו	ו	ג	נ	ר	ו	ר	ה	כ	י	ן	ת	ל	ו
נ	ו	א	מ	ו	ו	◌	א	ן	י	י	ס	מ	ד	י	מ	נ
ש	י	צ	ר	ל	כ	ב	ו	ד	ג	מ	ל	א	ר	א	מ	ו

מומחה
פטיש
בסיסית
פנים
שידור
מבול
יריב
שוחי
דודת
בקבוקי
פתאום
אמנות
בילה
גיל
להפיץ
יין
זיכרון
ברור
להחיל
חירום

Puzzle 105

ת	ב	ו	ף	ו	נ	צ	ק	ה	ת	נ	ר	נ	י	ח	פ	ו
ו	מ	ש	מ	ל	י	ס	א	ו	י	נ	ו	ל	ת	ו	ב	ן
פ	מ	נ	ל	ל	ה	ל	י	ר	ו	כ	ה	נ	י	ל	ב	נ
ם	מ	י	ש	ד	א	ל	י	י	ח	ע	ת	ז	י	צ	ו	ן
מ	ך	א	ג	מ	ם	ג	ת	י	ד	ר	ע	פ	ו	ת	ד	ר
מ	מ	ו	ד	נ	נ	ו	ם	ר	נ	צ	ו	ה	י	ד	א	פ
י	ח	מ	צ	כ	ך	ע	י	ש	ר	פ	ר	ף	ק	ת	ו	פ
ה	א	מ	ד	ח	ר	פ	ח	י	י	ד	ר	י	י	ן	א	ו
ם	ד	ר	ר	ל	ג	מ	ל	ו	ד	ל	ם	ל	ה	א	י	י
ד	נ	ר	ח	ד	ר	ק	פ	מ	י	ן	י	מ	ו	ש	ו	ו
ת	י	פ	ו	ס	ו	י	ב	ר	כ	ת	ל	נ	ו	נ	ר	י
י	ו	ד	פ	י	ב	ח	ב	א	ו	ו	ו	ע	ר	כ	י	א
ו	י	מ	ד	י	מ	ד	ח	ו	ם	פ	ת	ה	ח	מ	י	י
א	ב	צ	ש	ט	ה	ח	ד	ג	ל	פ	כ	ו	ז	י	ל	ו
ו	ל	כ	ת	ו	ב	ע	ב	ר	ג	כ	ן	ק	י	ר	ו	ה

אוגר
מדחום
איכר
המבורגר
שרפרף
דברי
לכתוב
נוכחים
האם
שצבא
כפפות
דקים
בעבר
דג
טייס
ברכת
הוריקן
סופית
התעורר
חולצת

Puzzle 106

להתבונן
המוצר
במדבר
חיטה
האויב
פרויקט
שחקן
לעצבן
אחורה
לתקשר
הסיכון
קערת
בעיית
סביר
מכונת
לקבל
מסורתית
לתוך
סיפור
אביו

ר	כ	ר	י	ש	ב	ן	ו	י	י	ו	נ	ק	ל	ע	י	ה
ן	ק	ח	ש	ת	נ	ו	כ	מ	ע	מ	א	ע	ה	ר	ו	ת
ב	ו	ד	ה	ב	מ	ח	ה	ע	ת	י	ב	א	ת	ג	ן	ד
צ	ס	י	י	פ	י	ל	ו	ן	ד	י	ה	מ	ל	ו	ר	א
ע	ע	מ	ו	ט	ה	ב	נ	י	ב	מ	כ	ק	ע	ר	ת	ס
ל	י	ל	ה	ת	ר	ק	ו	ב	ט	ק	י	ו	ר	פ	י	מ
ו	י	א	ב	י	ו	ל	ת	ק	ש	ר	י	ב	ס	פ	י	פ
ה	מ	ו	צ	ר	ח	ש	ל	ו	ר	ע	ה	ו	ו	י	ע	א
ם	נ	ר	ו	ב	א	ת	ר	ע	ל	כ	א	ר	ו	י	ב	א
ן	ו	א	ע	ד	ו	ג	ד	א	ב	ל	ו	פ	י	י	ת	ו
ו	ר	י	ו	מ	ס	ו	ך	ו	ת	ל	י	ל	ו	ס	ז	ב
כ	פ	נ	ד	ב	ר	ן	פ	מ	ק	ל	ב	ם	א	ת	ו	ו
י	ר	ז	נ	ו	נ	א	ר	ד	ת	י	ת	ר	ו	ס	מ	ו
ס	ר	ן	ו	ו	ח	מ	ת	ח	ו	ר	ן	ס	י	ו	מ	ר
ה	ת	ן	ב	ד	ו	ג	פ	נ	א	ם	ח	ל	ו	ב	ו	ו

Puzzle 107

ה	ר	ו	ה	כ	א	ל	ה	ת	פ	ש	כ	ק	ש	ו	ו	ה
מ	נ	מ	כ	י	י	ם	ז	ו	ש	ו	ע	ל	ח	ו	ל	א
ו	ו	ו	ן	ו	פ	פ	ו	ן	י	ר	ה	ל	ל	פ	ן	ת
א	ח	ק	כ	נ	ר	מ	ש	ו	ב	ב	ת	[illegible]	[illegible]	י	ה	ר
ה	ג	ר	ל	ח	ל	פ	ר	ו	ש	ל	ח	ל	ו	ו	ל	ת
י	נ	צ	י	ת	י	ת	ג	ר	ד	ה	ש	ל	מ	ר	מ	א
ת	ל	ו	ל	ו	ו	י	א	ב	י	ו	פ	ר	מ	א	כ	י
ם	כ	ו	ח	פ	ל	פ	ם	ו	י	ו	ל	ת	ת	ב	ו	ח
ב	א	ו	ט	צ	ג	ס	ב	כ	מ	ל	ת	ז	ו	ה	ר	י
כ	א	ח	ת	ל	ר	כ	ו	מ	ל	ס	י	י	ו	ה	ת	ז
ו	י	ה	ר	כ	ש	ה	ל	ש	כ	נ	ס	פ	י	א	ר	ר
ר	מ	ת	נ	ו	י	ו	א	י	ל	ב	נ	ו	ת	ח	י	ר
פ	ל	א	א	ל	ן	ל	צ	ע	ת	ע	ד	א	ם	י	ק	פ
פ	ר	ן	י	ח	ו	ק	ך	ס	ב	ו	ר	ד	ב	פ	ן	נ
י	ם	ה	י	ו	ב	ן	ט	ע	ד	י	ו	ד	ק	ת	ו	ו

לבנות
גלוי
כמשי
לפרוש
אחרון
האומה
שועל
למכור
הכספי
שובב
מוכר
עצלן
דקת
הדרגתית
לצפות
הנוכחיים
כנס
הורה
להשכרה
שלב

Puzzle 108

ו	ר	ת	צ	מ	י	ח	ת	ק	א	ע	י	י	פ	ה	ה	נ
ן	כ	א	ו	ת	נ	א	ו	ח	ר	ו	ש	ק	ט	ה	ק	ר
ו	ה	ו	ו	ר	מ	כ	ו	ל	י	נ	ל	ח	ל	י	ע	פ
נ	ה	פ	י	ת	ו	י	מ	ו	כ	ה	ף	ל	ך	ע	י	מ
פ	ט	א	ו	מ	ל	ל	ה	נ	ז	ט	ה	ק	ו	פ	מ	מ
ת	י	מ	י	ב	ל	ו	ו	ת	מ	ה	פ	ר	ח	ר	א	ש
מ	ת	ש	ם	ט	ח	ב	ו	מ	י	ש	ג	פ	ן	א	ו	ן
ע	א	ע	ו	נ	צ	א	ש	ת	י	ה	ה	ר	צ	ו	ע	ת
ל	ם	מ	ו	ת	ב	א	ח	א	ב	ח	ה	ם	ם	מ	ן	ו
ש	י	ע	ר	ז	ק	א	ר	ו	ו	י	ש	ו	ו	ך	פ	ג
נ	ל	נ	מ	מ	ב	ד	י	ו	ת	פ	ל	ח	ס	ו	ם	ה
י	ב	י	ש	ת	ר	א	ו	מ	ר	ן	א	ש	ו	ק	ו	נ
ב	ו	ת	ל	נ	ע	נ	ע	א	י	ך	ו	ב	א	ס	י	ת
ב	ס	פ	ט	ס	מ	י	ר	ן	ל	י	ק	נ	ן	ל	א	ה
ב	א	ט	נ	ו	ה	ש	א	י	א	ו	א	ו	ג	ל	ש	ל

אחות
איום
צנוע
עוזב
צמיחת
לחסום
סובלים
שיער
נענע
איך
אכן
רצועת
קשור
קרנף
לשמר
פטל
מזכיר
התנהגות
תאו
אומללה

Puzzle 109

ל	ע	ף	ה	ב	ח	כ	מ	ן	א	ע	ח	ה	ה	ו	מ	ע
ק	ו	ם	ד	ר	ו	ר	ס	ע	ב	ר	ו	ן	א	צ	ר	פ
ו	ב	ו	ד	ב	א	ח	ו	י	ב	מ	ב	ת	ט	י	ו	מ
ח	ב	א	ס	י	כ	ב	ק	ע	י	ו	ה	י	ה	ז	כ	מ
ו	ר	ש	ר	ח	א	י	ש	ט	ד	ס	י	ד	ע	ב	ו	ר
ת	כ	ה	כ	ח	ו	ל	ת	·	י	ן	ו	ת	ב	מ	ד	פ
נ	ת	ס	מ	כ	י	י	מ	פ	ל	ו	ד	ל	ע	ע	נ	ס
ה	ל	ר	מ	י	ן	ל	ש	ר	א	ג	ב	א	ד	ק	ו	ת
ר	פ	ז	ה	ר	ס	מ	א	ע	מ	ע	ל	ב	ת	ח	י	ר
ש	ת	ל	א	ן	ג	ל	ר	ו	ה	ת	כ	ו	י	מ	ב	ל
ל	ת	ק	ש	ר	ו	מ	ב	י	נ	י	ת	ו	ו	כ	י	נ
ו	א	ח	ו	ה	ר	מ	מ	פ	ו	ה	ר	י	ז	ב	ם	ו
י	ת	ה	ה	ו	ו	מ	נ	ל	ק	ל	ז	ב	ש	ל	מ	ל
ב	ל	ד	י	ן	ת	ס	ש	ו	ש	פ	מ	א	נ	ע	ב	ע
מ	ל	ת	ב	ד	י	ע	ו	ת	ה	ב	ס	ר	כ	א	ו	ט

לקוחות
מצטיין
לשעבר
בברכת
חובה
רשלן
מרפסת
הכחול
הנוקשה
באחו
לדין
מיטת
בכיס
מסוק
דקות
כזה
תן
מסע
בזירה
רבע

Puzzle 110

ן	כ	מ	מ	ב	ו	מ	ו	מ	ו	ת	ו	ד	י	ל	ח	ל
צ	ו	ר	ו	ת	א	ב	ד	ד	י	ו	ת	ת	ו	ס	ד	ב
ל	ש	ל	א	י	ו	ו	י	ף	ע	◌	ה	י	ה	ע	צ	ה
ב	ס	ב	מ	י	ק	ר	ו	ם	ן	נ	ב	ה	נ	ד	ר	ש
ל	ל	ב	ש	ר	ו	ד	ס	ת	מ	ו	ם	ו	ס	ד	ו	י
ב	ד	ף	מ	א	ד	ו	ח	ו	ל	י	ג	ם	ק	י	ד	ב
ל	ח	י	נ	פ	ו	א	י	ם	פ	ב	ן	ו	ז	י	ב	ר
י	ו	ז	ו	ר	נ	י	י	כ	י	ד	ו	ח	ם	י	ע	ב
ו	ת	ש	מ	ת	מ	ד	ת	נ	ל	ת	ר	א	ג	ג	ו	ה
ך	ל	מ	ו	ס	ו	ע	ה	ע	ל	ב	ש	ל	ד	ן	ו	ח
נ	ע	ו	ו	ל	ו	ל	ל	מ	י	ד	כ	נ	ע	ל	מ	ת
ת	ק	ב	א	ל	ש	ה	ר	ק	ף	י	ל	א	ו	י	ה	ו
ו	א	צ	ו	כ	ע	מ	מ	פ	ר	מ	מ	י	י	ש	ר	נ
א	ת	ל	מ	י	ס	י	ס	פ	ת	ד	י	ח	ד	ה	ת
ם	ת	ה	ח	י	ל	י	ב	ע	ד	ה	ס	י	א	ל	י	ד

גבינה
לבלבל
הצעה
כשרון
חתונת
דורש
שזיף
לבשל
אופני
קדרה
לדחות
ביזון
דור
חום
מתמדת
יד
רכישה
מלך
להתייחס
אבקת

Puzzle 111

ר ק ד ר צ מ מ פ ו ב פ פ ד ה ח ל ג
ס ל ל א ק א ש ה ל ו ע א ם י א פ ל
ה ס כ ס ו ך ת פ ק ב ו ע מ צ ה י ל
י ת ל ח ך ת ב י כ ק מ פ א כ ש ד ן
ד ב ר ב ל צ ד מ נ י א מ ו ו ח פ נ
א ת מ ר ב ז י ת ל מ י ו א מ ו נ ל
ס י ז ת ו ב ז כ ו א מ א א ן ה ז כ
ג ר מ צ ל ר נ ג ת ת נ ל י י י ל ה
ר ק ן ל מ פ ר ד ס ש י א ז א מ מ ף
י י ב ו ת א ו ר י ה י ח ה ה ו י ן
ת ע ח נ ב ת ו ם ש ר י מ ו ת י ח ג
מ מ ד ר ו מ ס ל ו ב ה ס ה ם ע ו ז
ם ר י י מ ו ק ו ו ד י ל ר ע ש ה ל
ר ד ר נ י ס ה מ ד ר פ ה ש ח ח ל ת
פ ד א צ ר ש ו ת ד נ א פ ר ס ק ב ה

איזה
תאוריה
מלוכלך
אפרסק
כתום
אנשים
מאוכזבות
מרכזית
הסינר
זמן
הסכסוך
לא
צל
מאוחרת
זועם
סדר
עיקרית
סמור
רעש
שחר

Puzzle 112

ח ת א ת ן ה י ב י ע ר י ר ו ח א מ
מ ב נ ע ל נ א מ מ א ה ם מ א י א ו
ו נ פ ל ח כ ם א ה מ ן י ע ו נ ד ו
ו ל פ ו ע ת ח ל ו מ ת א ס ב י מ ג
ן מ ב מ ס ר ל ו ת מ ט ף ק ד ע מ ב
ו ח ם ה י פ ר ל י ש ב כ ה ת י ו ו
ו נ ד ם ח ס צ ו א א ע ג נ מ י ב פ
ח ה ו ע כ מ י ר א ו ת ש ח ו י ל ל
ס ל ב צ ו ה ל י כ ג י י מ כ ש ר ק
כ ע ש ר נ ל ב ו מ מ ט ד ב ש כ ת א
מ ר ו צ ה י ד ב ח ד י מ ל ב ד ה ב
ג ר ק ת ש י ר ב א ו ל ם י י ש ב י
ן פ א ר ע ג מ ו פ ש ו ו ד י ו ו ר
ש י ת ל ע ו פ ט י מ פ ד ל ת ר ו ת
ם ב נ ר ש נ א ח ד ל ו ש י פ ם ו ד

יבשי
המספרת
יניח
אחרים
להתאים
עסקה
לבדר
במחנה
מלבד
מרוצה
מאחורי
פוליטית
פועלת
תעלומה
הנוכחי
לרכב
אתמול
תואר
באולם
כבשי

Puzzle 113

ב	ח	ע	ל	ו	ת	ל	ת	ח	א	ד	ס	ע	ב	מ	י	ע
א	ב	ס	פ	ה	ה	ו	ב	ג	ה	ג	ל	ק	ז	ל	ר	ש
י	ר	ו	מ	ה	ב	א	א	ה	ו	י	ש	ג	ו	ב	א	ר
ת	ס	ק	ת	ל	ת	פ	ן	ח	א	ס	ע	ב	ב	י	מ	פ
ה	ב	ו	ב	ו	ל	ע	י	ו	ר	א	ן	ו	ו	נ	ו	ס
ר	ז	י	ד	י	א	ב	ט	ל	ו	ו	ו	ל	ר	א	ר	נ
מ	ו	ו	ש	א	י	ל	פ	ו	ח	מ	ן	ש	ג	ו	א	נ
ה	ע	י	כ	ס	י	ד	י	ו	ח	ו	פ	מ	ס	מ	מ	מ
ן	א	ר	ן	ן	ב	נ	ל	ל	י	ה	ת	י	ן	ל	ק	א
ב	י	י	כ	ו	י	ר	א	ל	ר	מ	י	י	ח	ל	נ	כ
ב	א	ר	ו	ן	ב	ד	ו	ר	ו	י	ר	ו	מ	ה	ס	ז
ש	ו	ח	ס	ת	ר	ש	מ	ק	ו	ף	ש	פ	ת	נ	ו	נ
ב	ש	ק	מ	נ	ע	ו	ע	ו	ב	נ	נ	ת	ל	ש	מ	ו
ר	ל	ו	ר	י	ל	ה	ב	י	ט	ח	ו	ן	פ	ו	ב	ט
ב	ה	ס	ח	ן	א	פ	ל	ד	א	ה	פ	ת	ו	ג	ם	ו

בובה
יסוד
קנס
בד
אליפטי
הביטחון
הגבוהה
מסוכן
דיוק
שכן
עסוק
בארון
תנין
להכפיל
חתלתול
חבר
בננת
אחרון
אומללה
עוזב

Puzzle 114

ד	ג	ל	י	ת	ג	י	ח	צ	ש	ן	א	ן	ב	ו	מ	כ
ה	ו	נ	א	א	ע	ה	ר	י	ר	ס	ת	י	ע	ס	כ	נ
מ	כ	ו	נ	ש	נ	י	א	י	ס	מ	י	ב	ו	י	ח	ה
ל	ד	מ	א	ס	ג	ת	י	ד	ו	ע	ב	ט	ב	מ	ל	ו
ג	ד	ו	י	מ	ה	ן	ד	ה	פ	ו	ק	מ	י	ת	י	נ
ה	מ	ל	ר	ת	ב	י	פ	מ	ד	ה	י	ר	ד	ו	א	ו
פ	פ	ח	ס	ר	ל	ל	ב	ר	ו	ו	ט	ו	ק	ל	א	ר
ד	ל	ד	ה	ח	פ	ג	ו	ל	ר	ו	ץ	פ	ה	ה	ת	ע
א	ש	ס	פ	כ	נ	ו	ל	כ	ת	ו	ב	ב	נ	ר	א	כ
ה	ר	נ	ט	ע	ל	ס	א	מ	ת	ה	י	כ	ו	ר	ג	ש
ד	ד	ר	מ	י	י	מ	פ	י	ד	ח	ב	ש	מ	ל	ר	ג
נ	פ	מ	מ	ל	ק	ד	ק	ר	ת	ל	ת	ו	ש	ח	ב	ו
ר	י	ל	י	י	ש	ם	ב	ב	ל	ז	ל	ו	א	י	ד	ו
ם	ל	ו	ע	מ	א	פ	ח	י	י	ר	ח	ג	נ	ש	מ	פ
ת	פ	ק	י	ד	א	ח	ר	ו	נ	ה	א	ס	מ	ר	ו	כ

בפורמט
שמונה
החיובי
קופה
ארנב
הקרקע
ליישם
רפואית
בעובי
דפוס
לרוץ
מעולם
ידוע
אחר
פלסטיק
תפקיד
פיל
מסוגל
כמובן
לכתוב

Puzzle 115

ו	י	ב	ת	ו	ו	ו	ם	מ	ח	ו	ת	מ	פ	ל	ח	ק
ל	ו	פ	נ	ה	ן	ו	י	א	ר	ה	ף	א	א	ח	י	י
ב	א	מ	ו	ו	מ	ה	ה	ב	ק	ן	ת	ש	ל	ר	ע	ר
צ	ת	ב	ר	ן	ו	ם	ז	ו	מ	ל	ר	י	ק	צ	י	ש
ע	נ	נ	ח	ו	ש	מ	ח	פ	מ	ן	ה	מ	ד	ו	ה	נ
ג	ו	[illegible]	מ	פ	ב	ר	ה	א	ר	ק	ט	י	ו	ו	ה	ב
ר	ו	י	י	ם	מ	י	א	ת	ל	י	ת	ם	ה	ו	נ	ו
כ	ד	נ	ש	ק	ד	ק	א	ן	ח	מ	ח	ו	כ	מ	י	א
ד	י	י	ה	נ	ב	ם	ס	נ	ט	מ	י	כ	ס	י	ו	ו
כ	ו	ז	ה	ו	ת	ר	ש	ל	ז	פ	ף	ל	ר	ה	ו	צ
א	ק	מ	ע	ח	נ	ל	י	פ	א	ה	י	מ	ל	ו	ו	ל
ו	ן	ש	י	ר	י	ל	ת	כ	ם	ר	ע	ס	נ	ו	מ	י
ל	ה	ל	ג	ע	ד	ו	ו	ש	ב	ל	ם	י	מ	ת	ב	י
ש	ש	ר	ר	י	מ	כ	מ	מ	נ	א	ן	י	ו	ו	י	ד
פ	ו	מ	ת	ד	ב	ק	ת	ת	ט	ו	פ	ת	ת	ר	ר	מ

משכפל
לשרת
כרגע
אוהל
רחוקה
מאשימים
חמישה
רגיעה
לבצע
במדינת
הון
זהות
דיוקן
שליחת
קיר
הראיון
זהים
תנור
הארקטי
שומן

Puzzle 116

מבחינת
התראה
חורף
השפעת
השועל
פסנתר
שדה
בחורי
במכחול
עוף
חמניות
מונית
העתיקה
נחל
מבחר
שעון
לה
התקף
הקפאה
פנים

ב	ה	ח	ל	ה	י	ת	ה	נ	ו	ו	ל	י	ד	ו	נ	ד
ח	ת	ח	י	ש	ח	ת	ח	ם	ה	נ	ש	ו	ה	ק	ו	ה
ו	ר	ו	מ	ו	נ	י	ת	ק	ק	ה	ד	מ	ר	ל	ש	ל
ר	א	א	ש	ע	ו	ן	פ	נ	י	ם	ה	ו	ן	פ	ד	ו
י	ה	ש	ב	ל	ו	א	י	ה	ת	ק	ף	ר	ע	ו	ף	ח
ה	ל	ב	פ	ח	ה	ע	ו	ד	ע	מ	מ	ת	ה	ו	ו	ב
ר	ו	ם	א	נ	ף	מ	י	י	ה	ד	ת	נ	י	ח	ב	מ
א	ר	כ	י	ל	כ	ל	נ	ר	ד	ת	ו	י	נ	מ	ח	ב
מ	נ	ר	ר	ו	ד	ט	פ	ל	א	ס	פ	ת	ש	א	ר	ב
ב	ד	ה	ע	א	מ	ס	ה	ד	ד	מ	ה	ב	מ	ת	ה	ו
צ	פ	ל	ת	ת	נ	י	ב	ד	ו	מ	ו	ס	צ	נ	ק	צ
י	ו	ש	ף	ת	מ	ו	ה	ד	ל	מ	ה	ה	ס	ז	ר	ת
מ	ב	ח	ר	ו	ר	ע	פ	פ	ח	ו	ב	ב	ר	ר	ט	ל
ו	ל	ם	ו	ו	ת	ן	ל	ר	ה	ג	צ	ב	ע	ו	ן	ת
ר	ת	ס	ח	ל	ו	מ	ר	י	ו	ה	ו	י	י	ד	נ	ר

Puzzle 117

ת י נ ו ר ש ע ל מ ל ף מ ד ת ד ח מ

ב ק ט ג ו ר י ה ס צ ב ן ש י י ו ן

ו ד י ה · ר ו א מ י ה י נ ע ר נ ו

ד ע ח ס י ח ג ר ם י פ ו ם כ י ב ח

ו מ ן ל א א ש י ד ר ו ה ב ז ש ו ע

ל י ו י ת נ י ך ה ל ד ג נ ה פ ש ת

י ה י ת ו ם י ק ו ל ב ש כ ש ל ל ח

א ו כ ח כ נ ש א ו מ מ ר ו ב ד ו ב

י פ ש ם ו י ר א ש ה מ ת ץ י ק ב י

ל י פ מ י מ ל ת ל ב ו א ח ר ח ר ל

נ ע נ נ נ ק ת ד ל פ ן ל ש ר ו ב ג

נ ה א ת ו ף ל מ ר ו ת ב ם מ ה י ר

נ ב י ד ש ו ל ה ר ע ב ל ס ק י נ ו

א א ב מ ב נ ק ס ס ל ו ם ו מ ב י ד

נ ל ף ב ר ל ו ה ת כ א א ר ר פ י ב

מורכב
בקטגוריה
לרחרח
גשר
הופיעה
למרות
להאריך
ראש
בלוקים
לצייר
בפועל
כדורגל
עשרונית
עניה
בקיץ
נוף
משתתף
פנאי
רשלן
סמור

Puzzle 118

מ מ ן ח ל צ ד א ו א מ נ י מ י ר נ

ע ת ו פ צ ל ל מ ס ח ב י ע ו ר ב ו

ק י ב ע פ נ ו ש ר ד ג ב ח ר ו א

ב א פ ס ו א י ע ן י ק ו צ ן נ ן ת

ר ח ס נ נ א ן ס מ ו ר ר כ י ה ו ל

ע ר ת צ ת ק ס פ ה ו ס י פ ג ש י ב

מ י מ מ י נ י ס ד ר מ ו ק פ ת ה ו

ד ו ש מ י י ד ה ה ת ה ה ח ה נ ן י

ד ת מ ו ר ב ל נ ה ח ג ה ו ל נ א ב

ע ד מ י ת א ת א ע ק פ י כ ה ד ך ב

ה ל א ג ו ב ו י ו פ ו ע ת ר ד א י

ת פ ן ב ס נ ם מ ל ל ו א ו ן ל י

ה ח ס ב ל ה ק י ם ו א ר ב י א נ ס

י ו מ ס ק ל כ ן ו א ב מ נ מ מ א ע

ו ש כ מ ק ו ב ל ב ם ס ט ר צ ר י א

פלדת
החג
צבע
מעקב
אננס
סנאי
נברן
מדד
להפגין
אחריות
הפסקת
ורודה
מסרק
להקים
העולם
לפקח
עורב
לעכל
אחרי
לצפות

Puzzle 119

א	ג	י	ו	ש	ש	ב	נ	א	ו	ס	מ	ל	ד	ה	ר	ק
ע	ג	ל	ב	ב	ד	ח	נ	ו	נ	ע	מ	פ	ר	ש	ן	ו
מ	ו	מ	ד	ר	ל	ס	נ	ח	א	פ	מ	ע	א	ה	ו	מ
ת	ל	מ	ה	י	נ	ה	נ	צ	ח	ל	ה	כ	ו	ב	ס	ק
ו	ג	ן	ל	ח	ג	י	מ	נ	פ	ו	מ	צ	ג	פ	מ	ו
ו	ו	ח	ב	ר	ת	מ	כ	ת	ב	ת	ו	ק	ח	ל	ו	ם
ע	מ	כ	מ	ד	ף	מ	ב	כ	ק	ו	ד	ת	ם	ו	ת	ל
ו	מ	ך	ו	ז	י	מ	ן	כ	ת	ס	מ	י	ב	ש	ו	ק
ר	ם	ע	כ	ו	ו	נ	ה	מ	ב	ו	ר	ג	ר	כ	ת	ל
ע	ט	צ	ג	ת	ר	ל	צ	פ	ג	ם	ר	ו	ל	י	י	ך
ח	ת	ב	ת	ש	ן	ע	א	ס	ש	ו	ד	ל	ו	ק	ו	ש
ו	א	מ	ה	י	ר	ו	ת	ת	י	כ	ר	ו	ת	מ	ה	ה
ד	ו	ע	ו	א	ו	ב	ב	ס	מ	◌	מ	י	י	א	נ	ח
ה	פ	י	ש	ז	א	ק	ד	י	ב	ו	ר	ב	ו	ד	ל	ו
מ	י	ט	ת	ו	ת	ל	י	מ	ר	ח	ו	ב	ר	צ	ס	ש

דיבור
מהירות
מכשפה
מכתב
חברת
מס
מדומה
אנפה
סבוכה
קומקום
מדף
מפרש
כי
לקבוע
לחקות
שוקולד
ביולוגית
בשוק
המבורגר
מיטת

Puzzle 120

מקבל
גס
לשפר
ספר
אצילה
חריזה
משימה
לצוף
שם
רחוב
גירית
אנרגיה
אזרחי
המשאית
כיף
תוכן
ייצור
עדיין
מצטיין
הסכסוך

ל	ב	ק	מ	י	ר	ת	ר	ו	ח	ה	ה	י	י	ה	ו	י
י	ש	ס	י	ח	א	ו	ח	ר	ר	ו	כ	ה	ס	ס	ג	ה
מ	פ	פ	א	ת	צ	ל	ו	ן	ו	ה	ת	ט	ו	כ	י	כ
ה	ז	י	ר	ח	י	א	ו	פ	א	ו	ו	ג	ת	ס	ז	י
ה	ח	ח	פ	פ	ל	א	ו	ו	ו	ר	כ	י	ו	ו	ג	ף
פ	ד	ר	ס	כ	ה	י	ש	ו	ת	ח	ן	ר	א	ך	ו	ע
ו	ד	ז	י	מ	מ	ן	ר	מ	צ	ו	י	י	ד	כ	ה	י
ש	ו	א	ע	ן	י	י	ד	ע	ה	ב	י	ת	כ	ו	א	ב
ס	ם	ד	ג	כ	ש	ו	ה	ת	י	ס	ט	ג	ו	ד	נ	ב
ח	מ	ל	י	ו	מ	ר	ר	ר	ד	י	צ	ר	ו	ו	ר	מ
ב	ן	ל	ב	ר	פ	ס	מ	ו	מ	ע	מ	ן	מ	ל	ג	נ
ל	א	ו	ע	כ	כ	ל	ת	ל	י	ו	ל	ד	פ	ו	י	נ
נ	ה	נ	ש	י	ב	י	י	צ	ו	ר	צ	ת	ו	ת	ה	ד
ם	ל	ר	ו	ח	ו	ק	ר	י	ר	ש	ו	ס	ה	ב	ל	ו
ו	ו	ת	י	ו	י	ע	ל	ו	ב	א	ף	נ	ו	מ	נ	ק

Puzzle 121

א	י	ב	ר	ע	ב	נ	ן	ב	נ	ת	ן	ו	ח	ת	ל	פ
ר	ע	ה	כ	י	ק	ת	ס	י	ט	ר	כ	מ	ר	ל	י	מ
ב	ג	ר	ס	ש	ו	ש	ר	א	ג	ת	פ	ש	ה	ג	ס	ל
ע	ו	ג	ו	ע	ו	ו	ה	ב	י	י	ת	ז	ש	ו	ק	י
צ	ע	ה	נ	ח	מ	ו	מ	י	מ	כ	ד	מ	צ	ה	ר	ר
מ	ש	פ	י	ר	מ	י	כ	כ	ה	ח	ל	ט	מ	י	מ	א
א	ת	י	ב	ח	ר	ב	י	ה	נ	י	מ	ז	מ	ו	ן	י
ב	נ	א	כ	ה	ע	א	א	נ	י	א	ג	ו	פ	ס	ל	ר
ו	ה	ש	מ	צ	י	ם	נ	י	ק	ת	נ	א	א	י	ש	ו
ב	ע	ה	ו	מ	ם	ב	ש	ג	מ	מ	ש	ס	ש	מ	ת	ד
ו	ב	ב	ן	ו	ז	י	ב	ו	י	ו	נ	ו	י	פ	י	י
ס	ר	ע	מ	מ	ז	ו	ש	ה	א	ל	ר	ו	ל	מ	ע	ג
ר	ת	ה	נ	ב	נ	ל	ז	מ	י	ו	ח	ד	י	ם	ב	ל
ה	ב	ע	ל	י	ם	ו	ר	ק	נ	ג	ו	ר	ו	ש	ם	ת
כ	י	נ	מ	ם	י	מ	ל	ע	נ	ח	מ	ו	נ	י	כ	מ

העברת
באמצע
לגידור
ברחבי
סוודר
מזמינה
רשמי
הבעלים
נעלמים
ארבע
לספוג
השאיפה
יער
מהר
מיוחדים
קנגורו
מושלם
כרטיס
ביזון
אתמול

Puzzle 122

א	ו	מ	ת	ס	ל	ה	ג	ת	ר	י	י	ל	מ	ה	ש	ו
מ	ש	ו	ע	ע	מ	ר	ש	ד	י	ה	ח	ך	מ	ת	ל	ס
ע	ק	ל	ב	ח	ר	ב	ר	ל	א	ס	ו	ר	מ	י	ו	ט
ד	מ	ן	ל	פ	פ	ר	ו	י	ק	ט	ת	ו	א	י	ש	ר
ה	ל	ד	ח	ו	ף	פ	ש	ט	ב	ה	י	א	ו	ש	ם	ר
ה	ה	ר	ץ	ט	נ	י	ס	מ	ו	נ	פ	כ	ו	ב	ה	ש
ל	ג	ב	ה	ה	ת	ע	נ	ר	ו	ת	י	ו	ה	ו	ל	ב
א	ת	י	י	◌	ע	ק	ה	ד	ו	ס	ב	ג	ק	י	ש	ב
ר	ד	ה	ת	ו	ן	ו	כ	מ	ר	ו	ג	ב	ו	פ	ת	ו
מ	ו	מ	נ	ד	ו	א	ו	ד	ם	ח	פ	ו	ש	ק	ו	י
ת	ה	י	ק	נ	ק	ו	ן	ג	ל	ה	ר	ן	נ	ש	ד	צ
ח	ו	א	ע	ח	ח	נ	ח	י	ת	י	ט	פ	ש	מ	י	ס
ט	ח	ס	ו	ס	ש	י	ל	צ	ר	א	ר	ך	ד	ל	פ	י
מ	ת	ר	ו	ב	ב	י	נ	ן	ס	ב	ר	ר	מ	ר	ב	ר
א	ח	ה	א	ח	ת	ה	ת	ר	א	מ	ל	ם	ו	ת	כ	ד

דרמטי
למה
התיישבו
גחלילית
אורך
פיתוח
שליו
חשב
לאסור
בלחץ
טניס
לדחוף
סוס
שלהם
אישית
משפטית
שלוש
משקפי
פרויקט
כתום

Puzzle 123

ב	ר	ו	ה	ע	ת	א	א	ו	ב	מ	צ	ח	ר	ד	ב	ל
ב	ל	כ	ל	ת	ו	א	ר	י	ל	ה	פ	ו	ה	ב	ה	א
א	מ	ו	ר	ה	ט	ל	ח	ה	נ	ו	מ	ת	ח	ק	מ	מ
ג	ו	י	ב	ת	נ	צ	י	ע	כ	ט	נ	ש	י	ק	א	י
ר	מ	ש	ד	ם	ו	י	ו	ס	י	נ	ר	נ	ד	ב	י	מ
ג	ח	ב	מ	מ	ח	פ	נ	ו	ע	צ	ה	א	ל	ר	ה	ם
ד	ם	כ	נ	ש	ו	י	ו	ו	ב	ו	ד	ד	ק	ו	ד	ח
ן	ב	ה	מ	א	ז	ו	ט	ו	ל	ב	ח	נ	ח	צ	ת	ב
ל	נ	י	ו	ד	כ	ת	ל	ב	פ	ר	ח	ש	ו	ת	י	צ
ה	ה	ת	מ	ו	פ	י	ש	ב	ם	ו	ח	י	ד	ע	ה	ה
ת	פ	ת	פ	ר	ח	ה	ה	פ	ו	ב	ת	ה	ת	א	י	ה
ת	י	י	ע	ו	ר	ם	ו	ל	ח	ש	ו	ף	ס	ו	א	נ
ה	ת	ה	ו	ל	ש	פ	ב	ר	י	ו	ו	מ	י	ר	ה	ל
ת	ר	י	ד	ד	ם	י	י	י	ר	ק	נ	ח	ה	ת	ע	י
ר	ה	ק	א	ו	ת	א	מ	ל	ר	ה	מ	ס	פ	ר	ת	ב

מאז
צוחקים
ניסוי
שלטונו
בכה
ובודד
החלטה
אות
כלכלת
מדבר
דבק
להתעלם
אינטראקציה
נשי
לחשוף
ציפיותיהם
תמונה
אוסף
אמורה
המספרת

Puzzle 124

עז
לסייע
תרבות
לשלול
תחתון
בלון
מוזיאון
אומרת
לנקודה
בסדר
אחראי
ולשחרר
בעתיד
בנק
לוטרה
משמעותית
המחק
להגן
לפתור
הסכם

ב	ל	ק	ח	מ	ה	מ	א	פ	ם	פ	ת	ו	ו	ח	ר	ו
א	ס	ע	י	ש	ש	י	ה	ד	ת	א	ו	ת	ד	·	מ	ח
ע	ה	ד	א	מ	ד	ק	מ	א	י	ל	י	ה	ז	ר	ו	ב
ב	מ	ס	ר	ע	מ	ו	ז	י	א	ו	ן	ב	ל	ו	ן	ע
ב	ו	ם	ח	ו	ו	כ	ש	ר	ל	ס	י	י	ח	פ	ע	ת
מ	ש	ק	א	ת	ע	א	ו	ת	ג	ק	ה	ן	א	ג	כ	י
פ	ע	ת	ע	י	י	ס	ל	ת	ר	נ	ר	ד	ם	מ	י	ד
ו	ה	ו	מ	ת	מ	ר	ב	ח	ר	ב	ט	י	ר	י	ו	
ל	נ	ק	ו	ד	ה	מ	ל	ת	ח	ל	ו	ל	ש	ל	ן	ה
ן	מ	י	א	ל	ם	י	ד	ו	ש	מ	ל	ת	ת	ר	א	ו
י	ב	ו	י	ש	ו	כ	ת	ן	ל	ע	ה	ר	י	נ	ת	ו
ת	ג	ל	פ	ו	ל	ע	ס	ג	ו	ז	צ	מ	א	ס	ו	י
מ	ו	ו	ו	ה	י	ח	ר	ה	ר	מ	ו	ו	ת	ק	י	ג
מ	ח	ן	ד	ק	ע	ש	ק	ל	ת	פ	ו	א	ש	ג	ל	נ
ש	ט	ו	ה	ו	י	ת	ס	ח	א	ל	פ	ת	ו	ר	ו	ל

Puzzle 125

ל	מ	ו	ו	ר	ש	י	ן	ל	א	נ	מ	י	ו	י	ע	ו
ח	ת	א	י	ס	ו	ר	ה	ל	ל	ש	ת	מ	ח	נ	מ	ג
ו	ח	א	ד	נ	י	ה	ל	ו	ב	כ	ע	ד	י	נ	ה	ו
י	ר	י	מ	נ	ק	ד	י	ר	ח	ו	כ	ס	ס	ג	ש	ח
ש	י	ו	א	ן	י	ו	ל	ת	ע	ב	ו	ר	ת	ו	ע	ט
ל	ב	ד	ה	ד	ש	א	י	ו	ה	ע	י	ח	ל	מ	מ	ב
מ	ל	ה	ו	ר	נ	ן	כ	י	ב	ר	ל	י	ה	ל	ל	מ
ו	מ	כ	כ	מ	י	ע	פ	פ	ם	צ	ו	ב	ב	ף	מ	ל
ד	ד	ש	ל	י	ש	י	י	ם	ב	ש	מ	פ	מ	נ	ז	פ
ר	ם	צ	ח	ח	ב	נ	ת	ר	ן	ו	ע	נ	י	פ	א	י
ה	כ	ר	ד	ה	ו	א	ו	י	מ	ו	ב	פ	י	ב	ן	ר
ו	ו	ב	ר	פ	ר	א	ס	ח	י	י	ת	ה	ל	מ	ו	מ
ס	מ	י	ל	ו	ר	מ	כ	ד	מ	ו	י	ן	ג	ל	מ	ת
ת	ס	ם	ב	מ	ל	ה	נ	ל	ש	ך	מ	צ	ג	י	כ	פ
א	ר	ל	י	ל	ע	י	ו	י	ר	ז	פ	ה	ת	ל	כ	ל

להרוס
שלישיים
למעשה
ואן
יותר
ירח
לפת
רבים
חמת
פוני
טעות
עדינה
בצלחת
דשא
לכל
כובע
לנהל
כפית
משבר
להתייחס

Puzzle 126

ר	ן	ש	ו	ש	ו	ע	נ	ן	י	י	מ	ט	ל	ת	ד	ו
ה	ה	ו	ב	ב	ל	ם	פ	ו	ץ	ו	פ	ק	ל	ו	ר	א
צ	ה	ל	ח	ש	י	מ	ו	א	ב	ף	ק	ט	מ	פ	נ	ב
ו	א	מ	ח	מ	מ	ת	ל	א	ש	ך	פ	ל	פ	י	מ	א
ו	נ	י	ו	נ	ש	מ	ע	ל	ם	ז	ל	א	ש	צ	ע	ה
ר	כ	ל	ח	ב	ה	ו	צ	מ	ר	ה	ו	ו	ו	ר	י	ת
מ	ב	ל	ל	נ	צ	ל	נ	ו	ק	ה	ה	מ	כ	ב	ם	מ
כ	ח	ס	ה	ל	ו	ע	פ	ש	י	ד	ה	י	ע	ת	ש	א
נ	ד	מ	ו	ק	ר	ט	י	ט	ד	ו	ד	ש	ל	ו	ש	א
ה	ת	ט	ל	ק	ר	ב	א	כ	ן	ע	ל	ה	נ	כ	פ	ו
ה	ב	ל	ו	ג	י	ע	ב	נ	ר	ת	ו	ד	ל	ט	ה	ו
ו	ק	ג	ו	ש	פ	ב	ש	י	ש	י	ה	ת	ק	ר	ז	מ
מ	ז	ח	ו	ר	ע	נ	ס	ק	ע	ע	ו	ש	י	ו	ן	ד
ה	ג	ח	פ	א	ם	ע	ד	ה	ו	ה	נ	י	ד	ד	י	ס
ב	י	צ	ו	ע	י	ם	ו	נ	ח	ל	ן	י	ו	ב	מ	ר

לאומי
דמוקרטי
להקשיב
ברציפות
לשדוד
פעולה
לקפוץ
ביצועים
מטלת
קלטת
רוצה
חגב
טכניקה
קרם
מזרקת
כנרת
כותב
מכנה
תעודה
ללמוד

Puzzle 127

ק ד ת כ ן ו מ ח ן ל י ח מ ו ו נ ו

ן מ ו ש א נ ו ת ב ה ח א ר ח נ מ פ

ח ל ג ת ח ו ס ו פ מ ח י ו ל ר ר ר

ל ע ר ק ר ן א ה ח נ ט ב א מ ל ו ו

כ מ ד ע ו ל ת ח ו מ · ל ו א מ נ ו

ר ת מ ב א ו ה ב ל ד ו ד נ ה ה ח ג

ד ה ב י ו כ ת ט ה ר י ל ה ב ר מ ש

ר י כ ז ה ל ו ה ו ק מ ק ג מ ו ד ק

ל ו ת ה ל ר נ ל ג נ מ י ו ג ל כ ל

ה י ל י י נ ו ל ת ק ו ף ן נ ן מ א

ב ע ה ק ר א ר ק ט ן י ב מ י ג ח ה

י ג צ ת ו ש פ ו מ ס נ ה א ב ר ק ב

י ח י ה ו ד ע ת ו פ פ ר ה ת ר ג

ע ו ג ו ב פ ה ר ת · י ח מ ה ש י

ל מ ב ל ת ת ל ר כ י ת ל פ ג ם ל ה

גשם
החבטה
אוהב
קטן
ולהזכיר
חולה
כולל
להוסיף
מגניבה
עפרונות
לדלקי
במדרגות
לתקוף
הודעת
מעל
בקר
נחמד
להציג
רבה
מבין

Puzzle 128

ו י ל ה א נ ל ר ת ר ו ה ס ו ח י ב

כ פ ה כ א ת צ ת ה ת ב י ל ה ה ק מ

א ת ת ר ו ג ר ר ח ר ן ב מ ב ל ה מ

ש פ א ח ל ו ף ח ת ך ר ו י ר נ א ד

ר ד י י ק ע ו ד ר ע מ א נ י ס ו ס

י ו ם י י ו ל ז י י ן פ ש ד ל מ ה

י מ ב מ ח ר ה י ס ו ד ל ת ר א ח ד

נ י מ ו א ה י ו ע צ מ י י ם ל ש ל

ב ל ק ט ר מ מ ו ד פ ו ר י ו ל ל א

ו ל מ א ב ף נ ע ל ם א ו י נ ו י ח

ה א א צ מ ק ע ו צ א א ב ו ג ב ן ע

א ו א א נ ש י פ א ו ת י ז ו נ פ פ

ר ש ט ל ב ת א ד ו ב י ד ה ת ט י י

נ מ ו ל י ה ל י ה ן ס ע ו ח ו ו ב

ך ו ר כ י א מ נ ק ן ט ד מ ף ו ו י

היבוא
אומדן
לצרף
אטומי
קלה
עוגת
ביקורת
רך
עצמיים
ערב
חיוני
יכרוך
דיבורי
להימנע
הכרחי
מצא
לשלם
חתך
סירת
להתאים

Puzzle 129

ן	י	ה	ר	ב	ק	ב		ה	ס	ו	ר	ר	ל	פ	ר	ה
י	ר	צ	נ	ו	י	ת	ו		ל	ע	ו	ע	ת	א	ש	י
ד	י	ב	ט	ק	ס	ט	ל	י	ט	ל	מ	ו	ג	נ	ו	פ
ע	ג	צ	ל	ר	ק	י	מ		ו	ה	ב	ע	ת	ו	ז	ב
ה	ת	ר	ב	ו	ת	י	ת	נ	כ	ר	ו	י	פ	ם	ע	פ
ע	ל	נ	ח	ס	מ	ו	ר	ל	י	כ	ט	ו	ב	צ	ק	ב
י	ת	ש	נ	ו	י	ו	ו	נ	ס	מ	ל	ד	ו	ק	י	ר
ק	ת	ב	ג	ו	ת	ם	ג	ך	י	ם	ג	ו	ם	ן	י	ב
ש	א	ב	ר	ו	ו	ע	א	ש	י	ט	ך	ש	ו	א	י	כ
ד	ל	ת	ו	מ	ו	צ	י	י	א	ב	ט	ב	ש	מ	ש	ה
א	ב	ש	ד	י	י		מ	ר	נ	ו	י	ו	ה	ה	ל	ו
ת	ה	ו	ה	י	ס	ק	ר	ד	ה	י	ד	י	ט	מ	ד	א
צ	כ	ג	ד	ו	פ	ל	ל	ר	נ	י	ר	ה	ל	ת	ו	ר
י	ת	ח	נ	ד	נ	נ	י	ל	ב	מ	ן	ו	ר	ה	ש	ו
מ	ן	ה	נ	כ	ו	ן	ל	צ	ע	ו	ת	ו	ר	י	ח	ב

בחירות
כלום
ומבוטל
בוקר
הסורר
בקצב
התרבותית
עלה
העדין
רעוע
שחוק
השנתי
שקיעה
אגורת
נכון
ריקוד
פעם
בטקסט
השמש
עצלן

Puzzle 130

ח	ח	י	י	מ	מ	ט	ל	ר	ח	ן	י	מ	י	ס	מ	ן
ר	ו	מ	ח	ד	ל	ן	ב	ן	ו	ק	ו	ו	ו	ו	ר	ט
ד	ו	י	ד	מ	פ	ו	צ	י	ש	ו	ס	צ	ח	ב	ת	ה
ם	ל	א	מ	פ	י	י	ו	ל	ב	מ	ק	ל	מ	א	ה	ב
י	א	ר	ל	ס	פ	צ	י	פ	י	פ	ט	ש	א	ח	ק	ר
ה	א	נ	ג	מ	ע	ם	ל	נ	ם	ק	ך	ם	י	א	ר	נ
ס	כ	ל	ע	ז	ן	ה	א	ס	ר	ט	ן	ת	פ	נ	י	ג
צ	ו	נ	ת	ה	מ	י	י	א	י	י	ש	א	ת	נ	מ	ה
א	ו	א	ת	א	ג	ו	ט	א	מ	ת	י	ת	ן	י	ב	ע
ג	ח	ת	ו	ת	ך	ו	ש	מ	ל	ו	ד	ן	ו	ז	א	ת
ו	י	ל	ל	ב	א	א	ו	פ	ר	א	ו	פ	ת	ף	ל	א
נ	י	ש	ס	ר	ש	י	ל	ו	א	מ	א	א	כ	ה	ר	נ
ש	ת	י	י	ע	ת	ד	ח	ו	ל	צ	ת	ו	ן	מ	ה	ב
ת	ר	ט	ד	ע	ו	נ	נ	ו	נ	ע	נ	ל	ב	ך	ר	ק
מ	ה	ן	י	ל	ד	א	ת	ו	ר	ל	ד	ח	א	ע	ה	מ

נראים
אחד
עצמאות
ספציפי
למשוך
אמת
תות
סרטן
קומפקטית
סמן
משך
אשתו
מוחלט
בסיר
חושבים
ערבת
אודישן
חולצת
תאו
לא

Puzzle 131

ה	ח	צ	א	ש	ת	ָ	ו	מ	ס	ה	ב	י	ס	נ	צ	מ
ס	ב	ד	ת	ה	י	ס	ו	ר	ת	ו	ח	ו	ל	י	ש	ל
צ	ע	ד	ה	מ	ו	י	פ	ו	ו	ן	ת	ר	ע	ק	ו	ש
ה	מ	ק	ל	ו	ק	ר	ב	ת	ת	י	כ	ב	י	ו	ו	ל
י	ר	ו	ן	ז	מ	ת	נ	י	פ	ב	נ	ה	מ	ף	א	ו
ח	ר	ר	ב	ר	כ	ו	מ	ה	ם	מ	ל	פ	פ	ו	ן	ו
ל	מ	ן	ת	ה	כ	כ	ו	ע	א	צ	א	ב	ח	ף	ב	ה
ח	ע	ח	ו	ע	ק	ר	נ	ת	ב	ה	ש	ע	ד	ג	נ	פ
י	ע	י	מ	ת	ו	מ	ה	ג	ן	ה	ב	ש	ו	י	י	ו
ָ	ו	ת	א	ו	ן	נ	ל	ת	ד	ת	ע	ו	ק	ח	ק	ב
ג	ר	ו	י	ה	פ	ת	ש	א	י	כ	ה	ו	ת	ג	י	ע
ת	נ	ה	ה	ר	ת	פ	ח	ק	י	ת	י	נ	מ	י	י	ס
ל	א	ר	ג	ן	ס	ו	מ	א	ו	מ	א	מ	ו	י	א	ב
ן	ר	פ	ג	י	מ	כ	מ	ד	ה	מ	נ	מ	י	נ	מ	ה
ה	ו	י	ת	נ	א	ב	ד	מ	י	ע	ו	ט	ן	ד	ש	ג

שייכים
סיבה
שווא
המקל
המוכר
בפינת
החריף
ספת
שבעה
לארגן
פי
מיעוט
הר
בכיתת
שלווה
מלפפון
יושב
המוזרה
צעד
קערת

Puzzle 132

התרסקות
ממהר
למעצר
ארבעים
מסוגלים
הכבוד
נדרש
מנורת
לשנה
מנות
רוחב
רהיטים
איות
משטח
חנות
רציני
סלרי
חמנייה
ריח
פטל

ר	ח	ר	א	ו	ה	ל	א	ת	ר	ו	נ	מ	ט	נ	ם	מ
א	י	ו	ת	ג	ז	ב	י	ו	ו	י	ה	ר	מ	ד	ד	ס
ח	ת	מ	מ	ו	ו	ו	ח	מ	ל	נ	ש	י	ו	ה	ע	ו
א	מ	ל	א	ר	ב	ע	י	ם	ר	י	ח	ח	כ	ד	ר	ג
ש	י	ל	מ	נ	ו	ת	ו	ו	ע	צ	ו	ח	י	ע	ח	ל
ל	ו	ה	כ	ב	ו	ד	ם	מ	ע	ר	ר	ל	ש	נ	ה	י
ת	פ	כ	ג	ו	ח	ש	ת	א	ר	ש	ה	מ	ו	ע	ש	ם
י	נ	ה	א	ח	ע	ר	ו	ח	ב	ה	י	ר	ו	כ	כ	מ
י	מ	ב	ד	ר	ו	ל	ק	ח	ה	ה	ט	מ	פ	כ	ס	ו
ח	מ	נ	י	י	ה	א	ס	ב	י	כ	י	ו	ו	ש	ו	י
ב	י	ת	י	ן	ת	מ	ר	ס	ל	ת	ם	ו	ס	ל	ר	י
א	ד	מ	ר	י	פ	ר	ת	א	ה	כ	נ	פ	ג	מ	ה	פ
ל	ל	ש	ת	ש	ס	מ	ה	א	צ	נ	ד	ט	ן	ת	מ	ר
ו	י	ט	ש	ר	ל	מ	י	ע	ב	ר	ר	י	מ	מ	ח	נ
ל	מ	ח	פ	ל	מ	ע	צ	ר	ו	ק	ש	ו	ו	י	ע	א

Puzzle 133

ה	ל	ם	ו	ה	ה	ש	ה	ה	ש	ר		מ	י	ח	ד	י
ב	ע	ר	ב	ס	ב	ר	ע	מ	מ	מ	ג	ו	ו	ן	ו	מ
י	מ	ל	מ	ק	מ	ה	נ	פ	ל	נ	ת	ו	ס	ו	ל	נ
נ	א	ה	צ	ב	ה	ו	ב	פ	ת	ש	ש	י	ק	ק	פ	א
ע	א	נ	ב	ר	ה	י	ט	ו	ו	נ	י	ט	פ	ס	י	ת
נ	מ	י	ע	ש	נ	ד	א	ו	ו	י	ו	ר	ל	ג	ן	ב
י	ר	ב	ו	מ	ת	י	מ	ל	פ	ג	ב	א	א	ל	א	ת
ו	ל	ג	י	ח	פ	ם	ד	א	ת	י	ו	ו	ל	ע	י	ו
·	ע	י	ל		ח	כ	ד	מ	ר	ד	פ	ת	נ	ו	ש	מ
ר	ת	י	ל	מ	י	ס	ק	מ	א	ש	נ	ז	ש	נ	ם	כ
ב	ש	ב	ת	ג	כ	ה	ח	ו	ה	ם	פ	ס	ו	ה	ת	פ
ב	ג	ו	ב	ה	ק	ה	מ	ע	ל	י	מ	ן	ל	ו	ע	ן
ח	ת	מ	ו	ל	ל	ל	ת	י	ח	נ	א	ג	מ	ן	ה	ו
ה	ם	פ	מ	ר	ש	כ	ע	ה	ש	פ	ו	ח	ב	ת	ר	ד
ה	י	ב	נ	כ	מ	ת	ד	ך	ל	ל	ב	ע	ן	א		ר

מי
מה
לפני
דולפין
ראה
מגוון
בחופשה
ובמצב
ממערב
ההסכם
מול
בגובה
לשיר
הבמה
מחק
מקסימלית
עניבה
קולנוע
הלם
גבינה

Puzzle 134

זכו
מגירת
מרדף
מהססים
כן
תזה
מוטיבציה
גמל
סוכן
מאמן
לווייתן
כול
מדיניות
עכבר
אפיית
טועה
חמה
רצועת
דקות
זמן

ד	ס	ו	כ	י	ה	ל	ו	ו	י	י	ת	ן	א	ר	מ	ח
ז	מ	ה	ו	ו	ר	י	ו	א	ן	ו	ר	מ	ג	ו	ו	ו
כ	ה	צ	כ	ב	ב	ת	ל	כ	ר	·	ח	ז	ד	ל	ו	כ
ו	ס	ד	ק	ו	ת	ט	ו	ע	ה	י	צ	ב	י	ט	ו	מ
ן	ס	מ	ה	ד	א	ע	ו	ן	ו	ו	מ	א	ר	ד	מ	א
י	י	י	ר	צ	ו	ע	ת	י	י	פ	א	י	ל	צ	ו	ה
ק	ם	ש	ב	ן	ן	ר	ר	נ	מ	פ	ג	ו	ז	ה	ש	ס
פ	מ	פ	כ	מ	ו	ר	י	מ	ג	ו	מ	י	ב	ת	ד	ל
ר	ה	ע	ע	ע	נ	ן	ג	ר	ת	מ	פ	י	ב	ש	ו	ק
מ	א	מ	ן	כ	ן	ל	מ	י	ת	ד	ג	מ	ל	פ	ס	ו
ת	פ	ו	מ	ח	ה	י	ח	מ	ה	ז	ס	ו	כ	ן	ר	מ
י	ת	פ	ב	ר	ו	ש	ן	ר	ב	ר	ה	מ	מ	ו	ד	ק
ע	ו	ח	ן	ה	ד	מ	ד	י	נ	י	ו	ת	ד	ד	ע	ו
נ	ד	ם	ת	ו	י	ף	י	ק	מ	מ	ק	ב	ש	ת	ו	מ
ט	י	פ	י	פ	ע	ר	ד	י	ט	ו	ד	פ	מ	ו	נ	ת

Puzzle 135

מ	א	ל	מ	א	ס	ב	ם	ל	ת	י	ח	ו	א	ל	ק	ו
ע	ב	כ	פ	ב	י	ק	ל	ה	פ	פ	פ	ל	י	ו	ח	ן
ו	ס	ר	ד	ל	ו	מ	ר	ן	ת	ד	ד	ו	ב	מ	ו	א
ר	א	ה	ו	י	ו	ו	מ	ן	ר	א	ס	ש	מ	ו	י	פ
ד	ה	ז	כ	ו	ת	ש	ש	ד	ו	ד	ג	י	ם	ר	פ	ד
ח	ו	פ	ש	י	ג	ו	ל	ח	ן	ו	א	ח	ו	ת	ו	מ
א	א	מ	כ	י	י	ל	ו	פ	כ	י	ו	ר	ל	נ	ה	ו
נ	ש	כ	ו	ס	ה	ת	ש	ש	י	ט	ה	ת	ס	פ	כ	ד
◌	ח	ג	כ	ל	פ	פ	ו	ל	נ	ש	ס	מ	ט	ב	א	ה
ל	ב	י	ל	מ	ב	ו	פ	ע	ת	מ	פ	ע	·	ו	ע	פ
מ	ל	ח	ה	י	י	ס	ת	ז	פ	ש	ר	נ	י	א	ו	ל
כ	ל	נ	י	ת	ת	י	ט	מ	ש	א	ה	ה	ו	ל	ר	ל
א	א	ו	נ	נ	ד	ש	ת	ת	ו	ב	י	ל	י	נ	ל	צ
ו	ו	א	ל	ך	ו	ו	ה	ב	ל	א	ר	ת	מ	ק	נ	מ
ט	ח	ט	ת	ש	ת	מ	ל	ה	י	ר	נ	ל	ד	ש	ס	ע

להשתלשל
פתרון
לתפוס
חופשי
סקרן
עור
סבא
מולד
תרחיש
דגים
כלנית
ואחותו
שיטה
פחדן
מלח
ולשמר
זכות
לפלוש
מלא
מבודדת

Puzzle 136

ח	ב	י	ג	י	ל	י	י	צ	ג	ל	פ	ש	ט	ר	ס	ב
ת	מ	נ	ו	ל	ע	פ	ו	ן	ע	ל	י	ך	ר	ו	צ	ע
י	נ	ל	כ	י	ג	ה	ל	א	ב	י	ב	ע	ו	ש	ו	ב
ב	ת	ל	ק	צ	א	ל	ע	ש	ו	ל	ן	פ	פ	א	ל	ב
ת	ו	ר	ה	א	ר	ש	ה	ה	כ	ם	א	ג	ס	מ	י	ז
ע	ת	מ	ח	ה	ל	מ	ל	ו	פ	ו	ב	מ	ר	ז	ב	י
ת	י	ל	י	מ	ה	כ	א	ר	ו	י	ח	ס	ו	מ	ק	ר
ן	ו	נ	כ	ה	י	י	ח	ו	ע	ב	ב	כ	ב	ס	מ	ה
ח	כ	ד	ד	י	ב	ק	ל	ס	ל	כ	ק	ס	ע	י	ל	א
ק	ר	ע	ו	ה	ד	ל	ד	ו	ת	ו	ך	ר	ר	נ	א	ד
ו	ו	מ	ה	מ	ת	ע	ת	א	פ	י	ל	ו	ר	ר	·	ת
ק	ב	ב	ו	ו	מ	ן	ר	ו	ע	א	ו	ר	ג	ג	ם	פ
ן	י	צ	ק	צ	ו	ק	ה	ר	י	ל	ע	ו	ת	ש	ע	פ
ב	ת	ג	פ	ת	ש	ב	ל	ת	י	ק	י	ה	פ	מ	א	ק
ן	י	ג	ה	פ	ק	ח	ק	מ	ג	ח	א	ה	ט	ו	ש	ס

בסרט
ספורט
אפילו
חקלאי
לשכוח
צורך
כלא
חתיכת
גלגל
אביב
נרגש
ביום
לפשט
קצין
וכרובית
לייצג
ההשראה
אצילי
בזירה
פועלת

Puzzle 137

ת	ו	ה	י	פ	ר	ג	ו	א	ג	א	מ	ש	ר	ג	ר	ו
ר	ב	ז	ת	ע	ב	ת	ע	ב	ח	פ	ש	י	י	ע	ד	ש
ב	ך	ד	ן	נ	ה	ו	פ	ת	ת	ר	ט	נ	ל	ב	ב	ס
פ	כ	י	ת	ך	ה	צ	ר	ע	י	ס	ר	ו	נ	ג	ע	י
א	ל	י	מ	ו	ת	ל	מ	ח	י	ק	ת	י	ד	ה	ג	ע
ו	ל	ו	ו	י	ו	ת	ו	ל	מ	ן	ו	ב	י	ס	ה	ט
ר	ב	ב	ק	ח	ב	ן	ח	ת	ר	ו	י	ס	ב	ב	מ	א
נ	ח	ו	א	מ	ק	ח	א	ר	י	ל	ק	פ	ו	ד	ת	ח
ת	ה	נ	נ	ל	ת	ע	א	ז	מ	נ	י	ם	ת	ג	א	ת
ל	מ	ק	י	ב	נ	ס	ו	ל	ב	פ	נ	י	ד	ן	ו	א
ד	ם	א	י	ת	ל	ח	מ	ו	ר	א	ק	ר	ש	ב	ח	ב
פ	ם	פ	ד	י	ל	י	ל	נ	ד	ב	נ	ח	מ	י	ח	ו
ב	ר	ן	ל	ט	ו	ר	ת	ב	ע	נ	ט	א	ל	נ	ע	מ
ד	ע	י	כ	ח	ו	נ	ה	ר	מ	ס	פ	מ	כ	ו	ד	ר
ת	ש	ר	ת	ר	מ	ת	ן	ו	ח	ש	מ	ר	ה	ע	כ	ר

חמור
אלימות
משטרת
זה
עוני
רעב
גאוגרפיה
חיוך
מלכה
התנהלות
שינוי
מעדר
נקניקיות
נדיבות
זמנים
הסיכון
שיער
רעש
אפרסק
אחרים

Puzzle 138

ח	כ	מ	ת	ר	י	ב	ו	נ	ב	נ	ו	פ	ה	ק	מ	ב
פ	ד	ל	נ	ו	ז	א	מ	ו	מ	א	י	א	מ	ל	ו	ח
י	ב	נ	ו	ע	ב	ו	ר	ב	י	מ	א	ז	ו	ת	ש	ו
ה	ר	ו	פ	כ	א	ב	ש	ב	ו	ע	ס	ת	ז	ד	ר	י
י	מ	ו	ה	ת	י	ע	ם	ש	ח	י	ו	ו	ר	ה	ל	ו
ב	ר	י	ד	ו	ם	ש	י	ד	ת	נ	ג	ב	י	ו	ו	ה
ל	מ	י	ג	ר	ו	ו	מ	מ	ע	ק	מ	ע	ד	ם	ק	ד
ק	מ	·	א	ח	ר	ל	ט	י	ת	ו	י	ה	נ	צ	ה	ח
ו	ר	צ	ף	ב	ד	י	ו	ג	ר	א	ר	ן	ש	ל	נ	ו
ח	ש	ל	ו	ם	ב	ת	פ	ר	ר	ה	ר	נ	פ	ר	ה	ח
ו	פ	ט	ר	ס	ש	◌	ו	ב	ו	ת	כ	ד	ר	י	ר	ו
ת	י	ש	ו	ל	נ	ד	פ	ש	ו	י	כ	ו	א	מ	י	ם
א	ל	ו	י	ר	ח	ו	י	פ	ת	כ	י	י	ג	מ	ע	א
ת	פ	ה	ו	ה	נ	ו	ה	מ	ו	ב	מ	מ	ן	ל	ז	ב
א	ו	מ	ח	ש	ד	מ	ה	ל	ר	פ	ל	ש	ל	ס	ק	ב

בדרום
רצף
בכיתה
ולהרוויח
בשבוע
נדיר
מסוים
תנופה
תקין
ההיפופוטמים
שמירה
שלנו
זכאים
זעירה
שלום
פרה
בירת
רחב
מוזר
לקוחות

Puzzle 139

ח	א	ר	כ	ה	מ	ה	ק	ש	ו	ל	ע	ו	ש	ו	ו	ב
פ	י	ת	ז	ו	ש	א	ט	פ	ו	ה	ו	ו	ק	ת	ר	י
מ	י	ע	צ	ו	ו	ז	נ	ת	י	ו	ן	ר	ע	ו	ו	ב
ס	ו	ר	ה	י	ע	פ	ו	מ	ח	ל	ק	ו	ג	ע	ע	ס
א	ן	ו	מ	ת	מ	א	ע	ד	ס	י	מ	ז	ר	נ	ו	ו
ב	ב	כ	ה	ו	ם	פ	א	ו	ג	ק	י	ו	י	י	ע	י
ל	ג	ה	ג	מ	ב	ר	א	ו	ד	י	ו	ה	ת	ס	מ	
נ	ו	ע	ר	ו	ח	ש	א	ר	ל	ל	ד	ר	ל	מ	ד	ג
ח	ש	ר	ן	א	ן	י	ח	ו	י	ע	ר	ב	צ	ו	ד	ס
ל	א	פ	ם	ק	ן	מ	ו	ל	ה	ר	ץ	ר	פ	מ	ת	א
מ	ו	ה	ל	ד	ח	ת	ת	ת	ו	ת	ר	כ	ו	מ	ג	א
ד	ר	ח	צ	ח	ה	ו	ש	ל	ו	ח	ב	ז	ה	ר	ו	י
י	כ	ו	ו	מ	ב	ת	נ	א	נ	ן	ר	ו	י	פ	ב	ד
ח	ב	ל	א	ם	ס	ן	נ	ס	ו	מ	ך	ו	ו	ה	ה	א
ב	נ	ח	ה	י	פ	ד	ע	י	כ	ו	ו	ע	ו	ה	ב	ה

תערוכה
יחס
ברוגז
פרץ
הפרעה
קטנוע
משועמם
מוכרת
תגובה
סביב
דואר
ברווז
להירגע
רכב
ברך
רשימת
אקדח
תקווה
שועל
אחות

Puzzle 140

ו	ם	ג	א	ת	ט	מ	ו	פ	ר	ח	ו	ל	מ	י	ו	י
מ	י	פ	ב	ת	ש	ו	ח	נ	ב	ת	ג	מ	ס	ע	ד	ה
ש	נ	א	כ	ו	ה	ב	ע	ר	ש	נ	ה	ל	ל	ר	כ	ר
א	ט	ם	ה	ר	ן	ק	ל	ו	ו	מ	נ	ע	ה	ס	ו	ש
מ	ר	ב	ת	ו	מ	ר	ה	ב	ו	י	ר	ם	פ	מ	ל	ע
ע	ס	ף	מ	מ	כ	י	ר	ן	ש	ם	י	י	ע	י	נ	ו
צ	ר	ו	ע	י	מ	ס	א	ו	ח	ק	ק	ק	ד	ו	ע	י
ר	א	ל	ג	נ	ם	ת	ש	י	א	ח	א	ד	א	פ	ר	ד
א	ל	מ	ן	ג	מ	ס	ח	ם	נ	ה	ו	ב	א	י	ח	פ
צ	י	מ	ם	ח	ב	ח	מ	י	ב	ם	ה	ע	ג	מ	ו	ר
נ	ר	ה	י	ק	ר	ו	פ	י	צ	ה	ו	ח	ק	ב	א	מ
י	מ	ש	י	י	ג	ת	ה	כ	א	ס	א	י	י	ע	ו	ן
ת	ע	ו	א	ת	ל	מ	ס	כ	ל	ש	מ	ס	ק	◌	ז	ל
מ	י	ו	ה	מ	כ	ר	נ	◌	ש	כ	ע	ר	ו	ה	ס	פ
ב	ו	ה	ה	ך	ט	פ	ו	י	ש	ק	ק	נ	ע	ת	ו	ב

פרח
מסעדה
סרטנים
ענק
נתח
אגם
ריק
נחושת
שבר
קרקע
שווה
לגנוב
מאבק
שן
קריסת
ציפור
מעצר
עשרה
דקים
הכספי

Puzzle 141

ו	ק	ב	ש	ו	ת	מ	ב	צ	ח	ט	ל	ח	ה	ב	ן	פ
ר	ש	ו	ז	ו	ע	נ	ק	י	ק	ו	ס	ר	ק	ל	ב	א
ע	ד	מ	פ	ה	ב	ש	ו	צ	י	מ	פ	ק	ס	ט	מ	פ
ר	צ	פ	ת	ם	י	ר	ו	ה	ו	נ	ו	מ	פ	ו	ק	ר
ס	ע	ר	נ	ז	א	ר	ו	א	ת	ע	ר	ת	ה	ת	י	ל
ג	ד	ע	כ	ז	ב	מ	ו	פ	ס	א	י	א	ע	ת	ת	נ
א	ז	ה	ר	ה	צ	י	ת	ת	ו	ה	נ	ל	ד	פ	ו	ק
ל	ר	א	י	ע	ר	נ	ס	י	ע	ת	ו	ת	מ	ק	מ	ל
ו	ב	ה	נ	מ	ת	י	ד	נ	ו	ד	י	ל	ל	י	ו	ת
ת	ה	ו	ד	ו	ו	ם	ן	ש	ת	ר	ד	ח	ל	ן	ן	י
ב	י	נ	ל	א	ו	מ	י	י	י	ל	ב	ע	ע	א	ע	ף
ו	מ	י	ע	ל	ה	פ	מ	י	ט	ע	ם	ה	מ	ו	ת	ת
נ	א	ו	ו	ס	ב	א	ז	ב	ה	מ	ק	ל	ס	ב	ו	ל
ן	ה	ר	ד	פ	ר	כ	ב	א	י	פ	ר	ב	ב	מ	י	ת
י	ן	ט	מ	ה	ו	מ	כ	ל	ו	ל	ס	ר	י	צ	ך	ה

לספור
בדיוני
וסבא
הפסקה
מודה
לסבול
מינים
בינלאומי
לדפוק
טעם
בזהירות
הורים
ללמד
צבאי
רצפת
ביישנית
מקצועי
בהחלט
קרח
אזהרה

Puzzle 142

פ	י	ר	ם	ת	ה	ת	ק	ב	פ	ש	פ	צ	ב	ו	ח	ן
ם	ר	א	ל	ה	נ	ע	ל	ס	ו	ך	מ	י	צ	ח	צ	י
ר	ט	ו	ר	מ	א	ש	י	ב	כ	ל	ל		ס	י	ב	ר
י	פ	א	פ	ס	כ	י	ב	ב	י	ה	ה	ד	ת	צ	י	ש
כ	ל	ר	ו	ס	ש	י	כ	כ	ן	מ	ת	מ	ו	ו	ב	א
ר	י	ה	ר	ט	ו	ת	ו	ד	ו	ב	נ	פ	ל	נ	ה	ו
ו	ס	א	א	ע	ו	ר	כ	ו	נ	ש	ג	מ	ס	י	מ	א
ל	ה	ת	ת	ד	צ	מ	ר	ר	מ	ח	ד	ו	ב	כ	ב	י
ג	ר	ל	ל	ד	מ	פ	ט	ע	א	ל	ג	ר	ו	ב	ה	י
ס	מ	נ	נ	ס	ז	ל	ו	י	ת	ו	י	ש	ק	י	ר	ח
ה	ת	מ	ב	ן	ו	ב	ר	ת	ת	מ	ז	ר	א	ת	ו	מ
י	י	ו	ה	כ	ו	ס	מ	מ	◌	ל	י	ו	ט	נ	י	נ
א	ר	ר	ו	ב	ק	ג	ו	נ	י	א	ת	ר	ו	פ	ת	י
י	א	ש	ו	ו	ש	מ	מ	נ	נ	כ	ו	כ	ו	כ	ג	א
נ	י	נ	ש	ד	ו	ן	פ	ק	ן	ר	ד	ב	נ	ו	כ	ר

שדון
אמרו
אוטומטית
בקתה
כדור
לכביש
בית
שמלת
לפטר
חיצוני
צבי
במהלך
כוכבי
כבוד
תעשיית
פרופסור
לחשב
להתנגד
בוחן
תרופת

Puzzle 143

א	ו	ע	ו	ק	ד	נ	ל	ש	מ	ט	א	מ	ת	מ	צ	צ
פ	ן	א	ד	י	פ	ד	ר	י	נ	ו	א	ו	ל	א	א	ו
ן	ו	ב	ז	ח	ו	ה	ב	י	נ	ו	ו	ו	ה	מ	ו	ו
ה	ן	פ	י	ר	מ	צ	י	א	ס	ח	ב	ו	מ	ד	ב	א
נ	י	ר	ל	י	ג	ע	י	ו	ל	ה	י	א	ת	י	ן	ר
ב	ה	ט	ה	ר	ג	א	ד	ו	מ	ן	ר	ק	ב	ו	ה	י
ו	ף	ש	א	ת	ו	מ	ם	ו	ו	ו	מ	נ	מ	ג	ד	ל
נ	ה	ד	ו	ב	ע	ה	ל	ג	י	ק	ו	ב	ק	ב	כ	ת
ה	ר	ב	ז	ד	ה	ר	ד	י	ר	ד	ה	ו	מ	ס	ג	א
ו	כ	א	ו	ת	ה	ו	א	ד	ט	ל	ס	י	ל	כ	י	ת
ש	ו	א	א	ס	פ	ד	ן	י	ת	מ	י	ת	ה	פ	א	ה
ס	י	מ	מ	ג	ב	ל	נ	ד	ם	נ	ת	ד	ש	ו	ש	נ
ו	ו	ב	ת	ח	ו	פ	ו	נ	מ	י	ק	ס	י	ק	א	נ
א	ר	ף	צ	ו	ר	ת	י	ר	ב	ן	א	א	ג	ל	ע	ב
ה	י	ע	ר	מ	כ	ח	ח	ב	ח	ו	נ	ו	ף	ו	ק	ש

מלוכה
סקי
טווח
אגס
דיג
העבודה
מודאג
טרי
לפתח
נפח
בפרט
שקוף
אבד
צורת
גל
צוואר
להשיג
הנכונה
בקבוקי
מסוק

Puzzle 144

הזדמנות
פעמון
חלום
בשמחה
אומה
לשחק
אח
חרב
להסיח
פני
מזל
חיבה
בחזרה
סערת
גודל
במהירות
עבודה
כרוב
ניצוץ
לעצבן

ר	כ	ר	ו	ב	ע	צ	ו	י	ח	ל	ו	ם	ץ	ל	ט	ו
ר	ט	ו	ח	פ	ג	ב	ש	מ	ח	ה	מ	ו	ת	ר	ע	ס
ר	ב	ז	ל	ו	ה	ד	ו	ב	ע	ס	צ	ז	ה	מ	ד	א
א	ר	כ	ד	ח	ב	ו	ד	פ	נ	י	צ	ד	א	ו	פ	נ
ה	מ	ל	ע	ת	י	נ	ב	י	נ	ח	פ	ת	ח	ס	ו	נ
מ	ס	ה	ס	מ	ח	ו	צ	ר	ך	ל	מ	ב	ל	ת	א	מ
ו	ו	י	א	י	ו	מ	י	ו	ע	מ	מ	פ	ש	ח	מ	ר
א	ו	ע	מ	י	מ	ה	ד	ע	פ	כ	ר	ע	ח	ר	ח	ח
ח	נ	ה	ו	מ	ו	ג	מ	ק	ל	ו	ב	מ	ק	ב	ן	א
י	ו	ר	מ	ל	פ	כ	ר	י	ב	ל	מ	ו	י	י	ת	ו
מ	ב	ר	ו	ר	ל	י	ת	ל	כ	ע	ה	ן	ח	מ	י	א
ל	מ	ש	ג	ן	ת	ר	א	ו	ב	צ	י	כ	נ	ל	ד	כ
ב	ה	ו	ה	ש	ש	ו	פ	א	ו	ב	ר	ל	ז	מ	ר	ן
א	ה	י	ה	ו	ח	מ	י	י	א	ן	ו	ג	ן	ת	י	ד
ד	י	ב	ר	ט	ה	ז	ד	מ	נ	ו	ת	ו	ב	י	ג	פ

Puzzle 145

ע	ג	ן	ו	ע	ש	ל	א	ס	ב	ו		ג	כ	ל	ג	ר
ל	ו	פ	ה	ו	ד	ח	ל	ס	ה	י	ע	ה	ה	ו	ת	ק
י	פ	ק	ם	י	ל	י	ח	ת	מ	מ	ס	י	ה	ח	ה	ש
ז	ף	מ	מ	ו	ר	מ	ו	ה	ר	א	ם	ל	ו	כ	ק	ב
י	ל	ר	ב	י	ר	ל	ה	פ	כ	ה	ב	י	ז	ר	ם	ק
ם	ם	ש	מ	ב	ח	ק	ס	ל	י	ר	ח	ל	מ	ה	ו	ס
ת	י	מ	ס	י	ב	ת	ו	י	א	צ	מ	ו	ה	ט	ה	ל
ו	ד	ח	ת	י	ט	ה	ט	ה	ל	ק	ו	א	ג	ג	ו	ל
ו	ל	א	א	ו	ל	ט	מ	פ	א	ר	ת	ו	ט	ק	ר	ה
ש	י	ל	ל	כ	ו	ד	י	ח	ת	ה	א	ן	ח	ז	צ	י
ו	א	ו	ת	ן	ל	ר	נ	ב	נ	ת	ק	ד	ו	ה	ס	ו
כ	י	י	נ	י	נ	ד	ח	ח	ו	מ	י	ג	ר	ד	פ	ע
פ	ר	ו	פ	ס	ת	ד	י	ג	א	מ	ע	צ	נ	ת	ע	ר
א	ו	ה	נ	ה	ג	מ	ל	ן	ב	ת	ן	נ	ס	א	י	פ
מ	ע	פ	ו	◌	פ	ע	ו	ר	ג	א	ת	ח	י	ו	ת	ד

עליזים
קצרה
אירוע
זוג
מטוס
מסיבת
מתחילים
ילדים
בשקר
משם
רגל
ללכוד
דליפה
ערפד
הפכה
רקטות
כחול
איכר
דקת
מרפסת

Puzzle 146

מ	ד	ע	ו	ו	ה	י	מ	ו	ל	כ	צ	ו	ת	י	ל	נ
ה	א	ל	ה	כ	ל	ה	ל	י	צ	י	ב	מ	ח	נ	ה	ת
ב	ו	ג	מ	ל	ר	ל	ד	ל	ב	ש	פ	ע	ש	ו	ל	ל
ו	כ	ל	י	ש	ת	ת	ו	ו	ת	ב	ו	ן	י	י	ו	כ
ב	ת	ו	ל	ב	ק	ש	ר	ע	ה	כ	כ	י	ה	ע	ו	ה
ת	נ	ת	ג	ת	ת	י	ל	נ	ן	ף	ו	מ	כ	ס	ת	ב
י	ו	כ	ו	ו	ב	ו	ה	מ	מ	י	ב	א	ס	ת	ח	ד
ה	ל	י	ד	ר	מ	ד	ה	ק	ס	פ	ס	ה	ת	פ	ל	ת
א	ד	ד	ע	נ	מ	י	ם	ר	צ	ב	ה	ר	י	ה	ש	ס
ח	ל	מ	ו	מ	מ	ו	ק	ה	ל	·	ו	י	י	י	מ	ן
ק	ז	ה	א	ל	צ	פ	ל	מ	ג	מ	ר	ו	י	י	צ	נ
ו	ה	ד	ת	ו	נ	י	ט	ך	ו	מ	נ	ת	ג	י	נ	פ
ם	מ	פ	ו	ר	מ	ו	ף	י	ו	ף	י	ע	מ	ת	ר	ט
פ	ק	ר	ת	ו	מ	נ	ב	מ	ב	ק	ט	א	ו	ה	ו	י
ש	ש	ל	א	א	ב	נ	ד	ה	ז	מ	א	ש	ו	ו	ע	ב

פסקה
לשבת
וידוי
לידת
קלט
האמין
משלחת
נולד
מנעול
נמוך
מערבי
להלוות
לגלות
ציבורי
בשפע
הלכה
קשר
בימה
יין
במחנה

Puzzle 147

ל	ו	ו	ל	ל	ה	מ	צ	י	א	ג	ה	ו	ר	ם	ו	ח
ד	י	מ	ל	ת	ה	ד	י	י	ר	ד	ו	י	מ	ח	ת	ו
ק	י	ב	מ	ל	פ	א	י	כ	ו	ת	י	ל	ש	ט	ו	ף
נ	ל	ו	מ	ס	ו	ד	ר	מ	ח	ו	פ	ג	נ	ש	א	ד
ן	ו	ל	ו	י	כ	י	ע	ב	ה	ו	ג	נ	מ	ו	ב	ק
ח	ת	ג	ה	מ	ה	ב	פ	י	צ	צ	י	ר	ש	פ	ב	ן
ע	ם	ת	ל	ע	י	מ	ל	ל	ק	ג	ש	ל	ך	פ	י	פ
ם	ל	ר	ש	ג	ו	מ	ו	ס	ע	ב	מ	ח	ב	ר	י	ב
י	ת	ק	ג	ד	ח	מ	ב	י	ו	ק	כ	ה	ז	ר	ב	ו
מ	י	ר	ב	א	נ	י	ם	ב	מ	א	ת	ב	א	ח	נ	כ
ו	ב	ו	מ	י	ק	ת	ר	ע	א	ו	ש	א	נ	ת	ד	א
ק	י	ש	ה	מ	ר	מ	ב	י	ו	מ	ם	א	ן	ח	ח	מ
ע	ל	מ	ו	ה	ל	ת	ל	ו	ג	ר	ג	ב	ף	י	ט	ת
ג	ג	צ	ר	ח	ת	ת	ס	מ	ו	א	ה	ב	ל	ב	ק	ו
ב	ן	ר	ב	ך	פ	ם	ן	י	י	פ	מ	ק	ע	א	מ	י

קצה
ארוחה
נשא
עם
ההפוכה
יגעים
תלמיד
צוות
להמציא
באותו
קמפיין
עקומים
בעמוד
ומסודר
לשטוף
שלך
מטבע
איכות
כמשי
חום

Puzzle 148

ד	מ	ו	ר	צ	ו	ש	ע	ו	ב	כ	ז	ע	ה	י	ו	ת
מ	ה	ד	מ	ב	ו	כ	י	א	א	י	ת	ב	ל	פ	נ	ד
מ	ס	נ	ר	י	ש	צ	ו	ו	מ	ס	ו	כ	ר	ט	נ	נ
ו	ל	ה	מ	ב	ת	מ	ז	י	ן	צ	מ	י	ק	ש	ש	מ
ת	ל	כ	ו	מ	ס	ע	י	ח	י	ר	ו	ם	ר	ב	ה	ו
י	ע	ת	י	י	כ	ל	ם	ו	ט	ו	ל	ח	ת	נ	ת	ן
נ	נ	י	ב	ד	י	ר	א	ט	ק	ש	ע	ף	ל	מ	ח	ק
ד	ב	ה	ו	ת	מ	ו	פ	ש	ה	ע	ת	נ	ו	ג	נ	ת
נ	ר	א	ן	ן	מ	א	ק	ה	ל	ה	ל	ס	ע	ע	פ	ח
ד	מ	י	ר	ו	ם	ח	ר	ד	ר	ו	ה	ו	פ	ה	ף	ו
י	ק	ס	ה	ר	י	צ	ת	ב	ד	ם	ה	ב	ת	ו	מ	ן
ו	י	י	ה	פ	ט	ס	ח	ל	ע	ל	ו	ו	ן	ע	ד	מ
ע	צ	מ	ו	פ	ו	ש	ב	ב	ח	ר	י	ד	ת	ט	ת	ן
ש	ה	ש	י	ג	נ	צ	ו	ב	פ	ח	ע	ו	מ	ו	י	ח
ם	ר	ס	ה	י	ר	ו	ע	ר	ח	ד	ת	ר	ש	א	א	ו

נוטים
היו
בלבד
שבת
מדען
חיפוש
ריצת
סוכר
מזין
הסקי
שטוח
לתעלומות
העשור
הבוצי
להקטין
פעולת
עצמו
עף
חרד
חירום

Puzzle 149

ע	ט	ו	פ	ר	מ	ך	ו	ן	ק	ה	ב	ת	ח	ד	ו	כ
ח	י	מ	ד	א	ר	ו	א	י	ם	ו	ב	ו	ש	ת	י	פ
י	ח	ר	ס	מ	ט	פ	ח	א	ו	ב	ט	כ	ב	מ	י	א
י	ע	ע	ן	ב	ו	ש	ק	ל	מ	ל	ח	ג	ב	ת	ל	ח
י	מ	א	א	ח	ש	ל	ר	ו	מ	ה	ה	ל	ח	ק	י	א
ז	ו	ח	ו	ק	ר	ו	ב	י	ם	ע	י	צ	ב	ע	ג	ו
ע	ב	צ	מ	נ	ח	פ	צ	י	י	כ	ו	ב	ע	ן	י	מ
י	ו	פ	מ	ה	ל	כ	ק	ת	ל	ת	י	ר	ס	ל	כ	ל
ד	ת	ר	ן	ח	ש	א	כ	ם	ח	נ	ש	י	ב	ל	ו	ל
ל	ב	ר	ך	מ	י	ל	כ	ו	נ	ן	ת	י	ם	ו	ל	ו
ה	ת	א	ו	ש	ש	ו	ת	ע	ת	ר	ר	ב	נ	ר	ת	ת
י	י	ל	ה	פ	ר	י	ע	י	מ	ל	ו	ס	ד	ר	א	ו
ו	ו	נ	ו	ן	ב	ת	ח	מ	ב	ל	ג	פ	ל	ת	ת	י
י	ו	ל	ה	ר	ו	ת	ק	ו	נ	ה	ל	ק	מ	ו	א	מ
ה	י	ס	ה	ל	פ	מ	ת	ע	ע	ע	ם	ו	נ	מ	ת	ב

שוטר
להרות
לברך
רואים
עיר
שמחה
בבטחה
קרובים
קשוב
מעורבות
להפריע
צמחי
לשפוך
התאוששות
מתנחלים
לכונן
קונה
אומללות
חלש
הובלה

Puzzle 150

ל	י	ל	כ	ה	ב	נ	ו	כ	ת	ש	ו	ח	ת	פ	ר	ו
ו	ל	ז	ל	ל	י	ל	י	ף	ו	ס	א	ל	ו	מ	צ	ד
ל	ר	ה	ה	ה	ב	י	י	ק	נ	ו	ו	ו	ל	מ	ל	ו
ל	פ	ו	נ	נ	א	ה	ר	ר	ו	ב	מ	ל	ק	ע	ל	י
ח	ת	ת	א	פ	מ	מ	כ	ן	ת	ר	א	ח	ב	א	ב	א
ש	ש	ח	א	ר	ה	ל	י	ו	י	ו	י	ל	א	ו	ת	י
ב	ע	ש	ר	ד	ר	ר	ס	ן	ע	ה	ן	ח	מ	ג	ו	ח
ו	ד	ל	ב	מ	ר	כ	ז	ו	ה	י	ה	מ	ל	ר	צ	ס
ן	מ	ב	ל	ב	ש	צ	י	ל	ג	ב	א	ר	ו	ס	ק	ב
ד	י	מ	א	ו	א	ן	ר	ן	ע	ם	מ	נ	י	י	ה	א
ו	ו	ת	ו	י	ש	י	א	י	פ	ל	ד	נ	ר	נ	ל	ו
ע	ה	פ	ב	ג	ו	ת	מ	ה	כ	ד	ל	כ	ו	מ	י	ד
נ	ס	י	ע	ה	ל	מ	ד	מ	ו	צ	ל	י	ד	ח	ה	ו
מ	ו	ד	ג	ש	ו	י	ד	ה	ה	מ	ל	ת	י	ו	ח	ר
◌	א	ס	ק	פ	ס	ח	פ	ה	ר	א	ש	ו	ן	מ	כ	ל

כלי
בקלות
תחושת
אשר
הנפרד
העיתונות
תשע
מודגש
וילאות
חשבון
דלת
לאסוף
רכי
נקי
לזהות
נסיעה
הראשון
להקצות
נוח
במרכז

Puzzle 151

כ	ק	א	ץ	ו	ח	ב	נ	ב	ב	כ	י	מ	ו	ה	ב	פ
ל	ו	נ	ם	ל	ש	נ	י	ס	מ	ס	ח	ר	ע	ח	ו	ל
ו	ב	ל	ג	מ	נ	ד	ו	פ	ר	י	ח	ל	ר	ר	ה	ת
י	ת	ח	ב	י	ב	ח	ד	ר	א	ז	פ	פ	א	מ	ר	א
ו	ו	פ	ה	ץ	ו	א	ו	פ	ה	י	י	ם	ש	כ	נ	ו
ו	מ	ט	ג	ח	ו	ת	מ	פ	ה	ה	א	י	י	נ	ס	ן
י	ל	ר	ר	ן	מ	כ	ר	ס	ש	ה	ך	ז	ה	ר	ם	ן
מ	ר	ו	ו	ס	פ	ש	י	ל	י	י	א	א	ל	פ	ר	ו
ך	ב	ז	ע	נ	ת	מ	ט	י	מ	נ	ס	ה	ח	ח	א	מ
ר	ב	י	ו	ג	ו	י	ב	ת	ל	נ	ס	ק	ו	פ	י	י
י	ג	ל	פ	ק	מ	ם	כ	ו	פ	ה	ש	א	ע	נ	ע	נ
ה	ה	י	י	כ	ד	ו	א	מ	ש	ע	ת	ו	ק	ח	ג	ע
ו	י	ה	ש	ך	נ	ת	ב	פ	מ	א	מ	ב	ס	צ	ס	ר
ו	ח	ת	ב	ה	ר	ר	ו	ד	י	פ	ו	ו	ב	ו	ב	ב
ל	מ	י	ן	ש	ד	ד	מ	ל	ת	ע	ל	י	ו	ר	ס	ו

מתוח
הגיע
הגרוע
תרכיז
להישאר
כאב
פטרוזיליה
קאובוי
מיץ
במראה
להמשיך
איילי
תחביב
בחוץ
בחדר
שמים
בשיפוע
זיהה
בספר
נענע

Puzzle 152

ו	צ	ע	מ	ל	ה	ה	מ	ו	ת	ז	י	ח	א	ו	ו	ל
ד	ר	ד	ח	כ	ב	ד	ל	ק	ר	ו	א	פ	ו	נ	ה	י
י	ו	כ	מ	א	צ	ר	ב	ם	ף	י	ל	ן	ר	ק	ו	ע
ו	ש	ו	ד	ב	ל	ג	ת	ו	ק	ו	ח	ר	ד	ש	י	מ
פ	ל	ן	א	נ	ו	ת	ח	ק	כ	ל	פ	י	פ	ט	ו	ה
נ	כ	ל	י	י	ה	י	ם	מ	מ	ר	ש	א	ד	מ	ת	ב
ה	ג	ע	ר	י	ל	ת	ב	ח	נ	ע	ל	ח	ל	ע	י	ה
ו	כ	ד	ן	ן	מ	נ	י	ה	ב	ו	ח	ה	ו	ב	ד	י
מ	ו	ת	ו	ה	ל	ו	ת	ו	מ	ש	ה	ר	ג	ו	ו	ט
ל	ן	ח	א	ה	ד	ל	ב	ו	פ	מ	ר	כ	ס	ו	ב	ם
מ	ח	ל	ב	נ	נ	ל	פ	ע	ו	י	ל	ר	ר	ח	ד	ר
ס	נ	מ	ת	ה	נ	ל	ת	ק	ל	ד	ב	ה	ר	ר	ב	ד
מ	ע	ה	ז	ו	ל	י	ת	ת	ק	נ	ב	ו	ה	צ	ן	ח
ת	י	ה	ר	ו	ר	א	ב	ו	ש	ו	ו	ז	ו	ט	י	ל
ך	ה	ת	ה	י	ת	י	ל	ל	מ	ז	י	ו	ב	ן	ש	ן

אדמת
החובה
בניין
כלפי
אפונה
דובדבן
מקום
אחיזת
לקרוא
זוהר
רחוקות
שכח
צהוב
להקדיש
עדכון
הבצל
הבדל
מעיל
התעורר
הדרגתית

Puzzle 153

ו	מ	ב	ו	ת	ם	א	ב	ש	א	ר	ב	ע	מ	פ	ר	י
מ	ג	ו	מ	פ	ת	ס	י	כ	ב	ש	ר	צ	ר	ר	ח	ן
ו	נ	ה	ר	כ	ם	ו	י	ק	ק	ק	א	ב	ב	ת	ת	פ
ב	ל	ל	י	ת	ד	ן	ו	פ	י	פ	ע	י	ב	ו	ד	ת
ו	ל	י	ל	ס	ת	א	ה	ש	ס	י	י	ה	ח	ח	ס	ן
ל	ת	ו	ר	מ	ש	י	ע	נ	ע	ח	א	ו	ס	ג	מ	ר
ף	ש	ר	ד	ו	ש	פ	צ	ם	ה	א	ר	ה	ח	ו	מ	ר
ח	ו	ש	פ	נ	ת	ב	ו	ך	ל	מ	ו	ס	ר	י	כ	י
ל	י	א	ד	מ	ג	ן	ב	ה	מ	ע	ר	ת	ר	א	י	מ
מ	מ	מ	ש	ל	ת	פ	ר	ו	י	כ	מ	פ	ל	י	ן	ד
ל	ח	ב	ם	ר	ה	מ	י	ק	ב	פ	ו	ו	מ	ת	ב	י
ו	ל	ז	ש	ו	ו	ל	ד	ר	ל	ק	ס	י	ו	ף	ל	נ
ר	ש	י	ו	ל	ע	ב	ל	א	ן	ל	ר	ת	י	מ	י	ע
ת	נ	י	נ	ר	ו	י	ו	מ	ת	א	ח	ה	ר	מ	ש	ם
ו	ו	ם	י	ה	י	א	פ	ח	ת	ק	ש	צ	ה	י	ו	ו

ממשלת
קיום
מחזור
ונשלח
תא
מכוסה
מוסרי
אסון
מעבר
שוות
עפיפון
כללית
שאר
להעסיק
מנומסת
נהר
פדרלי
צביה
בכיס
מלך

Puzzle 154

ו	א	ד	א	י	ר	ב	ל	ה	ת	ר	ח	ש	ו	נ	ע	א
ע	ם	ת	ו	י	ו	ו	ל	ת	פ	ו	ה	ו	ח	ע	י	ת
נ	נ	ס	פ	ד	ת	ו	פ	ם	ו	א	ד	ב	י	ג	ח	ה
ג	ן	פ	נ	ן	ע	ר	ל	פ	ס	ט	ב	א	ו	פ	ן	נ
ד	ן	י	י	מ	מ	י	ת	פ	ו	י	ג	ו	א	נ	ר	ו
ן	ו	ה	ו	א	ע	י	ע	ו	ל	א	ו	צ	ל	ת	ת	מ
ע	ה	ל	א	ל	י	ו	ר	י	י	ה	ק	ק	פ	ח	ת	ה
מ	ש	נ	ה	ה	ב	ד	י	נ	ג	י	י	פ	י	ר	י	ע
מ	ח	ב	ר	ת	נ	ח	ט	נ	ר	ח	א	כ	ם	י	י	ה
ה	ח	ב	י	נ	ו	ף	מ	ו	כ	ר	ב	מ	ש	י	ד	ו
ב	·	ר	ז	ת	ל	ש	ר	ו	ף	ר	פ	מ	ד	ל	ב	ד
ו	ה	ע	ח	ו	ו	ב	פ	ר	י	ח	ת	ו	ו	ק	ת	ל
ו	ס	ל	צ	כ	ו	א	ר	מ	י	ו	ס	נ	ר	ל	ל	א
י	מ	ח	ו	ד	ד	ת	מ	א	ו	ת	ח	ו	מ	ד	ת	א
נ	י	ל	ר	ש	ן	י	ל	ו	ה	ד	ח	ט	ס	ל	צ	ב

טחנת
המונה
נגד
חזיר
אתה
לערבב
מחברת
משנה
אלפים
לשרוף
להתרחש
לב
בריא
כותנת
בפריחת
להיכשל
כרגיל
דוד
מחודדת
אופני

Puzzle 155

ב	ט	ר	ח	ו	ש	ב	ח	ב	ו	ב	ת	ל	ו	מ	ו	ן
פ	ח	ג	ל	ן	ל	ו	ד	א	ו	ו	ה	ו	ה	ו	ל	נ
ת	י	ה	ה	מ	ב	ו	י	פ	ד	פ	י	ר	ס	ת	י	צ
ס	ר	ט	ל	מ	ד	י	ט	צ	ך	נ	נ	ח	ט	ר	ז	ו
י	ת	ז	ל	כ	י	ן	ר	ה	ע	ו	מ	י	ו	ט	י	ע
מ	ו	פ	י	ק	ל	י	ת	ה	ו	ה	ה	ב	ו	ע	ש	ל
ל	ס	פ	ה	ע	ד	ר	ו	ק	כ	ב	י	מ	ה	ו	ו	ו
ח	ה	ל	י	כ	ה	ח	י	ו	נ	ב	י	ו	ל	א	ח	ה
מ	ב	ל	ש	א	ו	נ	ד	ב	פ	ת	י	י	י	ר	ר	ת
ה	ו	מ	ז	ז	מ	צ	ו	ו	ו	ש	ח	ד	ם	ר	נ	י
ח	ו	ת	ד	ו	ו	ה	ס	ת	ע	ר	נ	ת	ו	א	ו	ת
מ	פ	ט	י	ה	מ	מ	י	ל	ל	ג	ל	ג	כ	מ	ע	ו
י	ב	ח	מ	ג	ע	ב	כ	ב	ו	י	ג	א	ס	ד	נ	ש
ה	א	ב	ש	ר	י	ד	◌	נ	ש	פ	י	פ	ה	ר	ע	כ
ר	ר	ל	ר	א	ו	ר	ה	ל	ש	א	ו	ט	ו	ט	ר	ל

דעה
להרחיב
רוק
ילד
הסכום
תחת
הליכה
המניות
רשת
פועל
מלחמה
זר
בובת
הכבידו
אז
יסודיות
יתוש
נואש
סרט
חושב

Puzzle 156

ע	א	ז	י	ד	צ	ע	נ	ר	נ	מ	ו	כ	ן	ג	א	ק
ו	ר	ע	פ	ר	ק	פ	ב	כ	ש	פ	ו	ח	ד	ד	י	פ
מ	ב	פ	מ	א	ב	ל	ו	מ	ו	י	ו	ת	כ	ר	ב	ב
מ	ע	ד	ח	ת	כ	ב	ר	פ	י	נ	נ	ט	פ	ש	נ	א
צ	ה	ה	ם	נ	ר	ע	י	ב	ה	ל	ב	א	פ	ה	ע	ן
ח	ל	נ	ס	ר	ו	ח	פ	ש	ד	ו	י	פ	ו	פ	ן	ה
ק	ת	ם	ת	ח	ב	ע	ן	ף	י	ל	ר	ג	ת	מ	נ	ד
ב	ה	ו	ד	ע	ת	ר	י	ק	ח	ס	א	ו	י	ר	ר	ו
מ	ח	ו	ץ	ן	ד	ה	ד	ח	י	מ	ת	י	י	ס	נ	כ
נ	ה	ת	ר	כ	ל	ר	י	ל	ה	ב	י	ל	ז	ן	ב	ו
נ	ו	ח	ר	ו	ל	ק	י	ר	ן	נ	ב	ק	נ	ה	א	מ
ר	ס	ש	י	א	נ	א	א	ו	ש	י	ק	מ	ח	ק	ר	י
נ	ת	ל	י	ג	ה	ח	א	י	ב	י	ו	י	ה	י	ד	ר
ו	י	ד	ר	ע	נ	י	ח	ו	ג	ק	נ	ל	י	ש	ת	ב
ב	ג	נ	ם	ב	ו	ק	ב	ח	א	ס	נ	א	ט	ר	כ	ד

בדק
נשוי
בהודעת
ארבעה
מחוץ
להביע
חופש
צחק
כנסיית
מחקרי
גדר
יחידה
צפופה
מאה
חקירת
במסלול
כפפות
דברי
בברכת
איזה

Puzzle 157

ו	ז	ד	ה	י	י	ו	ג	ם	מ	ה	ש	ם	ל	ש	פ	ף
א	ק	ה	ו	ד	ר	ו	פ	נ	א	ו	ח	י	ט	ש	ס	ד
נ	ל	מ	א	ג	ו	מ	ה	ת	ו	ח	ק	מ	ן	נ	י	ר
י	ג	ב	ת	ת	ו	פ	מ	ג	ב	ס	ן	א	ר	ע	ק	ס
ק	ן	ד	נ	ה	ר	ו	נ	ע	ב	ו	ש	ה	ה	ל	ו	ל
ל	י	נ	מ	ס	פ	ג	ש	ו	ו	פ	צ	ס	ר	י	ת	ן
א	כ	ן	מ	ו	ז	ו	פ	מ	ש	ר	י	י	ז	נ	ה	ו
ע	ג	ר	ד	ו	פ	פ	פ	א	א	ס	פ	נ	ע	ק	נ	ל
מ	ר	ה	ב	ט	מ	ס	נ	ו	י	ת	פ	ר	ד	י	ט	ו
ר	ד	ח	א	ל	ה	ב	י	ן	ל	ת	ג	נ	ר	ר	י	ו
פ	ת	צ	ל	ח	ש	ר	א	ו	ד	ר	ב	מ	פ	מ	י	ל
א	מ	ה	ד	ל	כ	ע	מ	פ	ר	ל	י	ה	צ	א	א	ה
מ	א	מ	מ	ס	ע	מ	ש	צ	ת	ה	ת	ת	מ		ו	ר
ס	ב	ח	ו	ז	ד	ח	ש	ב	ה	פ	ע	ו	ה	י	ר	ר
ב	ו	ג	מ	צ	ו	י	י	ה	ב	ו	ע	ב	נ	ח	נ	י

פסיק
בצפון
צפרדע
שלם
תירס
פרסת
שטיח
להבין
ספוג
אמריקני
הפופולרית
עיצוב
חלל
מים
עזרה
לאבד
שחקן
שובב
אכן
הסינר

Puzzle 158

יעלה
חלון
ידידותי
במבצע
החשמלי
לנער
לתל
לחקור
מארחת
לעמוד
לו
שנערכה
תה
כמות
ביותר
ספציפית
בכפר
בקרוב
פרחי
לשמר

ת	ו	ו	ו	י	י	ס	ו	ה	כ	ר	ע	נ	ש	ס	ב	ה
ר	ה	ת	י	ע	ב	ו	מ	ו	מ	מ	ו	י	י	פ	מ	ל
ה	ן	ל	י	ע	ל	ש	נ	ו	ו	ש	ף	נ	ו	צ	ב	ו
ד	פ	ד	י	י	ב	ל	ל	ה	ת	ל	ד	י	ג	י	צ	ל
ב	ו	ח	פ	ש	ש	נ	ש	ל	ח	ח	ב	ד	ב	פ	ע	ל
מ	ט	ס	ס	ו	י	ר	א	ע	ר	ת	ת	י	ק	י	י	ו
ל	ה	ב	ן	כ	ם	ת	ב	י	א	ו	ח	ד	ר	ת	ס	ה
ל	ת	ל	ש	ב	ו	ל	כ	ע	מ	ל	מ	ו	ו	ד	פ	ר
ל	ע	ל	י	א	י	ן	פ	פ	ר	ח	י	ת	ב	נ	נ	י
א	ת	מ	ל	ך	ל	ו	ר	ע	נ	ל	פ	י	י	ו	ת	ן
ד	י	ך	ו	ה	מ	ל	ת	ח	ו	נ	ו	א	ג	ו	ן	ל
ו	פ	ו	ע	ד	ש	ח	ל	ר	ו	ק	ח	ל	ע	ע	ך	ר
ל	י	ו	ע	פ	ח	ב	ת	מ	ר	א	ו	ה	ת	ר	י	ג
ק	ל	ח	ב	י	ה	ר	ל	ד	ב	ו	פ	ס	ם	ם	ד	ר
ג	ו	ד	ד	ש	ג	מ	ס	מ	ד	ו	ו	ו	ת	י	ב	ל

Puzzle 159

ל ס כ נ ת י ם ל ת ה ן ד ו נ ב מ ע

ד ו ב ע מ ו ד ה מ נ ד מ ע ו ש נ ד

י ו י כ א ר ו ח ש ק א ה מ י ל ב א

מ ס ב נ ב ף ו ל י ם ל מ ו פ ט מ ו

מ מ א ו ש י נ י מ ה ת ב ר ד י ר ר

ח ס ב ו ט ע ב ט ל ו נ א ו ח פ ה ב

ו פ ר ר ן צ י ר ח ק ו י ו מ ש י ב

ז י פ ו ג כ ב פ ו י פ ת ה י י צ ת

ר ק ד ט י י ל · ח י א ה י ה ד ה מ

ם כ מ מ י א ג נ ג ו ה י ד צ ק ג ק

א י ה ת מ ד ו ע ל ב ד ר ל ב פ י ל

ט ל ן ג ש ח ו ש ד ח ו ה ס ע ן ע ן

ל ל מ ן פ ת ס נ א · ש ק ב ה י ה מ

ע ן כ ע ו ד מ ר ע ה נ ש י פ ו ה ו

ש ע ר ל י ד ר ב ל פ ח ר ר ם ח ל ב

הצבעה
לפחות
סכנת
אפונת
הוקי
בצד
צעיף
מספיק
לחם
בעמודה
טיפשי
באביב
הגיעה
באמת
שיני
דוב
חוזר
להחליט
פרטי
סביר

Puzzle 160

חשוב
רגלי
בשילוב
מאובקת
בעין
אפורה
כניסת
ילקוט
עריכה
חטיבת
תרנגולת
מחט
הוטל
המראה
נכחד
אינדקס
טכנולוגיה
משחק
בסיסית
המוצר

נ מ א ה ל נ ת מ ב ן ח ש ו ב פ ד ק

מ ע פ כ ו ח י א ח ע ו ל ט ו ה ד מ

פ · ו נ ל ס ו פ ת ר ח ג ו ל א ר ע

ק ו ר ה נ ם י ב ע י ן ו ק י ר ס י

ף ה ה י ו ב י ן י כ מ ד ל ש מ ר י

ת ל נ מ ל ס ח א כ ה ל פ י ב ה ר ל

ל ט י ק ש י · י ו ה מ ו ת ס ג ת מ

ו כ כ ב ה ס א ק ן מ ש ח ק ל ל פ ה

צ נ ו י נ י ש א נ ב ח ד י ו ו י מ

ע ו ט מ פ ת ת ל ו ג נ ר ת ו ה ש ו

מ ל ף ת ק ב ו א מ י א ל ר י ת נ צ

ו ו ת ס י נ כ י א א י א ח ל ד ם ר

א ג ג ם ו ן ר י ר י י נ ע ו ש י ר

צ י י ה ב ק ט ח מ כ ב ו ק מ ס נ א

מ ה א נ ר ל ד מ מ ן ת ב י ט ח ו ה

Puzzle 161

מ	ה	ל	מ	ס	ו	ר	מ	י	ד	ר	ת	י	ה	ג	א	ד
ר	ע	ס	כ	ב	ד	א	י	ו	כ	מ	מ	ש	ג	י	ו	ת
ו	פ	ח	ו	ו	ת	ש	ו	ב	ר	ח	ס	ט	מ	ס	ו	ר
י	א	י	נ	י	ט	ו	ת	ל	י	ל	א	צ	ש	נ	ה	ד
ר	ג	י	ת	ס	ג	נ	ו	ן	ה	ט	ו	ן	ם	ן	י	ח
א	ר	ה	ו	י	ה	ר	פ	ת	ו	ה	ו	א	ז	ח	ה	ה
ו	ר	מ	ת	ו	מ	ד	מ	א	ו	ר	ו	ח	ה	ל	ס	ו
ח	ו	צ	ב	ת	כ	נ	ל	ח	י	ת	ו	ב	י	ו	ח	מ
ח	א	פ	ת	מ	ג	י	ג	ה	ש	ק	ו	נ	ה	י	ו	י
א	י	מ	ח	ט	ן	ש	ר	ה	ם	ר	ח	ל	פ		ר	כ
כ	ו	ב	ו	ר	מ	ו	ל	כ	ק	מ	א	ע	ו	ב	ב	ו
ן	ת	ו	ק	י	כ	ב	ו	מ	ג	ע	ב	ע	ק	ב	ן	ה
ש	א	פ	ו	כ	ד	י	ח	י	פ	ו	ש	י	ת	ח	ו	ר
ח	ד	ב	ת	ו	ת	ה	ו	ר	ת	נ	ד	ס	מ	ל	ח	ש
ט	א	מ	פ	ת	ל	א	ר	מ	ל	ש	ל	ת	ה	נ	ף	י

נכתב
תקופה
מרק
רכבת
דאגה
כהה
רוח
חיפושית
מחויבות
חומוס
עונש
סגנון
דמות
גשמי
תוכי
מגע
למפות
מכונת
באחו
הנוקשה

Puzzle 162

נ	ד	ק	ו	מ	ר	ו	נ	ד	י	ר	ו	ת	ל	ג	ע	ק
ת	ו	י	ם	כ	ו	א	י	ג	ם	י	ע	ב	ש	ו	מ	ה
ק	י	א	י	פ	ר	י	כ	ר	ו	מ	א	ח	א	ד	ר	ל
ל	א	ש	כ	ר	ט	ק	ד	ר	ג	ל	ז	מ	ש	ש	ל	ב
א	ה	ו	ס	ת	ו	ר	פ	מ	ו	ו	ל	ו	כ	ל	ג	ו
כ	ח	ג	ה	א	נ	ש	ו	ד	ד	ו	ה	ן	ג	ל	י	ד
ו	ח	פ	ל	ב	ח	ב	ה	ו	מ	ם	ה	מ	ל	ה	ו	פ
ל	י	ה	ד	א	ד	ל	נ	ם	ו	נ	ר	ד	י	ח	א	ס
ב	י	ו	פ	פ	נ	ד	י	ת	ר	י	ר	ן	ו	ו	ו	י
ל	ד	ס	י	ת	פ	ו	ת	ר	ו	ג	ח	ל	א	ת	ו	ק
ש	ו	ו	ג	ח	ו	פ	ע	ת	ל	פ	ל	ה	ח	ו	ב	ן
ת	ו	כ	ם	נ	י	ף	נ	פ	ן	ר	צ	ו	י	י	ה	ת
כ	ר	ם	ד	ה	ב	ח	כ	ה	ן	פ	ה	י	ק	ק	י	ס
ה	מ	א	פ	ה	ל	ר	ד	ו	מ	ח	ל	ה	ו	ס	ב	כ
ל	א	ם	ב	ת	ת	ב	ע	ה	ו	ר	ר	פ	ת	ב	ל	ח

פגוש
פחם
אש
בגלל
פרות
לכול
בשר
נדירות
טרור
דוור
המושבעים
עגלת
מזלג
באתר
להסכים
חגור
חלב
לאכול
מוקד
רכישה

Puzzle 163

ד	א	ו	א	ו	ח	ה	ס	ם	מ	ר	כ	ת	ד	ס	ו	ש
ה	ו	צ	ב	ן	ו	צ	ר	ל	ו	ג	ת	ב	ע	מ	ו	ע
י	ר	פ	ק	י	ד	י	ב	ו	ו	ן	ז	נ	א	ר	ד	ק
ר	ו	ש	ת	נ	ר	מ	ר	ל	מ	מ	א	מ	ל	י	ע	ק
ר	מ	מ	י	מ	פ	י	ח	ר	ל	ן	א	ן	כ	ה	ל	ע
א	א	ה	ט	י	י	ס	ר	נ	ה	נ	ש	מ	ו	ר	כ	מ
מ	מ	ס	פ	י	נ	ה	מ	ב	ד	ס	מ	ו	ג	ב	ו	ש
ג	י	ט	ש	ד	ו	ח	ף	ע	ה	ד	מ	ע	צ	ו	ח	ו
ו	ב	נ	ז	א	נ	ת	ה	ל	ה	ב	ש	ר	ע	ת	ק	ל
ק	ו	ד	ד	ה	י	ל	ח	ם	כ	ל	י	נ	ל	ה	י	ת
פ	ר	ר	י	י	ב	ד	ו	ת	צ	מ	י	ח	ת	ה	נ	נ
ל	ו	ט	פ	ד	ה	כ	צ	ם	א	י	א	מ	א	ש	מ	ו
א	ד	י	כ	י	ו	ל	ה	ל	ן	צ	ש	ל	ר	ח	ו	צ
ע	א	ה	ר	א	י	מ	ח	מ	ת	ו	ב	ו	ר	ק	ן	ל
א	ל	ת	ל	פ	י	ר	ג	א	י	ט	ר	ק	ו	מ	ד	ה

עניין
שוב
מחמיא
הסטנדרטי
בינוני
לתאר
תלוש
הדמוקרטי
ספינה
דהירת
רצון
החוצה
קינמון
חודש
בעל
אור
קרובות
טייס
צמיחת
אבקת

Puzzle 164

בסגנון
רווח
שליט
שבדית
או
באזור
ידית
לקרצף
לשקף
שחורים
ובכך
להגר
זרועו
גלובוס
העליון
למשל
עשרים
בקשה
גישת
לבלבל

ג	ר	ו	ת	ת	ו	ג	ד	ל	ש	ע	י	י	ש	פ	י	ן
ת	ו	ת	ד	י	כ	ס	נ	ב	ו	ר	ג	ע	ה	ש	ק	ב
י	י	י	ו	צ	ש	א	ד	מ	ה	ד	ב	ע	כ	ה	פ	ם
ג	ע	ש	ח	ו	ר	י	ם	מ	ן	ן	ב	ב	ת	ז	א	ה
י	ה	ה	א	ע	ת	ל	מ	ש	ל	ל	א	ן	נ	ת	מ	מ
מ	י	ן	ן	ו	נ	ג	ס	ב	ה	ב	ק	ר	ל	פ	צ	ו
ב	א	ז	ו	ר	כ	ף	כ	ע	ג	ל	ב	מ	ל	י	ל	א
ד	כ	א	מ	ז	מ	צ	ש	א	ר	ב	ע	ק	ש	נ	י	ל
כ	נ	כ	ו	א	נ	ר	ם	ת	ף	ל	א	ו	ה	ן	ח	נ
ס	ב	ו	ק	ו	י	ק	ל	פ	י	ע	ס	ו	ב	ו	ל	ג
ו	ב	ב	ד	ם	ם	ל	מ	·	ת	י	ד	י	ו	י	נ	י
ב	ל	ן	מ	ת	ר	ו	ע	ה	ך	ר	ג	ר	כ	ל	ש	ו
ן	ו	פ	ג	נ	ת	ד	פ	נ	ה	ו	י	ו	א	ע	י	ר
ב	א	ל	ל	ו	ו	ה	ו	מ	י	ל	ש	ק	ף	ה	נ	ה
ה	ת	ך	כ	ב	ו	כ	ר	י	צ	ר	ת	ט	י	ל	ש	י

Puzzle 165

ה	י	פ	ב	נ	ק	ש	צ	כ	כ	ר	ל	ש	ז	נ	י	י
א	נ	ו	ת	ז	ה	מ	ס	ע	צ	נ	ד	ש	ר	ד	י	פ
ו	ל	נ	ר	ו	ל	י	פ	ד	ו	ק	ע	י	ו	א	ם	ה
ז	מ	ע	ו	ד	נ	ק	ם	א	י	ת	ן	ו	ו	ש	ס	ה
ן	א	ן	י	ב	ר	ן	י	מ	ר	י	ו	מ	כ	ח	נ	ב
י	ר	פ	ד	ג	ו	מ	ל	ד	ח	ו	ת	ד	כ	ל	ף	ל
ר	ח	ל	פ	ו	ט	א	ל	ב	ו	ב	ג	ן	י	ה	ו	כ
ו	ל	ש	ע	ב	ר	נ	ו	ל	ג	ת	ה	ר	י	ל	ו	פ
ח	י	א	ג	ד	פ	כ	כ	מ	ל	פ	נ	ד	ו	כ	פ	ב
א	ע	ד	פ	נ	ח	ק	ו	כ	נ	ת	ת	ס	פ	ב	ת	ש
מ	פ	ל	ל	ו	ו	ת	מ	כ	ת	ל	מ	ן	ע	ל	י	מ
ר	ת	י	א	נ	ת	פ	ס	ל	ר	ו	א	ס	ו	ע	נ	ט
ף	נ	ו	י	ב	כ	נ	ע	ה	נ	ט	ו	י	ו	מ	א	ב
נ	ק	ת	ת	צ	ו	פ	נ	מ	ש	ת	ס	ע	מ	ש	מ	ח
י	מ	ל	א	ב	ז	ה	ע	ת	י	ח	ו	מ	ח	ר	מ	ב

ללוות
וכוללים
פעיל
פחות
נאמן
בין
יפה
שעברנו
קר
תינוק
שלו
נפוצת
האוזן
מתנהגת
מטבח
מסע
יד
לדחות
מאחורי
מלבד

Puzzle 166

י	ל	ל	ף	ת	כ	ן	צ	ש	ר	א	מ	ה	ו	ן	ע	ב
י	ה	ב	ן	ת	מ	ר	מ	מ	ל	מ	ו	מ	נ	ו	י	ה
ד	כ	נ	ו	ס	ן	י	ח	ז	ש	ב	ה	נ	מ	ת	ד	ח
י	י	ו	ע	ו	א	נ	ר	א	ש	ה	ה	י	ח	ד	ר	ח
ח	ר	ת	י	ל	ש	ו	ל	ח	ן	ת	מ	ב	פ	ו	ה	ם
א	ר	ב	ל	ו	ח	ד	ו	נ	ר	פ	פ	נ	ר	ה	ל	ד
ל	ו	ר	ו	מ	ס	ו	פ	מ	ת	נ	י	ר	ת	י	ב	מ
ם	מ	ע	א	ן	ה	י	י	ו	ל	א	נ	מ	מ	מ	י	ל
ש	א	ה	א	מ	ח	צ	י	צ	ח	ל	י	צ	ו	ו	ה	א
מ	ו	ר	ש	מ	נ	ה	ק	ב	ד	ת	פ	נ	ת	ע	ק	א
י	ח	ת	כ	ב	י	ש	ז	צ	י	ת	י	א	ר	ל	ע	מ
א	ר	ק	ש	ן	נ	ל	ח	י	ל	ש	מ	י	א	ו	צ	ק
י	ת	ל	ו	א	ה	ח	ש	נ	א	ד	ך	נ	ם	כ	י	ו
ש	ן	ה	ת	י	ה	ע	ב	ו	א	ו	ה	ו	ו	י	ו	ר
י	מ	ע	נ	י	נ	ה	ס	מ	ב	ת	ו	ו	י	ם	ד	ע

צעקה
חזק
עשיית
כתף
לשולחן
להכיר
כביש
סולו
הערכת
להעריך
חנינה
יצווה
ליד
דבקה
צב
לזרוח
מקור
לבנות
תן
מאוחרת

Puzzle 167

נ	ש	פ	מ	י	ב	ה	ד	ר	ק	ו	ן	ו	ר	ו	נ	ל
ת	ל	פ	ת	ת	מ	ר	ו	ה	מ	י	ל	ן	נ	י	נ	א
כ	ד	ר	ת	ו	ר	צ	ר	ה	מ	ר	ח	ק	ו	ת	ו	ד
ע	ל	ו	ע	ר	ל	א	ָ	י	ע	ט	מ	ה	ג	ש	ז	ו
ו	כ	ר	ו	ב	ש	ו	מ	נ	י	ו	ת	ח	ז	ע	נ	ם
ל	א	ו	ה	ב	ו	ן	א	פ	ו	א	ה	ו	נ	ץ	ת	י
נ	ר	א	ב	א	ב	ר	מ	ע	מ	ל	ן	ל	ק	ו	פ	ת
ל	ם	ו	מ	ד	ק	נ	נ	ג	פ	י	ר	י	ה	ר	ל	ש
ל	נ	ח	ל	ת	ו	י	ש	ג	ר	ת	נ	ם	ו	ר	ר	ו
א	ו	ח	ו	נ	ס	מ	ל	מ	א	ה	ל	א	י	ן	ח	א
י	כ	ל	ן	י	ו	כ	פ	ע	ש	א	ק	א	ר	י	י	ל
ו	ק	ב	ו	ה	ו	ת	ס	ה	ח	ו	ח	ו	פ	ק	ה	י
ח	נ	ת	ד	ז	מ	ב	ה	פ	מ	ש	י	ט	ש	נ	י	ם
ג	ו	נ	פ	ג	ל	כ	ו	ת	ש	ל	ם	ס	נ	ב	ב	ו
ז	ה	ר	ל	ח	ו	פ	ו	ל	ב	ג	פ	ג	ק	א	ד	ד

שואלים
החולים
מושב
אפוא
וכרוב
זנקה
מניות
אדום
וירטואלית
המרחק
הדרקון
תרד
נלקחים
רגשיות
עד
שמפה
שנים
מפת
נץ
במלון

Puzzle 168

ה	י	ר	נ	ל	ם	ת	מ	פ	י	ר	צ	ח	ב	ס	ב	ח
פ	ל	פ	פ	ת	ו	ל	י	ו	ו	ב	ת	ו	ו	צ	פ	ה
מ	ס	ו	ל	ר	ו	ו	ס	מ	פ	ח	ו	ו	ל	ד	מ	מ
א	ל	ו	ד	ו	י	י	ת	ב	מ	ו	א	מ	ס	ע	ד	ת
א	ת	י	ק	ם	ב	ר	ו	ב	פ	מ	ת	ו	ו	י	ר	נ
ו	ה	מ	ל	ת	ט	ע	ס	ו	ו	ת	א	ח	ל	ש	ו	ת
ה	ק	צ	ס	מ	מ	ו	ב	ק	ס	כ	נ	א	ל	ה	ו	ו
ג	מ	ה	ש	ה	ב	ת	י	י	ס	ג	ב	ר	מ	ג	ת	ש
ו	ת	ל	ל	ל	ד	ב	ק	ב	נ	ק	ו	ע	מ	ד	ת	ר
נ	ה	ב	י	ת	ה	ל	ר	פ	ש	פ	ק	◌	י	ר	ן	נ
ו	פ	ם	נ	ר	מ	ד	ב	ר	י	ם	פ	ח	ת	ח	י	מ
ל	ב	ע	ו	ג	ר	ו	ג	ט	א	א	ל	ה	ר	י	י	ב
ל	נ	צ	ד	פ	ד	י	י	נ	נ	ו	ב	ח	י	ם	ג	ש
מ	א	ם	א	ו	ש	ו	א	מ	ל	נ	פ	ל	ו	ק	ש	ל
ר	ר	צ	ל	ל	ר	מ	ו	א	ם	ע	ו	ם	י	א	ת	מ

גור
צפה
לשקול
לתרום
מסעדת
אדוני
הביתה
אבק
פרט
מתאים
מדברים
נשיא
ולא
נייד
המתנת
עצם
בחצר
רשות
נוכחים
סובלים

Puzzle 169

ח	ת	ש	י	מ	ו	ן	מ	ע	נ	י	י	ן	ד	ב	ה	ב
ס	ו	מ	מ	ב	ת	י	ב	נ	ר	י	פ	ו	ם	א	י	ו
ח	ט	פ	ל	ה	ב	ה	י	ר	ע	צ	ו	ב	ה	ר	ו	נ
ג	ו	נ	מ	ו	י	ו	ר	ב	א	ל	י	נ	ע	י	ר	ה
ב	ר	ו	ן	נ	א	ח	ם	נ	ו	א	ו	ה	ו	ו	י	פ
ר	פ	ת	ג	ר	ה	ל	י	ל	ה	ק	ן	מ	ח	ת	ב	ו
ן	א	י	ה	ה	כ	ת	ב	א	מ	ר	צ	י	ב	מ	ג	ע
ד	מ	פ	ו	י	ב	ס	ו	ל	נ	א	ד	א	ב	י	ו	ל
ר	ה	ו	ו	מ	ר	נ	ה	ש	ת	י	ד	ג	י	ו	ו	ס
ר	ל	ת	ו	ע	ש	ר	צ	ה	א	ת	י	ח	מ	ס	ז	ו
א	פ	ו	ק	י	ו	ע	צ	ר	ל	ל	ם	ז	מ	מ	ל	י
ו	ח	ה	ו	ל	ו	ו	ט	נ	פ	ה	ג	ם	פ	פ	מ	נ
ל	ה	ר	ש	ו	ת	ן	נ	ג	ו	ם	כ	א	ת	ג	ר	ה
י	ב	י	ו	·	מ	ו	כ	ט	א	ה	ב	י	ו	א	י	ט
ב	ו	י	ק	ל	ם	ה	נ	ח	ר	ח	ו	ה	ן	י	ב	מ

דם
צהובים
להבהיר
עשר
מעניין
הלילה
הפועל
עצוב
החמוס
להכין
סט
כבר
להרשות
נר
צדדים
שימון
פרוטות
לזווג
אקראית
מסוימת

Puzzle 170

א	ד	ת	י	ק	ת	·	פ	ש	י	ו	פ	ד	ק	א	ו	י
ק	ג	ה	ל	ח	נ	ש	ק	י	ש	ב	ל	ש	א	ב	מ	ב
ו	ד	ר	ה	נ	ס	ה	נ	נ	ד	ף	י	נ	ס	ט	ב	י
ו	י	ב	ס	ה	ש	ן	ב	ה	י	ה	י	ק	ע	י	י	ו
ד	מ	ש	ל	י	ד	ו	ר	ש	ל	ט	ל	כ	ו	ח	ד	נ
ו	ח	ה	ן	ו	ב	א	ך	ס	י	פ	ו	ר	מ	ר	ב	ס
א	מ	ל	ח	ו	ו	י	מ	ר	ח	ב	ה	ח	ה	ג	נ	ר
ת	א	ו	ו	ל	ש	ז	ו	צ	ש	מ	ע	נ	ח	ס	ח	ש
מ	נ	ק	ם	י	נ	ו	ו	י	כ	ב	ת	ק	ט	מ	ש	ר
ב	נ	ס	ת	ת	ח	מ	י	ח	ב	ה	י	א	ח	ה	י	א
ל	ל	ד	מ	ש	ע	ב	ו	ס	ג	י	ו	ה	מ	ס	ל	ו
פ	ב	מ	ק	ה	ל	י	כ	ת	ב	ת	ש	ו	י	י	ע	מ
ס	ם	נ	ך	ת	ר	א	א	ש	ר	א	נ	ה	ה	ו	ו	א
ב	ש	ג	ה	ב	ת	ת	ה	י	ח	ה	נ	ו	ק	ב	י	ה
ף	ו	ו	ח	י	ה	ה	ע	ר	ע	ר	ו	מ	ת	נ	א	מ

ביקור
יהיה
מרחב
דווקא
במוזיאון
אבטיח
הבת
סניף
שינה
לנשוך
בר
לשרוד
לוויה
נשק
כיוונים
הליכת
אגרסיבי
סיפור
שלב
להשכרה

Puzzle 171

ט	י	י	ו	ב	ס	מ	צ	ש	ו	ד	י	ו	ו	ו	א	י
ח	ש	ו	ל	ב	ג	א	נ	ו	ה	ת	ו	ל	ג	ג	ב	נ
צ	מ	ח	ר	ע	ל	ת	ו	ל	ב	ח	י	נ	ה	ו	ר	ע
ל	ו	מ	ס	ד	ו	ע	ע	מ	א	מ	י	ה	ו	ו	ב	א
פ	ב	ק	מ	כ	ר	ו	מ	ס	ח	ו	נ	נ	ה	ו	ש	ש
מ	ת	ר	נ	ד	ל	ך	ד	כ	ד	ם	ד	ד	מ	נ	ח	נ
א	א	י	נ	ו	מ	נ	פ	ה	כ	ח	מ	מ	ת	י	ן	ל
מ	ש	ם	מ	נ	ד	ח	מ	א	א	א	ע	ת	ש	מ	ו	ח
ד	נ	ם	ל	ו	ק	ד	ת	ל	ר	ש	ו	כ	ב	ו	ד	ר
ב	א	כ	ת	ו	ד	ש	י	נ	ו	ת	מ	ס	פ	ר	י	י
ר	מ	ח	ק	ר	א	ו	י	ד	ה	א	ת	מ	ש	י	פ	ק
ד	ר	נ	ל	ב	א	ת	ם	ד	ר	ר	ל	ו	פ	כ	ו	ר
ח	ו	ד	ח	ת	ו	י	ט	ו	ו	ס	צ	ע	ו	פ	ק	ו
ט	י	נ	י	צ	ר	ס	ס	ב	ה	ל	ו	ל	כ	ל	ן	ב
ה	ל	ב	מ	ד	ת	מ	ל	מ	ה	ב	מ	ו	ת	ו	נ	א

ברד
לכלול
חדשות
דרך
נמלת
צמח
מספרי
כפל
עומס
אשת
אולם
קול
קופידון
מועמד
בכושר
קרוב
רעל
עוד
מחקר
צנוע

Puzzle 172

ארוך
זהיר
גרגיר
גוזל
מאמרי
כאן
עשירה
הקנגורו
על
גוף
חשיבת
לאקלים
קרחונים
מודרני
שרשרת
עצמה
ההיסטוריה
אצבע
קשור
לחסום

ב	ח	ו	נ	ן	ו	ה	ש	א	נ	א	ק	א	ל	ת	ל	ג
ו	ת	פ	ת	ף	ו	ד	ר	י	ג	ר	ג	צ	ק	ת	ה	כ
ה	ק	נ	ג	ו	ר	ו	ש	מ	נ	א	ח	ב	מ	ש	ם	ה
מ	ת	א	ו	ג	ב	ס	ר	י	ר	י	ש	ע	א	ז	ו	י
צ	א	מ	מ	י	מ	ל	ת	ל	י	ף	י	מ	מ	ה	ס	ר
ע	ל	י	ה	ו	ר	א	ל	ק	ב	ב	ב	נ	ר	י	ח	ל
ח	י	ל	י	מ	ו	ק	א	ר	ו	ך	ת	ב	י	ר	ל	פ
ו	ר	ת	י	ה	י	ל	ה	ו	י	ם	י	ו	ד	ו	ח	ם
ע	י	ס	ו	נ	ר	י	נ	ר	ד	ו	מ	ף	ב	ש	ג	ה
ר	ש	ו	ש	נ	ה	ם	י	נ	ו	ח	ר	ק	א	ש	ו	מ
ו	פ	י	ד	י	ג	נ	ף	י	ח	ל	ף	ר	ש	ק	ז	ע
ע	ה	ז	ר	נ	ל	ו	א	ם	פ	כ	מ	ש	כ	ד	ל	ב
מ	ל	כ	ו	ה	י	ר	ו	ט	ס	י	ה	ה	ו	ו	ו	ה
א	ו	א	ש	ש	פ	פ	ד	פ	ו	י	ו	כ	מ	ד	ת	פ
מ	ד	ן	י	א	ר	ד	ס	ם	י	ש	ק	פ	מ	ד	ו	נ

Puzzle 173

א ע ח ח נ ר מ ל ר ש ת ו ן פ פ א י
ו י ח ר ד ו ן מ ו י מ ו ר ו ק ש י
נ פ ד כ ש ב כ נ צ ה ו ת ל ם נ ר נ
ב ר ר ח ם נ ה ו ר ו ב ר ב ו ע ו י
ו ו ו מ ע ר ב ע ד ר ב י נ ן נ ר ל
מ ן ד ה ו נ ל ב ל ו נ י א ת א נ ח
ו ת י א ן ק ב ו צ ת ת י ע א נ ל ו
ל ג ד ב ל ו ס ר ח ב ס ש ל י ש ו ת
מ ל ב ש ה ק י ר ב מ ן נ ע י י כ ב
מ ה ט י א ס ח י ת ע צ ו מ מ ו ו ח
מ ס ס ד ג ש ו ב נ ת ח ת מ פ ס מ מ
ה ת ו ו י ע א כ ה ש ח ע ה ו ה ת פ
ל י ה ר ן א ש ף ב ת ח פ ס ש ך נ ח
ג ר ד א ן א ר י ב ח ל ח נ מ ל ס ו
מ ה ס י י מ מ ו ו ג ו מ ב ו ל ב

מנסה
עיפרון
ישנוני
להסתיר
מבריקה
תכופה
ברבור
ענן
למנוע
כבש
קבוצת
בלוני
ממוצעת
בתורו
גאה
מתחת
דגל
שידור
רבע
שחר

Puzzle 174

י ו ע ה ו ד ה ס ב ו ן ו ה ו ט ה א
ו ב ו ח ח מ ת ד ד ר נ ו ה ט ז ע ח
ר מ י מ ר ו ל י ו מ ה י ק כ מ כ ש
כ ט ו י ב ר י ר ט ו ם ע ת ב ב ב ת
ה א ל ו צ ש ו ה ר ה ח י ל ש נ ר ס
ל ה ע ם נ ז כ ו י ר י א ו ל ן ג ר
ו ו י ו א ד ד ל ו נ מ י ו ת ל מ מ
מ ב י ל פ ה א ש ו ה ד ף ת ו ש ל ב
ח א ם צ ש י ז י פ מ ו ד ב ל ה ת ק
ש ו ש ת י ע ו ע ש ו ל ש ן ו נ ט פ
ת ח י ש ב ל מ כ ו ר ת ד ח ת ד ח ה
ע ו ב ו ו ת מ ש א י ת מ ת כ י פ מ
ל ק נ ר ש ב ח י י ם ב ס ע א ל ע ף
ו י ו פ ן ח פ נ ג ג ח י כ ש ו מ י
ת ר ו ל ו פ ם ו א ת י ל ה כ נ ת ס

ורוד
המורים
חיים
פידי
העכבר
שליחה
אהוב
שותף
משאית
בשיחת
שעועית
סדירה
הסבון
תצלום
קפה
תולעת
לאזור
למכור
לפרוש
כזה

Puzzle 175

מ	ג	ה	ת	כ	ל	כ	ת	ת	מ	צ	ב	י	ע	מ	ה	א
מ	נ	ה	י	ג	פ	ת	ו	ל	י	ע	פ	ר	ה	ה	ת	ב
ק	א	נ	ל	ח	נ	ו	פ	ת	ד	צ	ד	ק	ה	ה	ק	מ
ת	מ	י	ג	י	כ	ר	ל	ו	ע	י	ת	פ	ה	ב	ד	א
ו	א	ד	ע	א	ב	י	פ	ע	ר	ד	ס	ת	ט	ל	מ	ת
ר	ק	מ	מ	ם	י	ן	ו	ו	ע	ש	ו	ג	ר	ר	ו	כ
פ	י	ה	ל	ו	נ	ן	ד	מ	ש	י	ג	ה	ל	א	ת	מ
ר	ש	מ	מ	ר	ה	ו	ק	ד	ל	י	ר	ר	ן	ו	ה	מ
ע	י	ע	פ	מ	ת	מ	ע	ת	ה	י	ע	ת	ח	י	נ	ק
נ	ר	ו	ר	ו	ו	י	ש	א	ט	מ	מ	א	ש	ו	נ	ב
מ	ת	ו	ו	ט	ר	י	י	ל	ע	נ	ב	ו	נ	י	מ	ק
ו	ו	ד	ת	י	ל	ס	מ	י	ו	נ	ע	ר	ו	ו	ש	א
ת	א	ח	א	מ	ב	ם	ם	ה	ת	א	ה	י	י	ע	י	ג
ל	ה	כ	ו	ו	פ	א	ג	ל	ת	ת	י	ה	ג	ר	מ	ת
ר	ק	י	נ	מ	מ	ן	ל	פ	מ	ה	י	ו	ם	ף	ת	פ

מעגלית
המדינה
כפול
מנהיג
משימת
מפורסם
בנושא
פעילות
הפתיעו
לתפור
התקדמות
ראוי
להגיש
ליירט
מצביע
שער
היום
להטעות
סדר
תאוריה

Puzzle 176

י	י	ב	א	ה	ט	ר	מ	ש	מ	ש	נ	מ	ו	ן	נ	ג
ק	ש	מ	ש	ו	ת	ו	מ	נ	ע	ע	ד	ע	ג	ת	י	ז
ק	ו	ק	נ	ה	ו	נ	י	ת	פ	י	מ	ד	ב	ל	ן	ב
ח	ה	ע	י	צ	מ	ר	צ	מ	א	כ	ק	ה	ר	ת	י	פ
פ	ן	א	ה	ל	י	א	ת	ל	ר	ו	ס	ס	ת	ו	ו	י
מ	כ	י	ל	ו	ו	ד	ו	ה	ו	נ	י	ו	א	א	א	ו
מ	ה	פ	פ	ר	ו	ג	ה	מ	נ	ת	ם	י	א	ה	י	א
ל	י	ח	ס	ר	ת	ם	ר	מ	ח	י	כ	א	א	י	נ	ר
צ	ו	נ	צ	ה	ו	ח	ב	ם	ש	ל	ר	י	כ	ו	י	י
ח	ר	ז	ה	י	ח	ן	ח	ט	א	א	כ	ב	י	פ	צ	י
ו	מ	י	ת	ה	ה	ו	ב	כ	ל	כ	ו	כ	ב	י	ת	מ
ק	ח	ה	ל	ס	ה	ל	ה	מ	ת	ס	ח	י	י	ת	מ	ר
י	ו	ת	ה	פ	ל	י	ר	ו	ת	י	ק	ן	מ	ו	ל	א
ו	ט	ב	א	ו	ו	י	ר	ח	ב	ק	ם	ו	ו	י	י	ה
מ	ו	ו	ו	כ	ז	י	ו	ל	צ	ע	ו	ק	פ	ס	ן	ב

מתייחס
מקסים
מראה
ולצעוק
קילוגרם
לירות
חוט
מציע
כוכב
בחברה
חבק
להינשא
באוויר
טלסקופ
לצחוק
התנצלות
לבד
גברת
שנת
נחש

Puzzle 177

ס	כ	ח	ת	ו	ח	נ	א	מ	י	מ	ו	נ	ב	א	י	ה
מ	ו	ד	כ	ל	מ	ו	ה	ש	א	י	ך	ל	ת	נ	ס	א
צ	ר	פ	ר	ק	ו	ד	ב	ל	ת	נ	ר	כ	ו	מ	ה	ו
ל	ת	ת	י	י	י	ו	ל	ב	א	ו	י	ה	ס	נ	ק	י
מ	א	נ	ה	ת	פ	ן	ו	י	א	ו	פ	נ	י	י	ם	ב
ה	ק	י	ש	נ	ב	ף	ט	ם	כ	ס	ל	ל	י	מ	י	ו
ב	ר	כ	ו	ת	ו	נ	י	א	מ	י	י	ה	נ	כ	ה	א
ו	י	ר	ב	כ	ש	כ	ח	ל	ל	ל	ק	ר	ל	ב	ח	נ
ת	ת	ט	ע	ר	ז	א	פ	ל	ב	ו	א	ל	ו	ו	ו	א
ם	ב	ם	מ	ב	ט	ל	א	י	ח	ו	ט	ב	פ	ב	ל	ע
ג	א	ר	ח	ל	ח	ה	י	כ	ו	א	מ	מ	ר	ו	ב	ת
א	ו	ר	ו	ה	כ	ש	ר	ת	ר	ו	ק	ב	פ	ק	ו	ף
נ	מ	י	ת	י	צ	ב	ר	ת	ע	ת	ב	פ	ר	ד	י	צ
ל	נ	א	א	ל	פ	י	ת	ר	צ	ב	ר	א	ס	י	ב	ש
ו	פ	ש	י	ב	ם	ו	ת	מ	ב	י	נ	פ	י	ח	ק	ו

מבריק
בלוטי
משלבים
יבש
מצלמה
ברכות
הכשרת
הים
הרי
כף
בטוח
אופניים
נשיקה
לבדוק
לבחור
סופית
ברכת
האויב
מוכר
איך

Puzzle 178

ט	צ	ו	ו	י	ן	ו	פ	ט	פ	פ	ף	ן	ב	ע	ר	מ
ו	כ	ד	ע	ו	א	ר	ו	ע	מ	ה	ו	ב	ה	ב	ח	ח
ו	ג	נ	א	ד	ו	ד	ו	ל	י	מ	ו	ן	נ	ה	ג	ן
י	י	י	ו	י	ת	ע	ו	ע	מ	צ	י	צ	ב	ל	מ	ו
צ	י	א	ו	ל	ו	ב	מ	נ	ד	ו	ע	ו	נ	פ	ל	ר
ל	פ	י	ה	ו	ו	ג	מ	ה	ע	ח	ר	צ	ה	י	ב	ר
ק	ו	ל	י	פ	א	ג	ק	ד	ו	צ	ם	פ	ר	צ	ו	ו
צ	ש	מ	ם	י	מ	ח	י	ד	ס	י	ו	מ	ד	ה	ב	ו
ב	פ	ב	ל	ט	ו	ט	א	ת	ס	א	פ	ס	ל	י	ו	ו
ר	ל	ו	ו	ג	ו	ר	ו	ח	ת	מ	ס	ק	נ	ה	ל	ו
פ	ו	ח	י	נ	ו	י	מ	י	י	ח	ד	מ	ו	ש	ש	ח
ת	מ	ד	י	ן	ו	ח	ל	ר	ו	ע	ת	ו	ת	י	א	א
מ	ר	כ	י	ב	ה	ה	ה	ב	ח	ו	כ	כ	ו	מ	ו	ר
ח	צ	מ	פ	ל	פ	ל	ש	ח	נ	ו	ר	ה	מ	ג	ן	ו
ת	ד	ח	ר	ת	י	ר	נ	ס	י	ל	ל	נ	מ	ן	ע	מ

נהג
דין
חמים
פיצה
טכנולוגית
גמישה
רצה
ועדת
סתיו
אפס
מדע
נעל
בריחת
עצי
מסקנה
לימון
מרכיב
טיפול
וחצי
מבול

Puzzle 179

ל	ו	כ	י	א	ו	מ	ו	י	ב	ס	י	ת	נ	י	י	ל
ב	ה	ר	ק	ו	י	ר	נ	מ	ר	י	ש	ו	ה	צ	ר	י
ע	ו	ע	ע	ה	ו	ק	ר	א	ו	צ	מ	ל	מ	ב	ל	ס
ו	כ	ו	פ	ל	ח	ו	ף	ס	ק	ו	י	ם	ת	ו	א	פ
ד	ל	ח	נ	י	ן	י	מ	י	ו	ל	ג	י	ל	מ	מ	ר
ו	נ	ה	ה	ו	ל	ד	א	כ	ל	ר	צ	ר	ו	ג	ץ	י
א	ג	מ	י	ר	פ	ב	ת	ר	י	ו	ה	ז	א	ה	ע	י
מ	ת	ר	ש	ה	ש	פ	ב	נ	צ	כ	ו	י	ה	ר	י	ת
י	ר	ו	מ	ת	נ	ב	נ	נ	ר	ר	ע	ר	ל	ע	ק	ל
ח	א	פ	ח	מ	י	ו	א	ה	ז	א	ו	א	ז	צ	ס	ר
ר	י	ר	ק	ד	א	ל	ת	ה	מ	ד	י	ע	ה	מ	ר	ש
ש	ה	י	ך	ח	ל	ת	י	ת	ה	י	ל	ל	י	ך	א	י
ש	ל	י	נ	פ	ה	נ	ן	מ	מ	ו	ו	צ	ו	ש	צ	ו
ע	ח	י	מ	א	ו	ע	ג	ו	ה	ר	נ	ה	ם	ן	ל	י
א	א	ר	ת	מ	ל	ן	י	ח	ח	ל	ר	צ	ו	ת	פ	ל

להיהנות
למצוא
מאוד
חי
יוקרה
רפורמה
בדיוק
ספריית
ירצה
נהמת
לרצות
ברוקולי
שיר
לגיל
לחוף
להעפיל
בעוד
אותם
לאמץ
עצמך

Puzzle 180

ה	ל	ת	ל	ו	ד	מ	מ	ת	פ	ע	ד	מ	מ	ו	ה	י
מ	מ	ג	ן	ס	מ	ב	ט	ו	ו	ת	י	מ	ת	ח	י	ל
ב	נ	ש	ו	ג	ה	י	ל	א	ו	ו	מ	מ	י	ט	ה	ו
ש	ר	ט	מ	ד	נ	ה	ס	ו	ד	מ	ם	ה	ו	ו	ע	ו
ס	מ	א	ל	ש	ה	א	ו	ט	ו	ב	ו	ס	ל	ן	ת	ו
ו	מ	ל	ר	מ	ד	י	ד	ת	נ	ב	ה	ש	פ	ע	ה	י
ת	מ	נ	ה	מ	ש	פ	ח	ה	י	ל	ל	ו	צ	ה	ס	ו
ב	ק	צ	א	ו	א	ו	ב	ר	ה	ו	ט	ל	ל	ז	ר	ת
נ	א	ח	ר	מ	ת	ש	ו	ב	ה	ג	ש	א	מ	ב	א	ז
ת	ח	ת	מ	י	ג	ח	ה	ז	ב	ל	ב	א	ת	ע	ד	ר
מ	ג	ו	ס	ב	ו	ח	ס	ה	ב	ר	ו	ו	ז	ו	ן	ר
ל	א	ן	ג	ל	ם	י	ו	ח	ר	מ	ך	נ	ל	מ	נ	מ
ב	ש	י	ל	ה	◌	י	ד	מ	ע	ל	י	ז	כ	ד	ב	ו
ל	י	א	ע	נ	א	ה	ל	ח	ל	ק	ס	ו	ת	ג	ק	ח
פ	ת	ב	א	א	ב	י	ו	ד	ד	צ	נ	ד	ר	ש	מ	ב

מדידת
זברה
המשפחה
זאב
השפעה
לנצח
לערב
תשובה
המשמש
נסיך
כתר
מיטה
לטאת
חומר
מטל
במשרד
האוטובוס
עליז
הברווזון
לבדר

Puzzle 181

ר	ט	י	ם	מ	ב	ו	ה	ש	ב	ב	י	ג	כ	ל	ת	ו
מ	ו	ס	ד	מ	ע	א	ו	ת	ו	ד	ס	ל	ה	ב	ק	י
ע	ו	ש	ו	ג	ת	ל	ב	ב	ש	ז	י	ד	ה	פ	מ	פ
ש	נ	◌	ר	ד	ע	א	ת	ת	י	ט	נ	נ	י	מ	ו	ד
מ	ל	ר	ת	נ	ר	ח	מ	ח	א	ש	ו	נ	ה	מ	ף	ה
פ	ר	פ	ר	ב	ך	ו	ן	ר	ב	ש	ל	י	ל	י	ת	מ
ל	א	נ	ל	ג	ו	ו	ו	מ	ו	ת	ת	ו	ת	א	ה	מ
ץ	ן	ל	ע	פ	ל	מ	א	ח	ב	א	ח	י	ר	ג	מ	י
ה	י	י	ת	ה	ה	ג	ו	פ	א	ף	ע	נ	י	ע	ב	י
ב	ט	ל	ל	מ	א	ו	מ	ש	ה	ו	ו	ו	ה	ר	ל	מ
נ	ו	ל	מ	ו	כ	י	א	פ	ה	ק	ת	ב	ר	מ	ח	י
ר	ל	י	ב	מ	י	פ	ר	ה	ג	א	מ	מ	ד	ב	י	מ
י	ח	ר	א	א	ל	ת	ה	ו	י	ש	ו	ן	א	ע	ת	כ
מ	ל	ע	מ	ר	כ	א	ל	נ	ש	צ	ר	נ	ו	י	פ	ד
ת	ו	ת	פ	ל	ל	ן	ת	י	ם	מ	ו	ז	י	ק	ה	ע

שלילית
מוזיקה
להאכיל
קוף
עת
מוסד
הנושא
ערך
מחר
דומיננטית
פרפר
שיא
לנווט
תג
עורבת
הייתה
בתחנה
לחלוטין
משהו
ממליץ

Puzzle 182

וילון
חיה
וצבעי
אמיץ
כביסה
אזרח
אגרוף
הכעיס
אפשריים
מכנסיית
חינוך
האי
עין
מברשת
רפואה
קפץ
מדחום
התנהגות
מלוכלך
תעלומה

ו	ל	י	ב	ח	צ	מ	ר	ו	א	ה	ה	א	ו	פ	ר	מ
ב	ל	ה	ן	ל	א	א	ב	צ	ת	ש	ר	ב	מ	ד	ר	א
ה	פ	ו	ב	ו	ר	ן	מ	ב	ל	ל	ך	ו	נ	י	ח	ג
פ	מ	י	פ	א	ל	י	ב	ע	ג	ו	ל	צ	א	ן	ץ	ר
מ	ד	ח	ו	ם	ה	י	ח	י	מ	ן	כ	ת	ו	מ	ע	ו
ע	פ	ר	א	י	כ	י	ו	ט	ע	ל	ו	ע	י	ן	מ	ף
ו	ל	ז	ל	י	ע	ו	ם	ק	פ	ץ	ל	ר	ס	ד	ד	ה
מ	ע	א	ס	ר	י	ר	א	ע	מ	ו	מ	מ	ו	נ	פ	פ
ת	כ	י	ע	ש	ס	ָ	ו	פ	ן	ל	ר	י	ח	מ	נ	י
מ	צ	נ	ו	פ	ע	י	ח	ן	ף	ו	ש	א	מ	ו	ר	ש
י	ו	ר	ס	א	ר	ל	ע	ג	ו	ת	י	ל	י	◌	מ	ח
ו	כ	ו	ע	י	ו	א	פ	י	י	ט	ר	ת	ל	נ	ג	ן
ה	ר	ב	ע	ר	י	פ	ש	ת	נ	ה	ל	ה	ק	ו	ר	מ
א	ה	ו	ו	ש	ו	ת	ו	ג	ה	נ	ת	ה	ס	י	ב	כ
י	ש	ג	ס	ד	נ	ת	ע	ל	ו	מ	ה	ו	ן	מ	י	ו

Puzzle 183

ל	י	ו	ק	ע	ה	ב	ע	ב	ר	י	ש	ר	ן	ל	ח	ף
ר	נ	ש	מ	ו	ו	ו	ד	ח	ש	ש	כ	ו	מ	י	מ	ל
ע	ת	ר	י	ב	כ	ר	ן	ו	א	ו	מ	ה	ר	ר	ו	צ
ס	ל	ו	ה	ד	נ	ש	ן	כ	ן	ק	י	ת	י	ש	ר	ת
ר	ה	ט	פ	י	ב	ב	ג	פ	ב	ה	נ	ו	נ	ף	ה	פ
ן	ש	ב	א	ם	מ	י	פ	ו	ח	ה	ר	ב	ה	ו	נ	ו
ר	נ	ד	ב	ר	מ	ו	ו	ל	ע	כ	ך	נ	ר	ס	ת	ח
ן	י	ן	א	ד	פ	ו	י	ר	ש	א	מ	ה	ו	ב	ו	י
ד	י	ד	ח	פ	ס	ו	ן	ט	ל	ר	ו	ע	פ	ל	ם	ב
ר	ם	י	מ	ש	א	ם	ן	ש	י	י	ב	ם	ט	ו	ק	ו
י	ף	ו	נ	·	ס	י	ט	ק	י	י	ב	ו	א	א	ו	ל
ה	ח	ל	ק	ת	י	נ	נ	י	ת	ת	ם	ה	ו	ר	מ	ז
י	ח	ה	ב	י	כ	ס	ו	ר	ד	פ	ל	ע	ע	ך	י	כ
ן	ה	ת	ן	ן	מ	ל	י	ט	ת	מ	ר	ו	ם	ס	ת	ו
ר	כ	י	ב	ת	ת	ו	א	ר	מ	ש	ק	ה	ש	ע	מ	ר

טריק
מעשה
עובדים
החלקת
ולבסוף
השניים
הרפתקן
ביישן
אובייקט
מתנות
כיסא
לזכור
אשמים
רכיבת
כמעט
חמורה
תפוחי
משקה
בעבר
תואר

Puzzle 184

י	ד	י	מ	ה	י	ט	ד	ח	מ	ב	ו	ד	ס	ל	ס	נ
ב	ק	ה	ס	א	ע	ש	ה	ה	ה	ע	מ	ת	ו	ק	פ	ו
י	נ	ן	ו	ר	ש	כ	ב	ב	ר	ס	ד	ו	ו	ב	ר	כ
ב	ו	ח	ר	ח	י	כ	ו	ה	ל	ח	ן	י	א	ת	י	ר
ל	פ	ו	ת	ו	פ	ה	י	פ	ה	ן	ח	ו	ף	ג	י	כ
ד	מ	ל	י	ל	ל	פ	ד	ח	ר	ו	ת	ת	ר	ו	ה	ו
נ	י	ר	ת	צ	מ	ם	פ	י	ד	ר	ד	ב	ר	ב	ת	ם
ת	ו	צ	ח	ה	ב	י	ת	ה	ס	ה	ו	ה	ָ	ה	ס	י
מ	ו	ק	ד	ם	ז	ו	ל	ל	נ	ק	ר	ב	ח	מ	ו	י
פ	פ	ת	ע	ק	ר	ג	ר	ם	ו	ס	ן	ן	ר	ל	ו	י
ג	ב	ע	ה	נ	ה	א	צ	מ	מ	ת	ל	ה	י	ה	ו	צ
ק	ו	י	ר	ו	י	ב	ג	י	ג	ו	ת	ו	פ	ע	ט	מ
א	ב	י	ת	ת	ב	י	כ	ח	ב	ו	◌	ו	נ	כ	ב	מ
נ	ת	ל	י	ל	צ	מ	מ	ו	ת	י	ש	ו	ז	י	י	י
ו	מ	ו	ח	י	ת	ג	ו	ל	ח	ב	ו	מ	ה	ו	ל	ר

קבל
זול
כרכום
כוח
לנקר
מתוק
גבעה
התיבה
מוקדם
מגבת
חולצה
חדה
צלילת
להוכיח
ספרייה
מחבר
בתגובה
מעדיף
מסורתית
כשרון

Puzzle 185

נ	ס	ם	ן	כ	ר	צ	מ	ו	ל	מ	ו	א	ב	מ	ל	ו
ב	מ	ז	ה	מ	ו	ד	פ	כ	ם	כ	ח	מ	ל	ת	כ	י
י	ז	פ	ד	ב	ל	ד	ו	י	ק	ו	ב	י	ק	צ	ם	ו
ח	ח	ו	ב	ל	מ	י	ר	מ	ס	ט	ן	ו	ז	ל	י	ח
ס	מ	א	ו	ט	ע	א	ש	מ	א	ו	י	ב	ו	פ	ע	מ
פ	א	ע	פ	י	ד	ב	י	א	ב	ח	ט	ו	ג	מ	י	ח
ח	ה	ק	ב	ס	י	ס	ם	ו	א	מ	ט	י	ת	ו	פ	ת
פ	ָ	ָ	ו	י	פ	ו	א	ל	מ	נ	י	ר	ק	ד	ש	א
פ	ל	ע	ת	ד	י	פ	ד	י	י	ך	ו	ת	ל	י	מ	י
ג	ר	ט	ו	ה	ם	ש	מ	ח	ה	ל	י	מ	ה	ת	מ	ע
י	ך	פ	ה	ה	י	ב	ו	ג	ק	מ	נ	ה	ש	ו	ל	ש
ש	ה	ה	ו	ת	ט	ו	א	ל	מ	נ	ה	ב	ג	ו	ק	ש
ת	ש	ש	ש	ר	מ	ע	ו	ו	ע	ן	ק	צ	ו	ם	ח	ד
מ	א	נ	פ	י	ק	פ	כ	פ	נ	ה	ד	ף	ו	ש	י	כ
ר	ע	ן	ח	ל	ה	מ	א	ה	ל	ד	א	מ	י	י	י	ב

במבט
סופשבוע
אחיו
רמת
משפיעים
פגישת
קמטים
חילזון
שלושה
מפלצת
ביחס
הפולקלור
אולי
חכם
מעדיפים
מפורשים
כישוף
דומה
ההפך
לתוך

Puzzle 186

ע	ר	ה	נ	מ	מ	ע	ן	ש	ן	ר	ה	ת	ד	ע	י	ע
נ	ב	ת	ת	פ	י	ו	ל	ר	ב	י	ל	ק	ב	מ	א	ל
ו	ע	ח	י	ת	ם	ל	ד	פ	ד	ו	מ	י	ש	ו	ר	י
ש	ה	ר	ב	ח	ו	ו	·	ה	ש	ה	ר	ס	ב	י	ב	ת
ו	ן	ו	ו	ט	ס	ו	ס	ד	ה	ר	ת	פ	מ	כ	ו	ח
א	ו	ת	ת	מ	ל	ה	כ	ה	ו	ח	ע	ב	מ	ר	ל	מ
מ	מ	ר	ו	נ	ו	ת	צ	ם	פ	י	י	ס	ק	פ	כ	ש
ר	ד	א	ר	ר	ל	ר	ל	ר	ָ	ל	ו	א	ו	ר	ו	ל
ב	כ	ב	ק	ר	ר	ב	ת	ד	ף	ב	ע	ן	א	ת	מ	א
ע	ו	א	א	ל	א	ו	ע	ת	ב	ר	ו	ע	ו	ל	י	ה
י	ם	ו	ס	ר	פ	ת	ל	ת	ג	א	ה	א	ר	נ	נ	ו
י	ק	ס	ט	ו	ד	נ	ט	ל	ח	ס	ס	ד	ה	י	ם	ן
ת	י	ר	ש	ל	ב	ב	ה	א	מ	ח	ע	ר	ה	מ	ו	ם
ן	ב	ב	ג	ו	מ	נ	ו	צ	ס	ו	נ	י	י	ק	ו	א
ת	ל	ו	ח	ר	א	ה	א	ן	ר	ב	צ	נ	ל	ח	ן	ח

סביבת
התחרות
עלי
מישורי
פרסום
לשמחתי
מסובכת
לנבוח
אבא
כלוב
אוקיינוס
מסודר
התרבות
שרפה
מפתח
פסיקת
סטודנט
חמאה
נתיב
בעיית

Puzzle 187

ל	ג	י	מ	נ	ב	א	מ	א	י	ס	ה	י	פ	ג	ה	ב
ה	ר	י	ד	ר	כ	י	ע	נ	ת	ר	ו	א	ב	ה	ע	ת
פ	י	ש	נ	ד	ן	י	ו	נ	י	ב	ר	ל	ק	ו	מ	ל
נ	ב	י	ל	ע	ש	ך	נ	נ	ר	מ	ת	ב	ם	ל	ך	ן
ו	ר	נ	ן	ג	ר	ת	ן	ו	א	מ	ב	ל	י	ו	י	ל
ת	ש	י	ר	כ	ע	ד	ל	ו	ו	י	ן	ד	ו	ע	ל	ם
ל	ס	י	י	ם	א	ו	נ	א	ע	ש	ס	ו	ו	ו	ה	ש
ב	ו	ד	ף	ל	ן	ה	ו	ש	ה	ה	ם	מ	ה	ח	ת	ו
ו	ן	ם	ו	י	ן	י	נ	ו	ו	ו	ח	מ	פ	ו	נ	כ
ד	כ	ה	ג	ש	א	ו	ל	כ	ב	ה	ו	ר	מ	ו	מ	ה
נ	ר	י	ב	ס	ה	ל	צ	מ	ד	ג	ז	ם	ס	א	ג	מ
ר	י	י	ל	כ	ל	כ	ע	ו	ש	ל	ג	ה	ש	פ	י	ל
ד	נ	ח	ש	נ	ו	ו	י	א	ו	ל	י	מ	ת	ת	מ	א
י	ו	·	ב	ה	ד	ק	ר	ס	ו	ָ	מ	ה	מ	ו	ל	ש
ה	ק	ב	ר	כ	ב	מ	פ	א	ס	ב	א	ג	י	ל	ת	י

מנת
צעיר
סולם
להפנות
מישהו
כמו
מעונן
שלג
האקלים
חייהם
גז
להסביר
לסיים
מילואי
תהליך
כרישת
בגוף
כלכלי
הבא
דרישה

Puzzle 188

שוּנָרָה
טיפש
ממתקי
נושא
להופיע
בחינה
הכילו
הוצאת
לנשום
סמכות
להחתים
פתוח
זריקה
עונת
לכבוש
עתיק
רגיל
בכירה
קודמת
מומחה

ע	ד	ה	ת	כ	ו	ע	ו	ק	ף	ע	ת	י	ק	י	ר	ר
ג	ו	ל	י	כ	ה	ר	י	כ	ב	מ	מ	ק	ו	ה	ע	ד
ה	ן	נ	א	ר	ת	ו	ת	ו	פ	מ	ד	ה	ח	ו	ו	ת
ת	ק	ש	ת	ה	ו	צ	א	ת	א	ת	ו	י	ב	ג	ר	ד
ט	ג	ל	ת	ב	ו	ך	ר	י	י	ק	ק	ס	מ	כ	ו	ת
א	י	ן	ל	ק	י	ג	מ	י	ם	י	י	מ	ת	ר	י	ו
ר	ר	כ	ו	ח	ת	י	ו	ם	מ	ו	ך	ב	י	ם	ר	ר
ש	ו	ב	כ	ל	ם	ר	מ	א	מ	א	ת	ל	ס	ב	ת	ן
ה	◌	ג	א	ן	י	ו	ח	ו	ת	פ	ד	ה	נ	י	ח	ב
ל	ר	ו	ט	ק	ל	ח	ה	ע	ה	ו	ל	ו	ג	נ	י	ו
ן	ג	ב	·	א	י	נ	ד	כ	ד	י	ש	פ	י	פ	ש	ס
ט	ו	ס	ח	נ	נ	ו	ש	א	ג	ל	ל	י	ס	א	ש	י
ג	י	ד	ר	ת	ר	ל	ה	ח	ת	י	ם	ע	ם	א	ח	י
מ	ח	פ	ג	ן	ב	ָ	פ	ד	ל	ג	צ	י	ת	ח	י	ד
ס	ה	פ	ש	ב	ע	ו	ה	ק	י	ר	ז	ל	נ	ש	ו	ם

Puzzle 189

פ	ס	ו	ל	י	ו	פ	צ	ה	ט	ר	ו	פ	י	ת	ם	ן
ע	ר	א	ב	ו	ס	ה	מ	י	ט	ה	ו	ו	ח	כ	ה	מ
א	ה	י	א	ג	י	ע	י	ל	ו	ם	ל	ן	נ	י	ר	ס
ל	ב	מ	ו	ר	כ	א	צ	א	ח	ג	י	י	ב	נ	ח	ר
ב	א	נ	א	ל	ד	מ	ר	ו	ש	ו	ס	י	פ	ק	ו	י
ו	ר	א	ו	צ	ע	א	ל	ח	מ	ה	ף	י	ת	ג	א	ד
ס	מ	ו	ק	ם	א	נ	י	א	ל	ו	צ	ו	ד	א	כ	ש
מ	ש	ו	ת	ר	ו	ב	ט	ן	י	ר	פ	מ	ל	ה	ת	ת
ה	ו	ז	י	ר	ת	ה	ל	ס	ל	ה	מ	ח	י	ש	ת	ו
נ	ר	ל	ת	ו	ן	ו	פ	י	ע	ב	ט	ל	ל	י	י	נ
י	ו	ל	ו	ת	ה	ס	י	כ	י	ף	י	י	ח	ם	ט	נ
ו	ל	ה	ד	י	ש	ק	י	ת	ח	ל	ק	מ	ו	ה	ה	כ
פ	נ	נ	ר	ב	ק	י	ן	ד	ל	מ	ע	י	ב	ד	ע	ס
א	מ	י	ך	ח	ר	א	ן	ש	א	ר	ו	י	ו	ס	י	כ
ר	ב	ח	י	ה	ע	י	ל	י	ת	מ	ד	ה	י	ה	ד	ה

גם
דחף
המיטה
מחל
אווז
ילדת
פסולי
טבעי
הטרופי
כניסה
מקלחת
חווה
להמחיש
חשמלי
דאגת
להניח
שקית
צפוי
כיסוי
גלוי

Puzzle 190

ת	ק	י	ו	ד	מ	ת	א	ש	נ	ו	ה	ן	ד	ס	ו	ב
מ	ר	ר	י	ה	ו	ר	פ	ו	י	ו	ה	ו	א	ר	ח	ב
פ	מ	ד	ת	ו	נ	ק	ל	ו	פ	ו	א	ר	ר	פ	ק	ש
ר	ל	ד	ף	י	ש	מ	צ	ר	ו	ב	ב	א	ג	ה	ל	ח
ו	ת	ל	ר	ב	פ	ל	י	ר	י	א	ז	מ	י	ן	ו	מ
ו	פ	א	ה	ט	ב	ם	ו	ו	נ	ן	י	ל	ת	ו	ש	ב
ב	ר	מ	ס	ל	ף	ר	ט	צ	ה	ל	ה	ה	ץ	ר	פ	מ
ב	פ	[illegible]	ג	פ	א	ע	נ	מ	ה	נ	ר	י	ו	ב	ל	נ
ח	ע	י	ה	ו	ל	ו	מ	ק	ס	א	י	י	ב	ד	פ	ע
א	ף	ת	פ	ן	ב	ד	מ	ם	ש	א	פ	ן	ו	י	ן	ה
י	צ	ו	מ	ו	נ	ש	ל	ו	ג	ר	פ	ז	ז	ד	ר	ע
ב	ה	ו	א	מ	א	י	ב	ה	ל	א	ך	א	ף	י	כ	ל
ל	ח	פ	ת	ח	ל	צ	ג	כ	ל	ה	ע	ל	י	ב	ו	ל
א	ג	נ	י	נ	ו	מ	ת	ט	ב	נ	י	ס	י	ו	ן	ו
י	ת	ף	ח	ר	מ	י	ו	כ	י	ס	נ	ש	ל	ז	ע	ר

הראש
זמין
כוס
פרס
סיכוי
צלחת
לקנות
מדויקת
להצטרף
אך
בקהילה
בטלפון
בניסיון
שאת
עכביש
דבר
להעליב
מפרץ
מחשב
להביא

Puzzle 191

ן	ב	ת	ל	מ	ת	ר	ך	מ	ב	ר	ב	ת	ש	ע	ה	ל
ל	צ	ב	ר	ר	ט	ו	ן	ש	ב	ש	ד	י	ו	י	י	ו
י	מ	ו	ד	כ	ב	א	ו	ל	ם	י	ל	ר	ר	ח	ק	ח
ל	ת	מ	ר	ז	ע	א	ב	מ	י	ב	ל	א	ן	ל	פ	ל
ה	פ	י	ס	י	ת	ב	ק	מ	מ	י	ן	י	ט	ק	י	ע
ו	ע	י	ה	ת	ת	ב	י	ח	י	ח	ו	ס	ב	א	י	מ
ם	ז	ג	ל	ו	ק	ב	ר	צ	פ	ל	ו	ש	ב	א	נ	ן
ר	ב	מ	י	ה	ב	ח	ר	ן	ה	ש	י	ק	מ	ר	ק	א
פ	ה	ת	מ	נ	ם	י	מ	ע	פ	ל	כ	ו	נ	ו	י	ו
ג	ב	ו	ח	ז	נ	ו	י	ב	ב	י	ב	ו	ב	ש	כ	ב
מ	ה	ף	א	ו	י	ב	ד	ל	ח	כ	י	נ	י	ר	ר	ק
ד	א	ח	צ	צ	ע	י	ת	ו	מ	י	י	ר	מ	ה	ט	י
ג	י	כ	ת	ד	כ	ר	ט	פ	ך	ת	י	ו	ס	ל	ת	י
צ	ג	פ	ש	ד	א	פ	י	ד	י	ו	י	ן	נ	פ	ת	ו
ל	ר	י	ן	ת	מ	ם	ו	ק	א	י	י	י	כ	ו	י	פ

בכיוון
קטלני
אהבה
קטין
טבעת
לפעמים
לייצר
ריקבון
תוף
היקפי
בבטן
בקול
לוח
אריה
בצל
עזבה
תשעה
כנס
מרכזית
באולם

Puzzle 192

ד	ז	ע	ו	ו	ו	ו	ר	ל	ו	כ	ר	ס	ן	מ	ד	ב
ו	מ	ו	ס	ו	פ	ה	ל	ו	ו	ר	ח	ו	ק	ף	ל	פ
ה	ח	צ	נ	ה	ש	ן	נ	ן	א	נ	מ	ל	ה	ר	ד	ק
ר	ע	ח	פ	ס	ד	ו	ב	כ	ב	א	מ	נ	י	ו	מ	י
ה	כ	ר	י	ס	ר	מ	ל	ת	א	ר	י	ו	ד	ט	ב	ש
פ	ל	א	נ	ב	מ	ד	ב	ב	א	ב	צ	ש	מ	מ	ו	ו
ר	י	י	ו	ו	י	ק	צ	ה	נ	ת	ש	מ	ב	ג	י	י
ו	ל	ש	ח	ו	צ	ב	ן	מ	ת	פ	ש	ו	ט	א	מ	א
ע	ך	ו	א	ר	ע	ב	ל	כ	נ	ת	ו	נ	י	ם	פ	ר
י	ד	נ	נ	י	ד	י	כ	ח	ס	ש	י	ו	ח	ש	ת	ג
מ	ב	א	ז	ב	ב	ף	ח	ג	מ	ק	ה	ו	ר	ע	ו	א
ן	מ	ב	י	ח	נ	ד	ו	נ	מ	ו	ת	ו	פ	ר	ו	ע
מ	ה	ר	י	א	ה	ל	ד	ל	ח	ר	ת	ם	ו	ב	י	ס
ל		ו	ו	י	ר	ד	ע	ה	מ	ת	ת	ו	נ	ש	ר	פ
ף	א	ש	כ	ת	ה	ן	ה	ל	ו	נ	ר	ת	ל	ו	מ	ו

לילך
נמלה
מטורף
אפשרות
קדמון
קיווי
משתנה
בכבוד
פרשנות
סיכום
נתונים
פשוט
סגול
אנושי
כלב
קשת
בצבעי
מבטיח
שצבא
קדרה

Puzzle 193

י	ד	ש	נ	ז	ר	ד	א	ל	ו	ד	נ	פ	מ	ו	ב	ד
ד	ר	מ	ה	ג	ד	פ	ה	ה	ה	ו	ב	ג	נ	ר	ו	מ
י	מ	נ	ה	פ	י	ל	ר	ת	פ	ש	פ	ם	ל	י	י	ח
ס	ר	ה	ך	ת	ר	ל	ה	י	א	מ	מ	ת	ה	ת	מ	ח
ל	ש	מ	ו	ע	ל	ת	ר	ר	ט	ה	ש	ק	פ	פ	ד	י
פ	א	י	י	פ	ח	ס	מ	ו	ד	א	ג	ת	ח	נ	ל	ל
ו	ס	מ	נ	ע	ל	י	נ	ע	ר	ב	ה	ר	י	י	ף	ע
ר	ה	ו	ו	ב	י	י	נ	ו	י	ס	ז	ו	ת	ר	ר	ר
א	פ	צ	ל	ט	ת	ו	ע	ל	ת	ו	ס	ב	מ	ת	ר	ו
ר	ח	ח	ו	ת	ו	כ	א	ה	ל	כ	ן	ד	ו	ר	י	ת
ז	ע	ו	ג	מ	י	ן	נ	נ	ר	ת	ל	ב	ס	י	ט	ה
ה	ה	ר	נ	ק	ל	ל	ו	י	ע	ה	ן	ע	ר	ח	י	א
ב	א	ל	ר	כ	כ	ם	ש	ב	מ	ה	ד	פ	ו	מ	י	י
י	נ	ר	ת	ו	ל	א	מ	ה	ע	ו	נ	ח	ח	ה	ב	ל
ד	כ	ה	ה	ו	ב	ז	ו	א	ס	ח	ר	א	ן	ל	פ	א

תועלת
גבוהה
שמנה
פסולת
שפת
טבע
נעלי
מודאגת
פנימי
זהב
דבורת
להתיר
להפחית
תרנגול
הרס
לשמוע
פגז
כלכליות
גיל
דג

Puzzle 194

שעברו
הראתה
מאמר
מידע
הבקבוק
לדון
להשתתף
ארגון
להעביר
התה
שונה
עייפות
מפוארת
מצטער
עמדה
הפתעה
סנפיר
מחדד
תפוח
מלאך

ה	ד	מ	ע	ש	ו	נ	ה	ו	ו	ר	א	ק	פ	ת	מ	מ
ע	ר	י	פ	נ	ס	ש	ל	פ	מ	ו	ת	ו	ל	ה	ל	פ
ת	ע	א	מ	י	פ	י	ם	מ	צ	ט	ע	ר	נ	ח	א	ן
פ	מ	ח	ת	מ	ו	י	א	י	ף	מ	ד	ד	ח	מ	ך	ל
ה	ר	ק	ר	ה	ע	מ	ת	ר	ס	ת	י	ה	ת	ל	ע	ד
ג	ש	כ	א	ל	ו	ג	ד	ר	ג	ר	מ	ל	פ	ו	ו	נ
ף	ן	ת	ו	פ	י	י	ע	פ	ג	ו	מ	ה	ו	ק	ס	י
ו	ב	פ	פ	מ	א	מ	ר	ה	ל	ר	ן	ע	ח	ם	ב	י
ה	ן	ב	מ	ה	ל	ר	ל	ת	א	ב	ל	ב	פ	ק	ג	ש
ת	מ	ת	ת	י	ר	ד	ר	ה	א	ע	ע	י	ו	נ	י	ל
א	ח	ו	מ	י	ו	ב	ו	ט	ב	ש	א	ר	ו	ו	ו	ל
ו	ר	ל	ה	ש	ת	ת	ף	ן	ה	ב	ק	ב	ו	ק	ח	א
י	ל	ו	ר	מ	ח	ה	פ	י	ת	ו	ר	ר	א	ר	ל	א
מ	כ	ו	ו	ם	מ	כ	מ	ר	ר	נ	ו	ר	ב	ח	ל	ב
ד	נ	ת	ג	ו	ר	מ	מ	י	ל	צ	ה	ה	ב	ו	נ	ת

Puzzle 195

א	ל	ה	א	ו	ל	ת	ן	ד	א	י	נ	ו	ו	מ	ן	ח
א	כ	ו	ע	ס	ג	ם	כ	ר	מ	ב	ט	ו	ע	ן	ל	מ
ו	א	ל	ז	ר	י	ח	ט	פ	י	ג	ב	פ	כ	ו	ר	ל
ת	א	כ	ג	ע	י	ר	מ	ן	ן	ו	י	ד	ק	צ	ל	פ
י	ו	י	ו	מ	ד	נ	י	א	י	ף	ה	ה	מ	ר	ל	ר
ע	ד	ם	ה	י	ל	נ	ף	י	ל	ב	ו	י	ה	מ	ש	ב
ס	ה	ל	י	ו	ל	ן	ש	ע	צ	י	ד	י	ל	ל	ר	ס
מ	ך	ו	נ	א	ד	י	י	ה	ק	ע	ת	נ	ך	ס	מ	ן
פ	ר	ל	ה	ס	ו	ו	ת	ו	ב	ק	פ	מ	א	פ	ש	ד
[illegible]	ר	ו	ר	י	ב	ב	ו	א	ם	מ	ג	ח	ר	ק	ר	ו
ש	נ	ש	י	ר	ר	מ	ש	ו	ו	ל	ר	ל	כ	ס	ך	ד
ט	י	ר	ב	ב	י	מ	י	ף	נ	ת	ר	ו	ת	ו	ע	ב
ו	ב	י	א	ת	ו	ר	ש	ד	א	י	ר	נ	ה	א	י	ו
ש	נ	ש	פ	ו	ן	א	כ	י	ת	ע	ד	ש	ו	ת	ו	ד
ף	ר	ג	ע	נ	י	ד	ג	י	י	ר	ה	נ	ף	ו	ע	י

אביר
כועס
מרצון
להסוות
טוען
הלך
אם
מהלך
בבירור
הולכים
משאב
לספק
גזע
אלה
לחמנייה
עשן
גרף
חלוקה
יתושי
דיון

Puzzle 196

מ	ה	ח	ו	ק	י	י	ש	מ	ל	ל	מ	ה	ר	ו	פ	ש
א	ר	ב	ש	א	נ	ס	ח	ד	פ	ל	ל	ר	ת	ש	א	ס
י	ג	ו	ו	ד	ה	מ	י	י	מ	ש	ס	כ	ג	ע	מ	ת
ן	י	מ	ל	ה	ק	י	י	ס	א	ן	ה	ד	י	ד	ת	
נ	ש	ב	ר	ו	ע	ה	ה	ק	ר	מ	ש	ה	מ	כ	א	ט
י	ו	פ	ק	י	א	מ	ש	א	ד	ד	ע	ת	ר	ע	מ	ד
ד	מ	ש	ג	ת	ו	ג	ב	מ	ע	ש	ת	ר	ח	ב	[illegible]	מ
י	ע	מ	ה	י	ת	ס	א	א	י	א	ב	מ	ד	א	ת	י
ו	י	ח	י	כ	פ	ם	י	ר	ג	ש	ב	ב	א	י	ל	ת
ע	כ	ן	ה	י	י	ל	ו	ל	י	י	ר	ו	ב	ש	ו	ת
ד	ו	ד	נ	ד	ל	צ	י	א	נ	ת	ל	ה	ו	ע	י	י
א	נ	ת	ר	מ	ו	ו	ב	ה	י	ר	ה	ן	מ	ד	ט	מ
ד	ר	ו	ם	ל	ד	ב	ג	ר	נ	ב	ע	ה	ה	ח	ו	ו
ו	י	ע	ב	ר	ג	ל	נ	ד	י	ח	ט	ו	ט	י	צ	י
פ	ר	ס	ח	ס	ה	י	ר	ר	ח	ב	ב	ה	ש	ן	א	מ

מערת
מבינה
ציטוט
חברתי
למד
יורדים
תושב
דרום
טיול
שגרים
שחייה
כמה
הגדול
ספינת
בוהן
העורב
הרגישו
היה
צל
יניח

Puzzle 197

ך	י	י	ו	ת	ב	ס	מ	ש	ב	ב	ן	ר	כ	י	מ	ף
ו	ו	כ	ב	ט	כ	ו	ק	ר	מ	ר	ו	י	ר	ך	ז	מ
ו	א	ק	מ	ב	ן	ף	ה	ס	מ	ל	ח	ת	י	ו	ח	א
ו	י	א	ע	ר	ש	ל	ד	כ	א	ס	צ	מ	ת	פ	ל	נ
י	ק	ד	י	ל	ב	ר	ן	ג	ת	ז	נ	א	י	ה	ת	ע
ן	ר	צ	ו	א	ו	מ	ב	ק	ר	מ	ף	א	ל	צ	ו	צ
י	ש	י	ף	ן	ס	מ	ע	ש	י	ו	ה	ם	י	י	ק	ל
פ	ל	ד	ש	ג	ן	ר	ר	ר	י	ו	מ	א	ל	ב	ר	מ
ר	ד	ר	י	ה	ק	י	ת	ש	ר	ת	ר	ר	ש	ג	נ	י
מ	ן	ו	ת	נ	ב	ו	ב	ז	ק	ו	ו	נ	ע	ר	ל	ו
ו	א	ו	מ	ח	ע	מ	ק	נ	ל	נ	א	ג	ב	י	א	מ
ס	ר	ה	ר	כ	מ	ד	ר	ה	ו	◌	ק	ת	ר	ר	י	נ
א	י	ל	ע	פ	י	מ	ו	ס	מ	ח	ד	ה	ק	ת	ה	ו
ר	נ	ט	י	א	מ	ד	י	מ	ד	א	ש	ע	ם	ח	ג	ת
ב	נ	ח	ס	צ	י	ו	ן	י	י	ל	ר	ל	א	ד	א	ר

בלי
אוצר
ביצה
קריירת
הפוך
מזחלת
רק
שתיקה
מיומנות
סוף
שלד
זבוב
חסת
לדכא
מהיר
לקיים
במסדרון
מעשי
נצחון
לשעבר

Puzzle 198

ט	ה	כ	מ	ד	ו	ג	י	נ	ב	ס	ח	פ	י	ס	פ	ן
ו	י	ה	כ	ד	א	נ	ח	ל	ח	ת	ו	ה	ד	מ	פ	ה
ש	ג	א	ו	ן	ב	ל	ה	ה	ו	ו	כ	א	מ	ל	ו	ל
ק	ר	צ	ת	א	ח	ד	א	א	ך	ת	ת	ר	ן	ד	ד	ט
ת	ט	ס	כ	י	ג	ב	י	ל	י	ע	פ	מ	ה	ל	ג	ו
ת	ר	ו	מ	י	ן	ר	ח	ע	ר	ר	י	ף	ר	פ	ר	ש
כ	י	ג	ש	ו	ב	מ	י	ה	כ	ס	ל	ל	ו	ו	ס	ו
ו	ר	י	ו	ל	ה	ע	ט	ו	ת	מ	ק	ה	ב	פ	כ	ו
נ	ד	י	ו	ש	כ	י	ה	נ	ח	ה	ג	ל	ת	ת	ד	פ
ת	ת	ת	ם	ה	ו	פ	ה	ר	מ	ו	ר	ב	ר	ס	ב	ת
ב	ח	ע	ר	כ	ת	ש	ה	ה	ו	ם	מ	ל	ק	ח	ו	ן
כ	ה	ה	י	ו	פ	מ	ל	ד	ל	א	ח	ט	ל	פ	ס	ח
ר	ה	ר	ו	ח	א	ב	ד	ן	ו	ה	ה	ו	י	ו	ע	ל
ה	ה	ל	י	מ	ו	נ	ד	ת	ח	נ	ר	א	י	ז	ת	ת
ו	ר	צ	ג	י	ש	ה	ש	ב	ר	ח	י	ח	ו	א	ש	ל

לבן
חפוז
סימן
מכה
העלאה
תכונת
מפעילי
גישה
כריך
סוגיית
להדגיש
לימונדת
הרכבת
אבן
מבנה
עט
בניגוד
שרפרף
אחורה
חיטה

Puzzle 199

מ	ת	ו	ל	ן	ת	ד	ס	ת	ו	י	ר	ל	ו	מ	פ	ה
מ	נ	ה	ל	ת	ר	ש	ו	א	מ	ד	ו	ד	ת	מ	י	ו
א	ה	ו	ר	ש	ק	ל	ח	ל	ח	ד	ג	ב	ו	ש	ו	ו
ה	ר	ב	י	ע	י	ן	ן	מ	ש	א	ר	ו	ר	ק	י	פ
ו	א	צ	ו	ד	ש	ו	ב	ל	ו	כ	ש	ג	מ	ל	ו	ו
ב	ב	מ	ת	ם	י	ר	ח	א	ל	ת	נ	ר	ח	א	ל	ד
ג	א	י	ה	ב	ש	ו	י	ה	ת	ר	מ	ע	ה	א	י	ר
ו	ע	ג	ם	ת	ה	ד	י	ב	ק	ש	ה	ו	א	ה	ד	פ
ה	ו	ו	ב	א	ר	ר	ש	מ	א	ל	ש	א	פ	ו	י	ל
ב	י	ק	ו	פ	י	ב	מ	י	ו	י	ת	ל	י	י	ש	א
א	ב	י	ו	ו	מ	צ	י	ס	א	נ	פ	א	ן	מ	ב	ו
ד	מ	פ	ר	ר	ן	ר	ד	ר	ע	י	מ	נ	ר	ו	ם	ע
ל	ח	פ	ס	נ	ע	מ	ק	ת	ו	ל	מ	ת	ו	י	ו	א
ו	ד	כ	ר	ל	מ	ל	ע	א	מ	ל	ג	ל	מ	ב	ו	ש
ל	ה	ג	ד	י	ר	ו	ו	ר	ל	נ	ו	ו	ה	נ	ל	ו

השישי
המאה
פלא
לאחרים
משקל
מנהל
לאחר
לתקן
אפור
קשה
חלק
בוגר
גבוה
הרביעי
לשכנע
לבוש
מאושרת
להגדיר
דודת
אביו

Puzzle 200

ש	ש	א	ד	ע	ו	נ	מ	ב	ו	ב	ת	פ	ו	נ	ו	ו
ב	ל	ם	ת	י	ט	כ	נ	ר	ו	ע	ס	י	נ	מ	י	ב
מ	י	ר	א	ם	ק	ל	ה	י	י	ו	ב	א	א	ו	ם	ק
ד	ן	ו	ת	י	ע	ב	ף	א	פ	ו	ר	ה	ת	צ	ד	ב
ה	ק	ר	ר	נ	י	ת	י	ו	נ	ב	ש	ב	ל	ל	ג	ד
ר	י	ה	י	ו	ה	ה	נ	ת	א	ג	ק	י	ל	ח	ה	ל
ר	ר	ה	כ	ג	ש	ל	ז	י	ו	ף	ם	ש	ר	ל	נ	ק
א	ו	ר	מ	ס	ח	ו	ש	ת	ב	ל	ו	ס	ע	ו	מ	ה
ש	ה	ט	צ	ס	ו	ו	ל	ר	ו	י	צ	ו	ן	ע	ד	מ
ע	ה	פ	ו	ה	ר	מ	ר	ת	ת	ת	ו	ז	ח	ל	ר	ש
ו	ק	◌	ת	ב	י	י	א	ש	ס	י	ח	ב	ל	צ	פ	ש
ת	ו	ת	ש	נ	ת	ק	י	ו	ל	ק	ן	ל	ו	ר	ה	מ
ד	ת	ו	ב	ב	ו	ש	ק	י	ם	ו	ל	ב	ש	א	ה	ד
ל	א	ר	מ	נ	ב	ו	ל	ת	ד	ן	ו	ט	ל	ש	ה	צ
ר	ו	ד	ד	ם	א	ח	פ	ו	ה	ן	ד	ו	פ	ן	נ	א

עטלף
קשוח
מנוע
יסעור
ערש
להחליק
שעות
תיקון
מוצלח
הססגוני
שולחן
השלטון
כיור
מנהג
בריאותי
לחזות
השחור
בעיתון
הרופא
הוריקן

Puzzle 201

ע	ך	ו	ל	י	א	נ	צ	ו	ר	ד	ו	ר	ם	ת	ר	ח
א	מ	ר	ק	ל	ו	י	ש	ו	ז	פ	ו	ח	ר	ו	ל	ם
ד	ח	ב	ב	י	ו	צ	ה	ו	י	א	ה	ו	ל	פ	ל	פ
י	ו	א	ל	ע	ו	ס	נ	מ	ד	ל	ב	ד	ו	מ	ר	י
ק	נ	ח	ק	נ	ו	ל	מ	נ	י	ש	ו	א	י	ם	נ	א
ר	ה	ר	ב	ח	ס	ה	ר	ו	ר	ק	ו	ב	ב	י	מ	ש
ת	פ	ו	ש	ו	ב	י	כ	ז	ל	ר	ה	כ	י	נ	ב	ק
כ	ה	ו	מ	ו	ו	כ	ג	ו	ע	ד	י	י	כ	ו	י	ש
ה	מ	ת	ת	ו	ן	ח	ן	י	כ	ס	צ	ק	ר	ו	פ	א
ם	י	ש	א	ן	ו	כ	ד	ב	י	ח	ק	ג	ל	כ	ה	ה
ט	כ	פ	מ	פ	ל	מ	ב	ת	א	ו	נ	ו	ו	ת	ר	א
ת	א	ש	ו	ם	מ	י	ח	ח	כ	·	ו	ם	ר	מ	ו	ד
ר	ט	פ	ן	ל	ס	ם	ו	נ	א	ש	פ	ו	ש	ה	מ	ח
י	ה	ל	ש	ש	י	ן	ג	ב	ש	ד	ד	ק	ע	ם	י	י
ס	ג	מ	א	מ	ס	ו	ד	ו	ר	ת	י	ת	ב	י	ב	ס

כאשר
סבון
חברה
נישואים
נמר
ידע
סביבתית
פלפלו
חכמים
סכין
שלה
מתכוונים
פרק
בבוקר
יקר
פונקציה
גזר
שבור
רופא
לקבל

Puzzle 202

קדימה
צינור
חזון
לשים
להחזיק
צנון
גבר
לחפוף
חזקים
לדיבורים
כבאי
חמוד
נפשי
כל
להפסיק
לפנות
במצב
מבחן
סוג
יריב

ת	ך	ג	ן	י	ב	א	ס	ת	ם	ם	ר	ו	מ	מ	ע	י
מ	ח	ב	ה	ו	ר	ע	מ	א	מ	י	ק	ח	י	ב	ו	ו
ר	נ	ר	י	ע	ו	נ	ר	ר	א	ר	ז	א	י	ח	ת	ע
נ	י	ה	י		י	פ	מ	ד	ו	ו	צ	נ	ו	ן	נ	מ
ח	ר	ת	ר	ל	ג	י	ו	י	ן	ב	א	א	ת	ע	ו	ו
י	י	ה	ו	ת	א	ל	ו	ו	מ	י	י	ע	ח	ס	ע	א
ד	ב	ע	ל	ה	פ	ס	י	ק	ם	ד	ר	ח	מ	נ	ד	י
ע	י	ב	מ	ו	ח	מ	א	ד	י	ל	ג	ף	ם	ד	פ	ת
ג	ח	ו	ת	ב	מ	צ	ב	י	ק	ר	ו	נ	י	צ	ע	י
פ	א	ל	פ	נ	ו	ת	כ	מ	ז	פ	ס	נ	ש	י	ה	א
ס	ז	ת	ת	ד	ד	ה	ל	ה	ח	ז	י	ק	ל	ת	ו	ו
י	ו	י	ת	ה	ד	◌	ש	ל	ה	ו	ש	נ	א	ה	ר	ה
פ	ה	ה	·	ד	ת	ל	י	ה	פ	א	פ	י	ל	נ	מ	ח
ן	ס	ו	ו	צ	ם	ו	ל	ל	ר	כ	נ	ו	ד	ה	ת	י
ס	ו	ק	ל	ש	ו	ד	א	א	ל	א	א	ו	א	ו	ב	ק

Puzzle 203

ת	י	ו	ל	ד	ו	ת	ו	ו	ת	ש	ו	ל	ק	ו	מ	ו
ל	ל	ו	ל	מ	ח	ו	ב	מ	ל	ח	ד	ת	ם	ס	א	ת
מ	ל	ו	ה	ו	ה	ח	א	ל	י	י	ס	ה	י	פ	מ	ו
נ	א	ו	י	ל	ג	ה	נ	ה	ק	ר	ב	י	ע	ה	י	פ
ה	ה	ל	א	ד	ר	י	י	ח	ש	ו	ל	ש	ו	מ	ן	ו
ב	נ	ו	נ	ר	ס	מ	י	ת	ב	ל	ר	ש	ש	ו	ק	פ
ת	ז	מ	כ	ט	ה	י	ר	א	ל	ע	ק	ו	ר	מ	י	ב
ב	ב	ת	ו	ן	ו	ר	ת	י	ר	ל	ב	מ	ף	י	ה	ו
מ	ל	ק	ן	י	ב	א	ח	פ	ש	ץ	מ	י	ס	ה	מ	מ
י	ל	ב	פ	ז	מ	מ	ל	י	ד	מ	ק	ש	ת	מ		י
י	כ	ו	ח	ג	צ	י	צ	מ	ל	א	ו	ו	ה	ו	ד	ד
י	י	ת	ד	מ	ק	נ	ה	ו	ו	מ	י	ם	א	א	צ	נ
ו	ף	ש	ו	ח	ל	י	פ	ר	ה	מ	ו	ח	ג	ה	ן	י
ה	מ	מ	ז	כ	י	ר	נ	ת	י	א	ב	ח	ח	ח	י	ת
מ	ל	ח	ע	מ	ו	מ	ו	ר	מ	ן	ס	ת	ו	ה	י	ל

ידנית
מגזין
יתרון
קו
חושף
גרסה
מאמץ
ירד
ארץ
נטו
מאמין
הנהג
המומיה
בלבב
שימוש
חמש
הצלחת
לעקור
האומה
מזכיר

Puzzle 204

ה	י	פ	ע	ו	ל	ה	ו	ד	ו	ת	ט	ם	ע	א	ה	ד
מ	ק	מ	ע	נ	ל	ט	י	ף	ה	ג	נ	ת	מ	ט	ה	ת
ש	ר	כ	ט	מ	ב	ר	ק	ס	מ	ה	פ	י	ר	ו	ס	ם
ו	י	ב	א	מ	פ	י	א	כ	י	ל	י	ק	ט	מ	א	ת
ל	ם	י	י	נ	י	ע	ם	ל	מ	ו	ח	ע	ת	י	ה	ב
ש	י	ז	ב	ד	ן	ו	פ	ה	ר	ח	ד	ו	מ	פ	א	ב
ו	ח	ר	מ	ר	ל	ר	ר	ת	נ	כ	ו	ד	ל	ב	ג	צ
ש	י	ל	י	ר	ג	ע	ח	פ	ו	ה	ו	מ	פ	מ	ת	ו
ת	נ	ח	י	ו	ל	א	ו	ר	ח	ב	ו	ם	ה	ד	ו	ר
ן	מ	א	מ	ס	ח	ר	ן	ץ	ו	מ	י	ג	א	ז	ט	ת
ד	ק	א	מ	ל	ח	ב	ן	ן	ת	ה	מ	א	פ	ת	ר	מ
ה	ח	◌	ת	ק	ה	ל	ל	א	ק	ד	מ	י	ש	פ	א	א
מ	ב	נ	י	א	ו	ם	◌	ג	ו	ו	ש	ד	ר	ת	ה	י
י	ה	ך	י	ש	מ	ס	ר	ב	י	צ	ה	כ	ו	ה	ס	ל
ב	ד	י	ו	י	ה	ל	ע	ל	ם	ו	י	ל	ת	ר	ד	ם

עיניים
ענבים
אמן
רגע
להתפרץ
אקדמי
יקרים
להודות
נוחות
כסף
האפשרות
דיבר
סחר
חמלה
המשולש
בצורת
אכיל
מניחים
הגנת
הכחול

Puzzle 205

ה	י	ם	ן	י	ב	ר	ג	ט	ע	ר	ה	ס	ד	ש	י	ל
נ	מ	ק	צ	נ	י	ג	מ	מ	מ	א	י	פ	ו	ת	ה	ש
ו	ס	י	ס	ב	ר	פ	ט	ו	צ	ח	ת	ו	ל	ל	ט	ו
ז	ב	ר	י	ב	ר	ד	ע	ת	ב	ו	ק	ט	ה	י	ע	נ
ל	כ	ש	ו	ט	ח	מ	י	מ	א	ו	ר	ז	ת	נ	ק	ג
פ	ל	נ	ו	ו	ו	י	מ	צ	י	ו	ש	ר	ח	ע	א	ע
ד	ל	ר	נ	ד	א	ש	י	ת	ל	י	ל	ד	י	ה	ו	ס
ב	ה	פ	ב	ו	מ	ו	ם	י	מ	ד	ה	י	ל	י	ד	פ
ו	ת	נ	כ	פ	מ	נ	ו	י	ו	מ	ו	י	ה	ח	ת	י
ח	ש	נ	ו	ל	ו	ל	ו	ת	י	ת	ל	ת	ל	ש	י	מ
פ	ע	ו	ח	ו	י	מ	מ	ם	י	נ	ס	ע	ו	ו	א	ק
ו	נ	ד	ס	י	ח	ת	ג	ו	ה	ע	ה	ד	ו	ת	ב	ו
ת	ש	ש	מ	ו	ר	מ	י	ב	א	ת	ת	·	כ	נ	ש	א
ן	ו	י	ס	י	נ	פ	ב	מ	ע	ה	ת	נ	ו	ת	י	ל
ו	ק	א	פ	נ	ק	ר	כ	נ	ם	י	א	מ	מ	ת	מ	ו

שנעשתה
בכלל
גרבי
יש
להתחיל
מאוחר
ניסיון
דתי
ילדי
אורזת
הנוזל
טעימים
גרב
מגיב
חתול
טמפרטורה
בסיס
מצב
טופס
בנו

Puzzle 206

א	ל	י	ת	ן	י	ש	ל	י	מ	ל	ל	י	ם	ה	נ	ל
י	ח	ת	ל	ר	י	ק	מ	א	ו	כ	ז	ב	ו	ת	א	ת
פ	ו	ב	י	ו	נ	ו	ש	י	נ	ל	ב	ר	י	ו	ם	ב
ו	ת	ד	ל	ו	כ	פ	ן	י	ס	ס	ה	ו	א	ד	ג	י
ר	ת	נ	ח	ק	מ	י	ו	ו	ן	א	ע	ח	ו	ל	ו	ח
ן	ד	י	ד	ה	ט	ו	ר	ק	י	ה	י	ש	ז	י	ף	ד
ס	מ	ק	ה	י	ל	ת	נ	ו	ה	מ	מ	ו	ו	ה	ת	א
ע	ל	ת	ש	י	מ	ח	י	נ	א	ק	ד	ר	א	ש	ו	ו
י	ת	ו	ל	ע	צ	מ	א	י	ר	ג	מ	ב	כ	ת	נ	ד
ת	י	כ	פ	פ	י	פ	י	פ	ו	ד	ה	ח	ד	נ	ו	א
ס	ג	ה	ס	ו	צ	פ	ד	ל	ו	ל	ש	ש	י	ל	ח	ה
ה	ח	ו	ר	מ	ו	ה	י	ס	ס	ר	י	ק	ו	ר	ר	מ
ס	ן	ח	ו	ה	ב	ב	מ	ן	ן	פ	ר	ר	י	ש	ע	פ
ו	ד	ע	מ	ב	צ	י	י	ת	י	ן	ו	ש	מ	י	ה	ל
ד	ן	כ	ח	י	ר	ן	ו	מ	א	ש	ד	י	ל	ל	ת	י

שקופיות
עלות
קרפדה
המדמיעה
פינוק
ילדות
איפור
חור
ספל
דחליל
קהילת
ירידת
טורקיה
אמון
לחות
עצמאי
הורה
איום
שזיף
מאוכזבות

Puzzle 207

א	א	מ	ק	נ	ה	ו	ו	ן	ת	א	נ	ש	א	ר	ת	ס
ו	מ	ז	ר	ד	ג	ה	ב	י	ח	ק	פ	ו	ס	א	ת	ס
ל	י	י	י	ן	ל	מ	ת	נ	ה	מ	י	ל	י	ד	י	ה
ד	ו	ן	ז	ב	ו	כ	י	ת	ל	ח	מ	ח	מ	ם	ל	נ
ה	צ	ו	ר	מ	ל	מ	ר	י	ק	ר	כ	מ	מ	ה	ג	ח
מ	א	ר	י	ש	ה	ו	ד	נ	ר	ה	ל	פ	נ	ת	נ	י
י	ס	כ	ו	י	ק	ד	ו	נ	ו	נ	ח	ו	ל	מ	א	ו
ו	ט	י	מ	ן	י	ב	צ	ו	ת	ד	כ	ה	פ	ר	ג	ת
י	ר	ז	י	צ	ג	ב	מ	כ	ה	ח	ל	ו	מ	פ	ר	כ
ח	ט	י	ל	ל	ס	ע	ר	ל	י	ת	צ	ר	י	ב	ב	ש
מ	ג	פ	י	ל	א	ש	י	י	צ	א	ו	נ	◌	ד	מ	ה
ש	י	ש	ל	ו	ש	י	ם	ל	ב	ר	ד	ד	י	ו	ט	ל
ה	ה	ג	ה	ו	ו	ם	י	ק	י	ק	ל	ח	ה	י	ו	ד
כ	מ	מ	פ	ל	ר	ל	ש	ש	י	ו	מ	ו	פ	ל	מ	ל
ח	י	נ	ס	מ	ב	ב	ר	ת	י	א	מ	ר	ר	ר	ה	מ

שנאת
אסטרטגיה
החלקיקים
אנגלית
הנחיות
זכוכית
התרוקן
קמח
אדם
הגלולה
ילידי
שלושים
מתנה
קנה
לכוננית
מפחד
לקרות
זיכרון
הנוכחיים
מרוצה

Puzzle 208

ל	ו	י	ב	ו	ח	מ	פ	נ	פ	ת	ו	ת	נ	כ	ר	ש
ה	נ	א	נ	ש	י	ם	ו	ו	ן	י	מ	ה	ב	ם	נ	ו
ת	י	ר	ק	ו	ב	פ	ר	ר	ב	י	ע	ש	ו	י	א	ר
נ	ה	מ	ם	ו	ו	ר	ת	א	מ	ו	ו	פ	ת	מ	ו	ד
ו	ו	ה	י	י	ר	ג	ה	י	ל	ע	ב	נ	ק	ע	מ	ו
ע	ל	פ	ו	ע	י	ב	ש	י	כ	א	ו	נ	מ	פ	צ	ש
ע	ל	י	ח	ת	ה	י	ן	י	י	מ	ד	ל	ע	נ	ו	פ
ק	ע	ס	י	ז	ב	נ	כ	ע	ש	ה	ל	ב	ת	ק	ס	מ
מ	ז	ס	ו	צ	ל	ת	ו	ק	ם	ל	ו	ל	י	י	ל	ב
י	ו	א	ד	מ	ח	ר	ו	ה	פ	ד	נ	ע	ו	מ	ו	ל
ה	נ	ב	ו	מ	ט	פ	ו	ש	ת	ו	·	ן	ב	ו	ו	ה
נ	ו	מ	ס	ע	י	ו	ה	ה	כ	פ	ק	ב	ל	ק	ת	ו
צ	ת	כ	ל	א	ש	ה	י	ה	ן	ר	ב	ו	מ	מ	ר	ב
ר	י	ל	ם	ה	ו	ע	ר	ר	ה	י	צ	ל	ו	ג	ר	י
ר	ו	פ	י	מ	ג	ר	ג	ו	מ	ם	ת	א	ר	ו	ע	ל

פסיון
חיבור
עשוי
שופט
מקומי
לדמיין
וניהול
בהיר
הם
שניתנו
להוביל
להתנועע
רקוב
מוכנה
פעמים
גבינת
נוראי
עבודת
רגולציה
אנשים

Puzzle 209

כ	ו	ק	ר	ד	מ	כ	ן	ב	ו	ח	ו	י	ת	מ	נ	א
ר	ל	ר	ה	ו	ה	ד	א	ח	ש	ת	ו	ל	י	נ	א	ל
א	י	י	מ	מ	א	ל	נ	ה	נ	ו	צ	ט	ב	י	ו	ו
ד	י	א	ח	ד	ה	מ	י	ת	ו	נ	פ	ג	ו	ש	מ	ש
ו	ס	ה	כ	מ	א	ח	ח	ך	ם	ת	א	מ	מ	ו	ל	ל
י	ה	פ	ה	נ	ה	ב	כ	ו	י	ל	ו	נ	ו	ת	ד	ד
ס	מ	ל	ה	י	ה	ר	ו	ר	ב	ב	י	ל	ה	ב	י	י
ל	מ	י	ם	ו	ת	ת	נ	כ	ה	ק	נ	ע	פ	ן	ו	ד
ק	ס	ח	ה	ת	י	ה	ה	ם	ו	י	ז	ר	ו	ר	ש	כ
ר	ב	א	פ	ש	י	פ	ו	פ	א	ו	מ	ו	ע	ר	פ	ב
י	ת	ל	י	ש	ח	ב	י	א	ס	ת	י	ב	י	ט	ק	א
א	א	ת	פ	ר	ס	י	ג	ב	ד	ר	נ	י	·	פ	ו	פ
ת	א	ו	כ	ל	ו	ס	י	י	ה	ת	ה	ש	ס	ש	ר	נ
ה	ו	ת	ר	י	ת	ו	ח	ד	ב	ל	י	פ	א	מ	י	ו
מ	ח	י	מ	◌	ג	מ	י	ו	ה	ת	ש	נ	י	ל	ה	י

הליך
אוהבים
לקריאת
זמינה
וילונות
ירוק
משפט
מחפש
אקטיבית
אוכלוסייה
דומדמניות
קריאה
התייחס
סבתא
שמש
ברור
בילה
לבשל
חתונת
הנוכחי

Puzzle 210

ח	ו	ו	מ	מ	ר	ה	ב	ר	ה	א	ד	ד	ר	ד	ו	ד
ט	י	ב	ו	ר	ל	ת	ד	מ	ת	מ	ל	ה	ח	י	ל	ר
	ש	ם	ת	ח	ס	ו	ב	ו	ט	ו	א	ר	פ	ר	ב	ר
כ	י	מ	ה	נ	ר	צ	ם	ח	ה	נ	ג	ו	ת	ט	ה	ם
ג	כ	ש	ת	ל	ו	א	מ	ג	ו	ע	ל	כ	מ	ב	מ	ת
ו	נ	ו	ג	י	ד	ה	ו	ד	א	מ	ל	ו	ו	ל	ח	ה
ה	ר	פ	א	מ	כ	ה	מ	מ	ב	נ	ו	י	ע	מ	ב	ו
ש	י	נ	י	י	ם	ד	ש	ו	ד	א	ו	ת	י	ה	ר	ל
י	י	א	ט	ס	ר	צ	פ	ל	ל	ר	י	ח	ד	ה	י	ב
מ	ת	ר	י	ז	ג	ס	א	ר	ם	ו	י	מ	ל	מ	ם	א
ק	ו	מ	ע	מ	א	ה	ל	ו	ת	ן	י	א	ס	ת	י	ס
מ	פ	ר	ש	ד	פ	י	ר	פ	ק	ה	ת	ו	י	מ	ל	ם
ת	ש	א	כ	י	ר	ו	י	ל	ת	ק	ש	ר	א	ת	ר	ב
ט	י	א	מ	ב	ע	ס	ר	ק	י	י	ע	ג	ו	ד	נ	ר
ב	ת	ו	ך	ז	ת	י	ר	ח	ס	מ	ו	ח	י	ל	מ	ת

אוטובוס
בתוך
התוצאה
מסחרית
עמוק
הרבה
חברים
שפות
פרא
יחד
מורכבת
עלייה
באסם
מסמר
שיניים
כדורסל
זירת
להחיל
לתקשר
מתמדת

Puzzle 211

ל	י	ד	ת	ע	ל	ח	ב	ג	א	ו	ק	ל	ו	ג	ר	ד
ה	ש	ם	ד	י	ו	ת	ל	י	ר	י	י	נ	ו	ל	ם	ט
י	ש	ח	י	ב	מ	כ	צ	ל	ג	ש	ת	ק	פ	ס	א	ו
כ	ן	ג	ה	ו	ת	פ	מ	י	ת	ו	ר	ה	ב	י	נ	ה
ל	ר	ח	ר	י	ל	ק	ו	ו	א	מ	נ	א	פ	ו	ו	ל
נ	ם	ת	ג	ח	ז	ש	ח	ן	ג	י	צ	ה	א	ע	ר	ע
ר	ל	מ	ו	א	צ	פ	ת	א	ו	ש	י	ה	ר	נ	י	ס
ס	ת	נ	א	מ	י	ך	ד	ק	נ	ג	ר	מ	מ	ס	ו	ן
ל	ד	פ	י	ע	ו	ד	ט	מ	ג	ש	ח	ד	נ	ב	נ	ו
ל	ך	ג	מ	ן	מ	ש	פ	ח	ל	ל	א	ו	ל	ב	ב	י
ד	מ	ש	כ	ע	י	י	פ	י	י	נ	ר	ה	◌	ה	ה	ש
י	ת	ה	ב	מ	ת	ו	ו	ר	ו	י	נ	ם	פ	ר	ש	נ
ת	ג	י	ו	מ	ת	נ	מ	י	ת	ח	ב	כ	ח	ר	ל	פ
י	מ	א	ו	צ	נ	ה	ב	ה	נ	א	ת	כ	פ	מ	ו	ח
ד	פ	י	א	ר	א	ח	ד	ר	י	ן	ט	ר	ב	ה	ם	ד

נרתיק
דרג
אתגר
גיליון
נפגשה
נייר
חם
צלב
לחפש
חיובי
נשר
ואספקת
בתמורת
שימושי
להוט
שפך
ארנבת
הבינה
אוגר
חובה

Puzzle 212

כתובת
גברי
ופלפל
אף
חוסם
בחירת
קן
רוב
חמאת
תוצאת
יצוא
יחסים
די
במקום
צהרי
הביא
טורקי
נוסחה
דודו
עסקה

ב	ל	ה	ר	ו	ו	מ	ב	ח	ש	נ	ס	ג	מ	נ	נ	ן
ל	ד	ב	ק	ד	ש	נ	ה	ר	ה	ב	ת	ג	ד	ת	ו	ע
ב	ע	ל	ח	ל	ה	ת	מ	ו	ד	ם	ן	ק	ד	א	ס	י
ם	י	ש	ל	ב	ל	א	ה	פ	ש	ו	ח	מ	א	ת	ח	ס
ג	ב	ר	י	ט	ע	צ	ט	י	ו	ל	ע	ף	ו	צ	ה	י
ד	ס	א	ד	ו	ד	ו	מ	ה	ח	ו	ל	ב	צ	ן	ו	ן
ו	ל	ק	מ	ה	ר	ת	ה	י	ק	י	ח	ס	י	ם	ל	כ
·	ן	י	א	ק	ר	ב	ע	פ	ע	ש	ת	א	ר	ל	ס	פ
י	ד	י	י	ס	ר	ו	ל	י	י	ת	ע	מ	ה	ב	ו	ר
ע	ה	י	ל	ע	ו	ת	ו	ו	י	מ	ו	ס	צ	ו	ב	מ
ר	ה	י	ח	ד	ה	כ	מ	ח	י	ת	פ	ב	כ	ח	ב	ח
ו	מ	ב	ע	ו	מ	ו	ל	ת	נ	ר	ה	ע	מ	ל	כ	ו
ת	ר	י	ח	ב	א	ר	ר	מ	מ	מ	א	מ	א	ר	י	ס
י	ח	ה	ו	ר	ו	ו	ל	פ	ל	פ	ו	ב	מ	ק	ו	ם
א	ש	ל	ף	ו	ב	מ	מ	כ	ו	א	פ	כ	ן	ד	ה	ל

Puzzle 213

כ	ר	ה	ת	י	ר	א	ש	ב	י	ח	ס	ע	ו	ו	ב	י
ל	ה	ו	ד	ב	ב	ד	מ	ך	ת	נ	ה	מ	ד	ל	ו	ק
ת	ע	י	י	ו	ו	ד	ה	נ	י	ל	ח	ר	מ	מ	ח	מ
ר	נ	ש	ל	נ	ב	א	פ	ב	ש	י	ו	ו	פ	ו	ה	מ
ם	ק	נ	מ	ר	ל	י	פ	ט	מ	י	י	י	נ	י	ל	ג
מ	י	י	נ	ח	ה	ו	ח	ג	א	ה	פ	מ	ת	ר	ת	א
י	ת	ו	ו	ס	ל	ש	ב	ר	ח	ו	ס	ד	ו	ת	ה	ו
ר	ר	ד	ת	י	א	ו	ט	ל	ש	ל	ה	ם	א	ש	נ	ו
י	ב	נ	ס	ו	מ	ח	ר	ש	ש	פ	ח	ו	ל	ס	ג	א
ר	י	ן	ת	י	צ	ו	כ	ה	מ	ר	י	צ	י	ת	ע	פ
א	ש	ה	א	ר	ו	פ	ש	י	צ	ת	ש	ע	מ	ר	ן	ב
ן	ר	ו	ר	ה	ף	ר	מ	ח	ש	ב	ו	ן	ו	ד	ס	[illegible]
פ	ד	ק	ל	י	פ	י	ם	כ	י	ת	ה	א	א	מ	ג	א
נ	צ	נ	ל	מ	ע	ט	ם	ע	ר	מ	ס	ש	ת	כ	ע	ש
ת	ד	כ	ם	ע	פ	ת	ר	ג	י	ל	ם	ש	פ	ג	ת	ו

שארית
נסיעות
סל
קליפים
שני
תרגיל
עצום
לשלהם
פריט
מחשבון
ענקית
כיתה
שיחה
שש
למעט
חמוס
פתאומי
צוף
למנות
במדבר

Puzzle 214

ה	מ	ו	ש	ג	ה	ו	מ	ה	ן	י	ט	א	ו	ן	פ	ר
ת	ל	ו	ע	נ	כ	כ	ב	פ	י	ו	א	ו	ר	ש	ו	ט
ב	י	ו	ב	א	ע	ל	ק	ס	א	מ	א	ו	ב	ע	ת	ו
ט	ו	ת	ה	ם	ר	פ	ד	ג	ל	ס	י	י	כ	ר	ה	ב
ח	ד	נ	ת	ו	ף	ו	מ	ה	נ	ג	ע	י	ה	מ	א	ו
י	ה	ח	ד	ו	ב	ש	פ	ר	ן	י	צ	ו	מ	ו	ש	מ
ק	ף	ם	פ	ו	ו	ד	י	מ	ב	נ	ל	ת	ח	נ	א	ש
ב	י	נ	ע	י	ג	מ	ד	ו	ש	ך	ו	ה	ע	י	מ	י
י	ו	מ	ס	ו	כ	נ	ו	ת	ו	ד	ד	ד	י	ג	ר	ט
ר	י	ה	צ	ה	ל	ר	ר	ע	ר	י	ג	י	א	ד	ס	ו
ר	א	י	ו	ח	ז	ב	ש	מ	ה	ת	י	ט	י	ל	ו	פ
מ	ת	ד	ד	ו	ו	ך	ש	ר	י	ן	מ	י	ו	ו	ו	ס
ר	צ	י	ע	ט	ט	ו	כ	א	ב	ש	ו	ו	ס	ה	ה	ש
ג	ו	ם	ת	ב	ה	ה	ר	ח	ו	ן	י	ד	ל	ו	ה	ק
מ	ג	ג	א	ר	י	ת	י	ר	י	פ	ש	ג	ג	ע	ה	ה

הפסגה
משב
גדול
ארית
בטוחה
רטוב
להצהיר
טרגי
מגיע
בשורה
שביעי
שפירית
הולך
מסוכנות
הגשומה
ערמוני
לדין
דור
זועם
פוליטית

Puzzle 215

ח	צ	א	י	ת	א	י	ש	י	א	מ	ת	ב	פ	מ	ל	צ
ת	ה	ה	פ	ר	ו	י	ב	י	ש	י	ק	י	צ	ו	ר	ל
פ	ד	מ	ר	מ	ס	ב	ו	ע	ח	ל	ו	ח	ו	י	ו	ע
נ	ת	ר	ס	י	א	ב	ג	ו	ש	ו	נ	ש	כ	ת	פ	ר
פ	מ	י	ר	ת	ו	ג	ר	ץ	ד	י	ש	ה	ם	ד	כ	ו
פ	ה	ו	ה	צ	נ	י	ת	ו	ח	ב	מ	כ	נ	ש	ו	ו
נ	מ	ג	מ	ג	ו	נ	ד	ר	ל	נ	ו	ן	ו	מ	ש	ו
ה	י	ל	א	ל	מ	ה	ו	ב	ע	ו	י	י	ע	ל	ן	א
ו	ד	ן	ב	ז	י	נ	נ	ח	ו	ל	ס	ל	א	מ	ק	נ
א	ו	ש	ה	ו	ח	ו	ר	י	נ	צ	ן	ת	ו	ט	פ	א
י	ב	י	א	ל	כ	ר	פ	י	פ	א	ר	ק	ב	נ	ם	ט
ר	ו	·	י	פ	ס	ח	ח	צ	ו	כ	ק	ט	ל	מ	ס	א
מ	ו	ב	ח	ד	ל	א	ל	י	א	ס	ת	ד	א	נ	א	ת
מ	א	נ	ר	פ	ד	ל	ל	ו	ש	י	כ	ם	כ	ת	צ	ד
ט	נ	ר	נ	ו	ו	ם	ה	ל	ו	ג	ס	ו	נ	ת	ק	מ

צריכה
בוגרת
קרן
מילוי
אישי
לאחרונה
תרמית
הזמנת
חצאית
קיצור
אופנוע
לאתר
ייעוץ
בגינה
ניתוח
חדש
לבוא
לסלוח
סגולה
כפור

Puzzle 216

ל	ח	ח	מ	ב	ה	י	ש	ב	א	ך	ב	מ	ן	א	י	ד
כ	ו	ח	ב	ו	ג	ר	י	ם	ש	ט	נ	צ	ק	ד	מ	ע
ת	ס	כ	ב	ל	י	ע	א	מ	נ	ו	ת	פ	ר	ל	ש	ד
ה	ר	מ	א	ר	ל	ה	ק	נ	ב	ב	ו	י	י	ת	ה	ח
ב	ו	ה	ו	ת	ל	ו	ש	ח	ו	י	ר	ן	ט	ע	ש	פ
י	צ	פ	א	י	ד	ת	ש	ת	ד	ש	צ	ש	י	ר	ד	ה
א	ב	ו	ש	ח	ט	ן	נ	ל	ת	י	ב	א	ר	ו	י	ע
צ	ר	ס	ע	ת	ל	מ	מ	מ	א	מ	מ	ל	נ	ת	נ	ו
א	ק	צ	ר	ה	מ	ז	ה	כ	ל	נ	ו	ה	ח	ן	י	צ
ב	ת	ן	ר	ל	ע	פ	א	ר	א	ת	ב	ן	י	ו	מ	מ
נ	ח	א	ח	מ	ה	ל	ס	ה	ק	מ	ש	ת	י	ד	ו	ת
ס	ו	ש	ת	ש	א	ת	מ	מ	ק	ן	ב	ל	צ	ח	ה	ר
ת	ן	ו	מ	ה	ו	י	ו	מ	ו	ש	א	ר	ה	ס	ו	ס
ש	י	ר	ס	ם	י	ו	ן	ו	פ	ק	ן	ו	י	ו	א	ה
ד	כ	ת	ש	ט	ת	ת	ע	ט	מ	ד	ע	ח	ם	י	ת	נ

חכמה
השמלה
פשע
בוגרים
עש
הפחד
הוא
לרתיחת
נתנו
העוצמת
שאלה
קריטי
להראות
צרה
בצרות
טוב
מכרה
חוסר
אמנות
האם

Puzzle 217

י	א	נ	ו	כ	מ	ת	ו	י	ר	ט	פ	ך	ק	כ	ע	ב
ו	ח	ו	ב	ג	ו	ת	מ	ש	א	ל	ו	ע	צ	ו	ס	ר
ש	ו	נ	י	ם	ת	ה	ש	ת	נ	ר	ף	ב	ת	ע	ק	ו
ב	ב	ד	ל	ג	ס	א	ו	ב	מ	ה	ר	ד	ן	ס	נ	ב
מ	ו	ה	ר	ך	ת	ר	ו	ן	פ	א	ן	ר	ו	י	ו	י
ר	ח	א	ו	ר	א	צ	ס	ד	י	א	א	ה	ש	ם	נ	ת
צ	י	י	ל	כ	ו	ק	ר	י	ר	ע	י	י	ד	ב	ר	ר
ו	ר	א	ה	ה	ח	ת	י	ו	ק	פ	ל	כ	ו	ן	ח	נ
מ	ר	ן	ל	פ	ו	א	ר	ש	ת	ו	י	ו	י	ף	ד	ן
ש	ו	ק	ל	י	ם	כ	ה	פ	נ	א	נ	ל	ר	ר	ג	מ
מ	י	מ	ט	ץ	י	ל	ו	מ	ו	פ	ס	ח	י	י	נ	מ
ו	ר	ל	פ	נ	כ	ת	ב	ף	ו	ח	ת	ו	ב	ק	ע	ב
ל	ו	ה	ס	י	ח	ר	כ	ו	ו	י	כ	י	ך	מ	ד	ב
ן	י	א	י	ן	ז	ב	ן	ו	ר	ס	ל	ו	א	ס	ד	ב
ר	מ	א	ו	ל	מ	ל	ה	י	ב	ש	ה	ח	ו	ר	ב	ו

עסק
פטריות
סקירה
שונים
כועסים
כרובית
אשמתו
לטפס
ברזל
אין
קצת
פותחן
שוקלים
בעקבות
יכול
מכונאי
חוף
גידור
מוצר
להפיץ

Puzzle 218

י	פ	ל	ו	ב	ג	מ	צ	ל	ב	ר	מ	מ	ג	ו	ר	ב
מ	ת	נ	ב	מ	ר	א	נ	נ	ח	א	א	א	א	פ	ע	ה
ל	ק	ע	ג	ה	י	ח	ר	ו	ו	ב	ח	ד	ו	ס	ה	ו
א	ח	ד	ף	ם	ק	פ	ו	מ	ר	ן	ם	א	ס	ח	ה	ר
א	ב	י	נ	ל	נ	א	י	י	ז	ו	ר	י	י	נ	ר	א
י	ו	ע	פ	מ	ג	מ	י	ח	ר	פ	נ	י	מ	י	י	ם
ן	ו	ל	ה	י	מ	ב	ח	ת	ת	ר	ת	ו	כ	ר	ר	ב
ק	ת	ו	ן	ו	ז	מ	פ	ת	א	ו	ם	ב	י	פ	י	ל
ו	ק	י	ו	י	ל	פ	ו	ט	י	י	נ	ס	ב	ס	ש	ש
מ	ב	ט	מ	י	ו	ו	ה	נ	ה	ע	י	ר	ו	מ	ע	ע
פ	ש	מ	ג	ב	ת	י	ב	ח	ת	ל	ו	ח	ה	ע	ה	מ
ד	ש	י	י	ה	י	ג	י	ה	ג	ר	ד	מ	ו	ת	מ	י
ק	י	נ	מ	פ	ע	ו	ב	כ	י	ח	ח	ו	ק	ד	י	צ
נ	נ	י	ר	ח	ו	ת	ר	ם	ה	ר	א	ח	ק	ל	ל	י
א	ר	ן	ע	פ	ג	א	ו	י	ו	ו	ת	י	נ	א	נ	נ

מבט
גבול
איריס
פתק
כתיב
מספר
ומחר
רכיבה
בחור
העשירי
העיר
פנימיים
ברורים
כותרת
עגבניות
ציד
לקח
ויטמיני
מזון
פתאום

Puzzle 219

ת	נ	נ	ע	ת	ר	ד	ס	ד	ק	ק	ו	ל	מ	ש	מ	ח
ו	ע	ו	ם	ו	ו	ח	ן	ן	פ	י	ל	ה	ב	ו	י	ל
מ	ו	ר	ט	י	פ	ו	ו	ל	ע	ה	ו	י	צ	ל	נ	ו
ח	א	ש	ו	ר	פ	י	ר	ש	ו	ת	ע	ב	ע	ו	ם	ו
ת	ם	פ	פ	ב	ת	מ	א	ת	ש	ת	מ	נ	ב	ג	ד	י
ת	ש	א	ו	ל	ת	ב	א	ה	ת	צ	ן	ס	ב	ל	ו	ו
ר	ב	מ	פ	א	ד	ו	ל	ו	ן	מ	ו	ו	ע	ן	ס	ה
ל	ע	מ	י	ב	ר	ד	י	ל	ה	ש	ו	ו	ת	י	ת	פ
ר	מ	ר	ה	ע	ק	ש	ה	א	נ	ש	ח	ו	ו	פ	ר	ר
ו	ל	ם	כ	ד	ן	ר	ת	ה	ר	מ	ו	ו	ס	ד	ק	ע
ם	ד	נ	י	ח	ב	ח	ן	ת	א	ר	ג	ו	ם	א	ט	י
ב	א	ת	מ	ו	מ	ש	ה	ח	י	י	ל	י	ט	ג	ו	ו
ב	ש	ף	ת	ת	נ	נ	ו	ד	ק	מ	א	נ	ח	ב	נ	ן
ס	ע	ל	ר	ה	א	ו	ו	מ	נ	ו	ע	ל	ו	מ	י	ד
ו	ב	י	ו	ד	ו	ק	ב	ט	י	ש	כ	ה	ת	א	ו	ג

סדרת
בגדי
השקעה
ובמיוחד
חושש
היפופוטם
שבע
רופפת
חייל
שמח
ארון
תערובת
מבצע
להיכנס
שמר
תמיכה
ראיות
רעיון
מאפשר
להשוות

Puzzle 220

ירקות
כואב
מטרה
שנקראת
צנועה
וחול
התבוננות
ממשל
מרובע
תמיד
בעמדת
הצהריים
דבורה
מסולסלת
לתת
ענקי
מילת
מצחיק
להתבונן
קרנף

ל	צ	ו	י	ק	י	ח	צ	מ	ל	ה	ז	ב	ח	ת	ו	ו
ה	צ	ה	ר	י	י	ם	ה	ר	ו	ב	ד	ק	ע	ק	ח	ח
ל	ה	ת	ב	ו	נ	ן	ע	ו	ת	מ	י	ד	ע	מ	כ	ו
מ	ו	ן	פ	ו	י	ר	ו	ב	נ	ד	ו	מ	ו	ח	ד	ל
ס	ט	ש	א	פ	י	ק	נ	ע	ק	ר	נ	ף	נ	ל	ו	ת
ו	מ	ת	פ	ק	י	י	צ	מ	ט	ר	ה	י	מ	י	מ	ם
ל	ן	ש	נ	ק	ר	א	ת	ס	י	ל	י	ת	ו	ו	ו	ה
ס	מ	ן	ב	ה	ת	ת	ל	ו	ו	ד	ס	מ	ר	מ	י	ת
ל	ן	ו	פ	נ	ה	ב	ת	מ	ק	י	כ	ו	א	ב	מ	ב
ת	ר	ט	ג	ו	ת	ל	ת	ל	א	ר	מ	ג	ד	ת	ו	ו
ש	מ	ר	ר	ו	י	ר	פ	א	מ	מ	י	ל	ת	ה	א	נ
ו	ח	ת	פ	ת	ס	ד	ב	מ	מ	ב	נ	ר	ש	נ	מ	נ
ת	ם	ל	◌	ה	ה	נ	ה	ס	י	ח	ר	ו	ה	מ	י	ו
י	ס	י	ב	ן	י	ו	מ	י	ב	ר	ב	ח	ת	פ	מ	ת
ל	מ	מ	ו	ש	ר	ר	פ	פ	ו	ג	ן	צ	ו	ק	מ	א

Puzzle 221

ס	י	·	ר	ה	ב	ו	מ	מ	ר	ה	ב	ת	נ	ו	א	מ
ע	י	ק	ר	י	ת	ל	ט	כ	י	מ	ו	ת	ת	ס	י	ש
ב	פ	ט	ו	ס	כ	ה	ר	ח	ל	ק	ת	ל	א	ר	ע	ש
ה	י	ן	ק	נ	י	ע	י	ו	ק	מ	ו	ה	י	ו	ת	ו
ש	מ	ה	ע	כ	ס	ג	ם	ל	ה	ס	מ	מ	ל	צ	א	מ
ד	ד	ק	נ	מ	י	ו	ב	ב	ו	צ	ל	כ	ח	ו	ר	ש
י	ו	י	ר	ע	ץ	ל	ב	י	ר	י	ח	ב	ל	ר	ד	ע
ת	ל	ט	י	ר	ק	ה	ר	צ	ח	מ	ה	נ	ל	ר	ו	ג
ו	ס	י	ס	ו	ו	ן	ז	ו	א	ו	א	ר	ו	ן	ד	ע
ע	מ	ל	י	י	מ	ב	ע	ו	נ	ב	ן	ק	ח	י	ן	ר
ף	ס	ו	נ	ה	מ	פ	ק	נ	מ	ל	ד	ה	ו	ף	י	נ
א	כ	פ	ש	ס	פ	ו	ת	נ	ו	מ	ת	ל	ו	כ	י	ב
ב	ר	מ	נ	ל	ו	ג	א	נ	ה	ר	ו	י	ד	ה	א	ע
ת	נ	ד	ה	ד	ז	ת	נ	א	ק	א	ס	ב	י	ח	ב	ת
מ	ל	ר	ח	א	ש	פ	ע	ו	ה	ת	ב	ָ	א	נ	ע	ם

מקרר
פוליטיקה
מטרים
יכולת
לנסות
בכמה
מכנסי
אוזן
גדולה
מכחול
העגולה
זעקת
עדר
נוסף
סיכת
עץ
היותו
תמונת
שנה
עיקרית

Puzzle 222

נ	י	ת	ב	ש	ר	ת	א	ר	י	ע	ו	נ	ל	י	ב	י
ב	ו	פ	ה	ב	ק	ד	ם	ו	ל	ש	ו	ו	י	ו	נ	ו
ה	ו	ד	ג	ש	ה	י	ו	ס	ה	ם	נ	ב	כ	ר	ל	י
ג	ט	ל	פ	ו	ן	א	ך	מ	ז	ר	ח	ה	ד	א	נ	מ
י	ל	י	ו	י	ר	ל	ו	א	ר	ו	ת	ד	ל	ת	י	ח
י	ש	ז	ה	ו	ך	מ	מ	ד	ק	ג	כ	מ	ח	ב	ל	ר
ה	ו	ה	ם	ס	מ	א	ו	ת	ד	ק	ו	א	ס	ח	א	ר
ן	ה	כ	ת	ו	מ	ו	ע	ד	ו	ן	א	ן	ע	מ	פ	פ
צ	ת	י	ל	מ	ט	ה	ש	ו	ח	ת	מ	ו	י	ב	ה	ת
ח	י	פ	א	י	נ	א	ו	פ	ל	ל	ה	ע	ף	ש	ר	ו
ל	ת	נ	י	פ	י	י	צ	י	ב	ש	ת	ש	י	ר	ו	ת
ע	י	ח	נ	ש	ס	ר	י	ק	א	ק	פ	מ	ל	י	ש	ע
ו	א	י	ב	א	ת	ף	א	ל	ו	ט	ש	א	י	ר	ת	א
מ	ר	ק	ב	ו	ד	ע	ח	ו	ד	ה	ת	ת	ם	ק	ר	ש
מ	י	ה	ד	מ	ח	ן	ל	י	ה	ו	ח	ע	ו	ה	ן	כ

סעיף
קקאו
טלפון
עובדת
למטה
ושלום
גורם
מועדון
ביצי
תחושה
במחבת
שירות
ישנה
קיפוד
מזרח
קריר
הגייה
שקטה
כבד
לרכב

Puzzle 223

ע	ל	ף	ת	ו	ב	ץ	ע	מ	ש	ע	ת	ן	ר	מ	י	ר
ל	א	ר	פ	ר	כ	ו	ש	ר	א	ו	נ	ע	מ	ב	נ	ס
ד	י	ו	ן	ב	ת	ר	א	כ	ו	ם	י	י	ו	ד	ן	ל
נ	ר	א	ה	ה	ק	י	מ	ז	ו	ג	א	כ	ב	ש	י	ו
מ	א	י	כ	ח	ש	מ	ל	י	ס	ו	פ	י	ט	ר	פ	ה
ר	ה	ה	ק	ר	ו	ב	ל	י	ו	ל	ת	ה	א	ו	ש	ו
ד	ב	ס	ד	ה	ר	ו	ל	ם	ו	ר	ז	ל	ו	פ	נ	ל
ד	ט	כ	ו	ס	ת	ק	פ	פ	ת	ו	ו	ח	ז	ל	ב	ק
צ	מ	פ	ח	ג	י	ת	ד	ש	מ	ו	ו	מ	מ	מ	ן	א
ל	ה	ב	ק	י	ע	פ	ל	ף	ל	ב	ח	ה	א	ק	ב	ה
ה	ר	מ	ס	ר	ל	ש	ח	ו	ת	ו	ח	ר	ה	י	ג	ק
כ	א	א	ל	מ	י	ו	ו	ם	פ	ש	ו	ק	י	ט	ו	ר
א	ב	ו	ס	א	ל	ב	מ	ה	כ	ב	ה	א	ו	ד	ן	כ
ט	פ	ד	ו	ל	·	ת	י	ו	י	א	ד	ט	י	ה	ד	פ
ו	ע	ש	ר	ר	ו	מ	ה	כ	ר	י	כ	י	א	י	ל	ן

המחלה
קיטור
מרכזיים
לזרום
מהסוג
נראה
רכוש
תקשורת
שמע
לנפול
במזל
טיפוסי
תלוי
אגוז
להבקיע
הפרט
במירוץ
חותם
לשחות
כבשי

Puzzle 224

אופי
מחיר
ליצור
צמר
ציין
לוקחים
גומי
צופים
התפשטות
רע
ינשוף
הכאב
לציית
תנועת
אבטחת
להיט
שוחי
פטיש
דורש
הצעה

א	ם	ו	ו	ת	ו	ה	ל	פ	ו	מ	פ	ח	צ	ר	ג	ן
י	מ	ו	ג	ר	ש	א	ו	י	ת	ת	י	ז	י	ק	ב	מ
נ	פ	ש	ו	ח	מ	ב	ק	מ	ת	ל	מ	פ	י	ב	א	פ
ש	ה	ו	מ	ל	ח	ו	ח	ה	ג	צ	מ	ר	ן	א	נ	ו
ו	ל	ת	ר	ו	י	י	י	א	פ	י	ו	צ	ה	כ	פ	ח
ף	פ	י	פ	ש	ר	ם	ם	י	פ	ו	צ	ע	פ	ה	ה	א
ח	ט	כ	צ	ש	ר	ו	ד	ן	ה	ג	ת	י	י	צ	ל	ש
נ	י	ר	ה	ו	ט	א	ל	נ	ף	ר	ח	ע	ר	ע	י	ו
פ	ש	ר	נ	פ	ר	ו	צ	מ	ר	ל	ט	ד	ו	ה	ג	ח
ן	ן	י	פ	נ	נ	ל	ת	מ	ר	ו	ב	ב	ו	נ	נ	י
ה	ח	ה	ו	י	ר	ב	פ	ק	ב	ד	א	ו	כ	ב	ת	מ
ו	מ	א	ת	י	ו	ן	ר	ו	י	ע	מ	ג	ר	ל	מ	פ
ו	ו	צ	ל	ה	י	ט	נ	פ	ו	י	ת	ת	ו	א	ת	ב
א	ו	פ	י	ר	ש	מ	ב	ן	ד	י	י	מ	ת	ת	ת	ש
נ	ח	א	ב	ע	ן	ם	ע	ב	ן	מ	נ	ב	ס	ת	י	כ

Puzzle 225

ו	ס	ה	ח	ל	ה	ג	ן	צ	ר	ד	נ	ו	כ	ו	ו	מ
ס	י	ו	ב	מ	צ	ד	ו	ר	ש	·	א	ד	ה	מ	ס	ה
ל	צ	ר	ש	מ	פ	נ	פ	ש	י	מ	ו	ב	ב	מ	ו	כ
ר	ך	ו	ר	ה	א	ר	מ	ב	מ	ב	ת	ח	ר	מ	י	פ
מ	ל	ל	ח	מ	נ	ר	ב	ט	ת	ר	ק	י	ת	י	ל	ם
ש	ה	ש	ר	ש	ת	ו	ו	ש	ק	ו	ב	ד	ו	ר	ס	ל
מ	מ	ע	מ	כ	ב	ס	ח	ל	ר	י	ה	ש	א	י	פ	ה
ש	ר	ב	י	מ	נ	ה	ה	י	ז	ת	ן	ו	ג	ר	א	ק
ה	פ	ר	ע	ה	ש	מ	ל	ס	מ	פ	ש	פ	ו	ע	ו	י
ס	פ	פ	ה	ו	צ	ח	ג	ה	ת	ת	י	י	כ	נ	ו	ם
א	ו	כ	ו	י	ו	ת	ת	ר	ג	ח	ו	ל	ה	מ	פ	ת
ת	ש	נ	א	פ	כ	ה	ל	ת	י	י	ש	ע	מ	ה	ר	ב
ת	ד	ד	ו	ח	מ	ן	ו	ז	מ	ע	ש	ו	ת	ף	ת	ו
נ	ו	ו	ס	ת	א	ו	ו	ר	ן	פ	ט	י	ד	ס	נ	ן
ה	א	ב	ו	ת	מ	פ	ל	ת	ב	ל	ח	ת	ת	מ	ה	ע

להקים
השאיפה
להגן
מזרקת
הסורר
רשימת
הפרעה
להמציא
במראה
מחודדת
עשיית
ארגון
מהלך
לשעבר
נפשי
המשולש
כדורסל
מסמר
מזון
דורש

Puzzle 226

י	א	ק	ד	ק	א	נ	ט	ת	ל	פ	ט	ס	י	ת	ו	ו
ן	י	כ	ר	ל	ע	ח	י	ו	ש	ח	ד	ב	ח	ס	י	ל
י	נ	ק	י	ו	ב	ו	ו	ת	ם	כ	ל	א	ו	ב	כ	י
פ	נ	ו	א	ו	י	ס	ו	ב	א	ח	פ	א	א	ת	ת	י
י	ג	ת	ב	ז	כ	ם	ו	ק	ו	נ	פ	ו	ק	ו	ת	כ
ח	ו	פ	ח	ו	ר	ו	א	י	ם	ד	ב	פ	ה	מ	כ	א
ר	ק	י	מ	ע	ד	ל	ת	ר	ד	מ	נ	ו	ק	ם	ס	י
י	ת	צ	ח	ם	ו	נ	ס	ת	ש	נ	ת	ר	ו	ש	מ	מ
פ	נ	ה	י	י	ס	ו	מ	ר	ע	ח	מ	ן	פ	י	ע	ו
י	ר	א	ן	ג	מ	ן	ד	כ	י	ה	נ	ת	ב	ש	ת	ב
ת	ו	נ	מ	ל	ה	ס	ס	ג	ו	נ	י	ב	ה	ב	ב	א
נ	מ	ב	ר	ת	ע	א	י	ל	ן	ל	ט	ר	א	י	ה	ב
ו	א	ה	ה	ח	ל	ק	י	ק	י	ם	מ	מ	ם	י	צ	א
כ	נ	ן	י	י	צ	א	נ	ד	ד	י	ר	ס	נ	מ	מ	ש
מ	י	צ	ל	ת	י	א	י	ן	ת	ב	ד	ע	ד	ב	ט	מ

קיר
דרמטי
לא
סבא
רואים
מכונת
מסע
על
שנת
פיצה
במשרד
מעשה
מסודר
הססגוני
ילידי
החלקיקים
חוסם
למנות
זועם
ציין

Puzzle 227

מ	ח	מ	ע	פ	מ	ו	ל	ד	נ	נ	י	פ	ת	מ	ב	ת
ו	ת	ש	ו	מ	ח	מ	י	א	ק	י	ע	ע	ו	ת	כ	ת
י	ה	ב	ח	ו	ל	פ	ל	פ	פ	ו	ח	ה	נ	ה	י	א
ט	א	ר	י	ר	פ	כ	ה	ת	ל	מ	ת	נ	ו	פ	ו	מ
ב	ו	ת	כ	ו	נ	ת	כ	ת	נ	ב	מ	ת	א	ו	ו	י
פ	ס	ו	ו	ה	ח	ו	ר	ן	מ	ר	ו	פ	י	א	ן	ו
ש	פ	ו	ה	י	ה	ן	ה	ן	פ	א	ן	ו	א	ת	ו	ך
נ	ד	ל	ל	ז	ב	מ	פ	ש	ו	ר	ה	י	ע	ן	ת	ג
ח	ש	ו	ש	ג	י	ה	נ	מ	ר	מ	ש	פ	י	ע	י	ם
י	ב	ה	ל	ע	ח	ע	ב	ל	ס	ג	ל	י	ח	ו	ע	א
כ	ד	ק	ה	ו	ר	ה	ח	ו	ם	א	מ	מ	כ	ו	ב	ב
ב	ד	ו	ן	ה	ה	ק	ב	ד	ל	מ	ל	ב	ו	כ	ה	ע
ס	ל	ה	א	י	ל	ת	ר	ב	י	ו	א	ה	נ	ל	ו	י
ע	ד	ט	ל	ע	ת	ת	ה	ל	ח	ו	י	ש	ה	פ	נ	ר
ת	י	ב	ד	ו	ד	ן	ו	נ	י	פ	ע	ח	ת	ו	ו	י

משבר
תאו
כלא
פעולת
להרחיב
מחמיא
מפורסם
מנהיג
בחברה
האויב
סתיו
להוכיח
משפיעים
בכיוון
תכונת
בעיתון
שלה
פלפלו
איפור
הנוכחי

Puzzle 228

בעובי
רגיעה
קולנוע
אלפים
איזה
מחקרי
בהודעת
ספוג
הוטל
קרוב
עומס
צמח
כפול
לחלוטין
עת
סמכות
להופיע
למעט
פותחן
קריר

ש	ת	י	ז	ג	פ	פ	ב	ן	ה	ו	ט	ל	נ	ב	ע	י
ש	ע	י	פ	ו	ה	ל	ה	ק	ל	ח	ל	ו	ט	י	ן	נ
מ	ב	כ	י	פ	ע	ז	ו	ר	ר	ב	מ	פ	מ	ל	ח	ש
י	ב	י	מ	ס	י	פ	ד	ו	ב	א	ר	כ	א	ח	ת	ו
נ	כ	ת	ב	א	ג	ד	ע	ב	י	ב	ו	ע	ב	ו	ו	מ
ם	ש	ד	מ	כ	ר	ח	ת	נ	ל	ל	ת	ת	כ	ד	פ	ס
מ	ת	ג	י	ל	ו	ה	נ	מ	ד	ר	ן	מ	צ	ה	י	י
כ	ח	ו	ס	ן	נ	ו	י	מ	ד	ב	ס	ח	ח	מ	כ	י
ס	ו	ף	נ	ל	י	ח	ו	ה	פ	י	מ	ק	ו	י	א	ל
כ	ל	נ	מ	י	מ	ד	ת	ח	מ	צ	ו	ר	ן	ב	י	ו
י	א	מ	א	ק	י	ב	ת	ב	ן	ר	ע	י	ו	ב	פ	ף
ד	ף	ס	ר	ת	ע	ם	י	פ	ל	א	ע	ו	נ	ל	ו	ק
ה	ו	י	ו	א	ג	ו	ו	ו	ל	י	ש	ת	ט	ע	מ	ל
ר	ר	ל	ח	ל	מ	ב	ה	מ	א	ב	צ	ד	ח	ה	ר	ו
ס	ן	ל	ר	י	ו	ל	נ	ר	י	ב	פ	י	ס	כ	י	י

Puzzle 229

מ מ ו א א ה ג נ ב מ ו ע מ ד ו ש מ

מ ו ן ס ו מ ב צ ש ר ו ט ש ל ע ר ן

ט ת ת מ ב ע ו כ ת י ב א ר פ א נ מ

ר ג ב ס ר ז ל ק ר ח ו ז מ ה פ ס מ

א ו פ ו ה ב י ב ב ש פ ח ל ב ו ת ם

ל י ו מ נ ו ב ָ ב ת ל י מ ו ן צ ו

ר ט פ ס א ב ו ל ל ל י נ ד ג ל ס ן

ו ת ק י נ י ה ר ר ס ק י ע ת ר פ ס

ן א י י נ א ל ר א י ו מ ר ב ו ו ו

מ ל ק ם ל ש ם י ג ד י ט ה י ד פ ב

א ח ד ו ה נ א מ מ ו א י מ ד ת ו ו

כ ו ן י פ ן ה נ ד מ ת ו ב מ מ ב א

ך י ש ב ר ה ת י כ ע ד צ ן נ ל ב ר

א ת נ י ו ח י ו ם ל ד ת י א ל ח ה

י ת י ל ו נ ו ת ד ב ל ב א ל ו ו ל

דגים
ביום
קרח
בלבד
שלם
לעמוד
בצד
מטבח
מניות
מועמד
מראה
לימון
בתגובה
זבוב
להוביל
לחפש
האם
ויטמיני
כתיב
גבול

Puzzle 230

ש מ ג ל ד י ר מ ת פ כ ן ע א י ו י

י ו י י ח ע ר מ ל מ ח ו ט ד מ פ ב

א ת ש ל מ ר כ ב ע ת ג כ ק ח מ ת א

ש י ת ו ו ל ר צ ו ת י ד ם י נ ל ת

ב ה ו ע ל ה ו ן ש ש ת ע מ מ ת ו ת

ש ב י ע י מ ח ז ת ר ך י ר ת ה ת פ

ה מ נ ע ק ה י ו ר ו ה ג ה ח א ח ו

ר ה מ ת נ ף ח י נ י ו ה ת י ו ר ב

מ ו ד ו ע ע מ ע מ ב ל ט ת ע ו א ר

ח ה מ מ ל א צ ה א ה ת ק י ד ע מ ב

י פ ו ן ו ל ע ו ל י ש ש ם נ ד ו י

ה מ ד ב ו ו ו ר ש ח ר כ ת י ע נ מ

ד ה י ח ת ע ע ס ה ג ק ש ר נ ה ם ן

י י י ו ש ס ר ת ה ד כ ח ג י ע ז ר

צ ב י ו פ נ ם פ ע ב מ צ ב ו ר כ ו

רך
עוגת
תות
צמחי
הגיע
עדכון
רשת
גישת
וכרוב
ורוד
חוט
לרצות
שיא
כיור
במצב
שזיף
דומדמניות
שביעי
ענקי
שקטה

Puzzle 231

מ	ת	כ	ו	ו	נ	י	ם	ש	ת	ב	ש	מ	ו	ק	ט	פ
י	מ	ע	ה	ו	א	ד	ת	ת	ב	א	ל	י	פ	ו	ע	ה
מ	מ	ת	מ	ד	ת	נ	נ	ק	ת	ב	ת	ף	ט	ג	י	כ
מ	ר	ק	ע	ל	י	י	ת	ל	צ	מ	פ	ת	ח	ה	מ	ז
ו	כ	ג	ו	ב	צ	י	ו	ג	ו	י	ה	ו	י	ת	י	ה
צ	ו	ר	פ	ר	ן	ר	ד	ס	ב	ח	ה	י	ו	א	ם	י
ע	ל	ל	א	מ	ב	א	ו	נ	ק	פ	ר	ל	ו	ר	ש	ר
ת	נ	ע	ח	פ	ו	מ	ה	ל	ש	ל	ת	כ	י	ת	ח	מ
ו	י	ל	כ	פ	ו	י	ל	י	מ	א	י	ל	פ	א	ב	ק
מ	ב	ש	ב	ר	ב	י	נ	ש	ו	ת	ח	ב	ת	ק	נ	ב
ל	צ	ו	י	ק	י	ג	ל	י	ח	ר	פ	מ	י	צ	מ	ק
מ	י	א	ת	ן	מ	ד	ל	א	ו	מ	ה	א	פ	ק	ה	פ
ת	ד	ר	ט	ם	ו	י	ת	ג	נ	נ	ל	ן	נ	ח	ק	ר
ת	צ	נ	ו	ב	ב	א	ל	ד	ל	י	ו	ק	ד	ר	ה	ת
ח	ו	י	ו	ת	י	ו	נ	מ	ש	ם	ס	מ	ש	ו	א	נ

הקפאה
בסדר
שיטה
גלגל
חתיכת
כתף
זהיר
ממוצעת
קבוצת
משאית
מפתח
קדרה
כלכליות
להפחית
מתכוונים
להודות
טעימים
מתמדת
נייר
לאתר

Puzzle 232

ת	י	ב	ח	פ	כ	ט	ת	א	ן	ס	נ	מ	ו	ך	ו	ן
ח	ו	ן	ס	ל	ה	ח	ר	י	ן	ה	ב	ר	א	מ	ר	ח
ר	מ	ו	ל	ה	ו	נ	ל	נ	מ	ק	י	ו	ן	י	צ	ל
י	ר	ב	ו	ס	י	ו	ה	ן	ט	ו	ה	ח	ל	ש	פ	ע
ה	ב	ע	ד	ו	ו	ז	ד	ח	ש	י	פ	ד	ג	ח	ש	ת
ל	י	מ	ו	נ	ד	ת	ד	מ	ר	ו	ת	ן	ו	ל	ר	ה
ה	ז	י	כ	ר	ת	י	ן	ו	ב	ם	ת	ת	ו	ע	ת	ע
ב	ג	ו	ח	ו	י	י	ר	ר	ב	י	ד	פ	ה	י	ב	י
ב	ק	ב	ו	ק	י	ף	ו	ה	ח	ש	י	ב	ב	ל	ן	י
נ	ת	ו	י	ל	ו	ן	ת	ש	ת	ו	ל	ו	ס	א	ל	◌
ע	ו	א	ה	צ	ן	ח	ב	י	ל	ל	ה	נ	ר	ח	ת	פ
ע	ג	ק	ו	ח	י	ו	י	מ	ל	ש	ו	ו	ט	ר	ן	ח
נ	ת	ו	נ	ע	ז	ב	ו	ג	ר	ג	ה	ל	ו	ו	י	א
מ	כ	ק	ט	ו	ל	ה	ד	ר	מ	פ	ע	ה	ד	נ	פ	א
ב	ף	א	ת	ע	ו	מ	ה	ו	ה	ו	א	מ	מ	ה	ל	ג

בסרט
בוחן
בקבוקי
נמוך
עצמו
היו
קאובוי
תרכיז
להגר
או
יד
מעגלית
גמישה
וילון
חמורה
לימונדת
דיבר
שלושים
לאחרונה
ביצי

Puzzle 233

ק	ל	ב	כ	ל	ג	ו	ל	פ	ל	ו	ל	י	מ	ב	ט	ה
מ	ר	ה	ד	ו	ת	ח	ג	ו	ו	ח	ד	ל	מ	ר	נ	ק
ב	ם	ב	נ	נ	ם	ב	ו	ע	נ	ו	ה	נ	ג	ו	מ	נ
ר	י	ק	ל	א	ה	ד	פ	ח	ק	ל	א	י	ק	ל	ע	ז
ר	מ	י	ק	ב	ה	ך	ו	ס	כ	ס	ה	ש	ו	ז	ד	מ
מ	ט	פ	ח	י	מ	ב	ן	ת	ה	ל	ה	נ	י	ח	ם	ת
פ	ו	נ	י	ח	ף	ו	פ	ח	ל	נ	א	ה	ן	א	ן	ה
ב	פ	ל	ם	ה	ע	י	ה	מ	ה	ה	ל	מ	ח	א	א	ל
א	ו	ף	י	א	ה	י	ק	ר	ו	ט	ע	א	פ	ל	מ	י
ת	פ	ד	ם	ת	צ	ו	ו	ת	ש	ק	ה	ק	ד	נ	פ	ך
י	י	ע	ר	ת	ה	ל	ר	ד	מ	ג	ק	כ	ה	ו	ר	ו
ת	ה	י	◌	ו	י	ש	מ	י	א	ו	ע	ש	א	ד	נ	י
י	ה	מ	נ	ו	ו	צ	מ	ר	א	פ	נ	ו	ה	ה	מ	נ
ב	ן	ע	ג	א	ב	ת	ב	י	א	י	נ	ג	ע	נ	ת	ן
י	ת	ד	מ	ת	ס	י	ת	ה	ת	ל	ד	ו	א	א	ו	ו

הסכסוך
פוני
חקלאי
ההיפופוטמים
צוות
עף
הנוקשה
נלקחים
זנקה
תהליך
להניח
קשת
העלאה
מאושרת
לחפוף
טורקיה
ירידת
טרגי
לסלוח
מבט

Puzzle 234

ל	ח	ל	ע	ר	י	ש	כ	ט	ו	ב	י	ק	ח	מ	ל	ל
א	ר	ע	ר	מ	א	י	ש	ס	ש	ל	א	ק	ב	נ	ת	ב
ת	י	ש	פ	י	ש	נ	ת	פ	ק	ז	ר	מ	ו	ו	פ	י
ו	י	ר	י	ה	מ	ה	ע	ו	ע	ו	ח	ב	פ	מ	י	כ
ו	ס	ד	ש	נ	פ	י	ט	ט	ל	נ	א	ל	צ	ה	ר	ו
נ	ת	א	ו	ו	ה	ב	ר	ת	ב	ה	פ	נ	ה	פ	ר	א
כ	מ	מ	מ	ק	מ	ג	ב	ה	ב	נ	מ	ו	מ	פ	ד	ל
ב	ן	י	ב	ב	ל	ע	נ	ח	ב	ה	ע	ו	ד	ס	ף	מ
ו	ל	ש	י	ל	ל	כ	ר	ו	ס	ת	א	צ	ד	ת	ו	מ
נ	א	מ	ו	נ	י	ה	ו	ל	י	ר	ת	י	י	ג	ש	ש
ו	ו	י	א	ה	ב	ו	ו	צ	מ	י	ל	ת	ו	ח	ח	ס
ל	מ	ה	ה	פ	ך	ר	ה	ת	פ	י	נ	ו	ק	ו	ל	י
ו	ה	ם	ד	ס	ן	מ	ס	ת	מ	ת	א	ח	ב	ג	ל	ר
ה	ו	ר	ו	ק	ח	ל	ק	ב	י	ק	ו	ר	ת	ר	י	ס
א	ם	ר	ו	ת	ו	נ	י	ו	ו	מ	ל	ן	ל	מ	כ	נ

הפסקת
מדד
לחשוף
אחראי
סירת
ביקורת
חולצת
מחק
בשפע
הסקי
משחק
ילקוט
שינה
ההפך
מהיר
חלק
טופס
הנוזל
פינוק
וניהול

Puzzle 235

ח	ו	נ	ר	ח	ב	ר	ב	ל	י	ל	פ	ה	ע	נ	ת	ה
ז	ה	ת	ו	ל	ד	ש	מ	ת	ה	ר	פ	ת	ו	י	ב	ר
ק	ת	י	י	ע	ב	פ	ש	מ	י	ם	נ	ש	ח	ט	פ	ל
ג	ע	כ	נ	ר	ד	ך	ו	ה	י	י	ת	ה	י	ו	ל	ן
ד	ו	ק	י	ר	נ	ד	י	ר	ע	ה	ר	ד	כ	ו	פ	ב
מ	ר	ש	ל	ס	ת	ו	ב	ז	ל	ר	א	ת	ם	ו	ר	י
ח	ר	י	י	א	ח	ו	ר	ה	ל	מ	ו	א	ת	פ	ע	
נ	ו	נ	ס	ד	ל	ל	ר	ת	ד	י	ס	נ	פ	ד	ת	ר
ל	ב	ו	ת	כ	ל	ם	נ	ש	ל	ל	ח	כ	ק	נ	ה	ב
י	ר	א	פ	ת	מ	ו	א	א	פ	ס	ו	ו	פ	פ	י	ע
ל	ב	ח	י	ל	ז	ו	ן	ר	ל	א	ר	ס	ו	ש	ל	ד
מ	ו	מ	ג	י	ו	ג	ת	נ	י	ו	ק	מ	י	ת	ע	כ
י	ל	כ	ב	י	ש	ס	ת	ם	ם	ן	ם	ע	י	ב	ה	ו
מ	ו	ה	ו	ו	ח	מ	ע	א	ו	א	ח	א	ג	ע	ן	ו
י	י	י	ק	ד	מ	ר	א	ה	ד	ו	כ	ר	י	ל	ת	ו

אומללה
לכתוב
נחמד
ריקוד
זכות
נדיר
לכביש
שמים
התעורר
אופני
חזק
ברבור
חילזון
בעיית
אפשרות
אחורה
חור
שפך
מסוכנות
סיכת

Puzzle 236

מסוגל
מאשימים
משקפי
למשוך
חמנייה
גאוגרפיה
זיהה
בשיפוע
שעברנו
שרשרת
מקסים
קוף
לוח
שלד
מנוע
לחות
ערמוני
גדול
חוסר
חותם

ו	י	מ	ע	ה	נ	ו	ל	א	ח	נ	ח	ד	ל	ה	ל	א
ג	א	מ	ק	ר	ש	מ	ח	ע	ת	ב	י	מ	ך	א	ן	
ה	נ	ע	א	ס	מ	ו	ו	ז	מ	ש	ש	ל	ד	א	מ	ח
א	ח	ב	י	מ	י	ו	ת	ת	ס	י	ף	ו	ק	ד	ס	ו
ב	ן	ר	ש	א	פ	ם	נ	ם	ו	פ	ל	ד	מ	ל	כ	ת
ח	ו	ס	ר	פ	ק	ם	ם	י	ג	ו	ת	ג	ע	נ	ע	ם
ו	ש	ל	ו	ש	ש	ח	ל	מ	ל	ע	מ	צ	ר	ק	ו	ר
ל	ד	נ	צ	א	מ	ר	ח	י	ז	א	ר	מ	י	צ	נ	ע
י	ו	ה	ר	י	מ	ה	כ	ש	י	ב	א	ו	ו	ף	ר	א
ו	א	ם	פ	ת	ו	מ	ו	א	ה	י	י	נ	מ	ח	ב	ב
ג	א	ו	ג	ר	פ	י	ה	מ	ה	ל	צ	י	ב	נ	ע	ח
ו	כ	ן	ש	ש	ת	ר	ש	ש	ת	מ	י	נ	נ	י	ש	ח
מ	כ	א	ו	ר	נ	ג	פ	ע	ו	ש	פ	ה	ש	ח	ם	י
ר	י	נ	ן	ש	ג	ו	ר	ת	פ	ו	ח	ג	מ	מ	י	ת
א	ו	מ	ם	ו	מ	י	ו	ג	פ	ך	ב	ב	י	י	ע	ש

Puzzle 237

ל	ה	ת	ח	ל	ח	ה	ל	ש	ר	ר	ע	ג	ח	נ	ת	ב
ה	ה	ע	ו	י	ט	ן	ע	מ	ה	ל	ג	ל	ב	ו	ש	ס
ת	פ	ו	ת	צ	י	ב	כ	ם	י	ר	ו	ח	ש	ר	ה	נ
ב	ו	ב	מ	א	ב	י	ל	ו	ר	ה	נ	מ	מ	ו	ת	א
ו	כ	נ	י	ס	ת	ו	ו	ו	ש	ו	פ	ת	א	ו	מ	י
נ	ה	מ	ל	מ	א	י	נ	ה	ן	ס	ו	ס	מ	ת	מ	א
ן	נ	ד	ג	נ	מ	ס	ב	ש	ט	ל	ז	ח	ב	מ	ת	מ
י	י	ד	ס	פ	ר	צ	ל	ל	ק	ר	ה	י	מ	ו	מ	ה
מ	מ	ד	ס	י	מ	ח	ר	ר	י	י	ת	ר	ש	ת	ת	ח
ע	ז	א	י	א	ש	נ	י	מ	ת	ו	נ	פ	ה	ל	י	ה
צ	ה	ב	ל	ה	ד	א	ו	ש	ל	י	ב	א	ו	פ	ש	מ
ר	ו	ר	י	ל	ה	כ	ה	ו	ף	ע	י	י	ו	ת	ו	י
ו	ק	ג	ל	מ	ו	ח	ל	ע	ע	ג	ה	ש	א	ל	פ	מ
מ	פ	י	ח	מ	י	י	ל	מ	ר	י	ב	ו	נ	א	י	ר
ח	ו	ה	ד	י	נ	ר	פ	ם	ג	ש	ד	מ	ה	ג	ח	מ

לעכל
סנאי
סלרי
משועמם
מעצר
הלכה
ההפוכה
נשא
חיפוש
חטיבת
חיפושית
בשר
שחורים
להפנות
המומיה
דחליל
קריאה
זמינה
פתאומי
להתבונן

Puzzle 238

ו	כ	ל	י	ו	ה	א	י	י	ש	ת	ו	ס	נ	ל	פ	ח
נ	ו	ב	ל	נ	ח	ג	ד	ז	ו	ש	ח	ף	ג	ש	ס	ק
ן	ע	י	ן	ל	ב	ו	נ	ת	נ	ת	ו	כ	י	ח	ו	ו
ע	ס	א	י	מ	ש	י	י	ד	ח	ח	ב	ל	ג	ן	י	מ
י	י	א	נ	ר	מ	ש	ת	ע	מ	ה	ז	ו	י	ג	ו	ם
ל	ם	ו	ש	ס	י	ח	ח	ס	י	ר	ג	ע	ן	ע	מ	ת
ב	ר	ק	י	ד	ו	ר	נ	מ	ר	ב	ה	ד	ו	ק	נ	ל
ל	ה	י	א	ר	ל	ק	ד	ו	א	ו	ל	ם	ת	ע	ש	ו
מ	ד	י	ף	ב	י	ס	ד	מ	י	ל	ל	מ	י	ק	ת	ו
ו	ו	נ	ם	ב	ב	ו	ל	ד	ג	ת	י	ר	ו	פ	י	צ
ו	ן	ו	מ	ת	ם	מ	ו	ו	ו	ע	י	ת	ת	י	י	ו
ש	ם	ס	ס	מ	י	מ	כ	ק	ו	א	ם	ר	י	י	ס	י
ו	ג	ו	ר	ו	ס	פ	ו	ר	פ	ד	י	י	נ	ל	נ	א
נ	ל	ו	ו	נ	ף	ו	ל	ע	ב	ו	כ	מ	ח	ל	כ	מ
נ	ח	י	א	ף	ו	ס	ב	ל	ו	ע	ן	ו	מ	א	מ	ל

קנס
לנקודה
כובע
זכו
ציפור
פרופסור
כותנת
לב
נייד
נשיא
מסעדת
האי
מכנסיית
ולבסוף
אוקיינוס
ידנית
חוף
כועסים
שמר
לנסות

Puzzle 239

ו	נ	י	י	י	י	ע	י	ו	ו	ק	ק	ס	ד	נ	ו	ב
ס	ה	ו	ש	ו	ט	נ	ת	ו	ע	ה	ח	ו	ת	פ	ת	מ
ו	ל	צ	ע	ו	ק	ק	מ	ש	ל	ח	ת	מ	מ	ח	נ	י
ו	מ	פ	ו	ף	צ	מ	ם	מ	ב	ה	א	ו	ו	ב	נ	מ
ה	א	ק	ל	י	ם	ע	א	ש	י	ת	נ	ס	ד	ק	ת	א
ט	נ	ל	א	י	ו	ש	ע	מ	ן	י	ל	ל	ג	ש	ד	ת
י	ר	נ	ר	נ	כ	ר	ד	ה	ש	כ	ש	ח	נ	ו	ה	ם
ה	י	ה	ו	ש	ו	נ	י	ם	ה	ב	פ	א	ש	פ	ל	ו
א	מ	ה	ך	מ	י	ו	מ	י	י	ב	ו	י	ל	ת	מ	ה
ב	ג	ו	ק	מ	ב	ח	י	א	י	ב	ת	ו	י	ר	ת	נ
ו	י	ד	ש	ל	ל	ו	נ	כ	מ	מ	י	ת	ח	מ	ש	ל
ק	ד	ב	ח	כ	ה	א	פ	ז	צ	ה	י	ס	ת	ת	ג	ו
צ	ל	פ	י	ן	ש	ג	ה	פ	מ	נ	ש	ן	ש	פ	ן	א
ב	ן	ל	ו	נ	ש	ס	ו	א	כ	ו	ע	ס	י	י	ך	ת
י	מ	ס	נ	ר	נ	ש	ד	ן	ש	ו	ת	ו	ב	ו	ר	ק

שליחת
לנהל
איות
זכאים
בכיתה
תעשיית
משלחת
נגד
קרובות
עשר
ארוך
ולצעוק
המשמש
מוקדם
לשמחתי
האקלים
פנימי
היה
סגולה
שונים

Puzzle 240

עדיין
תוכן
קטן
סוכר
הנפרד
סכנת
מגע
רוח
באתר
מקור
אבא
בחינה
דחף
סוף
עט
רופא
נמר
התרוקן
כותרת
ומחר

ת	ע	א	ר	א	ל	ה	ר	ל	ו	ל	ו	ד	ד	ע	ס	ם
ר	א	י	ח	ד	ל	ח	מ	ו	ק	י	ר	ח	מ	ו	ו	◌
מ	א	ל	י	ח	י	כ	ק	ט	ר	ח	ו	ד	ו	ו	ף	נ
ה	ת	ב	ח	ף	ת	צ	ח	ש	ח	ע	פ	ב	ח	י	נ	ה
י	ז	ע	ד	י	י	ן	ר	ל	נ	ה	א	ם	מ	מ	ל	מ
ט	ו	א	ב	ע	ה	ו	ה	ו	מ	ד	י	ע	ת	ו	נ	ל
ב	ל	ו	ד	ו	ו	ר	ע	ק	ח	ש	נ	כ	ו	פ	נ	מ
ל	ק	ב	א	ת	ר	ו	נ	ו	ק	ר	מ	ק	ו	ן	ן	ש
ו	ר	י	ב	ר	כ	ו	ס	מ	ג	ע	ש	נ	ט	ע	י	ו
ת	ע	ב	א	ת	מ	מ	ק	ה	ת	ר	ו	ק	ן	ן	י	ו
ה	ו	ט	א	ו	פ	י	ק	מ	ל	ב	ת	ו	י	ב	פ	נ
נ	פ	ת	נ	כ	ס	נ	ל	ד	ד	א	ו	א	ו	א	א	מ
פ	ע	נ	ח	מ	ה	ד	ח	א	ה	ו	כ	ו	ת	ש	ע	ר
ר	ר	ו	ז	פ	ב	ל	צ	י	י	י	ן	ה	ב	י	ן	ב
ד	ב	י	ר	ת	ר	ו	נ	ם	נ	פ	ש	ב	כ	ו	ח	מ

Puzzle 241

מ	ו	ה	נ	מ	ר	ת	ג	א	י	מ	ל	ד	מ	ט	ל	ב
כ	ו	ב	י	ת	ו	ה	א	ו	י	ף	ה	ח	ג	י	ש	ה
נ	ש	כ	נ	ב	ל	ו	נ	ת	ו	י	ש	ו	ל	ל	ד	ו
ה	ב	ח	מ	י	ב	ה	י	ל	ד	ו	ת	ך	ח	י	ד	ה
א	י	ר	ו	ס	ש	ה	ר	ח	ח	מ	ל	מ	ו	צ	כ	י
ת	כ	א	ן	מ	א	מ	ל	ף	ס	א	ש	ו	ר	א	ד	פ
ז	ו	ת	י	פ	ת	ל	ד	ם	ג	ס	ל	מ	ף	ן	מ	ס
ן	ם	ל	נ	ו	ע	ב	מ	כ	ע	ט	א	ט	ר	ד	מ	ל
ג	ו	ע	ת	ת	ו	ר	ג	ו	ב	ר	י	א	פ	י	ב	ל
מ	ד	ו	ק	ת	ד	ו	ר	מ	ך	ט	ה	מ	ר	כ	ל	פ
נ	פ	ק	י	ד	ה	ו	ב	פ	ם	ג	ש	א	ש	י	נ	ש
ג	ן	ד	ל	א	א	נ	ת	ע	מ	י	ח	ב	ת	צ	ק	ת
י	ל	ל	ד	צ	ח	ל	ף	י	ו	ה	י	ק	י	ד	צ	ר
כ	ת	ד	י	ת	ב	ד	ה	ו	ש	מ	ש	ש	נ	ו	ק	נ
כ	ל	ו	ם	ע	ע	צ	ס	נ	ש	ף	י	א	ת	מ	ש	א

- תנין
- תעודה
- מכנה
- כלום
- ראה
- מאמן
- להשתלשל
- אצילי
- ילדים
- מסיבת
- במרכז
- לתאר
- מטל
- לילך
- למד
- שרפרף
- גישה
- בוגר
- ילדות
- אסטרטגיה

Puzzle 242

א	י	ה	י	ר	ר	ב	ד	א	ד	ם	י	ו	ב	ה	מ	ל
ו	ו	ה	ש	י	כ	ר	ה	מ	ו	ש	י	ח	א	מ	ן	ד
מ	פ	ל	ו	ד	ו	ב	ר	ן	ו	י	ד	ו	י	מ	ב	ל
ר	ן	ר	ז	ו	מ	ח	ק	ר	מ	ר	י	ם	נ	צ	ל	ק
ת	נ	ו	י	ה	ן	ה	י	ק	פ	ך	ט	י	פ	ו	ס	י
ן	ר	מ	א	ר	ח	ת	א	י	ר	ק	ל	ב	ר	ל	ה	ה
י	א	ם	מ	ל	ו	ג	ר	מ	י	ש	ס	ה	ד	ו	ס	ב
מ	י	צ	מ	י	פ	מ	צ	א	ב	מ	ד	י	ע	י	ה	ע
ע	ם	ו	נ	י	א	פ	מ	ו	ס	ג	ת	ת	י	כ	ב	א
ש	ה	מ	ע	ה	ע	ב	ו	ד	ה	ב	ר	ש	ו	ח	י	א
י	ה	א	ת	פ	ע	ר	ן	ד	ל	ד	מ	ב	ב	ח	ו	ו
ך	ט	ו	ו	ו	ע	ה	ו	א	ו	מ	ם	י	ב	ב	פ	י
י	מ	מ	נ	ס	א	מ	ד	מ	ע	ג	ש	מ	א	ר	כ	ח
נ	ע	ש	ו	כ	ו	מ	ג	ד	ה	ה	ו	ר	ת	ה	ל	ו
מ	ב	ר	ח	ת	ו	ה	ה	ב	א	כ	ב	י	מ	מ	ל	ח

- חבר
- אומרת
- לדלקי
- נראים
- בכיתת
- מוזר
- העבודה
- חום
- המניות
- מארחת
- עונש
- רכישה
- מחקר
- להסביר
- מעשי
- חברה
- לקריאת
- קרן
- טיפוסי
- צמר

Puzzle 243

א	ה	נ	מ	פ	ם	י	מ	מ	ש	ב	ם	ו	י	ה	ל	ת
ר	מ	ת	ע	ת	ד	ג	י	א	ש	ת	ו	פ	י	צ	ר	ב
ו	י	מ	ט	ש	י	ם	פ	י	ר	י	ק	ס	ח	ת	ת	כ
ו	ט	י	ב	ת	פ	ר	ס	ק	ת	ל	מ	ל	ך	ו	י	ב
נ	ה	ו	ת	מ	ה	ל	נ	ע	ש	ל	ו	י	כ	ל	ש	י
ו	צ	ב	ע	י	ה	מ	ר	ת	ל	כ	ק	נ	מ	י	מ	ש
ב	ם	ל	ט	ק	ז	ם	י	ח	ק	ו	ל	ע	ו	ו	נ	מ
ל	ה	י	כ	ו	מ	ע	נ	ף	ד	ל	ד	ב	ג	א	ב	ד
ד	ם	א	ת	ל	נ	ת	מ	נ	י	י	ע	צ	ד	ש	ה	ש
ק	ן	ו	ז	ח	ת	ק	כ	ט	ף	ה	ב	א	ע	ל	ב	ה
י	ו	ה	ח	ב	ש	ו	מ	א	ח	ש	א	ח	א	ל	ת	ב
ם	ד	ר	מ	ד	ע	ע	פ	ל	מ	ע	א	ה	ו	י	י	פ
ר	ע	ק	ן	מ	ו	ת	ו	מ	ב	ב	ה	ח	ב	פ	ר	ו
נ	ו	ר	ל	ך	ס	ת	נ	ח	ט	א	ו	ר	א	י	ו	ר
ס	מ	ו	מ	ן	מ	מ	ו	מ	ן	ג	ק	כ	ן	נ	ם	ב

קומקום
כותב
ברציפות
רהיטים
דקים
מלך
כללית
טחנת
כביש
אצבע
וצבעי
מעדיף
הבא
המיטה
פרס
חזון
שש
הזמנת
מועדון
לוקחים

Puzzle 244

מפרש
דשא
לקפוץ
חולה
אמת
לדפוק
מסוק
לאסוף
אסון
הפופולרית
שיני
בינוני
באזור
חמים
לנווט
ילדת
אהבה
שימושי
טורקי
עיקרית

י	ס	נ	ב	מ	נ	ס	נ	ר	ה	ו	ש	ר	ד	י	ב	ע
ו	ד	ש	א	ק	ר	ר	י	ם	פ	ה	ו	ל	ח	מ	י	ם
י	ל	ד	ז	ב	ח	ח	א	פ	ו	ת	ד	ל	י	ק	מ	ו
ו	ד	ס	ו	י	נ	י	ש	ה	פ	מ	ג	ש	ר	ו	ת	ר
ל	א	ו	ר	ו	ק	ל	ר	ו	ו	א	י	י	י	ו	ח	ה
א	י	ת	ת	ר	ו	נ	ו	פ	ל	כ	ת	ו	ש	ר	ק	א
ס	ל	נ	ו	א	ס	ו	ן	י	ר	א	י	מ	נ	ו	ר	מ
ו	ד	ט	ע	א	מ	ו	ח	ם	י	ר	ד	ו	א	ל	י	ל
ף	פ	ו	ת	ף	ש	ט	פ	י	ת	י	פ	א	ה	ל	ו	ח
י	ו	ח	ח	ו	ס	ה	ו	י	ש	ו	ר	ר	א	נ	י	ב
ו	ק	ג	ב	י	נ	ו	נ	י	ה	ב	ה	א	ל	מ	ו	פ
י	ץ	ו	פ	ק	ל	ר	מ	מ	י	כ	מ	ל	ש	א	מ	נ
ה	י	מ	י	ב	מ	ו	ה	ב	ר	נ	ר	א	ם	ל	ר	ז
ש	ן	ת	מ	ו	ש	ן	ח	ד	ק	פ	ל	ל	א	ע	ל	ד
ש	ר	פ	מ	י	מ	פ	ב	ר	ו	ת	ל	ה	ד	ל	נ	א

Puzzle 245

כ	ט	ב	ו	ר	ד	ף	ב	נ	ע	פ	ק	ב	ו	ל	ש	מ
נ	ה	ל	י	ו	ל	ג	ו	ז	ל	מ	נ	ב	ש	י	ל	ת
מ	נ	ח	א	ה	ח	י	ח	מ	ע	ש	ה	ל	ת	ז	א	י
י	ש	ץ	א	ק	י	מ	א	א	מ	ו	ט	א	ו	ו	נ	ך
ד	ת	ב	כ	ר	ה	ר	ר	ד	ו	י	ק	א	ן	ן	ל	ו
ד	י	ר	מ	י	ב	י	י	ר	א	ס	א	כ	י	ת	י	ן
ק	ה	ז	ו	פ	ח	ב	ו	ע	ו	ד	מ	ו	ק	ר	פ	א
ו	ר	ת	נ	ן	י	ז	מ	מ	ו	ז	י	ק	ה	ס	ב	ק
מ	ב	פ	פ	כ	ק	י	ה	ס	ח	ת	כ	ל	נ	ק	ת	ר
ת	ז	ח	ך	ש	מ	נ	י	ו	ש	א	ו	ר	ש	ת	מ	א
נ	ו	ש	ל	ו	ל	א	ל	ו	י	ל	ת	ח	ד	ב	נ	י
ק	ת	ב	ש	ר	ח	ד	מ	ר	י	פ	ן	ס	כ	ל	ר	ת
מ	ע	ח	נ	ו	ת	ה	ו	כ	ש	ת	ש	פ	ו	ו	ש	ש
ד	ר	ר	ב	ר	ל	ב	י	ן	כ	ו	ב	י	כ	י	ה	א
ב	נ	ק	ת	ל	ס	ל	ו	ס	מ	א	א	ב	ב	ן	י	ה

שכן
בלחץ
חשב
משך
קערת
חנות
מזין
תוכי
מוקד
קר
אקראית
גוזל
כוכב
זברה
מוזיקה
הרכבת
חפוז
יתרון
רוב
מסולסלת

Puzzle 246

ב	ט	ל	פ	ו	ן	ט	ו	מ	פ	ע	ג	ת	ו	י	ו	ך
ו	ו	ע	ש	ה	צ	ה	נ	ב	ע	ש	ו	ה	ק	ס	ס	ש
ו	ו	ב	ו	ו	י	ת	ד	פ	ו	ד	א	ה	ד	ב	ו	י
ל	ת	ן	ת	ח	ז	ק	י	ם	ח	י	ר	ס	ע	ו	כ	ב
ב	נ	ר	מ	ל	ב	ד	ה	ד	ו	מ	ו	כ	א	כ	ך	ל
ו	ר	ת	ה	ש	ע	ן	ב	ג	ק	ת	ב	ם	ו	ה	ר	ל
ו	ע	ן	ו	ר	ן	ו	י	ל	ד	ל	י	ד	מ	כ	ה	ה
א	מ	ה	ב	ר	פ	ל	ת	ט	ת	ב	ח	ו	ה	ז	ו	ח
כ	פ	ו	ר	ב	ע	פ	ן	י	ל	ת	ו	ט	מ	י	ע	מ
נ	ר	ת	א	ה	ל	מ	פ	ם	ם	מ	י	א	ח	ר	ל	ש
נ	ל	ר	ש	י	ב	ח	ר	ב	ב	ו	מ	ל	ל	מ	י	ו
ר	ו	ו	א	ר	ח	י	נ	ו	ך	י	ל	ה	מ	י	א	י
ו	כ	ב	פ	ב	ר	ו	ו	ר	ק	ס	ק	ל	י	ד	מ	פ
ר	ש	כ	ט	ת	ד	ק	ו	ע	ר	ש	נ	ב	ו	א	י	ק
ק	ת	מ	ר	ש	ם	ל	מ	כ	ל	ח	י	א	ד	ב	ב	י

סבוכה
שם
ברחבי
ההסכם
מעדר
מודה
נפח
אומה
מלחמה
דגל
לבד
חינוך
בטלפון
תועלת
חזקים
בהיר
חיבור
הליך
כפור
תמיד

Puzzle 247

ה	ג	ל	ש	א	י	ת	ג	א	ב	ו	י	י	ו	ך	ו	ו
כ	ב	א	ל	י	י	ב	ו	ר	ו	ר	ה	מ	י	א	ה	צ
ח	י	ק	ת	צ	י	י	ז	מ	י	ט	צ	ר	ל	א	ר	י
ו	נ	ל	ט	נ	ו	ף	א	י	ת	ן	ב	מ	ד	מ	מ	ו
ל	ת	י	ה	ב	ש	ו	ח	ל	ל	י	ם	י	כ	ס	ה	ל
א	מ	ם	ן	נ	א	נ	כ	ו	ט	י	י	ה	ח	מ	מ	ש
ו	י	מ	ב	ת	פ	ל	ת	י	מ	ו	ל	ס	י	י	פ	פ
ו	ס	א	ת	צ	כ	ג	ר	א		ש	ל	ה	ג	ו	ל	ל
ה	ב	נ	ם	ו	ו	ו	פ	ל	י	נ	ו	ך	י	ס	כ	ב
י	ס	כ	ק	נ	י	ן	א	ל	ס	ש	ש	ק	ו	כ	י	ל
ר	ן	ב	ן	ו	ו	פ	ו	ו	י	מ	מ	ח	ר	ו	י	ע
ר	ר	י	פ	ו	ת	ב	ח	ד	ר	צ	ח	ת	ו	ט	ק	ר
מ	י	מ	ב	צ	ע	מ	ו	ר	ו	ט	ע	ז	ו	ח	מ	ו
ת	נ	ל	ב	ה	צ	ר	ש	ב	ל	ע	ט	א	י	ח	א	א
ו	ו	מ	ס	ו	י	ם	י	י	נ	ר	י	מ	ו	מ	א	ב

נוף
כלכלת
מטלת
גבינה
מסוים
רקטות
זוג
חושב
אז
להסכים
אור
ברד
לאקלים
שידור
עצי
מצטער
הכחול
גבינת
מילוי
מבצע

Puzzle 248

ר	ר	ד	ס	כ	י	צ	ם	א	מ	ן	ת	ו	ה	ג	ו	ש
ב	ל	ע	צ	ב	מ	ב	י	ס	ב	א	ז	ו	מ	ב	ת	מ
ת	נ	מ	נ	ב	ת	נ	ו	ר	פ	א	מ		ש	ל	ח	
ש	ו	ת	ר	ד	נ	ח	י	ס	ה	ל	ב	מ	ו	ש	פ	ח
י	ב	מ	נ	א	ב	ת	ר	ג	ש	א	ה	ח	ר	ח	ו	ג
נ	מ	ו	ס	כ	ו	צ	ם	י	א	מ	י	ו	ל	ל	ע	ב
ו	נ	ח	ה	ח	ח	מ	ק	י	ת	י	ד	ת	ש	מ	ל	נ
י	ר	ה	מ	ת	ח	ב	ר	ך	י	י	א	ב	ר	ו	מ	ח
י	ב	ש	ו	ה	מ	ח	ל	ה	י	כ	ו	ו	ן	ו	ד	ש
ר	נ	ק	צ	ר	ר	ב	מ	ש	ל	פ	צ	ע	מ	מ	ו	ר
ל	ו	ע	ר	ו	ז	ד	ד	ו	מ	פ	ר	מ	ל	ו	ח	כ
מ	ו	ה	נ	פ	ת	מ	ו	ע	י	ו	ד	ן	ת	ר	נ	ד
ת	מ	מ	ס	א	י	י	ת	ל	ל	ת	ג	מ	מ	ב	ח	מ
י	ו	ר	א	ב	י	י	ג	ק	ו	נ	ג	ה	ג	ר	ו	ר
ו	א	ת	צ	ר	ו	מ	מ		ו	ו	א	ו	◌	י	י	ד

השועל
ירח
חגב
שינוי
חמור
ברך
שדון
להסיח
כחול
פועל
כפפות
במבצע
המוצר
אפורה
לשרוד
זאב
שאת
סחר
השקעה
המחלה

Puzzle 249

פ	ר	ה	ר	י	ז	ב	י	ן	ל	ו	ה	כ	י	ת	ח	ט
ה	ד	ש	ל	ו	מ	י	ה	ב	ו	ד	ו	ר	ה	ו	מ	ח
ה	ב	פ	ה	ק	ר	ק	נ	ל	מ	ק	ב	ם	י	פ	ה	מ
ה	ה	ו	מ	צ	ק	ו	ו	ף	ו	ח	ד	ל	ר	ד	ו	ב
ה	ו	ח	ה	ת	ת	ח	ה	ט	ל	ח	ה	ט	ר	ל	ר	ר
ד	ו	ב	ו	ה	ר	ש	ע	ל	נ	ש	ו	ך	ר	ר	א	ח
ת	א	ק	ה	מ	ש	א	י	ת	ת	ר	ת	ו	מ	ע	ו	ע
ה	מ	א	ר	ש	ל	מ	מ	ס	ה	ר	ד	ג	ל	ר	צ	ד
ל	ח	מ	ב	ה	ר	ן	ד	י	א	מ	כ	ר	נ	מ	ו	ו
מ	ר	ס	ו	י	ה	ן	מ	נ	י	פ	ו	א	א	ת	ה	מ
א	מ	ל	ו	מ	נ	נ	ה	כ	פ	ר	ש	ו	ר	ר	נ	ת
א	א	ל	מ	פ	ן	ת	ו	י	ן	ו	ת	ן	ל	ע	מ	י
ה	ג	ג	ל	י	ר	י	ש	ל	ע	ד	ח	ם	ו	ש	ה	ח
מ	ח	ו	נ	א	ו	ח	ת	ת	ו	ו	ו	ס	ף	ר	צ	ל
ח	ג	ב	י	נ	מ	ל	ה	ו	י	ו	ו	א	י	ד	א	ת

לשרת
המשאית
לדחוף
החלטה
לצרף
שחוק
עצמאות
בחופשה
בזירה
פרה
תה
מחט
כניסת
בין
לבנות
לנשוך
מחל
טמפרטורה
המדמיעה
קצת

Puzzle 250

ה	ר	ו	ב	י	ד	ט	מ	ח	ש	ב	א	ס	ט	ה	א	א
ש	נ	ו	ל	·	ח	ע	ו	ר	פ	ו	ב	נ	ל	י	י	א
ו	ע	ח	ו	מ	ת	מ	ג	נ	י	ב	ה	ה	ת	ת	ר	ד
ל	ע	א	ת	י	ו	כ	א	א	ו	ט	ו	מ	ט	י	ת	ב
ה	ל	א	ג	ס	ק	ל	ר	ח	מ	ו	י	נ	ם	ר	א	ר
ס	ה	ד	ד	ב	ס	ו	ר	ר	מ	כ	ת	ו	ה	ז	ל	ה
ו	ה	י	ד	ת	ר	ן	נ	ה	ה	מ	ו	ו	ל	י	ו	מ
ו	נ	מ	ש	ת	ת	ף	י	ז	י	פ	ש	ו	ש	ר	ק	ה
ת	ע	ל	ו	ר	ה	ה	ה	ל	ם	ו	ר	י	כ	ח	ו	י
ש	ו	ל	ח	ו	י	ח	ס	מ	ו	מ	ה	כ	י	ב	ל	א
ן	ה	ש	ת	ה	מ	א	ן	מ	ד	כ	ל	ס	ל	ב	ה	ר
ו	ה	ו	ו	ת	ת	ד	י	פ	ל	ב	כ	ה	מ	פ	ע	י
ת	ד	מ	מ	ו	ל	ם	מ	ת	ר	ע	ו	ר	ג	ה	ס	ה
ל	ק	ר	צ	ף	מ	מ	ק	ע	ם	ג	ע	ת	א	ד	י	ל
י	ו	ש	ה	ו	מ	ת	א	ע	פ	ג	ו	ו	מ	ם	ק	ו

משתתף
דיבור
שלהם
מגניבה
התרסקות
אוטומטית
הובלה
לזהות
הגרוע
להעסיק
חומוס
לקרצף
להרשות
פיזי
כמעט
מחשב
אריה
תוף
להסוות
תמיכה

Puzzle 251

י	ה	ל	ד	ן	ק	ל	ב	ו	א	ה	נ	נ	ת	י	ו	ו
ג	ת	ח	ם	ה	ה	א	ת	מ	נ	צ	ו	ב	ת	נ	מ	ו
ע	י	ו	ל	ה	א	ו	ו	ע	נ	ה	ת	נ	נ	ב	י	מ
ב	ס	ר	ח	ו	מ	מ	ו	ת	ק	פ	י	ו	ח	ס	י	נ
ב	צ	ו	ן	ד	ל	ו	ו	א	י	ת	ב	ר	נ	ח	ד	ש
ל	ח	ם	כ	ף	ב	ט	ו	ו	ד	ג	מ	א	ן	ת	ח	ק
נ	מ	ר	ח	ה	פ	מ	ה	ש	א	ה	ע	י	ק	ש	מ	ב
ת	ת	ש	י	ו	ב	ו	ר	נ	ג	נ	ר	נ	ת	ו	ה	א
ע	ו	ד	פ	א	נ	מ	ר	ע	ה	ת	ו	ז	ח	ל	פ	מ
ב	ו	ר	ע	ט	כ	ד	י	ר	ב	מ	ה	ו	מ	פ	ב	צ
נ	ב	א	מ	פ	י	נ	צ	כ	א	פ	י	צ	א	ל	א	ע
ל	ח	י	י	ר	ב	ת	ש	ה	ו	ן	ו	ע	ף	ד	ב	ו
מ	ש	ו	ס	ש	ב	ח	ב	ק	ו	ב	ס	י	ס	י	ת	ב
מ	ה	נ	ב	ה	ר	ת	ע	י	י	ל	ת	ו	ל	ש	ב	ע
ב	ז	ה	י	ר	ו	ת	ה	א	ר	ו	ה	א	ת	ב	י	ל

בננת
באמצע
משפטית
שקיעה
שבעה
בזהירות
תחת
שנערכה
לחם
בסיסית
דאגה
מתנהגת
עוד
באוויר
כביסה
מתנות
לחזות
נוראי
אף
חדש

Puzzle 252

ו	י	ס	ש	ל	ט	ח	ת	ה	י	מ	מ	ל	פ	ב	מ	ה
ר	ת	ר	י	ב	מ	ל	נ	ו	ש	א	ו	ה	מ	פ	ר	מ
מ	כ	י	ר	ח	ו	י	י	מ	נ	א	ו	י	י	ת	ב	י
ב	י	ת	ה	מ	ה	ג	ר	ו	מ	ו	פ	ד	ו	מ	ת	ד
ח	ע	ד	נ	ש	מ	ק	נ	ת	ר	ח	נ	ו	ה	מ	ב	י
ר	צ	פ	ת	ב	מ	נ	ל	ח	ב	י	ו	ם	ג	ש	ל	ת
מ	ט	ו	ס	ו	ג	ע	ת	מ	ל	ן	ב	נ	מ	ל	ב	ע
ד	ס	ת	ח	ו	ז	ה	ם	ו	ח	ק	פ	ל	ש	ב	ש	ג
ד	ו	ו	י	ב	ָ	מ	מ	פ	ו	ז	צ	ע	מ	י	ת	ס
י	ר	מ	י	ה	ד	ר	ג	ת	י	ת	ו	ר	ע	ם	ג	מ
ב	מ	א	ת	י	ש	צ	י	ו	ו	ס	נ	ר	ו	י	ר	ר
ת	ב	ג	ה	ם	פ	י	ו	ו	ָ	ו	ב	מ	ת	ד	ו	ע
ד	ש	ו	ל	ד	ר	ה	ת	א	א	ת	ד	ש	י	נ	ש	ק
ל	א	ר	ת	ס	א	מ	ב	ד	פ	י	ח	ל	ת	ל	ו	ל
מ	נ	ת	מ	ס	י	ו	ח	מ	ה	ח	ע	א	ג	א	מ	כ

לפקח
משמעותית
להתייחס
אגורת
ענק
רצפת
מטוס
הדרגתית
מחזור
לשמר
נשק
משלבים
שיר
שלג
בלב
בנו
פרא
קן
כיתה
שמע

Puzzle 253

ו ו מ ש ת י ע מ כ ר ח א י ח פ ו מ

ל ו א ע ע ק ם ע ה ח מ ק א נ ב ד א

נ א ל מ ו ה י נ פ ו ח ו א א ו ס ף

ח נ י ן ח פ ה י ת ק נ י כ מ ת ד ד

ו ל ע ו ס ד ב ל י ה י נ ה ו י ת ם

ר ו צ ו ו ו ש ו ע י נ ל ם ו ו ר ל

ד ה י ר י ש ע ה ו ת ה ט ה ס ר ג ת

ו ע נ י י י ה ל ו ע פ ק א ת ר י ק

ר מ ד נ ד ב ר מ נ · ם ו כ ר ב ש ן

נ ו כ א כ ת ע ו ה ח נ ו ר ב מ ו ו

ל ח ו ב ע ש א ו ת א ש ף ס ו נ מ י

צ ל ג ח ל י ד ל ם ל ם מ ת ן ו ל ח

ה ב ם ג ר מ ל י ק ס ב א ל ו ו א ו

ז ר ה ס ם ב א ו ו ת ר כ פ צ מ ל י

ו ו ט ל מ ו כ ת ד מ ג ל ג ר ו ד ב

רחוקה
פנאי
כדורגל
מדומה
אוסף
פעולה
ריק
חלון
החוצה
חנינה
הפתיעו
כרכום
גם
קטלני
בלי
לתקן
גרסה
דור
העשירי
נוסף

Puzzle 254

ל ב ק פ י ת ש ו נ ם מ ע ס ש י ע ז

ש ג ע נ ס ו ק ו ש ל ש ר פ ד ל ד ו

א י א ר מ ר י ו ו מ צ ל מ ה פ ב ק

ס מ י י ח א ת ו ג ד פ ג ל ע ב מ ן

מ א נ מ ו ר י ג מ ע מ ח ה ו ש ו י

ד ת פ מ ל י ו ל מ ע ד ב פ ט מ ו ן

ב א ח ב ת ר י ב צ ל ו ש מ ש ח ת ל

ר ח ו ן ל ב ש מ ל ף ג ה ש א ר ב ק

י ן מ א ת ו א מ ב ח י נ ת ל ג ב ו

ו נ ה י ר י ת ה ו א נ ג ר ה ם ב ח

ר מ נ ס נ ו א ר ד ו ב ת ן י ח ר ו

ת ע פ ח י פ ן ד י ה ו ה ד מ ו ע ת

ש פ ך ה ר ר ב ב ש ה א ע מ י ש ר ת

ו ם ע נ י י ך ל ו ן ו מ ד ד ה ש ב

ף ו ט י ח ד מ ת ◌ ח פ ד ט י ס ג א

משכפל
מבחינת
ראש
מהר
עלה
ריח
טועה
לווייתן
לקוחות
אגס
דברי
מפת
שמפה
מצלמה
לבדר
שקית
בניגוד
ערש
עצמאי
שמש

Puzzle 255

א	ר	ב	ע	נ	פ	ר	ל	כ	ל	ו	ל	ה	ש	כ	ר	ה
ט	פ	ס	ל	מ	ש	ש	פ	מ	ם	מ	ה	ב	נ	י	ק	מ
ּ	י	א	י	א	מ	ל	נ	ק	ב	ה	◌	י	ו	נ	צ	ב
כ	א	ר	ז	ה	ע	ן	ל	מ	ר	ח	ה	ו	ג	ט	כ	ח
מ	א	מ	י	ן	ו	ז	ו	ו	ר	ב	ה	ו	ט	מ	ה	ף
י	י	ו	ם	י	ו	ה	ו	ו	ב	ו	ר	מ	י	ד	נ	י
ע	ס	ל	נ	צ	ש	ב	י	י	ף	ו	ע	ה	ם	ו	ב	ת
ד	ו	פ	ד	י	צ	ר	א	ת	ח	י	ה	י	ס	י	ל	ב
ז	ב	ל	ד	ר	ו	ג	ל	צ	ג	ו	י	ן	ר	ה	י	ש
י	י	פ	י	ד	א	צ	נ	ק	ת	ן	ו	א	י	ז	ו	מ
ח	ת	כ	ב	ר	ה	ל	ק	י	ם	ב	ק	ל	ו	ת	כ	ב
ת	י	מ	י	ת	מ	ג	ר	ק	י	ח	ס	ל	ו	י	א	ו
ש	נ	ר	י	א	ש	ב	ו	ל	ט	ו	ח	א	ל	ש	ב	ת
ל	א	ק	י	מ	ת	ו	ו	נ	י	ש	ב	ל	ו	י	ע	ש
ד	ע	ג	מ	ח	י	ה	מ	נ	צ	ש	ו	ד	נ	א	ד	י

רשלן
ארבע
אישית
מוזיאון
עליזים
לשבת
באותו
בקלות
כאב
להשכרה
לכלול
הקנגורו
הברווזון
לנצח
לנקר
גבוה
מאמין
חכמה
ציד
חושש

Puzzle 256

ו	ו	י	י	י	ה	ד	ר	ה	ל	נ	ה	ט	ב	נ	ט	ל
ב	ת	ל	ל	צ	א	ב	ר	ר	ס	י	א	ש	ש	ה	מ	ה
כ	ה	ק	ח	ע	נ	ג	ו	ר	י	ג	ק	ו	ס	ב	י	ב
ח	ע	ט	כ	י	ז	א	ו	נ	י	ו	ב	ו	מ	ע	ר	י
ו	י	ו	ס	י	א	י	ד	ו	ע	ל	צ	ד	ב	ג	פ	ן
ם	ע	י	נ	ר	ג	ל	מ	ר	ע	ש	מ	ו	ו	ת	ע	י
ק	ו	י	נ	ת	ס	פ	ר	מ	ט	ר	פ	ה	ק	ח	ש	ל
ן	י	ו	ו	י	ה	ד	א	ה	ש	י	ב	ר	ש	ק	ת	ל
מ	ת	ל	נ	פ	ר	ש	נ	ו	ת	כ	ב	נ	ו	ת	ע	י
מ	ו	ש	ת	י	י	ל	ר	ל	י	ז	פ	ה	ד	ג	ן	א
ד	ו	ו	נ	ב	ש	ב	ח	כ	י	ה	י	ע	ת	ר	נ	ב
ף	א	ל	ש	ה	ע	מ	ד	י	א	ל	ס	ו	ב	ו	ל	ג
ה	ו	ו	ו	ש	ל	ה	ו	ם	מ	ו	פ	ן	ד	י	י	נ
מ	י	ר	י	ר	ס	ט	ה	ק	י	ת	ש	ה	פ	י	ל	ד
ר	·	ס	ע	ן	י	ה	ד	ה	ט	ן	י	י	ן	י	ד	ב

לסייע
כנרת
ולהזכיר
סביב
לשחק
מרפסת
דליפה
נשוי
להבין
גלובוס
עשירה
שער
בניסיון
פרשנות
שעברו
הולכים
שתיקה
לתקשר
הפרט
ינשוף

Puzzle 257

ק	מ	מ	ל	ג	פ	ע	ד	ל	י	ב	כ	ש	ו	ש	ר	י
ק	ג	ק	י	ז	ח	ה	ל	נ	ה	ב	ש	צ	ו	ר	ה	ר
ד	א	ת	ו	י	ל	ו	י	נ	ק	י	ר	מ	א		ת	ל
י	א	ר	·	ם	ת	י	ך	ט	ב	ג	ו	ב	ל	י	ז	ו
ק	נ	ג	ו	ר	ו	ש	א	ת	י	מ	ן	י	ד	ל	מ	כ
ר	ן	ו	ו	ד	ר	י	ל	ר	נ	ד	ר	צ	ל	י	י	ת
ז	ל	ת	י	ת	ד	נ	מ	ה	ב	כ	ן	ת	ת	ד	ח	ס
ר	ל	ט	י	י	ד	א	ס	ח	ד	ב	ו	ר	מ	ו	מ	ו
ג	ר	ר	נ	מ	ש	א	פ	י	ע	ל	ב	נ	נ	מ	נ	ך
ח	י	ל	מ	מ	ו	ו	י	א	ג	ח	ה	י	כ	ב	ר	ת
ו	י	מ	ח	י	פ	א	ק	א	צ	צ	ה	ה	ב	ה	פ	י
ב	צ	ס	נ	ב	ט	ד	ר	ך	ו	ה	ע	ל	ת	ר	ו	ר
ה	ו	ו	ק	ד	ר	מ	ו	ש	ל	ם	ם	י	נ	ו	ת	נ
ו	י	ה	נ	ג	ב	י	מ	י	ש	נ	ת	ו	ף	ש	ש	ד
ס	פ	צ	י	פ	י	ת	ם	י	ח	ו	ב	ב	ש	ב	א	י

מושלם
קנגורו
אשתו
מקום
אמריקני
ספציפית
מספיק
צעיף
יפה
דרך
כשרון
נתונים
מלאך
להחזיק
מגיב
שופט
חברים
חובה
לדין
בשורה

Puzzle 258

י	ה	ח	ו	ל	פ	ה	י	ן	ח	ה	ש	ר	מ	ן	א	ו
ן	ה	ע	ת	י	ק	פ	ה	נ	ת	נ	צ	ם	ו	ח	ו	ש
ה	ל	י	ב	ת	פ	מ	א	ר	ב	נ	ב	ן	א	מ	ל	א
ח	ו	ס	ר	ל	נ	נ	נ	ע	י	ב	א	ה	ו	ן	נ	ו
מ	ע	ו	מ	ה	ה	ת	א	מ	ג	ש	כ	ג	ת	מ	ה	ג
ש	פ	ב	ן	י	י	ת	ב	ר	ע	ש	ע	ן	ה	פ	ם	ז
ב	ח	ל	מ	ה	י	י	פ	ו	ר	ט	ה	ו	י	י	י	כ
י	ה	י	ש	ו	נ	א	ב	ר	ו	ד	ם	מ	א	א	ד	מ
ם	פ	ם	מ	מ	מ	א	מ	מ	ץ	י	ב	י	ס	ר	ג	א
מ	ו	ל	ה	ק	ר	ש	ה	ו	מ	ת	י	ש	ה	ו	ל	צ
ה	ר	ג	ע	ל	ר	פ	י	כ	ח	ד	ב	י	מ	צ	כ	ב
ו	י	ח	ד	ט	י	פ	ר	צ	נ	ו	ע	ה	ב	י	מ	ן
א	ם	ם	ה	מ	א	ל	ו	נ	ח	ל	ל	ו	מ	ק	ע	ח
י	ו	ט	י	ל	ה	ב	ת	כ	ת	ו	ש	ר	מ	פ	ר	ה
א	ס	ל	ה	א	א	י	ו	ה	ר	י	ס	כ	י	נ	ב	ב

מסוכן
מלא
רעש
במהירות
בשמחה
קלט
סובלים
שימון
אגרסיבי
הליכת
קפה
הים
הטרופי
שצבא
אנושי
להתפרץ
רגע
דתי
קיצור
צנועה

Puzzle 259

י	ו	פ	י	א	א	ל	פ	י	מ	ה	א	ל	י	מ	ו	ת
כ	ב	ו	י	ו	י	פ	ל	ד	ת	ש	י	פ	ד	ל	ג	ח
ק	א	א	ר	ר	ש	ס	ן	ו	ת	ת	ה	ך	ל	ש	ק	ת
ח	ש	מ	ל	י	י	א	ו	ע	ו	ש	ת	ו	י	א	ר	מ
ת	א	נ	י	א	מ	ו	י	ו	ב	ק	ר	ב	נ	ל	ק	ו
ו	ו	ע	ד	ר	פ	ו	ו	א	מ	ת	ה	ס	א	א	מ	ק
מ	פ	ח	ד	ה	ב	ט	ר	מ	א	ד	ה	ה	ט	ו	ד	י
י	ד	ח	י	י	פ	י	י	ד	ש	ו	ה	י	ו	ם	פ	ת
נ	ן	י	ד	ש	ב	ט	ו	ח	ה	מ	ו	י	מ	ח	ו	א
א	ו	פ	נ	ו	ע	ע	פ	ל	י	ו	י	א	ג	ב	ס	ו
ח	נ	מ	מ	ו	י	ו	ע	ב	ג	ן	ע	ה	ס	ו	י	א
ך	י	ו	נ	י	ס	פ	ו	פ	ע	ב	ל	ח	ב	ר	ת	י
ה	מ	ח	י	ר	ר	פ	כ	ש	א	מ	ו	ב	ה	ע	י	ה
י	ת	ה	ו	ש	ש	ה	ב	ר	ה	ר	ח	ו	ת	ן	פ	ע
פ	י	צ	נ	ת	ב	ת	ח	ה	א	כ	ת	ת	ת	ד	פ	ד

דפוס
פלדת
בקר
אלימות
שלך
עיר
דעה
מתחת
היום
משהו
חשמלי
חברתי
פלא
ילדי
יש
מפחד
בטוחה
אופנוע
אישי
ראיות

Puzzle 260

אחרון
כרגע
להאריך
לשדוד
ממהר
חשבון
בברכת
בקשה
דבקה
תפוחי
מנת
שגרים
לבוש
לאחרים
שבור
לפנות
קהילת
עלות
העוצמת
גורם

ל	ל	ש	ו	י	ל	מ	ל	ו	ב	ה	ח	א	ל	א	כ	ו
ל	ה	מ	ן	ו	נ	ב	ש	ר	ב	ע	ש	א	ד	ת	ש	ע
ב	ש	א	ת	ו	ת	מ	ו	ו	ר	ו	ב	ג	ן	ן	נ	ל
ו	ק	ש	ר	ד	ב	ק	ה	ש	כ	צ	ו	מ	ו	א	ס	ו
ו	ב	ו	ו	י	מ	פ	ה	ל	ת	מ	ן	י	ר	ר	ו	ת
ד	כ	נ	ב	ח	ך	כ	ב	ר	י	ת	י	כ	ח	ה	ם	ו
פ	ל	א	ש	ו	ד	ו	ה	י	נ	ל	י	ל	א	מ	י	נ
ת	מ	מ	ב	פ	ה	ה	ר	מ	ל	י	ו	כ	מ	מ	ר	פ
ב	ש	ו	ת	ת	ח	ר	ו	נ	ש	ה	ג	ר	ם	ר	ג	ל
ל	א	ח	ר	י	ם	ה	נ	ת	ד	ק	ת	ו	מ	י	ש	ו
י	ר	י	י	נ	ב	ר	ג	ע	ו	ל	י	ו	ש	נ	ה	ד
נ	ש	ר	ת	ו	ש	ת	ו	ת	ד	ו	ו	ך	ר	ל	ג	ק
ד	ב	ע	מ	ת	ע	ה	ל	ו	א	ק	ע	ח	ל	נ	מ	נ
י	ש	י	כ	י	ס	ד	ב	ל	י	ז	כ	ך	נ	ר	מ	ת
ת	ו	מ	ב	ש	י	כ	ג	ה	מ	א	ל	ס	נ	ה	כ	מ

Puzzle 261

ו	ת	ש	מ	י	נ	ה	י	ו	נ	ג	ה	ר	ס	מ	ת	ב
ל	ק	ח	ר	מ	ה	ר	י	כ	ב	ש	י	נ	י	י	ם	ד
ה	מ	צ	א	ו	ל	ן	ת	ל	ס	ב	ר	פ	ל	י	א	ר
ר	מ	ן	ה	י	צ	ק	א	ר	ט	נ	י	א	ל	ת	ת	ו
ו	כ	נ	נ	ר	י	י	ח	ם	י	ע	ג	י	מ	ת	מ	ם
ו	א	נ	ק	ת	י	ו	ה	מ	ע	כ	ד	ל	ו	ק	ו	ש
י	ר	ה	ש	מ	ל	ה	ה	נ	ל	ן	מ	ר	ב	ק	נ	ל
ח	ב	ד	ב	י	ם	י	ב	י	ו	ב	ו	ו	נ	ו	ד	ב
צ	ע	נ	ע	נ	ע	ש	ד	ו	·	ס	ד	ף	י	ת	ח	ו
ה	י	ס	ב	ת	א	א	ז	ר	ח	י	ג	א	ה	פ	ם	ו
ה	ם	י	נ	ב	ת	י	ג	ה	כ	ס	ג	ח	ק	ח	נ	ב
ח	א	ש	ח	ל	י	ת	ו	מ	ן	נ	ר	ד	ו	ח	ק	ש
א	פ	ר	מ	ר	כ	ך	ז	ד	ו	ה	ח	מ	ב	ל	ל	ב
א	ה	ז	י	ע	ד	ת	י	ס	ח	ל	ן	י	פ	כ	ל	נ
פ	ד	פ	א	ת	ח	י	ל	ד	מ	י	י	ן	נ	ו	ו	ו

שוקולד
אזרחי
אינטראקציה
ארבעים
ולהרוויח
יגעים
קצה
נענע
המרחק
גאה
כמו
בכירה
דרום
קנה
לדמיין
סבתא
שיניים
השמלה
לתת
עדר

Puzzle 262

ק	ק	ק	ר	מ	ס	פ	ב	ץ	ר	פ	מ	י	פ	מ	צ	ס
ר	נ	נ	א	פ	א	ף	ל	ו	י	ר	ד	פ	צ	ו	מ	ע
ו	ח	א	ו	ר	ו	א	ח	פ	ו	ה	ב	מ	ל	ו	ש	א
ב	י	מ	י	ה	ת	ק	ב	ס	ו	ח	ק	ו	ה	צ	ו	ה
י	ת	ף	ת	ג	א	ו	פ	ל	ס	ת	ו	מ	ד	ק	ת	ה
ם	ל	ו	א	ש	ו	ש	ב	כ	י	ם	נ	א	ד	ב	א	מ
ד	א	פ	ן	ו	ת	מ	ש	א	כ	ת	ת	ו	מ	ל	ן	א
ת	ת	מ	כ	מ	ו	צ	ד	ן	ו	ו	ג	מ	ע	י	ה	ו
ת	נ	א	מ	ה	י	ת	מ	ת	ם	ב	ת	ח	נ	ה	י	ת
פ	ק	ת	י	ח	ל	א	ע	ש	מ	ל	פ	ר	ת	מ	ד	מ
ק	י	ג	ח	ד	א	ו	ד	ק	ו	ח	פ	ו	ל	ח	ת	ו
י	ת	ר	א	ת	ת	ר	ק	ה	ה	ו	ח	ל	ש	מ	ר	כ
ד	ב	א	ת	י	ל	י	ל	ש	ב	מ	ח	ב	ת	ד	נ	ת
ה	ק	מ	ו	נ	מ	ה	ה	ב	ל	פ	ו	נ	ק	צ	י	ה
ב	י	ה	ם	מ	ו	נ	ע	מ	י	ב	ח	ש	ח	ו	ל	ה

תפקיד
דבק
מגוון
בקתה
חלש
קרובים
חלב
יצווה
לשקול
תאוריה
התקדמות
בתחנה
שלילית
מפלצת
מפרץ
סיכום
פונקציה
הגשומה
אשמתו
במחבת

Puzzle 263

ס	ל	ה	ק	ד	י	ש	ח	ו	נ	ד	מ	ת	כ	ם	נ	ו
נ	ק	ן	כ	ה	ו	מ	ת	נ	ה	ו	י	ס	ש	ו	ב	ד
י	ר	ת	א	ס	פ	א	ס	ת	ה	צ	ו	ב	ת	מ	כ	ו
ף	ו	פ	א	ח	כ	ו	מ	פ	ו	פ	ח	ע	ן	מ	ה	י
י	ת	ט	ח	י	ב	ש	ו	ד	ר	ן	ד	ה	ש	ו	ב	י
ף	ש	ל	כ	ו	ד	א	נ	ב	ה	ה	י	ה	צ	ו	י	י
ח	ע	ב	ט	י	ר	י	מ	ס	ת	ב	ם	ם	ו	ק	מ	ב
ל	ן	ו	ו	ל	ל	מ	ל	מ	ה	ע	ב	ע	ל	ב	ס	מ
ו	א	י	ב	ס	ל	י	ב	ר	ו	ע	ש	ה	ו	מ	ר	נ
י	ס	ם	י	ל	ח	נ	ת	מ	נ	ו	י	כ	מ	ו	ג	ן
ל	י	ת	כ	ר	צ	ם	מ	ל	ו	נ	ה	נ	פ	ר	א	ק
ג	ק	מ	ר	מ	ת	ז	י	ז	ר	מ	ם	ן	ע	נ	א	מ
כ	פ	א	מ	ה	מ	ן	ו	פ	ו	ר	מ	א	ו	ל	ו	ס
ד	א	ה	ס	ן	א	י	ס	ג	ם	ו	ע	צ	ר	ו	מ	ת
ו	ר	ה	ו	ה	ג	ב	מ	ו	ה	ב	ו	פ	א	א	י	א

עורב
מיוחדים
הר
פטל
זמן
אמרו
מתנחלים
להקדיש
מנומסת
סולו
מסוימת
סניף
יבש
מרכיב
אפס
לקרות
מתנה
אוטובוס
במקום
כבד

Puzzle 264

ג	ק	כ	ל	מ	ע	ה	ל	ב	ן	ד	כ	ל	ע	ה	י	ג
ר	ל	ו	מ	ס	י	ג	ס	ב	ו	ן	י	ל	ש	[illegible]	ל	פ
ע	ט	א	ד	ל	י	ל	ת	א	י	ת	ס	מ	ת	ו	ו	ש
ב	ת	ב	ת	ד	י	פ	ר	ג	ל	י	א	ב	ר	ו	ע	ה
ו	ס	ע	ו	י	א	ו	ר	ב	י	ר	ו	צ	י	נ	ג	מ
ל	ל	ר	ר	ת	ה	ו	ן	ל	ג	ס	ו	ו	ו	נ	ג	ר
ל	ד	ו	י	ע	פ	ס	ו	ן	ד	ט	ל	ר	ש	צ	י	ת
ל	כ	כ	ח	ב	ם	י	ט	ו	נ	ל	ב	ק	י	ם	ר	ר
ת	י	ד	ב	ו	י	ה	מ	ת	מ	ו	ד	צ	ר	א	י	ר
ו	נ	ו	ה	ל	ו	ת	י	מ	ד	א	י	ו	ו	מ	ת	ו
ל	ו	א	ה	ו	ש	ו	ו	א	ח	ה	י	א	ע	א	ב	ה
[illegible]	ו	ע	ס	ו	א	ח	ו	ת	ו	ר	מ	ן	ה	ו	ב	[illegible]
ס	ס	ח	י	נ	ר	י	ב	ה	פ	ר	ד	ו	ם	ד	ל	ה
ח	ב	ד	נ	ו	ם	ה	כ	מ	ש	ב	ו	י	ל	ם	י	ל
ו	ר	ו	ר	מ	ד	ת	ע	כ	ב	ו	י	נ	ו	צ	י	ח

גירית
לגידור
בעתיד
קלטת
בחירות
ואחותו
דואר
חיצוני
נוטים
הבדל
שוות
חופש
הסינר
רגלי
כיסא
קבל
העורב
סבון
גיליון
כואב

Puzzle 265

ב	ו	ל	ר	א	נ	נ	פ	א	י	ן	א	מ	ו	ת	ד	פ
ש	נ	י	ת	נ	ו	ד	מ	ש	ח	ל	ם	א	כ	ו	ע	כ
מ	ף	מ	ה	ש	ו	ו	י	ב	ו	ו	ר	ו	ס	כ	י	ו
ר	ש	ד	ה	ה	ד	ו	ב	ב	ם	כ	ת	כ	ף	ו	מ	ג
א	נ	ח	ה	ר	ב	ד	ת	ג	ו	ג	ו	ז	ר	ג	ו	ו
ו	ס	ט	ח	א	נ	ל	י	ש	כ	ת	י	ב	ב	ש	ע	י
ו	ן	א	י	ש	מ	מ	ב	ל	ס	י	נ	ו	ע	ת	ד	י
ל	כ	ר	ק	ע	מ	נ	ק	ב	ה	ד	ב	ת	ו	ק	ד	ת
ג	ב	ו	ה	ה	ה	מ	ע	ח	ק	י	ג	ו	ן	ג	פ	ח
ם	ם	ח	פ	ר	נ	ב	מ	ו	ה	י	ע	ל	מ	ר	נ	ו
ו	ל	ב	ו	ק	ו	י	ד	ס	ל	א	ח	צ	ו	ח	ד	ש
ד	י	ת	ק	י	ר	ב	מ	פ	י	ת	ת	נ	י	ה	ל	ה
ו	י	ק	ן	י	ג	ר	ן	ו	ע	פ	י	ת	ו	ר	מ	ח
ל	א	ב	ד	ש	ט	ו	ח	מ	ר	א	ל	ה	ל	ו	מ	א
צ	ו	ה	ג	נ	ח	א	ו	ל	ן	ת	א	ו	ע	ע	מ	צ

קופה
מעקב
דקות
נדיבות
אחות
מנעול
שטוח
הסכום
לאבד
ידית
התנצלות
מבריק
הראש
גבוהה
כסף
מאוכזבות
שניתנו
עגבניות
בחור
תחושה

Puzzle 266

ל	ב	ד	ו	ק	נ	ש	ח	ע	ס	ר	ב	ש	ר	ז	ם	נ
ס	ש	א	ם	ד	נ	א	נ	י	י	ח	ב	א	י	ו	כ	ת
ו	ר	י	ד	ש	ת	ז	ק	ה	ע	א	ר	א	ח	ר	ז	א
ר	ס	ע	מ	ן	י	י	ד	ח	י	ר	ל	ת	מ	ד	ו	ו
ח	ר	ו	ח	ב	א	ג	ה	ו	י	ה	ב	ל	כ	פ	נ	מ
ל	ן	ל	י	ה	נ	ל	ה	נ	מ	ו	ס	ח	ב	ר	ת	ל
ה	כ	ו	ל	מ	פ	ה	ש	י	ם	ר	ש	ך	ז	ם	נ	י
ס	ת	ב	ו	מ	ו	ש	ו	נ	ת	ב	ה	ל	ב	י	ש	ח
ת	ה	ד	ע	ת	מ	י	ר	פ	ס	מ	ג	כ	ו	ל	ר	ו
י	כ	מ	ט	ר	י	ם	צ	ל	ג	ג	ת	ו	י	א	פ	ת
ר	ב	ר	ק	מ	ח	ש	ה	ע	צ	ם	מ	ל	ף	ו	ש	ע
ס	א	ח	ב	נ	פ	ב	מ	ח	ל	פ	פ	מ	י	ש	ל	ת
ן	י	מ	ו	ב	ד	מ	ח	ע	ר	ג	ם	ב	נ	י	ו	ק
ו	ו	מ	מ	י	כ	י	ס	ב	ה	ז	מ	ל	ש	א	ה	ע
נ	ר	ג	ה	ה	מ	י	ה	נ	א	ו	צ	ם	ל	ן	מ	ה

לשפר
אחד
מלוכה
זר
אש
שואלים
עצם
גוף
להסתיר
לבדוק
רצה
מלוכלך
אזרח
פגז
כבאי
זירת
עש
מספר
מטרים
מחיר

Puzzle 267

א	ו	ת	מ	ָ	ת	כ	ח	י	ס	ל	ש	ח	ל	ו	ה	ו
ו	ד	ו	ת	ז	ב	ה	ד	ח	ה	ך	ה	ן	מ	ג	ת	ע
מ	ן	ר	ו	א	ת	ר	י	י	ש	נ	י	צ	ו	ך	נ	י
ד	ד	ָ	מ	פ	ר	ו	ה	ס	ש	ת	א	ש	י	י	ה	ו
ן	ד	ר	ח	ש	י	ג	נ	א	ש	פ	ר	מ	נ	ג	ל	ן
ו	כ	ר	ו	ב	י	ת	ת	ק	ש	ו	ב	ב	ו	ש	ו	מ
א	י	ו	א	ר	י	ת	א	ה	ה	ר	ע	ש	י	ס	ת	ו
ת	ר	פ	ו	ש	ן	ר	נ	מ	ו	ת	ל	ה	ד	ו	ו	ס
מ	י	א	פ	ע	ו	י	נ	ע	ח	ש	י	ו	ב	ה	פ	ד
ל	ה	ג	י	ש	ע	ב	ו	ד	ת	ל	י	ת	ב	א	צ	מ
ח	ו	ש	ף	פ	א	ו	ל	ו	ק	ו	ה	ה	ג	ר	ל	נ
ו	ג	ר	מ	ש	ו	ת	א	ה	ל	ד	ו	ן	ח	ק	ל	ס
ו	י	ר	ב	ש	י	ב	נ	י	ר	ב	ש	ת	א	ט	א	ה
ד	פ	ת	ף	ת	ג	ס	י	פ	ו	ו	ב	ש	ב	י	י	ש
א	י	ג	ן	י	מ	מ	ע	ר	ב	ה	ס	צ	ת	ע	ת	ד

הארקטי
לצפות
להרוס
להציג
אומדן
ממערב
וכרובית
התנהלות
בדיוני
תרופת
קשוב
מנסה
להגיש
מוסד
לדון
אפור
חושף
עבודת
עלייה
חמאת

Puzzle 268

ב	ו	ל	ט	כ	ה	כ	ב	י	ד	ו	א	ת	מ	א	ע	ב
ר	ח	י	ב	י	ס	י	ל	צ	מ	ת	ו	מ	נ	מ	ת	מ
ט	ן	ו	ב	ל	פ	פ	ו	ל	ו	ו	א	ה	ש	ב	י	ג
י	מ	ו	ר	א	ב	ש	ת	י	י	ן	ב	ו	ד	ח	מ	ב
ס	ר	ה	ח	ע	ש	ל	י	ל	ד	מ	ל	ד	ה	ו	נ	ש
מ	ג	א	ן	ז	ו	ו	ר	ת	י	ג	ל	י	ר	ר	ל	א
מ	ג	ב	ש	ם	ע	·	י	ב	ת	ה	ע	פ	א	י	ה	א
ש	א	ו	ח	ו	ם	ו	פ	ו	א	ד	ב	ש	ת	מ	צ	ח
ל	ל	ג	ב	ד	א	ע	ש	ן	י	מ	ה	י	ה	ה	ה	ר
ת	ט	ר	ע	ק	כ	י	ם	א	ו	נ	מ	ו	ב	ד	י	ד
ד	א	ת	מ	ד	ד	ב	כ	י	ת	א	ח	ו	י	ד	ר	ש
ן	ח	מ	כ	ג	ל	ה	ו	ו	ב	י	צ	פ	ח	ד	ן	א
ה	א	ד	ו	ו	ר	ל	ב	ת	ת	נ	א	ם	נ	י	ו	ל
י	ע	ת	ו	ו	י	מ	ן	ס	מ	ק	י	ו	ו	ב	ג	מ
ק	ת	ו	ת	ו	ן	ת	מ	ו	א	ו	ת	ח	ל	י	א	ו

בחורי
כרטיס
פחדן
איכות
ממשלת
הכבידו
להביע
טיפשי
דוור
לבלבל
בר
צלילת
הרס
הראתה
עשן
לדכא
שפירית
להצהיר
חצאית
בוגרת

Puzzle 269

ה	ל	ע	מ	ע	א	ג	ל	ע	ו	י	ו	ב	ה	י	ח	מ
ע	ד	י	נ	ה	ש	ס	ג	ש	ח	ל	מ	ק	פ	צ	ו	ש
מ	ק	ה	ד	ע	ר	ו	ש	ו	ו	מ	א	צ	ת	י	י	ם
◌	י	א	ר	מ	ש	ת	ל	י	פ	ש	י	ב	ע	ו	מ	י
ל	ת	ש	ר	צ	א	ר	י	ן	ש	צ	י	ע	ה	כ	ש	מ
ה	א	ג	ל	ו	כ	ל	י	ב	י	ד	ו	מ	ו	ד	ב	כ
ו	ו	צ	י	י	ח	ו	א	א	ו	י	מ	ה	ג	ט	א	ח
מ	ו	ש	ר	ח	י	ו	ו	ו	כ	ח	פ	י	ת	ר	ה	א
י	ז	ו	ק	ו	ל	ה	ס	ה	י	ו	ת	מ	ח	ה	ו	ע
ט	ר	ה	פ	פ	ו	ט	ו	כ	ס	י	י	ר	ק	ב	ב	ל
י	ע	ר	ה	מ	ע	ל	ה	נ	ק	ק	ר	י	ב	ע	ה	ל
ד	מ	ו	פ	נ	ל	ו	ס	ת	ו	ס	ס	ל	י	ס	ל	ה
ש	ת	צ	ת	י	ל	י	ל	ח	ג	ס	ו	ה	ר	ש	ל	ב
ב	ת	י	ט	ו	ה	ם	ו	ל	פ	ק	ו	ב	מ	ו	א	ו
ת	ב	י	ע	ר	כ	ת	ק	ו	ו	ו	ע	ב	ר	ס	◌	

ייצור
גחלילית
עדינה
טעות
בקצב
מיעוט
מלח
חופשי
משם
קמפיין
אשר
תירס
אהוב
סיכוי
הפתעה
להעביר
חכמים
כאשר
עשוי
די

Puzzle 270

א	א	פ	פ	ש	ע	ח	ה	ר	ל	ר	ג	ג	ז	כ	י	ק
י	ו	מ	מ	כ	נ	ו	ח	ן	ש	ט	א	ר	ח	ר	ש	ע
נ	כ	ב	ת	ק	ה	ח	ו	ל	כ	י	ת	ו	י	ו	מ	א
ד	ו	ל	ח	א	ו	ו	מ	ב	ו	י	א	ב	ה	ה	ת	ס
ק	ת	פ	ה	ד	ת	א	ר	ת	ח	נ	ו	נ	ה	נ	י	נ
ס	ו	ל	ב	ד	ר	פ	ו	א	ן	ה	ק	ל	א	מ	ל	ו
י	א	פ	נ	נ	ו	ו	ת	מ	ו	ץ	י	ל	מ	מ	י	א
ו	ר	צ	ב	ג	ב	ו	א	ו	א	ב	ת	צ	א	י	נ	ס
ט	ב	ע	פ	א	ד	י	◌	נ	כ	ע	ר	מ	י	כ	ח	נ
י	ל	ק	ו	ב	ה	ו	ו	ת	פ	ד	נ	ד	ל	צ	ו	נ
ל	נ	ת	ע	ח	ש	ז	צ	פ	ו	י	פ	ח	מ	ד	מ	ל
ש	ב	ט	ל	מ	ב	ה	ט	מ	ל	כ	ת	ו	נ	ת	ר	ש
י	ו	ב	י	ו	צ	ב	ו	ו	י	ב	ע	ם	ה	י	ל	ש
ב	ח	ז	מ	י	ד	ע	ו	נ	נ	ו	נ	כ	פ	א	נ	ו
ט	ר	י	ל	ן	ס	ע	י	ס	ת	פ	כ	מ	ו	ט	ל	ה

בפועל
לשכוח
טרי
בחדר
אינדקס
לאכול
טייס
שליט
ממליץ
מדחום
חיה
תואר
לנבוח
צפוי
דבורת
זהב
טבע
צל
נרתיק
למטה

Puzzle 271

ב	ל	ת	ג	א	ד	ו	מ	פ	ע	ב	ל	ב	ק	מ	פ	א
ו	ם	ן	י	ק	ת	י	ק	ו	ה	פ	ד	פ	ל	ת	מ	נ
ח	י	ו	נ	י	ה	פ	מ	ד	י	ו	ק	ן	ו	ר	ש	ס
ת	ב	ה	ל	מ	א	א	כ	ד	ו	ר	ו	ר	ף	נ	ה	י
ן	ר	ג	ד	ו	ו	ש	ר	ת	ו	מ	ל	מ	י	י	ה	י
ש	נ	ת	ו	ת	ל	ו	ק	ח	ע	ט	י	ו	ע	מ	ו	ג
א	ל	ת	פ	ו	ר	ש	א	מ	י	י	ל	ה	ס	י	ב	י
נ	א	נ	ס	י	פ	ב	ת	ל	ש	פ	ד	ש	י	ב	כ	ע
י	מ	ב	ך	נ	ת	נ	מ	ה	ד	ש	ד	ל	ן	ר	א	ם
ו	מ	ש	כ	מ	ו	מ	ה	ק	י	ד	ו	י	י	א	ע	פ
פ	מ	ו	ד	ח	ח	פ	ן	ש	א	ש	ו	ג	ח	מ	ר	ב
ו	ז	ק	ד	מ	ב	פ	א	מ	ם	ף	ג	א	י	א	ן	י
כ	א	ל	ה	ו	ר	י	ל	ם	י	מ	ו	ן	ר	ב	מ	ו
צ	ח	ע	מ	ר	ו	ד	ו	ם	ו	י	ת	י	ו	ת	ל	ו
ר	ר	ה	י	ו	ב	ן	ו	ל	ע	ר	ר	ן	כ	ו	ת	ת

בפורמט
דיוקן
חמניות
בשוק
מס
מקבל
חיוני
תקין
כדור
ילד
הוקי
שלו
לתפור
משקה
פתוח
עכביש
מודאגת
חמלה
אנגלית
סעיף

Puzzle 272

ל	ת	ו	נ	ת	י	ח	ה	פ	א	ת	ב	י	נ	ו	ו	ו
י	ם	כ	ד	ל	ת	ו	פ	ע	ו	א	י	ן	מ	מ	ל	נ
י	א	ו	ו	ו	ה	ז	ס	ם	נ	ש	י	י	פ	ה	ן	א
ש	נ	י	ס	מ	ש	ר	א	ל	ו	ו	ת	ע	פ	ו	ג	ו
ת	ו	מ	ר	ר	ו	י	ד	א	י	י	י	מ	ו	כ	ר	ת
ן	מ	ת	א	·	ח	ש	ר	ל	ה	ל	מ	ב	ו	מ	א	נ
ע	ק	א	א	ס	י	ו	י	כ	י	ו	ש	ו	ו	ו	ל	ת
ל	ם	י	ר	ג	ו	ב	ק	י	ג	י	ר	ק	נ	כ	ו	ן
מ	·	י	מ	ל	י	ר	פ	י	ו	ר	מ	ה	כ	ו	ח	ו
ע	ל	ם	א	ר	נ	נ	ף	ך	ל	י	ב	ק	ו	ל	י	פ
צ	ו	ל	ל	ף	ו	ק	מ	ו	ו	ב	ו	ל	כ	ר	ב	ל
ר	ו	ד	ב	פ	ו	מ	צ	מ	נ	י	צ	כ	ו	כ	ה	ט
ג	ס	נ	פ	ע	ר	ב	ת	ד	ב	ל	ע	פ	ל	מ	מ	ל
ל	ו	י	ד	ה	ו	ת	נ	ר	ט	ו	מ	ן	א	ס	ק	מ
פ	כ	ת	י	כ	י	ב	ד	נ	ו	ק	ך	ת	ו	ה	ב	כ

פיל
מכתב
רשמי
אות
פעם
נכון
לארגן
למעצר
מוכרת
חוזר
טכנולוגיה
עצוב
ועדת
בקול
מפעילי
יריב
בוגרים
קרנף
טלפון
שוחי

Puzzle 273

י	ט	ס	ה	פ	ח	ד	כ	ל	ם	פ	א	ט	צ	ד	ת	ט
א	ק	ה	ו	א	ת	ה	צ	ה	ו	ר	צ	ר	ה	א	ו	נ
מ	ו	ר	כ	ב	ת	א	ט	ב	צ	ד	נ	ו	ו	י	ו	י
א	ח	ר	י	ם	ה	מ	פ	ש	ל	צ	ו	ף	ב	פ	ה	ס
נ	מ	ב	ע	ו	י	ן	א	ה	ה	א	ב	ק	י	א	נ	מ
ת	מ	ר	ו	י	ל	ו	ר	ד	ו	ע	ב	ש	ם	מ	ע	ק
ק	י	נ	מ	ו	ן	ו	ש	ל	ר	מ	י	ל	ד	ה	ו	ש
ע	פ	י	ו	י	ל	מ	ל	ו	א	א	נ	ג	מ	א	ת	ב
ל	ץ	ת	ה	מ	ד	מ	ע	פ	ל	ג	פ	ר	ה	נ	ק	ה
צ	י	ב	ו	ר	י	ס	ט	ו	ג	ת	ל	ת	ם	פ	ו	מ
ל	מ	מ	ב	מ	י	ר	ק	ל	ש	י	ו	ה	ת	צ	ח	כ
כ	י	ט	י	ר	ק	ק	ו	ב	ק	ב	ה	ך	א	ד	י	ק
ר	מ	י	י	ר	ה	ו	א	נ	י	ת	מ	א	ר	ל	ת	ה
כ	י	ה	צ	ת	א	ח	מ	ט	ע	א	ו	נ	מ	ו	ו	ר
ת	מ	ן	ר	ר	ב	ל	ג	י	נ	ד	ו	ד	ם	נ	י	ו

מסרק
לצוף
טניס
לפני
אחרים
ציבורי
מיץ
תא
הגיעה
קינמון
לשקף
צהובים
לתוך
לייצר
הבקבוק
כל
מורכבת
קריטי
הפחד
שבע

Puzzle 274

מ	ב	ה	ו	א	ו	ה	נ	ו	מ	ה	ו	י	י	ה	ה	ו
ל	ו	מ	כ	נ	ס	י	ת	ו	מ	ב	ר	ז	ל	פ	ע	ד
ר	ב	מ	ש	נ	פ	פ	מ	ח	ת	מ	י	פ	כ	ו	ש	י
ת	ת	ר	פ	ס	מ	ה	ל	מ	ר	ק	י	י	ח	ע	ו	ת
ש	ה	ו	נ	א	ה	מ	פ	ק	ת	ו	י	פ	ש	ל	ר	ח
נ	ל	פ	צ	ו	י	ז	פ	ע	י	ל	ת	ו	י	ד	נ	ע
ת	ר	א	מ	ה	ו	ו	ו	ב	ו	נ	ק	ו	ר	ן	א	ד
ה	ל	כ	צ	ב	מ	ה	ן	ה	ה	ח	ח	ו	ו	ל	ה	ג
מ	צ	ת	ך	י	ש	מ	ה	ל	צ	ה	ה	ש	ב	ת	ו	א
ב	פ	ע	ו	ם	נ	ע	ל	מ	י	ם	ש	ל	ו	י	ן	א
ב	ו	ו	ה	א	ו	ר	ז	ת	ע	ו	ל	ו	כ	ר	ו	א
נ	מ	מ	א	ל	ח	מ	ל	י	ב	ן	ט	ו	ל	מ	ל	ר
י	ת	ל	נ	ר	מ	ה	פ	ו	ט	ל	ו	ה	י	ב	ח	ל
י	ה	ר	ס	מ	ת	ע	ת	י	כ	מ	ן	ר	ו	מ	ס	ו
ו	י	ת	ו	ה	ש	א	ח	ף	נ	ו	ר	ב	ו	ק	ד	מ

נעלמים
המספרת
אוהב
מלפפון
שלווה
לפתח
העשור
להמשיך
המונה
בובת
הפועל
התחרות
טבעי
מפוארת
השלטון
אורזת
אוהבים
ברזל
מכנסי
הצעה

Puzzle 275

ר ד י מ ו פ ל ש י ם י א ו ש י נ ז

ג פ ת ו ם ו ר י ל א ר ה ז מ ג י ס

ך י פ ת ק ע ר א ד פ ה ם ו ל ב כ ב

ע ת א ע ל ל ה פ ת ע ס א ף ר י ן י

ב נ צ פ ת ת מ ת ל מ י ו ו י א י ב

ד ו מ ש ב י פ נ ע ו א ן ש ל ק א ת

ם ת ה ה ר מ ש ח נ ן ב כ י ל ה ס י

ו ה ו ב ר א ת ק א ל ל ג כ ל א פ ת

ל ת ק ב ת ו ה ז פ מ ב ו ל ת ם צ פ

ש ח נ ד י ר ו ת ר ט י ט פ ח ב י ת

ה מ ב א ר ע ל מ ה ל ו ל י ר ו פ ש

ו ר ה ל ק א ו ש ש מ א ר ל ו ט י ל

ק ר נ י ו ר ל נ ל ס ו ו ו י ב מ י

י א ו י ו נ ב ה ן כ ן ב ע א ו ו א

ו כ ד ל מ א ע ת ק ב ת י פ ב כ מ מ

זהות
השפעת
לפת
מצא
ספציפי
פועלת
שלום
פעמון
כלפי
משנה
נדירות
נחש
הרי
כישוף
סביבתית
נישואים
לשים
זיכרון
עצום
פתק

Puzzle 276

ל נ ד ר ר ס י מ מ ד מ ס ר י ל פ ש

ג ר ד ו פ ק ל ג נ ל ש ש ע ו ת ת י

נ ס ג ר ר ת ט ז י ש י ה פ ע ל מ ר

א פ י י ה ש י י ו י מ ב ה ל מ ג ו

א י ם ה ו ד ט ן ס ו ת ו ר ן ל ה ת

ה מ ש ה ז ה א ב כ פ מ ס ג מ ב ל ד

ב ו י ד א ס ד א ל ד ו י ר צ ת י ס

ו מ י ע ת ו ב ט ח מ נ נ פ ח א ו ל

ג א ל א ש ב ו י ח א ר א ד י י ו פ

ת פ ל ו ו מ ו ו ו א ו נ ו נ ו ח ע

נ ר ת צ א א ה ח י ל ש מ מ ן א ב ד

נ ס ל ה נ מ ז ת ש ב ו ו ש נ ל ו ש

ב ק ה ג ס פ ה נ פ י ה ו ד ל א ו ל

א ב י א ק ל ג ו י נ ד ת ו י ר ט פ

ה פ נ א ק נ א א ד ד ן מ ו ש ו י ן

ליישם
שומן
אנפה
גמל
אפרסק
תגובה
נתח
זוהר
מכוסה
מאה
לתל
שליחה
משימת
ספרייה
שעות
מגזין
יקרים
הפסגה
פטריות
שירות

Puzzle 277

ל	ת	מ	א	י	ל	ל	ו	ג	ס	י	ח	ו	ש	ב	י	ם
ל	ה	ע	ל	י	ב	ב	ה	ט	ב	ח	ה	ס	ה	י	ה	י
ב	כ	פ	ר	ס	ר	ר	ל	י	ם	ש	ח	ר	ת	א	ט	ק
ל	ר	ת	ת	א	ד	ך	ל	ה	פ	ג	ל	ז	ר	ז	ר	ו
ש	ל	ת	ט	מ	א	ת	י	ל	ה	ו		ד	ב	פ	ו	ל
א	פ	ש	ר	י	י	ם	ע	ש	ת	ק	פ	ו	ו		י	ב
ג	ו	י	פ	ם	ן	ן	ל	צ	ע	ש	ה	ו	ת	א	מ	ת
מ	ו	מ	ד	ש	ע	ו	י	ל	ע	ר	ח	ו	ט	ו	פ	ע
צ	מ	ד	א	ב	מ	ו	ל	ר	צ	ג	ז	ק	ע	ם	ו	ח
נ	ח	י	י	ו	ר	ר	ד	ג	ו	ש	ה	ע	ן	י	א	מ
ו	נ	ח	ה	מ	ק	מ	ל	ו	ל	י	כ	ו	ה	ש	ו	ב
ג	ת	ש	ר	ה	ל	מ	כ	ד	ן	ו	ל	מ	ע	ו	ב	א
א	ט	ב	י	ע	י	ן	ר	ח	ח	ת	ח	ו	מ	ר	ן	א
י	ה	צ	ה	ש	נ	מ	נ	י	ה	ו	ו	פ	א	ש	ע	א
ד	א	ה	ז	ל	ש	מ	ו	ע	ן	ד	ת	ס	ח	ן	ה	ו

בלוקים
החבטה
עצלן
חושבים
לברך
שחקן
בכפר
לדחות
רגשיות
פרט
חומר
אפשריים
התרבות
עלי
להעליב
סגול
לשמוע
הלך
חסת
היפופוטם

Puzzle 278

ר	ב	י	ח	נ	ג	ו	י	י	ו	א	כ	ד	ם	ט	מ	ש
ו	ס	ר	ט	ן	ל	ד	ד	א	ף	נ	ל	י	ת	י	א	ו
ת	י	ש	ח	ג	ב	י	ה	ק	י	ת	ע	ה	ר	י	ו	כ
ת	ק	ש	ו	ר	ת	ו	ח	ו	ר	מ	ל	ק	ב	ו	ע	א
ש	ד	מ	ש	ב	י	ן	מ	מ	ח	ד	ו	י	ח	ב	ו	נ
מ	ל	י	ר	א	י	מ	ו	ע	ה	ר	ג	ר	מ	ו	ו	ר
מ	ד	ר	מ	ן	ר	ם	מ	ב	כ	ה	נ	ז	ו	מ	מ	מ
ש	כ	י	פ	י	א	י	נ	ת	ת	ת	ר	ו	פ	ו	ר	ח
י	מ	ק	ר	ח	ו	ל	ת	ח	ר	ב	ת	ב	ת	ע	י	ת
ב	ס	ד	כ	ס	י	ג	ת	ל	פ	ט	ר	ו	ו	ח	מ	ע
ו	ו	א	ש	י	ב	ו	ב	צ	כ	ד	פ	א	ע	כ	ו	ע
י	ב	ו	ם	ל	נ	ס	ח	ב	ר	ת	ו	ר	ד	ר	ה	ו
ר	י	ר	י	ט	ת	מ	נ	פ	ו	צ	ת	מ	ר	ש	ש	ע
ש	ו	מ	ו	ה	ל	י	ב	ר	מ	נ	א	ב	ה	ש	מ	מ
ל	א	י	צ	ק	ה	ו	ו	ג	ב	ו	פ	ד	ד	מ	מ	ף

העתיקה
לקבוע
חברת
בצלחת
סרטן
החריף
מסוגלים
לפטר
מחברת
נפוצת
כתר
דומה
מומחה
זריקה
תרנגול
דיון
עמוק
שארית
מילת
תקשורת

Puzzle 279

ו	ג	ת	מ	י	נ	י	ם	ו	ש	א	ה	ה	מ	י	ש	ח
ב	צ	ר	ה	ב	פ	ו	ק	ו	א	ו	פ	ל	ו	ע	ן	מ
ה	י	ם	ה	ו	ו	ר	נ	ל	ו	ע	נ	ד	ל	א	פ	ד
נ	נ	ר	ה	י	א	ה	ו	ל	ז	כ	ל	ה	ב	כ	ה	מ
נ	ע	א	ל	ח	ל	ב	ו	ט	י	י	ב	פ	ס	ש	ו	י
ן	ו	י	ר	ה	ה	מ	מ	ר	ת	ן	ב	א	ו	ב	ל	ם
א	ת	א	ו	ש	א	ח	נ	ו	פ	א	ר	א	ב	ו	א	ו
ף	ס	ט	ש	ה	ל	א	ו	פ	ה	ו	מ	ה	ס	ו	ג	י
ן	ם	ה	ת	ה	נ	ב	ר	ס	ק	י	א	ו	ו	ש	ר	ן
ה	ו	ד	ע	ת	ע	ב	ע	ו	ה	נ	ש	י	א	י	י	ה
ד	ו	ל	ל	מ	א	ק	ב	ם	נ	נ	כ	ר	ת	מ	ר	ט
נ	ו	י	ן	י	ר	ל	כ	ו	ט	מ	ל	נ	ו	ר	א	ד
ה	ת	ו	צ	א	ה	צ	ב	ת	ב	ת	כ	נ	מ	ש	ו	י
א	ר	כ	ת	ו	ה	מ	ו	ל	ע	ת	י	ס	ד	ז	ו	ו
ב	ר	מ	י	מ	ך	ו	ל	מ	ת	מ	ט	ו	ר	ף	צ	ו

רפואית
החיובי
ואן
הודעת
שווא
ספורט
מינים
צוואר
נואש
נכתב
תעלומה
רמת
טבעת
מטורף
שונה
אבן
התוצאה
לבוא
ישנה
מהסוג

Puzzle 280

פ	מ	ל	ו	ם	ו	מ	ו	ת	ה	ח	ט	נ	פ	ת	ה	ה
ח	ע	ג	ר	י	ה	ל	מ	ש	ל	ב	ז	מ	ר	פ	מ	ס
ו	י	ט	ר	ק	ו	מ	ד	ע	ע	ד	ה	צ	ל	ח	ת	ט
ת	פ	ב	נ	י	ת	ל	ה	ה	ב	ו	ש	ת	ז	ה	ת	נ
ה	ר	מ	ר	ם	ג	ב	ת	צ	ב	ע	א	ל	ג	צ	ל	ד
פ	ו	נ	ם	ע	ר	ש	פ	י	ר	ב	ס	ה	ו	ו	ט	ר
ר	ן	ב	נ	ט	מ	א	י	ב	כ	ת	ו	ר	ם	ה	א	ט
מ	ו	ל	ח	י	ו	ך	ו	ז	ר	ו	ע	ו	ו	י	ל	י
י	ה	כ	מ	ו	ת	ה	י	ו	ת	ג	ו	מ	ג	ו	ס	נ
ו	מ	ו	ר	ל	א	ו	ר	ה	ז	ו	ל	ר	מ	ב	פ	פ
ו	ד	ח	מ	כ	ב	ח	ע	ה	ת	ת	פ	מ	ג	מ	י	י
ב	נ	י	ס	ה	ר	ש	ו	ו	מ	מ	ב	מ	כ	י	פ	ע
ט	צ	נ	ע	ל	י	ר	ר	ג	ס	י	א	ת	ח	ר	מ	ב
ה	ת	ג	ע	מ	א	צ	מ	ל	ר	ו	ל	י	ס	ל	ה	נ
ת	ר	ס	ד	ס	נ	כ	מ	ק	ו	ק	ו	ר	מ	כ	ק	ו

הון
דמוקרטי
תזה
חיוך
להירגע
טעם
מערבי
כמות
הסטנדרטי
זרועו
פחות
עיפרון
תשובה
גז
כניסה
אווז
תשעה
ביצה
הצלחת
מכרה

Puzzle 281

ב	ה	י	ר	ו	ג	ט	ק	ב	ו	י	מ	ו	ר	ב	א	ה
מ	א	צ	ן	ו	נ	ו	ו	ו	פ	ק	מ	ו	מ	ו	י	פ
ו	א	ר	ב	ב	נ	ט	ת	מ	ן	ע	ע	ו	ח	י	ג	ל
ג	ה	ו	ו	ע	ש	פ	ס	מ	ל	ת	ר	י	י	מ	ו	נ
ו	י	ז	נ	ן	ה	ת	ה	ו	ו	מ	ש	ו	מ	ו	ם	א
ר	ש	א	פ	ו	ב	ת	מ	ו	ר	ת	מ	צ	ט	י	י	ן
פ	ו	ל	י	ז	י	ו	ד	ו	צ	ק	י	א	ל	ט	ב	א
ו	ח	ר	ס	י	ע	פ	ב	ו	ו	פ	ב	מ	א	ר	נ	ל
ר	ב	ר	ו	ב	נ	י	י	ט	ו	ס	ר	ן	ל	ק	ע	ו
פ	ל	ו	ב	א	ת	י	י	ָ	נ	א	ס	ב	ב	ו	ז	ר
פ	ו	ק	ו	נ	ה	ע	ע	ת	ו	ו	ט	ה	ע	מ	נ	ל
י	ק	א	ט	ם	י	ר	ו	ב	י	ד	ל	ג	צ	ד	י	ת
ת	ע	ע	ו	ט	א	י	א	ך	י	מ	ה	ב	ר	ה	א	ָ
ו	ת	נ	א	מ	י	ם	ן	ה	ח	ח	ה	מ	פ	מ	ש	ס
ח	ב	ע	ה	י	ס	י	ל	נ	ט	א	ס	מ	ד	ד	א	ר

בארון
בקטגוריה
מצטיין
ביזון
פיתוח
בניין
לו
הצבעה
הדמוקרטי
לאזור
האוטובוס
אך
עייפות
התה
לדיבורים
אמן
ענבים
בתמורת
ואספקת
פשע

Puzzle 282

ל	ק	ר	ו	ד	ה	ד	י	ת	ל	ל	י	ב	ח	ב	ן	מ
צ	ל	ח	ת	ך	ה	ב	ח	ד	י	ו	מ	ש	ב	י	ק	י
ת	נ	ג	ח	פ	י	ג	ן	ו	נ	ג	ס	י	פ	ב	י	א
מ	ב	כ	י	ס	ס	ה	ק	פ	י	א	י	ל	ת	ן	ו	ם
ח	ח	ר	צ	ז	ט	ת	י	ן	מ	ץ	ד	ו	ע	ו	י	ה
מ	ע	ה	ל	נ	ו	ם	ר	י	ח	ש	ו	ב	ל	ר	ב	ת
ר	ע	פ	ו	ת	ר	ל	ו	פ	נ	ל	ע	ר	פ	ד	ו	א
ו	ג	נ	ו	ן	י	ה	ה	כ	ב	ו	ד	ו	י	ס	ר	א
ף	א	ו	ה	ש	ה	ת	י	פ	ה	ה	ב	נ	ם	מ	מ	ת
ה	י	מ	ל	ת	ן	נ	ה	פ	י	ט	פ	ן	ג	ב	ב	י
מ	ב	ת	ת	צ	ת	ג	י	ק	ר	ם	א	ה	ש	ס	ה	ו
ה	א	ו	ק	פ	י	ד	ח	מ	ו	ד	ל	נ	ד	י	ל	כ
ו	ד	פ	ש	ש	ה	ה	י	ה	א	ו	ו	ד	נ	ס	י	י
פ	ר	י	ט	ו	ו	ת	ר	ח	ך	מ	י	ר	ג	א	ב	ל
ד	כ	מ	ב	ט	ת	ת	ת	פ	מ	ו	ן	י	כ	ו	ה	פ

ידוע
קרם
הכבוד
להתנגד
בכיס
בשילוב
סגנון
ההיסטוריה
חיים
צלחת
פשוט
אם
במסדרון
הוריקן
חמוד
בסיס
רגולציה
פריט
במירוץ
לנפול

Puzzle 283

ה	ר	ו	ב	ד	ה	י	ו	ה	פ	ד	צ	ה	ר	י	ד	ס
פ	מ	ב	ר	ה	צ	ו	ר	מ	ת	ש	ת	מ	כ	ר	ה	ח
ש	ב	ל	ק	מ	י	א	ד	ב	א	מ	ו	ן	ג	ה	מ	פ
א	כ	י	מ	נ	פ	ר	ר	ע	ו	ד	ם	ר	ד	צ	ל	ו
י	ש	ב	כ	ק	ר	ו	ת	ו	ם	ו	ג	ר	ר	א	ר	ה
נ	פ	א	ו	ל	ו	ח	ח	א	ב	ו	ת	נ	ל	ע	נ	א
ת	ח	ה	א	ח	ת	ס	ה	י	ל	י	ג	ר	ח	מ	ל	ש
מ	מ	ל	ר	ו	כ	ל	מ	מ	ע	ש	א	מ	ק	ס	ע	מ
ח	ת	ע	ן	ת	ד	מ	ע	ב	י	י	ד	צ	ו	ק	ע	ה
ש	י	ל	ו	ה	ח	ו	ג	ו	ב	ש	ס	י	ר	◌	ת	ו
ל	כ	ש	ל	ש	ר	ת	ש	י	ב	ה	מ	ע	א	ר	ל	ו
ו	ו	פ	מ	ל	ד	כ	מ	ם	ב	מ	י	י	א	ו	פ	ת
ש	א	מ	ב	נ	ן	נ	מ	ת	י	ו	ט	ה	ה	ו	ר	◌
י	ח	י	ץ	י	ק	ב	ח	ה	נ	י	ה	א	ק	י	ג	ס
א	ל	ח	ד	ו	ל	ב	מ	ש	ד	ח	ד	נ	א	ו	י	ד

התראה
בקיץ
שלוש
תחתון
לחקור
במלון
סדירה
ראוי
מציע
נשיקה
מיטה
להאכיל
רגיל
השישי
מרוצה
מחפש
צהרי
פתאום
דבורה
בעמדת

Puzzle 284

נ	ד	ו	ל	ל	מ	ת	מ	ל	ו	ה	ו	ן	ז	י	י	ו
ד	ו	ת	ה	פ	ק	ו	י	ת	ו	ר	ל	ו	ב	א	י	ו
צ	ל	ה	צ	ט	ר	ף	י	ד	ח	ח	ן	י	ו	מ	ח	מ
ב	ע	ק	ב	ו	ת	מ	ן	ת	י	ב	ה	א	ו	ח	י	ר
נ	י	מ	ן	ו	צ	ר	ו	ש	ד	ה	כ	ד	ס	א	פ	כ
ר	ר	ל	ש	ש	מ	ב	נ	ם	ש	ה	ל	ו	ו	ן	ה	ז
ן	מ	ש	ח	ס	ה	ע	ו	א	ש	ה	ש	ָ	ת	ב	ס	י
ו	ב	ו	כ	ס	י	א	צ	ל	א	ד	ר	ח	מ	ו	י	י
נ	נ	נ	ג	ק	פ	ר	נ	ח	ה	ו	א	ט	ב	א	ס	ם
נ	ר	ת	ל	ו	י	מ	י	ת	מ	ן	ג	ש	ו	א	ס	ל
ה	ה	י	ו	ו	ל	ו	ר	ן	א	ל	ק	מ	ת	ה	ע	ו
ג	ש	ק	י	ר	י	י	צ	ל	פ	ס	ה	ר	ו	ה	ה	ס
ד	י	נ	ו	ו	א	ד	א	ש	ו	ר	ו	מ	ס	ד	ג	
ם	ר	ע	ה	ז	ה	ת	פ	ו	ר	ו	ת	ו	ר	י	ל	ה
י	ד	י	ל	ף	ה	ו	י	ד	י	ח	ה	י	ך	מ	י	ר

שדה
סמור
לצייר
משטח
רצון
דם
לוויה
שותף
לירות
מחר
אחיו
דרישה
סולם
להצטרף
הורה
באסם
ענקית
בעקבות
מאפשר
מרכזיים

Puzzle 285

ת	ם	מ	י	צ	ה	מ	ת	א	א	ת	צ	ש	ם	מ	י	פ
ד	ן	ג	י	ר	ס	ב	פ	נ	ה	ו	י	ע	ו	ר	צ	ו
י	ו	ת	ב	ה	ו	ר	ב	ש	ט	א	ט	נ	ד	נ	ה	א
ל	ה	י	מ	נ	ע	י	ו	נ	ה	ל	ו	ב	ש	ם	נ	ו
ל	ו	ט	ן	ה	ת	ק	ע	ה	ר	י	ט	ת	פ	י	ן	ו
ן	מ	נ	י	ן	ח	ה	ה	פ	ס	ו	מ	ח	י	ע	י	ן
ב	ת	נ	ו	ת	ד	ע	מ	כ	י	ד	א	ו	ט	ב	י	ב
ו	א	י	ג	ב	ג	ו	ח	ה	פ	ו	ע	ו	ם	ש	ק	ד
י	ו	מ	נ	ש	י	ה	י	פ	נ	ו	ת	י	ב	ו	מ	ב
ל	ת	ו	נ	ו	ת	י	ע	ה	מ	ן	פ	ס	נ	מ	ה	ו
מ	ו	ד	ס	ו	ר	נ	ר	כ	ו	ש	ל	ר	ת	ה	ו	ד
ל	פ	ת	ו	ר	ל	ש	ל	י	ע	ן	ב	ר	ח	ח	ה	י
ג	ג	ל	פ	ר	ק	א	ע	נ	ש	ו	ם	ר	ו	ו	י	נ
ס	מ	ג	ר	ו	ח	ב	ד	ח	ת	צ	ע	נ	ן	ל	ס	ט
ח	מ	ע	נ	א	ת	ל	י	ך	ב	ר	ע	ל	פ	פ	מ	ו

עשרונית
לפתור
להימנע
רוחב
ביישנית
הפכה
וילאות
העיתונות
דובדבן
עגלת
המושבעים
מבריקה
דומיננטית
טיפש
דג
ציטוט
פרק
נטו
חמוס
צרה

Puzzle 286

ו	י	ג	ו	ר	ר	א	ו	ל	ו	ל	ח	ן	י	ו	י	י
י	ה	ק	ר	ל	ו	פ	ר	ב	ו	ה	א	מ	ה	כ	ר	ת
ג	ו	ב	ו	ה	ה	ה	ש	י	ת	ו	ב	י	ו	ח	מ	ר
ב	ו	מ	ת	כ	ב	ה	י	ו	כ	ת	ר	ו	י	ח	ו	ח
צ	ת	ם	ר	א	י	מ	ע	ק	ב	ר	א	מ	צ	ן	ם	ן
ב	ח	י	ר	ת	ט	ה	מ	ה	ם	י	ר	ב	ג	י	ע	כ
ו	ן	פ	ו	ש	ח	ר	ר	ה	י	ת	ו	ר	מ	ל	מ	ת
ב	ש	י	י	ו	ו	י	פ	ר	מ	ח	ב	ל	ו	ב	ס	ל
ת	ל	ד	ם	י	ן	מ	פ	ו	ר	י	ס	ב	ו	ב	י	א
א	ו	ע	ד	ו	י	ג	ו	ו	ד	ר	י	ל	פ	ג	ו	י
י	ל	מ	ר	ד	י	ד	מ	י	ה	ב	מ	מ	ס	ש	י	ו
ל	י	כ	ש	ג	א	ל	ע	ב	א	פ	ה	ב	ו	ח	ה	ת
ב	י	נ	ל	ד	י	ג	ת	ס	י	ר	ק	ל	ל	ר	ל	נ
ת	ר	ו	ב	כ	ל	י	כ	נ	ס	י	י	ת	ת	ב	ן	ו
ם	ו	ח	נ	ר	ג	ה	ר	כ	ו	מ	ה	ש	י	מ	ה	ע

הביטחון
למרות
ביולוגית
בסיר
המוכר
קריסת
לסבול
הבוצי
החובה
כנסיית
מחויבות
בריחת
מעדיפים
עונת
כנס
פסולת
המאה
חם
בחירת
גברי

Puzzle 287

מ	ק	ע	נ	ו	ב	ע	ט	ב	א	ט	מ	ך	ת	ו	ת	ו
ע	י	ל	ד	נ	ת	נ	ב	כ	ר	מ	ג	ס	ן	ב	ף	מ
נ	ס	ל	ל	י	י	ר	ט	ג	ב	מ	ב	ש	ח	ל	ב	ו
ד	פ	ז	ו	ו	י	מ	ל	ח	ע	ש	ת	י	ר	ס	ש	ל
א	ה	מ	ל	א	מ	ו	ק	ר	ה	ב	מ	ק	א	ן	ב	ק
ו	ל	ב	מ	מ	י	ב	ר	ר	ר	ו	פ	ס	ל	מ	ב	ם
נ	כ	ל	מ	א	ל	ת	ו	ל	ז	ו	ן	ב	ת	מ	ג	ר
ב	א	ע	ר	י	כ	ה	א	א	ח	ע	ן	י	ת	ע	ר	א
ה	י	ו	ש	ת	ט	ק	י	י	ב	ו	א	י	ת	ס	ח	ו
י	ב	ק	ה	כ	י	ר	צ	א	מ	נ	ו	ת	א	י	א	פ
י	ה	ב	נ	ל	ל	ע	ר	א	א	כ	ת	י	ב	ר	ט	ה
פ	ל	ב	ן	ר	מ	ר	מ	ח	ד	נ	י	ן	מ	ס	כ	ד
ח	ו	ר	ף	ם	י	נ	ס	ב	י	ב	מ	ב	ח	ו	ל	מ
ר	י	ר	ג	י	ה	ו	א	ו	ר	ק	מ	ו	י	ח	ר	ר
נ	ש	מ	פ	פ	י	י	ו	ב	ע	י	מ	ס	כ	ר	י	ר

אוהל
במכחול
חורף
סוכן
לספור
לחשב
בחזרה
לקרוא
ארבעה
עריכה
ליירט
חי
אובייקט
מגבת
מילואי
להביא
להפסיק
צריכה
אמנות
במזל

Puzzle 288

דולפין
אקדח
שן
שמלת
במסלול
גדר
באחו
גור
עין
לכבוש
שוּנָרָה
קטין
חיטה
להדגיש
הם
ברור
נתנו
מצחיק
תלוי
קיטור

ג	ד	כ	ר	ח	ר	מ	ן	ו	מ	י	ח	ו	ו	ב	ת	ר
י	ע	ו	ו	פ	ח	ד	ק	א	נ	ל	ן	ש	א	מ	א	ה
פ	ב	ה	ו	ן	י	ע	י	ו	ו	פ	א	ן	נ	ס	א	ה
ם	י	נ	ן	ת	ט	ד	ב	ר	ח	מ	מ	ב	מ	ל	נ	א
ש	מ	ל	ת	ו	ה	ק	י	ט	ו	ר	י	צ	מ	ו	ת	מ
י	ת	ר	ו	מ	ר	ב	ש	ו	ת	ב	ס	ש	ח	ל	נ	י
ג	ג	ר	נ	ו	ָ	א	ן	ל	ק	ש	ד	ב	י	י	ו	ו
ד	ו	ו	ח	מ	נ	ח	ף	מ	ר	ט	ר	ו	ב	ה	ק	י
ה	נ	י	מ	ל	ו	ו	פ	מ	ם	י	י	ו	ד	ר	ר	פ
ל	ס	י	י	ו	·	כ	ח	ר	ר	ט	ם	ן	ש	ד	ו	ה
ת	י	ר	ת	ו	◌	ו	ת	ל	מ	ו	פ	י	ו	ג	ה	ר
ח	ר	ר	מ	ר	ש	ה	ס	מ	ו	ר	ס	פ	ב	ו	ם	ש
ף	ו	ג	ר	ע	י	נ	ר	ת	מ	ג	נ	ל	כ	ו	ו	מ
ה	י	ו	י	ד	ט	ה	מ	ל	ע	ת	ר	ו	ל	ג	ד	ת
ב	ת	ל	ו	י	ג	כ	ו	פ	ו	◌	מ	ד	ג	ו	ר	י

Puzzle 289

מ	א	ו	ב	ק	ת	ר	ה	ב	י	נ	ע	מ	ר	ס	א	ב
ת	ל	ר	ל	י	י	ר	כ	ג	י	ו	ס	ה	ת	כ	ק	ט
ל	ו	ת	ש	פ	א	מ	י	מ	נ	ך	ה	מ	ר	ב	ט	ק
ש	ח	ב	ב	ן	א	א	ל	י	ו	ת	ו	ח	ד	ע	י	ס
מ	ו	ו	ו	י	ש	ל	ת	ו	י	ח	ב	ק	נ	ת	ב	ט
ו	ן	ב	ם	א	י	פ	ג	י	י	נ	פ	ה	נ	ו	י	פ
ה	ג	י	י	ה	י	נ	י	ו	י	י	ר	א	ו	ע	ת	ף
י	י	ב	מ	מ	א	ל	ש	א	ש	מ	י	ר	ק	ש	ב	ה
ל	ב	ח	ח	ו	ר	ש	נ	א	ת	ש	ח	י	ח	ר	כ	ה
ח	ע	ת	ו	ר	ק	ח	ע	ו	ו	י	ת	ו	נ	י	מ	ן
א	ה	ע	ר	פ	ר	מ	ב	י	ן	ת	ל	ע	ע	ם	י	ו
ו	ו	ל	א	נ	י	נ	ה	ת	י	י	ש	ב	ו	י	כ	מ
ו	ע	ג	ש	מ	א	ה	ו	א	מ	ל	ו	א	א	ד	נ	מ
א	ל	ג	ש	נ	ל	ו	ל	ח	ל	ל	ח	ו	ר	ד	ה	כ
ה	י	כ	ס	ק	ב	ן	ו	ו	ן	נ	ו	מ	ם	צ	ו	ה

התיישבו
המחק
חתך
הכרחי
בטקסט
עניבה
בשקר
תחביב
בפריחת
מאובקת
עשרים
ולא
צדדים
שלב
מרחב
הגנת
שנאת
מקומי
אקטיבית
הגייה

Puzzle 290

שמונה
העולם
נברן
לחקות
חמת
דוב
טרור
למשל
בלוני
מחבר
כיסוי
אלה
הנחיות
מסחרית
נפגשה
שאלה
שוקלים
סדרת
היותו
כבשי

ו	ו	ד	כ	ק	ה	נ	ח	מ	ה	נ	נ	ח	ו	פ	מ	ר
נ	א	צ	ל	ב	ע	ה	ל	ס	ס	ד	ר	ת	מ	ו	ך	ע
ת	ב	ר	ר	ב	ו	ד	ו	ח	ה	י	ו	ת	ו	ת	ו	א
ט	י	ח	ב	י	ל	ו	ו	ר	ב	ח	מ	א	ר	ה	א	ו
ף	ג	א	ו	ו	ם	ש	ו	י	ו	ס	י	כ	א	ל	ה	מ
מ	ל	ע	ר	י	כ	י	ש	ת	ה	ה	ש	נ	נ	ה	כ	ש
ק	פ	י	ט	ב	י	ד	ל	ו	ד	י	ב	ח	ו	ו	ש	·
ר	נ	ש	ב	פ	כ	ב	ש	ק	י	ח	כ	פ	ר	ל	י	פ
נ	א	ת	ט	ל	מ	ש	ל	ח	ו	ו	ד	ר	א	ב	ב	ו
כ	ו	ן	ר	ב	נ	ח	ה	ל	א	ש	כ	מ	נ	ע	ו	ל
א	ל	ת	ו	י	ח	נ	ה	ה	ס	ת	ו	מ	פ	ב	א	א
ו	ו	ו	ר	ף	ב	ט	פ	ל	י	ב	ב	ו	ג	מ	מ	ח
ש	מ	ו	נ	ה	י	ה	מ	ו	פ	א	מ	י	ש	ח	י	ר
י	א	א	ו	ש	ה	י	ד	ר	מ	ם	י	ב	ה	מ	ו	ח
מ	ו	י	ל	א	מ	ו	י	א	ה	ק	ב	ג	י	כ	נ	ו

Puzzle 291

ה	מ	ל	פ	ח	ח	ב	י	ל	ה	ש	י	א	ע	י	ס	מ
ל	ח	ס	ו	ם	ח	ר	א	ב	ל	י	י	ב	ו	ג	ו	מ
ל	כ	ו	ל	ו	ו	י	מ	ט	י	נ	ם	י	ל	ג	ג	ח
ו	ט	ל	י	ד	ת	ו	ו	ן	ג	ע	ר	ע	ו	ק	פ	נ
פ	ט	ל	ט	י	ס	נ	ש	ו	ר	ת	ם	י	ר	ב	ד	מ
ך	ה	ף	י	ר	ו	מ	ח	ב	ב	מ	ה	◌	ו	ק	א	ר
א	ו	ו	ק	ה	ג	ו	ב	ס	צ	י	ה	י	ש	ר	נ	ר
א	ו	ן	ה	מ	ה	א	א	ס	פ	ת	מ	ל	ו	ה	ו	ר
ל	ו	י	ע	ו	ר	ו	ט	כ	ה	ת	ב	י	כ	ר	כ	ו
ג	ב	ו	י	ת	צ	פ	א	פ	ש	ו	א	ו	ה	ח	ו	ב
ו	ר	ח	פ	ל	ו	צ	נ	י	ב	פ	ו	מ	ד	ל	ו	נ
ל	ה	ט	ו	ר	ת	מ	ב	ת	ד	מ	ס	א	ת	כ	ש	ו
ד	מ	ב	ה	י	כ	ע	א	מ	מ	ל	ב	א	פ	פ	ש	ו
פ	י	ש	ו	מ	א	י	ד	ו	ו	ק	א	ל	ש	ת	פ	ף
ח	מ	ה	י	י	ת	ל	ה	ה	ָ	י	ו	א	ן	נ	ח	ו

הופיעה
שלטונו
כפית
ספת
וסבא
טווח
נולד
לידת
מעיל
כרגיל
למפות
לכול
מדברים
צפה
דווקא
כפל
לחסום
רכיבת
כוח
פוליטיקה

Puzzle 292

ע	ח	ם	י	ל	ל	ר	ד	ו	ש	ג	ט	א	ו	י	נ	ו
ו	מ	י	ג	כ	ל	ר	ח	ו	א	מ	פ	ד	א	ת	י	ד
ת	פ	ה	ק	ט	ס	י	ה	ר	ג	י	ש	ו	י	ו	ס	פ
ב	ד	מ	ר	א	פ	י	ב	א	ל	ו	מ	נ	ל	ח	ו	ף
מ	ת	ע	מ	ד	ו	פ	מ	פ	ל	י	ד	י	א	י	י	ב
ר	ב	ע	ו	מ	ג	כ	ב	מ	ו	ו	ח	א	י	ה	ו	ו
ו	י	ל	ז	נ	ם	ת	ר	ט	ב	מ	ב	ה	ז	כ	ו	מ
פ	צ	ר	ח	י	ל	ו	ש	ו	ע	ת	ת	פ	ן	ל	ת	י
ה	ו	כ	נ	ו	ד	ל	ת	י	א	ה	ה	ת	ר	ו	נ	מ
ת	צ	ב	ש	י	פ	ו	י	א	מ	מ	ו	מ	ח	ה	ע	ן
ת	י	ב	ק	ם	נ	י	ע	מ	ו	נ	א	ת	י	ל	ע	נ
ו	מ	ר	ג	ו	ב	ו	ח	ר	ה	ל	מ	ו	ת	ה	ו	א
ר	ת	ע	נ	נ	כ	מ	י	ת	י	א	נ	ו	כ	מ	ה	ש
ט	ב	ל	ה	ד	ב	ם	ת	ו	מ	ד	מ	ו	ה	ה	י	א
ו	ר	ו	ו	ר	כ	י	נ	י	ן	מ	ו	פ	ג	ר	ו	ר

לספוג
ניסוי
יותר
מנורת
דלת
לערבב
דמות
תלוש
אדוני
כזה
המורים
לחוף
מברשת
במבט
נעלי
הרגישו
מאוחר
משפט
מכונאי
לרכב

Puzzle 293

א	ה	ל	ח	ב	ל	כ	ל	ס	כ	ק	כ	מ	מ	ת	ה	ן
ב	ל	ו	ן	ה	ה	ל	ק	ש	מ	ו	ו	ב	ב	פ	ש	ת
י	ד	ר	מ	ג	ל	ב	י	א	י	ו	ם	כ	נ	ת	נ	י
ת	ר	פ	ב	ל	ו	א	ת	א	ק	ר	ו	ב	מ	ל	ת	ל
ד	י	כ	ו	ו	ר	ו	ל	ר	נ	ל	ו	ה	ת	ו	י	ע
ו	ת	ך	ו	ל	א	ג	פ	ת	ל	ו	א	ש	ז	י	ל	ס
ב	ח	ח	י	ה	ל	י	ח	ג	א	ר	ו	ן	י	ט	ח	ו
א	א	ב	ת	ע	ת	ע	פ	ה	ד	ו	א	ס	ח	מ	ן	ד
ח	מ	ב	ל	ק	מ	ק	מ	י	ל	ו	ב	מ	א	כ	ו	ו
ו	מ	ט	מ	ת	ב	ר	כ	ת	י	ה	י	ה	ג	מ	ו	ד
י	נ	ן	ח	י	מ	ק	ח	א	י	ו	ו	מ	ב	ק	פ	ל
ל	ו	ש	כ	ר	ב	ה	ד	ש	ד	ל	ו	ו	ר	ו	ש	נ
א	ד	ת	א	א	ד	ד	י	כ	א	מ	ח	מ	פ	מ	ר	ח
ר	ה	נ	ד	ט	ם	י	ו	ת	ו	ה	ע	י	ע	ת	ן	ש
ו	ב	ה	ל	ח	ו	ת	ח	כ	ת	ו	ו	ע	ל	ו	מ	ב

הקרקע
בלון
לכל
השנתי
נקי
אחיזת
אכן
יהיה
שחר
למכור
ברכת
מישורי
בבטן
כלב
טיול
משקל
גבר
איום
הגלולה
ארון

Puzzle 294

א	י	ע	צ	ר	מ	ו	פ	ת	ה	י	א	א	נ	ר	ל	ל
ל	י	מ	י	א	ה	ת	ה	ו	א	ל	ע	ב	ס	ן	א	ק
ת	כ	ו	נ	ק	י	פ	ו	ד	ל	ו	ז	ק	י	א	מ	ב
מ	כ	ה	ו	ל	י	ב	י	ו	פ	י	ל	ר	ן	ב	ץ	ל
א	ר	ש	ר	ד	ת	ר	ל	ס	מ	נ	ט	ל	מ	י	ע	ס
ר	פ	ח	ו	צ	ב	מ	ר	י	ל	ו	ק	י	נ	ש	ם	פ
ר	א	מ	נ	ת	ק	ו	מ	פ	ק	ט	י	ת	ת	ק	ן	ר
ל	ס	פ	ת	ו	ג	ה	נ	ת	ה	ל	י	ם	ח	ה	ר	י
ב	מ	ל	ת	ע	ל	ו	מ	ו	ת	ש	י	ג	פ	ל	ל	י
נ	נ	ע	ו	ו	ד	ה	ד	י	ת	ל	נ	ו	ח	ו	ת	ת
ו	ל	מ	ש	ו	ו	י	ו	ת	י	ע	א	ת	ת	א	א	ד
ש	ע	א	ח	ה	ה	ו	ן	י	א	ו	א	ס	ל	ת	י	ר
א	ט	מ	ו	מ	א	ה	ב	ו	ה	י	ד	ב	נ	י	ד	ג
ת	י	ש	ו	כ	ו	ה	ה	פ	ל	פ	י	ו	ל	ן	ו	ח
מ	י	ב	ו	ב	ס	ן	ה	ג	ו	ו	י	ב	ב	י	מ	ת

יסוד
תנור
למעשה
להקשיב
קומפקטית
אביב
לתעלומות
בנושא
לאמץ
ספריית
התנהגות
פגישת
מכה
לקבל
צינור
נוחות
סל
פוליטית
בכמה
קיפוד

Puzzle 295

ך	ע	ו	ף	ד	ה	ע	מ	ה	א	ח	ה	נ	נ	ר	מ	ם
ן	י	א	י	צ	ר	ח	ו	ע	נ	ש	ו	י	ן	ב	ה	ת
נ	ה	ה	י	ב	ב	ר	מ	נ	ל	י	פ	כ	ה	ל	ר	ת
ש	ו	ם	ם	ע	ן	ח	ע	ב	י	ב	ר	י	ל	ב	ן	ע
ף	פ	ר	ו	ו	י	ד	ו	א	מ	ת	י	מ	ר	ת	ר	ו
ר	ת	ו	ר	י	ר	מ	ר	ר	ח	ש	ל	ו	מ	ר	כ	נ
ן	ד	מ	ח	ן	ן	א	ב	ל	ע	ן	ם	ו	ד	י	ו	צ
ה	ג	צ	מ	ת	מ	ד	ו	ת	ו	ר	ח	פ	ש	ה	ע	ו
ע	מ	ר	כ	ז	י	ת	ת	נ	ת	י	ב	ה	נ	ע	ת	ע
נ	מ	כ	ה	ו	ה	כ	ו	י	ג	ב	ל	ת	ע	ן	ו	פ
א	מ	ן	ה	ל	ש	ב	נ	פ	ר	ד	ר	ק	ר	נ	נ	ר
ח	ש	ב	ח	ט	ב	ו	מ	ס	ש	ר	ב	נ	ח	ד	ה	ו
י	ל	צ	ו	ס	י	ס	ט	ע	ש	ד	ח	פ	ג	ל	ו	נ
י	ק	ל	ן	מ	ה	מ	ב	ל	ע	ו	ב	ב	ך	ח	ה	ו
י	ד	מ	י	ש	י	ת	ח	ל	י	מ	ב	מ	·	·	ו	ת

להכפיל
עוף
צבע
ולשחרר
עפרונות
מנות
מעורבות
ובכך
חשיבת
מאוד
נתיב
מסובכת
מרכזית
בצל
ספינת
כמה
שפות
תרמית
לקח
ממשל

Puzzle 296

מהירות
מזמינה
צוחקים
ערב
סיבה
משטרת
שאר
מזלג
פחם
תן
וירטואלית
כיוונים
חדשות
קרחונים
רפורמה
סופשבוע
לפעמים
דודת
בצורת
עיניים

א	ה	מ	י	ו	י	ס	ל	ו	ו	ס	פ	מ	ו	ת	נ	ר
א	ר	ז	י	א	נ	מ	מ	ג	ת	ו	פ	ן	ש	א	ה	ר
ר	ו	מ	ב	ס	ג	י	ז	ל	ן	ת	ר	ו	צ	ב	ר	ע
פ	ע	י	ר	ו	ת	ם	ס	ז	ה	ש	פ	פ	י	כ	ק	י
ס	ח	נ	ת	ו	ר	י	ה	מ	ו	ש	ו	ח	מ	י	ר	ר
ע	י	ה	ו	מ	ט	ק	ל	צ	א	א	ר	ם	א	ו	ח	ד
ב	י	ב	כ	ו	ש	ח	כ	א	ס	ר	מ	ב	ד	ו	ו	ר
ח	ב	נ	ה	ן	מ	ו	ת	ד	ו	ד	ה	פ	ה	נ	נ	ק
ד	מ	ס	י	ס	ב	צ	ו	ב	פ	ט	ל	א	ס	י	י	פ
ס	ל	ט	ח	י	ק	ה	ש	ו	ש	צ	ר	ו	י	ם	ם	ח
מ	ס	א	ד	ג	ם	מ	ד	ם	ב	ל	נ	י	ע	י	ח	ע
י	ר	י	מ	י	ן	ו	ח	מ	ו	ת	י	ת	ו	מ	א	ל
י	מ	ו	פ	ב	ק	ת	ק	ו	ע	פ	ג	א	ג	ע	י	ר
מ	ר	ס	ס	א	ו	ס	ם	י	ו	ת	ב	א	ש	פ	ן	ר
צ	ו	ה	ד	י	ב	ב	מ	כ	נ	ה	ג	ד	י	ל	צ	ר

Puzzle 297

ו	ן	א	ק	ה	ר	י	מ	נ	ו	ו	ח	ה	י	ו	פ	י
ט	א	ס	ם	ל	ל	א	י	מ	ח	ה	ת	ע	ד	ה	נ	פ
ל	ו	ה	ב	ש	ת	א	ר	ק	נ	ש	ק	ר	פ	ס	ב	ר
א	ו	ר	ך	ד	מ	ן	י	ע	ב	י	ו	ב	ע	ו	א	ו
ה	א	ו	י	ו	ר	נ	ת	ב	י	ב	ס	ת	ז	ו	ש	ת
י	ל	ש	ה	ח	ת	ש	ה	פ	ש	כ	מ	ו	ר	פ	ל	ת
ה	ן	ת	ש	ו	פ	א	ל	ח	מ	ש	ן	ש	ח	ג	י	פ
פ	ש	ת	ק	ט	ב	ה	א	מ	מ	א	י	ר	א	ד	ל	ע
ה	ב	מ	ו	ב	ה	ת	י	ה	י	ש	ר	ח	ז	ח	ק	כ
ה	ר	ו	ו	ק	ן	מ	ו	נ	ח	י	כ	ה	ד	ד	ל	ט
י	ה	ן	מ	ש	י	ש	ל	ח	ו	ת	ה	ם	י	ה	נ	ח
ב	י	ו	י	ל	ח	ת	י	ל	מ	ק	ס	י	מ	ל	י	ת
ה	ד	ב	ת	ב	מ	צ	ן	א	י	נ	ח	פ	כ	ז	ו	ו
ד	ן	י	ד	ח	א	מ	ס	פ	ל	י	ח	ו	כ	ן	ת	ו
מ	ד	י	ד	ת	ם	צ	א	ב	ת	ן	ו	צ	א	ו	ר	ד

נחל
מכשפה
אורך
עז
מקסימלית
רגל
שמחה
בספר
בעין
פרות
חודש
הערכת
רשות
בטוח
מדידת
סביבת
להתיר
שמנה
שנקראת
צופים

Puzzle 298

רחוב
לשנה
לעצבן
פני
ללוות
אבק
מודרני
הכשרת
טיפול
עצמך
ערך
בעבר
לעקור
אכיל
יחד
הבינה
לשלהם
רטוב
ניתוח
וחול

מ	ו	ו	ן	ת	ז	ק	ג	א	ר	ה	נ	ש	ל	פ	ת	ע
מ	ו	ד	ר	נ	י	ת	ב	ד	א	נ	ו	ח	ו	ל	ד	ק
ה	·	ח	י	ו	ל	ל	ל	א	כ	י	ל	ו	פ	נ	י	י
ר	ו	י	ל	נ	י	ע	ו	ל	ל	ב	ר	ת	ר	ה	י	ע
י	ח	ד	ח	ד	ע	ו	ה	ר	ת	ה	צ	י	ל	ת	ת	ה
ת	ו	ו	ל	ל	ר	ר	י	ו	ו	ו	ק	נ	ה	ת	צ	ל
פ	ה	ד	פ	ע	ך	ב	ו	ן	ש	ה	ל	ל	ט	י	ר	ד
ת	נ	ו	ך	מ	צ	ע	א	נ	א	ו	ב	ת	ם	ו	ם	ג
ג	ו	ק	ם	ח	י	ב	ו	ח	ר	ן	י	י	ה	ה	ר	ב
ד	ה	ו	ו	י	נ	ח	ן	פ	ט	י	פ	ו	ל	ב	מ	ו
א	ש	ת	ד	ן	ו	פ	צ	ל	נ	ד	י	צ	ש	ש	מ	י
ר	ו	ה	מ	י	מ	ת	א	י	פ	א	ש	ן	ל	ר	י	י
י	ט	ת	ו	ת	מ	נ	י	ר	ם	ה	י	ע	ת	ת	א	כ
ו	ר	ו	י	א	ח	ל	ע	ק	ו	ר	ח	ר	ר	ת	ו	א
ב	א	ב	ב	ח	י	ו	פ	י	ו	א	ל	ע	ר	ל	ן	ח

Puzzle 299

ב	ב	ו	נ	נ	ו	ה	ו	ו	ש	ו	ש	ג	ר	נ	י	י
מ	ט	י	נ	ח	מ	ה	א	ק	פ	ה	ח	ל	ג	ס	י	י
ד	י	א	ת	ר	ם	ג	ש	ו	כ	ר	ר	א	ו	ל	ו	ד
ר	י	·	ש	ד	א	ל	ו	ת	ז	ו	ו	ר	ב	ש		ו
ג	ס	ט	ב	ע	י	פ	ר	מ	ט	ן	י	י	נ	ע	ה	י
ו	מ	מ	י	ל	ב	מ	ת	כ	מ	ת	ח	ו	י	ה	ש	כ
ת	ו	ר	ה	ל	ה	ה	ע	י	ס	ס	ד	ה	ל	ד	ג	ן
י	ר	י	ע	ו	ו	מ	נ	מ	ו	י	ת	ע	ו	ת	י	ח
ב	ק	ם	ת	ר	ר	ג	ו	י	ו	ב	מ	פ	ן	ד	ל	ם
ו	נ	א	ו	מ	ב	צ	נ	א	י	ו	מ	ת	י	ק	מ	ד
ר	י	ל	ת	ב	נ	ג	מ	א	י	ד	ק	נ	ך	ש	ם	ס
כ	י	ו	י	י	י	ם	ש	ע	מ	ע	נ	י	י	ן	י	ת
צ	ר	מ	ד	נ	ר	י	ב	ם	ב	א	י	ד	א	ד	כ	ת
כ	ו	ע	ס	ה	ד	כ	פ	ך	ע	ר	נ	מ	ל	ר	ה	נ
ר	מ	ד	ג	ו	ת	א	ו	י	ד	ו	י	ב	כ	ב	ד	פ

בד
במדינת
במדרגות
גשם
כן
נרגש
ברווז
שווה
וידוי
להרות
עניין
האוזן
מעניין
איך
מתוק
שלושה
כועס
מבינה
כרובית
רכוש

Puzzle 300

חמישה
גס
בדרום
בית
עבודה
במחנה
ביממה
רחוקות
יחידה
לתרום
דין
פרסום
מדויקת
זמין
קדמון
עמדה
להחליק
צוף
משב
תמונת

ד	י	ו	ז	מ	ו	ב	מ	ש	ק	י	ו	ו	א	מ	ל	ו
י	נ	ר	ן	מ	ו	ה	ל	מ	ק	י	פ	ה	י	מ	ת	ה
ן	ז	ר	פ	ל	י	נ	ו	ב	י	נ	א	ט	ג	ח	ע	א
ו	ר	ר	מ	ה	מ	ן	י	ח	י	ד	ה	נ	ח	מ	ב	ם
מ	ב	מ	א	ש	ב	·	ק	פ	ה	ו	ד	ו	ת	ג	ס	ן
ד	ר	ל	פ	י	ח	ו	ר	י	ר	ב	י	ע	ע	ב	ב	ע
ק	ו	ר	ה	מ	מ	י	ב	ע	פ	ר	ס	ו	ם	נ	ג	א
ט	ש	ו	ד	ח	י	ח	מ	ו	ב	ם	ו	ו	ו	י	ח	ו
ש	ס	נ	מ	ס	ל	מ	ש	ו	ג	ו	ר	ח	ו	ק	ו	ת
נ	כ	ת	ע	מ	ל	י	ב	ה	פ	ר	ד	ג	ק	ו	ן	א
ד	נ	פ	ע	נ	ו	ש	ק	ח	ל	ד	ת	ה	מ	ר	מ	א
מ	ב	צ	ט	י	ד	ל	ד	ה	ו	ב	מ	ן	ל	ע	ר	ע
י	ם	ו	ר	ת	ל	ט	ל	ש	ש	פ	ו	ט	ש	ל	ו	ע
ו	ק	ף	צ	י	מ	ד	ו	י	ק	ת	נ	ר	נ	ח	נ	פ
ו	ד	ל	ת	ב	ר	מ	ב	ו	ע		ת	ב	נ	ם	ר	נ

Puzzle 301

פ	ק	ו	ל	ש	ט	ע	י	ב	ש	י	ו	י	ק	ת	ל	ח
ם	כ	ר	ל	ל	א	ן	ח	צ	נ	נ	א	ע	י	י	ה	ו
ו	נ	ו	ס	ד	מ	ה	י	פ	ע	ז	ו	ל	ל	ג	י	ד
א	י	ק	ר	ו	פ	י	ס	ו	ש	ר	ם	ה	ו	ה	י	ו
ו	ו	י	פ	ב	א	ת	ן	ן	ת	ע	ק	י	ג	מ	פ	מ
פ	ש	ה	ו	ב	ח	ו	י	נ	ה	ו	מ	י	ר	ו	ה	ע
ר	י	ר	ש	מ	ש	ו	מ	מ	ל	א	ד	ו	ם	כ	י	ב
ל	ת	ק	ג	ד	ש	ו	י	ח	מ	ר	ו	ר	ה	ב	ק	ש
ג	ת	מ	פ	ו	ע	ס	פ	ע	ה	ך	ת	פ	ו	ר	פ	ו
ל	ה	ט	ר	י	ם	ב	ש	ד	כ	ו	ו	ר	צ	ת	י	מ
ו	ל	י	ה	ב	י	ל	ק	מ	ע	ל	ד	א	מ	ז	ת	א
ת	ח	ם	ו	ל	י	ד	ל	נ	ק	נ	ר	ת	ח	ה	י	ך
ו	ן	י	ן	ב	ו	ש	ח	ל	ר	ם	ג	ל	י	פ	ו	ז
ו	ת	ר	י	ט	ת	ו	ו	ו	ע	ר	ד	ב	ם	ה	א	ן
ע	ס	ו	ע	ו	ד	ר	מ	ו	פ	ה	י	מ	מ	א	א	ם

כבוד
דיג
לגלות
בעמוד
בצפון
יעלה
חשוב
אדום
מושב
כבר
סיפור
טלסקופ
קילוגרם
זול
הפולקלור
קמטים
היקפי
חלוקה
שנעשתה
דרג

Puzzle 302

לתקוף
המוזרה
מוטיבציה
מסעדה
אזהרה
מטבע
כהה
בחצר
למצוא
מפורשים
קודמת
תפוח
לספק
מבחן
מוכנה
במדבר
ושלום
אגוז
תנועת
הכאב

ו	ה	ו	ע	ר	ע	מ	ו	ד	ר	י	ע	ש	ר	ר	ת	מ
ש	פ	ר	י	כ	מ	ב	י	ן	ן	ם	י	ש	ר	ו	פ	מ
ל	ק	ח	א	ל	ו	ח	ה	נ	כ	ו	מ	צ	ק	פ	ס	ל
ו	ן	ב	ל	ו	ל	ן	י	ה	ם	ו	ח	ת	ח	ו	פ	ת
ם	ל	ב	ר	ע	ו	צ	ו	מ	ג	ב	ד	נ	מ	ו	ה	ל
פ	ב	י	ב	ל	ל	מ	ו	ו	ת	ס	ה	ת	ה	ב	ר	ב
ו	ב	ט	ס	ה	ח	ר	ר	צ	ר	מ	י	ב	ך	ל	ט	מ
ת	מ	ד	ו	ק	ה	ח	י	ק	ת	פ	נ	ה	ג	צ	ן	ב
ז	ז	ו	ג	א	ו	נ	ק	ו	ף	ו	ם	ה	ה	ה	כ	מ
ת	י	ע	כ	ו	ו	ה	ר	ז	ו	מ	ה	ו	א	י	ד	ד
א	י	ן	[illegible]	צ	י	א	ר	ח	ק	י	ר	ב	א	כ	ה	ב
א	ס	ח	פ	מ	י	ת	ח	ן	ת	מ	ה	ס	ת	ד	ו	ר
ה	ו	א	ו	ל	ך	ס	נ	ב	ל	ע	ז	ת	ע	ו	נ	ת
ש	ר	ש	ה	י	צ	ב	י	ט	ו	מ	א	ס	י	ר	ע	נ
י	ד	נ	ל	ו	נ	א	א	ו	ע	ר	מ	ט	י	ל	ב	מ

Puzzle 303

א	ה	ן	פ	כ	י	נ	ד	ב	ק	י	מ	צ	ר	ח	ר	ת
ו	י	ר	ח	נ	ל	ו	ר	ו	מ	ה	ח	י	ת	צ	י	ר
מ	ה	מ	ד	ו	ל	ח	א	ב	ע	ק	ג	ל	מ	פ	ו	ג
ל	ת	ב	ה	ל	ם	ד	ל	ל	ס	א	א	נ	י	י	י	מ
ל	א	י	ה	ל	י	ר	י	ש	י	ע	ר	ו	ר	י	ב	ב
ו	ח	ב	ו	ח	ה	ת	ת	ל	א	י	ו	ה	ש	י	מ	י
ת	י	ת	י	ו	ז	א	ב	ט	ח	ת	ר	ה	ב	ו	ק	פ
ן	ג	ו	ר	ו	ו	ב	ס	ג	נ	ו	ן	ת	ש	·	ד	ד
י	ו	ת	א	ר	ח	פ	ו	י	מ	נ	ב	ש	נ	ש	ו	פ
כ	ב	ן	ד	ת	ו	ס	ד	א	ה	ק	ו	ב	מ	מ	ד	ע
ס	א	ל	כ	ב	מ	ת	ת	ת	י	ל	ר	י	ר	ש	י	ה
ר	א	א	ס	א	כ	ע	ז	ג	ר	ב	ן	·	ן	ח	ג	ד
ל	ץ	י	פ	ה	ל	ו	ל	ן	ו	ר	ד	ס	ו	ז	ו	נ
ס	י	ב	ה	ו	ו	ד	י	ד	ק	ח	י	ד	נ	א	ו	ו
כ	ל	י	י	ח	נ	ו	כ	ח	ד	ב	מ	נ	ר	ו	ח	ר

זהים
אמורה
הלם
שיער
רחב
ריצת
אומללות
צחק
חלל
בסגנון
להכין
מישהו
לקנות
גזע
בבירור
סכין
גרב
ירוק
להפיץ
אבטחת

Puzzle 304

כ	ה	נ	ת	ש	מ	צ	ר	נ	ל	ה	ה	מ	ר	מ	ס	ר
ל	ר	י	ש	י	ב	ק	ד	ג	א	ר	ע	פ	ק	י	ל	מ
כ	ש	מ	מ	נ	ן	ת	ר	א	ם	ו	א	ל	ו	ב	ז	י
ל	ג	ש	ד	ח	א	מ	ז	ח	נ	ו	ר	נ	ב	ל	ו	ז
י	י	ע	י	ן	מ	א	נ	ן	י	פ	ס	כ	ה	ו	א	ע
פ	ס	י	ק	מ	ח	ח	ע	ש	ב	ח	ן	ג	י	ל	ב	ת
ג	כ	ן	ר	ד	מ	ת	ל	י	צ	ע	כ	ס	ה	ר	ר	נ
י	צ	ה	ו	ר	ר	נ	ח	י	ו	כ	ע	ה	י	ג	י	ן
א	ת	נ	ו	ד	מ	ו	ד	ב	ת	ו	ד	א	י	ס	ע	ו
ל	ו	ל	י	ו	ו	ב	ו	ל	ל	מ	ו	ל	ס	ו	ה	ה
ל	א	ב	ד	י	ר	ו	ק	כ	ב	ת	ף	מ	ו	ס	ח	י
ד	א	פ	ע	י	ן	ת	ר	פ	י	כ	ו	ם	ל	י	ס	ו
ש	ב	ב	נ	ו	ז	ג	ק	ת	א	צ	ו	ת	כ	ו	ו	י
ה	נ	ש	ח	ה	א	ו	ע	ב	ת	ו	ס	ר	ו	י	נ	ת
מ	צ	י	י	א	נ	מ	ס	נ	פ	ו	ל	ב	א	ו	א	ד

מול
הכספי
קרקע
צבי
פסיק
נאמן
ביישן
כלכלי
מעונן
משתנה
בריאותי
יקר
ידע
רקוב
אוכלוסייה
נוסחה
תוצאת
תרגיל
העיר
שנה

Puzzle 305

ב	ב	י	כ	ל	ח	מ	נ	י	י	ה	מ	ה	ו	ל	מ	ד
נ	ו	ן	א	פ	ע	י	ל	ו	ת	ר	ל	ד	ב	י	ח	ו
מ	מ	ע	ם	ו	פ	ח	ע	ד	ב	מ	ו	ב	ר	מ	ה	ו
ו	י	ל	ר	י	ש	ל	ר	ד	כ	ה	ה	ד	ן	ב	נ	פ
פ	ג	ע	ק	ו	ס	ע	י	ת	ר	ג	ן	ת	ח	א	ב	ן
ר	א	ס	כ	ר	ח	ע	ו	ו	פ	ו	ת	ר	ו	ב	ע	ר
ו	נ	ת	ת	ו	ת	ו	ס	ב	ע	ץ	ב	ש	כ	ו	ם	א
ט	י	ל	ה	י	ה	נ	ו	ת	ד	ב	מ	ל	ג	ף	ר	ת
ו	ב	ל	פ	א	ע	ד	ו	ו	ם	י	י	מ	י	נ	פ	ב
ת	ל	ל	כ	ק	ל	ה	כ	י	ר	י	ם	י	ח	י	נ	מ
א	ה	י	ך	ד	ן	ו	ר	ת	ר	י	ק	ת	ל	ח	ן	ל
ס	פ	י	ש	מ	ש	ט	י	ח	פ	ע	ל	י	ש	ו	ס	ע
ו	ו	ק	ב	י	ן	ח	ח	ר	ב	נ	ז	ס	נ	מ	ו	ב
י	י	ו	י	ח	מ	ה	ע	י	ו	ש	נ	ר	ו	ו	מ	י
ש	ת	ו	ב	מ	ו	י	ה	ב	ק	י	ל	ג	ה	ל	ת	ו

עסוק
לשיר
חרב
ונשלח
עזרה
שטיח
רכבת
להכיר
פרוטות
רעל
פעילות
להיהנות
עובדים
לחמנייה
רק
לבן
מניחים
אקדמי
פנימיים
עץ

Puzzle 306

ו	ף	ע	ב	ת	צ	ה	ה	ו	נ	ע	ן	ק	נ	א	ה	ל
א	ל	מ	ד	ף	ע	נ	ת	י	ת	נ	ה	מ	ת	א	י	ר
ת	ר	ן	ו	י	י	ק	פ	ב	נ	ד	נ	ה	י	ד	י	ח
ב	ה	מ	ד	צ	ר	ס	ש	ה	ו	ד	ו	ד	ו	ס	ת	ר
א	י	ת	ו	ש	י	מ	ל	א	כ	נ	כ	ט	א	י	ה	ח
ב	ו	י	ח	מ	ר	י	י	ו	ש	מ	נ	ה	ג	ר	ו	ו
י	ל	ח	ו	מ	ן	ת	י	מ	כ	ם	ה	ו	ע	י	ו	ת
ב	ל	ר	ח	י	ר	ו	ם	ה	ח	ד	ו	א	ת	א	י	י
ד	י	ש	ן	ד	ו	ב	י	ת	ו	ו	ת	ב	ר	י	א	ל
ה	ב	ה	ת	ו	ו	ו	כ	ס	ל	ד	ס	ט	י	י	ח	ן
מ	א	ח	ר	ע	ו	י	ס	ו	פ	ק	ג	ו	י	ע	מ	נ
י	ח	ן	ת	ת	ד	ו	א	ח	ח	ת	ת	ל	ג	ס	ג	מ
א	מ	מ	כ	מ	א	ע	מ	ב	ה	פ	ב	ו	ג	ח	ת	י
י	ר	ת	◌	צ	ו	ש	ב	י	ה	י	ו	י	י	פ	י	ו
ל	ה	ן	י	י	ת	ס	ר	ב	ע	א	נ	ך	ד	י	ח	ח

לרחרח
מדף
הנכונה
חירום
שכח
דוד
בריא
באביב
רבע
מסקנה
נהמת
הייתה
צעיר
יתושי
סימן
האומה
פסיון
דודו
איריס
התבוננות

Puzzle 307

ל	ע	ב	מ	ש	נ	ס	י	ע	ה	י	י	מ	ע	ך	ת	ח
ם	ר	מ	ו	ר	ד	ו	ו	ס	ת	כ	מ	נ	י	י	ב	ת
ו	ק	ל	ו	ב	י	צ	ו	ע	י	ם	ם	ה	ו	מ	ו	א
ת	נ		ג	ו	ד	י	ה	ן	ב	ד	ב	ל	ה	י	ו	ו
ח	ר	י	ה	ר	ר	ל	י	ל	ה	מ	ה	א	מ	פ	י	נ
ר	ר	ו	ע	ב	י	י	ו	ב	ר	ח	ש	ח	י	מ	א	ו
ד	ד	ע	ו	ב	א	ה	ם	ת	ה	א	ה	ג	כ	א	ק	ע
ו	ר	ה	מ	ש	ו	נ	ב	ק	ת	ת	ה	ל	י	כ	י	מ
א	כ	צ	פ	ב	ע	פ	ח	ש	צ	ק	י	ה	מ	ר	א	ה
ן	ע	ר	ה	ב	ו	ד	ד	ה	ר	ל	ש	ו	ל	ח	ן	ת
ה	ו	ר	ב	ש	ו	ו	ל	פ	ל	ן	ב	ו	ס	ו	ה	י
ש	ו	ט	ר	ל	ל	ז	ד	ם	כ	ן	נ	ק	ל	ת	ה	פ
ט	ח	צ	פ	ו	פ	ה	ם	י	מ	ש	א	ת	ר	מ	א	מ
ה	ב	מ	מ	ע	ת	ר	א	ת	ח	י	פ	ח	ר	ר	ן	ו
	ש	ב	ה	ב	ל	נ	ו	מ	ל	י	ן	ר	ע	ש	ח	ו

כמובן
סוודר
ביצועים
מה
עור
תקווה
חרד
בבטחה
נסיעה
מתוח
צפופה
המראה
לשולחן
כבש
אשמים
התיבה
מאמר
קשה
מנהל
קרפדה

Puzzle 308

ר	מ	ק	ב	ר	י	ו	ע	י	ת	ח	נ	ל	ח	ם	נ	ע
ב	ב	י	ח	ר	א	ף	ד	מ	ר	ז	ש	פ	ו	ש	כ	ג
ה	ל	ו	ח	ר	◌	נ	ד	ה	ם	ע	ע	י	ם	מ	י	ח
ה	ר	ר	ק	מ	ע	פ	ת	ק	ל	ב	ה	ח	ד	ו	ז	ה
מ	ת	ט	ו	מ	ל	מ	י	מ	ו	ר	כ	ב	ן	א	ז	נ
נ	נ	ו	ר	ה	ר	ט	ו	ל	א	ד	ר	צ	ת	ד	ו	ח
ר	ס	ש	ת	ה	ת	ל	י	ו	ס	ב	ע	מ	מ	ד	כ	ו
כ	פ	ר	ת	ב	ת	ח	י	ת	ר	ל	י	נ	ל	ה	ס	ב
פ	א	ו	ל	ח	ו	מ	ע	ל	ש	פ	ו	ך	ת	פ	ו	ל
ר	א	ו	ע	נ	ל	ס	ו	פ	ב	ת	י	י	ה	י	ב	ו
פ	ב	י	ה	ח	ד	ל	צ	ג	ר	א	ב	ד	י	נ	ש	ה
ט	צ	פ	ט	א	מ	נ	ק	י	ב	ר	ע	ל	ב	ל	ו	מ
א	ד	ר	ת	נ	פ	א	מ	ו	ש	ב	ק	נ	ו	י	ו	י
י	ב	מ	מ	ה	ע	ש	ן	ו	ס	ל	א	י	א	ל	א	ש
ב	ס	ל	ש	ר	ר	ן	ו	ב	ת	ו	ו	ד	ר	ד	מ	ם

פסנתר
מורכב
החג
יער
מדבר
לוטרה
רבה
היבוא
מקצועי
הזדמנות
לשפוך
שוטר
רוק
עד
אולם
לערב
מצב
בילה
לרתיחת
מקרר

Puzzle 309

ה	ס	צ	ל	כ	ב	ר	ק	מ	י	מ	ו	א	ל	מ	ה	ו
ר	נ	י	מ	י	ר	ד	ו	נ	ו	ת	י	ָ	ל	ו	ו	צ
ל	ן	א	פ	י	ב	ב	פ	ג	ר	ו	מ	ש	א	ן	נ	ב
ה	י	צ	ל	מ	ח	ק	י	ר	ד	ו	ח	ה	י	ר	ר	ל
ק	כ	ב	ו	ה	ר	ת	ד	ף	י	ה	י	ט	ל	ו	צ	ח
ש	ו	ע	ל	א	ת	ה	ו	כ	ם	א	מ	ו	ן	ד	ק	ף
ה	ל	ס	ו	ר	ב	א	ן	מ	ר	ו	ב	ר	צ	ו	פ	ש
ו	ב	פ	ב	נ	ו	י	י	כ	ת	ש	נ	י	ם	ו	ץ	ל
ג	ג	ר	מ	ב	ר	י	ש	ם	צ	ה	ב	ע	ל	י	ם	ל
י	מ	ו	ו	ת	ע	י	ה	ש	ל	ת	ס	ר	ו	ו	ת	מ
ש	ב	ל	א	ם	ת	פ	ה	י	ו	י	ח	ו	ת	ל	ב	י
מ	ד	י	נ	י	ו	ת	ר	ך	ם	ב	מ	ע	א	ר	ג	ם
ו	ר	י	י	ו	ח	ד	ת	כ	ן	ח	א	י	נ	פ	ל	ל
ג	ת	י	מ	ל	א	ו	א	ס	א	פ	ק	מ	ת	ת	ש	ט
ה	ח	ל	א	ה	ם	ע	ן	ו	ר	ב	ה	ז	ם	ו	ב	ח

כי
ספר
הבעלים
לאומי
להתאים
מדיניות
רצף
שועל
מים
צמיחת
שנים
קופידון
תצלום
מבול
קפץ
גרף
יורדים
אמון
ארנבת
תערובת

Puzzle 310

מ	ל	ה	פ	נ	פ	צ	ה	ל	ר	י	ו	ו	ג	ג	נ	א
צ	ש	ל	ו	י	ן	מ	ן	ח	ב	ד	י	מ	ל	ד	מ	א
ד	ב	י	ל	ל	ע	א	י	ת	ה	מ	ג	נ	ם	ו	ו	מ
ת	ל	ת	י	ת	ו	ב	ר	ת	ה	צ	ס	מ	י	ח	ו	כ
י	ע	י	ד	ק	ט	ב	י	ו	ר	ב	ק	ט	מ	ה	ל	ת
נ	פ	נ	י	י	א	ו	ד	י	ר	י	י	ר	ח	א	י	ע
ו	ר	ג	י	מ	ר	א	א	ק	ר	ע	ר	מ	פ	ן	ע	ד
מ	כ	ק	ו	נ	ר	ב	ה	נ	א	צ	ה	ב	י	ק	ו	ר
נ	ג	ו	ו	ז	ל	כ	ע	כ	ב	ב	ר	ע	מ	ת	ג	ו
ב	ת	א	ל	ו	ח	ב	כ	ק	ר	ל	ל	ג	י	פ	א	ת
י	ע	ת	ע	ל	ב	ו	ב	י	ח	כ	ו	י	נ	ר	ש	י
י	ש	מ	ח	ר	י	ד	נ	ר	ד	ו	מ	ה	א	ה	ת	ו
ר	מ	ד	ו	י	ה	ם	ה	ו	י	ו	מ	י	מ	ו	ב	נ
י	א	א	י	ד	ב	ל	ר	ב	ו	י	ל	ס	י	י	ם	ק
פ	ז	א	ת	ה	ה	ר	ם	ל	ח	נ	כ	מ	ל	ג	י	ז

לבצע
מונית
אחרי
מאז
התרבותית
אדמת
בעמודה
וכוללים
צב
ליד
לזווג
ביקור
אשת
העכבר
מצביע
הרפתקן
לסיים
בכבוד
לבשל
סקירה

Puzzle 311

ר	נ	מ	ר	ק	ו	פ	ל	ל	מ	ג	י	ר	י	י	ח	י
נ	ן	ע	ר	י	ן	ו	ב	ס	ר	י	ו	ר	צ	ו	ע	ת
ת	א	ל	מ	ג	י	ע	כ	א	ן	ו	ו	ב	ב	י	ר	ו
מ	ל	ר	ב	צ	י	י	ח	ד	ה	מ	ץ	י	ו	ו	ש	ר
מ	ב	ט	י	ח	ג	ל	י	ת	ע	כ	ב	ר	מ	ע	צ	ש
מ	א	ס	מ	ן	ף	ב	ה	ע	ב	ר	ת	מ	י	מ	ד	פ
ו	ן	ו	נ	ת	ה	י	ת	א	ק	י	ב	ד	י	ת	ת	א
ו	א	ח	ע	פ	מ	ו	א	ו	ו	ן	ש	ע	י	כ	י	ה
מ	ח	נ	ת	ז	נ	ע	ה	א	י	פ	י	ב	ב	י	ז	ד
י	ג	ל	ג	ח	ו	ט	ב	ן	א	ו	ר	י	ח	כ	מ	ו
ו	ו	ם	ע	ח	ב	י	כ	ר	ה	ז	נ	ל	פ	ה	ח	י
ה	ל	ב	ל	ש	ר	י	ה	ש	ו	ל	פ	ל	צ	נ	ב	ן
ו	ר	מ	פ	ו	י	ו	ת	פ	א	ו	ד	ו	ו	ו	ת	פ
ב	מ	ו	ז	י	א	ו	ן	ת	ס	ר	פ	ד	ר	ד	ו	ב
א	א	ה	ו	ן	ו	א	פ	ב	ט	ה	ח	ו	ל	צ	ה	י

לרוץ
העברת
מעל
סמן
רצועת
עכבר
לפלוש
שבת
מעבר
אתה
פרסת
במוזיאון
כאן
מדע
רפואה
חולצה
מבטיח
שפת
האפשרות
מגיע

Puzzle 312

ן	ו	צ	ר	מ	ש	נ	ל	א	י	ב	ר	מ	ג	י	ר	ת
ו	מ	ו	ה	ת	ע	כ	ע	ה	ו	מ	י	ה	ף	ו	מ	נ
ק	ב	א	מ	ו	ו	ח	ב	י	ת	י	נ	נ	ו	כ	ל	ו
י	ו	ת	מ	נ	ע	ד	ר	ב	ר	נ	ש	מ	ק	ו	כ	ת
ת	ט	נ	ל	ש	י	ת	י	צ	ם	ו	ו	נ	ש	י	ר	ד
י	ל	ר	ו	פ	ת	מ	ח	מ	ו	ל	ה	ע	א	פ	ג	ה
נ	ע	פ	ס	נ	ב	ג	פ	י	ל	מ	מ	ח	ע	ה	נ	ל
ע	צ	מ	ה	י	ו	ו	ע	ט	ו	ן	ו	ת	ו	ב	י	ר
ו	מ	י	ו	צ	מ	י	ק	ך	י	ר	ב	מ	ג	ה	ש	ד
ו	נ	ט	י	פ	ס	ק	ה	י	ל	ש	ר	מ	פ	ל	א	מ
ל	ו	ס	מ	ו	צ	ר	ו	י	ו	א	ו	ל	ל	פ	ר	ח
ו	ן	א	י	ע	ה	פ	א	ו	ק	מ	צ	ה	ש	ע	מ	י
מ	ל	כ	כ	ך	ס	כ	י	ש	ו	ו	ש	ק	ב	ד	ז	ף
א	מ	י	ו	ר	י	ל	ו	ס	ר	א	פ	צ	ר	ש	ח	ן
מ	ו	פ	ת	ו	י	ג	ר	ש	ב	י	ב	ג	ש	ה	ס	ע

ומבוטל
מגירת
שבר
שקוף
איכר
פסקה
צביה
נכחד
עצמה
שעועית
מוכר
ברוקולי
נסיך
מרצון
כריך
תיקון
לכוננית
להתנועע
מוצר
פטיש

Puzzle 313

ב	ם	א	ת	י	ח	ר	י	ז	ה	נ	ו	פ	א	מ	ד	ה
ב	י	ל	ו	א	ף	י	י	ף	י	ב	ל	י	צ	ל	ו	ו
ו	י	ר	מ	ו	ן	ו	ב	ק	י	ר	ל	ה	מ	נ	ל	מ
ש	ש	ר	ת	מ	מ	א	ר	ה	ת	א	ו	ש	ש	ו	ת	א
ו	י	ק	ג	ו	א	ו	ת	ש	ב	ג	נ	ר	ל	פ	ן	כ
ד	ל	ש	ה	ל	פ	ו	ל	ת	ל	מ	ב	י	א	מ	ן	ל
ת	ש	ל	ע	ח	י	ס	פ	ב	ה	ל	ת	י	נ	ש	א	נ
ה	ח	ל	ק	ת	ל	ו	ו	ד	י	נ	מ	מ	פ	ו	ל	פ
ת	נ	ה	ב	ע	ו	א	ל	ה	ת	ה	ת	ו	י	ר	ח	א
ג	ו	ו	ח	ש	צ	ר	ב	ר	כ	ו	ת	א	ד	ו	מ	ל
ו	מ	כ	א	ט	י	נ	מ	י	ב	ו	ה	ל	ש	ח	ה	ד
נ	פ	ה	ח	ו	ל	י	ם	י	מ	ס	ע	נ	כ	ש	ל	ת
פ	ז	ח	ו	ל	ב	ד	מ	ב	ד	ב	י	י	ח	ה	ס	ה
ו	א	ת	ו	א	ר	ד	ד	ו	ה	נ	ד	ב	י	ל	ו	ל
ו	ח	מ	ב	כ	ל	ת	ד	ו	ד	ו	מ	י	ת	ר	ס	ת

אחריות
חריזה
סוס
שלישיים
ללמוד
אפילו
בירת
בינלאומי
התאוששות
אפונה
לשרוף
שובב
החולים
ברכות
החלקת
אולי
ריקבון
לשכנע
השחור
שני

Puzzle 314

ץ	מ	א	מ	צ	ו	י	ר	א	ל	י	ה	ל	ע	ש	ו	◌
ב	ת	י	ח	א	מ	ר	ו	ת	ו	ר	ת	ו	נ	ש	א	ו
ת	א	ר	ב	ם	א	ק	מ	א	פ	ב	ג	ל	ל	י	י	ח
ף	י	ש	מ	כ	ח	ו	ו	ח	א	ר	צ	י	ש	י	ר	מ
ח	ם	מ	ה	ר	ו	ת	א	א	מ	ה	מ	ע	פ	כ	ע	ס
ל	א	ח	ת	ו	ר	כ	ה	ט	ק	ע	י	פ	ס	י	ב	א
מ	ה	ו	ו	ה	י	ב	ח	ב	ן	ח	ו	י	י	ם	ח	ו
ו	מ	ו	ר	ל	ד	ע	ש	ר	ה	ל	ה	ו	ס	י	ף	ס
ן	ל	ל	ק	ל	ה	ד	ת	א	פ	מ	ו	ו	ל	ה	ם	א
א	מ	ה	ו	ה	ה	ח	ת	ל	ת	ו	ל	ב	צ	ל	ו	ה
ו	ר	ת	נ	ו	ל	ו	ו	ח	מ	נ	ס	י	ע	ו	ת	ד
ת	ו	ם	ה	ה	ר	ו	ט	ו	ן	צ	א	א	ש	מ	ך	י
ת	נ	ר	ט	ל	י	ל	מ	ו	ל	ז	ר	ו	ם	ג	ח	ב
ת	פ	ע	מ	י	ם	פ	י	ב	פ	י	ד	מ	ו	ד	ל	ן
נ	ו	ח	א	ר	ע	ק	י	ג	ד	י	ל	מ	י	ו	ן	ר

חתלתול
להוסיף
שייכים
רעב
עשרה
פרח
כוכבי
כמשי
קונה
בגלל
מאחורי
פעיל
מתאים
מאמץ
פעמים
להוט
נסיעות
חייל
ירקות
לזרום

Puzzle 315

ס ת פ פ ו ר פ י ד ר י ט ל נ ע מ מ

ד נ ח מ ת ר ד א ל ד ו ג י ק ל ב י

ו צ מ ג ט פ ו ב ן א ו א י נ ר ב פ

מ נ א י ס ר נ ל ו ו י ר כ י נ ת ס

ר ק ה ח פ נ י ם י מ ק י ר ק ו ר ו

ו י נ ו ט א פ י מ ל ה ח ת י ם ד ת

ת ו ל ו ל ג כ ל מ ע ה מ ל ו ל ם מ

נ ח ע ה ו ו ח י ם ח א כ ו ת ג ו ו

ג ת א ש ל ס ן ח ה מ ב ן ע א ל ט ת

מ ע ר ת פ ה ש ת ף ד ש פ ו נ ח ת י

ר ת ו ר ו מ א מ ש ח ל א מ ג ו י ב

ק ו ג ת ן ו ר ת פ ו ל י ו ן ב נ פ

ר פ י י ו מ ת נ ר ו א ו א ה ו ה ח

י ע ו נ צ ח ע ל י נ ת י כ י י י א

ע ד ת ה ק ו ו ד י ז ל ב ת ס ד י ו

פנים
למה
פתרון
נקניקיות
גודל
מתחילים
רכי
פרטי
פגוש
תרד
צנוע
תג
חמאה
להחתים
חווה
קיווי
מערת
לטפס
רופפת
יכולת

Puzzle 316

יבשי
מבחר
עניה
תמונה
ובמצב
במהלך
סערת
יין
עם
יתוש
חקירת
לנער
באמת
להעריך
קול
לפרוש
כרישת
גיל
מנהג
ירד

ו מ ו א מ פ ו י ל א ת ב מ ו ו ה ך

ה ק ב ב ב ת ל י ה י ב א נ ר ע נ ל

א ה מ מ ח ע נ ש ע י א מ ה א ו ו ה

ו א צ ו ר ו ן ו ר ו ש ת ג ש ק מ מ

ח ו ב ת ר ע ס י י ן ש ו ר פ ל ת ב

ה ט א ר ך ה ד ו ך ג ל ת נ פ ו ל ח

ל ק ו ד ר י י ב ש י נ נ מ ו ת ק ת

ט ל ו ש ת ע ן ב ע ל י מ ו ו י ו ד

י ג א ה ח י ו ו נ ב ל ו ך ר י א י

ח ד ו נ נ א ר נ י ו ק ב ת ש כ ם ו

צ ת א ם ע ו פ ו ה א נ ה ש י י ב מ

ח ת ל ו ה ר ל ו ו ד ת ו י מ ד ה ט

ג ס ח י ז ח ו מ ד ו ת י ר נ ר ט נ

מ ת פ מ ו מ מ ר כ י ל ש כ ד מ ה

ת ע י ס ו י ל מ ו מ ן י ח ק מ א י

Puzzle 317

ן	ק	נ	ם	א	פ	מ	ט	מ	ו	ב	י	פ	ס	א	ת	ת
א	נ	ש	י	ם	ב	ל	ף	ח	ר	מ	ס	ק	א	ג	ב	ג
ב	ס	נ	ש	י	ו	ו	ת	י	ן	ן	ש	ר	ה	ו	ב	פ
ת	א	ה	ן	מ	ת	ר	נ	ב	ר	ר	ח	ר	ש	י	ו	ו
מ	ט	ב	ו	ו	ש	צ	ר	ח	מ	ר	ו	ל	ף	כ	ק	ב
ב	ש	ו	י	ק	י	כ	א	י	ל	ל	ם	כ	ס	ל	ר	מ
ו	פ	א	נ	ע	ר	מ	ה	ל	י	צ	א	ו	ק	ה	י	י
ה	ל	ע	ך	ה	מ	מ	א	ה	י	ו	ג	מ	ב	פ	ת	ו
ו	ד	ט	ו	ר	מ	י	ז	ח	ת	י	א	י	כ	ר	ש	ח
ר	ג	ר	ו	ב	מ	ה	ל	י	י	ו	ר	ה	ה	י	א	ד
א	ה	ת	◌	ר	כ	ב	ב	ת	פ	נ	י	ב	מ	ע	כ	ב
ב	י	ר	נ	י	א	פ	ג	א	ב	ח	ת	מ	י	י	ש	ן
ט	י	ו	ק	נ	ו	ת	נ	ך	ר	ו	צ	ה	ר	י	ב	א
י	ב	ו	ל	ה	ת	ו	ו	מ	י	ו	ק	ב	ו	ו	ו	ת
ח	מ	י	ח	צ	ל	ד	ס	ר	פ	א	פ	י	ת	ה	י	ה

המבורגר
אצילה
נשי
בכה
מבין
יושב
הבמה
לפשט
צורך
עקומים
להפריע
אפוא
אבטיח
כף
אביר
סוגיית
בבוקר
אנשים
ארית
ובמיוחד

Puzzle 318

ציפיותיהם
בנק
זמנים
פטרוזיליה
פדרלי
בדק
עיצוב
פרחי
ביותר
תינוק
צעקה
הלילה
בתורו
חבק
עתיק
אוצר
שימוש
ארץ
רעיון
רע

ן	פ	נ	י	פ	י	ן	ה	פ	א	ה	ל	י	ל	ה	א	ח
ת	ר	א	ם	י	ל	ת	ש	ה	ו	נ	פ	נ	ח	י	ת	ש
פ	ת	ה	ן	ק	צ	ג	ש	פ	צ	א	צ	י	ו	ל	ן	ל
ש	י	מ	ו	ש	ד	ל	י	מ	ר	ע	פ	ו	כ	י	א	ת
י	נ	ך	י	ק	ש	ת	ב	נ	ק	י	נ	ל	ו	ז	א	א
י	ו	מ	ע	ת	ס	ו	י	ה	ד	ו	ת	א	י	ו	ע	ו
ש	ק	נ	ר	ח	ט	ס	י	א	ב	ה	ע	ז	ץ	ר	א	מ
ר	י	ם	פ	ד	ה	ל	ל	ו	ו	י	ע	י	ו	ט	ו	פ
ס	ת	ו	א	ם	י	נ	מ	ז	ח	ק	ו	ח	י	פ	ד	ע
ו	ע	ד	מ	מ	ע	י	צ	ו	ב	ב	י	ו	ת	ר	ד	י
ת	ר	ר	פ	ע	ר	ת	ו	ש	ק	נ	ו	ש	ל	ת	ג	ו
ש	◌	י	ר	פ	ו	צ	י	פ	י	ו	ת	י	ה	ם	ל	נ
א	מ	ת	ח	א	א	ל	ת	ם	מ	ט	ח	ח	ב	ח	ל	י
ו	ו	י	ר	ה	ל	ש	א	כ	ב	ת	ו	ר	ו	נ	ט	מ
ש	נ	ת	י	א	מ	ל	ת	ט	ע	ו	צ	פ	י	י	י	י

Puzzle 319

פ	ל	ס	ט	י	ק	מ	מ	פ	ל	ה	ה	מ	ם	ו	א	א
ע	ה	פ	ו	א	ב	מ	י	מ	צ	ס	ל	מ	ב	ב	ה	מ
כ	י	א	ב	ע	ו	ד	ה	ר	ח	ו	נ	מ	ו	ק	ו	ב
ח	כ	ס	ב	ת	ק	י	י	ר	ו	ש	מ	ד	כ	ח	ן	ן
ה	ס	ל	נ	ר	ד	ש	ק	ל	ק	ע	ג	ד	מ	ד	ל	ו
ר	ד	פ	ת	פ	ת	כ	א	י	נ	ע	ה	ק	ת	ס	א	י
ב	ד	ו	ל	נ	י	מ	ו	ד	ג	ש	ה	מ	ד	י	נ	ה
ה	ב	צ	ר	ר	כ	ר	ל	נ	ר	ו	ת	ה	ה	ט	ע	ר
ל	ה	ו	ם	י	ו	ל	ש	ש	י	ו	ן	ה	ב	י	כ	ר
ה	י	ו	י	פ	כ	ר	ח	ג	ר	י	א	ת	צ	ה	ע	ו
ב	ן	ו	ח	י	ז	ם	ו	ל	ב	ת	ו	י	ל	ל	נ	י
מ	ד	ו	כ	צ	ו	ח	ת	ד	ב	ו	ע	ב	מ	ת	ל	מ
ת	ו	ו	ו	מ	י	י	ק	ח	ה	ו	ר	ה	ו	ת	ר	ד
ת	ל	ו	נ	ס	ר	י	ב	מ	ג	י	ח	ל	מ	א	ו	ה
י	י	ל	ש	ו	ם	ת	א	צ	ו	ה	ס	נ	י	נ	ה	א

פלסטיק
גשר
נוח
מודגש
הבצל
אבקת
נוכחים
הביתה
המדינה
לצחוק
וחצי
בעוד
הוצאת
סנפיר
זכוכית
הרבה
רכיבה
עובדת
לשחות
להיט

Puzzle 320

ר	מ	י	ב	צ	ב	מ	ו	ה	ר	נ	נ	ב	י	א	ג	פ
צ	ע	ן	ו	ו	ב	ה	ר	א	י	ו	ן	ר	ח	ד	ב	י
ן	ו	ב	ס	ה	ח	ד	י	ת	ק	ד	ה	ן	ו	כ	ע	ת
ד	ל	ש	ק	מ	כ	ה	ב	י	ס	ד	ל	ב	ש	א	ה	נ
צ	ם	ו	נ	ק	ו	נ	ג	ת	ו	ח	פ	ל	ר	א	ו	י
ר	ב	ב	ר	ו	א	ח	ח	י	ו	מ	ך	ל	ו	א	ת	ה
ע	י	ד	ו	מ	נ	ו	מ	ן	ל	ם	ד	ה	ת	ס	ב	מ
ת	י	ן	ו	ת	ו	מ	ר	ה	ק	ד	י	מ	ה	ה	ל	ע
ל	ן	פ	ח	מ	י	ה	א	ק	ס	ע	ב	ס	ל	ל	י	ן
ב	ה	מ	ט	ר	ה	ר	ת	ו	ק	ל	ו	פ	ו	פ	ו	ז
י	י	ש	מ	י	ה	ו	ג	ו	ת	א	ח	ו	ג	ג	ש	ח
א	י	ל	ו	ש	י	ו	ר	נ	ר	ה	ו	ו	ע	ו	ו	ל
נ	כ	נ	ר	ו	ה	ת	פ	ש	ט	ו	ת	ם	ה	ה	ב	ב
נ	ג	א	ב	ה	ת	ב	ה	ח	ל	ט	א	י	כ	מ	ח	ו
י	ש	ב	כ	ג	א	נ	ת	נ	ה	י	ת	נ	י	ד	א	ש

מעולם
הראיון
כתום
מי
בהחלט
סקי
לפחות
שוב
רווח
הסבון
גבעה
מחדד
קדימה
אתגר
עסק
להשוות
מטרה
העגולה
קקאו
התפשטות

Puzzle 321

ה	ם	ג	א	פ	ב	ח	ל	ב	ט	ר	פ	ב	ע	ה	ע	נ
ן	ו	י	ל	ע	ה	ב	י	ח	ה	ז	ס	ו	ו	ם	ל	ו
ו	י	ע	ק	ע	ש	ל	מ	פ	ר	ג	י	מ	ר	ר	א	מ
ה	ק	ב	ע	ח	מ	ק	ו	נ	ב	י	ק	ת	ו	ח	ק	ח
ו	ד	צ	נ	א	ש	ב	ט	ר	י	ת	ת	א	ת	א	ו	ב
ל	נ	ב	ר	ו	א	פ	א	ל	ע	ד	ר	פ	צ	ל	ת	מ
ב	כ	מ	פ	י	כ	י	ל	מ	י	ן	ד	ן	ו	ס	ס	מ
ד	ג	ו	ה	כ	י	ר	ו	מ	ו	י	ג	מ	ן	ק	פ	ב
ת	ב	ו	נ	ד	מ	ה	ק	ו	נ	ת	פ	נ	ת	ע	ב	ב
ב	ו	ת	ב	ן	ו	ק	מ	ג	נ	ל	ב	י	ש	נ	ר	י
ב	ו	ו	א	ה	ו	ט	נ	ת	ב	נ	ן	ו	ן	י	מ	ע
ח	ו	ל	ט	ם	א	ת	י	ד	ע	א	ת	ו	ל	ע	ת	ה
ת	מ	נ	ח	ו	ו	ח	ה	ס	פ	ל	ו	נ	ו	ש	י	מ
ב	ל	נ	ת	נ	ר	ח	ד	ת	ל	י	ד	מ	ו	ס	ן	ק
ל	ר	ש	ש	י	ב	ה	נ	ר	נ	ו	ן	א	ל	ו	נ	ל

אטומי
השמש
פי
המקל
בגובה
אגם
בפרט
חיבה
לכונן
קיום
צפרדע
בקרוב
העליון
תולעת
פסיקת
בצבעי
הרביעי
לאחר
גזר
קמח

Puzzle 322

מ	פ	פ	ב	ה	ש	ש	ב	נ	ת	ע	ל	ף	ק	ת	ה	נ
ס	ל	ה	מ	נ	ר	י	ר	ס	ר	ה	ט	א	ו	ת	ם	ה
מ	א	ב	ר	ו	ס	ג	ו	י	ח	ן	ס	ש	י	א	ב	צ
ו	ו	ו	כ	ר	ו	ב	ר	ף	י	ש	ה	נ	ד	ע	צ	ח
נ	ל	ד	מ	ו	פ	ו	י	י	ש	ת	ש	י	ב	ו	י	ח
ק	י	ש	א	ה	ת	פ	ם	ת	ו	ש	י	ה	י	ל	ו	ש
ו	כ	ך	מ	ג	ל	ע	ו	ח	ן	י	ל	ל	ר	ח	ו	ר
א	ה	ז	ו	ר	ו	ה	י	ל	מ	מ	ס	ו	ר	ת	י	ת
פ	ג	נ	א	פ	ס	א	ב	ל	ר	ה	ם	י	י	א	נ	י
י	נ	פ	ה	ר	א	נ	ר	ד	כ	י	א	מ	ק	ע	י	ס
י	ל	ו	ה	פ	י	מ	ו	ב	א	ל	ד	נ	א	ף	ם	ח
ת	ך	כ	ב	א	כ	ר	ו	צ	ש	ו	א	ו	ל	ק	נ	ו
פ	כ	ל	ח	ו	מ	נ	ח	פ	ב	א	כ	ח	ו	י	מ	א
פ	ב	ן	ו	ל	ה	ו	ר	י	ם	ר	י	י	ו	ן	ת	ע
ו	ק	ס	ו	כ	צ	מ	ג	ל	ב	א	ו	מ	ש	י	י	ל

דיוק
התקף
צעד
חמה
אפיית
ולשמר
תרחיש
לתפוס
צבאי
הורים
גל
מודאג
כרוב
להינשא
אותם
פרפר
מסורתית
הכילו
חיובי
ברורים

Puzzle 323

ר	ד	נ	ם	א	י	מ	ב	ע	כ	מ	נ	ב	ת	י	ד	
ר	ן	ג	פ	נ	כ	ו	ד	נ	פ	ר	ו	ח	ח	ג	ו	מ
ב	י	א	ס	ד	י	ק	ש	ו	ח	ו	ו	ר	ס	ד	ו	ז
ה	פ	ו	כ	ת	ש	ר	ב	ד	ל	ב	א	ש	מ	ו	ז	נ
ג	ת	מ	ו	ד	ל	פ	ו	ה	ש	ע	ו	ן	י	ל	י	ט
ו	ד	י	ו	ק	ר	ה	ד	ט	נ	מ	ל	י	ש	ה	ת	ד
ו	ב	ל	ח	ת	ו	ל	ה	ו	פ	ל	ה	ה	נ	י	ל	א
ל	ל	ו	ש	ר	מ	ב	ג	א	ג	י	ל	ל	ב	ח	צ	מ
ח	מ	א	ד	ל	ת	ר	ל	ש	כ	ן	ה	ק	·	ק	ד	פ
ש	מ	ו	ת	ד	ם	ש	ל	מ	ע	י	מ	ח	ר	פ	י	נ
נ	א	ו	פ	נ	י	י	ם	ח	ו	ו	ח	ז	ס	ך	ר	ע
י	ד	מ	י	א	ן	ד	ל	י	ג	ק	י	י	ה	ר	מ	ו
נ	ד	י	ב	ו	ר	י	ד	כ	א	ו	ש	ר	ר	ו	א	י
ל	ק	י	י	ם	פ	ב	ש	ה	מ	ח	ר	ס	ר	ש	מ	מ
י	י	ס	ק	כ	א	ל	י	א	מ	ע	ל	ב	ת	ת	ה	ף

ובודד
לשלם
דיבורי
קלה
חזיר
מלבד
מאמרי
תכופה
אופניים
נהג
יוקרה
להמחיש
משאב
לקיים
קשוח
חתול
שמח
מרובע
גדולה
להבקיע

Puzzle 324

הגבוהה
אליפטי
שליו
להתעלם
טכניקה
העדין
בוקר
רציני
הסיכון
מלכה
ברוגז
יחס
קצרה
הדרקון
גלוי
כוס
יניח
התייחס
וילונות
כתובת

ב	ק	צ	ר	ה	ה	כ	ל	מ	ט	כ	ר	ת	ב	ב	ו	ש
ו	ר	ב	מ	ר	ג	ש	ל	י	ו	כ	ז	ה	ו	ג	י	ו
ו	מ	ו	ש	ת	ב	ר	ב	ר	ף	ג	נ	ל	ק	ש	כ	ו
ל	ו	ה	ג	ת	ו	נ	ו	ל	י	ו	ל	י	ר	פ	ו	ת
ל	מ	ב	ח	ז	ה	ד	מ	א	י	נ	ן	ו	ק	ר	ד	ה
ר	צ	י	נ	י	ה	ק	ל	ה	ה	י	ת	ת	י	ה	ה	א
ם	י	ל	ז	י	ו	ע	ד	א	נ	ג	ד	ג	ט	ח	ת	כ
י	ע	נ	ר	ו	ש	ד	ר	ע	ת	מ	ו	ו	פ	ב	י	ו
נ	פ	נ	ר	מ	ה	ס	י	כ	ו	ן	נ	מ	י	ן	י	ת
י	ל	ה	ת	ע	ל	ם	י	ל	ו	ן	ל	ר	ל	ס	ח	י
ח	י	ר	ב	כ	ת	ן	ה	נ	ו	ק	ת	ת	א	י	ס	ד
ל	ו	ב	ו	ר	ר	ו	ע	א	ה	מ	צ	י	ש	מ	ו	ל
ח	מ	כ	ת	ל	מ	ו	ד	ר	ה	ן	צ	ו	ס	מ	כ	ב
ב	ו	ז	כ	ט	פ	ה	י	ו	ד	י	ה	א	ר	ת	פ	ה
ק	ל	א	פ	ו	ת	ח	ן	ד	מ	א	י	ק	ה	ם	ר	ל

Puzzle 325

ת ב ש ו מ ג י נ ר ה ר ס ט ה ש ר מ
ג ת י מ ר מ י צ ו א ר ו ח ה ח צ ל
י נ ק ס ו ח ל ג ע ן ב מ ר ל פ כ נ
ב ר ם י ע ע ת ה ק ו מ ח מ ה נ ל ש
א א י ו ב ל א א א ד ס ה ה ב י ר ו
ה ב מ מ ג ק י מ ד ה ה ב ק י ת מ ם
ע מ ד ו ס י ם ו ר ו ם ו ם א ד ק ו
ה ל א צ ת ב ר ו ע ד ל ר י י ע י ז
ה ו ו ל נ ד ת ת ו נ ל ר נ מ ח ע ז
ב ס א ח ס א נ י ו ת נ ת מ ה י ס ן
ם ק מ ו ב מ ו ו ן ת ק ר ו ר נ כ מ
ה ר י י ק ת מ מ מ ש י מ ה ד מ א ש
כ ן ן י צ ק ל ט א ת ל ח ז מ ט ר ס
ל ו ב ה נ ב ש ת ו ד ד ל ד כ פ ו ח
ן ו י ס י נ ס ן מ כ י ה נ ו ו פ מ

משימה
סקרן
קצין
זעירה
אח
ארוחה
סרט
המתנת
החמוס
סדר
לטאת
עורבת
לנשום
ממתקי
מזחלת
מוצלח
ניסיון
הביא
יצוא
טוב

Puzzle 326

ו ב א י ר ו ע ה כ ל י ט א ר ח ה מ
ש ו ש ס ס ו מ ר ת נ כ ח ע ג ש מ י
ו מ ו י ז ד א א ם ו ב ר ת ל מ י ד
ח ל נ ב ו נ מ ש ר ל ר ל ר ש ת ב ע
צ ל ל ו י א ו ו י ו ת ב כ ר ו ל ג
א ה מ ו ה א י ן נ ב ר פ ם ר ס י ב
ה ח ר ו ח ו ת ע מ ת ש ו ח נ ו ל ג
ת ל ג כ מ ה ה ו ד נ ו ח ת ל ד ר ד
ח י מ י ל י י א ע ו ל נ א ה מ י ו
ג ט ל ע נ נ ל ק ן פ ב ס י ו ל ל ל
ו ו ו א ל ע י ר ס א ו ר ר ו ח ב ל
מ ו ה ם ר ו ה א ר ת ו ר י א פ מ
ו ה ה ל ק ת ת ק ע ז ל י י א ו י ל
ו מ ל ח ו ץ ר פ א ו ס ו י י נ ן פ
י ו מ ר ס י מ ת ב ט ט ע ה א א י ר

עוזב
לאסור
רכב
פרץ
נחושת
אירוע
תלמיד
מדען
הראשון
איילי
להחליט
אפונת
גשמי
דהירת
לבחור
נעל
נושא
מידע
אין
זעקת

Puzzle 327

כ	ל	י	ט	ג	ו	ו	ר	א	מ	ו	י	ת	נ	י	פ	ב
ל	ק	י	כ	ת	י	פ	ו	ו	ה	ר	י	כ	ז	מ	פ	ק
י	א	ע	נ	ק	א	א	ס	ד	ס	ד	ב	ר	נ	ס	ב	ר
ו	ר	ו	ו	ע	ה	י	ל	י	ס	ו	ב	ת	ו	ת	מ	ש
ע	ק	ץ	ל	ק	כ	מ	ש	ש	י	ס	י	ל	ר	ב	ר	ד
ו	ל	ח	ו	פ	מ	פ	ו	ן	ם	מ	י	ף	ג	ל	ר	ג
ו	ת	מ	ג	י	ד	ו	ס	ה	י	ו	פ	ד	ה	ו	ד	ו
ח	ח	ן	י	פ	ו	ת	ח	נ	ו	נ	י	ר	נ	ת	ב	ד
ו	מ	ו	ת	ה	ל	פ	ל	י	ו	ע	ו	מ	ה	ע	ו	ל
ז	ן	ב	ס	ר	ח	ו	י	מ	ה	מ	ש	פ	ח	ה	ו	ר
ש	ח	ר	ת	ה	ל	א	ו	ב	ל	ג	ח	כ	ה	א	ר	נ
ו	ל	ד	נ	ל	ג	ד	מ	נ	א	ק	ם	ן	ה	ו	ב	ד
י	ו	ו	ו	נ	ד	י	מ	ה	ו	ו	פ	ו	פ	ק	פ	ר
ס	ש	ת	ת	נ	ב	מ	פ	י	ת	ל	ח	ן	ע	מ	ח	ן
ו	נ	ב	ח	ס	י	י	ר	מ	ר	ת	ו	מ	ת	צ	כ	ב

אודישן
בפינת
מהססים
מרדף
ומסודר
כלי
להתרחש
טכנולוגית
המשפחה
חכם
פסולי
בוהן
מבנה
שולחן
מזכיר
הנהג
חתונת
ייעוץ
בגדי
נראה

Puzzle 328

שעון
אנרגיה
ערבת
כלנית
מאבק
צורת
בעל
למנוע
הנושא
הכעיס
מקלחת
עזבה
מיומנות
אביו
קו
ספל
נשר
קליפים
מזרח
לציית

ת	ת	ר	ח	ן	ם	ח	מ	כ	נ	מ	מ	ק	מ	ש	נ	ב
כ	ה	ב	ע	י	ס	פ	ל	ו	ש	י	ו	ב	כ	ח	ע	ג
ק	נ	ד	ה	ו	א	נ	ע	א	ר	ו	ה	א	ס	ל	ה	ם
ל	ה	ר	ת	ו	י	ע	ב	נ	ה	מ	נ	מ	ד	ו	ו	ה
מ	ק	ל	ח	ת	ח	מ	ז	ר	ח	נ	ו	ו	נ	א	י	ן
ה	מ	ת	י	י	צ	ל	ב	ג	כ	ו	ש	מ	ז	ר	ן	מ
ג	ב	פ	ת	א	מ	י	ו	י	כ	ת	א	ד	ת	ר	ו	צ
מ	מ	ו	ב	ק	ר	י	ש	ה	מ	ס	ו	י	ב	י	ע	י
ח	כ	י	י	ד	ת	ו	ק	ב	ו	ו	פ	נ	ר	ו	ש	מ
מ	ו	ף	ב	ד	ר	ו	ל	ז	ה	ר	מ	ו	ע	ה	ג	ל
מ	ד	ל	ו	מ	ו	ו	י	ע	ק	ם	ב	ת	ו	פ	ד	ו
מ	פ	ר	ב	ת	ו	ו	פ	י	מ	ו	ש	ב	נ	ל	מ	ו
א	ד	ה	ו	ט	ס	ר	י	י	ת	ה	צ	ד	מ	ו	ו	י
ע	י	ר	ו	ב	ת	ד	ם	ו	ל	ו	ד	ב	ל	ב	ו	ח
א	נ	נ	ה	ס	ו	י	ה	ל	מ	נ	ו	מ	ב	ת	ס

Puzzle 329

כ	ל	ר	ח	ל	ל	ב	ע	ו	ל	ק	ת	ב	נ	ר	א	ע
י	ב	נ	ו	י	ו	ם	י	ת	מ	י	י	א	ל	ו	י	ח
ל	ו	ן	ס	ר	ח	מ	ו	ל	י	י	ו	ו	י	כ	מ	ב
ל	פ	ב	ט	ה	ו	א	ג	ן	י	א	ט	ל	א	ז	ר	י
ב	מ	ו	ח	ג	ו	מ	ע	ד	ה	ג	ק	ם	ו	ל	ת	ד
א	מ	ר	נ	ב	כ	ו	ח	ח	ר	ה	י	ה	ק	ס	פ	ה
ב	ל	ב	ו	ו	ה	ר	ם	ב	נ	ת	ו	ד	ן	ם	ג	ד
א	ש	ו	נ	ם	ר	פ	ן	מ	ד	ף	ר	ח	ו	ר	ט	י
ח	ם	י	י	ר	ה	צ	ה	ז	ו	ב	פ	ו	ב	ר	ל	ם
ה	כ	ל	ח	ם	ד	ק	ת	ל	ח	כ	ת	י	ש	פ	י	י
ב	י	ו	א	ת	ן	א	ת	ל	י	ל	מ	ש	ח	ה	י	פ
ו	ד	ע	ל	י	ז	ו	א	א	א	ל	ה	ח	מ	ל	צ	ש
ו	פ	י	ל	ת	ק	ב	י	ל	י	ק	ל	ח	ש	ן	ג	ו
ש	ר	ו	ו	ש	ל	י	צ	ו	ר	ב	נ	ה	ח	ר	ו	א
ב	ע	ל	פ	ק	ם	י	ת	ו	מ	א	מ	[illegible]	ר	ה	ו	ה

ארנב
פרויקט
לייצג
הפסקה
מזל
דקת
ערפד
החשמלי
סט
בשיחת
בדיוק
עליז
לזכור
חדה
באולם
בכלל
מחשבון
גידור
הצהריים
ליצור

Puzzle 330

נ	ם	ל	י	ץ	י	מ	א	פ	ל	ך	ל	מ	מ	ק	ח	ה
ר	מ	צ	א	מ	ע	כ	א	ג	ה	א	ה	י	ת	צ	נ	פ
ל	ו	ל	ל	פ	ן	ע	ו	ט	ש	ל	י	ט	מ	כ	ס	ע
י	ו	ב	ה	ל	י	ח	ה	ל	י	ס	כ	ת	מ	ע	ח	י
ת	י	ל	ר	ד	ר	ש	ר	מ	ג	ב	נ	ד	ן	נ	ז	ל
ו	ר	ל	ה	נ	ו	א	ו	ב	ו	י	ס	מ	ף	ב	א	ב
ל	ב	מ	ה	ק	י	ף	ן	י	ס	ר	ר	ב	ש	ו	ת	ו
ו	ם	ד	א	ק	י	ה	י	י	ו	ה	ת	ו	ע	ט	ה	ל
ח	א	י	ה	י	ב	ע	מ	ב	ר	נ	ו	ל	צ	ק	ק	ה
ת	ר	כ	ן	ו	ג	י	א	ח	ר	ב	י	כ	ד	ה	ב	א
ט	ח	ל	ש	א	ל	ה	ה	ו	ל	נ	מ	ו	ב	י	י	ח
ח	י	ו	ת	מ	ל	ג	נ	ו	ב	ח	כ	ו	ש	ו	ה	ב
ת	ו	ך	ר	ן	ג	ת	ו	י	מ	ד	א	ת	ו	י	ז	ו
ח	ו	ד	ת	ו	ר	ר	ח	מ	ן	מ	ק	ר	ד	ס	ה	י
ת	י	א	ר	ל	ף	ג	ע	י	י	צ	ם	ג	מ	ל	ה	ג

אחר
מיטת
רוצה
זה
לגנוב
ללמד
להשיג
האמין
סביר
להטעות
אמיץ
כלוב
נמלה
טוען
תושב
סוג
להחיל
הוא
יכול
להיכנס

Puzzle 331

מ	ע	ר	ר	ט	פ	ה	ל	י	מ	מ	ק	◌	ש	ע	ד	ק
פ	א	ק	פ	ו	י	ש	ו	ו	י	י	ג	ר	ג	י	ר	מ
ו	ו	ל	ו	ר	א	פ	מ	ד	ר	ש	ק	ו	פ	י	ו	ת
ר	ר	ו	ג	ח	ה	ע	צ	ל	ב	מ	י	ח	י	ח	ד	ב
א	ד	ר	ו	ו	ד	ה	ו	א	י	ח	ע	ר	ל	ו	ל	י
ש	ל	ר	ה	ם	ל	ך	י	א	ם	ה	ת	ט	פ	ף	ד	ף
ו	ש	ע	ן	ם	ו	י	ם	ו	ו	ר	ק	ט	נ	ו	ע	ב
י	ר	צ	ה	ר	מ	ד	פ	א	ו	ו	ם	י	נ	ט	ר	ס
ב	מ	מ	כ	ב	ג	כ	ע	מ	ם	פ	ש	ו	ר	ש	נ	י
י	ר	י	ו	ו	ם	נ	ו	נ	ב	א	מ	ב	ה	ל	י	ב
צ	ל	י	ר	א	ר	ה	נ	ת	ו	ו	ו	ג	ב	ז	א	א
ם	ר	ם	ע	ו	מ	ד	א	ן	ל	ב	ת	י	ת	ו	ז	ש
ף	ד	ל	ת	י	י	מ	ה	נ	ב	ת	ט	נ	ה	ב	נ	ל
ל	פ	ש	ה	ה	ו	ג	ק	מ	מ	ו	ס	ה	י	ש	ת	ו
ל	ר	ן	ן	י	ג	ו	ה	ש	י	מ	ר	א	מ	ת	ד	ת

רבים
יכרוך
עצמיים
מוחלט
מולד
קטנוע
תערוכה
סרטנים
לשטוף
חגור
הבת
גרגיר
ירצה
השפעה
קריירת
הרופא
חמש
שקופיות
צלב
בגינה

Puzzle 332

ו	ל	ב	מ	א	מ	ל	ר	מ	ר	כ	ה	ה	ש	ר	א	ה
ל	ה	ב	ה	י	ר	ה	ה	י	י	ח	ש	י	ס	א	ש	ס
ו	מ	ג	ש	י	ק	ב	ס	ש	מ	ח	ח	ת	ח	נ	ר	ל
ח	י	ת	צ	ס	י	ר	ר	ז	ס	ח	י	ב	י	ע	ה	ח
כ	ו	מ	ו	י	ו	י	א	כ	נ	ל	ו	י	צ	פ	ד	ל
מ	ע	ו	ת	ן	ה	י	מ	י	י	ו	ם	ע	ג	ת	י	ו
מ	ל	ו	מ	ר	מ	ש	י	ע	פ	ג	ת	י	מ	ח	א	ם
א	י	ב	כ	ד	ל	י	ח	ת	ה	ל	ן	ר	ה	א	י	א
י	ד	מ	י	פ	י	ת	נ	ש	ן	א	מ	ו	ק	ב	נ	ל
ש	ה	ס	ף	ה	ר	ו	ת	ד	א	ג	ת	ח	פ	ש	ר	נ
נ	נ	ו	צ	ה	ו	ב	ם	י	ן	ג	י	ב	ש	ב	ו	ע
ו	ק	ב	ל	ב	ח	נ	ה	א	ר	צ	י	ו	ח	ד	ש	ח
נ	ב	צ	ר	ו	ת	מ	ח	ר	מ	א	ח	ג	י	י	נ	ר
י	ל	מ	ץ	פ	ל	א	ו	ו	ל	ו	ס	מ	ת	ת	ו	א
מ	י	ד	י	פ	ה	מ	ח	ס	י	ו	א	נ	ב	ן	ס	ק

לה
להפגין
כיף
ההשראה
בשבוע
חלום
בחוץ
צהוב
מרק
שבדית
להבהיר
ישנוני
מתייחס
השניים
ביחס
דאגת
שחייה
להתחיל
בצרות
מכחול

Puzzle 333

מ	ע	פ	ש	ד	ב	ג	ן	ת	ח	י	ו	מ	פ	ו	י	מ
י	ת	ש	י	ב	ה	י	א	ח	ס	ו	ש	פ	ח	ל	א	ב
ו	ה	פ	ף	ר	מ	צ	ת	מ	צ	ח	ל	ק	ת	נ	ה	ב
ן	י	ו	פ	מ	ז	מ	נ	מ	ו	מ	ה	ר	א	ל	פ	ע
ה	י	ד	ה	ר	י	ו	ו	ה	ת	נ	נ	ן	ו	ח	צ	נ
ו	נ	ו	ו	ג	ט	ע	פ	ל	מ	ג	נ	ק	י	ל	א	ו
ו	י	ל	ב	ת	ו	ך	ה	ל	ו	ה	ל	נ	ד	ה	מ	ד
ף	ת	ת	ש	ה	ל	י	ת	ל	ט	ג	ח	ה	פ	ו	ק	ת
ח	נ	ו	כ	פ	ב	ל	ת	י	ן	ד	ם	ו	ת	מ	ר	ל
ג	נ	י	ס	ר	ג	ו	ר	ג	מ	ו	ו	נ	מ	ב	ע	ה
י	ל	ר	פ	ש	ב	ו	ל	ל	ם	ל	ת	ו	ע	ה	ס	י
ה	מ	ע	י	ו	ש	מ	ל	ת	ו	י	ד	ו	ס	י	ק	ש
ש	מ	ו	נ	ו	מ	א	ם	י	י	ח	כ	ו	נ	ה	ה	א
ב	י	ע	ה	ר	ר	ג	פ	מ	נ	ן	ה	י	ג	מ	א	ר
מ	ק	נ	ה	י	ח	ל	י	א	י	ש	ו	ל	י	י	ר	ם

כולל
רעוע
תנופה
להישאר
יסודיות
הליכה
תרנגולת
תקופה
ספינה
נמלת
בלוטי
לגיל
שרפה
דבר
להשתתף
הגדול
נצחון
הנוכחיים
בתוך
עסקה

Puzzle 334

א	א	י	ו	ה	ב	ו	ב	ר	צ	י	נ	מ	א	מ	ם	א
ב	ה	ל	ן	מ	ו	פ	ן	מ	כ	י	ל	ר	ב	ע	י	ע
ד	ת	ע	פ	י	פ	ו	ן	נ	ע	א	כ	ש	ת	י	ג	ל
ר	ק	ב	ח	ח	מ	י	ל	י	ע	ם	י	י	ו	ר	נ	מ
א	ק	ס	ר	י	ד	ג	ה	ל	כ	ע	ב	א	פ	נ	מ	ו
ם	י	נ	ש	א	י	א	ק	ס	מ	נ	ס	ה	ו	ק	ה	ס
ם	י	ש	ת	ו	א	ר	ה	ל	ל	ח	ת	ו	ב	ו	ר	
ו	ה	א	ר	ו	ט	ו	ה	ל	י	ה	ק	ב	ר	ת	א	י
ש	ת	ו	ח	ב	ל	ק	י	ר	ט	י	נ	א	ח	ש	ה	מ
מ	ר	ג	ו	ה	ח	י	ש	ד	ס	צ	ד	ו	ם	ר	י	מ
י	ס	ר	א	ו	ש	ן	נ	ע	נ	מ	ל	ו	ס	נ	ל	ר
ח	ו	ל	מ	ו	ה	ר	ג	ו	נ	ל	י	פ	ע	ה	ל	ש
א	נ	ו	ץ	ו	ח	מ	ן	ל	א	ה	ד	ל	פ	ל	פ	ו
ת	כ	ת	י	ל	מ	ב	נ	מ	ו	י	מ	ו	ו	י	א	כ
ב	ן	ה	נ	ד	ק	ב	ט	ט	ת	י	ו	ו	א	ע	מ	ב

בובה
אננס
הסכם
אבד
עפיפון
מוסרי
מחוץ
מאוחרת
בכושר
ענן
להעפיל
טריק
בקהילה
להגדיר
צנון
אוגר
יחסים
ופלפל
שיחה
להראות

Puzzle 335

ד	ת	ח	ו	ה	ן	ש	ו	ו	ה	ב	י	ל	י	מ	ה	ו
ו	ש	ד	ג	נ	י	ל	ר	ו	ע	ס	י	ח	י	נ	ה	ס
א	ע	כ	ה	ב	ל	נ	ף	ה	י	י	נ	י	ו	נ	ו	י
ק	ש	ר	ת	ר	ב	ו	ת	ו	ת	מ	ל	י	ו	ר	ן	ב
ד	ו	כ	ל	ל	ג	ת	ד	ד	ו	ב	מ	ה	ח	ו	צ	נ
ג	י	ג	מ	ב	ת	ה	א	ג	ד	מ	ו	ם	י	מ	ע	י
ר	ב	·	ה	ת	ר	א	ו	ר	י	ב	ם	ה	ר	י	מ	ד
י	ל	י	ו	מ	ב	ל	ר	ב	ד	א	ש	ע	ע	ו	ו	ו
ה	ה	צ	ר	ר	כ	ו	ל	י	י	מ	ע	י	ל	י	ו	ב
ו	ו	ו	מ	ם	ר	מ	ז	ו	ח	ג	י	נ	ל	ל	מ	ע
י	ת	כ	ו	ב	ג	ת	ר	ש	א	ל	ה	מ	ח	פ	ר	נ
ז	כ	כ	ה	ף	ג	א	ו	ס	ח	ר	ל	ה	ק	ט	י	ן
פ	ן	ת	ש	ו	ח	ת	ח	ל	ב	כ	י	ב	ה	צ	נ	ז
ה	ף	ס	ג	נ	ל	ו	צ	ח	ה	ת	ו	ר	ו	ד	ה	ו
ת	ל	ה	כ	ל	נ	ד	א	ו	ל	פ	נ	ץ	ל	ב	פ	א

ורודה
אתמול
תרבות
כול
מבודדת
שלנו
ניצוץ
ללכוד
קשר
להקטין
תשע
תחושת
נהר
ידידותי
לזרוח
בגוף
חייהם
יסעור
גרבי
אוזן

Puzzle 336

לשלול
נדרש
עוני
שמירה
להלוות
להקצות
להיכשל
נץ
נר
מספרי
קשור
גברת
סופית
אגרוף
סטודנט
הפוך
עטלף
אדם
הולך
גומי

ג	ל	ק	ו	פ	ט	ש	ג	פ	ח	ן	ב	י	נ	ת	ו	ק
ב	ה	ש	י	ד	מ	נ	ה	ע	ג	כ	י	ו	ע	ד	י	ל
א	ה	ו	ו	י	ג	ס	א	ק	מ	ר	ס	ך	ב	א	ד	ם
ג	ן	ר	ר	ץ	ב	ת	ו	צ	ק	ה	ל	א	ר	י	ע	ד
ר	ו	ה	ה	נ	ר	ס	מ	ק	ע	ו	ש	ת	ד	ו	ב	י
ו	ע	ל	ג	כ	ת	ו	ה	ב	ה	מ	כ	ם	ו	ו	ד	ו
ף	ו	ה	י	נ	ו	ע	י	ס	ם	ו	י	א	י	מ	ו	ג
ל	צ	ל	ר	כ	ם	מ	ו	ט	ו	ו	ה	נ	א	א	ם	ש
ט	צ	ו	פ	ו	ו	פ	א	ו	א	ד	ל	מ	ו	ו	פ	א
ע	ת	ו	ס	ר	ש	ו	ה	ד	ה	ז	ל	ו	א	ב	ד	ב
נ	מ	ת	מ	ר	ק	ע	פ	נ	ד	ר	ש	ל	ה	ם	נ	ה
ע	צ	ד	ב	ב	א	ט	מ	ט	ע	ה	ל	ת	י	פ	ו	ס
ס	ן	ג	נ	מ	ו	ט	ל	ה	ן	ד	ו	ט	ג	י	ר	ת
ח	נ	ו	א	א	מ	א	ו	ן	ח	ק	ל	מ	י	ף	ב	ע
ס	ע	א	נ	ט	ך	ו	פ	ה	א	ו	ו	נ	ו	מ	ר	ו

Puzzle 337

ל	ס	ק	ה	ב	ל	ה	מ	ל	פ	ו	ה	ת	י	ד	ש	ת
י	ר	ע	ג	ף	ה	ו	א	מ	מ	פ	ח	י	ו	י	נ	פ
צ	ט	ד	ר	ב	א	ט	ו	י	ה	ע	ו	ר	ב	ד	ק	ל
ו	ן	י	ח	פ	ר	ל	ח	ו	ט	ב	ה	ו	ע	ה	ר	ג
פ	ת	מ	מ	מ	ד	י	ר	ת	ב	ת	מ	ל	ו	ד	א	י
י	ן	ף	ו	נ	ד	י	ם	ס	ו	ר	ע	א	מ	נ	ת	ו
ם	ה	י	ת	ו	י	פ	י	צ	ח	ה	ו	ל	ח	ל	י	א
ד	ע	ב	ב	ק	נ	◌	ת	מ	ל	י	ז	מ	◌	ה	ט	ד
מ	ק	ל	ק	ו	ל	ו	מ	ו	ת	ם	מ	ו	י	ה	מ	ת
ד	ם	מ	מ	ג	כ	ה	ת	ב	ו	נ	נ	ו	ת	י	ו	מ
מ	כ	נ	ס	י	י	ת	ר	פ	ו	ו	ו	ן	ק	ו	ט	ה
מ	ת	ו	ו	ש	ע	מ	י	ף	ו	ת	ת	ש	א	ר	ו	ם
נ	ו	ס	ח	ה	ש	ב	ק	ת	נ	ש	ח	ש	י	י	א	ד
ו	ת	ו	ג	ל	ס	ר	צ	ע	ש	י	ר	ה	י	ו	נ	כ
ו	מ	ו	ת	מ	ו	י	ה	ו	כ	ו	ו	ר	ת	·	א	ת

הוטל
היו
מכנסיית
ומחר
וצבעי
אוטומטית
עשירה
עורב
סרטן
גברי
מאוחר
צופים
שנקראת
בטוח
נוסחה
התבוננות
ציפיותיהם
מידע
ערפד
להשיג

Puzzle 338

ז	ו	מ	ן	ע	ו	ת	ל	ו	מ	ן	ח	א	ו	ל	י	ת
נ	ד	מ	ם	ו	ס	ח	ל	ש	ו	ן	ו	מ	י	ש	נ	ש
נ	ם	י	ן	י	ת	ר	ק	ל	מ	ת	ד	י	ד	מ	ל	ר
ק	ר	ו	מ	ג	י	ד	ו	ר	ס	פ	ש	ל	ס	ר	י	ך
ב	ה	ש	י	ר	ש	נ	נ	ע	ו	ע	ר	ל	י	י	ק	ו
ח	ו	ג	מ	ו	ש	ע	י	ד	ג	ו	ע	ר	ר	מ	נ	ל
פ	א	ל	ה	א	ק	ג	ת	ע	ל	ל	א	ב	א	י	ך	ב
ר	ו	א	נ	י	ם	פ	י	ו	י	ה	ב	ה	ו	ל	מ	ע
ו	ק	ו	י	ם	ע	ם	ז	מ	ם	כ	ב	ל	ם	ד	ג	ע
נ	ו	צ	ק	ד	ע	מ	ב	ג	ף	ו	ג	ל	ג	ל	ה	ר
א	ג	ו	נ	א	ו	ש	ר	י	ס	פ	מ	נ	ה	פ	ל	ה
ף	ן	נ	ס	א	ם	ה	מ	ע	ב	ה	ו	ן	י	ר	פ	ב
ו	ך	ל	י	ע	ו	ת	ש	י	י	ה	ת	י	ס	ח	ן	א
ר	ש	ק	ע	נ	צ	ה	ך	ל	ב	י	ו	ר	י	ב	ו	ר
ט	ר	ד	ב	ק	צ	ת	ת	ב	ת	צ	ו	נ	א	ל	ח	ש

רואים
גלגל
ההפוכה
פעולה
בניסיון
שימון
מסוגלים
דם
מרכזית
עיניים
סביבת
מדידת
חודש
איך
עבודה
מגיע
תינוק
גידור
רעוע
אדם

Puzzle 339

א	ק	ר	ח	מ	ח	ו	מ	א	ל	צ	ן	ג	ה	ל	י	ב
ס	ע	צ	ז	ו	כ	ל	ח	ח	א	ל	ו	ק	ן	א	ח	ד
ו	ת	ו	ג	ו	ו	ת	ב	א	ח	ד	ע	נ	ח	ה	ר	ר
ת	י	ב	ו	ר	כ	ו	צ	י	ת	י	ש	י	ה	ש	ק	י
ב	נ	ב	ר	ג	י	ח	ם	ע	ת	ב	א	ש	ת	ח	ת	ב
ג	ל	י	ב	ח	י	י	ו	ן	ה	פ	ב	ה	ו	ו	ח	נ
מ	כ	ו	פ	מ	ש	ה	ע	ל	י	ו	ן	ק	ה	ר	ע	פ
נ	ש	ב	ו	ק	נ	ת	י	כ	ל	נ	מ	ד	ס	ן	פ	ד
ל	ו	ו	ג	ר	ו	ר	ר	ש	ו	ח	כ	ח	ר	ע	א	ל
ק	ה	ם	ע	ד	נ	ב	ח	מ	ו	ב	מ	ו	ו	ר	נ	ד
ט	ק	ו	ח	מ	י	נ	ק	י	ל	ח	ה	ל	◌	ן	מ	ח
י	ה	כ	ל	ת	ם	ז	ת	י	ו	ה	ק	א	ד	מ	ב	י
ר	ה	י	ל	נ	ת	נ	ת	ח	כ	ב	מ	ר	י	ק	י	ו
ג	א	ו	ג	ר	פ	י	ה	ת	ל	י	נ	ב	ש	ת	ב	ך
י	ת	ת	ח	י	ו	ס	ו	◌	נ	ן	נ	ל	י	ת	ו	ו

להגן
קרח
גאוגרפיה
משועמם
יש
וכרובית
שחקן
חיוך
מגבת
לכול
כמה
להחליק
השחור
חווה
לפרוש
העליון
ברוגז
כלנית
שעון
ישנוני

Puzzle 340

שביעי
זנקה
וניהול
לדלקי
שימושי
יתרון
לווייתן
דיוקן
בוגרים
ועדת
לתוך
לפתח
ניסוי
לסיים
עשרה
בפרט
בוקר
לזכור
ספינה
הפוך

ו	נ	י	ס	ו	י	ג	א	ל	ר	ש	ז	ר	ש	ל	נ	ן
ו	ו	ק	ב	א	ע	ל	נ	ס	ו	נ	ו	ן	א	ו	י	י
ו	ע	ל	ו	מ	י	ז	מ	י	ת	י	ע	ת	ש	ח	ר	ה
ב	ת	ד	ע	ו	ב	כ	ד	י	ו	י	ד	ש	מ	ו	י	פ
א	פ	ל	מ	מ	ש	ו	י	ם	א	א	ג	ו	ר	ק	ו	ב
ו	ק	ר	ל	י	ו	ר	ו	ר	ו	ר	מ	ח	ע	ה	י	ן
ם	ו	ם	ט	א	ש	פ	ק	ו	נ	ת	ר	י	ע	א	ת	ה
ת	ס	פ	י	נ	ה	מ	ן	ו	ר	ת	י	ל	ל	ת	פ	ר
ר	ל	ן	ש	ר	נ	מ	י	ן	י	ן	פ	ו	פ	ו	ו	ז
י	י	ג	ו	ח	ג	ך	ו	ת	ל	ה	ח	ר	ת	ק	ב	נ
ו	ו	ו	מ	ט	מ	ו	ר	י	ו	◌ָ	י	ס	ח	י	ל	ק
ח	ו	ר	י	י	ט	פ	ב	י	ה	ז	ב	ה	ס	ו	ל	ה
ת	י	י	ש	ר	ל	ה	ש	ו	י	ב	ו	ט	י	ו	ר	ת
ו	ה	ו	ת	ו	ו	ת	ח	ו	נ	ל	ו	ר	פ	ט	ב	מ
ק	ב	ל	ע	ם	נ	ו	ק	ל	ו	ת	ל	מ	ו	נ	ח	ב

Puzzle 341

א ו מ ב ס ל ס ח נ ה י ה מ ו פ ע פ
פ ר ו פ ס ו ר פ ע ל ס ס ח י ט ב א
ו א י ק ב א א נ ל י ן ט ק ו ו ה ר
י י ת ן ן ח י ב ב ל ב נ ל ת ו ר ה
ר ו ד מ ו ל כ כ ק ה י ד ת ו ן ת נ
ט י ב ו י ח ו ו י ש ו ר י ר י פ ת
ו י נ ח ו ש ת ל ו י פ ט א ת ה ס י
א י ב מ י פ ד ת פ צ ר י ר א פ ו פ
ל י י ת ת ת ע ג ב מ ת ש ע ו פ ע ר
י נ ן מ א ד ו ו פ ן מ א י ק פ ל א
ת ע מ א ו מ ת ת א ה ו ת ר ע ח ל מ
ל פ י ז ו ג א כ ס ת ח י ה ו ו פ פ
ג א ק נ ר ו י ר ל ת ו פ י ת ש ת ו
ת ת ס מ ג נ ו ז צ ד ל ר א ס ש ב ה
י ה ר נ ב ו ו ר י א ת א מ ר ר ת ש

תאו
פרופסור
ילדת
כביסה
רצפת
חושש
עיר
איכות
הסטנדרטי
אמן
סוכן
וירטואלית
וחול
אגוז
אבטיח
הלילה
חיובי
נעל
נחושת
תשע

Puzzle 342

ה י פ ח צ ב ז ו י ו ם ל ר ע ב צ ת
ל ר י ו מ ב מ כ ה ת נ ה ת ח ב ג ו
י כ מ ז י ת מ ה א ז ד ח נ ד ל ה ת
י כ ל ג א ב ש ו ר ן נ ז ד ט ב ד ב
ד ו ד י נ ש ה ל ם ח י ם ר ב ד מ
מ ש ם י ה ל פ ה ג ל ר ק י ס ו ו י
ו ך י כ ה פ ת י ו ר ד ב ל ב ה מ ט
ו ב י ע י ל ו ג ז ג ע פ ח א ס ל פ
ו ם ש י א פ ח ו ל ה מ ו נ ה ק ל ו
ת ד י ו ל ו ו ו ל ל ד ה ת ש ע נ ש
א ת ל ר פ ו ר ר י כ ז מ מ פ ע ת ד
ו ו ש א י ה ב ז ב י ע ד ע ח ז ו פ
ע ל א ה ם כ נ ה מ ל ש ד ו ד ו ר ל
א ט י ד ח ל ה ב מ צ ט י י ן ר ו ח
י א ל ו פ ו י ר ם ן מ צ ר ך ר י ע

אלפים
בסרט
חור
גוזל
לשבת
להחזיק
לשדוד
מתנחלים
פחדן
להעביר
משם
מצטיין
במזל
שנעשתה
מדבר
ללמוד
שלישיים
מתאים
מזכיר
זה

Puzzle 343

ח	ט	ד	נ	א	ש	ב	ו	ש	ק	י	י	ל	מ	ה	ח	ל
ב	ל	מ	ד	נ	ו	י	ו	ש	נ	פ	ח	ת	ה	ב	נ	ג
ר	ע	י	ש	מ	מ	נ	י	א	י	כ	פ	ה	ז	ת	ת	י
ת	ו	ב	י	ד	נ	ו	ה	מ	ז	ל	ג	ה	ה	פ	ה	ב
ה	ע	ד	כ	ן	ו	נ	י	צ	ד	י	ס	י	י	ש	ש	ו
ת	ב	כ	ר	ו	מ	י	ה	ל	מ	כ	י	ו	ר	ו	ת	ש
ו	ג	ע	ף	ה	ו	ר	ת	ל	א	א	פ	צ	ן	א	ו	כ
צ	ן	א	ל	מ	ע	ג	ה	ל	י	ח	ו	ו	ש	ד	ש	ב
א	ן	י	ט	י	ב	ת	ו	ל	ן	מ	ר	ת	ר	ב	ר	ו
ל	מ	ר	ע	נ	ם	ה	י	ל	ל	נ	מ	ן	ת	פ		ד
פ	ל	ז	י	כ	ר	ת	נ	כ	ש	ד	ו	ד	ו	י	ר	א
מ	ר	ק	ד	ח	פ	מ	ו	ו	ו	ד	ר	ו	ה	י	ו	מ
א	ש	ו	י	י	ד	ע	ב	ל	ש	מ	ו	י	א	י	ו	ו
ט	ו	ר	ק	י	ב	ו	ו	ג	ח	א	ו	י	ת	ו	ו	ר
מ	י	ו	א	י	א	ו	ע	י	ש	ש	מ	◌	פ	ל	י	ו

זהיר
תרכיז
טורקי
בינוני
נשוי
דעה
נדיבות
קשוב
מורכבת
חברת
הון
יהיה
מזלג
יחד
סיפור
כבוד
שיער
הבעלים
הנושא
עטלף

Puzzle 344

ה	ן	ד	ר	ה	ב	ש	ו	י	ן	ס	ו	ע	י	ח	ו	ו
ב	·	ל	ל	ת	ו	י	ק	י	נ	ק	נ	נ	ע	ל	י	ז
מ	מ	ו	י	מ	ה	צ	ת	ל	ן	י	ה	ע	ט	ה	ל	א
ה	ב	ו	ח	ח	צ	י	א	ל	ש	י	ב	ו	ק	י	א	ל
ש	ח	ל	ו	י	ת	ל	י	ת	ר	י	ז	כ	י	כ	ו	ר
ו	א	ך	י	ד	ע	מ	ר	ש	ג	ד	ו	מ	ד	ש	ת	ה
ל	ע	פ	י	ס	י	ש	ב	ק	א	ט	ו	מ	י	ל	י	ל
ש	ד	ל	י	ש	ע	פ	ז	ט	ר	ה	ה	פ	ר	ל	ד	ר
פ	ב	כ	ו	ה	ה	מ	ת	י	י	כ	ב	ת	ס	ל	צ	ח
ת	נ	ל	ס	ר	ט	ם	ל	ז	כ	מ	י	ב	פ	ק	א	ה
צ	ח	ל	י	פ	ו	ן	י	ש	מ	י	ד	א	ע	ן	ה	א
ו	ע	ר	ה	נ	ק	מ	ר	י	כ	ל	ב	ר	א	ת	צ	ג
ו	ש	צ	ק	ל	ה	מ	ש	י	ך	נ	ת	פ	ק	י	ד	ח
ד	ו	ה	ר	ט	ס	ו	ל	כ	י	ע	ע	ו	ן	ק	מ	ח
א	י	ד	ו	פ	ח	צ	ש	ק	ט	ה	א	ש	מ	י	ם	ו

שקטה
קשת
תפקיד
זירת
להמשיך
אך
וילאות
חמת
לכל
בריא
אשמים
פסקה
לשכנע
נקניקיות
הוצאת
מודגש
אטומי
סרט
צהוב
להיכשל

Puzzle 345

ן	ך	ת	י	ל	מ	ה	ע	צ	ע	ו	נ	ה	ב	ף	ג	א
ו	ה	ע	י	ם	ד	כ	ע	ו	פ	מ	ו	ש	ד	ד	ט	י
ר	מ	נ	ר	ג	ו	ו	ו	ב	פ	י	ל	נ	ד	ה	מ	ו
ה	כ	ק	ל	ד	מ	י	מ	ת	ת	ל	ק	ס	ע	ס	ה	ט
ה	ק	א	ג	ו	ד	ש	ן	כ	ל	ת	ט	ו	ו	ב	ו	ל
ח	ל	י	צ	ו	ר	י	ל	ל	ת	ל	ח	א	ה	ח	ל	ו
י	ו	נ	ל	ד	פ	ו	ק	ל	ו	כ	ג	א	ס	י	י	מ
ך	ח	ל	י	ר	ן	ח	נ	י	י	ו	ו	ע	ס	צ	נ	מ
ש	כ	ז	ו	י	ו	ד	ת	ת	ר	ל	נ	ו	ג	ל	ו	פ
ל	מ	ג	ש	מ	י	ק	א	ר	נ	ו	נ	ד	ו	ך	ו	ה
ל	ה	ש	א	ר	ע	א	ב	נ	ל	פ	ל	ו	נ	כ	א	ך
ו	ב	ת	מ	ו	ר	ת	י	נ	ר	ד	ו	מ	י	י	ס	י
ב	ר	מ	א	מ	ב	ד	ה	ל	ב	א	ע	כ	ל	ס	ל	י
ב	כ	י	ס	י	י	פ	ת	ד	ד	א	ב	ב	ח	ע	ת	
נ	ב	מ	ו	ד	ע	ת	ה	פ	ג	ע	ל	פ	ש	ם	י	מ

מסמר
הססגוני
במשרד
נדיר
כללית
לדפוק
גז
בתמורת
בכיס
אקדח
שאר
מודרני
מאמר
מים
רעיון
גשמי
ליצור
מכחול
דבר
כול

Puzzle 346

ס	ד	א	ו	ן	ר	ת	ר	כ	ו	ט	א	כ	מ	ת	ר	ו
ר	מ	י	ע	י	ב	ר	ה	ו	ב	ר	ז	ל	ב	ד	ח	ש
א	ר	פ	ט	ל	ח	ה	ב	ה	נ	ת	מ	ל	נ	צ	ד	ן
ח	ו	ת	ו	ב	ו	ב	ז	ב	ז	א	פ	ה	י	ן	ע	א
ם	י	פ	י	ד	ע	מ	ת	ת	י	ס	ו	ב	כ	ר	ח	ן
ל	י	ף	ו	פ	ה	א	מ	צ	ל	ו	ר	י	מ	ו	ר	מ
ע	ה	ק	ר	ס	א	ל	י	י	ל	ן	ס	ן	ו	י	ו	י
ת	י	ת	ס	מ	י		ש	ב	ו	א	ם	פ	ת	י	ת	ד
ה	ו	ה	ר	פ	ם	נ	מ	ו	ו	ו	י	י	ל	ו	ש	ם
ל	ס	י	ז	ל	ו	ס	י	ל	י	ס	י	ק	ת	א	ם	א
ר	מ	ה	ד	ב	ד	פ	מ	ב	ד	ט	נ	ק	ס	ר	ת	ו
כ	ר	ל	ל	א	ו	ב	י	ן	ד	מ	פ	י	ע	ה	ת	צ
פ	ק	ש	מ	ח	מ	י	ח	ר	א	ו	ו	ו	מ	ב	ר	א
ג	מ	ל	ע	מ	ה	פ	מ	ב	ו	ו	א	כ	מ	פ	ו	ר
פ	ו	ת	ם	ס	ת	ו	ע	ה	ו	ו	צ	ח	מ	מ	ד	י

שלה
מפורסם
זבוב
היה
אסון
להבין
דתי
ברזל
משימת
כמות
מעדיפים
ארנבת
וחצי
בהחלט
הרביעי
התקף
אופניים
להתעלם
אח
מרק

Puzzle 347

ע	ם	ה	י	ל	ו	מ	ו	ד	י	ה	צ	מ	ל	ל	ד	ו
ק	ן	ס	ת	ה	פ	ת	י	מ	ר	מ	ר	פ	מ	ו	י	נ
ו	ה	ם	ר	מ	ר	מ	ק	ל	ג	ו	ל	ל	מ	ג	ו	ה
נ	כ	ו	ן	צ	ו	ד	מ	ג	ע	ל	ם	צ	ק	ן	מ	ח
ל	ג	ו	ע	י	ת	ת	ו	ר	נ	פ	י	ת	ש	ו	י	מ
ב	ח	ת	נ	א	ר	ע	ב	ר	ם	ל	ת	מ	ו	ר	ו	י
ל	ב	מ	ר	ן	ה	ה	ל	י	א	פ	י	ר	ח	ב	ו	ת
ו	ק	פ	ח	צ	ע	י	ף	ב	ש	י	ל	ו	ב	ם	ו	ל
ל	ב	ו	י	ת	י	י	ש	ע	ד	י	מ	ק	צ	ק	ל	א
ל	ו	מ	פ	ה	ו	ל	מ	נ	ו	נ	י	כ	ו	נ	ר	ל
ת	ה	מ	ל	ד	ע	ע	ל	ב	א	ח	ס	כ	ו	נ	ק	י
ל	ד	כ	ר	ב	ש	מ	א	ר	פ	ס	ק	ה	ס	ו	ש	ו
ש	ד	א	פ	ר	ם	ע	א	ש	ק	ו	מ	ב	ג	ו	ו	ת
ע	מ	ו	ם	י	ל	ק	א	ל	ו	ב	ב	מ	ן	ד	ת	ת
ה	ה	ע	ן	ל	ל	ב	ה	ו	נ	מ	ח	כ	ת	ו	ל	ת

עשיית
להמציא
פלפלו
מתמדת
דשא
לאקלים
שמע
לכלול
צעיף
דרום
מפלצת
עלייה
נכון
בשילוב
להכפיל
פרות
מקסימלית
למה
חבק
קשוח

Puzzle 348

ל	ש	ב	ל	ב	נ	ר	א	ו	י	א	ר	ו	ת	ל	כ	י
נ	ו	ת	ש	ר	ב	מ	ג	כ	י	ן	ו	ס	י	ע	מ	ר
ק	ד	א	ו	ו	ח	ר	ד	ש	ח	ט	ם	ל	ל	י	נ	ר
ר	מ	מ	ג	ר	ה	ק	ו	מ	ז	מ	מ	ש	י	מ	ו	ש
ד	י	ח	פ	מ	ו	י	ג	ר	ז	ג	ו	י	ו	ס	ר	ל
ח	ד	ג	ת	כ	א	מ	י	ס	ר	י	ה	ה	נ	י	ש	א
ו	ו	י	ו	ל	ב	ו	נ	ו	נ	ן	נ	י	מ	י	מ	ל
פ	ר	ם	ש	י	ג	ה	ב	ח	צ	ק	ת	ב	ה	כ	מ	ת
ג	נ	ל	ב	י	א	ב	ו	ק	י	ר	א	ו	ה	ר	ו	י
ד	י	ת	ס	ע	ח	י	ו	י	ת	א	ר	מ	ד	י	א	י
פ	ל	ת	ו	ג	ן	א	ה	ו	ש	ל	ג	י	א	נ	נ	ב
פ	ה	מ	מ	י	ד	כ	ך	ח	ק	ל	א	י	ל	י	ח	ם
ו	פ	ו	ו	ת	ל	נ	ש	ת	מ	ת	נ	ג	מ	נ	ף	[illegible]
י	ל	ב	י	פ	ן	י	ת	מ	ו	כ	מ	ח	ו	נ	ה	נ
ו	ת	ד	ע	מ	מ	ד	מ	י	ב	ל	ל	נ	ו	ר	ד	ח

ויטמיני
חקלאי
שינה
חוסר
שמר
חום
בניגוד
לנקר
חמאת
ברור
מאובקת
מברשת
יקר
חרד
לבשל
פגוש
שימוש
גזר
הביא
ארנב

Puzzle 349

ע	ב	י	מ	מ	ה	פ	נ	ן	ח	ב	ה	ת	ת	א	נ	ד
י	מ	מ	א	ר	ח	ת	ד	י	ק	ף	ד	ת	ש	ם	ו	ה
ק	ט	ף	ת	כ	ו	ו	ט	ב	ם	י	ל	ו	ק	ו	ר	ב
ר	ב	נ	ר	ז	ן	ה	ו	ד	ו	ס	ל	צ	ס	ר	ו	ח
י	ע	ו	ו	י	מ	ק	ש	ב	ח	ו	ר	ק	פ	ב	ו	ח
ת	א	א	מ	י	י	ת	ר	צ	פ	ה	ת	ה	מ	מ	ה	י
א	י	ב	ו	ם	פ	ט	ו	ת	ת	ל	ע	ל	א	י	פ	י
צ	י	ק	י	י	נ	ל	י	פ	ע	ה	ל	ז	י	ס	ש	ב
ו	ל	י	ל	ג	מ	ב	ח	ט	י	י	ב	ש	נ	י	ג	א
ת	י	ק	ה	מ	ב	י	ה	ה	מ	י	ע	ס	י	ה	י	ת
מ	א	כ	ן	ו	ו	א	כ	ן	ש	ר	ק	מ	ו	ה	ן	ע
ו	ר	י	ה	ו	ד	י	ש	כ	פ	פ	ה	ק	ל	ע	ו	פ
ן	ה	ן	י	נ	נ	ת	ב	פ	ת	ס	צ	ח	י	ן	פ	נ
נ	מ	ש	ו	מ	ן	ע	ד	מ	ר	ש	ס	ל	י	י	צ	א
ת	ס	מ	ר	ה	מ	י	ק	נ	י	ב	ו	ל	מ	י	ב	מ

בקבוקי
מארחת
עיקרית
פועל
ספרייה
מרכזיים
רוחב
חיטה
צפה
אבק
בימּמה
בצפון
מטבע
תוצאת
מאז
ברוקולי
להוסיף
איילי
להעפיל
להקצות

Puzzle 350

רשימת
טורקיה
סנאי
המשמש
כותרת
שיני
חברים
כסף
חכמים
טלפון
אווז
כיסוי
צחק
חרב
באביב
רפואה
חייל
לטאת
ייעוץ
יסודיות

ו	צ	ח	ק	ת	ב	ס	ב	י	י	ו	י	י	ג	א	נ	ת
נ	ם	כ	ע	ת	ז	א	ה	ה	מ	ש	מ	ש	מ	ו	מ	ש
י	ב	מ	ש	י	ב	ו	ר	י	ו	ן	י	י	ע	ו	ץ	פ
ה	צ	י	ם	י	ף	ר	ס	ק	י	ו	ס	י	כ	ז	ז	מ
ב	מ	ם	ב	מ	ו	ו	ח	ר	ב	פ	ו	ת	מ	י	ש	ר
א	י	נ	י	ש	ד	ל	ב	ו	ע	ל	ת	ה	א	ו	פ	ר
נ	י	ו	ב	י	ל	ט	ר	ט	ה	ט	ו	ו	ד	ד	ב	ו
ב	ה	ה	ו	י	ו	א	י	כ	ס	ף	ר	כ	ל	מ	ו	א
ח	ל	ת	ר	ב	א	ת	ם	נ	ה	ו	פ	ו	ת	ת	ל	ן
ו	ש	י	ו	ר	ש	ב	א	ל	מ	א	ו	ת	ו	י	ו	ת
ו	י	ר	א	ע	מ	י	ע	ו	א	מ	מ	ר	ם	ר	ר	ר
ל	ר	י	ן	נ	ע	י	ק	ח	ש	ב	ע	ת	ל	י	י	ח
ת	ו	ב	י	ל	י	י	פ	ב	כ	ו	ב	ד	ר	י	י	י
ן	י	ר	ת	נ	ח	י	ח	ל	י	ן	ת	ש	ג	ק	ת	ב
ו	ל	נ	ה	נ	א	ו	ר	ת	ו	ו	ס	ו	ו	ה	א	ד

Puzzle 351

א	ב	ח	מ	◌	מ	ל	ל	י	ת	ח	י	ו	ו	ד	י	פ
ן	י	ו	צ	ה	ה	כ	ב	ל	פ	ד	מ	י	ד	ו	ר	צ
ש	ד	ת	ק	ע	ה	ל	ן	צ	ת	ך	ו	ף	ן	ק	ת	ל
ה	פ	נ	ק	י	נ	ח	י	ר	ק	ש	ס	ה	א	ל	ע	ה
ל	ו	ש	ב	ת	ש	ק	ו	ף	פ	ת	א	ב	פ	ו	ל	ב
ש	ל	ץ	ע	ו	ה	ל	י	ד	ת	ב	ר	י	ק	מ	ג	ת
ו	י	ת	ר	נ	צ	ל	ר	ל	מ	מ	ת	נ	ו	ת	י	ג
ו	ט	צ	צ	ו	ע	ך	ה	ו	י	מ	י	ל	ו	א	י	ל
ג	י	ע	ש	ת	ה	ב	ל	ב	ד	ג	א	ד	י	ר	ת	י
ו	ת	ו	ו	צ	ה	י	מ	ו	נ	ע	נ	ב	ה	ו	י	ד
י	י	ע	ס	י	ה	מ	ו	ת	ה	ק	ת	כ	ל	מ	ד	פ
ו	ן	ר	ר	ם	פ	ב	י	י	ר	ו	ר	י	י	פ	נ	ו
מ	א	ב	י	ה	ת	ר	ר	ן	ס	מ	י	ו	י	ש	ה	ב
ע	ע	ה	ת	ש	י	ת	מ	ל	י	ב	ח	ו	נ	י	ו	ע
כ	ע	ל	ב	פ	ג	ן	מ	א	ס	ר	נ	ן	י	ר	ו	ש

בכיוון
העלאה
תמיד
מודה
לצרף
מתנות
לתקן
דרך
הצעה
פתק
העיתונות
מילואי
נקי
פוליטית
עץ
לבן
שבת
שקוף
להבהיר
אתמול

Puzzle 352

א	ל	ע	מ	ג	ף	א	י	מ	ו	ע	מ	ד	י	ק	ב	ל
פ	ו	ג	ו	י	ס	ב	ג	ל	י	מ	ק	נ	ר	מ	ר	ו
ר	ד	ב	ו	ד	פ	מ	ת	ב	א	מ	ס	כ	י	ט	ד	ר
ה	ע	ר	כ	ם	ת	ן	ח	ר	ת	ל	י	ם	א	צ	כ	צ
י	א	נ	ת	פ	ה	ע	ה	ק	כ	א	ם	כ	ל	צ	ם	ם
נ	ח	צ	י	י	ה	פ	ם	ו	י	ה	י	ו	מ	א	ג	ו
ו	ו	ר	ב	ו	ע	נ	י	ב	ה	ל	ק	ב	ת	ק	ר	ע
ה	כ	י	ו	ה	ו	ה	ר	ב	א	ח	ו	ד	ד	ן	ד	י
ד	ת	ו	ת	ו	ו	י	צ	ק	ה	מ	ל	א	ת	ם	ד	מ
א	ב	ס	כ	א	י	מ	ח	מ	כ	ה	ב	מ	ע	ב	ו	ה
ר	י	א	ל	פ	צ	ן	ב	מ	ר	ד	ד	ק	ל	ז	י	מ
ד	◌	ח	א	א	ר	ן	ע	י	ק	ל	ל	ר	י	ר	כ	ו
א	ו	ר	ו	ה	ב	ט	ו	מ	ם	ש	א	ק	ר	ש	ל	מ
י	צ	א	ל	ן	מ	מ	ד	י	ב	ל	ה	ו	ד	ו	ת	י
י	פ	ק	י	ה	ד	◌ָ	ד	כ	י	ם	ר	ר	ו	ר	ט	ה

סבא
מחמיא
כתיב
מועמד
להודות
לכתוב
מקסים
המומיה
מוזיקה
המחלה
כמעט
היום
בלוקים
לו
עניבה
טרור
היקפי
בחצר
בבוקר
לשלם

Puzzle 353

ה	ה	ע	ר	ן	ת	ת	ל	ע	ו	ת	ח	ת	מ	פ	י	ב
ה	ק	מ	פ	ש	ל	י	ו	ב	ד	ה	מ	ש	ו	ל	ש	ת
ס	ר	ד	ע	מ	א	·	ל	ע	ו	נ	ד	ש	ב	פ	י	י
כ	ר	ו	ה	ר	ו	פ	א	ם	י	י	ן	ס	ע	ד	נ	ר
ם	צ	ב	ר	ע	ת	פ	ב	מ	ר	ב	ת	ב	ת	ק	נ	ן
נ	י	כ	ז	י	א	ה	ל	פ	ָ	ה	ח	כ	ו	ל	פ	נ
ן	ח	ה	ו	כ	ב	פ	ו	א	ן	נ	ב	ד	פ	י	ו	פ
א	א	מ	מ	ח	צ	ו	ק	י	ה	ו	ת	ע	י	מ	צ	ן
ו	ג	י	ה	ש	נ	י	נ	ח	ה	ו	מ	צ	ש	נ	ת	ו
ך	י	ל	ב	ב	ל	ש	ע	ח	כ	י	ו	ס	ו	ח	ג	ר
ו	ח	ו	ו	ו	ו	ת	ד	ק	ם	ר	ק	מ	מ	כ	ו	י
מ	ש	ט	ח	ה	ת	נ	ה	י	ל	ז	ב	ו	מ	י	ע	ב
מ	א	ד	ה	מ	ן	ב	ה	ו	א	ו	צ	ח	ר	מ	מ	ר
י	ב	ל	י	ו	ה	כ	ו	ב	ס	ח	ר	ב	ר	א	ת	ד
נ	ו	כ	ה	א	ו	ף	מ	ו	מ	ע	נ	ו	ה	נ	ת	א

המשולש
שנת
עוגת
בשפע
חשב
תועלת
מעדר
ההסכם
סבוכה
ברד
אפורה
ייצור
חוזר
נפוצת
הכבוד
משטח
החובה
הבינה
המוזרה
פעמים

Puzzle 354

א	מ	א	ר	א	י	ו	ר	ה	ב	מ	ו	ה	כ	ל	ת	ל
ו	ת	ב	ח	ע	ע	ח	ג	י	ב	כ	ו	כ	ל	ו	ן	ל
מ	ח	נ	כ	ל	א	ת	ר	ן	ך	י	מ	ח	ן	ע	מ	ו
ד	ד	ח	מ	ת	ת	ו	ן	ו	ר	ד	ס	מ	ב	ה	ע	מ
ת	ו	ר	י	ס	ו	ל	ב	ב	ו	י	ח	ה	ו	ה	צ	ו
ת	·	י	ל	ת	ו	ב	כ	ש	א	ט	ק	מ	ל	נ	י	ע
ה	ו	ת	ח	ו	נ	ס	י	ח	ד	ג	ר	מ	ג	ת	ג	ד
ת	ל	י	ו	י	ו	ם	ה	מ	ת	מ	ו	ה	מ	א	מ	מ
ה	ז	א	ע	צ	פ	ו	י	ל	ע	נ	כ	פ	ח	א	י	ו
ס	פ	ר	ו	ו	י	ש	ץ	ר	א	א	ד	מ	ר	ל	ד	ב
ת	מ	ע	פ	ר	ו	נ	ו	ת	ה	ט	ו	ה	י	י	ר	ו
ת	ר	י	ן	ק	ת	ל	ב	ל	ש	ם	ת	ס	ז	מ	ס	ו
י	ם	נ	ש	ז	ה	ך	מ	ט	נ	ק	ר	ו	ה	ג	ו	א
מ	ל	ת	צ	ו	ב	ק	צ	מ	ל	נ	ו	ג	ה	ל	מ	ו
ח	ח	ו	ט	ר	פ	ד	ב	י	ש	ש	ש	ר	ו	ס	ל	י

לאתר
קבוצת
כוכב
מטלת
צפוי
פרט
מהסוג
רמת
במסדרון
עפרונות
אורך
כבר
ספר
חריזה
ובמצב
מחדד
חתול
לנשום
מחשבון
נץ

Puzzle 355

ב	ה	א	ו	ר	ק	ל	פ	נ	ל	ח	ר	ס	י	מ	א	ה
ע	א	ו	כ	ו	ח	ס	ל	פ	ה	ש	ל	א	ס	ו	ף	פ
ו	ה	ה	ת	א	נ	ב	ז	מ	ב	ח	מ	ת	ח	ו	ט	ו
מ	ו	ב	ה	א	פ	ש	ר	ו	ת	נ	ך	ו	א	ע	מ	פ
ג	צ	י	י	ל	מ	ת	ר	פ	ז	ם	ב	י	ע	ר	ה	ו
ב	ב	ם	ק	ז	י	י	ר	כ	ר	פ	ו	ח	ו	ב	י	ל
ה	י	פ	ז	צ	ן	פ	ד	נ	ו	ר	ר	נ	ב	ש	ו	ר
ב	צ	פ	ו	ן	א	ל	ק	ע	א	ע	א	ה	י	מ	ט	י
ס	נ	מ	ל	כ	ג	א	א	ב	ו	ו	י	ש	ו	ו	ר	ת
י	ו	פ	ו	מ	ר	ד	פ	ט	ב	ר	ע	ש	א	ם	ס	ה
ר	ק	ל	מ	ו	ד	ר	ת	ר	ע	ה	מ	ל	ן	א	ל	ש
מ	נ	ד	ם	ה	ד	א	ו	מ	ב	ת	מ	ו	מ	י	מ	ה
ח	ר	מ	י	מ	מ	א	נ	ב	ה	ן	ר	צ	מ	ר	י	פ
ו	ז	ו	פ	ו	ה	ה	ו	ו	א	י	ו	ר	ו	ת	ו	ג
ח	ב	מ	פ	א	ב	י	ב	מ	ש	ב	ה	ע	כ	ב	ר	ת

הפופולרית
לאסוף
עש
אוהבים
אורזת
נחש
לשמוע
ואן
סולם
למרות
לקרוא
הנחיות
כוח
אביב
משב
זול
העכבר
האפשרות
אתה
לייצג

Puzzle 356

ל	פ	מ	ע	ז	ב	מ	כ	ח	ו	ל	מ	ד	ל	ב	ח	ר
ש	ס	ת	ו	ו	ו	מ	י	ש	כ	ר	ל	י	מ	י	ד	צ
ק	ו	נ	ב	ד	י	ה	מ	ה	ר	ר	א	ל	ם	ה	ם	ף
ו	ל	ה	ד	ו	ע	פ	ר	ת	ו	מ	ה	ו	ו	א	ל	ר
ל	ת	א	י	ר	י	מ	צ	ד	מ	א	ת	ת	פ	ע	ש	מ
מ	נ	י	ם	א	ל	ו	ס	ן	ב	ה	פ	ד	א	ס	ם	ח
ד	מ	א	ד	ר	ה	ג	ד	ו	ל	ל	ש	ה	פ	ן	ב	י
נ	ז	ו	ן	י	נ	ת	ה	ר	מ	ת	ט	ל	נ	ן	ל	ו
ע	ה	ח	צ	ת	ר	ע	ע	פ	ו	מ	ו	ת	ב	ד	ל	א
פ	ך	ו	נ	ע	ט	מ	ב	י	ב	ס	ת	פ	ן	צ	ה	י
ב	ל	ל	ת	נ	ת	ה	ו	ע	ע	ד	ן	ו	ר	ו	ל	ן
[illegible]	ו	מ	ל	י	ט	ו	ד	ז	ב	מ	ל	ר	ר	א	ו	ת
ו	ו	ל	נ	ו	י	ל	ה	ו	ב	ו	ך	א	ה	ו	ח	י
ל	ן	ן	ם	ר	ן	[illegible]	ח	נ	ו	ח	י	ו	ב	ם	ל	י
ח	מ	ל	מ	ל	ן	פ	ן	ס	ת	ח	מ	ב	ח	מ	א	ה

ממוצעת
תנין
העבודה
הזמנת
לבדר
סביב
לשקול
מתנה
לתפור
זוהר
עיפרון
פסולת
במכחול
ולא
עובדים
רצף
חמאה
ארית
התפשטות
הגדול

Puzzle 357

ד	מ	ק	ל	ו	ב	ג	ש	י	ו	ר	ת	ח	ר	י	י	ן
ל	ו	ב	ס	א	ה	ז	ף	י	ו	ר	ו	ע	י	ב	מ	ו
א	נ	ל	ן	א	ן	ע	ה	נ	פ	א	כ	ל	מ	ע	פ	ו
ש	ו	י	ח	ל	ל	ג	ת	ם	י	ל	א	ק	ו	מ	ע	ו
י	ש	מ	ן	ה	ק	ס	ח	ו	ק	י	ו	ב	ם	פ	ף	ה
ו	ם	ל	ז	ר	נ	פ	י	ח	ב	מ	ו	ל	מ	ש	ל	ב
ה	ע	ד	ר	ל	ס	ר	פ	ל	א	ו	ה	ו	א	מ	ב	ס
ו	ק	ע	פ	ת	ו	ר	ש	פ	א	נ	ו	פ	י	כ	ל	נ
י	ו	מ	ש	ו	ח	ב	ל	ר	ב	ד	ו	ר	א	ו	ק	ע
ל	ר	ת	ש	י	כ	ר	ג	ע	ך	ת	ח	ק	ה	ר	א	נ
ב	ן	נ	נ	ל	ל	מ	י	ד	ל	ל	ה	ע	ב	ג	ך	ע
ב	צ	נ	א	כ	ל	כ	ו	נ	נ	י	ת	י	ו	י	ד	פ
ו	ן	ל	ת	ל	מ	ו	כ	נ	ה	ם	י	י	ר	ש	פ	א
ש	ה	א	ב	כ	ה	ו	ת	ב	ע	ח	ד	ת	ה	ה	ב	מ
ת	ה	ד	ל	ה	ת	נ	ג	ד	ה	ו	נ	ו	נ	ג	א	ד

גבול
כלכליות
לימונדת
אפשרות
קנס
גישה
נענע
אפשריים
עמוק
להתנגד
לכבוש
שנאת
חתך
לקבל
מוכנה
גזע
לכוננית
גבעה
מזל
צלב

Puzzle 358

להופיע
מסוכנות
איות
רהיטים
חושב
שמפה
עגבניות
אש
קמפיין
מצא
חומר
שמונה
בכמה
להרות
רעל
אצילה
גשר
בשיחת
הפסקה
נהר

י	ו	ל	ב	ת	ר	ע	ל	ע	נ	ח	י	ר	ה	נ	א	פ
ת	ש	ת	ה	ק	ס	פ	ה	ג	כ	פ	ח	ה	נ	ג	ש	מ
ל	ר	ך	מ	ר	ז	כ	ה	ב	ר	ב	ת	י	ו	ש	ש	נ
ש	ו	ו	כ	י	ו	מ	פ	נ	מ	י	מ	ט	מ	ל	ר	ר
ח	ו	ש	ב	ן	כ	ת	ש	י	ד	◌	מ	י	ש	ן	ס	ר
ר	כ	ש	ד	פ	א	מ	ו	ו	ק	ת	נ	ם	ח	ו	מ	ר
ר	א	ג	ת	ס	ו	י	א	ת	י	מ	נ	י	ח	ע	ת	ו
ל	ה	ו	פ	י	ע	ס	ו	ר	נ	ו	פ	ף	ת	ת	ק	ז
מ	ס	ו	כ	נ	ו	ת	א	צ	מ	ר	מ	י	ח	ו	ר	א
ן	מ	ט	ן	נ	י	י	צ	ז	נ	ל	ד	ל	י	ד	ר	י
ב	נ	מ	ח	ו	ה	ו	י	ק	ס	י	מ	ן	ב	ן	ע	ו
ל	מ	ת	ד	ה	ש	ם	ל	ן	ו	נ	כ	ל	ו	פ	ר	ת
ב	א	ר	י	נ	מ	א	ה	ט	ח	ר	ר	ו	ג	ט	א	ח
ל	פ	כ	ה	ג	פ	א	ה	ח	י	ע	ס	ם	ר	ו	ר	נ
ד	ג	ל	ה	מ	ה	ש	ל	ע	ב	ש	י	ח	ת	י	י	מ

Puzzle 359

י	ט	א	מ	ט	·	נ	י	ג	ר	מ	צ	י	ם	ה	ל	ר
צ	ס	ר	ו	נ	ה	ן	ק	ת	פ	ר	ה	ף	ה	ל	י	ב
ב	ת	ג	ו	ב	ה	ו	ו	נ	ס	ע	ח	י	ה	י	ת	ט
ל	ס	י	י	ע	ר	ז	ן	י	ל	ש	ו	ק	י	מ	ל	ק
מ	נ	ת	י	ס	ק	ט	ל	ב	ל	ר	ר	ה	י	ו	ת	ס
ב	ק	נ	ק	ר	ו	א	ו	ג	ר	ה	א	ת	נ	ן	פ	ט
מ	ן	ו	ב	ג	י	מ	ך	ָ	ע	ל	י	ר	מ	ש	ל	ו
ל	צ	ג	ק	נ	י	מ	ו	ש	נ	ה	ץ	ב	ח	ו	ט	ש
ר	מ	מ	ב	נ	א	נ	ה	א	ם	פ	ש	ו	מ	מ	ו	ב
ב	פ	א	י	ח	ו	ש	ת	ו	ה	י	ג	ת	ח	ע	פ	ו
ל	ל	ב	ג	נ	צ	מ	ו	ו	מ	ץ	מ	י	ח	מ	ו	ו
ג	ר	י	ל	ד	י	ב	ח	ר	י	ו	ל	ר	ע	ו	י	ו
ם	נ	מ	מ	ו	ח	ר	א	ג	ש	ל	ז	פ	ו	פ	ו	נ
ת	ת	א	ת	ס	מ	ו	נ	מ	מ	ל	א	ר	ח	ת	ף	ה
ח	י	ב	ו	ר	ע	ל	א	נ	ו	ד	ר	נ	ר	ל	נ	ק

מסע
בתגובה
לימון
חמנייה
מוזר
חיבור
גבינת
לסייע
רעש
מנומסת
שטוח
בטקסט
להפיץ
הרפתקן
ולשמר
יוקרה
ארוחה
משימה
מחוץ
תרבות

Puzzle 360

ת	מ	א	ו	י	ת	ו	ו	ה	ז	ר	ו	י	ס	ל	ו	ב
י	מ	ד	ק	ה	ר	ה	ה	ל	ב	י	י	ב	ו	ח	נ	ש
ג	ח	ר	ב	ו	נ	ג	ל	א	ט	צ	פ	ר	ס	ח	צ	ב
ת	ת	פ	פ	ר	פ	כ	י	ו	כ	ש	ל	י	ר	ד	י	מ
י	ב	ס	ד	ס	י	ל	ג	מ	ח	ק	ר	א	ף	פ	א	ר
נ	כ	מ	ה	ל	ת	ם	ר	כ	ו	ס	מ	י	כ	ו	ו	ה
ו	ט	ת	י	מ	פ	ת	ג	ה	נ	ת	מ	מ	א	מ	י	ת
ו	ץ	ד	ר	ת	ו	ו	ל	ל	ו	י	א	ב	ל	צ	ן	ה
ר	ח	פ	ת	ת	ז	ח	ה	מ	כ	ת	ב	א	ו	מ	ר	ת
ד	ל	כ	א	י	ק	ו	ס	י	י	ו	ד	נ	ח	ל	ח	פ
ד	ב	ה	ט	י	ש	ה	ב	ו	ת	ע	מ	מ	פ	כ	ש	מ
◌	ו	נ	ל	ג	כ	ק	י	ר	א	ת	פ	ל	ע	ל	ו	ם
ר	ש	ו	ש	ו	ו	ס	ר	ר	ב	מ	ו	ה	ש	ר	ו	ן
ו	מ	פ	ל	ס	ו	ה	י	י	י	ב	מ	א	ו	נ	ס	א
ח	ל	א	ס	ב	ש	ת	ל	ס	ד	ח	ם	צ	ו	ש	ב	נ

שיטה
חותם
רוח
סוכר
להסביר
מחקר
אומרת
בלחץ
מתנהגת
מרפסת
מספר
מכתב
רגיל
מדברים
ללוות
אפונה
סוגיית
דהירת
לגנוב
להלוות

Puzzle 361

א	ע	ף	ר	ב	ו	מ	ו	ק	ו	ו	ת	ע	ו	ת	פ	ט
מ	נ	מ	ב	ד	י	י	ר	ר	ד	ד	ש	כ	ח	ת	י	ל
ו	כ	א	ז	ע	ק	ת	ת	י	כ	י	ב	ר	א	ר	ש	ה
ן	י	ת	ו	ב	א	ו	כ	י	ל	ר	ו	ג	צ	ל	פ	ו
י	מ	ם	ו	ג	י	א	ו	ר	ב	ש	ו	ה	כ	ת	נ	מ
ר	ת	ח	מ	ס	ו	י	מ	ת	מ	מ	ר	ר	ח	ש	ל	ו
א	ו	א	ל	מ	פ	ר	י	ש	ק	ש	ע	ן	ת	א	ר	נ
ה	נ	י	ב	ג	ן	ב	כ	א	ש	י	ש	ך	ם	ר	ב	ל
ש	ל	ל	ת	ק	י	ו	מ	ה	נ	ש	ר	ר	ד	מ	ו	מ
א	ר	נ	י	י	נ	ן	ג	צ	נ	ר	ם	נ	ר	י	י	·
ת	מ	ל	ו	ב	ל	ט	ל	ב	מ	ז	ו	ן	ה	ס	ג	ת
ר	ו	ל	ל	ו	ש	נ	ד	ל	ע	א	ה	ג	מ	ק	ג	ה
י	א	ד	י	א	מ	ה	ג	א	ל	ן	א	ך	א	י	פ	ח
א	י	פ	ה	ב	ת	נ	ו	ע	מ	י	י	ם	ו	ר	ת	ל
ח	א	ד	ף	ס	ו	נ	ד	ה	ו	ע	ת	מ	מ	ו	ת	י

מזון
נפשי
גבינה
נוסף
מסוימת
כואב
כבאי
צל
כלב
ולשחרר
לתרום
שנה
בריאותי
אמון
אשת
מעל
סקי
זעקת
קריירת
ירצה

Puzzle 362

פתאומי
נפח
מסוים
משתתף
נשק
אפור
לדחות
נואש
עייפות
ההיסטוריה
פרק
לחוף
ספינת
שוטר
יער
סמן
גלוי
השפעה
תנופה
ענן

י	ה	ר	י	ר	ב	י	י	פ	ו	ת	מ	ל	ד	מ	ו	ו
מ	ה	פ	ר	ק	ש	נ	נ	ת	ר	כ	מ	ש	נ	ס	ו	ט
ר	ל	ה	מ	ב	ש	ו	ל	א	ח	נ	כ	ל	ח	ו	ף	ן
נ	ת	מ	י	א	ל	ש	מ	ו	נ	ח	ת	ל	פ	י	ת	ב
ו	י	י	ל	ת	ב	נ	מ	מ	ת	ל	ס	מ	נ	ם	ת	ג
א	ָ	ל	ר	ב	ג	ל	ו	י	י	ל	ה	ה	ס	ג	ש	ע
ש	ש	ל	ה	י	ר	ו	ט	ס	י	ה	ה	מ	ו	ב	מ	מ
י	א	ר	ש	ו	ד	ו	ה	ן	ע	נ	ן	מ	ט	נ	י	י
מ	צ	ח	מ	י	נ	ת	נ	י	פ	ס	ע	ו	ב	נ	ח	ה
ת	פ	ש	י	ף	ו	ש	מ	ת	מ	ו	ת	ח	כ	כ	נ	ע
נ	ר	י	ק	ח	י	ע	ר	ט	ו	ש	נ	א	ו	ה	י	פ
ר	ו	ו	ד	ק	ו	ו	ו	א	נ	ע	ו	ו	ת	י	ד	ש
ו	ל	ל	נ	ע	נ	ח	פ	ק	י	ר	פ	ח	פ	ל	ס	ה
מ	ל	י	ר	ר	ג	ע	א	ל	ד	פ	ה	ו	י	ך	ל	ח
ס	ג	י	י	ל	ד	מ	ת	ת	ה	ו	ת	ו	י	א	ב	ה

Puzzle 363

ו	ה	מ	מ	ח	א	פ	ר	ו	ש	ם	ת	י	נ	ע	ל	י
א	ר	ר	ד	ע	ה	י	ר	מ	ר	צ	י	מ	ד	ר	ד	ת
ו	ו	ד	ו	מ	ו	י	א	מ	ר	א	מ	א	ם	י	ת	מ
ו	ו	ר	מ	ו	א	מ	י	ו	י	נ	י	נ	ד	ר	ו	ד
י	כ	ת	ה	ת	ו	ס	ו	י	מ	ו	מ	ו	ר	ט	י	א
מ	ר	ו	ה	ש	מ	ס	מ	ב	ת	ו	ת	י	י	ל	פ	ת
ש	מ	ר	נ	ו	ו	ת	ב	נ	מ	י	ב	ב	ו	מ	ו	ד
ט	ן	ס	ל	ו	א	ג	פ	ה	ב	ו	צ	א	נ	צ	ק	ת
י	ו	ו	ד	נ	ת	ד	ו	ד	ב	י	כ	ש	ד	כ	ש	ג
ש	ר	ר	ע	מ	ג	ו	ח	ר	ה	ל	ו	י	מ	◌	ר	ו
ו	ו	ג	ב	מ	ה	ל	ך	ח	ת	ס	ה	ו	ד	ב	ב	מ
ד	ד	ו	ב	י	ל	ה	מ	ת	ו	ר	י	ה	ז	ב	י	נ
א	ה	ב	פ	מ	מ	ו	ש	ו	ח	ן	מ	י	ר	ל	ו	נ
ג	ה	נ	כ	ו	נ	ה	ר	ב	ב	ר	ב	ת	ח	ר	י	י
ה	ש	ח	ז	ו	ו	מ	ק	י	ל	ו	ג	ר	ם	ו	ד	א

תות
גדול
בוגר
דאגה
בזהירות
מדומה
משהו
נעלי
קילוגרם
אדום
מוטיבציה
הנכונה
סוודר
בילה
במהלך
רע
נמלה
שקופיות
ידידותי
ורודה

Puzzle 364

ו	ע	ה	ל	ק	מ	י	ד	ל	ו	א	ה	ו	נ	ת	ת	ל
י	נ	ח	ש	ת	ל	ש	מ	א	מ	א	ת	ק	ש	ך	ת	ס
כ	ד	ג	ס	מ	ע	ו	ו	ש	ו	מ	ט	פ	ל	א	ח	ה
ן	ה	ד	ף	ו	ר	ג	א	א	ל	ש	ע	ב	ר	ל	ט	ו
ר	·	ש	ו	צ	ע	ו	פ	ם	ג	ב	פ	ן	ת	מ	ב	ב
מ	ת	ה	ק	מ	נ	א	ס	ט	ש	ס	ו	מ	ו	ב	א	ח
ע	ר	ר	ת	ן	מ	ו	ת	ו	ל	ל	ק	י	נ	מ	ו	ן
כ	י	פ	ו	ה	ו	ד	נ	ט	ט	פ	ר	ס	ת	ל	ו	ז
ל	ג	ו	ח	ט	ח	ש	מ	י	ו	ח	ד	י	ם	כ	ס	ו
ן	ל	ו	מ	ל	ו	נ	נ	צ	ת	ג	א	ד	י	ע	כ	א
א	ו	ן	ק	ו	מ	ד	ר	ח	ו	מ	י	ס	ל	מ	ר	ה
ד	ן	ג	ר	י	י	ק	ל	ז	י	ה	ה	ל	ק	נ	ח	י
נ	ו	ו	ר	ג	ב	ב	ד	מ	נ	ר	ע	ש	א	ה	ג	מ
פ	ף	ו	ע	א	פ	כ	ש	פ	פ	ת	צ	ב	ה	ר	פ	ת
ל	י	ה	ג	א	ג	ר	ת	ו	ל	ע	ו	ש	ס	נ	פ	י

לשעבר
זיהה
האקלים
לתאר
מלאך
פלא
עלות
מיוחדים
רשמי
קינמון
לפני
ציטוט
האוזן
אבטחת
סימן
החג
פרסת
הסיכון
דאגת
אגרוף

Puzzle 365

ע	ר	צ	ה	ם	ס	י	א	נ	ח	א	ל	ע	ר	ר	י	ב
ש	ב	ו	ה	ר	ט	י	נ	ת	ר	פ	ו	מ	ע	ה	נ	ס
ר	ה	מ	ו	ש	ג	ה	ר	ו	ו	פ	ק	נ	ע	ד	ו	ו
י	ש	ד	ר	פ	מ	ו	ע	ב	ו	ג	ו	ח	ל	כ	ד	ב
ם	ו	פ	א	ז	ש	י	ל	ג	פ	א	ב	ה	ו	י	ר	מ
ת	נ	ו	ע	ל	ל	א	א	ו	ר	ש	ק	ו	ס	ש	ן	ד
ו	י	ו	כ	י	ס	ל	ח	מ	ו	י	ב	ו	נ	נ	ד	י
א	ם	ו	י	ל	ו	ח	ר	ו	ז	ט	ה	ח	ל	ט	ה	נ
ב	ד	פ	ל	ו	ן	מ	י	י	ח	פ	ד	ל	ק	ט	ח	ת
פ	ב	א	מ	ע	ז	ע	ם	ו	מ	י	ח	ע	ר	ע	פ	י
נ	ו	ר	פ	ע	נ	י	ר	א	ה	ר	י	ו	נ	ן	מ	נ
י	ה	ת	ה	י	ו	ר	ת	ו	מ	ס	ס	פ	ף	ב	ה	ש
פ	ר	ת	ל	ל	ו	י	ם	ע	ו	ו	ב	ב	מ	ש	ק	י
ב	מ	ק	פ	ד	ת	ו	ע	ר	ד	ו	א	ם	ל	י	נ	י
ר	ר	ע	ו	פ	י	ד	ו	ב	נ	י	מ	ל	ה	ס	ל	ב

מדד
שונים
הבא
מחל
החלטה
מחזור
לאחרים
הגשומה
פטל
סיכוי
בפועל
קרנף
הבקבוק
להירגע
ביישנית
עשרים
במדינת
רבה
פטיש
חדה

Puzzle 366

ביום
קאובוי
שלג
עדר
חלש
לאבד
תקין
מלפפון
התוצאה
נשיקה
המושבעים
הם
תלוש
ארון
קמטים
במדבר
למצוא
שפת
צעד
נר

נ	א	ל	ק	ה	ב	ד	י	ב	מ	ם	ו	מ	ח	ך	ש	י
נ	ר	ד	ע	א	מ	ם	ן	ן	ל	א	צ	ם	ע	ק	ד	א
ב	פ	ע	י	ר	ו	ו	י	ה	פ	ה	א	ב	ר	א	ו	ד
ל	ו	ו	ך	נ	נ	ב	ה	י	פ	ם	ד	ר	ב	ד	מ	ב
נ	ש	ו	י	ו	מ	ר	ו	מ	ו	א	י	ב	ו	ו	ר	א
ה	מ	ו	ש	ב	ע	י	ם	י	ן	א	מ	פ	נ	ן	י	א
ק	ס	ת	ו	י	נ	ק	מ	ט	י	ם	ו	י	ב	ן	מ	כ
י	מ	א	ל	ל	א	ב	ד	א	ח	ה	ת	ו	צ	א	ה	נ
ש	מ	ו	ת	ו	ט	ו	ע	ו	ן	ל	ת	ג	ו	צ	ד	א
נ	ה	ג	ש	ל	ג	ה	צ	י	ה	י	ש	ל	ו	ת	ת	ד
י	ד	ס	ר	ד	ב	ל	ל		מ	ן	ה	ב	ת	ו	ק	ס
ר	מ	ל	ר	מ	ק	ע	ר	א	א	ן	י	ו	ה	ת	י	י
ד	ה	ע	א	ו	פ	מ	ש	ט	א	ה	ו	ד	צ	ש	ן	ר
י	י	ו	ה	ד	ו	ו	פ	ל	מ	צ	ו	א	ה	י	ד	ע
ג	ב	ש	י	ו	ו	ן	ת	ה	י	ח	ה	ש	י	י	ק	ש

Puzzle 367

ט	ל	ש	י	ם	ו	נ	מ	ג	י	ה	א	ה	ו	◌	ן	ה
ה	ב	נ	ל	ו	·	מ	פ	ת	ס	ד	ע	ש	מ	ב	פ	ת
מ	ט	ע	מ	ן	א	ו	נ	י	ה	א	א	ב	מ	ו	ה	ו
ו	מ	ר	ט	י	פ	ש	י	מ	ם	ל	י	ו	ל	ח	מ	ד
מ	א	כ	ב	י	ה	ת	ו	ח	ו	ק	ל	ק	ל	ה	מ	ח
ט	ר	ה	צ	ד	ס	ו	ב	ו	ל	ג	ל	ק	פ	ק	ל	ג
ד	ל	א	ם	ע	ח	כ	א	ת	ש	ו	ת	י	ח	ן	ן	ד
פ	צ	ב	א	י	ת	נ	ש	ה	ר	ל	ה	ס	כ	י	ם	ל
ג	ל	ל	ג	א	ו	ן	מ	י	נ	ת	מ	ע	י	מ	ן	ו
ב	ת	◌	ן	י	ר	ח	ן	ה	פ	ה	מ	ה	ת	א	ש	ב
ש	ו	י	ו	ג	י	ת	ש	י	ר	ת	ל	ל	ן	ה	ן	י
ו	ש	ן	ו	ו	ד	ח	ל	ל	ו	ת	ץ	מ	א	מ	ו	ו
ר	פ	ו	ת	ב	נ	צ	ל	ן	א	ח	ש	ב	ש	ט	י	י
ה	ל	א	פ	ו	ר	ר	מ	מ	ע	צ	ד	מ	ו	י	ל	א
מ	י	ן	ח	ו	ר	ו	מ	כ	ו	י	ע	ח	ם	ע	נ	ו

עדיין
להסכים
להעסיק
שנערכה
לקוחות
גלובוס
בשורה
טיפשי
לשים
נדירות
שלום
להביא
השנתי
הפולקלור
החלקת
מאמץ
גל
צבאי
חמה
האמין

Puzzle 368

מ	ש	ד	ה	ח	ה	מ	ת	ה	ש	ח	ו	ל	ה	א	ל	ל
ע	ל	נ	ע	ו	מ	ז	ע	ס	ק	א	ת	ט	ע	ם	·	י
ר	ו	ט	ו	ש	מ	ח	א	ח	י	ת	ל	ב	ש	ע	ו	ר
ה	מ	ל	ר	ב	ק	ל	ו	ו	ע	ח	ח	ו	ו	נ	ג	א
פ	ו	ל	ב	י	צ	ת	ב	ם	ה	י	י	י	ר	ד	ש	פ
ו	מ	ע	ת	ם	ג	ק	ץ	כ	ר	ו	ם	ה	מ	ו	נ	ו
ר	י	ח	ו	ב	נ	ל	ו	ת	פ	ת	מ	מ	ה	י	י	ד
מ	ג	ו	פ	ס	ל	ע	ר	א	ש	ב	מ	ח	ל	ו	ח	ו
ע	מ	ו	ת	ש	ס	א	ל	ה	נ	ש	ו	ה	ך	ט	ל	מ
ר	ה	ש	כ	י	י	ל	ב	ה	ל	א	כ	פ	ת	ל	מ	נ
ל	ע	ל	ל	ב	ו	ו	מ	ב	ב	ו	ב	ו	מ	ח	י	ר
י	ר	ח	ש	ע	ה	ו	ו	ד	י	ש	ה	כ	י	ה	ה	ק
נ	י	ס	ה	ר	י	כ	ב	ל	ר	ר	י	י	ו	פ	ע	א
ד	ם	ו	ו	י	ב	ו	ע	א	ל	ח	ב	ת	ח	ש	ג	ן
ה	ע	ם	א	ו	ת	ט	ה	א	ת	ו	ת	ח	ה	ז	ב	ו

מהלך
חולה
שקיעה
בכירה
העורב
לנבוח
העשור
חושבים
טעם
בחירת
לחסום
לספוג
ממשל
כועס
לרוץ
ירד
עם
עסק
מזחלת
נמלת

Puzzle 369

ב	ע	ר	א	ת	ל	ו	ד	נ	נ	מ	ו	ך	נ	ו	ל	ז
ו	ש	א	ן	ח	י	נ	י	ח	מ	ל	ו	ב	י	ל	ת	ח
ר	ן	ב	ת	ת	י	י	ר	ל	כ	צ	פ	ו	מ	י	א	ו
ב	כ	ת	ו	ל	ר	ב	ש	מ	כ	ח	נ	ד	ר	ר	י	ש
ו	ה	מ	נ	ע	ט	ע	ב	י	ר	ו	י	י	ב	ש	ף	ה
ו	ב	ע	פ	י	כ	ו	א	י	י	ק	מ	מ	ל	ת	מ	מ
ה	ה	י	ה	ק	י	נ	כ	ט	ש	נ	י	ו	ט	י	מ	ד
מ	י	י	ל	ל	ה	ר	ו	ש	ת	י	ש	ו	פ	י	ח	מ
ל	מ	פ	ל	ו	י	צ	ח	ה	ד	י	א	ר	א	מ	י	ו
ב	ו	ד	א	ל	ב	ע	מ	נ	ם	ד	ר	ב	י	ו	א	ב
ר	ד	ר	ו	ר	פ	ג	מ	ל	ח	ר	כ	פ	ד	י	ד	ו
י	נ	ב	מ	מ	א	ר	ץ	ו	צ	י	נ	ר	א	ו	ת	מ
י	ט	ת	י	ו	ח	א	ק	ו	ל	י	ם	י	ט	ב	ו	ר
א	ו	ב	נ	ש	ה	צ	נ	י	ף	ע	נ	ח	ר	צ	כ	נ
ם	ה	א	ו	ג	א	מ	כ	ו	ה	ב	ח	ת	ם	ס	ע	ר

משבר
וכרוב
נמוך
להפנות
חיפושית
פנימי
תחת
יבש
תואר
ליירט
בפריחת
נחל
בד
מול
כרישת
לצחוק
יניח
טכניקה
בשבוע
ניצוץ

Puzzle 370

לשמחתי
חזון
משלבים
שער
מקום
דפוס
ואחותו
אומדן
שווא
לספור
כרובית
יחידה
דרג
יעלה
תרד
עובדת
להיכנס
אחר
ההשראה
צנון

ח	ז	ו	ן	ם	ה	ה	ק	ל	מ	ג	ל	ר	ל	מ	פ	ר
ת	ב	ח	ש	ח	ה	ר	י	ת	ש	מ	ד	ה	ש	ד	ו	פ
י	ם	ה	ן	ג	ש	כ	ט	י	נ	ס	ו	ם	מ	פ	ל	ר
ע	ו	ב	ד	ת	ר	ע	ש	ק	ו	ו	נ	א	ח	ו	ר	ר
ב	ק	ג	מ	י	א	ד	ל	ו	ב	פ	ל	כ	ת	ו	ה	ת
א	מ	ח	ו	ר	ה	ג	י	ב	ה	ד	י	ח	י	ו	ש	ר
ו	ל	י	א	א	ח	ב	ו	ת	ו	ס	ל	ו	ע	ה	ב	ו
צ	ו	ו	מ	ה	ת	מ	י	ר	ע	ו	מ	ד	ב	ג	ל	י
מ	ק	ר	כ	י	ל	ר	נ	ד	ב	א	מ	ש	ל	ב	י	ם
נ	ו	ר	ד	ע	ק	ד	ש	ח	ת	פ	ע	ר	י	י	ק	ו
פ	ד	ו	ש	ל	ן	ס	ו	ב	ת	ן	א	ל	א	ם	א	
ו	נ	ו	ת	ת	י	ב	ו	ר	כ	ת	ה	ג	ו	א	מ	נ
פ	ו	פ	ו	ע	ל	א	ר	ג	א	ד	פ	ב	ה	ח	ל	
ל	ב	ת	ת	נ	ל	פ	ק	ד	י	ר	ה	צ	נ	ו	ן	ר
ל	ס	פ	ו	ר	ה	ו	א	ח	ו	ת	ו	א	פ	י	ת	מ

Puzzle 371

כ	ה	מ	ה	ל	ב	א	ע	ו	מ	ו	ש	ס	פ	ל	מ	י
ו	ע	ו	ב	ח	ד	ד	ע	נ	מ	ס	י	ב	מ	ו	ה	ר
כ	ש	ח	ל	ש	ו	ו	ה	י	ג	ר	נ	א	ק	ו	ת	ד
ו	י	נ	ת	ב	ע	י	צ	מ	ו	י	ז	ן	ו	ל	י	ו
ו	ר	ג	נ	ז	ו	ם	ל	ש	נ	ס	ל	י	ג	י	ש	ס
ס	י	ו	ה	ר	א	י	ו	ן	ע	ב	ו	נ	ס	י	ו	מ
מ	י	ת	ו	י	ו	ם	ח	ו	א	ע	כ	ו	ח	ד	ע	ו
פ	י	ו	ל	צ	ת	ל	י	ב	ח	פ	א	ה	ט	י	ל	ש
ו	ו	א	ר	ע	ח	מ	א	ג	ר	י	ל	י	ב	ו	ד	כ
י	א	נ	ש	מ	ו	י	ם	ת	◌	פ	ר	ק	ן	ר	ק	ס
ש	ת	י	ר	א	ו	ב	א	ס	ש	ו	ו	ה	ד	ו	ע	ת
י	ר	ו	ו	ר	ו	ק	ד	מ	ו	ן	ד	כ	ם	ג	ו	ח
כ	י	ו	ו	ש	י	ה	ת	ח	ו	כ	ח	ו	ר	צ	י	ה
ז	י	נ	ן	ג	ם	כ	י	ב	ת	ר	ח	ו	ר	ו	ח	ל
ל	ב	ב	י	ט	ל	ק	ר	פ	א	י	י	ל	ק	י	ע	ר

לרצות
וילון
תעודה
העשירי
קלט
שוות
שליט
לאכול
בסיר
לחשב
קדמון
חולצה
גיל
הראיון
סקרן
ומסודר
קו
אנרגיה
שיחה
עפיפון

Puzzle 372

ר	מ	ף	ק	ס	פ	ָ	מ	ה	ל	פ	מ	מ	י	ט	צ	ע
ה	צ	ו	פ	מ	ל	ח	ס	ש	ם	י	מ	ש	ק	ש	י	ב
ע	ע		א	מ	ר	י	ק	נ	י	פ	ל	ה	ג	ב	צ	ב
ר	ש	ב	ם	ד	ר	י	נ	ת	א	א	י	א	א	ד	פ	י
ת	כ	ר	ע	ה	א	ו	ה	ן	נ	ו	ץ	ה	א	י	ל	ש
ו	צ	ך	ד	ו	ס	ב	ש	מ	ו	פ	ן	נ	ו	ת	ע	א
ה	כ	ב	י	ל	ק	ד	י	פ	כ	ד	ה	ה	ף	ר	ל	ל
ב	ב	מ	ל	י	ג	ל	ר	מ	מ	ה	ן	ו	ת	י	ע	ב
נ	מ	ד	ו	א	ח	י	ד	י	מ	ו	ת	ן	ר	ת	פ	י
ע	ר	ר	כ	ה	ש	צ	ה	י	ה	ד	ו	פ	ו	ה	ש	ה
ס	ל	ג	ת	ל	ו	ל	ט	נ	ו	פ	מ	מ	ו	ל	ת	ל
ו	ו	ו	י	י	ב	ה	מ	י	א	פ	ש	ה	א	ה	ק	ל
ב	ס	ת	א	ת	נ	ל	ם	ו	פ	ו	ד	ו	ת	י	ן	ע
ם	כ	ח	ל	ב	ע	ד	ו	פ	ה	ר	ב	ז	י	ה	ב	א
ר	מ	ת	ג	ב	ש	ב	מ	ה	ש	פ	ב	ם	ל	ע	ו	ח

בעיתון
בשר
האי
המיטה
זברה
תוף
אמריקני
ממליץ
עכביש
ילד
דרישה
מכונאי
להתיר
הערכת
במדרגות
חשוב
מסקנה
לקיים
שבדית
לגיל

Puzzle 373

מ ד מ י י ט י ר ק נ מ ע י י מ ת ע
ג ו ג מ ן ו ק ק ק ר כ ר ת ע ף צ פ
י ר נ א א י ו ו פ ר י ש נ ע ו ע ק
פ ט י ס י י ה נ ב ע ו ע ו ב ק פ ע
ק ו ב ע ע ו נ ת ה ל ה ל י כ ת ש ו
ש ם ה ל מ י ת י פ מ ל ת ר ח ל ת ת
ו ו א ח י ע ת ח ו ד כ ע ד ח מ ם ה
כ י ק י ו מ ח ב ס ב מ פ ח ח ב ט מ
ג ר ת ר ב א ט ל ע ה א ם ף ק ר ח י
י ו ש ב מ י ל ט ה ה מ ת נ מ כ י א
צ ח ב י ק ת ה ח כ צ ר י כ ב ן י מ
ה ב מ ם ק ב ד י ו נ י א ד ו ע ו ס
ל ת ה ע א צ ר נ ו ש א ב צ י א ד ה
ו א ק א א י ח י ה ד פ ר ק ה מ צ ק
ו ה ר מ ד ב ר ש ו י מ ק ר ח ר א א

מחקרי
האם
מטבח
דחף
מגניבה
ערש
הליכת
לתת
בדיוני
להציג
בחורי
הוקי
עצוב
קריטי
לתקוף
קרפדה
להתנועע
מרצון
מאמרי
רבים

Puzzle 374

צ ל נ ס ו י ב י ל ג א ב מ א ל ה א
ת ב ח ש ת ע י ב א ך ג מ ד ח ח ה ו
ק ש ת ע ש י י ת ו מ ד ק ת ה ק ת ד
ו מ ל צ ח ו ל ו ן מ ל ל י ן ו מ א
ן ב ף ש כ ע מ ת י ג ב י ב י ר א ב
י צ ה ר כ מ ח מ ת פ ס ק נ ה נ ו י
ה ע א ע כ ע ו ת נ א י מ א ה מ כ ע
ר ד י ר ר נ מ מ י פ ו ף ל ב כ ז ש
י ר ר ל ב ו ם ש ן ו ד י פ ו ק ב ן
ב פ ק ו נ ז י ק ת מ מ נ י ח ג ו ו
ש צ ח ת ס ר ע פ ן ה ב ס ו פ ש ת ה
ע ח נ ב ש א מ י ב ת ר י ז ח מ ה נ
ק ר י ל ח ו ס ם ר ף ה א נ ם ע נ ו
פ ו נ י ק ו ו ל מ ב ת ת כ י ס ד ר
ק א ה ד ז ה ע ס מ ד ו ת מ י ל ו י

מניות
או
משקפי
קריאה
תעשיית
מוקד
מבצע
חנינה
חובה
קנה
התקדמות
סניף
מאוכזבות
עשן
מכרה
לחקור
תמונת
קופידון
צפרדע
חזיר

Puzzle 375

ו	ו	ח	ה	ד	י	ל	ח	ח	נ	א	ו	ו	ש	כ	ד	ו
מ	י	ל	ו	ה	נ	ל	ע	ו	ו	ה	ג	ס	ה	ו	ת	ו
ק	י	ה	מ	ט	ו	י	ג	נ	ל	ע	ה	ס	ו	ה	ת	ר
ם	ל	פ	ז	ג	ת	ב	ג	י	ל	א	י	ם	ו	ו	מ	ו
ו	ר	ר	י	צ	ם	ו	ד	ש	ל	צ	מ	ז	כ	ב	ד	צ
א	ל	י	ן	ש	י	א	ע	ו	נ	מ	י	ע	ו	נ	א	ה
ל	י	ע	ג	י	ר	י	ת	א	נ	ש	מ	י	צ	כ	ד	מ
י	ע	נ	ר	ב	כ	ר	מ	י	י	ח	ו	מ	ר	ו	צ	ח
ט	ח	ח	ט	ב	ת	ר	ו	ם	ב	א	ו	ת	ו	פ	ם	ב
ם	ו	ה	ק	ר	ר	צ	פ	א	ל	ב	ד	ק	ו	ה	י	ר
ר	ז	ה	א	ע	א	כ	ל	כ	ל	ת	ח	ח	א	ו	נ	ש
ע	ל	ל	צ	ל	ו	ק	ו	ד	ב	ל	ד	ה	י	י	ט	ט
ו	נ	ד	ע	ה	ב	נ	צ	ב	י	א	ל	י	ת	נ	ר	ו
ו	ן	י	ד	א	ב	ו	מ	י	ע	צ	מ	ה	ל	כ	ס	ה
ר	ו	ג	מ	ו	ו	ו	ר	ע	ה	ז	י	א	י	ו	ו	י

איזה
שיא
מנוע
חבר
מזין
כלכלת
באותו
אינטראקציה
כבד
גירית
לבדוק
עצום
נישואים
לצייר
לערבב
אדמת
עצמה
להפריע
רוצה
סרטנים

Puzzle 376

ילדים
רכישה
במבצע
דור
אישית
לשחק
אפס
חצאית
דבורת
לברך
שונה
תחביב
מסעדה
ירוק
פסיון
נהמת
סערת
דיוק
ובודד
רכב

א	צ	ר	א	מ	ח	מ	ן	ס	ד	ח	ו	ל	ק	ג	ו	א
ח	נ	כ	ע	י	ל	מ	א	ע	ו	ו	ו	ר	ב	ל	צ	ת
ן	ע	ה	צ	י	ש	כ	מ	ר	ר	כ	י	ש	ה	ו	ח	ל
ת	י	כ	ח	ר	ר	י	י	ת	ו	י	ו	א	צ	ב	צ	נ
ם	ה	א	צ	ו	ח	ה	ת	ה	ד	י	מ	מ	נ	י	א	ד
ע	מ	ל	ל	ק	ח	ש	ל	נ	ו	ל	ל	ק	א	ת	י	ם
פ	כ	ב	כ	ר	א	ו	ב	ת	ו	ע	ר	ו	י	ח	ת	ב
ת	נ	ר	ת	ד	ו	ר	ה	פ	י	ל	ד	י	ם	ב	ח	א
ו	ה	ך	י	ו	ע	ל	פ	ח	י	מ	ל	ד	ן	י	ל	ל
ב	מ	ה	ה	מ	י	ו	ר	ו	י	י	ת	ר	ו	ב	ד	ל
ה	ת	ט	נ	ה	י	ל	ר	י	ת	ת	י	ו	י	ב	ע	ה
ת	נ	ל	ו	צ	ל	ס	ש	ו	נ	ה	ד	ע	ס	מ	ו	ת
י	ו	מ	ר	ט	י	ר	א	ר	י	ה	ס	ה	פ	מ	מ	ת
א	ע	ט	ל	ק	פ	פ	ח	פ	ת	כ	י	ו	ם	ו	מ	ו
ו	ש	ס	ב	מ	ב	צ	ע	ר	ס	ך	ת	ע	ס	מ	ב	נ

Puzzle 377

ש	ר	ש	ש	פ	ו	ד	ח	י	ב	ח	ו	נ	ל	א	ו	א
ה	מ	ו	מ	כ	ט	ד	כ	ח	ו	א	ק	ל	ה	ו	י	ו
ו	ר	ש	פ	ס	נ	א	ה	י	ת	כ	ד	ח	ס	א	ר	ק
ס	ק	ף	ו	נ	א	ב	י	ל	ב	ע	ב	ר	ו	ו	ה	ל
ת	ה	ב	נ	ל	ת	ק	ש	ר	מ	ב	י	כ	ו	פ	ו	י
ט	ב	ע	ת	ל	ה	פ	ס	י	ק	ם	מ	ע	ת	ב	כ	ת
י	א	ש	נ	ת	ת	ה	ת	ה	נ	מ	ש	ק	ה	ה	ו	כ
ד	מ	א	ד	ם	י	מ	י	ש	א	מ	ח	ג	א	י	ה	א
ה	א	ו	מ	ה	ה	כ	ו	מ	מ	ו	ח	ך	א	ו	כ	א
צ	ו	פ	ג	נ	י	ע	ב	ה	מ	פ	ו	ם	ת	נ	ר	מ
ס	כ	י	ן	ו	ר	ש	כ	ב	ב	ל	ו	ט	י	ן	ט	ב
ג	מ	ת	כ	י	נ	ם	ח	ה	מ	י	ב	נ	ד	מ	י	ב
א	נ	ן	א	ר	מ	פ	י	י	פ	ח	י	ו	ו	ה	ס	צ
ק	כ	י	ה	ע	נ	ן	ו	ר	ם	ב	מ	ל	ה	ט	ן	ע
ו	ח	ו	ל	כ	ד	ה	ן	מ	מ	א	ב	ן	ו	י	ו	ס

מאשימים
בכיתת
בהיר
נוף
להסוות
שמש
אגס
לתקשר
כשרון
כרטיס
משקה
אבן
טבעת
להפסיק
נתנו
בעבר
סכין
האומה
רכי
בלוטי

Puzzle 378

רגיעה
כובע
מגע
לוקחים
חזקים
קופה
לשפר
להגיש
חופשי
תרנגול
ספורט
חם
הבוצי
חורף
העולם
למפות
וסבא
להתאים
אוצר
מתייחס

י	ס	ח	י	י	ת	מ	ט	א	ו	ה	ע	י	ג	ר	ר	ר
ק	ת	ד	ז	ם	ר	י	ר	ב	כ	ע	ב	ו	כ	מ	ג	ע
ו	ת	א	ל	ק	ש	ו	ב	ס	ג	ף	ר	ו	ח	ת	ו	ה
פ	ה	ח	ל	פ	י	ש	פ	ו	ח	ר	ו	ו	צ	ם	מ	ת
ה	ו	ק	ו	מ	ג	ם	ה	ת	ר	נ	ג	ו	ל	י	ו	ת
מ	א	ת	ס	ד	ה	ח	ס	ן	צ	ע	ל	א	ג	א	מ	א
פ	ס	כ	ו	פ	ל	מ	ל	ו	ו	ה	ל	ו	נ	ת	ל	ע
ג	פ	ב	ר	פ	ו	ח	א	ש	א	ר	ו	ד	ר	ה	מ	ת
ן	ו	פ	ם	ו	א	ל	ָ	י	פ	פ	ר	מ	ג	ל	כ	ב
ד	ר	מ	י	י	נ	י	א	ה	א	ר	ל	ל	ל	מ	נ	צ
ו	ט	ו	ח	פ	ז	ו	ג	א	ר	ר	נ	י	י	ה	ב	ו
ט	ש	ר	ק	ה	ו	ע	ע	ו	נ	ל	ו	ח	ר	ע	ר	א
ל	מ	פ	ו	ת	ב	א	ל	א	נ	ו	כ	ם	א	ו	מ	ד
מ	נ	פ	ל	ך	א	ד	ג	י	ג	ה	נ	ד	ם	ל	ע	ס
מ	פ	ח	ל	ו	ג	ט	ת	ע	נ	ל	ט	ח	י	ם	ב	י

Puzzle 379

מ	ס	ג	ו	ד	ר	ו	ו	ק	פ	ם	ג	ר	ב	י	ת	נ
ת	ו	ח	ו	ז	א	י	א	ן	ע	מ	ב	כ	ק	ש	ג	ו
ח	ש	ל	ע	ו	ר	י	א	ע	כ	ת	ם	ם	י	י	ח	ה
ת	כ	י	ב	י	ו	ת	ר	ו	ם	ב	ק	ר	ץ	ד	ת	מ
ל	ו	ל	מ	ן	ב	ו	פ	ו	ר	ר	ח	ו	ש	ק	נ	ת
ש	ו	י	ה	מ	ו	צ	ר	ג	מ	ו	ק	ך	ג	ה	ל	מ
כ	ן	ת	ע	ו	צ	ר	מ	ט	י	י	ב	כ	ר	ל	מ	י
ל	ג	פ	ר	ב	י	מ	מ	ע	ת	ג	ח	מ	י	ו	נ	ג
פ	י	ב	ת	ו	כ	נ	א	ר	י	ק	ו	ח	ם	ר	ך	ע
ר	ר	ו	ג	ו	ה	מ	ד	ח	ו	ח	פ	ו	י	ס	ן	ר
נ	ן	ד	ש	י	ר	פ	ו	ק	ו	ף	ש	י	ע	ל	כ	ג
ר	י	מ	ה	ל	ח	פ	י	ב	א	ר	ה	ב	ו	ר	ר	ו
ת	ש	מ	ו	י	ן	ס	פ	א	ן	ג	י	ו	ל	ח	ם	ו
ו	ל	מ	ו	י	צ	נ	י	ר	ח	ו	ב	ת	ה	מ	א	ש
ב	ב	נ	ח	א	נ	ו	ו	א	ד	ו	ל	נ	ס	ל	ק	ב

המוצר
בחופשה
לחם
ריק
מתחת
שגרים
להקדיש
גחלילית
חיים
בקיץ
מחויבות
נתיב
כמובן
גרף
מצביע
רצועת
מאחורי
ביותר
אירוע
לה

Puzzle 380

ס	ל	מ	ט	ש	ו	מ	ק	ת	א	ש	ר	נ	מ	ו	מ	מ
ק	ר	ב	ם	ו	ל	ש	פ	ק	ס	א	ר	ת	ו	ו	ת	ת
י	ו	י	ע	ע	ש	מ	ש	ו	מ	ל	א	נ	ן	י	ג	ו
נ	ר	נ	ר	ל	ו	י	ר	ר	ר	ח	ה	ל	מ	ר	צ	א
ל	י	ה	ה	ש	ת	ם	מ	פ	ו	ש	ו	ש	ל	ו	ם	פ
ל	נ	פ	פ	ח	מ	ם	נ	ל	ת	י	י	י	ה	י	ד	מ
ר	מ	נ	ס	ת	ב	י	כ	ר	ת	מ	ר	ם	ם	י	ו	ו
א	ש	ו	נ	כ	נ	ו	ל	ם	צ	ע	ד	ת	ה	ב	ע	ל
ב	ף	ת	ת	ש	ה	ל	ה	ו	ס	נ	ע	ו	ד	ו	י	ח
ו	כ	י	ב	ל	י	ו	ג	ה	ב	י	ח	ג	ו	ר	ר	מ
ב	ו	ע	מ	ל	ח	מ	ר	א	ש	י	ה	ל	כ	ל	ר	ש
ש	ת	ו	ל	ר	ת	י	ח	ת	ת	ן	י	ר	ב	ל	י	ר
ר	מ	ע	ד	ש	ם	מ	ו	ש	ת	צ	י	ה	ו	ס	כ	ה
פ	ג	ש	ה	י	ח	ש	כ	ר	מ	ו	ק	ד	ה	ו	ר	י
ל	ו	ת	ל	ח	פ	ש	ס	א	ק	ח	ר	ר	ה	ו	ד	ו

לחפש
להגר
שמים
ראה
רכיבת
מבינה
מעניין
ושלום
מפורשים
הכספי
לרתיחת
שועל
שעועית
קמח
מבנה
כלי
בעל
חגור
להשתתף
להישאר

Puzzle 381

א	נ	א	ס	ע	ק	ט	י	ן	ר	ר	א	מ	ך	ש	מ	ס
ה	ר	פ	ס	ו	ת	כ	ת	ת	ג	י	ק	ר	ל	ה	ב	ד
ם	ל	ה	ר	ט	ל	ח	ן	א	נ	נ	ד	ש	ר	י	ע	ו
ר	ל	ם	י	נ	ר	ו	ש	ט	י	ח	מ	ת	ה	ר	ר	ל
י	ו	י	צ	ו	א	ט	ו	ם	ש	א	י	ו	ו	ת	י	ח
ו	ח	ח	י	ל	ג	מ	ג	ר	י	ט	ש	מ	ח	ה	כ	ת
ס	ו	י	ו	י	ע	ע	י	י	ש	נ	י	ז	ע	י	ה	ן
י	ב	נ	ת	ב	מ	ו	ד	נ	ה	י	ס	ת	ק	מ	ח	ל
ט	כ	מ	א	א	ת	ד	ב	ק	ה	ס	י	נ	ע	ס	כ	צ
נ	ך	ב	י	ה	י	ה	ק	י	ט	י	ל	ו	פ	ר	ר	י
ר	ל	י	א	ו	ד	ט	ע	צ	ב	ל	ף	ש	ע	נ	ה	ע
ח	ש	ל	י	צ	ס	ו	מ	ד	מ	ה	ו	ו	מ	מ	י	ה
י	ת	ל	ה	ו	א	ד	א	ו	ב	ל	ו	ס	י	י	ה	י
נ	ק	ב	ד	נ	פ	י	ר	ו	פ	י	א	כ	פ	ו	י	נ
ל	ח	מ	נ	י	י	ה	ח	מ	ו	ר	ל	ח	ו	ל	ו	ם

איפור
אסטרטגיה
חמור
דבקה
סולו
מעקב
טניס
השישי
עריכה
פוליטיקה
ובכך
שמחה
אוכלוסייה
אקדמי
מניחים
לחמנייה
שטיח
לבצע
יצוא
סדר

Puzzle 382

ל	ו	ו	ו	ל	י	ע	ב	מ	מ	ש	ן	פ	ר	ג	ו	נ
א	ו	ח	א	נ	ד	א	מ	מ	א	ר	ב	י	ד	ט	ד	ג
ל	ס	ר	י	ק	ת	ו	ח	ת	ל	מ	נ	ז	כ	נ	י	ו
ד	י	ר	י	·	ל	ו	ב	פ	צ	ה	כ	י	ל	ה	פ	ב
ו	ח	ך	ד	ב	י	ר	ת	ט	כ	ו	מ	ר	ר	ו	ל	ו
א	ה	ת	ק	ס	ל	ו	ד	ל	ה	י	ם	ו	ל	ח	ר	ש
מ	פ	א	כ	ר	ח	ל	ר	מ	ל	י	נ	ב	ת	נ	ל	ת
ו	ו	י	ר	ח	ו	ה	י	מ	א	מ	י	י	נ	מ	מ	ב
י	ק	ס	פ	ר	ד	י	ת	כ	ת	ש	נ	צ	מ	א	כ	ב
ש	ת	ל	ר	מ	מ	ו	ב	ן	ל	ל	ת	ו	ס	נ	ל	ה
נ	ב	י	ם	י	ל	י	ח	ת	מ	י	א	ו	ע	ד	ו	ע
ל	ד	ח	ו	ף	ו	א	ו	ך	כ	ח	ה	א	מ	ת	פ	ת
ו	פ	ר	א	ן	ם	ס	ו	ק	ל	ת	ו	ב	א	ו	ר	י
ר	י	ו	ת	א	כ	י	א	ש	מ	י	ר	ל	ת	י	ה	ק
מ	ו	נ	פ	ו	ש	ת	ו	ה	מ	ו	ה	ר	ם	י	ן	ה

דיבר
לנסות
שליחת
אמת
פרה
לדחוף
פיזי
במחבת
ציבורי
העתיקה
פתאום
אלה
כן
להכין
מתחילים
למנוע
חלום
תקופה
הליכה
מוסרי

Puzzle 383

ד	מ	ש	מ	ק	מ	ד	פ	ח	ס	מ	ת	ל	ה	ק	ה	ה
ל	ה	ס	מ	ו	ד	ש	ש	נ	ס	ח	ו	ש	נ	ו	ו	י
ו	ו	ה	ל	י	ו	ח	ע	ר	ה	ח	ב	מ	ה	מ	א	ק
י	ד	ר	י	י	ק	ר	ק	ו	ו	ע	ז	י	ג	ם	ש	מ
ו	ן	ב	ר	י	י	ת	ה	פ	מ	א	ע	ה	ש	ג	ת	נ
א	כ	ה	ם	י	ר	ו	מ	ה	ו	י	ד	ג	ו	מ	ל	ר
ב	ר	נ	ר	ח	נ	מ	מ	ס	ל	ש	ו	ת	ו	מ	נ	ד
ר	ע	ת	ס	ד	ל	ל	כ	ו	ד	ו	ב	ק	ה	ָ	ה	ר
ו	ל	ש	י	י	ש	א	ס	כ	י	נ	פ	י	ח	נ	מ	ה
מ	ת	מ	ל	ו	ש	פ	ס	מ	ת	א	ר	ס	ט	ו	מ	י
ו	ה	ָ	ר	נ	·	ו	◌	ש	ע	ד	ק	פ	ב	ת	ע	ל
צ	ג	ל	ח	י	ש	ו	י	י	ב	י	פ	א	ב	ש	ר	ב
ל	ר	ו	ל	מ	פ	ן	ד	ד	ל	ל	ך	ר	פ	ב	ו	מ
ח	ד	ג	ב	ב	ה	ת	ל	ו	ת	ו	א	י	ש	ט	נ	ד
ו	ח	מ	פ	א	ח	ה	ס	י	מ	א	י	ו	ר	ב	ו	ו

מהיר
ריקוד
חכמה
אנושי
בעתיד
מסרק
מכוסה
חי
שׁוּנרָה
המורים
שחר
משתנה
בבטחה
הרבה
פסיקת
מוצלח
הנהג
פסולי
מולד
ללכוד

Puzzle 384

ר	א	נ	מ	ג	ה	י	ו	י	ר	ב	ע	ל	ו	ו	ג	ל
ב	נ	ד	א	מ	ק	ר	ו	ב	י	ם	ד	ל	ו	י	מ	ת
ל	נ	ו	ט	ח	ה	ן	ח	ז	נ	ש	ג	י	ל	ד	מ	ו
ח	ח	ז	ו	ו	ר	ב	ו	א	ו	נ	ב	ד	פ	ו	א	י
נ	פ	פ	ק	ש	ר	ן	נ	ח	א	ד	ח	ע	א	ה	ב	ן
י	ד	י	ל	א	ה	ם	א	ח	ו	ה	ן	מ	ח	ר	ד	ל
ק	א	נ	י	ה	מ	ח	מ	ס	ר	צ	ו	י	מ	ם	ס	ו
ט	י	ח	ו	י	י	ל	ו	ר	ו	ס	ר	ן	ת	כ	ל	ר
ו	ה	ה	ל	ז	ן	ו	ז	ו	ו	ר	ב	ה	ש	ל	ד	א
ת	ג	ב	ת	מ	ע	א	ת	נ	ב	ר	י	א	ת	א	ה	י
ב	ה	ר	ת	נ	ב	צ	א	ה	ו	ש	ש	ה	ת	י	כ	ב
מ	ר	ח	ב	ר	ו	פ	י	צ	ב	ר	ג	י	מ	ו	ק	מ
ע	ם	י	ש	פ	ש	מ	ח	ח	ו	צ	נ	ר	ת	ו	ל	פ
ע	ד	ר	ו	ת	ן	פ	ו	ן	מ	ו	ל	י	ב	נ	ד	ד
י	ד	מ	י	ת	ל	ו	ר	ו	ג	נ	ק	ת	נ	ת	ו	ב

כלא
ילקוט
שלד
כותנת
ציפור
בכיתה
למד
הברווזון
קנגורו
קרובים
ביזון
מקומי
מרחב
הכרחי
אחיזת
ברווז
גרב
רבע
מה
יושב

Puzzle 385

ן	ב	נ	ע	ו	ר	י	ר	ו	פ	א	ן	ב	מ	י	ת	פ
ד	ד	ר	ו	פ	מ	ו	ה	מ	ו	א	ו	י	ש	מ	כ	ר
ח	י	כ	ן	ע	ו	ו	ח	ל	י	נ	ר	ר	ג	ל	ו	ש
ו	ו	ס	ו	נ	י	י	ק	ו	א	א	ב	י	ר	א	ג	נ
ע	ק	ו	ה	ו	ה	ו	ו	צ	י	ג	צ	ח	נ	ה	ש	ו
מ	ל	כ	י	ו	ר	ת	פ	ו	ר	ת	י	כ	פ	ל	ת	ת
ו	ד	ל	כ	א	ו	ר	ו	ד	נ	מ	ו	ד	ב	ש	ח	ה
מ	ת	ה	ת	י	מ	י	מ	ו	ה	ל	צ	י	ק	ו	ת	ס
ק	ם	א	ת	ת	ב	ת	י	א	ח	ד	פ	ר	א	מ	ב	ה
ר	צ	י	נ	ו	ר	ד	ר	א	ר	ה	כ	ל	י	ל	ח	ד
ר	ע	ו	ל	ר	ש	ש	ן	י	ה	ש	י	ג	ס	ר	ל	ב
כ	מ	ת	י	ח	מ	ר	ו	צ	י	ק	ף	י	ש	ה	א	ג
ל	ע	ר	ו	ת	ג	ו	ל	א	ד	ע	י	ו	ם	ד	ה	א
ב	מ	ר	א	ה	פ	ן	י	ן	ר	א	ת	ש	נ	מ	מ	מ
ר	ת	ד	ו	פ	ד	ה	י	פ	ת	ת	ב	ע	ח	ב	ש	

במראה
עף
דחליל
אוקיינוס
פרשנות
קיצור
גאה
יצווה
עצם
תרופת
התחרות
שלב
צינור
נרגש
מקרר
כמשי
יכולת
אביר
בדיוק
כיף

Puzzle 386

כדורסל
זכות
שרפרף
הטרופי
מסוכן
מרכיב
לדון
חמניות
באסם
נטו
כרגיל
צעיר
צפופה
מוצר
לזרום
ממתקי
הכעיס
אמיץ
אוגר
הולך

כ	ו	ו	א	ע	י	ו	ט	ר	ד	נ	צ	פ	ו	פ	ה	א
ר	צ	מ	ל	פ	ל	ה	ג	ח	מ	נ	י	ו	ת	מ	ט	מ
ג	ל	ם	ס	ט	א	ו	נ	ל	ת	ב	◌	מ	ו	צ	ר	י
י	ה	ט	ת	י	ר	ג	ל	ב	א	מ	ד	ס	כ	ד	ו	ץ
ל	ו	ב	ו	ו	ר	י	ע	צ	מ	ר	מ	מ	ז	ט	פ	ל
ס	ל	א	ו	ב	י	כ	א	מ	צ	ו	ב	ר	נ	פ	י	ת
ר	ך	ס	ם	ו	ר	ז	ל	א	ו	ם	ב	כ	מ	נ	ן	ד
ו	ו	ם	ת	ב	מ	י	ת	ת	ם	ר	נ	י	ד	ד	ש	ת
ד	מ	מ	א	ת	ל	ש	ה	ד	ר	ו	י	ב	י	פ	מ	ן
כ	ש	ו	ת	פ	ה	ת	ק	ש	ו	ו	ע	ה	י	ד	מ	ט
ר	ג	ע	ו	ח	מ	מ	ו	ר	ל	י	מ	מ	ב	ס	ת	ע
ר	ה	כ	ע	י	ס	נ	ת	פ	ו	ם	ד	ז	א	ת	ק	י
ו	י	ה	ל	ב	ו	ו	ק	ר	ר	ל	ו	ו	ו	י	י	ל
נ	ו	ו	ח	ז	כ	ו	נ	ף	א	ע	ן	ג	ש	ו	ה	ל
ב	ה	ל	ד	ו	ן	ע	פ	מ	ת	ו	ר	ר	נ	ה	י	ח

Puzzle 387

ס	נ	ו	י	ד	י	ח	ב	י	מ	ן	○	ג	א	י	נ	ו
ו	י	ה	ח	ל	ת	מ	ל	ו	מ	מ	ל	מ		ה	מ	ג
י	י	ו	ו	ע	ו	ס	ת	ר	ב	ת	ן	ר	ל	מ	ח	ם
א	ר	נ	ב	ת	ד	מ	ם	ת	ג	ו	ב	ה	ד	ש	ד	ס
ס	ו	ו	נ	ו	כ	י	י	ע	ב	ח	ו	א	ן	א	א	ם
א	י	ר	פ	כ	ב	ח	נ	ה	פ	ל	נ	ס	ו	י	ן	י
ת	ל	ת	י	י	י	כ	ד	ה	ב	ש	א	ר	א	ת	ל	ה
ן	נ	א	מ	ש	ש	ו	פ	ו	י	ב	ש	ד	י	ן	ח	י
ת	ה	מ	נ	י	ג	נ	ב	ד	ט	נ	ת	ד	ז	נ	ג	מ
ת	י	מ	ו	ש	י	ה	י	י	ר	ז	מ	ע	ו	נ	ן	ת
י	ל	ו	ת	י	ב	י	ט	ק	א	ת	ר	ן	מ	ב	ר	ל
ש	ו	ו	ס	ג	ר	ו	ב	·	י	ו	ו	פ	ב	פ	נ	ס
ח	א	נ	י	ד	ג	ק	ב	ל	ו	נ	י	ב	ח	ת	ו	א
ו	מ	ד	ר	ה	ש	ח	ו	א	ל	ו	ב	י	ח	ס	ו	ל
ק	כ	צ	ק	ל	ל	מ	ר	ת	ו	נ	מ	ה	ג	ו	ג	ו

הנוכחי
נייר
מחק
לחות
כביש
תוכי
שחוק
המשאית
זר
עדינה
תגובה
קריסת
להדגיש
אקטיבית
בלוני
מנות
מעונן
במוזיאון
ירקות
ביחס

Puzzle 388

לחלוטין
ההפך
סלרי
תוכן
אז
מחשב
להרוס
שפירית
כדור
כנסיית
המחק
הופיעה
לעצבן
מישהו
רוק
מורכב
קפץ
חתונת
שולחן
עוני

ע	ת	ג	כ	י	ע	ר	א	ה	א	מ	ד	ב	ד	כ	ה	ו
פ	ל	ל	ע	ע	מ	ח	ת	נ	ו	ת	ח	ו	ת	נ	ח	י
ק	ף	ן	ת	ת	ק	ח	מ	ה	ץ	פ	ק	ח	ו	ס	ו	י
ו	י	נ	ח	א	ה	ג	ש	ש	ר	ח	י	י	כ	י	ו	ת
מ	ו	ר	כ	ב	ר	ו	ק	ב	ב	ו	ר	ע	ן	י	ל	ה
ד	ו	ר	ו	ו	ת	ו	ש	א	ב	מ	ל	ו	ה	ת	ע	ר
ל	ע	צ	ב	ן	י	ט	ו	ל	ח	ל	ס	ל	ן	ר	ו	י
ש	ו	ל	ח	ן	ר	מ	ה	א	ג	ש	ה	ה	פ	ך	נ	ח
ש	ל	ד	מ	ר	ו	י	ש	ז	ב	ו	פ	פ	מ	א	י	נ
מ	מ	י	ע	י	מ	נ	י	ת	ר	ת	ו	י	ה	נ	מ	ו
מ	ן	מ	א	פ	פ	ג	מ	י	ו	ד	ו	מ	ר	מ	ו	ל
ה	ח	ע	ד	ג	א	ר	ס	ו	נ	ו	ג	ע	ו	י	ח	ה
ת	ו	ו	פ	ו	ת	מ	ש	י	ו	י	ד	פ	ד	ר	ת	ר
ח	ם	ה	ר	ח	ת	י	ל	ר	ע	ת	ה	ה	כ	ה	ו	ו
ת	ג	ה	ע	ח	מ	ס	א	ד	י	נ	ו	ב	ה	י	י	ס

Puzzle 389

כ	ק	ם	ט	ב	ל	פ	ה	נ	י	י	א	ת	ף	כ	ל	א
ה	ל	ו	א	י	ב	ה	מ	פ	א	פ	ו	ה	פ	א	פ	ק
א	ע	ל	ו	צ	א	ט	ד	נ	ת	א	א	ש	מ	ו	פ	ש
ן	ו	צ	י	ה	ף	י	מ	א	ה	פ	א	ץ	א	א	י	י
ח	נ	ת	ט	ע	י	מ	י	ם	ו	ה	ר	ב	ר	ע	מ	מ
כ	ע	צ	י	ו	ע	ב	ע	ר	ב	א	ש	ח	י	ס	ה	ל
א	י	ש	נ	נ	ס	ש	ה	י	ו	ד	ת	י	ב	ו	ל	כ
ז	ב	י	ם	ט	נ	מ	י	כ	ר	נ	ש	כ	ו	ת	א	א
מ	ו	ר	ס	ק	י	ה	ג	ב	ו	ן	ף	ו	ד	ח	מ	ש
ס	י	ו	י	ד	א	ק	ו	י	פ	י	א	ל	ר	ק	ש	ס
י	ח	ר	ט	ב	י	ד	ל	א	י	מ	ת	מ	ל	י	ר	ה
ט	א	ו	פ	ר	ט	א	ו	נ	ל	ו	ב	ל	ב	ר	ך	ן
ה	ו	ו	ב	י	ט	ה	נ	י	ה	ע	מ	·	ו	ת	ד	ל
מ	ו	ת	ט	ו	ס	ד	כ	ק	ת	מ	ו	י	ה	א	כ	כ
ת	כ	י	ף	ת	פ	ל	ט	ס	ש	א	ס	י	ב	ש	ה	ש

רשת
טעימים
נשיא
להסיח
ברך
המדמיעה
כיסא
ממערב
סעיף
טכנולוגיה
ביצה
לאמץ
תצלום
חקירת
אפוא
בדק
יכול
טוען
כלוב
קטנוע

Puzzle 390

ס	י	ב	ב	ב	כ	ו	צ	י	ל	ת	ב	ר	א	ש	ע	ת
ש	י	ש	ח	פ	ל	מ	ו	ו	ף	פ	ס	א	ח	ד	ז	פ
ך	ה	פ	י	ס	ר	ו	ר	ן	י	ט	ק	ה	ל	ה	ב	ה
נ	ב	ת	ו	ף	נ	נ	ב	נ	ד	ר	ד	ר	ל	ת	ה	ן
ב	צ	י	מ	ד	ד	ף	ק	ח	ע	כ	ת	ו	ב	ק	ע	ב
ס	ל	כ	ר	ו	ס	א	ר	ב	מ	ו	ג	מ	מ	ן	י	ב
ב	ד	ש	ס	ו	י	ד	ו	י	ת	ל	י	ה	נ	ש	ב	ת
ה	ק	י	ת	ש	ט	ע	ב	מ	ק	י	א	א	ל	ב	ר	מ
ס	מ	ל	ע	ל	ל	ו	ט	ש	פ	ל	ת	·	י	ו	א	ע
ה	פ	ב	ו	א	ח	ט	ו	ע	ס	ו	כ	ה	ל	ם	ו	ת
ו	פ	מ	נ	מ	א	י	ל	פ	ו	ו	ו	א	ה	ש	ב	כ
י	ר	ב	ת	י	ע	ו	ן	ש	ב	ו	ו	ו	ב	ן	ח	א
ל	נ	ו	ו	ט	מ	פ	נ	ש	ל	ל	ב	א	ל	מ	ע	מ
נ	מ	ל	מ	ה	ן	מ	ת	ו	ל	ו	ב	נ	י	י	צ	ש
ו	ס	ו	נ	ק	נ	ד	א	כ	ו	ח	ו	מ	ע	נ	ו	ה

מעדיף
לנווט
בין
ראש
שתיקה
אחד
מיטה
בעקבות
שדה
כפית
יסוד
וידוי
תנועת
כבש
מבול
הבצל
בקרוב
עזבה
להקטין
נדרש

Puzzle 391

א	נ	ב	מ	ל	פ	ג	ה	ו	ו	ס	א	ו	א	ת	ד	ת
ב	ה	ו	ש	א	ע	ב	ס	ת	י	ו	ם	ח	ה	א	ן	ב
ג	ת	ק	ק	ה	י	ו	ת	נ	פ	ג	א	א	ו	ג	ו	ן
ל	ח	ל	ל	ת	ל	ה	ו	נ	פ	ש	ק	א	מ	ה	ך	י
ן	ח	ל	ו	ש	ל	ה	י	כ	פ	ר	ה	ה	כ	ו	ל	מ
פ	ל	ל	ח	י	ש	נ	ו	ן	א	ו	נ	מ	ו	א	ד	ע
ר	ם	ת	י	ג	ר	ו	ר	י	מ	י	ו	ב	ו	ר	ו	צ
נ	א	מ	ר	פ	ל	ד	ת	ז	י	י	ק	י	ד	י	מ	מ
ד	ש	ם	ו	נ	ר	י	ו	ג	מ	ת	ש	ת	ח	ל	ד	א
כ	נ	נ	ם	ל	ב	ו	ן	מ	ת	ת	ה	מ	ת	ו	מ	ו
ב	מ	פ	ד	מ	ע	ו	ו	ש	ת	ו	י	ר	ח	א	נ	ת
ר	ע	מ	א	ו	ו	ב	פ	ב	ד	מ	ח	ד	ו	ת	י	מ
ל	ו	ו	ח	ע	ד	ה	ל	ח	ת	ב	י	מ	ב	ש	ו	פ
צ	ש	ת	ו	מ	ת	ת	ו	נ	ב	ל	י	ה	ע	כ	ת	ו
ל	ת	ש	פ	ס	ו	ן	ח	ר	נ	ע	ת	ד	ד	ו	ב	מ

סתיו
דומדמניות
הנוקשה
אופני
אקראית
לבנות
עצמאות
פלדת
גבוהה
מלוכה
מגזין
משקל
פגישת
חלל
חירום
לשולחן
אחריות
פעיל
בעוד
מבודדת

Puzzle 392

ב	ש	מ	ש	י	מ	ד	ח	ש	י	ב	ע	מ	מ	ו	ד	ח
ס	ו	מ	א	ל	ס	ר	ז	ק	י	א	י	ח	ו	ה	פ	י
ל	פ	ח	ו	ת	ו	ה	ק	ש	א	מ	צ	פ	ד	ה	י	צ
ת	ד	כ	י	ו	ב	פ	ג	ן	ו	ת	ר	ש	י	ר	ר	ו
א	ל	ה	ח	ה	פ	ק	ו	מ	ד	ו	י	ד	ר	ע	ו	נ
ך	ג	מ	א	ו	ב	א	ש	ו	ק	ל	כ	י	ב	ת	ש	י
ם	ו	ן	ם	ה	ב	ל	י	פ	מ	ל	ה	ת	ו	א	ר	ת
ה	ר	ה	י	ח	ת	ש	כ	ה	י	מ	ב	ו	ח	ו	ו	ר
ד	א	ו	ר	ב	ל	כ	נ	ע	ל	ו	ן	ו	ד	ע	ו	מ
ו	פ	ל	ו	ג	ע	ו	י	ב	ת	א	ו	א	ב	ן	מ	ש
ר	פ	כ	ב	נ	ת	ח	כ	י	ו	ו	ו	ש	ן	פ	נ	ו
ת	י	ז	י	צ	נ	ב	ו	נ	ו	ש	כ	נ	ס	ד	ו	ן
נ	ו	א	ד	ה	ו	ח	ו	ב	ש	ה	ה	ג	ח	ב	ד	ו
ע	ו	ן	ל	ה	ד	כ	י	ו	ג	ר	ש	ד	ה	ח	ת	ז
י	ב	ק	ס	ל	ך	מ	נ	ש	י	מ	ו	ר	ב	ו	ר	

חזק
נגד
מועדון
קפה
חיצוני
מלוכלך
לשכוח
בכפר
מילת
לדיבורים
מחפש
אחיו
כנס
צריכה
אומללות
רעב
באמת
רווח
לפחות
עוזב

Puzzle 393

ב	ת	ג	ו	ב	ב	ה	כ	ת	ד	ל	ו	ו	מ	ק	ב	ל
ן	צ	ק	י	מ	צ	ו	ר	ו	א	י	נ	ף	ר	ו	ר	ו
ב	ם	י	א	ב	ר	ם	ה	ז	ו	ע	פ	ל	ו	ו	ו	ד
ש	ו	ם	מ	ו	ה	י	נ	ע	י	נ	מ	י	ד	נ	ר	ו
י	מ	ל	מ	ח	נ	פ	ל	ש	מ	ר	ם	ו	ו	ד	א	ק
ב	ה	ת	ל	ד	ע	ע	ס	כ	נ	י	ס	ה	ו	ו	פ	מ
ו	ד	ו	ר	א	ו	ת	ה	ג	ו	ו	ז	ל	י	ר	ש	מ
י	ר	ו	ר	ל	ה	ד	צ	מ	ה	י	ח	ס	ק	פ	ת	ת
ח	י	ה	ע	ת	ש	ג	ו	א	ת	ן	י	מ	ו	ו	נ	ו
ב	ו	ר	ו	ע	ה	ר	י	י	ת	י	ק	ב	ו	ר	ל	ב
ה	ד	ן	ן	ד	ר	ב	ו	ב	ס	י	ה	ס	כ	ו	ם	ג
ה	ה	י	פ	ו	פ	ו	ט	מ	י	ם	כ	ב	י	ק	מ	א
ט	א	י	ש	ה	ש	י	ר	ו	ת	נ	י	י	ד	ס	מ	ד
ם	ת	צ	ג	ב	א	ר	י	י	מ	ך	ב	ו	ב	י	י	ר
מ	פ	ר	י	ח	ס	ה	ש	ר	א	א	ר	פ	ל	ו	צ	נ

ציין
בהודעת
ההיפופוטמים
נייד
שכן
פרא
שיר
לשמר
הסכום
בר
מקבל
שירות
הפסגה
כניסה
דודו
לזווג
תג
עניה
יחס
כולל

Puzzle 394

ב	י	ר	א	י	י	ד	ע	ה	ד	ף	פ	י	ו	ו	ב	ן
ת	ת	ו	נ	ק	ל	ה	י	ב	ו	א	י	ל	ש	ר	ר	ו
ך	ל	ר	צ	ע	מ	ג	מ	ד	ה	ת	מ	ו	מ	כ	ש	ב
א	מ	ל	ע	צ	ת	ר	מ	ו	ו	כ	נ	ב	פ	ח	ר	מ
א	ש	ט	ו	ל	ר	ב	צ	ל	ג	ו	י	ל	ו	ת	ע	א
ח	מ	י	ש	ה	ר	י	ה	ש	ו	ב	נ	ו	ל	ד	פ	ר
ב	ס	נ	מ	ן	כ	ל	ו	ן	י	ה	י	ן	י	ל	ת	ת
נ	ס	פ	·	ע	ת	ו	ת	ו	ו	נ	ו	ו	פ	ע	ה	ב
ח	ה	ב	ו	ב	ר	ע	ל	פ	א	א	ל	ה	י	נ	ש	א
ל	ש	ל	ד	ט	ק	ד	ל	ר	ו	ן	ג	ל	ר	מ	נ	ו
מ	ל	מ	י	ע	ט	צ	מ	ש	י	·	י	ה	ר	ו	ה	ס
ש	ט	י	נ	ו	ו	ד	מ	ו	ם	ל	ד	ק	ב	ה	ב	י
ר	ו	י	פ	ו	ת	ה	ב	ב	ה	ר	ם	ש	ל	ו	ף	ד
ה	ן	ו	א	י	ז	ו	מ	ב	ב	נ	ן	י	ה	ר	מ	כ
ת	ה	ח	ד	י	י	ת	ב	ן	י	ו	מ	ב	א	ס	צ	ל

טופס
מעצר
רקטות
מוזיאון
השלטון
כתר
דבורה
הורה
שמלת
נולד
להקשיב
חמישה
לקנות
ידע
לערב
היבוא
שובב
להינשא
בובה
גרבי

Puzzle 395

י	ו	ק	מ	ס	נ	ד	ו	י	צ	פ	ת	י	ק	י	א	ב
ת	ו	ה	ט	ר	ג	י	ש	ת	ב	נ	מ	ו	מ	ק	ר	מ
ל	א	כ	ד	ל	ז	י	י	א	י	י	מ	ו	ג	ר	א	ש
ו	ם	ת	ל	ו	נ	ם	א	ש	ה	מ	ו	פ	מ	י	צ	ד
ק	ו	ח	ק	מ	ח	י	ט	ב	מ	י	ח	ה	כ	ם	ד	ת
א	ו	נ	ר	י	ד	מ	מ	א	ז	י	ם	ר	ע	ן	ש	י
פ	ט	ה	ו	מ	א	ו	ל	ו	א	ר	ם	א	ו	י	ד	י
כ	ו	ב	ת	ר	ת	ק	פ	י	ב	ה	מ	ו	כ	ר	נ	ב
ת	ף	י	ע	ת	י	ע	ב	ע	פ	י	ה	א	ח	ח	ס	ו
מ	ל	ח	ו	י	מ	ר	ו	כ	ו	ח	ו	ו	פ	ה	א	מ
ו	ן	ר	ו	ו	ג	ו	ש	ב	י	ל	נ	מ	פ	ת	ו	ד
י	ל	ה	ח	ד	א	ק	ה	נ	ו	ג	ת	ה	ה	ל	ב	נ
מ	י	ל	מ	ש	נ	ש	ד	ר	ר	ה	ל	ה	ר	ו	ב	י
א	צ	ר	כ	ם	ל	ר	ח	ו	ר	י	◌	י	ק	מ	ר	ס
נ	ו	ב	מ	ל	א	ש	ו	נ	ב	נ	מ	י	ת	ו	ם	ב

- להרחיב
- פעולת
- גישת
- אומה
- שאת
- זאב
- קטלני
- מלא
- לקרות
- לדכא
- טבעי
- יקרים
- ראוי
- המוכר
- בנושא
- פנימיים
- מבטיח
- צביה
- עקומים
- גומי

Puzzle 396

- מכונת
- קוף
- למשוך
- שחורים
- באתר
- במרכז
- לשרת
- מגיב
- לצפות
- מלח
- לצוף
- הפועל
- פטריות
- קטין
- בירת
- חתלתול
- הסבון
- נושא
- תלמיד
- תערוכה

ל	ח	י	ר	נ	ק	מ	ל	ח	א	מ	פ	ה	נ	ו	פ	ל
מ	ר	מ	כ	נ	ט	ב	ש	נ	ו	ת	ו	ו	ז	ו	ט	מ
ב	מ	ר	כ	ז	י	ו	ד	ת	ו	מ	ב	ו	ו	מ	ר	ש
ד	ש	ף	י	ה	ן	ב	ף	כ	ו	ד	ת	ת	ה	ה	י	ו
א	ו	ו	ט	נ	א	ה	ב	ו	ש	מ	מ	ת	ח	ר	ו	ך
א	ח	י	ת	י	ב	ט	ה	ו	י	ל	י	ש	ר	ק	ת	ר
ס	מ	ל	ר	א	ר	ן	ק	י	ו	ל	מ	ה	ו	י	ב	ס
ר	א	ע	צ	ש	י	ו	ת	ל	מ	י	ד	ד	ה	ק	ח	ו
ה	מ	ל	ע	ו	פ	ה	נ	י	מ	ו	ה	ד	נ	ו	נ	צ
כ	ס	ב	ל	נ	ף	ב	ל	ש	ר	ת	ב	ב	מ	ף	ו	צ
ו	ר	ב	י	ג	מ	ב	י	ו	ר	ת	נ	י	כ	ח	א	מ
ר	ת	נ	ו	כ	מ	מ	ד	ר	ש	ח	ו	ר	י	ם	י	ד
ע	א	ו	כ	ן	ר	ק	ל	ו	ת	ל	ת	ח	א	ר	ו	ל
ת	ב	א	כ	נ	א	ש	ו	ל	צ	פ	ו	ת	ו	ע	ו	ו
ל	ת	ל	ד	ב	י	פ	ו	מ	ב	מ	ל	י	ו	ש	ת	ע

Puzzle 397

ה	כ	י	ל	ו	ל	ד	ב	ק	ו	ג	ם	צ	ו	ר	ך	ן
ו	פ	ל	פ	ל	ת	ב	י	מ	י	ה	ו	ו	ק	ת	ו	א
ר	י	ב	ס	ו	ע	ש	ק	פ	ר	א	ו	ד	ה	י	י	ם
ו	ג	ה	א	ָ	ל	פ	י	נ	ו	ק	ש	ע	ל	ב	ה	ה
ת	צ	ל	ו	ר	ו	ט	ו	ה	ל	ן	ל	ו	ת	ל	י	פ
פ	מ	ה	י	נ	מ	י	ה	ק	ה	י	ם	ה	ק	ב	ל	י
ל	ב	ח	ו	א	ו	ר	פ	ר	ו	ג	ו	פ	מ	ו	כ	ב
ב	נ	ם	א	י	ת	ע	ם	ק	ב	ו	ר	ם	מ	ש	ב	ק
י	ם	כ	ז	כ	א	י	ם	ע	י	ו	ה	ל	ו	ה	מ	ו
מ	מ	ג	י	ו	ו	ס	ע	ג	ל	ב	ס	ח	ו	ל	נ	ל
ר	ר	נ	פ	ָ	ם	ד	ה	כ	ו	י	ד	ס	מ	י	ו	מ
ע	ו	מ	י	מ	ג	ב	ן	מ	ם	י	ע	ש	ר	מ	ת	ו
ק	מ	ח	ב	א	ק	צ	ר	ה	ו	א	נ	ל	ר	ק	נ	ל
ע	ר	מ	ו	פ	ק	א	ת	נ	ש	מ	ח	ג	י	ב	ק	ו
ב	ס	ת	ס	ל	פ	ה	ד	ד	ר	ו	ל	ו	ש	מ	י	ה

להוביל
שלם
פינוק
זכאים
דבק
קבל
רגלי
בקול
עלי
לפתור
גור
הקרקע
לתעלומות
תקווה
גודל
צורך
הכילו
קצרה
ספל
סביר

Puzzle 398

ארגון
כפול
קולנוע
לכביש
התרוקן
מסיבת
פרס
חמים
להתפרץ
שבור
להאריך
בובת
צוואר
בקטגוריה
עניין
לטפס
בנק
מרובע
שחייה
ופלפל

י	ל	ה	ו	ם	א	י	ה	ת	צ	ן	ע	מ	ח	ס	ה	ר
ל	ה	ה	ל	נ	י	ח	ת	י	ו	ו	ע	ד	ש	ה	מ	ת
מ	ת	ו	ת	ט	ל	ד	ר	ל	כ	ג	ו	ש	ב	כ	ו	ז
ע	פ	ם	ו	ר	פ	י	ו	ר	ע	ר	ט	א	ל	א	פ	י
ג	ר	י	ל	ר	מ	ס	ק	א	נ	א	ל	ב	ר	ל	ל	מ
ו	ץ	ו	ס	ר	ו	ם	ן	ם	י	מ	ח	ו	ו	ה	צ	א
ת	מ	ע	ם	ש	ן	מ	ה	ה	י		ח	ש	ב	א	א	מ
ב	ק	ט	ג	ו	ר	י	ה	ת	ן	ו	מ	ו	ש	ר	מ	ת
י	נ	ס	ט	א	י	ה	פ	פ	ו	ש	ו	כ	ש	י	ע	ב
ס	ב	ו	ל	פ	ן	ו	ה	ג	פ	ו	ד	ל	נ	ך	ו	ר
מ	ח	כ	ל	ה	מ	ו	ג	נ	ד	ד	מ	ל	א	פ	י	א
ל	ע	כ	פ	א	י	ו	פ	ל	פ	ל	ר	מ	א	ל	ל	ר
ה	ה	י	ע	ו	נ	ל	ו	ק	א	ל	ו	פ	ה	ע	ו	נ
ע	ו	ק	ח	ו	ל	ב	ו	ב	ת	י	ב	ר	א	ל	מ	ג
ל	כ	ב	י	ש	ל	ח	מ	ר	פ	א	ע	ס	ש	ל	ח	נ

Puzzle 399

ו	מ	נ	ב	נ	ש	מ	א	ג	○	פ	ב	ד	ל	ט	ו	ה
ו	א	נ	פ	ה	ב	ה	א	מ	ו	ה	ב	ז	ו	א	ו	צ
י	ו	ת	מ	ק	ל	ח	ו	י	י	ד	ן	ע	י	ע	פ	א
ח	ל	ו	ק	ה	א	ו	ח	ש	א	ח	ם	ל	ד	ר	י	א
נ	מ	מ	פ	א	ב	ד	נ	ה	מ	ח	ו	ל	צ	ת	ה	ה
ח	ש	ה	ש	א	מ	ף	י	מ	ו	ג	ו	ם	ב	י	ו	א
ת	ב	ס	ן	ח	ו	ב	ס	י	פ	ש	י	ח	מ	ג	ע	י
א	ו	נ	ר	ס	ה	פ	י	ע	ד	ם	ק	ר	ד	ו	ת	ג
מ	מ	ע	ת	י	פ	ם	ו	כ	ר	כ	מ	ן	ד	ל	י	ל
י	ל	ב	ש	ו	ה	ג	ן	ק	ל	ו	מ	ו	ן	ו	ל	א
ר	א	ה	נ	ט	ר	ו	ע	ס	י	י	י	ב	ד	י	י	פ
מ	ה	ו	ר	צ	א	פ	ד	י	צ	ע	ל	מ	ו	ב	ש	נ
ק	ר	ר	ד	ק	ת	ס	ב	ע	ר	ו	א	ח	נ	א	ו	ר
י	מ	ח	י	ב	מ	ש	נ	ט	ת	ג	ו	ב	ה	נ	ו	מ
ש	ב	כ	ח	מ	ו	ח	ח	ה	ל	ר	ל	י	א	א	ח	ר

על
לא
ספוג
גמישה
חלק
חולצת
אהבה
בזירה
כרכום
ציד
אנפה
הודעת
ביולוגית
גשם
חלוקה
פדרלי
פי
ניסיון
החשמלי
יסעור

Puzzle 400

נלקחים
כחול
טמפרטורה
בסיסית
גם
הקנגורו
אישי
להביע
אהוב
רקוב
התיבה
עור
כי
הבמה
המבורגר
אפונת
לאסור
נראה
אביו
תחושת

ה	ת	ע	ה	ו	א	ד	ת	ח	ו	ת	ל	ב	מ	מ	ח	ט
ב	ח	נ	כ	ח	ו	ל	א	ו	נ	נ	ע	א	ו	ל	ח	מ
מ	ו	ר	ו	ה	י	ח	ה	ה	ה	ן	ל	ו	ס	י	י	פ
ה	ש	ס	ו	פ	ב	פ	ה	מ	ב	ו	ר	ג	ר	ו	ע	ר
ק	ת	ָ	ל	ב	א	ב	ר	ב	ו	ת	י	ב	י	ס	ר	ט
ה	א	נ	פ	ד	ר	ת	ב	ו	ק	ס	ן	ל	ר	ת	א	ו
ת	ו	כ	ו	פ	ק	נ	מ	ת	ר	מ	ה	ד	ב	ר	נ	ר
י	ר	ל	ת	י	ה	נ	ת	ש	נ	ד	ח	ע	ס	ה	ש	ה
ב	א	ה	ק	נ	ג	ו	ר	ו	ר	ס	ר	ח	י	ש	י	א
ה	י	ו	ה	ט	ש	ס	ח	ח	א	ו	ד	י	ס	ב	כ	מ
ג	ת	ת	ל	נ	ת	א	ת	ו	ה	י	ת	ב	י	ו	ה	ע
ר	ל	י	מ	א	ס	י	ר	נ	א	ס	י	ת	ת	ה	ל	ל
ר	ח	ם	ה	ח	י	ח	ג	ם	י	ח	ק	ל	נ	א	ח	ד
ר	כ	פ	ח	א	נ	י	א	ר	צ	ב	ן	ף	מ	ת	ח	ת
ו	ת	ק	ש	ח	נ	ש	מ	ת	ן	י	מ	א	ן	ט	ב	פ

Puzzle 401

נ ר ן ב ת ו ק ש מ ד ל ב מ ח נ ה ב
פ א נ ר ב ר ג ר ל ו ה ת כ כ ח ע ר
ס ו ד ו ח ד י י ו כ י מ ר ר ח ד ח
פ מ ה ף ב כ פ י ש א כ ה ת ז ו י ב
צ ה פ ר ע ה י ת ל ש מ מ מ ח ש ן י
י כ ו ה ח ל ה ת ב ו נ ן מ ה ף ה ה
פ ר ט י ד ָ ר ו ת י ג ו ל ו נ כ ט
י ש ל ב נ א ו ח מ ו ב פ ר מ ד י ו
ת ש ל נ ב א ת א ו ב ע ג ר ב צ מ ב
ו ו ת י ר ש ק ת מ פ ד ו ב נ נ ת י
נ ו ש ו ל ◌ ח ה ב ג ל ך ש ו ח י ר
ל ו כ ל ס ה ד ש ו ו נ מ א כ ע ב י
מ נ ב ו י ח ו כ ט פ ◌ א ו א פ ו ן
ב צ ר ע ס ו ו ט ל ר ת ח נ א ר ל מ
ב נ ת ת ב פ נ מ י י נ ו מ ר ע ן ח

הפרעה
במצב
ערמוני
להתבונן
ברחבי
תמיכה
דליפה
ספציפית
רגע
זמן
אחות
חושף
ממשלת
שליחה
במחנה
שבר
ומבוטל
פרטי
העדין
טכנולוגית

Puzzle 402

ל פ ב ע ם י ג ד צ מ ב ר ו ב ר ב ב
ד ו ע ט ם ל מ מ ן ע ו ו ל א ח ר נ
ה ד ר ק ו ן ח ס ה ה ע י ס נ צ צ ת
ו ב א ו ת ח מ פ ס ש ט ל ו י ו י ו
ל א א ל כ ו ב מ ת ג ח ח פ ע ע י נ
מ ב א ב ר ב י ע ף פ ן ו ו ג מ ל י
ה מ פ ו ז י ח מ ד נ ת ע א ח מ מ ם
א ו ו א ה ד מ י ן ר ה ו ו ו ב א ב
נ נ ג א מ י ס מ ל ו ל כ י ר ש ס ס
כ מ ת ל ם ג ג י י ל ר ו ו ו א ו ה
א ר מ ר ר א א ת ב ס ק ג מ ד ב ן י
ת ו מ ר ו פ ל ח ג ז י ל ת ג ד ו ו
· א ו ק ו ה ה ל ד ב י ר נ ח ח ד ס
ו ת כ ר ב ב כ ב ס ו ע ש מ ש ה מ ש
ר ר ו ל מ צ א י ם ל ר מ ו ת ן י מ

צמח
דגים
בוחן
ברבור
עט
ברציפות
נתונים
אות
לייצר
לבוא
סמור
נפגשה
ברכת
נסיעה
כתום
לאחר
השמש
הדרקון
אבד
הסכם

Puzzle 403

ל	פ	ו	מ	מ	ו	ע	ם	י	פ	י	ל	ק	ב	ת	ב	ו
ה	ן	פ	ם	י	י	ב	י	ר	ב	ש	ס	י	ח	פ	ג	ת
ח	ם	א	ז	ע	ח	ח	ל	ת	ר	נ	ם	ח	ן	י	ב	ט
ל	ף	פ	נ	ה	ת	י	ק	ו	י	ו	נ	ר	ת	ר	ר	י
י	ר	ה	מ	מ	כ	מ	ו	מ	ח	ה	ת	ו	ש	ל	ח	א
ט	ס	ה	ר	ו	נ	ת	ש	ס	פ	ו	ת	ע	ר	ו	ב	ת
ל	ש	ד	ו	ת	ח	ר	ו	ל	ו	ק	ל	ר	ה	מ	ל	י
ב	ת	ר	י	פ	ד	ג	ו	ע	ב	ו	נ	כ	א	ע	ם	מ
ס	ס	ג	פ	ת	א	ה	פ	ד	ו	ב	ד	ב	ן	ג	ר	ר
י	ר	ת	מ	ו	ב	ן	ק	ר	ר	ת	ש	ת	א	ו	ו	ת
א	מ	י	ה	י	מ	ת	ר	ו	ב	כ	ד	ר	צ	ן	ה	ו
ח	מ	ת	י	ה	ש	ו	ן	מ	ס	נ	ו	ה	י	י	י	ש
נ	ל	ת	ע	ו	ת	א	מ	ל	ב	ס	ת	מ	ד	פ	ת	ר
ה	ק	ת	א	ם	ל	פ	ו	ק	ס	ל	ט	ר	ר	י	ד	ה
ו	מ	י	ב	פ	ג	ר	נ	ש	ח	ט	ב	י	ז	ה	מ	ל

להרשות
אף
הדרגתית
ממהר
מומחה
נכתב
מרוצה
דובדבן
שוקלים
גבר
תנור
תרמית
טלסקופ
רכבת
תערובת
קול
נשי
להחליט
קליפים
סוג

Puzzle 404

מ	ג	י	ת	מ	נ	ד	ר	ל	ו	מ	ם	מ	ה	ב	י	ו
ו	ל	ל	ת	ר	י	צ	ת	ת	מ	פ	ג	ע		מ	ה	ס
מ	ש	ה	ו	ב	ו	ה	י	מ	י	פ	מ	ה	ו	ה	י	ם
ק	ו	ח	ו	ף	י	ו	י	א	ע	ח	ו	ו	ל	ו	מ	ו
מ	ב	ר	י	י	נ	ו	ר	ו	ה	ר	ת	ב	ד	ו	פ	ל
ק	י	ד	פ	ב	י	ם	פ	ע	ח	י	ר	י	ו	ש	י	נ
ו	ק	ו	א	ו	מ	נ	ס	י	ב	ס	ג	ו	מ	ה	ב	ן
ד	י	ד	מ	א	מ	ה	מ	ו	י	ב	י	ח	ע	ת	נ	ו
ן	ן	ב	ו	ל	ך	ף	ה	ת	צ	י	ל	פ	ב	ר	ס	י
ח	ע	ם	ט	ח	ר	א	ר	ר	י	ב	ב	ט	ל	פ	ו	ן
ן	י	א	י	ו	נ	ב	ח	ת	ע	ת	ס	מ	ט	ס	ח	ש
ב	י	ל	מ	מ	ו	פ	ב	ו	ח	י	ה	ן	ל	מ	ר	מ
ו	א	מ	א	ל	ע	ן	ד	ל	ש	ת	ס	י	ב	ה	ש	ק
נ	ל	מ	כ	ו	י	י	ק	ל	מ	מ	ד	ס	ו	מ	ג	צ
ן	י	ב	פ	ו	ר	מ	ט	י	ו	ק	ה	י	ו	י	י	ג

ביצי
חוף
בטלפון
בנו
מוסד
חיה
בפורמט
המספרת
סביבתית
שן
ספריית
סיבה
בעמוד
ריצת
רחב
תרגיל
קשה
שמח
דיבורי
מקלחת

Puzzle 405

ת	פ	ה	ג	י	ע	ה	י	מ	כ	נ	ה	ל	ו	ר	ו	ע
ו	ו	ע	י	י	ז	נ	ה	ל	י	ו	ם	ש	י	ו	ח	ו
ש	י	ש	י	ח	ת	י	כ	ת	ד	י	י	ר	ד	ב	ו	מ
ר	ל	ח	ב	ל	ד	י	כ	מ	י	י	ס	ו	פ	ת	ל	ס
פ	ש	ו	א	י	ו	ו	ר	ד	כ	א	ס	ד	ן	י	י	כ
מ	ח	ט	מ	ה	ל	ת	י	ו	י	ר	ה	נ	י	מ	ז	מ
ח	י	ל	י	ש	ב	י	ך	ק	ו	ח	מ	ל	ת	ד	ו	י
ק	ב	ח	מ	ק	ה	ס	ה	נ	ל	א	ן	ה	ן	כ	ב	ח
ב	מ	מ	א	ך	י	ח	ב	כ	ד	ע	ק	ו	א	נ	ת	ק
ח	ו	י	פ	ר	א	א	ת	מ	ט	ו	ב	ם	ו	ד	ו	ל
י	ל	ש	ה	ע	ב	ש	ל	ה	נ	ו	י	ט	י	פ	ו	ל
נ	ת	ת	ע	ו	א	נ	ו	ר	י	ב	נ	ו	ח	ח	ת	ל
י	ז	ה	ו	ד	ף	ש	א	ם	ו	י	א	ד	י	א	ה	ר
א	ה	ק	ו	נ	ג	ש	ט	פ	י	י	מ	ד	י	ע	ק	ר
ד	ד	ה	י	ת	ב	ת	י	ח	ש	מ	נ	ב	מ	ר	י	מ

עומס
חתיכת
אחראי
אבא
מכנה
לשרוד
מחט
שבעה
ילדי
הגיעה
מזמינה
רשות
טיפול
קודמת
פעילות
כריך
לתפוס
שליו
מהססים
תושב

Puzzle 406

ב	ל	ו	ו	ב	א	מ	ש	כ	פ	ל	ת	ו	ב	א	ג	ם
ו	ע	ש	ש	ה	ד	ן	ת	ש	ח	ו	מ	ק	מ	ח	ר	ו
ל	ת	י	ו	ך	ו	ר	כ	י	ח	ר	פ	נ	ה	ג	ה	ש
נ	צ	מ	ן	ע	נ	י	י	ח	ת	מ	ו	ד	ה	ר	ת	מ
ט	ל	ג	ו	צ	י	י	פ	מ	ת	י	ע	ו	ן	ר	י	ח
י	ף	ק	ש	ל	מ	ת	ר	ה	י	נ	מ	י	ע	י	ת	י
פ	ל	ק	י	ן	פ	ו	י	ל	ר	ע	נ	ט	ל	ח	ו	מ
ש	י	ס	פ	ה	ת	ב	י	ב	ב	א	ש	נ	ק	ש	ב	ן
מ	ן	מ	ח	מ	ר	א	ה	י	מ	ד	ל	נ	ו	א	ר	ו
ה	כ	ח	ו	ל	ר	ה	א	י	ז	א	ל	ב	ר	י	ת	נ
ח	צ	ש	א	ו	א	א	י	ה	ז	ו	מ	נ	ו	פ	ה	מ
י	כ	ח	מ	ם	ם	ה	י	ש	ה	ת	י	ן	פ	ש	◌	מ
פ	ב	ן	מ	ת	ו	ב	ר	ת	ה	ה	ה	ב	פ	י	ע	ח
י	י	מ	ר	נ	כ	ו	ח	י	ו	ת	י	ת	ת	ק	ו	ש
ד	מ	ר	נ	י	י	נ	כ	ח	ק	נ	ו	ר	ם	ו	י	מ

מראה
מאמן
הכחול
ירח
משכפל
לשקף
התרבות
עצלן
טיפש
מעיל
אדוני
בעין
התרבותית
רופפת
פרחי
אגם
להמחיש
נהג
מוחלט
יכרוך

Puzzle 407

ק	ל	ם	ש	י	ק	א	ר	ס	ן	ל	ו	ל	י	פ	נ	ג
מ	ו	ה	ה	ד	א	ו	ה	ד	מ	י	ד	מ	נ	ו	ו	א
ש	מ	נ	צ	ר	מ	י	ו	ב	ו	ל	ב	נ	נ	ג	י	ח
ָ	נ	ו	ה	ה	י	כ	ף	ו	ס	ב	ל	ו	ש	ח	ת	ה
פ	י	ד	ד	ח	י	ל	מ	ש	ח	ו	ק	א	ת	ת	כ	ב
א	נ	ר	ר	ב	ו	ר	ב	ק	פ	ו	צ	ך	ו	נ	י	ח
ח	ר	ט	ו	ב	ל	ר	ש	ב	מ	נ	י	ר	ח	מ	ה	פ
ר	פ	ן	ו	ח	ת	ן	ה	ן	ל	ה	ן	ב	ו	מ	י	ח
ו	ג	ד	א	ג	ר	י	א	ם	ח	צ	ב	נ	נ	ת	כ	ו
ן	י	י	נ	ב	מ	ט	ש	ש	ו	י	ל	י	ז	ו	ע	מ
ד	ד	ח	ל	מ	ן	פ	ח	ו	ת	ל	ו	פ	ף	ל	מ	נ
ל	ד	ק	ר	ל	ו	י	ל	ע	ט	ל	◌	ט	ף	ג	ק	ר
נ	א	צ	ה	ה	ו	ל	ע	ה	ע	ב	ר	ת	א	ל	ו	ש
ר	צ	ה	ל	ק	ו	א	כ	ת	ש	ו	כ	צ	ה	ב	ר	מ
פ	ל	א	ר	ל	פ	מ	פ	ו	ש	ח	נ	מ	י	א	ס	ח

ולבסוף
מקור
חינוך
בננת
חשמלי
אחרון
רצה
להצהיר
פחות
בניין
תלוי
נוחות
רטוב
לגלות
לאומי
העברת
קונה
כרוב
אליפטי
קצין

Puzzle 408

מבט
לסלוח
סיכת
הרכבת
דגל
עצמאי
מספיק
הסינר
אזרח
דמוקרטי
דג
בריחת
משפט
מכה
לשנה
אזהרה
מעבר
אתגר
הגבוהה
המשפחה

נ	ן	ק	י	פ	ס	מ	פ	ב	מ	ב	ן	א	ה	ד	ט	נ
ה	ש	י	מ	ל	י	נ	ל	ח	ר	ז	א	י	ג	ר	ח	מ
מ	ח	ו	ת	ו	כ	ה	ן	ס	נ	י	ה	ר	ב	מ	ד	ע
מ	ת	ד	פ	ה	ת	נ	ש	ד	י	ט	ח	י	ו	א	א	מ
ה	ר	כ	ב	ת	נ	מ	פ	ת	ס	ר	ו	ת	ה	ם	ה	פ
ס	ב	ה	ד	ג	א	ש	א	נ	ה	ק	ל	ר	ה	מ	מ	ב
ר	ע	◌	ק	ב	ת	פ	ל	נ	ב	ו	ס	מ	כ	ה	ש	פ
ו	מ	ח	ג	ל	ו	ט	מ	ס	מ	מ	ל	ת	ת	א	פ	י
ת	ו	י	ת	א	ר	ב	ו	א	צ	ד	ח	ט	ו	ן	ח	ת
ו	ר	ו	ב	ח	מ	ד	ו	ו	ו	ר	ג	ת	א	ה	ה	י
א	א	מ	ש	א	ח	ר	ו	ה	ה	ב	ה	ל	מ	ק	ר	ב
נ	א	ת	א	ע	מ	ג	ו	א	ד	מ	מ	ן	נ	ט	ה	מ
י	נ	ה	י	פ	ל	ו	ו	ל	פ	ו	א	מ	ג	ד	ז	ה
י	מ	ב	ט	א	מ	כ	א	ר	ן	י	ה	ע	צ	מ	א	י
ב	מ	א	ל	א	ש	י	מ	מ	ן	ב	ד	י	ט	ם	ג	ת

Puzzle 409

מ	ק	ר	ד	נ	א	ה	פ	ג	ח	ן	כ	ע	ע	י	ר	ק
ב	צ	פ	י	כ	ן	ט	ת	ס	ב	ת	ל	ו	ח	ש	פ	ע
ר	ו	ה	כ	ח	ב	י	ט	מ	ת	ב	ג	כ	י	פ	נ	ר
י	ו	ו	ו	ד	ו	נ	ר	ה	צ	ה	ר	י	י	ם	ו	ת
ק	ד	ו	ו	צ	ח	ת	י	י	ע	ב	ז	ו	נ	פ	ע	ז
ה	נ	ד	ן	ק	ח	ו	ד	פ	ו	י	י	א	מ	ר	ו	ב
ד	ב	ק	צ	ל	ר	ר	מ	ו	ו	ב	כ	ו	י	מ	מ	מ
ש	נ	י	ם	ם	ע	י	א	ר	ו	נ	ר	ס	נ	פ	י	ר
י	ר	ל	י	ת	מ	ח	ר	א	ר	ד	ו	י	ת	ט	ב	ו
ס	נ	ב	ו	מ	ו	ב	כ	כ	ן	ש	ן	ט	מ	ו	ו	ם
מ	י	ת	כ	מ	פ	ו	פ	א	ד	ן	ו	א	ל	ק	ע	כ
ש	ן	פ	י	א	י	ן	כ	ם	ג	י	ה	ם	ע	ש	ב	ד
א	ג	כ	ב	א	ו	ל	ם	ת	ש	ק	ו	פ	נ	ו	ע	י
א	מ	ה	ת	י	ק	ר	ם	ר	ת	מ	ת	ת	ו	ב	י	פ
ו	פ	ת	ק	ח	י	ר	ש	מ	ש	מ	ו	ר	א	צ	א	ן

קריר
בעובי
בעיית
חפוז
קערת
נוראי
אמרו
בחירות
טרי
מס
זיכרון
מבריקה
שלטונו
גס
שנים
נכחד
סנפיר
אין
הצהריים
באולם

Puzzle 410

ו	ש	מ	י	ן	ו	ב	ו	א	מ	ו	ר	ד	ע	ו	ת	כ
ק	א	א	·	ח	ב	נ	י	נ	י	פ	ו	ח	ו	ש	י	מ
י	ד	נ	י	ת	ל	מ	ת	ם	ם	ו	ו	מ	ה	י	פ	ר
נ	ס	י	ע	ו	ת	ו	ז	ן	ב	ד	ם	א	ח	ת	ל	ר
ה	נ	נ	ג	פ	ל	צ	ל	מ	ל	ו	ק	ר	ר	ו	ט	מ
ת	א	ר	ר	נ	כ	א	ס	ט	י	ד	פ	ו	ה	ת	ב	א
ף	ה	ו	כ	ל	מ	נ	ו	ת	מ	ת	י	י	מ	ה	כ	ה
מ	ם	ה	ר	י	ק	ס	ר	ח	ו	ק	ו	ת	ם	ו	ו	ל
מ	י	ל	ו	י	ע	ש	ח	·	ע	ד	נ	א	נ	ש	ש	נ
ל	ל	מ	ר	נ	ה	ר	ר	מ	מ	א	ה	ה	ה	ק	ר	ש
נ	ו	ח	ו	ב	ש	צ	ו	ת	ק	פ	ק	ת	ץ	י	מ	ו
ע	ח	ה	ה	ה	ב	ש	ו	י	ת	ו	ס	ה	ס	ת	ו	ך
ה	ה	ד	ע	ע	פ	א	ו	ת	א	ל	פ	ו	ח	ק	ל	נ
ח	ל	ו	ן	י	פ	ל	ו	ד	ל	נ	ו	ג	ד	י	ל	א
מ	א	פ	ן	מ	ש	ק	ו	ה	ד	ר	ר	י	ן	מ	ן	ד

למנות
פותחן
ידנית
מוקדם
מילוי
לנשוך
חלון
שקית
כרגע
חמלה
מיץ
מפוארת
דולפין
איום
דודת
רחוקות
סקירה
החולים
נסיעות
בכושר

Puzzle 411

ל	ו	ל	ס	מ	ב	נ	ל	מ	ו	ר	ד	ש	מ	י	ג	ר
ז	פ	י	ן	ל	ו	ה	נ	ש	מ	נ	י	ד	מ	ט	ו	ו
ה	ב	נ	ר	ץ	ר	פ	צ	ק	ו	מ	ק	ו	ם	ע	ן	ו
ו	ל	ד	נ	נ	ל	מ	ח	ו	ב	ק	ג	י	ת	ל	ש	ד
ת	י	מ	ב	י	י	ש	ן	ו	ב	ם	נ	פ	י	כ	ד	י
ו	ו	ל	פ	ח	פ	ר	י	ד	ל	ש	ו	א	נ	ה	ת	כ
כ	מ	כ	ו	ר	ר	ר	ג	ו	ב	ו	ת	פ	מ	י	ב	מ
ר	ס	ע	ו	מ	ש	ו	פ	פ	ד	ת	י	ל	ח	ש	ו	ף
ב	ו	ה	ד	צ	ו	ט	ה	ה	ע	ם	י	י	ו	ר	ד	י
ש	ן	נ	ג	מ	מ	ס	ל	ב	מ	מ	ד	ק	י	ל	ו	ר
ש	נ	ל	ס	מ	ח	נ	ת	ו	ק	ה	ס	ת	ה	ד	כ	ת
ו	פ	י	מ	ב	י	ו	כ	ת	ח	ס	ל	פ	ק	ח	מ	כ
ע	י	ד	פ	ח	פ	ג	ש	ס	מ	ם	ד	צ	ד	י	ע	נ
ח	ו	נ	י	ר	ת	ד	ו	מ	ן	י	ק	ב	י	ט	פ	ר
ת	ו	כ	ר	ע	ח	ע	ד	ש	ל	ח	ת	ר	ר	ר	נ	ר

לחשוף
לוח
צמר
מעשי
קומקום
מפרש
רוב
לזהות
חדש
לפקח
בלי
לנצח
משנה
במסלול
ביישן
ליד
ברכות
מבחר
פרץ
להפגין

Puzzle 412

ן	מ	ר	ר	ת	ל	ע	ו	ש	ה	ת	ת	ט	מ	ש	ח	◌
ה	ר	ב	פ	ה	ש	ב	כ	ר	ע	ר	י	ם	ו	י	ו	ם
ת	ש	ה	ק	ת	ל	ר	מ	פ	ו	ם	י	ח	ר	ב	א	ל
ו	ו	מ	ר	ח	ה	א	נ	י	ל	ה	ס	ה	פ	ס	ק	ת
ו	ל	ח	ם	ש	ם	א	ד	מ	א	ו	ם	ה	מ	י	כ	י
ב	ט	ס	ש	י	ו	ק	א	י	מ	ח	ה	ב	ה	י	כ	ל
מ	ה	ר	ש	א	ע	ר	ש	י	מ	ח	י	נ	מ	ל	ל	נ
ש	ב	ח	ת	ו	י	נ	מ	ה	ד	ע	ה	ל	י	ל	ך	ה
ל	ם	ג	נ	ה	א	פ	◌	ף	ו	ג	ב	ג	ט	ד	ו	ל
ח	ו	כ	ו	ב	ל	מ	ן	ו	י	ד	ה	י	ש	נ	מ	ה
ת	ט	ת	כ	ב	א	י	ד	ב	ק	ט	ו	ע	י	מ	צ	ה
י	י	פ	ת	ל	ה	ב	ך	ו	ת	ק	ר	ד	ת	ע	י	נ
ל	י	נ	מ	ו	ת	ד	ו	ה	ס	ע	י	ב	ר	פ	מ	י
ל	מ	א	ו	ד	ל	ת	מ	ן	ו	פ	ם	י	ש	ל	ר	ד
ל	ן	ת	ס	ל	ב	א	ח	ס	ד	ו	ו	פ	כ	א	ו	ד

תכונת
תהליך
הפסקת
משלחת
לנהל
לילך
המניות
השועל
ארבע
די
מיעוט
קרם
דלת
לשלהם
מדויקת
המדינה
בגובה
הורים
בוהן
בגוף

Puzzle 413

ק ו ה ע ש כ ר ש פ ת ו פ ו ה ו מ ד

ד ו ם ב ת ו ל ק ב ב ט ס מ ת ק ם ל

ה ש י ו ת ר ב ח מ ד ס ר ח י נ ה ל

ו מ ק ד ו ה נ ח ת ב ח ל ו ס ן מ ב

י ר ו ת ו ר ב ב י ק ל ו ת נ מ ן נ

י ר ו כ מ ל צ ב ר ס מ ק מ כ נ מ ת

א ע מ צ ו ל ן כ ח ו ו ל א מ ד י ג

ו כ פ י ח כ ו ב ס ת ב פ ה א ק ו ס

ל נ ב ת ת ת ע ו מ ק מ ד ת ת ר נ ב

י ו ו ם י ב ע ד פ ש ל ז כ כ נ ר ר

נ ה ר ה ו ו צ ו ת ר י ד ו ע ד ב ד

ה ם ר ש ה ו פ ז ד י ו מ ו פ ת ע צ

ו י ס י ר ה ל ו ג ע ה פ ת י ש ש ת

ק ה ר ה ו ח י ת ו י ש ג ר ף ד ר מ

ש ו ב א ל ה ב ה ס י נ ח ך ב ל מ א

להניח
שעברנו
בקלות
כנרת
המרחק
בתחנה
עבודת
כל
מכנסי
רגשיות
מחברת
בצלחת
ידוע
מסחרית
למכור
בכבוד
מוכר
העגולה
מרדף
קשר

Puzzle 414

ג ר ת ג ח ו י מ ע ב ר א ח ה פ י ש

ו צ ת ש ד ו ו ק ת ס ב ו ן ח ו ו צ

כ א ס ר ת ה ל ו מ ם ה י י ח ת ר ר

ו ר ח ת ש פ ך ר ב י ח ן י ף מ ו מ

י מ ו ל ב ן נ ד י ס ש ר ו ת מ ע ע

ל ם א ת ה י ז א ת ע ו י ת ל כ י ל

ו ס ו צ ל ו ם ר א ו ד ת כ א י ח מ

ב ו ר ו ג פ ל מ י כ מ נ מ ב ב ו ח

ע פ ש ח ו פ א ה כ ו ס כ ז ה כ ל מ

י ו ת ק ו ג י נ ל י ו ב ק ז ו ל ו

ו ת ה י כ ו צ ת ם ת ר ג ו מ כ נ מ

ח א י ם נ י י י ל ם ת ל ו ר פ ו ש

י ן פ ר ת מ י ו נ צ י ל ט ת ש י ש

ד ה צ ד ר פ נ ה י מ ת ו נ ז ו א ג

י ב ד ו ב ת י ו ג ו מ ט ו ר ף ו צ

שפך
כועסים
הנפרד
זוג
יפה
כמו
סבון
זהב
מטורף
שותף
כזה
צוחקים
צוף
בגלל
כוכבי
יין
מסורתית
מלכה
בתוך
חייהם

Puzzle 415

י	צ	ר	ר	מ	י	מ	מ	ה	א	י	נ	נ	ש	ה	מ	מ
ל	י	ו	ת	ש	ב	מ	ק	ה	ר	ט	ו	ל	מ	ך	ע	ו
י	ה	ג	ל	א	א	ג	ו	ר	ת	ו	י	ש	מ	ו	י	פ
ב	ע	ת	פ	י	ל	ל	ת	ד	י	ו	מ	ח	ש	מ	י	נ
י	מ	נ	י	ת	א	ו	מ	ק	ט	מ	ל	ח	ה	ג	ב	י
ס	ן	מ	ב	ד	ד	א	י	ח	פ	ן	ר	מ	מ	ת	ש	ו
ג	ר	ח	ש	י	ב	ע	ח	א	ש	ש	י	ל	י	נ	ה	ק
ב	ש	ד	ג	ש	ם	ה	ר	ל	מ	נ	ר	ה	ט	ל	ה	ת
י	ת	פ	נ	א	י	ו	ה	·	ו	י	י	ע	ת	ש	ו	פ
מ	ר	מ	ו	כ	ד	ח	ב	ד	ע	ן	ד	ו	ל	ר	מ	נ
ב	ק	ב	ו	ו	ד	י	ר	ל	י	ל	ת	צ	ע	ו	י	ר
ו	ס	י	ר	מ	צ	ש	פ	ת	י	י	ח	מ	ו	ף	ח	ד
ד	ר	ת	ג	ט	ו	ו	פ	א	ה	מ	ל	ת	פ	ר	ו	נ
ן	ב	ו	ו	י	י	ו	פ	ד	ר	ב	צ	ב	ו	ג	ר	ת
צ	ת	מ	נ	ה	י	ג	ר	ת	ו	מ	ח	ם	נ	ע	י	ם

מנהיג
קדרה
משאית
חמורה
ירידת
משפטית
אגורת
פנאי
העוצמת
בוגרת
פועלת
ענבים
צלחת
צדדים
מתוק
לוטרה
שני
לשרוף
תרחיש
מיטת

Puzzle 416

צמחי
לאחרונה
הנוזל
חילזון
מטל
שופט
הר
נעלמים
תזה
בארון
אובייקט
כלכלי
יתושי
עד
הזדמנות
עורבת
בגינה
שרפה
מאוחרת
סופית

ו	א	ד	ר	ו	ח	מ	א	נ	ב	ו	מ	נ	ת	ר	ע	ת
ד	א	א	ו	ת	י	ו	פ	מ	ה	נ	ו	ר	ח	א	ל	נ
ו	א	ה	ו	ד	ל	נ	ת	ה	ר	פ	ע	מ	מ	פ	ט	י
ר	ב	מ	ם	י	ז	ע	ט	מ	ר	ת	ר	ח	ו	א	מ	ו
ה	א	ו	ו	י	ו	מ	ע	ו	ר	י	ן	ש	כ	ו	·	ל
ל	ר	א	ב	מ	ן	ו	ח	א	א	פ	ת	ע	כ	ד	ל	צ
ו	ו	ר	ו	ו	ו	נ	י	ב	ל	מ	ו	י	ש	ו	ש	ר
ו	ן	פ	ב	ב	ס	י	ב	ח	נ	ת	ו	נ	ח	מ	ה	כ
ל	א	ה	ד	ת	י	ח	מ	צ	מ	ר	נ	ע	ל	מ	י	ם
ס	ו	פ	י	ת	ז	י	ל	כ	ל	ב	ו	ש	ר	ו	ש	י
מ	י	ר	ר	י	ר	ה	ק	ג	ו	מ	פ	מ	ן	ר	ו	ב
ר	ן	ד	כ	כ	ט	מ	ו	ט	ה	ז	ד	מ	נ	ו	ת	ג
ה	נ	ו	ז	ל	ו	ר	ו	פ	ש	ד	ע	·	ר	כ	י	י
ע	ו	ר	ב	ת	ש	ד	כ	ו	ר	ב	א	ר	מ	ן	ד	נ
מ	ה	ת	ו	י	ט	ו	ל	ש	פ	ש	ו	ן	ן	ע	ה	ה

Puzzle 417

ר	ד	ס	ו	ד	צ	ט	י	ש	ל	ה	ו	א	ו	ו	י	ה
נ	פ	ן	ו	ל	ר	ב	י	ם	פ	ה	א	ש	א	ע	כ	ש
ל	ה	ו	כ	י	ח	ע	ד	ל	ט	ש	פ	ו	ר	ס	י	ב
ה	ד	צ	ת	ג	ד	ו	ו	ו	ר	ו	ו	ת	ב	ק	ו	ל
א	מ	ר	ש	ו	ב	ג	ד	ע	ר	פ	פ	ו	ע	ה	ו	מ
נ	ע	ט	פ	ל	י	ה	ב	מ	ת	י	ה	ו	ר	ה	נ	ש
ה	ח	נ	א	ל	מ	נ	ף	ת	י	ח	ו	ר	פ	כ	י	מ
א	ו	ק	נ	ש	ר	ח	א	י	צ	ר	ל	ו	ק	י	ם	ע
מ	ר	מ	מ	י	ר	ה	ח	ר	י	ג	ה	ל	ב	ו	ה	ו
ל	ה	י	ו	י	פ	מ	ר	ר	ב	ת	י	פ	כ	פ	נ	ת
ש	ר	פ	א	כ	פ	ע	י	ש	ה	ע	מ	ד	ן	י	ש	י
ל	ק	ב	ש	י	צ	מ		ב	ב	ר	נ	ו	ר	ו	ד	ת
ה	נ	ש	מ	ו	ה	ה	ו	ט	י	ע	ע	ח	ו	י	ג	ת
נ	י	ל	ו	מ	ו	ז	ר	ו	ס	ש	ו	א	א	צ	ר	מ
ה	ק	ר	ו	ו	ל	מ	י	ע	ד	י	מ	כ	כ	מ	ר	א

להוכיח
ורוד
חיפוש
הובלה
משמעותית
הפתעה
טבע
היפופוטם
לפטר
רצון
להימנע
אוהל
כיוונים
עמדה
כהה
אחרי
שוב
מעולם
בגדי
עסקה

Puzzle 418

נ	ל	ע	ם	ג	ב	ר	ע	ר	ל	ל	ק	ל	י	ו	ש	ן
ו	ר	ז	כ	ל	ך	ח	ת	ע	פ	ת	י	ח	פ	ה	ל	ר
ר	ם	י	ל	ב	ו	ס	ב	י	פ	ו	ו	ו	י	ר	ו	צ
נ	פ	ר	ו	מ	ר	ן	י	ר	ח	ר	ו	ו	ו	כ	ת	י
ל	א	ב	ן	מ	א	נ	ע	ר	ה	י	י	ע	י	ש	ח	נ
ב	ת	ד	י	ה	ר	פ	ו	נ	ל	ה		ן	ט	ה	י	י
ר	ת	ס	י	ה	צ	ו	נ	ק	ו	מ	ו	ב	כ	ל	ו	ה
ו	ם	ע	מ	ב	נ	י	ת	ה	צ	ב	ז	ו	ד	ד	ל	מ
נ	ו	ח	ו	כ	כ	ב	ה	ד	ד	ו	ו	ו	מ	א	י	ך
א	ת	ר	כ	ו	נ	ש	מ	מ	ב	ם	נ	ד	ר	ש	ב	א
ת	ל	ב	ז	ע	ל	ל	ע	ק	ו	ר	ך	ק	ח	פ	ח	ל
ו	י	מ	ף	ר	י	ד	ל	ת	ל	מ	ו	ד	י	מ	י	ב
נ	ה	ק	ש	ל	ו	ש	י	ם	מ	ה	ו	י	ד	ת	ל	י
מ	ם	ד	ו	ו	ק	ש	א	צ	ד	י	ד	מ	ה	ו	ר	ו
א	מ	ם	ל	ן	א	ף	ל	נ	נ	מ	ח	ה	ו	ו	ו	ס

בחברה
להפחית
שלושים
ארוך
דברי
להשכרה
סובלים
במהירות
לתל
עונת
אמנות
ערב
לעקור
נאמן
עכבר
תיקון
קיווי
נוח
קדימה
רציני

Puzzle 419

ל	נ	ס	י	ך	ב	א	ת	ק	ש	ו	ר	ת	ק	ק	ו	ן
ר	ט	ר	ת	ש	ל	ק	ג	י	ו	י	נ	פ	ב	ל	ת	ד
פ	ת	י	ש	ו	ב	ע	מ	ר	כ	ד	ר	מ	ת	ד	ר	ד
ט	מ	ת	ו	ל	ת	י	נ	ת	ס	ש	ג	ד	ר	י	ו	נ
ו	ר	ל	ת	ש	ז	ה	ע	נ	ח	י	ת	ו	ו	א	א	ו
מ	ח	מ	ב	ו	ד	נ	ו	ס	כ	ע	ב	ע	ב	ש	ר	צ
ו	י	ה	י	ו	ן	ד	ל	פ	ה	י	ש	י	צ	מ	ח	ל
ו	י	ה	מ	ד	ו	ג	ו	ג	ד	ב	ח	ג	ס	ב	א	כ
ל	ר	מ	ס	נ	ס	מ	י	ל	ל	פ	י	נ	ב	ב	ח	ף
מ	ת	ל	א	ק	מ	ח	ט	ד	ש	י	ע	א	ש	ן	א	ב
פ	ה	ט	ה	ג	ם	מ	ע	מ	כ	ה	ו	מ	ת	ק	צ	ה
ד	ר	ח	ת	ח	ו	ת	ו	י	פ	פ	ס	ד	ש	ל	ת	א
ת	א	ו	ע	י	ת	ל	ל	י	ע	ה	ת	ף	י	ר	ח	ה
ה	ו	ו	ב	י	ו	י	מ	ן	ו	ב	ש	ח	ת	נ	ח	י
מ	צ	ו	ל	נ	מ	ע	ם	י	א	ח	י	פ	ו	ו	ר	ס

עוד
מפת
אגרסיבי
חשבון
לדמיין
קצה
מנעול
תירס
שבע
תקשורת
החריף
שלוש
גדר
טיול
מדף
פסנתר
נסיך
להחתים
יבשי
כף

Puzzle 420

א	ב	ל	ש	ט	ו	ף	ה	ק	צ	ת	י	ר	ב	י	ל	י
ל	ר	ל	מ	מ	נ	מ	ל	ט	פ	פ	י	א	ב	י	ת	כ
נ	ם	כ	ה	ה	ר	ב	ם	י	ב	ר	ב	י	כ	ל	ג	מ
ת	י	ב	מ	נ	ם	ב	ו	ה	מ	ח	י	ח	ו	ן	ל	מ
ת	ב	ק	כ	ן	ר	מ	נ	מ	מ	ב	ה	מ	ק	מ	י	י
נ	א	מ	ג	ו	ו	ן	ש	ה	י	ה	פ	ב	פ	מ	מ	ל
ב	כ	ו	א	ב	ב	ת	ר	כ	ה	ל	ך	ה	ש	ו	ד	ת
ו	ו	ה	ר	ק	ו	ם	ו	א	ב	ו	ז	י	ר	נ	ר	ם
ר	י	פ	ש	י	ה	ת	י	ש	ש	מ	נ	ה	י	ש	מ	ב
ב	ו	נ	א	ר	ה	ר	ב	ר	ו	ר	ח	ו	ק	ה	ט	ו
ל	מ	ע	ש	ה	ג	ע	מ	פ	ו	ם	ה	נ	א	ד	י	ד
ו	ר	ח	ח	א	א	ר	ב	ה	ה	ר	נ	ב	ל	ו	נ	ח
צ	י	ת	י	ו	ן	ו	ל	ה	ן	ל	ב	ו	נ	ו	נ	ד
נ	ן	ס	ל	א	ה	א	א	ק	ה	י	ל	ה	א	ר	ן	ש
נ	מ	ל	פ	ה	ו	ש	י	י	כ	י	ם	נ	ד	ב	ב	ו

דרמטי
כיור
קצת
רחוקה
תאוריה
מגוון
דוור
כאשר
אשר
הלך
החבטה
למעשה
שמנה
הלם
ריקבון
שייכים
ברורים
נשר
בכלל
לשטוף

Puzzle 421

מ	ב	מ	ד	ח	ת	ו	ש	ד	ח	י	י	ת	ו	ש	פ	ל
א	צ	ס	מ	ב	ו	י	ג	ף	ר	ד	ח	ד	ל	פ	ו	ן
ב	ל	ו	ר	ד	ל	מ	א	ג	ו	ח	ח	ר	ש	ו	ה	ו
ק	י	ל	נ	ב	ה	ו	א	ה	פ	י	ה	ר	א	ת	ה	ת
ח	ד	ס	ב	מ	נ	ש	ו	כ	ר	א	כ	ת	ד	י	ס	ר
ש	נ	ל	פ	י	ת	ד	ל	פ	ת	א	ם	י	י	נ	ש	ה
ש	מ	ת	א	ב	ה	ח	ת	מ	י	י	ס	ו	ס	נ	ה	ג
ל	י	ב	ש	ק	ר	מ	ם	ו	ח	ד	מ	ג	ע	ל	א	ת
ב	ר	ת	נ	י	י	א	ב	ל	ס	א	ו	ד	ס	ט	ח	י
ה	ר	ז	ע	ש	כ	ו	ו	ן	ו	ל	ם	י	ל	א	ו	ש
ג	ח	פ	ו	ג	ה	א	ו	ת	א	ה	נ	·	ן	ד	ן	ח
ו	ר	ר	ר	י	ל	מ	ם	ת	ק	ת	ב	נ	פ	ם	פ	ן
ה	י	נ	ל	ו	פ	ח	ו	כ	מ	ל	א	ם	ר	ל	מ	ב
מ	ת	צ	כ	ו	פ	ו	ו	ב	ר	ר	ת	ר	ת	כ	ע	ע
ר	ר	צ	נ	ד	ש	א	ר	מ	מ	ח	ש	י	פ	מ	ו	מ

מסולסלת
שואלים
התנהלות
הראתה
מדחום
שלו
סגול
בשקר
מישורי
שפות
בצל
חדשות
רכוש
להכיר
עזרה
סוס
יתוש
אותם
מאבק
השניים

Puzzle 422

ל	א	ה	ן	ר	ם	ש	א	ב	י	ת	ל	ה	ד	ת	א	ן
ל	ו	ן	נ	פ	מ	נ	פ	ם	ה	נ	ז	ו	נ	ת	◌	ט
ג	ב	ו	ה	ב	י	כ	ר	י	ר	ץ	ר	א	ש	ח	ב	י
ו	ק	י	ע	ש	פ	ו	ד	פ	ד	מ	י	ע	ח	ע	ב	י
מ	נ	ת	ו	ן	א	ס	ו	ל	י	ו	מ	ס	ר	ר	ר	פ
ל	ך	ל	נ	פ	ו	ל	ה	ש	ו	ו	ת	מ	ת	ו	כ	ר
ת	ר	ל	ס	ר	ר	ב	ה	י	ק	ב	ר	ר	ה	מ	ת	ד
ד	ג	נ	ו	א	ל	מ	ו	ו	י	י	י	ד	ל	ש	ה	מ
ב	י	ד	ד	פ	ד	ג	ע	ע	ג	ט	ס	מ	י	ת	מ	ל
ן	ב	ב	ט	ן	ו	ו	ס	ל	י	י	ר	ו	ח	ן	ע	ה
ו	ג	ו	ו	ו	ו	נ	י	י	צ	ו	ו	ם	ו	נ	א	א
ו	מ	פ	ש	מ	ל	ת	י	ז	מ	ר	מ	ו	ק	ל	י	כ
ח	ח	ע	פ	ע	ה	ן	מ	י	י	ח	ן	ו	ל	מ	ב	י
ך	ו	ג	ל	פ	ע	מ	י	ם	ק	ר	ע	ו	מ	א	ט	ל
ת	ח	ו	מ	מ	ת	ם	מ	נ	ר	ן	י	ב	ו	ר	ת	ת

סירת
ענק
גבוה
עליזים
בברכת
פעמון
שעות
חסת
פשע
לנפול
פשוט
להאכיל
במלון
בבטן
לפעמים
רק
ארץ
רכיבה
להשוות
להתרחש

Puzzle 423

מ	ה	ל	ס	ב	צ	ד	מ	ד	ד	מ	ו	ב	י	ד	ז	ם
צ	ב	ה	כ	ת	ד	מ	י	ם	א	נ	ח	ש	ח	ל	ד	ע
ט	ק	ש	ו	ה	ל	י	מ	ר	ו	ת	מ	ש	ה	י	ת	ת
ע	ק	ת	ר	נ	ג	ף	ס	ח	ט	ו	ו	א	א	א	נ	ו
ר	ל	ל	ו	פ	ט	ו	ו	ה	ו	ס	ד	א	ת	ה	פ	ה
נ	נ	ש	ז	ר	ו	ע	ו	א	ב	ש	ח	ב	י	ה	פ	ש
ע	ק	ל	י	נ	ו	ו	ח	מ	ו	ה	ת	ד	ל	מ	י	ו
ש	מ	כ	ס	ו	נ	ע	ב	ע	ס	מ	ו	ל	ן	ו	מ	ו
ר	ה	ת	ו	י	פ	ג	ז	ל	ק	ש	ל	י	ו	ו	ן	נ
ט	נ	ת	מ	ג	ת	ג	י	ת	ד	ה	ו	ר	נ	י	א	מ
ו	ח	ב	י	מ	ל	ל	ד	נ	נ	ע	ה	ד	ג	ד	כ	ע
ב	ב	ל	נ	י	ג	פ	ו	י	י	י	כ	פ	ס	ב	מ	ש
ע	ר	ד	א	ל	נ	ה	ן	י	א	ג	ת	ה	מ	ו	נ	ה
י	ו	ד	ה	ב	ה	מ	ר	א	ה	א	ר	א	ו	ל	ף	ב
ל	ר	כ	ב	פ	ק	ס	מ	צ	נ	ב	נ	ש	ל	י	ן	ו

מעשה
בצד
סוף
בחינה
להשתלשל
מצטער
מנת
אוטובוס
פגז
אינדקס
זרועו
חמוד
אם
סגנון
לרכב
בלון
סל
המראה
כאן
טוב

Puzzle 424

ג	מ	ָ	ש	י	י	ן	ף	ס	ב	ל	ה	א	מ	ו	ק	א
ו	ל	ה	ל	ל	מ	נ	ג	ת	א	ח	פ	מ	כ	י	י	ל
ש	ח	ק	ג	כ	י	ת	ו	ר	ס	ג	ת	ר	ע	ת	ט	א
א	כ	ד	ש	ט	ו	ל	ף	צ	ה	י	י	צ	ת	מ	ו	י
מ	ו	צ	ל	י	ל	ת	י	י	ת	ת	ע	ד	מ	ו	ר	ת
ע	ו	ב	י	ו	מ	ו	ז	ת	ה	ב	ו	ג	ש	ד	ק	מ
פ	י	ש	ר	נ	ל	כ	ש	א	ו	ל	י	ע	ט	ן	ר	מ
ן	ה	ן	ב	י	ל	מ	י	ר	ו	ל	ו	נ	ע	ע	ע	ג
ז	ר	ו	ה	ש	ת	ס	ר	ו	ל	י	ר	ו	ו	פ	י	ת
ו	א	ק	ק	ע	פ	כ	ע	ע	ח	ת	מ	כ	ע	ו	ס	כ
א	ר	ב	ע	ה	ן	ט	ה	ו	י	ו	ר	ב	ת	ל	א	ק
ב	ו	ר	י	ת	ו	פ	ח	ב	ג	ה	ן	ר	ע	מ	ו	ס
צ	ע	ש	צ	י	ר	ת	ע	ל	ו	מ	ה	י	ן	ו	נ	נ
ש	ל	צ	מ	מ	ו	ד	ח	ו	ח	י	ז	ה	ן	ם	ל	ד
ו	י	ה	י	ח	מ	ו	ס	ב	א	ע	ר	ב	ת	י	ו	ת

סמכות
שזיף
עצי
שינוי
הפתיעו
שצבא
שלילית
גוף
צלילית
מאה
תעלומה
מציע
ארבעה
קיטור
מדע
אולי
קקאו
ערבת
חמש
אוזן

Puzzle 425

ש	ל	י	נ	מ	ד	פ	פ	ד	ג	ז	ד	ו	ל	ע	ו	פ
ה	ו	ר	י	ק	ן	ח	ב	מ	ם	ע	פ	י	י	ל	ב	י
ק	ו	ד	ב	ת	י	י	ש	ת	ח	י	ה	ר	פ	ת	ו	ח
ע	כ	ו	צ	מ	ג	ב	ר	ת	מ	ר	ן	ו	י	פ	י	י
צ	י	ס	י	י	ס	ה	י	ז	י	ה	א	ט	ל	ט	ה	מ
נ	ו	מ	ל	ו	ר	פ	ק	פ	ס	ל	י	ו	ן	ב	ל	ל
ה	י	ב	ר	י	י	ר	ג	ם	ע	ע	ג	ה	מ	נ	י	י
כ	י	ש	ו	ף	ט	נ	י	נ	ג	ה	ח	ע	ם	א	ה	ם
ר	ד	ל	ב	ן	ר	ו	ע	י	נ	מ	ו	ח	מ	א	ל	צ
מ	ד	ו	מ	ש	ק	ר	ת	ת	ס	ע	ל	ן	ו	ח	ל	ב
ל	ה	י	ה	נ	ו	ת	ה	ל	ש	ע	א	ע	ל	ן	י	ע
ח	מ	ל	ש	ו	מ	ו	פ	י	ר	מ	י	ד	ר	מ	מ	מ
ג	ן	ל	מ	ע	ד	ח	ח	ה	ס	ח	ג	ם	ח	ק	ת	א
ק	כ	ן	ר	י	ה	י	ד	י	י	ל	פ	י	פ	פ	ד	ם
פ	ד	ב	א	ל	ל	א	ח	ל	ט	ל	ת	ס	מ	ו	ר	פ

מסודר
מעגלית
עונש
הולכים
פתוח
פעם
הפחד
כישוף
הדמוקרטי
פריט
הוריקן
עין
צבע
מבחן
לספק
צבי
להיהנות
צעקה
זעירה
גברת

Puzzle 426

ו	ה	ר	ז	ח	ב	ל	ב	מ	ג	ב	פ	ב	ע	ר	מ	פ
ף	ג	ר	נ	ח	מ	ד	ה	ס	ד	מ	ב	נ	ש	ת	ר	ה
ת	נ	ת	י	ע	צ	ת	ר	ת	ג	נ	ח	ר	ר	ד	ק	א
ק	ת	נ	ח	מ	נ	ף	ו	ע	י	נ	ו	ה	ו	ב	מ	י
ח	ח	ד	ד	ר	ש	ו	ח	ה	ד	י	ו	ן	נ	א	ח	ב
ת	ל	ו	ג	נ	ר	ת	א	נ	י	ו	ח	ן	י	ו	ש	ב
כ	צ	ל	ק	פ	ו	ץ	ש	ד	ל	ר	א	ס	ת	ו	י	ב
ל	ה	מ	ח	י	י	פ	י	י	י	ק	ב	י	י	י	ב	ל
ש	מ	ח	ם	י	ע	ב	ר	א	ש	ת	צ	ו	כ	ר	ת	ב
ד	ס	א	ק	ו	מ	ו	ך	ק	מ	ח	נ	ש	ו	ב	ו	ן
פ	מ	ח	מ	ק	ו	מ	ר	מ	צ	ר	ב	ה	כ	ו	ן	ש
ע	ל	נ	ה	ל	י	ך	מ	ם	ת	א	ר	ו	ז	א	ל	ת
ן	ס	ע	ר	·	ג	ן	ם	מ	ח	מ	י	ר	ה	ו	ן	ו
ח	ס	ו	מ	ת	א	ה	י	ת	ו	י	א	ל	מ	ו	ד	ד
ו	י	ט	י	י	ת	מ	ו	ב	ם	י	ק	ר	ן	ו	נ	ה

ילידי
רך
אחורה
נחמד
לקפוץ
הליך
באוויר
להתייחס
ארבעים
הצלחת
עשרונית
בחזרה
באחו
הגנת
חשיבת
עוף
בסגנון
זכוכית
תרנגולת
שמירה

Puzzle 427

ם	א	ן	ת	ח	ו	ר	נ	ט	ב	ן	ש	י	ו	ט	י	ע
ר	ו	נ	י	ב	ר	ל	ב	ו	פ	ו	ה	י	מ	ה	פ	י
י	מ	ב	י	ו	כ	ת	א	ש	א	ת	ם	ה	ח	ג	ם	י
מ	ל	י	ו	נ	ד	א	ש	ת	ו	ם	י	ב	ו	ה	צ	ה
ו	ל	י	י	ה	ה	ע	ו	ן	ס	י	נ	ם	ת	ן	ס	י
ה	ה	ס	ח	ת	ד	ה	מ	ם	ף	ר	ו	ר	מ	ק	ד	א
ש	ת	ק	ל	ל	ו	ט	ל	י	ג	ט	ו	ו	י	ר	ו	י
א	ל	ת	ה	ר	י	ד	ס	מ	ב	מ	כ	ו	ל	ת	ח	ת
י	י	כ	מ	ד	ו	ת	פ	ל	ל	נ	ת	ר	ש	מ	ד	ו
פ	ה	ח	ם	ח	ב	ה	כ	מ	ם	ס	מ	ב	ד	מ	ר	ב
ה	ק	נ	כ	ב	ר	ע	ף	ו	ש	נ	י	ת	ש	ר	ו	ד
ד	ס	ת	ו	א	ד	ל	ר	ו	ט	ל	ס	ו	מ	ג	ת	ו
י	ג	ד	פ	ק	ד	ח	ו	י	מ	ב	ו	ר	פ	ו	ח	נ
מ	ו	ר	י	ד	ה	ו	ן	נ	נ	ב	ר	ו	א	ו	ן	ו
מ	פ	ם	ר	ס	נ	נ	א	ה	ה	מ	ג	ו	מ	ש	ו	ן

- דורש
- השאיפה
- מתכוונים
- הסקי
- אומללה
- דקים
- כניסת
- קן
- אוסף
- ינשוף
- אשתו
- קהילת
- מטרים
- בחדר
- צהובים
- סדירה
- מתוח
- ובמיוחד
- בתורו
- אננס

Puzzle 428

- פיצה
- הסכסוך
- רופא
- חברה
- חגב
- החוצה
- מהר
- הפרט
- שיניים
- דואר
- לבלבל
- ענקית
- עגלת
- מנורת
- מסובכת
- עצמך
- רחוב
- להיט
- אפיית
- החמוס

ת	ק	ה	ד	מ	ג	א	ט	ש	ס	ו	מ	ח	ה	ה	ר	ב
ת	ר	ו	ו	ש	א	ד	מ	י	ל	ק	י	ל	ו	פ	ה	ר
י	ת	ד	ד	ו	ב	ה	ר	נ	ש	ה	כ	ל	ג	ר	ל	פ
ט	י	ה	ל	ן	ר	ר	ל	י	ג	מ	נ	ף	ה	ט	ב	ה
ו	י	ר	ב	ש	ו	ו	ר	י	ה	כ	ג	ת	ן	ר	ח	מ
ע	פ	ב	ל	ב	ו	ח	ר	ם	ן	ס	ד	א	ו	ו	ה	ב
נ	א	ח	ב	ג	ו	פ	א	ק	צ	ט	ע	נ	צ	ר	ו	י
ק	פ	ש	ל	ח	ת	ח	ו	י	ל	ת	ד	ה	ת	ל	ג	ע
י	ו	כ	ש	ר	ו	ן	ד	נ	ב	ח	ן	ש	ר	ן	נ	מ
ת	ר	ל	ל	ו	כ	מ	י	ך	ה	ת	צ	ג	ו	ו	נ	ק
א	י	ה	ת	מ	ח	ר	ה	ס	נ	ר	מ	ט	נ	נ	כ	ד
ב	ת	ה	מ	ס	ו	ב	כ	ת	ה	צ	י	פ	מ	א	ל	ב
ש	נ	ת	ת	ו	מ	ס	מ	ו	מ	ו	מ	ל	ב	ה	ו	ר
ו	ג	ו	צ	ח	ו	מ	ח	ב	ד	ח	ל	ש	א	ל	ל	י
ו	ע	צ	מ	ך	מ	ו	ו	ו	ת	ב	י	ח	ל	ה	ת	ל

Puzzle 429

ה מ ש מ א י ה ל ו נ ח ח ו ח מ א נ
ח מ ת ל ט ן ג י ד ו א ו כ כ מ נ ה
ד ת ר ם ת ח ת ש ח ו ר ו ש ל מ ת א
ד ב ה ס י ע ר ך ו ו ן פ א פ א ת ד
מ נ ת ו ש ש ו א ת ה ה ס ו א ת ב ס
ע מ ש ח ק כ ר ר פ ק פ פ ת ש ג ץ ס
י פ מ ל מ ח י ר נ י ו צ ת ו ג ו ש
ו א ר ו ה ש ב מ ס ר כ י ב ר פ ר מ
ה י א ו כ ו ב נ מ י ת פ ע ש י י מ
ח ע כ ה ת ח פ ר ו נ ש י ב ג ב מ מ
ת ו ש ו ת ו ל צ נ ת ה ו י י ש ב ת
ד צ ו ס ב ק י ע ב ו ע ו ש ה ר ו ע
ק ק נ ר ח ב ח מ ר ע ע ק מ ו ש ש ה
כ מ מ ל ת ו ה ל מ ע ם י נ ו ח ר ק
י פ ש מ י ר ל ם ר ו א י ת ר ו צ ב

חוסם
עת
משחק
נמר
סבתא
התנצלות
מחיר
למעצר
ספציפי
במירוץ
בצורת
סופשבוע
קרחונים
מכשפה
ערך
בבירור
מקצועי
התאוששות
תכופה
להחיל

Puzzle 430

ש ע ש ש מ ש ב ש מ ש ל ו מ ד ו ן ס
ט א ה ה ע ג ג ל א מ ו ח ש ג ע ו ת
ל ב ל כ ג ד ר ק י מ פ ב ת ו ר י ל
ו צ ו נ ס מ ת ב ג ט מ א ח ה ת א ל
ו ר ל צ ט · ו ו ה ו א מ ה ף ר ס ר
ר ו ג ר א ר ו ע ח ס פ צ ל ה ב ן י
כ ת ה ש י ל ו ב ס ל ש ע ט מ ר מ ו
ו ח א ו ד ה ב י ק י ר מ מ ש ת ו ו
ש ו ו י מ · ש ת י ה ה נ ו מ ה ע פ
מ י פ ע ר מ י צ א נ ת פ ל פ ש ט ו
פ ל ר ה ו ח י ו י ו ש ד א ו ל ם ק
ח ת ה ד ד ל ת ט ר נ ר ת י ק ב ר ר
ד מ ו ן ר ד ה ו י ר ג ו ש ו ג י ח
ל ש פ י ו ו ת ע ס פ ר כ י א ע ת ו
ע ב ד פ נ ג ו ה נ ב א ט י ו ע פ ד

באמצע
מטוס
טועה
מפחד
עשוי
נרתיק
המונה
לקבוע
מאפשר
לירות
לסבול
התיישבו
הגלולה
איריס
אולם
איכר
מערת
לפשט
מטרה
בצרות

Puzzle 431

ל	ס	ת	ד	י	ר	ש	ל	ה	י	ה	פ	ד	ש	ב	מ	נ
ד	ד	מ	מ	ן	ח	י	ק	ל	ו	ו	ג	ו	מ	צ	ע	ך
י	ל	ג	מ	ב	ל	כ	א	ה	ת	ה	ן	מ	ת	ה	נ	ב
י	ו	א	י	ק	מ	ג	ת	ל	ט	נ	מ	ה	מ	ש	ל	ל
א	ש	ר	ו	נ	ש	ש	ה	ו	ח	ו	ת	פ	כ	מ	ק	ע
ב	ט	ו	ח	ה	ל	ו	ד	מ	ו	כ	ל	מ	ו	י	ח	ד
ש	ו	א	ע	ע	ף	ב	צ	ח	ן	ח	י	ש	ה	ל	מ	ת
ל	ל	ש	ח	ו	ת	ל	ד	נ	ש	י	ל	י	ע	פ	מ	י
ה	ב	י	ט	ח	ו	ן	ע	ד	מ	י	ב	ש	נ	ן	ה	ט
צ	ל	ח	נ	ס	ו	ת	ד	ג	כ	ם	מ	מ	ע	ס	ו	ק
ו	ו	ו	ן	כ	מ	ו	מ	ש	ר	ו	ב	פ	ב	ב	ד	פ
מ	ח	ו	מ	נ	י	ם	ו	ת	י	ס	ט	ו	א	ר	ר	מ
ח	ר	ו	ת	ת	ל	ב	ת	ה	ו	ר	י	א	ר	ל	י	ו
ר	ן	ח	א	נ	פ	נ	ה	ב	ו	פ	ב	ו	ה	ו	ל	ק
י	ו	ף	ח	ה	ח	כ	ח	ן	ל	ת	ק	ל	ר	י	מ	·

עצמו
סכנת
שש
שעברו
בטוחה
לבוש
מבריק
מפעילי
דומה
הביטחון
למשל
במבט
דמות
קומפקטית
לקח
פרסום
לשחות
המתנת
מדען
הנוכחיים

Puzzle 432

נ	ב	ל	י	ו	י	ס	י	נ	ב	ס	כ	ל	י	ל	י	ן
ל	צ	מ	ה	ס	ט	ו	כ	ן	י	מ	ג	י	כ	ע	ח	ה
ח	·	ח	ב	ו	ר	ו	מ	י	ו	ם	ע	ו	ז	א	מ	ן
ו	י	ת	ו	י	נ	י	ד	מ	ד	ו	ו	ח	ל	ו	ח	ו
פ	ח	ל	ג	ן	ל	ח	פ	ו	ף	ל	ר	י	ל	ה	ר	ה
מ	ש	מ	ו	ן	י	י	ן	ת	ת	ב	ג	ה	נ	א	נ	כ
ח	ב	י	ו	י	ו	צ	א	ר	כ	ל	ה	ד	ת	נ	ב	ו
ב	א	צ	י	ל	י	ש	ג	י	ל	י	ו	ן	ר	ק	ס	ו
ו	מ	ב	ל	ב	נ	מ	ג	ג	מ	ש	ו	נ	ו	צ	י	ן
ו	י	ת	ג	י	ה	ו	ו	מ	ב	ב	י	ה	ת	י	ס	ו
ו	י	ח	ל	ל	ל	ו	ר	ד	ן	מ	מ	ם	ב	י	א	ת
ק	ו	ס	מ	א	ת	י	ו	ת	מ	ה	ו	י	ה	ה	נ	ר
ר	מ	ס	ר	ת	ח	י	ב	א	פ	ר	ן	נ	ל	ו	י	ש
ב	א	ו	ל	ח	ו	י	ע	נ	כ	ם	ש	מ	ע	ל	מ	ר
ר	א	ו	א	פ	נ	ח	י	מ	ד	ק	ו	ק	מ	צ	ף	ש

זועם
כתף
לחפוף
שרשרת
סגולה
אצילי
כלום
קרן
מסוק
קר
הגרוע
בלב
גיליון
שניתנו
בסיס
מחר
מדיניות
מגירת
הבת
נצחון

Puzzle 433

ג	ת	פ	פ	א	ב	מ	ר	ו	ה	ש	ק	ב	ת	ו	י	ו
י	ה	מ	ר	ו	י	ב	ו	י	כ	ת	נ	ָ	ש	ן	ת	ו
ק	ו	ד	י	ו	צ	ח	א	ם	ש	ת	נ	ן	ו	נ	ו	ל
פ	ד	ה	ע	י	ו	י	ת	ץ	ר	פ	מ	ָ	ו	ו	ן	ח
א	ט	ת	ר	ם	ע	נ	ר	א	ת	נ	ר	ב	ר	כ	ח	ר
ב	ע	ר	ם	ל	י	ת	ו	ב	ו	ר	ק	ח	צ	ל	מ	ו
כ	מ	י	ו	ת	ם	ה	ת	י	י	ח	ס	ו	ק	ע	י	פ
ו	ל	ן	כ	ז	ה	ל	מ	ש	ה	ר	נ	ר	נ	כ	ד	ה
ר	ג	ן	י	ב	י	ל	ע	ה	ל	ז	א	ב	ן	ל	ה	ב
י	ר	ל	ס	ו	ד	ל	ג	ל	י	מ	ע	ל	י	ז	ו	ת
י	ו	ס	ל	ו	ה	ת	י	ו	ד	מ	ב	מ	מ	מ	ח	ג
ד	ד	ט	פ	ו	ע	י	נ	ה	ם	י	ק	י	ק	ל	ח	ה
ר	כ	י	ג	פ	ל	י	ש	פ	ל	מ	ן	ש	ח	מ	י	נ
ח	ו	ן	י	ל	ר	כ	מ	ד	י	כ	מ	ה	מ	ו	ל	י
נ	מ	מ	י	ח	ם	י	נ	פ	ר	ם	כ	ו	ו	ד	ו	ח

החלקיקים
למעט
לעכל
קרובות
תה
כדורגל
מבחינת
לדין
בקשה
השמלה
סיכום
מפרץ
בחור
להעליב
הכשרת
ביצועים
פטרוזיליה
התייחס
מזרח
עליז

Puzzle 434

חוט
עדכון
טיפוסי
לקריאת
רשלן
ידית
טייס
מודאגת
יריב
גמל
החיובי
התה
דווקא
ונשלח
לשיר
מצב
לפלוש
הביתה
מי
בחוץ

ג	ָ	ד	ר	ב	י	ש	י	מ	נ	ב	ס	ג	ל	ל	ך	מ
נ	מ	י	ו	ש	מ	ן	א	ב	ח	ו	ץ	מ	ש	ק	י	ר
ו	י	ל	א	נ	ל	פ	ק	מ	מ	ר	ו	י	י	ר	ב	ר
פ	א	מ	נ	צ	מ	ן	ו	כ	ד	ע	ל	ב	ר	י	ר	ת
ו	ש	ק	מ	צ	ב	ח	ו	ו	נ	א	א	ו	ר	א	ט	ל
ל	ח	ל	א	ת	ב	י	ד	ו	ל	ק	א	י	מ	ת	פ	ת
ל	פ	ל	ו	ש	ל	מ	ו	ה	ב	ו	ל	ח	ו	ה	ן	ח
ו	י	ב	מ	ו	ו	ט	מ	ח	ו	י	ו	ה	ד	ב	ש	א
ג	ו	ל	ו	ו	כ	ר	ו	ע	ל	ד	פ	ב	א	י	ת	פ
נ	ב	י	ה	ן	א	ח	ל	ב	ת	ב	ד	ת	ג	ת	ע	ל
ו	נ	ש	ל	ח	ל	ו	ט	י	פ	ו	ס	י	ת	ה	ל	מ
ד	כ	ב	מ	ת	י	ט	ב	ר	נ	ב	ת	י	ד	י	ל	ה
ו	ד	ד	מ	פ	ב	ו	ו	י	ק	ו	ה	נ	י	נ	ה	ת
ר	מ	פ	ד	י	ע	י	ט	ב	ש	ח	ל	כ	י	ט	ת	ה
ו	ם	ק	פ	ו	ר	ב	ב	א	מ	צ	ה	ו	צ	ל	מ	י

Puzzle 435

ש	מ	ב	ק	ת	ה	ס	נ	ד	א	ף	נ	ע	ת	ד	ה	ו
ל	ו	ד	ש	י	ג	ב	ו	ב	י	ר	ט	ר	ו	ש	צ	ב
ו	ח	מ	ו	ס	ש	ה	ק	ת	י	ט	נ	נ	י	מ	ו	ד
ש	ה	ת	ה	י	י	ת	ה	ד	א	צ	ו	ו	ל	י	ש	י
ה	ו	ב	ש	י	פ	ו	ע	ד	ר	ה	ר	א	נ	ו	ו	פ
ש	ו	ח	ו	ת	י	נ	ק	ו	ג	ל	א	ג	כ	ת	י	ו
י	ח	ב	ר	י	ה	י	ש	ח	ח	ש	ו	ו	ה	ע	ש	ת
ר	ו	ו	ן	ת	ו	נ	ה	מ	ל	ה	ל	ו	ה	כ	ר	ו
ו	א	ת	מ	ע	ו	ל	ר	ה	צ	ל	מ	ת	י	ח	י	א
נ	ד	ת	ו	ק	ח	ל	ש	א	י	ו	פ	ש	ר	ח	ס	ר
ד	י	נ	נ	ר	ם	ם	א	ם	ב	ר	ם	ה	ח	ר	י	ה
נ	ל	מ	ח	ג	ל	י	ן	ו	י	ו	ד	ת	ק	ן	פ	ל
ל	א	ז	ו	ר	ע	ב	ז	ש	פ	ש	ת	ו	פ	ח	ן	ן
נ	ת	ת	ת	ס	נ	ע	ת	ת	ל	מ	ס	ל	מ	ו	א	ו
פ	י	ר	ה	ן	מ	ו	ש	ו	פ	ע	ו	ו	א	ו	ר	

מחודדת
בשיפוע
השקעה
סחר
גרסה
בקתה
שומן
תשעה
לאזור
להצטרף
חמוס
דומיננטית
היותו
לחקות
ניתוח
שלושה
הייתה
וכוללים
אבקת
להראות

Puzzle 436

ב	ל	ו	י	י	ע	ב	צ	ב	י	ב	נ	ן	ה	ר	ו	ו
ו	י	ק	ש	ר	י	פ	י	ת	ק	ד	ע	ל	ד	פ	ת	ת
ב	ל	י	ר	ן	ו	ו	צ	צ	ח	ב	ו	מ	ש	ל	נ	ב
ש	נ	ר	מ	ג	י	נ	ב	ד	ו	א	מ	א	ל	ד	ב	ה
פ	ה	ת	ך	ו	פ	ש	ל	ל	פ	ת	י	מ	ה	ר	י	י
מ	ב	ה	א	ש	מ	ם	ת	ב	ת	י	ג	י	פ	ר	נ	ש
ם	י	נ	פ	ס	פ	ו	פ	א	ה	ל	מ	ן	א	ת	ו	ו
ג	ב	נ	ו	·	ו	ם	פ	ו	ח	ג	ח	נ	י	ו	פ	ו
ה	ל	ו	ב	ק	י	נ	ל	פ	ו	נ	א	ן	ז	י	ע	נ
א	י	י	מ	ק	ה	ו	ל	ש	ך	א	ר	מ	פ	ק	ש	ח
ה	ה	ה	ב	ה	מ	מ	ת	ל	ב	ה	ע	י	ג	ר	ק	ה
מ	ד	ו	מ	ע	ל	ו	מ	ה	ה	ה	ל	א	ס	◌	ד	
י	נ	י	א	ת	פ	ג	י	ח	ר	ר	ת	ו	ר	י	ה	מ
א	י	ו	י	ו	א	ד	ז	א	א	ת	ה	ת	י	ב	מ	א
ה	ת	מ	ע	ו	נ	פ	ו	א	ש	ו	א	י	ב	ת	ג	ה

לעמוד
פוני
אריה
מאמין
אופנוע
הבדל
הראש
בקצב
אנגלית
תא
הרי
לפת
יותר
מאוד
מהירות
בית
לשפוך
פנים
בצבעי
הוא

Puzzle 437

ל	ת	ו	ב	ר	ו	ע	מ	ד	ו	פ	ר	ת	ת	נ	י	ו
ו	ל	ו	נ	י	ן	צ	ו	י	ו	א	ת	א	מ	א	פ	ו
ת	כ	ס	ה	ח	ל	ע	נ	ל	ד	י	ל	ת	ו	מ	ו	י
מ	ו	ה	י	י	ל	פ	ע	ת	נ	ג	ו	נ	נ	א	ב	נ
ל	מ	ן	פ	ר	כ	ר	ו	ו	א	ת	ע	ו	ה	כ	ש	ה
ד	נ	ע	ב	מ	ו	י	ד	נ	כ	ו	ן	ת	ו	א	ר	א
ק	ר	ן	ל	י	כ	א	ו	ל	מ	ר	מ	נ	א	ז	נ	ו
ג	י	נ	מ	ה	ט	מ	ל	ד	ק	ת	ו	ט	ו	ר	פ	ט
ר	ת	ו	נ	ו	ל	י	ו	נ	ת	נ	ה	מ	מ	ח	ז	ו
ג	ס	כ	ם	ת	פ	ו	י	י	ר	א	ש	ו	ק	י	ה	ב
י	ה	ל	ר	ו	י	ע	ת	מ	ו	ו	כ	מ	ו	ר	י	ו
ר	ל	ח	צ	ה	נ	מ	ב	ב	ר	ל	י	ד	ת	ו	ם	ס
פ	ג	מ	ר	ע	ת	ע	ל	נ	ד	ם	ן	ת	ר	ת	א	ר
נ	ר	י	פ	ת	י	א	מ	פ	ת	ח	מ	ס	ו	ג	ל	ה
ב	ת	ח	ה	ו	ר	נ	א	ל	מ	ר	ו	א	נ	ס	ו	ו

מפתח
מסוגל
ריח
עלה
אזרחי
להסתיר
למטה
האוטובוס
לידת
מעורבות
אכיל
זהים
פרוטות
פרח
תמונה
קיום
לכונן
וילונות
דקת
גרגיר

Puzzle 438

ה	ע	ג	ש	ן	ב	ט	נ	מ	ב	מ	ה	ג	ו	י	ד	ו
ו	ת	פ	צ	מ	א	ר	ן	פ	נ	ך	ש	מ	ת	ו	י	מ
ף	ש	ק	ז	ש	ג	ג	ר	ל	כ	ת	פ	ל	ר	ר	ע	מ
ב	ר	א	י	ה	י	י	ר	ו	ב	ר	ע	א	ד	נ	ה	א
ו	ל	ע	ל	ה	·	ב	נ	ה	ע	י	ת	ו	פ	פ	כ	י
ת	ב	ת	מ	א	ק	ח	ה	ד	ת	ת	נ	י	ח	ת	ל	ד
י	ע	י	ב	ו	י	נ	י	מ	ז	מ	ה	ו	ע	ן	א	מ
צ	מ	ק	ו	ו	י	ת	מ	י	מ	ח	ג	א	כ	ש	פ	ד
ו	ו	ו	ף	ל	צ	מ	ב	א	י	ל	צ	ד	ל	ן	צ	ע
ל	ד	ח	צ	ו	ע	ש	ם	ת	ן	מ	ו	ה	ו	ר	ר	ס
ו	ה	ה	ר	ל	ה	ג	ד	י	ר	ב	ו	מ	א	ל	ל	ה
ר	ל	ה	ק	ס	ו	ג	ש	א	ח	ב	ת	ק	מ	ע	ה	ת
א	פ	י	ל	ו	ו	מ	ן	ו	ש	ב	ע	ל	ו	פ	י	ש
ד	י	ו	ן	ו	ר	ת	פ	ו	פ	ח	ו	פ	ר	פ	א	כ
ה	א	א	י	י	מ	ח	נ	ר	ו	ב	ך	נ	ה	ו	ר	ח

טרגי
צוות
התעורר
משך
כפפות
לקרצף
השפעת
דיון
רפואית
זמין
אמורה
שכח
בעמודה
אפילו
פתרון
עתיק
נוכחים
המקל
גדולה
להגדיר

Puzzle 439

מ	ל	ר	ע	ע	י	ב	ת	כ	ר	ד	ב	ק	ל	ט	ת	ח
א	ס	ע	ח	ח	צ	פ	י	א	ש	ס	ת	ה	ר	ו	פ	א
י	מ	ב	ף	ע	י	ת	י	ט	ד	ו	י	א	ד	ה	ו	א
ר	ח	ה	פ	ב	ה	ו	צ	ר	ר	ק	ס	ר	פ	א	ח	ב
ח	ר	מ	ז	ת	ת	מ	ל	ע	י	ש	ג	ר	י	ו	י	ו
ס	ב	א	כ	ג	ו	ק	י	נ	א	פ	ו	ת	מ	ה	ו	ח
ה	ו	ת	ח	ע	ש	ת	ן	ל	ו	מ	ו	ג	י	ד	ו	ד
ק	ל	ם	ר	ר	ל	ת	ב	י	ט	ח	ן	ר	ב	נ	ר	פ
ן	ן	ב	ר	מ	ל	י	י	ר	נ	כ	ש	י	ס	מ	ה	ס
ט	ב	ה	ד	ת	ו	י	י	א	ד	ב	י	י	ו	י	ל	ר
מ	מ	י	נ	ש	ו	מ	ג	י	ו	ש	נ	ד	ר	פ	ו	ג
נ	ו	ס	ש	מ	ה	ן	ת	י	ט	ו	פ	נ	ב	ב	ו	ה
ד	ד	ד	י	ט	ב	ת	י	ב	ס	ר	ר	ע	ם	כ	ח	נ
י	ש	ב	ת	ר	ג	ח	מ	ה	ו	ו	ב	ח	ד	ב	ל	מ
ר	ר	נ	י	ו	י	א	ל	ר	ו	ש	ו	ש	ל	ל	ה	ן

בסדר
חטיבת
כיתה
ראיות
ולהרוויח
קלטת
אפרסק
הפכה
נברן
תן
דיג
תפוח
דוד
מנהג
לנער
מלבד
חכם
לציית
הרופא
סטודנט

Puzzle 440

ה	י	ו	ו	ב	ק	ה	ת	פ	ד	ק	ס	ל	ל	ב	ד	א
י	ד	פ	ח	פ	ר	פ	ח	כ	ל	ו	צ	י	ת	ע	ל	ע
ו	ע	פ	ס	י	ק	ת	ו	ה	ר	ס	ו	ן	ל	נ	ה	ת
ר	ק	ב	ל	נ	ע	ה	ש	מ	א	ע	ד	א	י	ו	א	ה
מ	ח	ן	נ	ת	י	ד	ה	ח	ר	ב	מ	ם	ל	ס	מ	א
ה	פ	מ	ס	פ	ע	ה	י	ל	ס	ס	ו	ה	י	ו	ו	ל
ג	נ	י	י	ל	מ	ר	צ	מ	ל	א	א	ל	ש	ו	ע	ב
ה	ר	א	כ	ה	מ	צ	ל	מ	ה	ל	ס	ש	ו	ל	ח	ב
י	ב	מ	ב	ו	פ	ו	ו	ר	ת	ע	פ	כ	ו	ס	ת	ע
ב	ר	מ	ר	ת	א	ל	ג	ו	ל	ל	ק	נ	פ	ו	י	ת
ו	ב	ח	נ	ו	מ	צ	ר	ב	ז	ת	ת	י	ב	מ	ו	ח
ע	ת	ל	ו	ס	ת	ע	ת	ו	ה	ז	ל	ת	י	ו	ל	ו
ס	י	מ	ר	ל	י	ו	פ	י	ב	ר	מ	ק	ו	ח	ת	ד
ב	א	ו	ד	ו	ר	ק	א	ל	ה	ו	י	י	מ	צ	ל	ל
ם	ו	ם	ס	מ	ה	ג	מ	ם	ו	ט	ו	ד	ו	ת	ו	ר

ולצעוק
מלחמה
חומוס
שלהם
מצלמה
בקר
תחושה
הרס
פיל
זהות
ואספקת
רגולציה
לוויה
פסיק
קרקע
עסוק
קלה
כתובת
כוס
בפינת

Puzzle 441

ה	מ	ב	ת	ה	מ	ת	י	ת	ה	י	נ	ת	י	ו	מ	א
מ	ו	ב	י	ו	ע	פ	ש	ג	ד	מ	פ	י	ל	ו	י	נ
י	ב	ג	י	מ	כ	פ	נ	י	י	י	פ	י	ע	מ	ו	צ
י	ס	ל	ר	ת	ב	ע	ה	ג	ר	ז	ל	מ	ו	ד	ן	י
מ	י	נ	ו	ם	ש	ב	י	ח	ח	ר	ב	ס	ו	ו	ד	י
י	ר	י	ן	ו	י	ה	◌	ד	י	ב	פ	ע	ל	ל	מ	ד
א	י	ר	ת	ה	ג	י	י	ה	ל	ד	מ	ד	כ	ו	ג	ל
פ	ר	פ	ר	ד	צ	י	י	ו	ד	ר	ג	ת	ד	ה	ש	א
מ	ף	ו	ש	א	ב	נ	א	נ	ו	ו	ב	ו	ר	ק	ם	י
ה	ח	י	ו	ו	מ	ה	ק	ו	ת	ם	ג	נ	ר	ו	מ	ו
ר	ת	ב	צ	צ	ר	ה	נ	ק	ד	נ	ס	מ	ו	ו	ד	י
א	כ	כ	ר	ל	ב	נ	ע	ל	ל	ת	י	ו	ו	ע	ד	צ
ש	ב	ס	א	ת	ו	ק	ד	ש	ו	ח	ם	י	א	ר	נ	ל
ו	ע	מ	ל	ן	י	ע	צ	מ	י	י	ם	מ	ע	כ	מ	ג
ן	ו	ם	ב	י	ג	י	מ	פ	א	ל	ד	א	נ	ש	י	ם

קרוב
מסעדת
לב
ילדות
נראים
שם
חברתי
דקות
נתח
ישנה
צרה
הגייה
כבשי
בדרום
אנשים
פרפר
הראשון
מיומנות
ללמד
עצמיים

Puzzle 442

ב	י	ש	א	פ	ו	מ	ה	ל	ר	ו	פ	ב	נ	ע	ד	ד
ה	א	י	י	ל	ו	ג	ב	ר	י	ק	ל	ו	מ	ב	י	א
א	ך	ז	ש	ס	ו	ט	ב	צ	כ	ו	ס	ת	ם	י	ה	א
ח	ל	ב	ו	ל	ט	ב	י	ו	ז	ח	ט	ל	א	ר	ג	ן
א	מ	ב	ת	ר	ו	צ	ד	ו	ה	נ	י	פ	ל	כ	פ	ה
ק	ו	ל	ת	ד	נ	ו	ו	נ	ל	ש	ק	י	ו	ה	י	ד
ן	ת	ת	ש	ו	ח	י	ה	ם	ו	א	נ	א	א	ר	ת	ר
ז	י	ה	פ	ה	כ	ו	ן	כ	ת	ו	ו	ש	ה	ג	ו	ר
ר	א	ר	ד	ר	פ	כ	י	ת	ר	ט	ה	פ	ש	י	ח	י
פ	כ	ג	ל	ר	ל	ו	ן	מ	ו	ג	ע	ו	י	ש	ם	י
ל	נ	ת	ש	י	מ	ב	ה	מ	ע	א	ה	ח	ו	ו	ט	ע
ם	ף	ג	מ	מ	כ	א	פ	מ	ו	ר	י	ס	י	ר	ו	מ
ג	ת	ט	א	י	י	צ	י	א	נ	ן	א	י	ג	ן	ק	ד
ה	נ	ת	ו	מ	ר	ב	ו	ח	ו	ד	ה	ו	ן	ה	ב	ת
ו	ח	ו	ע	ה	ס	ע	פ	נ	ד	י	י	ר	ב	י	י	מ

אופי
קיר
אצבע
מלך
באזור
כפור
ולהזכיר
חלב
חופש
הכבידו
שוחי
לארגן
שלווה
כלפי
פיתוח
טווח
הרגישו
פלסטיק
צורת
שלנו

Puzzle 443

ב	פ	ו	ה	נ	ח	ל	ן	ב	ל	ט	מ	צ	א	מ	א	ש
י	ו	מ	ו	ש	ב	ר	ו	נ	נ	ו	ן	כ	מ	א	מ	ו
מ	מ	ת	ת	ח	ל	פ	ם	י	ו	ו	ן	ש	צ	ת	נ	ב
ל	ת	ר	ו	א	ג	י	צ	מ	מ	ס	ג	ה	מ	מ	ש	נ
ע	ש	ר	ג	ו	י	ס	מ	א	ב	ח	ר	ח	ר	ל	א	ל
נ	ק	ה	ה	ד	ד	ה	ת	ר	ס	ק	ו	ת	ל	י	פ	ן
ר	ת	ש	נ	י	ו	ק	י	ח	צ	מ	ר	ב	ח	מ	א	צ
ו	ח	י	ת	ש	ר	ם	ק	פ	מ	ש	ק	ה	ת	ו	נ	ח
ר	ת	ד	ה	ן	י	ת	נ	י	ו	י	נ	כ	ל	ה	י	ח
ל	ו	ו	ש	ס	ט	פ	ע	א	ו	ת	ש	ו	ב	ה	ה	נ
ך	ן	ר	ו	א	ם	צ	מ	פ	ו	ד	פ	ת	ן	ס	ר	ס
פ	ח	ו	ש	ה	ם	י	ע	י	פ	ש	מ	ב	ר	כ	ה	י
מ	נ	מ	נ	י	ט	ס	ך	י	ל	ו	ר	ו	ת	ג	ש	ו
ד	ל	מ	י	ק	ג	נ	ל	ו	ה	ו	ת	ח	ע	ן	ף	ד
פ	י	נ	י	ב	נ	מ	ע	י	ה	ב	ב	ת	ו	כ	ר	מ

משפיעים
ענקי
מאושרת
עשר
כותב
חנות
שידור
התרסקות
לגידור
תשובה
תחתון
מצחיק
מחבר
אכן
התנהגות
מושב
לרחרח
לבחור
אודישן
סט

Puzzle 444

האויב
הקפאה
זמינה
נשא
זכו
קטן
טחנת
פונקציה
ליישם
שארית
מינים
התראה
דוב
כפל
קיפוד
שווה
מונית
חיבה
יחסים
קשור

ב	ו	ש	ד	ש	י	ל	ת	נ	ה	מ	ע	ת	ם	כ	נ	ה
ק	ש	ו	ר	ש	י	ף	ה	ק	פ	א	ה	נ	י	מ	ז	ק
ש	ב	ל	פ	כ	נ	ה	ח	כ	ז	כ	ו	ח	ס	ת	ט	ו
א	ת	מ	א	ת	י	מ	י	ה	ז	ר	ו	ט	ח	ן	ב	א
ר	ט	י	מ	פ	מ	ו	ה	א	מ	נ	ש	ל	י	ע	כ	ס
י	ד	ג	ב	ל	פ	ו	ה	ו	ל	פ	י	א	ס	ן	ל	א
ת	ר	צ	מ	פ	פ	מ	ק	י	פ	ו	ד	ע	פ	ד	כ	ן
ח	ן	ל	ו	ב	ן	פ	ו	ב	ט	נ	ע	ד	י	ג	מ	ח
ו	ת	י	נ	ר	ה	א	ר	ת	ה	ק	א	ם	י	נ	י	מ
ת	ד	נ	י	ז	י	ו	ו	ו	ל	צ	ה	ה	ו	ו	ק	ז
י	מ	ו	ת	ח	ת	ב	א	י	ב	י	ס	ח	ו	ר	פ	ם
ב	ג	ט	ע	מ	כ	ד	י	ו	ט	ה	ה	ב	י	ח	ש	ע
ב	י	א	י	ב	א	ש	נ	א	ש	נ	מ	י	ר	ר	מ	ד
ל	ו	ב	ש	ז	ם	מ	ר	ד	ש	פ	א	ו	מ	ם	ת	ת
ל	י	י	ו	י	ו	מ	ר	נ	ר	מ	א	ח	צ	ו	ע	ת

Puzzle 445

מ ל צ י ר ו ז ר י ך ר ש ר א ן ב ו

ש ב ו ש ב ו ו ב י ק ו ר ת ח י מ צ

ר י א י ש ד צ י ו ת ש ר מ י ב י נ

ע ן ה ע ב צ ה ת ע ל ו ת ב ו מ ו ל

ר ש ר י ב ו ח נ ב ר ו פ י ק ט ת ל

ו ח ר ג ח ה מ י ר מ א ס ר י ר מ ה

מ ו ש ה מ ן ש י י ל ה א ם ה י ש ט

ר ב ל נ ת ר ב ל מ ר ו י ח מ פ א ע

ע צ י צ ת ע א א ח י ט ק ר א ה ר ו

ע ע ו מ ו מ ן ק ו ב מ צ מ מ ו נ ת

ל ר ו ש ג ג א ס ב ר ת נ ש ק ד כ ם

ג ה נ י ה ו ל ר א ע א ו ו ב ו ָ ו

נ ב א כ ה י ר פ ס מ ת ע כ נ ס ן ק

מ ל א ו ח ד ה ו ב ע ו ה ם ל ש ו מ

ר ר ס י ע ר ל ר י ע א נ ו א ו ע ב

הגיע
ביקורת
מושלם
צנועה
בשמחה
אלימות
אשמתו
במקום
נוטים
הארקטי
מערבי
הצבעה
ספת
הכאב
צמיחת
צב
מבין
תולעת
להטעות
מספרי

Puzzle 446

מזרקת
להקים
יד
אור
הים
שלך
גורם
שוקולד
טעות
מוכרת
המאה
רפורמה
פחם
בספר
עז
דין
יורדים
צנוע
להבקיע
משאב

ת ה ם י ן י ל ג ב א א ח א כ ה ד ש

ר ת ש י ר ד ם ו ת ש ו ק ו ל ד י ו

ך א ל ב ב ח ש ר ט ע ו ת ר ד ע י י

ל נ ת ח ת ע ָ ם ו י פ ר ו ד י ה ו

מ ם י ד ר ו י ת ו ח י כ ש מ ם ב י

ש י ו י ת ח ת ד ו ו ק ו ה ו ם י ה

א ה ל ה ת י ק ו ו ם פ מ מ א ח פ נ

ב ש ו י ו ת ו ו מ ד א ם ר ר י מ ו

א ש ם ח פ ב מ ה ט ה י י ו ו ג צ ע

ן מ א ו י ח מ ו ס ם ם ו פ ו א נ ה

ס ג ק ר ט ס ע א מ כ ת ך ר ו מ ו ו

ם י ק ה ל ז ס ל ז ח ל ה ב ק י ע ר

ן י ד ו ש ל ת ס ר ש ה י ו י ת ר צ

ל א מ ר פ ס ב ד ק ו נ ר ב ש ח כ ו

ה ר ו י ה ס ד ר ת א ף ה ד ת נ ר מ

Puzzle 447

ת	ל	א	ן	ל	י	ע	ו	ג	ב	ט	ז	ו	ך	ד	מ	א
א	ב	ם	מ	ק	נ	י	ת	י	ד	ר	ר	מ	י	מ	כ	מ
פ	ר	ו	י	ק	ט	צ	ח	ר	ן	י	י	י	ר	מ	ק	י
ע	ו	פ	ח	ר	י	ו	ל	ב	ד	ק	ק	ר	ע	ו	י	ל
ד	ק	נ	ו	א	ח	ב	ר	ת	י	י	ה	י	ה	ם	מ	כ
י	י	י	פ	ו	ר	א	ק	ה	ו	פ	ד	ל	ל	צ	מ	ו
ו	ב	ה	ת	ל	א	מ	ו	ד	א	ג	ו	פ	ה	פ	ו	ב
נ	מ	ו	ר	ד	י	ת	ש	מ	מ	ד	ק	נ	ו	ז	ת	ע
ו	ד	ף	ד	נ	ל	מ	ב	ה	מ	ה	נ	י	ט	מ	פ	ה
ו	ן	ו	ס	ת	ד	ד	ו	כ	י	ו	ל	א	מ	נ	י	ל
ת	ג	ה	ר	פ	י	ר	ן	י	ב	ז	ב	י	ד	י	ר	ב
א	ס	א	ע	ה	ו	א	ע	ו	ס	מ	נ	ס	ה	ם	ה	ז
ג	ר	מ	ס	ו	פ	ר	מ	נ	ה	ל	מ	ר	ו	ק	מ	מ
ו	ת	פ	פ	ו	ו	ז	ר	ה	ו	נ	ת	מ	ס	ו	ב	פ
מ	א	מ	ר	ע	ר	ע	ו	ב	ל	ר	ב	ל	ו	מ	ת	ו

לנקודה
לבד
תפוחי
מנסה
בשוק
אחרים
זריקה
צהרי
סדרת
פני
מנהל
ביקור
להוט
להעריך
עיצוב
זמנים
מודאג
פרויקט
בקהילה
טריק

Puzzle 448

ו	א	ו	נ	ל	ן	ל	ה	ל	א	ב	ם	ו	ו	ש	ק	י
צ	י	ר	נ	מ	י	ת	פ	ת	ו	ל	ה	ת	ח	י	ל	ס
ח	י	ו	נ	י	ש	ו	ס	ה	ה	ב	ל	ה	כ	ב	ר	ג
ב	פ	ב	א	כ	ע	ט	ל	ו	ב	ש	מ	ל	פ	ע	ב	ו
נ	א	י	ן	ב	ח	י	ר	ר	ו	ס	ה	א	פ	ו	י	י
ן	פ	ד	ר	ו	ע	ו	ו	ת	ת	ם	מ	ש	ל	ס	נ	ג
ה	י	ר	א	פ	ס	מ	ל	ת	ע	ל	ש	ב	מ	ל	ל	ע
פ	ז	מ	ד	ב	ר	ת	ד	ם	פ	ו	ז	ז	י	ת	א	י
א	ר	ר	ח	ל	ן	כ	ב	ת	ב	ו	ג	ר	ן	נ	ו	ם
ר	ג	ל	ל	ע	נ	ו	ל	ו	ד	ש	א	ת	ו	ת	מ	י
ה	ע	י	ר	ת	ה	ו	ב	נ	ה	ס	ן	ה	ד	ח	י	ן
י	ה	ג	ש	מ	ר	נ	ד	פ	ו	ב	ו	י	ש	ו	ק	ו
ק	פ	מ	י	ר	ת	ר	ו	ל	ש	ו	ל	ח	ז	ו	ת	י
א	ן	ר	ת	ה	י	י	א	א	ג	ע	ו	מ	ה	ש	ע	ע
ג	ת	·	ו	מ	ג	י	ב	ו	ה	נ	ת	ו	א	ו	י	א

הסורר
בלבד
הלכה
שדון
דיבור
לחזות
כאב
לפנות
יגעים
חיוני
אוהב
בעמדת
שאלה
משטרת
רגל
העיר
בינלאומי
בכה
להתחיל
לזרוח

Puzzle 449

ד	ה	ל	ח	ר	ת	ח	ח	ל	מ	ק	ב	ל	ל	י	י	ת
ק	ג	א	י	ה	ע	ב	צ	א	ה	ש	ק	ב	ח	ל	ר	פ
א	נ	א	ת	מ	נ	י	פ	ל	כ	ע	נ	ו	ת	מ	פ	ק
ם	י	ר	י	ש	ק	ם	ו	ת	כ	ה	ל	ם	מ	ר	ן	י
מ	ה	ב	ר	י	ח	י	ת	ן	מ	א	מ	י	ע	ד	ה	ד
י	ס	מ	ב	ת	א	מ	ה	ו	ו	א	ה	ד	ב	ח	ה	ד
ש	ד	א	ר	ו	ב	י	ם	ש	ר	ד	ו	ד	ם	ר	א	ל
ס	ו	י	א	ו	ל	ע	ב	א	ו	ת	ו	צ	ל	נ	ל	ר
ו	ו	מ	ח	ד	ק	ט	נ	ר	ש	ל	צ	י	י	ר	ם	מ
ן	ק	י	ת	ב	ל	ק	ע	ה	י	ע	מ	ה	א	ר	ב	ל
ן	נ	ו	ל	ט	ה	צ	ם	ג	ה	ג	ש	ו	ר	ה	ר	י
ך	ש	י	נ	ו	ו	פ	א	ל	ן	ב	ו	א	ו	ו	ר	י
ג	ס	מ	ב	ח	ד	ד	פ	ו	י	י	א	י	מ	ד	ו	נ
ו	ב	י	י	ך	ו	ש	נ	ל	נ	נ	י	ו	ה	כ	ו	י
ו	ה	ד	ר	י	ת	ט	ר	ק	ה	ת	י	נ	ת	ו	י	ל

בטוח
תפקיד
רעיון
להודות
גבינת
העשור
לצייר
באותו
טעימים
מקבל
כתום
מאמן
דג
לנשוך
צדדים
להעליב
בקשה
הראשון
כלפי
אצבע

Puzzle 450

א	ר	ג	ו	מ	נ	י	ש	ד	ו	ר	·	ח	י	ן	ת	ף
ו	א	ע	ס	כ	מ	ו	ש	ו	ב	ו	פ	ו	י	ו	ת	כ
ל	ו	ח	א	ו	ר	י	י	ן	ר	ח	מ	מ	ה	ג	ב	א
פ	ת	ו	א	ר	ה	ל	ה	ר	מ	מ	א	ן	ע	ר	ת	כ
ד	ר	ב	ש	ו	ו	ל	ו	ג	ת	ל	צ	ו	א	נ	ה	מ
ף	ח	נ	ז	ד	ע	ר	ת	ת	ג	ע	ת	ד	ה	י	פ	ה
י	ו	ל	ה	כ	פ	י	ל	מ	ב	צ	מ	א	ה	ע	כ	י
ר	א	ה	ג	ו	צ	ב	ש	פ	ר	א	ר	י	ע	ו	ה	ה
פ	מ	ב	ס	ח	ף	ו	ו	י	מ	י	ל	ו	כ	א	ל	נ
ת	ל	ו	פ	ל	מ	פ	ר	ו	ש	ת	ן	ת	א	ד	ח	י
ל	י	צ	ה	ם	צ	מ	י	ץ	ן	ה	ו	ת	ח	א	ו	ך
ו	ף	נ	ר	ש	ד	ר	ק	ו	ב	ב	מ	ו	ה	ש	א	ר
פ	ן	ו	ל	י	ו	ו	ל	ר	ת	ה	נ	י	ט	ה	ל	ג
א	ר	ע	צ	י	ן	י	ד	ו	ל	ה	ר	ו	ו	י	ח	ב
א	ו	נ	ו	ל	א	נ	ל	מ	נ	ה	ג	פ	ר	י	ט	י

לדלקי
עיר
להכפיל
בבוקר
איות
לנבוח
לאכול
וילון
השישי
שלב
הפסגה
לצוף
מיץ
מאוחרת
פריט
להראות
מנהג
ולהרוויח
ליישם
צנוע

Puzzle 451

ן	ל	פ	ך	א	ר	ו	מ	ד	ו	י	ק	ת	ת	ר	ת	נ
פ	ה	ח	ש	נ	ם	ש	נ	ו	י	ב	ע	ל	ה	מ	ת	ר
ד	י	ו	ק	ת	כ	ה	ב	ן	ר	ש	ב	נ	נ	פ	א	מ
ש	ה	ה	ז	ד	מ	נ	ו	ת	י	ה	א	ע	צ	ב	מ	ו
מ	נ	ב	ן	ה	ש	ר	י	י	ח	א	ג	ש	ר	מ	ח	ו
ת	ו	מ	ו	י	ו	פ	ת	ל	ר	ת	י	ר	נ	ב	ת	ח
ן	ת	מ	א	נ	ש	ו	ד	מ	כ	·	פ	י	ר	ז	מ	מ
ר	ו	מ	ר	ג	ת	ר	י	י	ה	ת	ט	ב	א	מ	ע	ל
ק	ו	מ	ו	ל	ת	מ	ד	ס	ע	ע	י	ה	ר	ו	ה	ה
ל	ו	כ	ל	ש	ו	ה	מ	ק	ו	ו	ש	ע	מ	ת	י	ת
◌	ו	ב	ד	מ	ג	י	ג	מ	נ	ו	ו	ש	פ	ג	א	ל
ח	ב	ס	ו	ל	ג	ל	י	מ	צ	א	ו	א	פ	ר	ע	ה
כ	מ	ל	ו	ב	י	ר	פ	כ	ב	י	נ	י	א	ל	ת	א
ת	פ	י	צ	ו	ו	ד	ב	ה	ם	ר	ו	י	ח	מ	ו	ג
ן	ר	ל	מ	ה	פ	ז	א	ב	ו	ו	ו	י	ב	כ	ב	

מדידת
מקסימלית
לו
פטיש
מבצע
תעשיית
דיוק
הכרחי
נשיא
בכפר
הורה
פדרלי
חמלה
מדויקת
הזדמנות
בכלל
להיהנות
למשל
צנועה
רפורמה

Puzzle 452

י	כ	פ	מ	ה	ו	י	מ	א	ל	י	א	א	מ	ש	ר	י
ר	ו	ד	מ	מ	פ	ל	ח	ו	ח	ה	ק	נ	ו	ת	ש	ג
ט	נ	א	ל	א	ב	י	ב	ב	ם	ד	ר	ח	ו	ה	מ	א
א	א	צ	פ	ח	נ	ש	ר	ו	ח	י	ק	ס	ה	ה	י	י
מ	מ	ה	ש	ו	ו	ר	ת	ל	מ	ת	ג	ו	א	ו	כ	ש
א	נ	ו	ש	ם	ז	ת	כ	ו	ל	מ	ש	פ	י	ע	י	ם
א	נ	ב	ש	א	י	כ	ת	ה	פ	ו	ע	ל	ת	ט	ס	כ
א	ל	ת	ר	ר	א	א	ר	ל	ה	א	ו	ט	ו	ב	ו	ס
מ	כ	ר	ס	ם	ע	ש	י	ב	ס	י	ס	י	ת	ה	פ	ה
כ	ר	ו	ם	ב	ו	ת	ל	ר	ת	ו	מ	ת	י	ר	ת	ט
ל	כ	ב	ם	ת	ם	ש	ב	ד	י	מ	פ	ר	י	מ	ל	ל
ס	ו	פ	ת	י	י	ו	י	ה	ר	ח	ה	י	פ	ע	ד	ח
ך	ם	י	א	א	ד	ת	ר	ק	ש	ב	ה	ה	א	ח	ן	ה
ש	ס	ת	ו	ו	ו	ן	ל	נ	ה	ג	י	ל	ו	ל	ד	א
ע	י	ן	ב	פ	י	ת	נ	מ	ל	ו	ג	י	ח	ע	ד	ר

צהוב
אקדח
ספרייה
אביב
תות
רשמי
החלטה
כרכום
בסיסית
הסכם
להרשות
לתפוס
פועלת
נשר
בשקר
הסקי
אפיית
האוטובוס
מחבר
משפיעים

Puzzle 453

נ	ה	ה	ל	ע	י	מ	ר	ר	ב	ס	י	מ	מ	ו	ד	ת
י	ה	ן	ו	ל	מ	ב	ל	נ	א	ג	ר	ד	כ	ח	ו	ל
ן	ש	מ	מ	ב	ו	פ	ה	ל	ו	נ	ף	ר	ם	ר	מ	ב
כ	ר	נ	מ	י	נ	פ	ל	פ	ל	ו	ה	פ	י	ס	ה	ר
א	א	ב	ש	ו	ת	י	ז	ב	ו	ן	ו	ח	ע	ו	נ	י
פ	ה	ן	ן	ו	ד	ע	י	ע	פ	פ	ב	ד	ב	ח	ו	ו
ר	ם	ת	ל	ר	פ	ן	ה	ו	י	ת	נ	ה	ר	ש	כ	ף
ר	ח	ת	ל	ב	ו	נ	ן	נ	ט	ג	ע	י	א	ה	נ	ש
ד	א	י	ו	ק	ס	מ	ו	ל	ן	ו	ס	ר	ל	ע	ה	ח
ה	מ	ע	ח	ו	ס	ק	ם	ו	ח	ד	מ	ת	כ	ד	מ	א
ב	ת	ר	ג	ו	ס	ם	ו	ו	א	ם	ג	י	ת	ח	ם	א
ד	ר	מ	ב	מ	ו	ב	ה	ר	י	כ	ב	ס	ק	ל	נ	ם
ו	ב	י	ה	ר	ק	נ	ר	ו	ו	ר	ה	נ	ת	ר	מ	א
פ	ו	ר	ל	נ	ס	ו	ע	ו	ע	ר	ו	ר	א	מ	ר	מ
פ	ת	ו	ה	מ	ה	ד	ב	ן	ו	ח	ד	פ	כ	י	י	ע

רעוע
פלפלו
חוסר
דהירת
הנכונה
בכירה
ההשראה
דפוס
פינוק
כחול
תושב
טיפול
בחירות
מדף
מדחום
במלון
סגנון
ארבעים
דומה
לכונן

Puzzle 454

כותרת
ממוצעת
גדול
אגרוף
הבקבוק
זברה
להקדיש
שמלת
קטין
קולנוע
להחליט
שוקלים
הנפרד
למעשה
קן
מתכוונים
לשיר
בקצב
קיפוד
מספרי

א	ו	ת	ן	ז	ב	ר	ה	י	נ	ה	ש	ע	מ	ל	א	מ
ו	נ	מ	ק	ו	ל	נ	ו	ע	ד	י	ו	צ	ב	ג	ס	ה
ב	פ	ד	ז	א	פ	י	ד	ש	ר	א	ם	ו	ר	פ	ע	ו
כ	כ	ו	ת	ר	ת	י	מ	י	ש	מ	נ	ו	ר	ך	ב	ל
ע	ה	ת	ד	י	ע	פ	ו	ו	ו	ס	ף	י	נ	ו	ר	ה
פ	מ	ן	ו	ש	צ	מ	ן	ו	א	ש	ש	מ	ש	י	ו	ר
ע	כ	ב	פ	ל	ו	ה	ו	ו	מ	מ	נ	מ	ב	מ	י	ז
א	ת	ק	י	ם	מ	ת	ה	ת	ה	ל	ו	ש	ן	י	ט	ק
מ	ו	צ	ק	י	מ	ו	ב	ק	ל	ת	ו	ה	ם	ח	ת	ו
ת	מ	ב	ל	נ	ה	פ	ק	פ	ט	י	מ	ס	י	ה	ל	י
כ	ו	ם	ש	ו	ל	פ	ב	ש	י	ד	ק	ה	ל	מ	ר	ו
ת	מ	ה	ל	ו	ד	ג	ו	ך	ל	י	פ	נ	ק	מ	י	י
י	ל	כ	ב	ב	ח	ה	ק	ה	ח	ל	מ	ה	ו	ס	נ	ל
י	ה	ו	נ	ת	ס	ג	ו	ל	ה	מ	ן	פ	ש	ז	ו	נ
נ	א	ת	ב	מ	ה	א	י	ד	ל	ר	א	מ	ק	י	ז	ד

Puzzle 455

י	ו	ס	מ	ש	ו	מ	נ	נ	ו	ש	ח	ז	ב	מ	צ	ש
פ	צ	י	א	י	נ	ש	ח	ס	פ	ת	כ	ב	ט	ל	ס	ד
ל	ר	ה	מ	ד	כ	ת	מ	מ	ע	ו	נ	ן	ח	ט	ב	מ
ע	ה	מ	א	ר	ו	ס	ד	ל	ב	ו	פ	ת	י	פ	י	י
ו	מ	ש	ה	ר	נ	א	ח	י	מ	פ	ג	י	·	א	נ	ד
א	ב	ו	ה	י	ב	ל	ת	א	ו	מ	ח	ם	ו	ק	מ	ב
ו	ה	ל	ו	ה	ה	ש	פ	ג	ו	ר	ו	כ	ש	נ	ד	כ
ס	ק	ש	ר	פ	ב	ח	ן	ו	י	ל	נ	ו	ב	ו	ת	ת
א	ד	ו	ד	ל	נ	ו	ה	ת	ע	ו	ר	ר	ו	פ	נ	ל
נ	ל	ף	מ	ב	א	ת	ל	ע	ן	ד	ד	ו	י	ב	ח	ו
י	ת	ג	ד	נ	ו	ב	י	ס	א	ג	י	ח	ה	ש	ש	ל
ם	ב	נ	נ	ו	נ	ל	ל	ח	ו	ה	י	ב	נ	י	ת	כ
ו	ר	ת	מ	ת	פ	ד	ה	ר	ש	ק	ח	ו	נ	מ	ת	ב
ל	ט	ל	פ	ר	א	א	כ	ר	י	נ	ד	כ	ס	נ	ק	י
י	ק	ו	ר	ר	נ	י	ו	ה	ל	ז	א	ב	מ	ג	א	ש

זנקה
הלילה
רוחב
המשולש
הגדול
קנס
מעונן
לבנות
לכביש
הבמה
מבט
צלחת
גדר
זכוכית
נחמד
לשחות
התעורר
דוד
צרה
במקום

Puzzle 456

ב	י	י	ג	ר	מ	פ	ש	י	ת	מ	ן	י	ו	ו	י	ק
נ	ע	ש	ק	ח	ל	ל	ז	ח	ז	א	ת	ס	א	ש	ת	ר
י	ק	ר	פ	ד	ה	ח	ה	מ	ע	ה	ז	ר	ו	ת	מ	ו
מ	ס	ר	ע	ג	ל	ה	ן	ש	ש	א	נ	נ	ס	ח	ה	פ
נ	פ	ו	ל	ל	ו	ן	ל	י	ע	צ	א	י	פ	ק	ש	מ
מ	נ	ו	י	ת	י	ב	א	ו	י	ה	ר	ו	ו	ו	ת	ל
מ	ל	ג	ג	ד	ן	י	מ	ז	ב	ו	ב	א	ז	ש	ר	ן
ה	ה	ר	ו	צ	ס	ו	ג	מ	ו	ב	ר	י	ר	ה	ט	ו
י	נ	ש	מ	ח	נ	ל	ל	ת	ו	ס	ח	י	י	ת	ה	ל
ו	ר	ח	ו	א	מ	ו	ד	מ	פ	ל	ת	ו	ם	ב	ם	י
א	ו	ב	ר	ו	כ	ג	י	ש	ו	ת	ג	ל	ם	י	ה	פ
נ	ש	ב	מ	ב	ב	י	ס	ת	ו	פ	י	ו	ד	ס	ק	ע
ח	כ	ו	ח	א	ו	ת	נ	ח	ו	ה	ע	פ	ו	מ	ש	מ
י	ב	י	ז	מ	נ	ת	י	י	צ	ל	ת	ו	ל	י	ע	פ
פ	ל	ג	ו	ר	מ	ל	ג	ו	ח	ע	ב	א	ג	י	ס	נ

מאוחר
זבוב
גל
גיל
קרפדה
משקפי
אנושי
תג
זאב
מסיבת
ביולוגית
זמן
אות
שמח
פעילות
קיווי
להתייחס
אננס
הגלולה
לציית

Puzzle 457

מ	כ	ק	ה	כ	מ	נ	ו	מ	ק	פ	מ	ק	פ	ע	ח	ו
◌	ן	ט	ב	ב	ש	ג	ר	ג	ו	ד	ו	ם	כ	ר	מ	ה
ו	ח	י	י	ג	א	ג	ו	מ	ר	ד	ל	ת	מ	ת	ע	ה
ר	ל	ל	נ	ז	ב	א	ל	א	י	נ	צ	ו	ש	ל	פ	ש
ה	ו	ש	ע	ל	ל	כ	ל	א	ג	ס	פ	ם	ע	פ	י	ה
מ	ש	מ	ח	מ	י	א	ו	ו	ע	י	ו	ו	ת	ר	מ	נ
כ	ת	ש	ס	ן	ח	ן	ב	ו	ר	כ	ת	מ	פ	ל	צ	ת
ח	ר	ק	ב	ו	ת	ד	י	ה	ב	ו	ר	מ	פ	ו	ו	ר
ד	ג	ת	ו	ו	ה	י	ת	ו	ה	י	נ	צ	ו	ו	ר	ו
ד	מ	ו	ן	ו	ל	א	ע	א	ת	ו	ש	ח	ר	ל	ה	ב
ו	מ	י	י	ל	ר	פ	ה	ש	ו	ו	א	י	ל	ו	ק	ד
א	י	מ	ע	ר	ד	ט	ס	ר	ר	ן	י	ק	ג	י	·	י
ל	צ	א	ר	ש	ר	ו	י	ב	ו	ן	ר	כ	ץ	י	מ	מ
ה	ר	י	ב	מ	ג	ד	ב	נ	כ	נ	ב	א	מ	א	צ	ו
פ	נ	פ	ך	כ	ל	א	ו	מ	ח	ן	ד	י	ט	ש	ד	ת

מפלצת
עניבה
מחמיא
בילה
רבה
סיכוי
שליט
דבורת
אגס
בקיץ
חכמה
שולחן
שיר
לצפות
רופפת
סבון
כאן
מצחיק
להתחיל
רגל

Puzzle 458

בפרט
מפורסם
תוצאת
בשפע
בדיוני
הליכת
או
ראה
הולך
אחריות
גס
לזהות
ארוך
פסנתר
קצה
מנת
סכנת
מי
פלסטיק
להעריך

א	ו	ר	ת	ש	ה	ם	י	ב	ב	י	י	מ	ך	ו	ט	ה
ר	ו	ו	ת	ת	ל	ס	ל	פ	פ	ת	כ	י	ל	ה	נ	ב
ו	ר	א	ו	ה	א	ר	ן	ג	ר	ו	ן	נ	ו	ב	ג	נ
ך	ל	צ	ה	נ	ע	ו	צ	ה	ט	ה	ק	ו	ה	ו	ו	ן
ע	א	ן	ז	פ	ח	פ	ב	פ	ל	ס	ט	י	ק	ו	ר	א
ת	ר	ו	ל	י	ט	מ	פ	י	מ	ד	ק	ד	ה	ב	נ	פ
ו	א	פ	נ	ט	ב	ת	ד	י	י	ר	מ	ב	ד	ש	י	ו
י	ד	א	ר	ל	◌ָ	ר	ו	ק	מ	י	ר	ש	ו	ל	צ	י
ר	ב	ג	נ	ן	ו	י	ו	ר	ו	ו	י	ד	מ	מ	י	ע
ח	מ	ה	ד	ו	ת	נ	ת	נ	ה	ו	ד	מ	א	ל	י	ו
א	ו	ש	ן	ג	ו	ב	ת	פ	ם	ת	כ	א	ה	ן	ה	מ
י	ת	נ	מ	ס	ש	ו	ס	ך	י	ר	ע	ה	ל	נ	י	ק
א	ו	ת	ב	פ	ו	נ	נ	ם	ו	מ	י	י	ה	ש	ק	ה
ר	ח	ר	ע	נ	ת	י	י	ת	ח	כ	ו	ן	מ	ה	ס	א
ק	ה	צ	ק	ר	ת	נ	כ	ס	י	ל	ג	ו	י	ד	ל	ש

Puzzle 459

י	ק	ס	א	ל	כ	ח	ל	ל	י	ו	א	ש	ל	ו	ר	ד
ק	ו	ת	א	ש	ו	נ	ה	א	ל	פ	ו	א	ח	י	מ	ח
צ	מ	י	ר	פ	צ	נ	נ	ס	ו	נ	ג	ל	ל	ו	ה	נ
ה	ת	ו	ח	ה	ש	ל	ו	ו	ה	ל	צ	י	נ	ד	ג	ח
ג	ה	א	ה	ב	ה	א	נ	ר	ב	ד	מ	מ	ח	ק	כ	י
ה	ל	א	ב	ל	כ	ל	ת	מ	ס	ו	ג	ל	י	ם	ו	מ
ט	י	ד	י	ו	מ	פ	ח	ו	ת	פ	ת	ו	י	נ	מ	ה
ל	ך	ו	ת	ו	ה	ד	ם	ח	מ	ג	ד	פ	ח	ס	פ	ל
ת	ו	ה	ה	ר	ה	י	י	ו	ר	ר	י	ה	ר	ח	י	ל
ת	ף	ר	כ	ל	ו	ע	ש	ו	ה	ד	ר	ח	פ	ר	ב	מ
ח	ם	פ	י	נ	כ	ו	ב	ה	ע	י	ח	ו	ו	י	ן	ו
ג	י	ח	נ	מ	ת	נ	ע	מ	ש	ו	ב	י	א	ה	י	א
ב	י	ע	ו	ל	ד	ת	ה	ט	ר	מ	ד	ו	א	ע	ו	ה
י	ם	ל	ו	פ	ו	נ	י	כ	א	ו	צ	ה	ב	ו	נ	כ
ר	י	ב	י	ל	ש	י	ו	ך	ע	מ	נ	מ	ה	ר	ו	ח

מסוגלים
הנושא
מעדיפים
פלא
שונה
חלל
סתיו
אהבה
לאסור
התיבה
שבעה
פרחי
מכה
המניות
תהליך
ידוע
עונת
פתוח
אומללה
שלווה

Puzzle 460

ב	ו	י	ב	א	י	ד	ד	נ	ו	ש	ו	כ	ו	ו	א	ח
מ	ן	ר	ס	ג	י	צ	ה	ל	י	ל	מ	כ	ב	ן	ט	ו
נ	כ	א	ל	ד	ג	ן	ר	ט	ש	י	ל	א	ל	א	ו	מ
ר	ש	מ	ר	ת	ת	ו	ה	ו	נ	ת	ט	ג	א	ת	ל	פ
כ	י	ו	י	מ	ו	ו	ע	ד	ד	ס	ו	ו	ד	מ	ת	ד
ו	מ	מ	ר	נ	א	מ	ק	א	ד	מ	ת	ב	ר	נ	י	ט
ו	ה	א	ק	ל	י	ם	ד	א	ת	ל	ח	ע	ל	מ	ר	צ
י	ם	ם	ר	ת	ר	י	ו	ו	ת	ד	ו	ר	ג	ל	ב	פ
ו	ה	א	י	ד	י	י	נ	ע	י	א	ש	ח	י	ו	ו	ב
ם	ד	ש	ר	ח	ה	ק	מ	א	כ	ר	ת	ה	ח	מ	ש	ב
ת	ט	צ	ו	ד	ל	ו	י	ו	ב	מ	ס	ל	ו	ל	ו	ס
ו	ש	·	פ	ל	ב	י	ה	ו	ש	ו	ה	ד	ב	ו	צ	ע
י	ע	מ	א	י	ב	ו	מ	מ	פ	ו	א	ר	ת	ק	ר	ח
א	ו	ו	ד	ו	ג	ב	י	נ	ה	מ	ו	ש	ב	ע	י	ם
צ	ר	ו	י	ה	ו	י	י	ו	ו	ד	א	ד	מ	ג	י	ו

אדם
דם
שמר
שיטה
גבינה
האקלים
המושבעים
עצוב
להציג
אדמת
בכיתת
סלרי
לקנות
תחושת
קול
מפוארת
במסלול
רק
אשתו
בשמחה

Puzzle 461

ו	ת	א	ו	ף	ש	ע	ד	ו	ש	נ	ו	מ	נ	ו	ל	ו
נ	ק	ל	נ	ל	ט	מ	ר	ו	י	ה	ב	ש	ב	ש	ן	ת
ע	ד	ה	מ	ו	ד	א	ג	ת	ב	ו	נ	ל	ו	ו	י	מ
ס	ם	ק	נ	ו	ד	א	ד	ת	י	ד	ך	ח	ה	ן	נ	ו
ו	ת	ט	ו	ה	ל	ן	נ	צ	ר	ד	ב	ת	ר	י	ז	ע
ק	י	י	ד	ל	ת	ם	ת	ר	י	ר	י	ן	ט	נ	ר	ד
ת	ה	ן	מ	י	פ	ר	י	ל	ח	ג	ו	ו	מ	ת	ל	ו
מ	ה	ב	נ	א	ש	ט	נ	י	ב	י	ג	י	ב	א	פ	ן
ו	ב	ו	ב	ח	ר	ב	ה	ל	י	ל	ג	ס	ס	ס	ם	ו
ח	ו	ד	ה	ה	ן	ד	ד	ך	י	י	ר	פ	ר	מ	ט	ד
מ	י	ת	ן	ח	ג	נ	י	נ	ל	א	ע	ו	ט	ד	ן	ז
י	מ	ל	ש	ל	ה	ש	כ	ר	ה	ק	ת	ו	ל	ע	ם	ת
ל	ו	ן	ל	ח	ת	ל	נ	ת	ל	י	נ	ו	ץ	א	ו	צ
נ	מ	צ	ל	ו	ל	ר	ע	ע	צ	מ	א	י	מ	ש	ז	ח
ק	פ	ל	י	נ	י	ת	מ	פ	י	ו	ו	ה	ט	ח	י	ר

היו
בסרט
זירת
ייעוץ
רגיל
עלות
פסיון
נדרש
להקטין
מועדון
דובדבן
עצמאי
לילך
משלחת
להשכרה
בחברה
מטרה
מודאגת
עסוק
להוט

Puzzle 462

אשת
אמון
יער
שמש
רכיבת
אלה
צפופה
לערב
הקנגורו
תמיכה
טיפש
ירח
אתגר
מעשי
לשלהם
הדמוקרטי
בחדר
מכשפה
מלחמה
מלך

י	ן	פ	ה	ד	פ	מ	ב	ב	ו	ע	ף	ו	מ	ב	פ	ן
ו	א	ת	ש	ו	ו	ע	י	ח	ד	מ	ש	כ	ס	ר	ו	ו
א	ל	ה	נ	י	ו	י	ש	ו	ת	נ	י	ע	ת	ן	ה	כ
מ	כ	ש	פ	ה	כ	י	מ	ת	ב	י	כ	ר	ב	ח	ד	ר
ט	י	פ	ש	מ	ש	ט	ש	י	ו	א	י	ח	ש	ר	ז	א
ל	ו	מ	מ	ח	כ	ר	ה	ע	ב	ת	ש	א	ד	י	ת	י
ו	ו	י	ב	ל	נ	ק	ש	ו	מ	ג	ב	כ	ו	ר	ו	ג
ו	י	ל	ר	מ	מ	ו	ש	א	ר	ר	מ	כ	ת	ו	ו	ב
ר	ך	ל	ר	ג	א	מ	ה	ק	מ	ת	ע	ר	ד	ר	ק	י
מ	ל	ד	י	א	כ	ד	נ	ו	ש	ו	ר	ו	ג	נ	ק	ה
י	מ	ע	י	ר	ש	ה	ה	ת	ע	ל	ן	ם	פ	נ	כ	ח
נ	ס	ק	ר	ר	מ	ן	ו	ת	ק	ן	ו	ר	א	י	ה	ל
י	ח	ו	ר	ב	נ	ל	ש	ל	ה	ם	ך	ק	ל	ה	מ	פ
צ	פ	ו	פ	ה	ג	א	נ	ע	מ	י	נ	ע	ן	כ	ל	ב
ש	ד	ד	י	ע	ר	א	ל	ו	ך	א	י	ר	א	ב	ת	ס

Puzzle 463

ה	ה	ק	ו	ח	ש	ל	ל	ד	י	י	א	ח	ר	ד	א	ת
צ	ו	י	כ	ג	ג	כ	ש	ב	כ	מ	י	פ	נ	ף	ע	י
ל	ס	ב	ם	ל	ה	ת	נ	ד	ו	ב	ה	ר	א	ו	ו	ש
ח	ע	א	א	ו	ב	ו	ת	ו	י	נ	מ	ח	ד	נ	ל	י
ת	ר	ש	א	מ	א	ב	כ	ע	ה	ע	נ	ה	ו	ם	ו	א
כ	מ	ט	ת	ו	פ	ט	מ	נ	מ	ח	י	ד	ו	י	ה	ל
ו	ו	א	מ	ו	ו	א	י	ג	נ	כ	ב	ל	ו	פ	כ	ת
ל	נ	ה	ת	פ	ר	ת	י	ח	פ	ת	ו	י	ד	ו	ס	י
ע	י	ח	ה	נ	ת	ש	מ	ש	י	ל	ת	י	ב	ק	ו	ש
ר	ן	ל	ר	י	ר	ם	ב	ם	א	ה	י	מ	ה	י	ח	י
מ	ק	ו	ע	ם	י	ל	ע	ב	ה	ן	ר	ו	ז	א	ב	נ
ת	י	א	י	מ	ה	נ	ד	ר	ח	ח	ו	ר	ו	י	ב	ר
י	ס	א	צ	ו	א	פ	ד	ר	ב	ב	ש	פ	ג	ם	ק	ת
מ	ל	ס	ו	ל	ה	ר	מ	מ	פ	ר	ק	ר	מ	כ	ר	כ
מ	ו	כ	ב	י	י	י	ד	י	מ	ת	ב	ש	ב	ש	ו	מ

הבעלים
חברת
יסודיות
לכתוב
תעודה
אישית
נוף
משתנה
גרב
חמניות
שחוק
כפול
ערמוני
פותחן
הצלחת
רופא
באזור
מושב
קשור
עיצוב

Puzzle 464

ז	מ	ש	ט	י	י	ה	י	ל	ק	מ	פ	נ	א	כ	ו	ט
ל	ר	ו	ת	ת	ל	מ	י	מ	ד	ך	ו	ת	ן	ו	ל	ה
י	ב	ו	מ	ג	ת	י	ת	ר	י	י	ו	מ	פ	פ	ם	ז
ב	ן	א	ל	א	י	י	ב	ו	ב	פ	מ	ו	ו	י	ת	ב
מ	א	ו	ד	ב	ה	ב	ה	ת	י	ו	ע	ן	ו	י	ל	ש
ה	ת	א	ו	ר	ו	ג	ג	פ	ו	ל	ב	ל	ע	ש	ג	צ
כ	צ	ת	ג	ב	י	נ	כ	ס	פ	ן	ת	ח	ת	ש	ח	פ
ע	ל	ו	מ	ח	י	ו	נ	ר	ק	י	נ	א	ב	א	ה	ק
נ	ו	ו	פ	ה	ו	ק	ל	ע	ו	ם	י	ם	ב	ט	ס	ר
י	ח	ת	ד	ב	ו	ע	ל	ה	ד	ח	ס	י	ג	ע	י	ם
ש	י	פ	ג	ל	מ	ל	מ	ת	ר	ע	ו	ק	ן	י	ב	מ
ר	כ	כ	ם	מ	ף	ר	ד	ז	א	ר	ף	ח	ס	ב	כ	י
מ	ו	ד	ו	ה	ב	י	ה	י	ס	ל	ש	ו	ו	ר	מ	ל
י	ה	ב	ח	ו	נ	ו	ח	פ	צ	י	א	צ	כ	י	מ	ח
מ	ל	ש	ע	ן	ד	י	ב	י	ה	מ	ו	ג	נ	ר	ג	ד

כביסה
פועל
טלפון
למרות
חדה
עובדת
שווא
רכי
מה
חולצת
שליו
אבא
לגלות
צוחקים
להוכיח
סוף
מאוד
ללמד
מבין
יגעים

Puzzle 465

ש	ק	ו	נ	ו	ר	ב	מ	ה	ב	ו	ה	פ	ל	מ	ת	ה
ק	ר	י	מ	ב	מ	י	ה	מ	י	ל	ש	פ	ז	ו	ב	ב
ק	ק	ד	ק	ת	ר	נ	ל	ו	י	מ	ס	ל	ר	ב	ל	י
א	ע	ן	ל	ל	א	ת	א	פ	ף	ו	ח	ז	ל	ם	צ	ת
ו	א	ו	ר	ז	ת	ת	ל	ה	כ	ו	מ	מ	מ	א	ח	ה
ל	נ	ר	ת	י	ת	ר	ו	ס	מ	ם	י	י	ר	ה	צ	ה
כ	ש	ח	ך	ע	ו	י	ל	צ	ב	ה	מ	נ	ְ	ו	פ	נ
ע	ק	א	ש	ר	ע	ת	ו	ו	ל	צ	י	ש	כ	ב	נ	ק
פ	מ	ע	ם	נ	ט	א	ת	מ	ר	י	י	י	מ	ל	ע	ו
ש	ל	נ	ב	ג	ה	מ	א	מ	ק	ר	ס	ה	ע	ש	א	ח
ן	ת	מ	צ	ה	ל	כ	ו	ו	ב	ח	ל	צ	י	פ	מ	מ
ב	ב	ג	נ	ו	ט	י	י	ו	י	ך	ב	י	ג	א	ת	ק
צ	ל	א	ר	י	נ	ח	ו	ר	ם	ל	ת	ת	נ	פ	נ	י
א	ו	ח	ה	א	א	ו	ת	ע	ו	א	ת	ע	ד	ו	ה	ב
ת	י	ר	ד	ו	ה	נ	ת	פ	ו	י	ר	ם	ו	כ	ל	פ

עשיית
אורזת
מזל
צל
נשק
במהלך
לתת
האם
כלי
הבצל
בהודעת
בנק
אחרון
הצהריים
מסורתית
שני
קקאו
הביתה
קרקע
להטעות

Puzzle 466

ל	ל	י	י	ס	ה	ל	א	י	ת	ר	ב	ע	ְ	ת	ג	ד
ב	ס	י	ס	ק	ר	ן	א	נ	פ	י	ט	י	ו	ו	א	ה
מ	ו	ו	ן	ו	ר	ש	ע	י	מ	ו	ק	מ	נ	ת	ט	ר
פ	ש	ר	ץ	י	י	ל	ש	ח	ב	ו	ס	ו	ו	י	פ	ב
ל	כ	ד	ק	ף	כ	י	ה	מ	ר	ל	ט	ב	י	י	ל	י
ב	ת	י	א	ה	ז	ו	ר	ל	ח	ב	ל	ך	א	ק	ד	י
פ	ן	ם	ו	ו	ה	ח	י	פ	פ	א	ו	ב	ו	ר	מ	י
ב	י	ל	ס	א	ל	נ	ש	י	ה	ס	ל	ס	ש	פ	ח	מ
ע	ד	א	ן	פ	ו	ש	ג	ב	ת	ם	א	ז	ן	ת	ט	ב
ע	ו	ע	ג	ו	ע	ד	ק	ד	פ	א	ק	ע	ו	ז	י	ל
ו	ו	ע	ש	ח	מ	פ	ק	ת	ד	ר	ם	א	ת	א	י	ו
ת	א	ט	ס	ן	ד	כ	ב	ו	ל	ו	ג	נ	ר	ת	ס	ב
ל	ב	מ	ר	א	ה	מ	ב	ר	ש	ז	נ	ע	נ	י	י	ב
מ	ק	ח	נ	ת	מ	י	ו	מ	פ	ו	ש	ז	ט	ו	כ	ה
כ	ו	ה	ד	ע	ס	מ	א	ח	י	ס	ח	א	ף	ו	ז	ם

אך
בטקסט
לרוץ
יניח
סקרן
מסעדה
תרנגול
לחפש
במראה
באסם
מחפש
עט
עמדה
בסיס
טייס
כוס
ולהזכיר
קיר
עשר
יורדים

Puzzle 467

ב	מ	ט	א	מ	כ	ג	ע	י	ח	נ	ר	נ	ר	נ	ח	ו
ו	צ	ה	א	ר	ס	נ	מ	מ	מ	א	ק	מ	ק	ל	ו	ע
ב	י	ב	א	ו	ת	ר	י	ם	י	ט	מ	ק	ט	י	ש	מ
א	ר	ו	פ	א	ו	מ	ו	ן	ש	מ	ס	ן	ו	ב	ד	ע
ס	ה	ו	א	ו	פ	ח	י	ל	ה	ב	י	ת	ת	ד	י	פ
ק	מ	פ	י	ת	צ	צ	א	ש	ע	ו	ה	ב	א	ק	ם	ן
א	ה	י	ח	ד	פ	ס	מ	כ	ו	ת	ה	מ	ש	ר	ה	י
ו	מ	נ	ת	ט	נ	א	ב	ק	י	ח	י	נ	י	ו	ח	ע
ד	ל	ת	ו	ח	ב	י	ר	ה	ח	נ	י	ט	ו	ב	מ	י
ר	ח	ח	ד	כ	ד	ל	ז	ר	ב	ב	ל	ת	י	ק	ו	ר
א	נ	ל	ז	א	ח	ד	ה	כ	ע	י	ס	י	ה	ל	ש	מ
ו	מ	ו	ח	מ	נ	י	ג	ת	ע	א	מ	ת	ג	א	ו	ה
י	ד	ק	ד	ו	ל	ק	י	ס	י	פ	ה	ש	ר	ד	ד	פ
ו	ו	ה	מ	מ	ל	ע	מ	ם	ע	ה	ה	ו	פ	י	ע	ה
ה	ש	ו	ס	צ	ת	ת	ו	י	ו	ו	ס	ל	מ	נ	י	ע

ברזל
פוליטית
נר
קמטים
נחל
ילד
הכעיס
הופיעה
הנוקשה
חמישה
רקטות
ראוי
שאת
חלוקה
דלת
סמכות
הנוכחיים
עדכון
הרי
קרוב

Puzzle 468

ת	נ	ת	י	א	ש	נ	י	ה	ל	ב	צ	ב	ע	י	ה	ח
ף	נ	ר	ק	ל	צ	א	א	ל	ח	ש	מ	ב	ם	ב	ו	ה
ק	מ	ד	ד	ל	ר	ד	ר	ו	ז	מ	ת	ל	י	ח	ו	ט
ה	פ	י	ב	מ	א	ת	מ	ה	ו	ת	י	ח	ת	ר	ק	י
ל	ת	א	ר	מ	א	ו	ו	ח	ת	ע	י	י	נ	ב	ז	מ
ו	ו	פ	ל	ר	מ	ג	ד	ב	ס	ת	נ	ו	פ	א	ה	פ
ש	נ	ו	ו	ב	מ	ו	פ	פ	ו	מ	ר	ת	ח	ת	ג	ז
א	ת	א	ב	ל	י	ה	ל	ג	מ	ר	ל	ס	ל	ן	א	ת
א	מ	ל	א	נ	ה	ת	ו	ת	מ	ל	ב	א	ל	ו	כ	ו
ע	ת	ו	ר	ח	א	ו	ב	ק	ם	ר	ו	ה	א	ד	ס	ה
ו	ה	ת	ה	ך	ס	כ	ג	ר	י	ג	ו	ו	ע	י	ף	ט
ה	ח	ב	ט	ה	פ	ד	י	ג	ב	ל	ע	י	ק	ר	י	ת
ש	ת	ו	ו	ר	א	ו	א	ד	נ	ג	כ	ב	ר	צ	ו	ק
ה	ן	פ	ר	ו	מ	ר	א	ו	ע	ל	ח	ט	ד	פ	ל	ו
ק	כ	ו	א	א	ע	ו	צ	ם	י	ב	ט	ל	ש	י	ל	ו

גלגל
עיקרית
כסף
מתנות
משב
גבול
לתאר
קרנף
תרד
הוקי
כדור
בדק
להינשא
ברחבי
ענבים
החבטה
רך
בצבעי
הראש
לחזות

Puzzle 469

ר	נ	ז	ל	ו	ז	ח	ט	ה	ש	א	ו	ע	נ	ג	ח	נ
י	ו	ל	ן	ט	פ	ו	ש	י	ד	ו	י	ס	כ	ו	י	ת
ב	ו	י	ת	כ	ה	ו	ד	ג	נ	ה	ה	ו	ש	ף	א	ע
ע	ע	ח	ל	א	ו	ו	ה	ר	ע	ב	מ	י	כ	א	י	ר
ר	ע	ע	ו	ו	ר	ש	ה	נ	ר	י	ר	ל	ו	ב	נ	ל
פ	ל	כ	י	מ	ע	י	ך	א	מ	ם	ל	מ	ד	ו	ע	ש
מ	ר	ר	ח	ם	ָ	מ	ו	נ	ב	י	נ	נ	י	צ	מ	ד
ל	י	א	כ	ר	ש	צ	ד	מ	ג	כ	ק	ה	ג	י	י	ו
ו	ז	ב	ו	ת	נ	ד	ו	ו	ד	ל	ר	ש	ע	ד	ע	ד
כ	ג	ה	נ	א	מ	ל	ו	ו	י	ו	ר	ו	נ	ל	ק	י
ל	ש	ו	ה	י	י	ו	ל	נ	ק	ה	א	י	ו	א	ס	ד
ך	פ	ך	י	א	ה	ת	נ	ו	י	מ	ת	ג	י	ה	נ	מ
א	ק	ו	מ	א	ח	ש	ד	ת	ו	ר	ת	נ	ן	ד	ח	פ
ף	מ	ה	ט	נ	מ	נ	מ	ו	ב	ה	ו	ט	י	ר	צ	ו
א	ס	י	נ	ט	מ	ה	ן	מ	ה	מ	ח	נ	ה	ל	ה	י

איך
פחדן
לשדוד
לנקר
אוהבים
אנרגיה
האי
טניס
זכות
הנוכחי
מלוכלך
אפונת
נהג
ידנית
מנהיג
שופט
בגדי
גוף
הולכים
שידור

Puzzle 470

י	ר	ת	◌	א	ר	ר	ג	ת	ה	פ	ן	א	ף	ה	י	ח
ל	מ	ו	ו	ח	י	מ	ר	ו	ו	ה	א	ת	ן	ד	ו	מ
ת	ג	א	מ	צ	ל	פ	מ	א	ף	א	י	ן	ט	ר	ו	מ
א	ל	צ	ם	ע	ד	ל	ל	ו	ש	ב	ו	ן	ל	ס	ד	ן
ע	ר	ל	ה	פ	ס	י	ק	י	ן	ו	ו	ב	א	ח	ל	מ
י	ע	ר	ו	ל	ד	ו	ה	ח	י	ר	ו	צ	ם	ס	ו	ח
ץ	ו	ח	מ	ת	ן	ש	י	ד	ו	א	ק	פ	ר	נ	ק	ל
ת	ח	ו	ר	ז	ל	פ	י	ל	ת	ש	ג	ו	ב	ט	ה	ה
ו	ח	ת	י	נ	ל	כ	נ	ג	ו	י	נ	ן	א	ח	ד	ש
ה	ד	נ	ק	ח	א	ס	מ	ל	ח	ה	ה	י	ד	נ	י	י
ל	ח	י	נ	ל	ט	ק	ח	ם	א	ל	ט	י	ש	א	ר	ג
נ	א	ל	ט	ו	ד	ב	ל	מ	ו	ס	ו	ג	י	ו	ל	ב
מ	ת	ל	מ	מ	ש	י	מ	ע	ך	ו	ס	א	ב	ה	ת	י
י	י	ו	צ	ב	ת	ו	נ	ו	י	א	ו	ל	א	ו	י	נ
ה	ב	ע	נ	ע	נ	מ	פ	ש	ב	ח	ו	ח	ב	ו	ל	מ

להשיג
כלנית
בצפון
נענע
מחוץ
חמנייה
ואחותו
להפסיק
להישאר
ראש
קטלני
פי
חדש
מנעול
חוסם
הוא
לידת
אודישן
לבד
לזרוח

Puzzle 471

ד	י	ל	ה	ו	י	ר	מ	ת	ו	ח	כ	י	ל	פ	ב	ת
ע	י	ן	ו	ו	ב	ת	ש	ו	ז	ו	ב	י	ו	צ	מ	ן
ו	ג	כ	ו	ב	ש	ק	ו	ו	י	נ	ו	ר	ד	ש	ג	ע
ו	א	ו	ר	ח	ר	מ	ע	ל	י	י	מ	ב	ע	ה	ם	ה
ע	ת	ל	ה	ת	ט	א	כ	ל	ג	ס	ב	פ	נ	א	נ	ר
ח	ר	ע	ת	ש	ה	ס	י	כ	ו	ן	מ	ו	ש	ל	ע	ש
ד	ו	מ	ת	ת	ע	מ	א	ס	ק	פ	ו	ו	ק	ו	ל	ו
ך	ב	ג	ח	א	ב	ד	ו	ו	ן	ו	נ	ו	י	א	צ	ת
כ	ק	ק	ר	ח	ר	ב	ל	ב	ם	א	ל	ל	ק	ל	ח	ו
ה	י	ו	ג	מ	א	ם	י	פ	י	ל	ק	ו	ש	ו	ו	פ
ב	ת	מ	ו	ר	ת	מ	מ	פ	נ	פ	א	ב	ר	ג	ק	י
ו	ה	מ	ב	ו	ר	ג	ר	ח	ש	ף	ר	נ	ו	ל	ת	ב
ר	ה	פ	ס	ק	ת	ל	ה	ר	ח	י	ב	ו	פ	ו	ה	ה
ו	מ	כ	ו	ח	ו	ל	ן	א	ב	ש	ר	י	ת	ה	ב	ד
ה	י	ל	ר	ו	ו	ב	ל	ל	ד	ו	ח	ל	פ	ו	א	י

וחול
בתמורת
פרות
מילואי
מעל
בוגר
הסיכון
לצחוק
קו
להרחיב
אנפה
המבורגר
קליפים
רשות
שנים
הפסקת
קשר
לנפול
ארבעה
שומן

Puzzle 472

ת	י	ן	ח	נ	ק	ו	ק	מ	ע	ת	נ	ד	ו	ת	ר	מ
ה	ד	ה	צ	פ	ו	ב	ג	ד	ד	א	ח	א	ת	ה	ו	ח
ם	ן	ר	י	ת	פ	י	ר	ד	ר	מ	ש	ש	ד	מ	א	ם
ס	מ	ל	ו	י	ד	א	ו	ר	ר	ל	ן	א	ו	ן	י	ו
ו	ר	ה	ו	ט	ל	י	ו	ש	י	י	ש	מ	ת	כ	מ	נ
ו	ל	ש	ב	ו	מ	מ	פ	נ	ה	ת	ר	ך	ו	י	ח	י
נ	י	ד	א	ס	ל	ש	כ	ו	ח	ו	ו	י	י	ף	ל	ד
נ	פ	ה	ן	י	ד	ם	ו	ו	ת	ה	ר	ע	נ	ל	צ	ל
ה	י	ס	ר	ק	א	ר	מ	נ	ג	ד	נ	ם	י	פ	ו	צ
ו	פ	נ	ש	ע	ל	מ	ר	מ	מ	פ	כ	ו	ד	ר	מ	ל
א	ת	מ	מ	י	ד	ף	י	ש	ב	ת	י	ה	מ	ב	ע	ז
ת	ג	ה	י	ו	י	ט	ם	י	ן	ר	י	ש	ע	ת	י	א
ל	ת	מ	ב	ה	ה	ב	ח	ה	מ	ן	מ	מ	ר	י	י	ה
ו	ם	י	ו	י	ד	ו	צ	נ	פ	ב	ר	י	ב	ח	ו	ג
י	ב	ו	ע	ב	מ	ל	א	ר	ת	י	ב	ד	מ	ע	ע	ו

צופים
הוטל
חיוך
לדפוק
משהו
מוצלח
כיף
שדה
לשכוח
נגד
מלא
תלוי
בעובי
עת
מדיניות
תמונה
לנער
בסדר
טחנת
מנסה

Puzzle 473

ת	ה	ב	ר	ת	ו	ה	ש	ו	ח	מ	מ	פ	א	י	י	ת
כ	ן	מ	א	נ	ת	ל	ו	ה	א	ו	ו	ב	מ	ו	ן	ר
ו	ח	ם	ד	נ	י	ח	ת	ב	ע	ל	ש	ג	ם	ד	פ	ת
נ	ה	י	ה	פ	מ	ו	ָ	ו	א	ל	נ	י	ו	א	מ	י
ת	ה	ג	ד	פ	ת	מ	ח	ש	ם	ח	ד	י	ק	מ	ק	ל
כ	ו	ד	ו	ת	ן	ל	ל	ע	ל	י	ז	א	נ	ע	י	ה
ת	ב	ו	ל	י	ש	ב	ר	ח	מ	ה	נ	ה	ש	ק	ז	פ
א	ג	ג	ז	מ	י	ן	ץ	ר	צ	ר	מ	ה	א	י	ע	ק
ח	ש	פ	ב	ע	ל	ב	ו	ל	ה	י	ט	ת	ח	ל	ק	מ
ק	ל	ר	פ	ב	מ	ב	ר	ו	ד	ד	ד	י	ט	י	י	ל
ו	צ	ב	ע	ר	ע	י	י	י	ג	ס	ק	י	ו	ם	ו	ה
ר	ו	ח	ש	ה	מ	ו	מ	צ	ד	ג	ת	ו	ט	ר	ס	ו
ה	ה	ש	ב	ו	ר	י	ב	ג	ו	ט	מ	ו	נ	פ	ח	ס
ת	נ	ג	י	ו	ע	מ	א	א	פ	ר	ד	י	ר	ת	ד	י
ח	כ	י	ב	נ	ו	מ	ל	ה	ת	ו	פ	י	צ	ר	ב	ף

השחור
בשילוב
להוסיף
ספר
חמה
גבוהה
מרובע
ברציפות
דגים
מקלחת
חיה
מעבר
תכונת
נאמן
סדירה
להיט
במירוץ
עליז
זמין
התנהגות

Puzzle 474

י	י	ן	א	ד	ח	ע	ד	ו	ל	ת	ו	ץ	י	ל	מ	מ
נ	ר	פ	א	א	נ	י	ר	כ	ר	י	מ	ל	ו	י	ש	ו
מ	ח	ג	מ	א	א	נ	י	מ	ה	ד	ן	ו	ר	ב	ד	נ
מ	ה	ת	ו	ר	כ	י	ש	ד	ה	ם	ו	ם	י	פ	נ	ב
י	ק	ג	ע	י	נ	י	ה	ף	ל	ו	ו	ל	ד	ד	ל	ר
א	ס	ו	ב	ו	ם	ם	י	ו	ע	מ	צ	ש	נ	ט	ש	ע
י	ג	ן	ו	ל	ב	מ	ב	מ	ת	ח	ה	מ	י	ד	ק	ה
כ	ו	ו	ל	ו	ש	ר	ע	י	ו	ו	מ	מ	ת	ת	ר	א
ד	ל	ר	ח	ה	ו	ק	י	ל	ק	ו	ח	ו	ת	א	ו	ר
י	ה	ת	ב	ו	ה	א	ת	ה	ע	י	ה	ו	ב	ג	ה	ו
ב	ו	י	נ	פ	ת	ל	ו	פ	ש	ד	ו	פ	מ	ש	ה	ן
ו	כ	ו	ה	ת	ת	ע	ן	כ	ר	ל	י	ת	ה	ד	ת	ד
ר	ר	ע	י	ד	ן	ל	ן	ה	ל	ש	י	ף	מ	ר	ו	ח
ת	פ	ר	ב	מ	ד	ב	ו	כ	י	י	ו	מ	ו	ד	ח	י
מ	ב	ו	ת	ה	ל	ן	ד	ר	א	ם	ח	ל	ו	ו	פ	ת

עיניים
יתרון
יחד
מרק
לבן
ללוות
דאגה
ארון
לקוחות
דרישה
ממליץ
בעיתון
דודו
אהוב
קדימה
גבוה
בלון
סגולה
הפכה
דיבור

Puzzle 475

י	י	ן	י	י	ד	ע	מ	נ	ע	ד	ו	ש	ך	ל	פ	ס
ק	ד	ל	ב	ס	ק	ע	מ	י	ע		ד	ו	ל	מ	פ	י
ר	ע	נ	י	ח	י	י	ת	כ	ו	ב	ל	ו	כ	ו	ל	ם
ע	ן	ש	ב	ל	ר	ו	ו	י	ה	א	ע	ן	ו	נ	צ	ה
ב	ע	ו	ה	א	צ	ל	י	נ	ו	י	ח	ו	ט	ד	א	י
ע	ר	ם	ר	ו	ן	ק	כ	ק	י	י	ר	כ	כ	פ	ו	י
ב	ו	ר	א	מ	א	ו	ד	פ	ש	ת	ז	נ	ש	ל	י	ח
ו	מ	ה	ת	ו	מ	ת	ל	ו	ס	פ	א	ר	י	ח	ו	ב
ק	מ	פ	ה	נ	ח	ו	ר	ו	נ	ח	ו	י	ן	ק	ד	ו
ח	מ	ז	ל	ר	ה	ב	ו		נ	ת	י	ו	ת	ק	פ	ג
פ	מ	ה	ה	ג	ת	ד	ה	מ	ו	א	ה	ו	ח	ו	ר	ד
ו	נ	ב	פ	ה	ל	י	מ	א	ק	ר	ר	א	ב	ך	ל	ח
א	פ	ל	ג	ש	א	ס	ק	ר	ר	א	מ	ב	ג	א	ב	ו
נ	ו	נ	י	י	ש	מ	י	נ	ח	ל	א	י	ע	ל	ר	מ
ר	ש	ל	ן	ק	ב	ש	נ	ה	ש	ו	ן	ב	י	ח	ז	ז

נכון
לנשום
האפשרות
פסולת
מוכנה
עדיין
צנון
האומה
ידע
ספל
מעיל
אזרח
להפגין
חייהם
זהב
הראתה
באוויר
רשלן
לב
חיוני

Puzzle 476

א	י	ה	ל	כ	א	ב	ך	ר	פ	א	ה	י	ש	ר	ו	ס
ר	ר	י	ה	ר	ת	ס	כ	ו	י	כ	ד	ת	י	ן	ו	י
נ	ד	ה	ס	ב	ה	נ	פ	צ	נ	צ	י	ס	ב	י	א	ב
ב	ו	ת	ב	ל	מ	י	מ	ה	ו	ס	ד	ג	ו	פ	ס	ו
ת	ד	ד	י	ך	מ	פ	מ	ף	נ	א	ז	ס	ט	ו	ו	ם
ל	ש	פ	ר	ר	ב	כ	ר	ל	ר	א	ל	ט	ר	י	ו	ש
ן	ש	ת	י	ת	ו	ו	ג	ת	ב	י	ו	צ	ג	י	מ	מ
ח	י	נ	ה	ל	ג	י	ו	ח	ע	ו	ק	ס	ו	ן	ש	ו
ה	ו	א	ט	י	ר	ד	ת	ג	ש	ח	ת	ו	א	ת	ם	ל
ע	ו	ת	ל	ל	פ	ה	נ	ו	ס	ע	צ	ב	מ	ב	א	ר
ג	ו	י	ט	מ	י	נ	י	ר	א	ר	ב	ו	צ	ת	ו	ה
ג	ו	ו	ו	ש	נ	מ	מ	ם	ש	מ	ט	ס	ר	ן	צ	ש
ן	ב	ת	נ	ח	ר	ל	ו	מ	ה	ת	ד	מ	ע	ב	י	ע
ם	ל	י	מ	ה	ח	ו	מ	ן	א	ת	מ	י	פ	ס	ו	ו
א	ב	ל	כ	א	ח	ר	ק	א	ד	א	ל	י	פ	ה	נ	מ

משם
ארנבת
ויטמיני
לאתר
להסביר
רוצה
במבצע
יצוא
אוגר
החשמלי
ספוג
רטוב
שעברנו
להניח
צוף
לרכב
גיליון
סיכום
גורם
בעמדת

Puzzle 477

ל	פ	ו	י	ת	ל	ע	ד	ת	נ	ו	מ	ת	ב	ג	מ	ר
א	ע	כ	ב	ן	א	ה	ע	א	ב	ת	ח	ב	א	ם	ר	ר
ז	נ	ר	י	מ	ר	ב	ת	ו	ח	א	פ	ה	ח	ס	ה	ו
ו	ו	ו	ו	ם	ס	ו	ו	פ	ד	י	ס	ו	א	ו	ו	א
ר	ו	ת	ו	י	ג	ג	ל	ל	ר	י	ל	ג	ן	ע	א	ת
ב	ר	·	ל	פ	מ	ת	ג	ר	ו	ץ	ו	ק	ו	ש	ב	ן
ם	ה	י	ג	ק	מ	ר	י	ע	ב	ו	ד	ה	ר	ל	ה	ם
ד	ס	ר	ט	נ	י	ם	ד	ה	ב	ר	ו	ם	פ	ש	י	ה
פ	ל	ד	ת	מ	ה	א	ו	ס	מ	ב	א	ר	י	ר	ד	ר
י	א	י	ו	ח	ט	ח	ר	כ	ג	י	צ	ן	ע	כ	ב	ד
ב	צ	ע	י	ר	א	ס	ל	ו	ו	ם	ו	ן	ן	א	י	ן
ה	י	פ	ו	ו	נ	כ	י	ם	ם	ד	ש	ל	ו	ו	פ	ד
ו	ע	ש	א	ס	נ	ו	ו	ר	א	ב	ט	ל	ד	י	מ	ג
ב	ו	ל	ן	ש	ש	ד	ד	ה	ל	מ	א	ד	ל	ת	ג	ו
ע	נ	א	ש	ה	ק	ו	נ	ה	ן	ר	ו	ח	י	ד	ב	ע

עבודה
מגבת
תאו
עיפרון
רבים
תמונת
סרטנים
כבד
תגובה
פלדת
בר
הסכום
להתפרץ
אחות
סגול
הבת
לאזור
תן
לגידור
בשוק

Puzzle 478

י	ש	ה	ו	ב	מ	ל	ט	ס	ת	מ	ם	ל	י	פ		ח
ב	ל	ע	ד	ו	י	ל	ג	א	ל	ג	י	כ	ם	מ	ן	ח
ב	ן	כ	ש	ו	ל	ת	ה	ע	פ	נ	י	מ	י	א	נ	ד
ת	י	ב	ר	י	מ	פ	ה	ך	מ	ב	ח	ג	י	ש	ת	ו
ע	ע	ר	א	ה	מ	י	פ	ל	ר	ד	ל	ל	ר	י	נ	צ
ד	ם	פ	ת	ס	א	ר	ה	צ	פ	ק	ק	י	ש	מ	מ	ח
נ	ד	כ	ל	ט	ו	פ	ל	פ	ל	ת	מ	י	פ	י	ק	ב
ן	ד	ב	ב	ל	ר	מ	ה	ל	ת	י	ב	מ	א	ם	ח	ף
ו	מ	ה	ש	ק	י	ג	צ	מ	ש	ב	י	נ	ו	פ	ע	ר
מ	ס	י	ר	ח	ן	ה	י	מ	ת	ח	ע		ע	מ	פ	ח
ו	נ	ב	ל	ן	י	פ	ה	כ	י	ל	ה	ש	ב	מ	ת	ה
נ	נ	ג	א	ה	מ	נ	כ	כ	ק	ת	א	ק	נ	ד	ת	ד
ו	ה	כ	מ	מ	ל	ך	ו	פ	ה	כ	ב	י	ן	י	ו	ה
ל	ה	ע	ס	ד	י	ע	ל	ך	ו	י	א	ע	ה	ח	א	נ
מ	ד	ן	ב	ל	ו	ו	מ	פ	מ	ו	ד	ה	ד	י	ד	ו

הפוך
העכבר
אפשריים
שקיעה
יבש
פנימי
קלט
מאשימים
וסבא
הליכה
שתיקה
מלוכה
שכן
ופלפל
חלק
חינוך
פוני
דקת
טרגי
בכה

Puzzle 479

א	ו	ל	נ	ת	ו	ח	ר	ח	י	ת	כ	ו	נ	ק	ו	ל
ת	ר	מ	ר	י	ת	ה	ע	כ	ק	ו	י	ר	ל	ו	ד	ו
ק	פ	נ	ש	צ	ן	ל	ע	ש	א	י	א	ט	ק	ו	ר	י
ק	ה	י	פ	נ	ו	ך	פ	מ	י	כ	ר	פ	ח	ר	ו	פ
כ	מ	ו	א	מ	מ	ת	ל	ח	ז	מ	ב	ת	י	ל	ג	מ
ב	ו	ד	מ	ל	נ	ב	כ	פ	פ	ו	ת	פ	ם	ת	ל	כ
מ	צ	ל	י	ת	י	ח	מ	ן	ו	ג	ת	י	ו	ל	י	י
ט	ת	מ	ש	ש	ק	מ	ו	ת	ו	ל	ב	ש	כ	ש	ע	ר
ש	ח	ד	פ	ה	א	ב	ו	א	א	ח	י	א	ה	מ	ו	נ
י	צ	י	ד	ל	ת	ס	נ	ר	ם	ו	ל	צ	ת	ו	ת	ם
ח	מ	ב	ע	ט	י	ה	מ	מ	י	ב	כ	ס	ו	ע	נ	ר
מ	ב	ו	א	נ	ת	ע	ל	ח	ר	ה	ד	ל	מ	ד	ל	נ
ה	ב	ת	ב	י	מ	פ	מ	כ	ח	ג	מ	ו	פ	ר	י	ב
ל	ר	מ	י	פ	ו	ש	ל	ם	א	פ	ו	ל	ו	פ	ה	ם
ב	י	ן	א	כ	ז	ה	ס	י	ל	ה	כ	י	כ	צ	ב	כ

בימּמה
לשמוע
רעש
השפעה
קינמון
לאחרים
מזחלת
לרצות
צפרדע
חובה
במחבת
חקירת
תצלום
נלקחים
להמחיש
הלך
שצבא
מאפשר
כפפות
חכם

Puzzle 480

ד	צ	נ	י	ת	ה	נ	ו	מ	ד	צ	ב	ן	ב	ו	ט	ח
ה	ע	ק	ב	ס	ח	ם	נ	ו	י	י	ו	י	ק	י	י	ר
ס	ד	ה	ו	ע	פ	ו	ר	י	ו	ל	ר	פ	ת	ה	ו	ב
פ	ו	ג	ו	ך	ד	ל	ר	נ	ק	ס	ע	מ	ה	ר	מ	ם
ז	ף	נ	ל	ר	פ	ו	ש	י	ן	ו	כ	מ	ת	פ	א	ל
י	ג	נ	ם	ח	ח	ת	ק	ס	ו	ס	ו	ע	ו	ר	ו	ז
ע	ן	ו	ו	מ	י	מ	ש	ל	מ	ש	ת	ה	א	ח	ו	ו
א	ה	ה	ב	א	ד	ל	ו	פ	ע	א	מ	ו	מ	מ	ש	ע
ו	ש	ו	א	י	מ	ל	ב	ן	פ	ד	א	י	צ	ו	ם	ה
מ	א	נ	מ	י	נ	מ	ח	נ	ו	ר	ד	ט	ע	ר	ל	ב
ו	נ	ב	ד	ט	ר	ד	ע	כ	ת	מ	ו	ו	ו	ק	מ	ב
ל	ה	ב	י	א	ב	ו	ו	א	ל	א	י	ת	מ	ת	ח	ז
מ	ר	ו	צ	ה	י	ע	ב	ו	ע	כ	י	ב	ע	ו	ו	ש
א	ר	י	ה	א	ח	ר	ש	א	כ	נ	ל	ד	ק	נ	ב	ו
ת	נ	י	ר	מ	ו	ג	ב	א	י	ר	א	ת	ב	פ	ו	ש

דיוקן
בריא
מטבע
חרב
צעד
להביא
בשבוע
בד
כלכלת
מעקב
כן
עצמאות
עור
מרוצה
כאשר
פעמון
טוב
מחר
בקתה
אריה

Puzzle 481

ב	ס	ן	ו	ט	ל	ש	ה	ר	מ	ל	ג	י	ל	ח	ל	י
ע	ק	ב	ר	ע	מ	ע	צ	ע	ע	ע	א	ה	פ	א	ו	ו
י	י	ו	ל	ש	ו	ו	ר	ק	י	ת	ש	ם	י	מ	ח	ב
ן	ר	ס	ל	ת	ג	ת	י	מ	ת	ו	ה	ק	י	ז	ו	מ
ן	ה	מ	ס	ש	מ	ת	מ	ם	ו	ר	ל	ת	ע	ר	כ	מ
פ	א	ן	מ	א	י	ר	ח	ת	ו	ר	ע	מ	כ	ב	ת	מ
מ	ר	ע	ח	ח	ר	ז	מ	ו	כ	א	ג	ן	מ	י	ה	ר
ן	נ	ר	ו	מ	ס	מ	י	ו	ת	ר	ר	ל	ל	ד	צ	ב
ח	ת	פ	ד	ד	ל	מ	ש	א	ר	מ	י	נ	ו	צ	י	ח
ד	ה	י	ד	ס	מ	ו	ע	ר	ה	צ	ם	ב	ה	א	י	י
ו	ו	ר	ת	י	ח	נ	ר	ל	ד	מ	נ	ק	ק	ח	ה	ר
ר	י	ע	צ	פ	ס	ע	ה	י	ר	י	א	ל	ק	ח	ם	י
ו	צ	ד	ו	ה	ש	ס	ר	ש	ו	ס	י	ת	ד	ג	ד	ת
י	כ	י	י	ר	ן	ע	ל	מ	א	ה	ח	ו	ו	ם	ג	א
כ	י	א	ב	ת	ו	ת	נ	ס	ו	ת	י	נ	ג	מ	מ	מ

חקלאי
מוזיקה
ירצה
לגיל
צעיר
מסוכן
חיצוני
השלטון
עומס
אגם
בעין
סקירה
יפה
כיור
רכוש
להשוות
בצד
מערת
מזרח
מחודדת

Puzzle 482

מגיע
בניסיון
כמעט
חמאה
ולא
זוהר
חושב
לשים
שמים
אמת
סעיף
לייצר
חמש
ינשוף
נצחון
כתף
לפלוש
לחקות
ישנה
להקים

ס	ע	ג	י	א	ת	ב	א	א	ר	ס	א	א	י	ו	ב	פ
ו	ר	א	א	ת	י	מ	פ	נ	ו	י	ן	ו	א	ס	ו	פ
ו	ד	נ	צ	י	ר	ן	ו	ה	ו	י	ס	כ	ר	ה	ן	מ
נ	ה	ו	ג	ר	נ	ו	ה	ו	ו	ט	ח	מ	ה	ת	ו	ר
ל	מ	ת	ל	פ	ח	י	ב	ו	צ	ס	ו	י	ו	ה	ח	כ
ק	ד	ו	ט	א	א	ס	ם	ש	ו	ל	ר	ת	י	ו	ר	י
ן	ח	ח	ר	מ	ל	י	י	צ	ר	כ	ה	ו	ב	ו	י	ו
ז	ו	ה	ר	ת	ו	נ	ק	ת	ו	ד	א	א	א	ל	פ	א
ד	ש	ה	פ	ס	ש	ב	ה	ח	מ	ש	ח	ק	ה	נ	ש	י
נ	ב	ו	ר	ו	ב	ל	ל	מ	כ	ו	ה	א	ת	ו	ח	
ס	ע	י	ף	י	ן	ת	ו	י	ל	ק	ב	כ	מ	י	ל	ה
י	י	ה	ב	ל	ש	י	ם	ח	י	ן	ת	מ	ח	י	פ	ה
ו	ג	מ	נ	ג	כ	ס	ק	ד	ם	א	ף	ע	מ	ן	ל	י
ח	מ	מ	נ	צ	ח	ו	ן	א	ל	ר	ו	ט	ו	פ	ב	ר
ג	ב	פ	ר	ע	ת	ח	ת	ב	א	ו	י	ד	י	ל	י	ס

Puzzle 483

ו	א	ו	א	ד	ח	ה	ת	ת	ו	נ	ד	ן	ח	ה	ת	ש
ל	ד	י	ב	ו	ר	י	ם	ן	צ	מ	מ	י	מ	ח	י	ת
מ	ו	י	ר	נ	ן	ב	ת	ס	נ	ח	כ	ל	כ	א	א	ע
א	ע	א	ן	ו	ד	ל	ת	י	מ	א	נ	ע	ה	ב	ש	ר
ט	ב	מ	ח	ט	ש	פ	ל	י	מ	ח	ס	מ	א	ח	ה	ו
ר	א	ע	צ	י	מ	י	ם	י	ל	כ	י	ס	ו	ה	ה	ב
א	ק	צ	מ	י	ש	ע	מ	כ	פ	י	ת	ח	ו	ר	פ	ת
מ	ח	ר	פ	מ	ה	י	נ	ל	ת	ח	א	ב	ס	ע	ו	ר
ב	ל	ו	ר	כ	ק	ב	ו	ע	ר	ל	י	ר	ת	פ	ע	ו
י	ו	ל	ד	ו	י	ש	ו	א	ע	ת	ר	ו	ו	כ	ל	ג
ה	ו	ל	צ	ע	י	פ	מ	ח	י	כ	ק	ה	ר	נ	ד	א
ד	ל	ג	ל	ס	ת	כ	ר	ו	ר	י	ל	י	ו	פ	ח	ת
ש	י	ר	ק	ר	מ	ך	ל	נ	י	י	נ	ו	ח	ו	י	ש
ה	כ	ה	ט	ה	ת	י	ע	·	י	א	מ	פ	פ	ס	ז	ת
ת	ח	ת	ו	ו	א	נ	מ	א	ה	ו	א	פ	ה	ג	ג	ש

שביעי
חור
נחש
אש
כועס
לדון
כפית
בעוד
לדיבורים
כולל
מעצר
הפועל
השמש
תערובת
מכנסי
אגורת
מישורי
מאה
לפשט
לקריאת

Puzzle 484

להחזיק
מתמדת
המומיה
מול
דחף
מכרה
קרובים
מחק
מורכב
המחק
ארגון
יכרוך
העברת
אמרו
דודת
אוהל
מפחד
בטוחה
פרוטות
להבקיע

ו	ג	ר	ה	ל	ל	א	ל	ה	ב	ק	י	ע	ד	פ	פ	ר
ב	ד	י	מ	ז	ו	ר	מ	י	ש	ח	ה	י	ת	ר	נ	י
פ	ס	נ	ח	ו	ב	ג	ו	מ	ש	מ	י	צ	א	ו	ת	ן
א	מ	כ	ר	ה	ר	ו	ר	ו	ת	ו	ת	ל	פ	ט	פ	פ
ק	ר	ו	ב	י	ם	ן	כ	מ	ס	ה	י	מ	י	ו	ו	ר
ו	ר	מ	ת	מ	ד	ת	ב	ה	נ	י	ע	ט	פ	ת	פ	כ
י	נ	ל	פ	ר	מ	ל	ג	ו	ל	ה	ד	ר	י	ל	ו	ו
ב	ע	ה	מ	ר	ב	ן	ר	י	מ	נ	י	ת	ק	ר	מ	ת
ר	פ	י	ו	ש	ו	ע	א	ת	ה	ק	נ	ן	נ	ו	נ	ח
ו	ח	ח	ן	ל	ב	י	ה	א	א	ו	ה	ל	ר	ג	צ	נ
ך	ב	ך	נ	ו	ל	ד	א	י	ש	א	ה	מ	פ	ח	ד	ל
ה	מ	ח	ק	ה	ך	ח	ר	מ	ס	ו	ר	ח	ל	ל	ו	ך
ל	ה	ח	ז	י	ק	ף	ח	ת	ר	ש	ה	ד	ו	ד	ת	ר
י	ר	ר	ו	ד	מ	ר	ל	ת	ל	ו	ד	ו	מ	ט	ד	ה
י	מ	ס	ס	י	ו	ח	ה	ד	ה	ו	א	ל	י	י	ב	ד

Puzzle 485

א י ח ת ת ב ה ט נ ו ה ר כ כ נ י מ
ל ל י ס ג נ צ ע ל ו ב ג ש נ ב ח מ
ש ד ט ג ר ם ם כ ה ר ד ר ת י ל י ט
ג מ ב ש ע ח צ ו ר כ ת ח ה ס ו מ ב
ל י א ם ו ד י ג א ע ע ג ה ת ת ל ח
א ב ד י י ת ע ו ה ג ו ת ל ת ו ו ם
ע כ ש ד כ ס ר ר י ח ח ל ה צ ט ר ף
ג ל ו ב ו ס נ ב ג ם ב ל ב ו פ מ ל
ן ו ו ו צ ר פ ו ו ם ה ג י פ פ ד ה
ל ו נ ע ל ה נ מ ל ת ע י ע נ ע ח מ
ר ל י א ד ת א ו א ר י ש ח ר ת ה ל
ל ה ה ל ה ג ד י ר כ מ ה ל ל י ל פ
י ח ו ן ת ל ם ח ו ו ד ח ס מ א ס ד
ל ש ל ו ת ג ד ת ל מ מ י ו מ צ ו מ
ה ל ס י ג י ט ד א ש ה מ ת נ ח ר ש

וניהול
אבטיח
נפוצת
עובדים
מחל
חלש
גלובוס
נמלת
מטבח
חצאית
להתאים
המדמיעה
גשם
להביע
להתרחש
כניסת
להצטרף
להגדיר
הרס
מוכרת

Puzzle 486

אמן
אלפים
ההסכם
ארית
בלחץ
ורודה
עשרים
לספוג
סכין
בחופשה
כרגיל
לנווט
אומה
פרטי
חיפוש
מנורת
בחור
רגולציה
יחסים
כאב

ג מ י נ ס ו ד ה ע ח ן ב ן א ו ס פ
ר ר ו ק ח ר ד ה א נ ס מ ו ק ה כ ד
ח י ו נ י ו י ט מ מ ג מ ם ב ס ה ה
ת ו ה מ א צ י ה א נ ה פ י פ ק ו א
ו ת פ נ ל ן א ח נ נ ג ו ס ח ע ר ל
ח י פ ו ש מ כ ס ו ב פ י ח ע ב ע נ
ש ת ג ר ש א א ב ל ח ץ כ י ש ה נ ל
א ר י ת ל ד ב ב ח ו ר ר ס ר א מ ס
כ ג מ פ י ח ן ד ם פ ו ג ד י י א פ
ר י י צ ט ו ו נ ל ש נ י מ ם מ ר ו
ר ם ד י ש ש ד ס ח ה ח ל ד נ ח ק ג
ט ו י י ל ס מ י ו ן מ א ג ח ם א ר
ת ק י ג ט מ ה ו ו כ ב ה ד ו ר ו ר
ר ר ף פ י ת מ ו ן י כ ס ע י ט ר פ
ז ם מ ע י י מ ו א מ ט מ פ ם י ב ן

Puzzle 487

א	ו	מ	ל	ס	ו	ו	ה	צ	י	ו	פ	ב	ר	נ	נ	ד
כ	מ	ר	ת	ל	א	ו	ת	ם	ה	ד	י	ח	י	נ	א	ל
ר	ל	ד	ע	א	ת	ד	י	ר	ל	א	מ	מ	ר	ת	ו	ש
ש	י	ף	ל	מ	מ	ע	י	ו	פ	ר	ס	י	ק	י	ד	ק
ו	ח	ת	ו	ץ	ו	ט	ש	י	ו	ו	ש	ל	ג	ב	נ	ו
פ	א	ו	מ	ע	ו	ר	ב	כ	ל	י	נ	ר	ר	ח	ג	ל
ל	ע	ט	ו	ת	ד	ל	ו	ס	ח	ת	ו	מ	ד	ק	ת	ה
י	ע	ג	ת	פ	כ	פ	ל	ה	ר	י	ח	ד	מ	ע	ו	מ
מ	כ	ל	ל	ש	ע	ת	ר	ס	ו	ט	ו	ק	י	פ	ד	ה
ו	ו	ת	מ	ס	מ	ו	ד	ר	מ	ק	ח	ו	ב	פ	ו	א
ש	ה	ן	ח	ב	מ	ו	ב	י	ה	פ	פ	מ	ח	י	ח	ר
ו	ו	ח	ל	ר	מ	ל	א	ב	נ	מ	ו	ב	ר	י	ף	י
ה	ָ	ר	נ	·	ו	◌	ש	ת	פ	ו	י	צ	ו	ר	ת	ו
ך	ת	מ	י	ג	ר	ר	ת	כ	י	ק	ו	ד	ו	ח	ה	נ
ב	א	ו	י	ן	ג	ם	ת	ו	צ	ו	ה	מ	ת	ו	ח	ע

עורב
מועמד
לשקול
דרג
יחידה
שיחה
התקדמות
מוקד
נתיב
שׁוּנָרָה
לאמץ
אחיו
לתעלומות
פרס
קריר
מרדף
אותם
מסולסלת
התיישבו
קומפקטית

Puzzle 488

נ	ד	ה	א	ת	ג	ה	י	ת	ם	י	כ	ס	ה	ל	ו	מ
י	פ	מ	ה	ח	נ	י	כ	מ	ר	ק	ב	ו	ל	כ	ע	ה
ע	כ	י	ו	י	ו	ל	ה	י	מ	י	ד	י	ע	נ	י	ל
ר	ד	ט	ר	ס	ג	ו	ה	פ	י	י	י	ו	י	מ	ר	א
ל	ב	ה	ג	ש	ש	ו	א	כ	ו	מ	ש	י	מ	ה	ר	ו
ד	ח	ו	ד	ר	ה	ד	נ	מ	ו	ש	ן	א	א	ו	י	מ
מ	מ	ל	ש	נ	י	ת	נ	ו	ב	ב	ש	י	מ	מ	כ	צ
ד	ו	מ	ד	מ	נ	י	ו	ת	ב	ר	י	ר	ל	ע	כ	ל
ו	ה	ס	ר	ד	ם	מ	א	א	ז	ת	י	י	י	ת	ג	מ
י	ש	ס	ה	ן	ן	נ	מ	ת	מ	ר	ש	ס	ת	ה	ר	ה
ס	י	ל	ג	ש	ש	ת	ת	ל	י	ו	ם	ת	נ	י	פ	ס
ה	מ	כ	ר	י	ס	ו	א	י	נ	ד	ל	א	ד	ר	ח	ת
כ	י	ש	ו	ף	ב	ב	ה	ח	ה	פ	מ	מ	ו	ו	נ	ת
ז	ט	י	ע	ב	ו	פ	מ	ל	ב	מ	ר	י	ל	ן	ד	ן
ו	נ	ס	ו	ו	ב	ו	ו	ל	ת	פ	כ	י	ד	ו	ב	כ

כבוד
כמות
שנאת
משימה
ספינת
להסכים
משבר
המיטה
מעניין
מישהו
כלוב
דומדמניות
באמת
כישוף
איריס
שניתנו
הגרוע
לעכל
מצלמה
זמינה

Puzzle 489

ו	ה	ו	ס	ל	מ	ש	ל	ן	ר	ד	צ	ש	מ	ר	נ	ר
ל	י	כ	א	ר	מ	א	מ	י	ת	ש	ל	מ	ך	א	מ	ר
א	ר	ה	א	י	ת	ד	ו	י	ו	ם	ת	א	ה	ז	י	מ
נ	ו	ב	ת	ב	ד	ב	נ	ר	ר	ק	ק	ב	ג	ת	ם	ר
ר	ב	א	ב	ה	ת	ר	ם	י	נ	ה	י	ו	מ	א	ר	ו
נ	י	ד	ר	מ	י	י	ד	ש	ט	ל	ט	ת	ם	מ	ו	פ
צ	ד	ד	פ	א	ר	ו	א	ע	מ	ע	ו	א	צ	ל	ה	ר
ג	ו	ו	ו	מ	ב	מ	ס	ה	ח	ד	ר	ז	ל	ת	ת	ל
ח	ד	ר	מ	י	ה	ע	ת	נ	ו	ר	ה	ה	ו	ד	י	ר
ב	ע	ח	ד	ן	ל	נ	ס	ע	א	י	ב	ר	י	ס	ע	פ
ו	א	ס	כ	ה	ט	ן	י	י	ם	ע	ם	ה	כ	י	א	ו
י	ה	מ	ו	ת	א	ר	ח	י	ע	ה	נ	מ	ש	ר	ר	א
ו	מ	פ	צ	א	פ	י	ל	ט	ר	ן	מ	נ	ק	ת	י	ה
א	ו	י	א	ע	ב	פ	נ	ד	מ	ד	ו	נ	מ	ק	ה	ב
א	י	צ	ת	ח	י	י	ל	ו	ר	א	פ	ו	ח	ה	י	י

דתי
חייל
רפואה
ענן
הבא
העשירי
קמח
תנור
דיבורי
אזהרה
מס
דברי
סירת
קיטור
שמירה
באמצע
מאמין
אכיל
הכאב
העיר

Puzzle 490

עטלף
שמע
פגוש
התפשטות
תנין
רעל
שמפה
להלוות
האוזן
התוצאה
שבדית
מרצון
שליחת
מרכיב
רגע
משכפל
בריחת
כיוונים
סופשבוע
סט

ס	ט	מ	ל	ו	ח	ה	ה	ס	ע	ש	ב	ד	י	ת	ב	ה
ל	ח	ג	ה	ב	ל	א	ם	ו	מ	ט	נ	מ	ה	י	ר	א
ב	ל	כ	א	ר	ו	צ	ק	פ	ש	ע	ל	פ	ר	ש	י	ו
י	ו	נ	מ	ר	צ	ו	ן	ש	ס	מ	ד	ף	ע	ו	ח	ז
ת	ן	ר	ב	י	פ	ת	נ	ב	י	כ	ר	מ	ל	מ	ת	ן
ת	ב	ה	ג	ה	ל	ה	ו	ו	ש	ד	ה	ו	פ	ת	ס	מ
פ	ל	א	ר	ע	ה	פ	כ	ע	ל	מ	י	כ	כ	י	ח	ע
ה	ת	ן	ג	י	ל	ג	מ	ג	י	ה	ו	ל	ש	י	פ	מ
ם	ש	ם	י	נ	ו	ו	י	כ	ח	ת	ב	מ	מ	ר	ד	ס
ר	ע	ה	ת	נ	ו	ש	מ	ת	ת	פ	כ	י	ת	א	פ	י
מ	נ	ה	ס	ו	ת	ו	ע	מ	ף	ש	ה	ח	מ	ג	ו	ח
ם	ו	ן	כ	ך	י	ש	מ	פ	ה	ט	ש	ו	נ	ע	י	ה
ר	י	ש	א	ל	ג	ע	ף	ס	ב	ו	ו	נ	מ	מ	ה	ו
ר	ב	ב	ד	ל	ר	י	ט	ב	ד	ת	ב	ד	ר	ה	ן	י
ד	י	ג	ז	מ	י	ס	ו	ל	י	ה	ו	נ	ש	ג	ב	מ

Puzzle 491

ג ת ש מ ט ך ר ו צ ם ה ת מ ו ע ה ט
פ ר א נ ב ו י ל ש ג מ ו ו ו ת י מ
ל ב ח ע נ מ י פ כ ו ע ת ל ב ס צ ג
ק ש מ ש ו נ נ מ ד פ ב ו כ ה ת ה ת
מ ו א ו ל ו י י ס פ א ב מ ל ו ח כ
פ ר ב מ ו ו ר פ ם ב ן א ם ר י א ו
י ת ו נ ג ת נ ע ש ד ו ח ו א פ ש פ
ש ו ח ט י י י ע ב ט ה י ה ע ו ט ה
ל י ר ו ת ה ם ד ו א נ ק ו ג ק ן ל
י ו נ ת ל ד י ד י ק ש צ ל ג ש נ ס
ו ו ל ו ל י כ ה ר מ ל מ ם א ה ר ד
א ב ג י ת י א כ ש ע ו נ ת ט ת נ ב
ו ם ם ה ת פ ת ד ד א ש ח ח ג ב ג ב
ב ו ה פ ח ר א פ ד ח א ה י נ ל ל ע
ב ו ת א ף נ ר ל א ט א י ל ל י ר ב

חודש
הון
שאר
שקופיות
נמוך
נטו
נייר
אחד
טבעי
הכילו
צורך
טכנולוגית
לשנה
בגלל
מאבק
תכופה
לירות
טועה
התה
היותו

Puzzle 492

י נ מ ת י ן ג ה ל נ ש ה כ ס פ י ק
ג נ ס ת ו ו י א מ ה ו פ ◌ָ ע ח ו ם
ד ו ו ו י א ר ג ח נ א א ש נ ד ס פ
ד ב ג ◌ מ כ ה ל ד ו ת ו ◌ָ מ נ י כ
ל ל ו ו ו צ ב מ א מ ד ת ס ק כ ב
ם מ נ ◌ָ ה ה פ ה ח ו ש ו ו י ת ו ש
י ע ל ה א ל ו מ ו ו י ד מ ב י ד י
ר ב כ ע ד ת ל ו ס ו ם ק נ צ ר ח ש
ח י ו ח ו ת פ נ מ י ט ה נ ה א י ס
א ב ו נ ו ו כ ה ש ו ב כ ל ל ס ה ר
א ת ב י י ט מ א א כ ח א ו ב ד ו ו
ב ד ו ס ב כ ע י ק ת ר כ א ה ר ס ח
א י פ י ה ו ב י ו צ ל ה ל ש ף ל י
ת פ ן ו ר צ ף ו ס ב ל ו ר ה ו ד א
ב נ מ ן א א ש ה ה מ ר ד ד נ ע מ י

לכול
להגן
חום
כיסוי
לכבוש
לדחות
הכספי
ניסיון
רחב
קודמת
ולבסוף
עכבר
יתוש
סל
צבי
המונה
מסוגל
כבשי
נשא
אחרים

Puzzle 493

ס	י	ו	ו	ת	ח	ת	ב	י	ל	ו	ת	ו	י	ב	ו	ח
ל	ז	ת	י	י	ג	פ	ר	מ	ב	ה	ב	ט	ב	ת	ר	כ
מ	י	ר	ל	ו	ן	י	א	ן	ר	ע	מ	ו	ב	ו	ר	ל
ד	פ	נ	ת	ל	ן	ד	ו	ר	ו	ג	מ	ק	י	ר	ח	ש
פ	ת	ג	ב	ן	ו	פ	י	פ	ע	ו	ו	ו	נ	ו	ה	ק
י	ו	ו	ב	ל	ה	א	ש	י	ה	ל	ג	ם	ק	ם	ר	ו
א	כ	ל	ן	י	נ	נ	ב	ו	י	ה	ד	י	ג	ח	ר	ף
י	ן	ת	מ	ס	מ	ו	י	ד	י	ל	ס	מ	ח	ת	ו	ל
ו	ת	ש	ק	ב	פ	ל	ד	ח	ר	ע	ת	ו	ה	ב	ו	ק
ת	ט	ר	כ	י	ל	י	מ	מ	ה	ח	ב	מ	ר	י	י	ב
ח	א	ר	ב	ו	פ	ר	פ	ל	י	ו	ז	ב	ג	ף	א	ל
ה	כ	מ	ן	ם	א	ע	נ	י	ס	פ	א	נ	א	ח	ב	י
ו	ג	ב	ת	ל	ו	ו	י	ר	מ	א	מ	ה	ו	פ	ן	פ
א	מ	ח	ו	פ	ל	מ	ח	כ	ד	ה	כ	ד	ד	ף	י	נ
ה	ו	ר	ן	ו	ו	נ	ת	ה	מ	ו	כ	ה	ל	י	ת	ד

מים
סנאי
שקוף
משטח
חתול
לקבל
החג
להעסיק
עפיפון
מאמרי
מבנה
תוכן
אף
ליד
העגולה
ורוד
יבשי
תרנגולת
בתורו
דיג

Puzzle 494

ל	ה	א	י	ה	ר	ר	ו	כ	מ	כ	י	י	ד	ב	ו	ר
ה	מ	ד	ל	ו	ק	ח	י	ם	ן	ם	י	ר	ט	מ	י	ח
ך	י	ק	ן	צ	ל	ו	ת	ו	י	ס	ה	א	נ	ק	מ	ש
ר	י	ר	א	צ	ק	ח	ב	ו	ר	כ	ו	ב	ג	ו	ע	
ק	ה	י	ל	ת	ן	ה	ד	ב	ר	ב	ג	ו	ת	א	ג	ע
ח	י	צ	ו	י	ל	ה	ש	מ	ן	ח	ן	ה	ן	ו	ו	פ
נ	מ	ע	ע	ר	ש	ת	ו	א	ש	ר	ר	ח	ו	ל	ס	ל
ו	ה	ר	ן	ח	ק	ן	ת	פ	ר	י	ו	ת	ל	ס	ו	ב
י	פ	ה	ו	ס	נ	ל	נ	כ	ו	מ	ש	ל	ה	פ	מ	י
ד	ת	ד	נ	מ	פ	ו	ד	ו	ר	ו	ת	ק	ו	י	ד	ב
ל	ן	נ	י	ע	כ	ו	ח	ע	ס	י	ש	א	א	ע	ב	ר
ו	ו	ו	ו	ה	נ	ד	מ	ס	ו	מ	י	ל	ש	ו	ו	ת
נ	ו	א	ב	נ	כ	ג	ו	י	ל	ח	ל	ו	י	ח	א	ם
ד	ל	ק	ן	ו	ג	א	ב	ם	ת	כ	ל	ל	ר	א	ת	ס
י	נ	ח	י	מ	ר	ה	ל	ד	י	ת	ו	נ	ב	ו	ס	מ

ערפד
הוצאת
מסוכנות
רוח
וכרוב
לוקחים
לה
בדיוק
נולד
גומי
גבר
לסלוח
מסחרית
כועסים
ריקבון
רחוקה
חדשות
עצי
מטרים
קהילת

Puzzle 495

ה	ע	ם	א	י	ח	ח	ש	פ	ו	ד	י	מ	ל	ב	פ	ך
ת	ק	י	ן	ו	מ	ד	ק	ל	ל	ו	י	ו	ב	ל	ג	ה
מ	ס	צ	ק	ו	ה	ז	י	ר	ו	ב	י	ו	נ	א	ו	ק
א	ר	ח	ה	נ	י	ב	ש	ת	ל	ח	ק	ו	ר	ה	מ	ר
ו	פ	ו	נ	ו	א	ש	ל	ו	ח	ק	נ	ה	נ	ף	ע	ז
ב	א	ע	ר	ד	פ	ע	י	ב	מ	ש	מ	ע	ו	ת	י	ת
ק	נ	פ	ה	ן	ט	ר	ד	ז	ו	מ	ל	ת	ו	ת	ו	ד
ת	ש	נ	מ	ל	נ	ו	נ	כ	ף	ל	ב	ן	י	ש	י	ג
ד	ו	ת	ר	ו	ק	ע	נ	ו	י	ב	ג	כ	ה	ה	י	א
ק	ו	ו	ה	ו	ו	מ	י	א	מ	א	ש	ד	י	ל	ז	מ
ב	ל	י	פ	ש	ג	י	י	מ	ו	י	ק	ע	ו	ס	ש	ו
כ	ט	ל	ס	מ	ר	פ	ו	מ	א	ס	י	כ	ת	ו	ם	ף
ל	א	ג	ל	י	ר	פ	ל	ל	ב	ו	ב	ר	ו	מ	ר	ם
ב	ה	מ	ת	נ	ת	מ	א	א	ס	ט	ג	מ	ג	ח	כ	ר
ו	י	ז	ו	ר	ד	מ	א	א	י	ז	ס	י	ו	ג	צ	נ

זה
בכיס
וחצי
מאובקת
נקי
נואש
תקין
קדמון
לחקור
מאוכזבות
קנה
להשתתף
סיכת
לוח
משמעותית
מהר
המתנת
חמוס
אפרסק
אוהב

Puzzle 496

מורכבת
מקסים
מטלת
סביב
להתנגד
ערש
מפורשים
להכין
חי
ילקוט
צינור
במוזיאון
רשת
רקוב
סיבה
קצין
החריף
ובמיוחד
עצמך
מצב

נ	ש	ס	ו	נ	ן	ו	א	י	ז	ו	מ	ב	ע	ל	ס	כ
ם	ר	ב	ק	ו	י	א	ש	ל	ר	מ	פ	ב	ע	ת	ק	ש
ת	ה	י	ר	פ	כ	ב	ן	ק	מ	ן	ב	ל	צ	ע	צ	מ
ם	ו	ב	ק	ה	ה	י	מ	ו	י	ט	ע	ת	מ	מ	י	ק
ע	מ	נ	ו	י	ל	ה	פ	ט	מ	ו	ל	ב	ך	ו	ן	ס
ע	ר	ש	ב	ל	ה	ת	נ	ג	ד	ו	מ	ת	ע	ת	ר	י
ו	י	ת	ת	א	ד	י	ש	ב	א	א	ל	ן	ד	פ	כ	ם
ל	מ	ת	ע	ה	א	ת	ל	ג	ד	ה	ו	ז	ן	ו	ב	ג
א	ח	ה	י	ת	ד	ב	ס	פ	ד	ו	ר	ם	ע	ו	ר	נ
ג	י	מ	ף	ש	ש	כ	ג	י	פ	צ	י	ה	נ	ע	ג	ד
י	ל	צ	י	נ	ו	ר	מ	י	ח	ר	ר	נ	י	ל	ע	ק
ו	ג	נ	ר	ס	ל	ו	ל	נ	ס	נ	נ	י	ף	ת	ן	ח
ר	פ	ד	ח	ו	י	מ	ב	ו	י	י	פ	ת	ש	ר	צ	י
ת	פ	ב	ה	ב	ע	א	ר	א	ב	ו	ה	ב	ו	ש	מ	ב
מ	פ	ו	ר	ש	י	ם	ר	כ	ה	ג	ש	ל	מ	ע	ר	מ

Puzzle 497

ה	ל	מ	ב	ר	א	י	מ	ד	ת	ה	מ	ו	ר	י	ם	י
מ	ט	ח	ת	ר	ח	ב	מ	פ	פ	ק	צ	י	א	י	מ	ו
ו	א	ק	כ	י	ך	י	ע	ס	ו	י	י	פ	ו	ם	י	צ
י	ו	ר	מ	מ	פ	נ	ת	ר	ת	ק	ב	ן	מ	י	ז	כ
י	ל	ר	ה	א	ר	ק	ט	י	ה	ד	ו	מ	ע	ב	ו	א
ב	י	ח	ל	מ	ר	י	ל	ח	ד	פ	ר	ו	נ	ס	ן	י
ל	ר	ם	מ	ו	ב	ר	ח	ג	ו	ד	י	נ	ד	ת	ע	נ
ו	ב	ב	נ	ב	ר	מ	ה	ן	ו	ז	ו	ו	ר	ב	ה	ד
ו	ת	ר	כ	י	ז	א	ב	ח	ש	מ	ל	כ	ע	ת	ס	ו
מ	ל	ח	י	מ	מ		ל	ד	ם	מ	מ	ש	ל	ט	ע	ם
ג	א	ס	ח	נ	נ	ל	ר	מ	ד	ס	ו	ש	ע	ל	י	ל
ו	ו	ח	ס	ב	ה	ת	א	ס	נ	ס	ת	מ	ך	נ	ג	ש
נ	כ	נ	כ	י	ר	מ	ד	ו	ר	ל	ר	מ	ג	ל	ר	ל
נ	ת	ח	ד	ר	ח	י	ל	צ	ו	פ	ל	ד	ן	ז	ד	נ
ג	ל	ל	ע	ח	ש	ת	א	ג	ג	ח	ג	מ	ח	ג	ע	ח

תרכיז
בהחלט
לשלם
גזע
מכתב
מחקר
נמלה
ממשל
טעם
אמריקני
ציבורי
ללכוד
המורים
הברווזון
ברך
מלח
מבחר
בעמודה
נתח
הארקטי

Puzzle 498

ב	ר	פ	ר	ה	ר	ה	ח	מ	ש	ג	מ	ת	ה	פ	מ	ב
י	ש	נ	ג	ת	ע	ס	ל	ו	ת	ב	ש	ק	מ	ט	מ	ב
מ	נ	ו	ס	ח	נ	ת	י	ל	י	ת	כ	ר	ש	ר	ג	ב
י	נ	ו	פ	ר	ח	נ	פ	ד	ו	מ	מ	ה	פ	י	ו	ם
ר	ב	נ	ע	ו	ו	נ	ד	ה	א	ן	ז	ו	ח	ו	ר	ד
מ	פ	פ	י	ת	ק	ב	ל	מ	י	נ	ר	פ	ה	ת	ת	ל
ה	ק	ר	ק	ע	ם	נ	ע	ד	ר	ת	ק	ב	צ	ו	ר	ת
א	ו	ת	ו	ק	ה	ק	ה	ש	נ	ח	ת	ש	ל	א	ו	ן
י	ן	נ	מ	י	ג	ל	י	ו	ו	צ	ח	ו	ל	ב	ל	ע
ר	י	ו	ו	ח	פ	ע	ו	מ	ו	ג	ש	ו	צ	ב	י	ע
ש	י	ך	א	ל	מ	ס	ו	ר	ה	ס	ס	ג	ו	נ	י	ו
ע	א	ו	ס	פ	ר	ו	ו	נ	נ	ו	ע	ק	ה	ח	פ	ר
ו	מ	ן	מ	ט	י	מ	ן	נ	ל	מ	ו	ר	כ	ח	ן	ן
ת	ג	י	ב	ר	ע	מ	ה	ש	נ	ת	י	ן	מ	א	מ	כ
ח	מ	ב	מ	י	ט	ת	ה	י	ש	מ	ה	א	ה	א	י	מ

הססגוני
גשר
מלאך
השנתי
שמחה
מולד
התחרות
כבש
בין
פטריות
הקרקע
בננת
המשפחה
מיתת
לפטר
הפתעה
שעות
בצורת
מערבי
מזרקת

Puzzle 499

ד	ב	ג	י	י	א	ג	ח	א	פ	ע	ו	ל	ה	ן	ש	פ
ו	מ	ו	ת	ו	ה	ו	ו	מ	ב	ל	מ	ע	ט	ח	ד	ו
ש	ד	ח	ו	ד	ע	ר	ח	ו	י	נ	י	ח	ה	ן	א	מ
ת	ב	ו	ב	י	ג	מ	ה	מ	ו	צ	י	י	ן	ל	פ	מ
ו	ר	ל	מ	ר	כ	ז	י	ת	מ	ו	ה	ק	י	ת	ע	ה
מ	י	צ	י	פ	י	י	צ	ו	ה	כ	ב	ו	י	נ	ש	ע
ו	ה	ה	מ	ס	ו	ת	ק	י	ה	י	מ	ר	צ	ת	ר	ק
ר	ו	א	ח	מ	ג	ל	נ	מ	ע	ש	מ	ל	ב	נ	ק	ר
ת	ם	ר	נ	ס	ד	ס	ו	ת	מ	ע	ר	ז	ל	ו	ש	י
י	ן	י	א	ב	צ	ן	פ	ה	נ	ת	ב	י	ש	ב	ב	ס
נ	א	ח	פ	ע	ם	ת	ח	ח	ה	ו	ב	ל	ש	ה	ע	ת
א	ל	א	י	נ	ט	ר	א	ק	צ	י	ה	ן	ת	מ	ח	ד
ה	י	ף	ב	ו	ב	נ	ח	ו	ר	ד	ת	פ	ת	ל	ו	ח
ק	ר	ש	י	כ	ו	ת	ח	ת	ו	ל	ק	ב	י	ע	ש	ת
ז	ט	ג	פ	ו	י	א	ק	י	נ	ק	ו	ר	צ	ר	ו	ר

מרכזית
פעולה
תשע
צעיף
מספר
במדבר
חולצה
בשר
אינטראקציה
נתנו
העתיקה
קריסת
ציין
מגיב
למנות
בקלות
פעם
שש
למעט
פונקציה

Puzzle 500

י	ק	ו	ר	מ	י	ק	ן	ו	ח	י	ו	ן	א	י	ו	ג
ר	א	ג	י	פ	ק	מ	י	מ	ל	י	ל	ר	ב	ע	י	נ
י	ל	ה	ח	ר	ת	א	ב	מ	ה	ד	ד	ה	מ	ל	ג	ד
י	ק	ה	מ	ש	מ	ה	ב	א	י	ד	א	ן	מ	מ	צ	ה
נ	מ	ס	ת	פ	ת	ת	מ	ר	י	ס	ט	ע	ז	ן	ת	ו
פ	ה	י	ד	י	ב	ט	ה	י	נ	ו	מ	ס	ר	ע	ח	מ
ל	ש	פ	ר	ו	ס	א	ב	ש	מ	ל	ה	מ	צ	י	א	ק
י	ע	ר	ה	ו	ת	ד	ד	ע	מ	ו	א	א	ב	ג	י	ש
ו	מ	ם	א	פ	ו	ת	מ	נ	ה	י	ת	ו	ג	ה	ף	מ
ו	י	נ	ג	ר	א	ת	ה	פ	ק	ל	ר	מ	ח	ר	ע	ל
ד	ת	ן	מ	ו	ה	ר	ק	ו	י	ו	ט	נ	ד	ו	ט	ס
ר	ל	ת	ל	ז	פ	צ	ח	ס	נ	נ	ר	מ	ק	כ	ל	ד
ו	ת	ג	י	ז	ו	ר	מ	ע	ס	ו	ת	ש	ח	מ	י	א
ל	ה	מ	ר	ל	י	ו	ח	ת	פ	ת	ו	ח	ע	ע	נ	ש
י	ת	ר	ב	ח	י	נ	ה	ת	א	ח	א	פ	ה	ס	ב	ו

קשוח
להמציא
אתה
יוקרה
חיבור
לפני
אפס
לשפר
קפה
רגלי
דגל
מפרש
בחינה
מעשה
חגב
מחיר
וילונות
המקל
סטודנט
הגיע

Puzzle 1

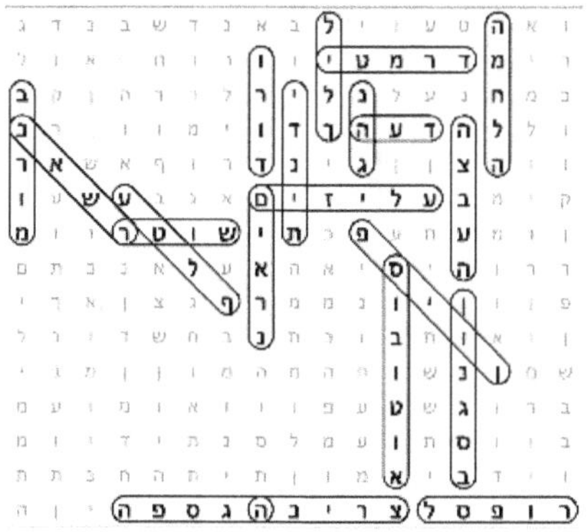

Puzzle 2

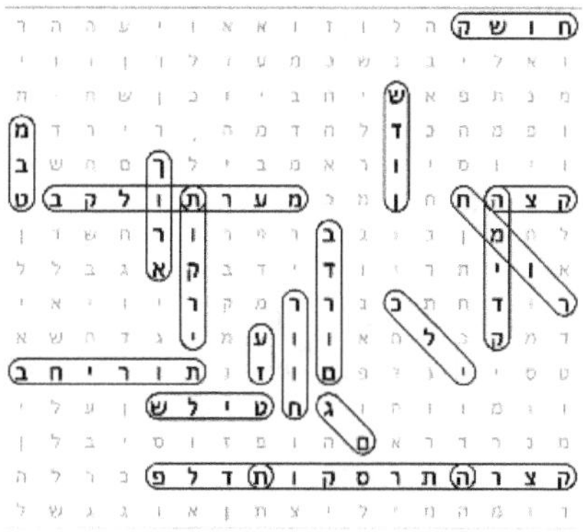

Puzzle 3

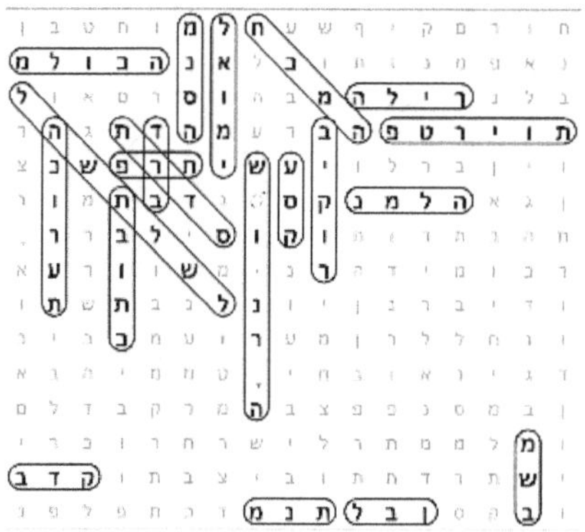

Puzzle 4

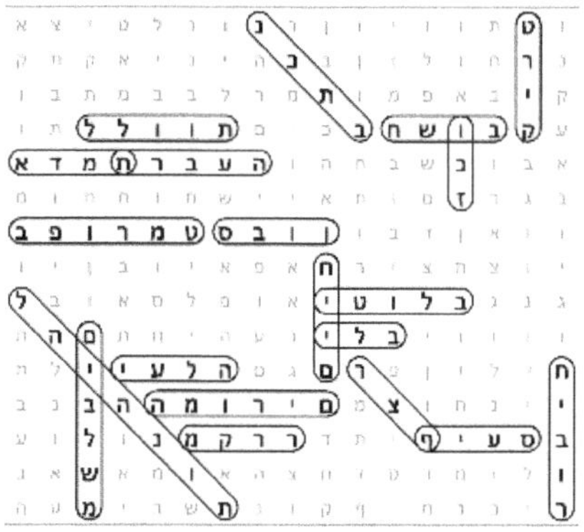

Puzzle 5

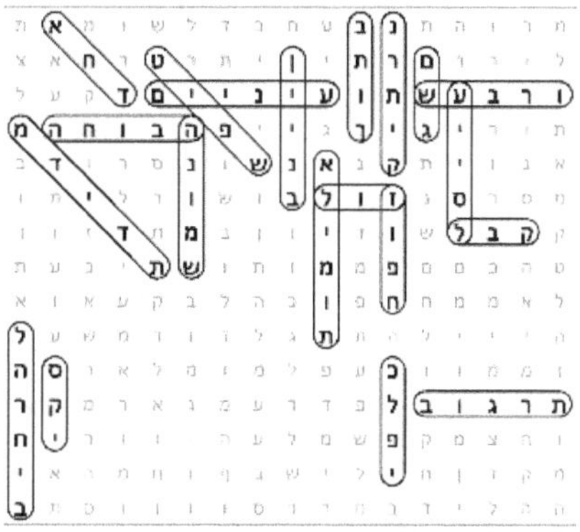

Puzzle 6

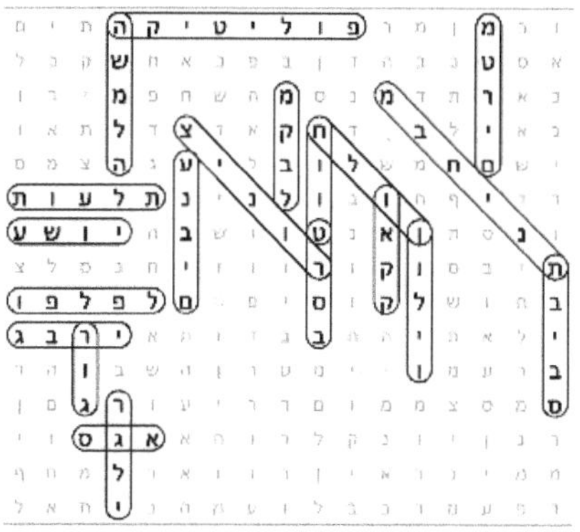

Puzzle 7

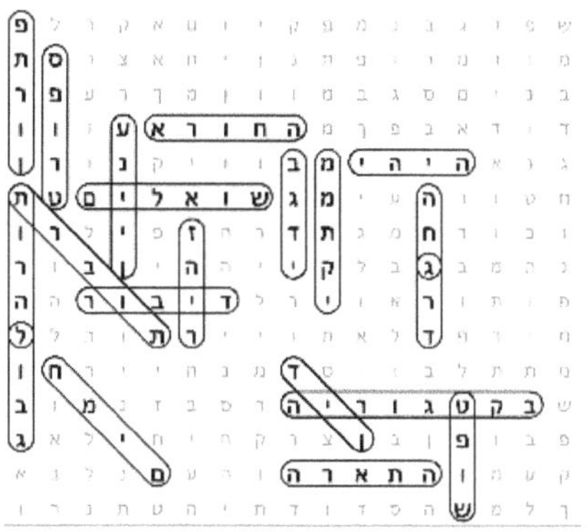

Puzzle 8

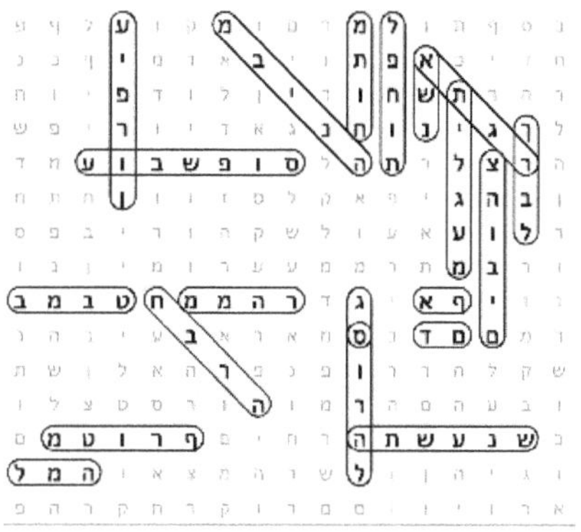

Puzzle 9

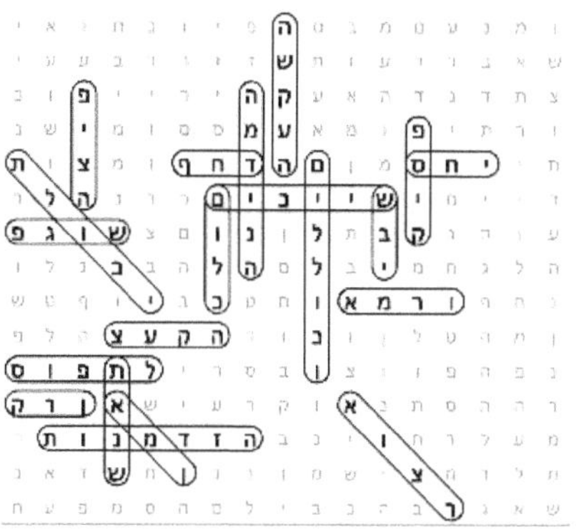

Puzzle 10

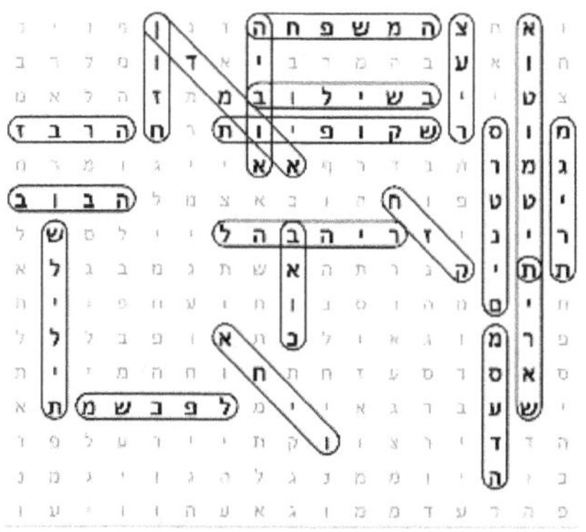

Puzzle 11

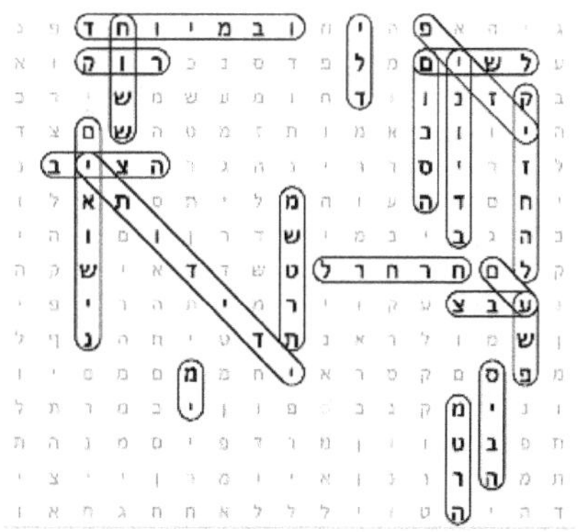

Puzzle 12

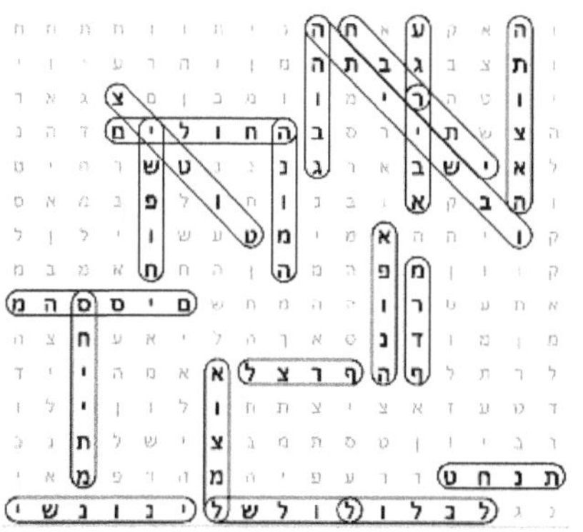

Puzzle 13

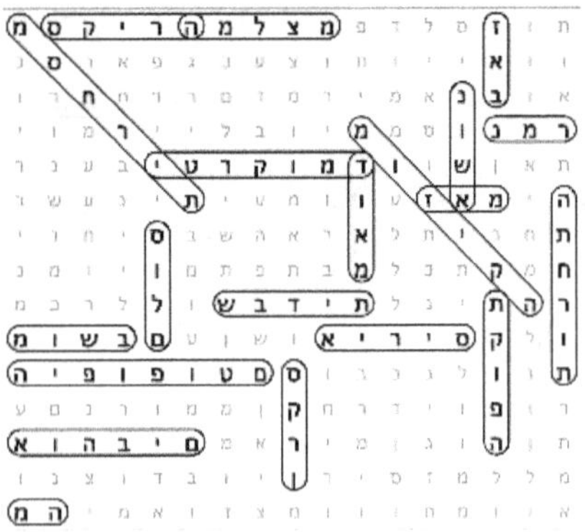

Puzzle 14

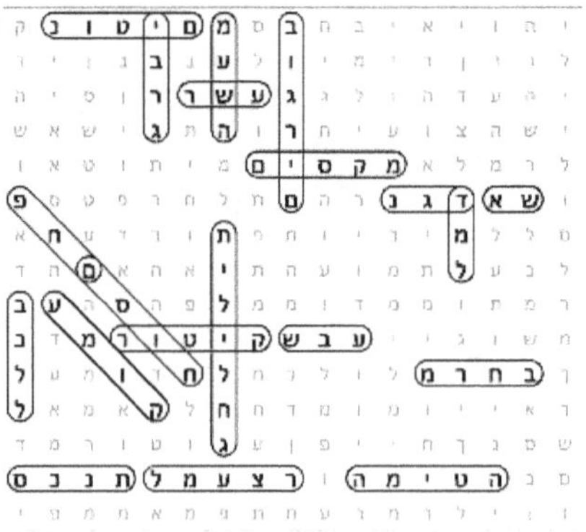

Puzzle 15

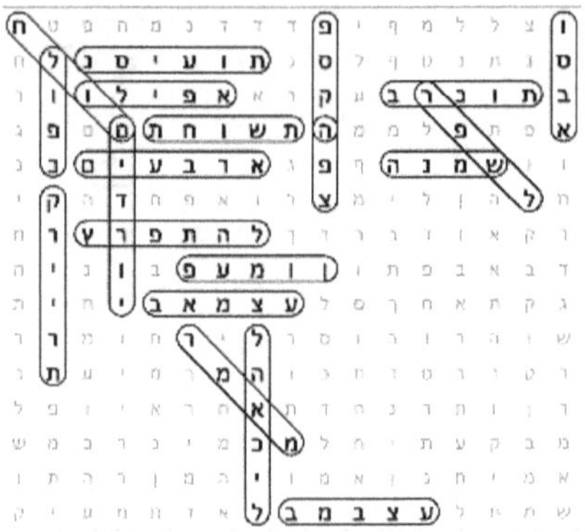

Puzzle 16

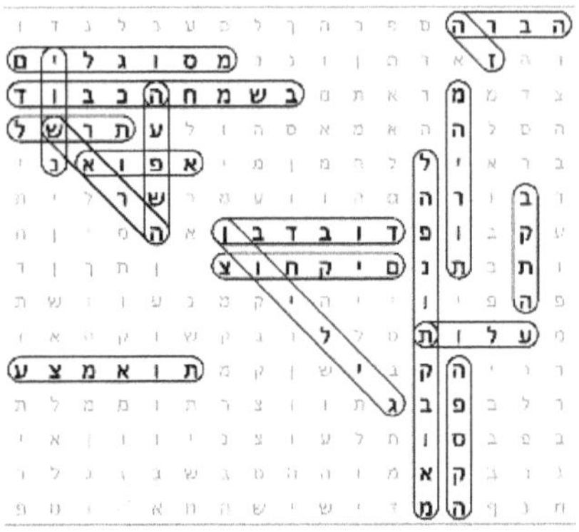

Puzzle 17

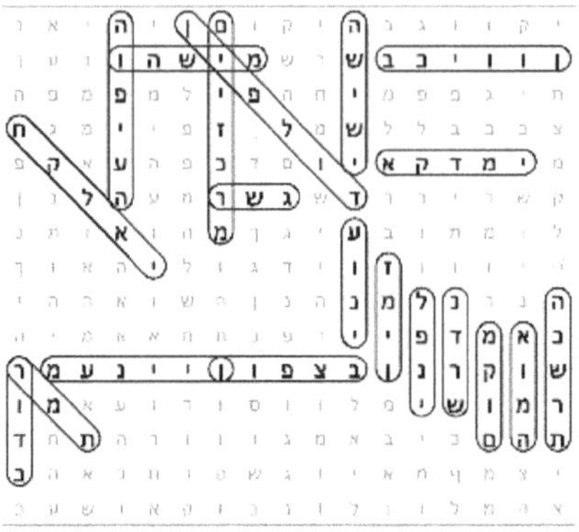

Puzzle 18

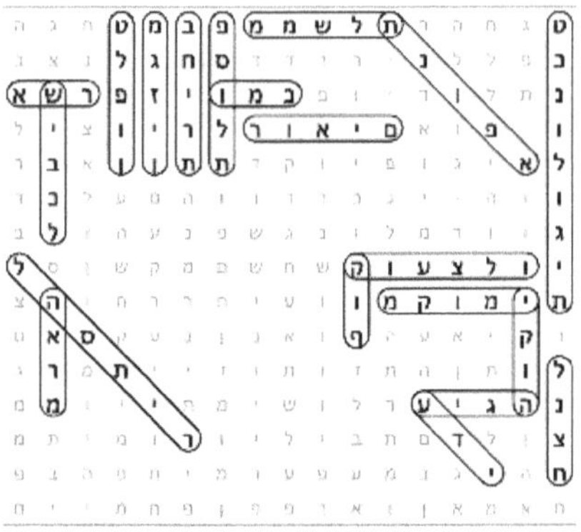

Puzzle 19

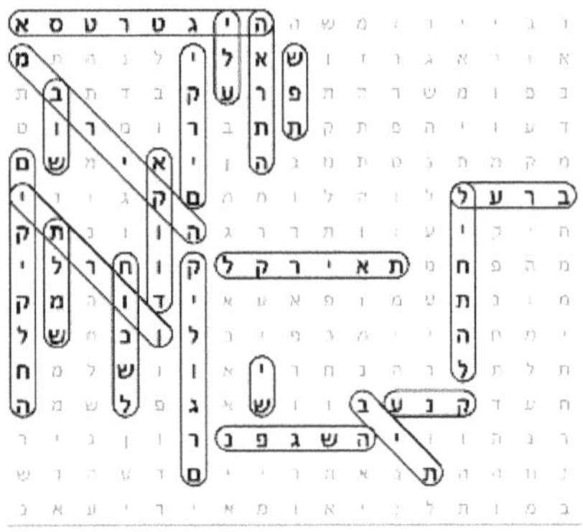

Puzzle 20

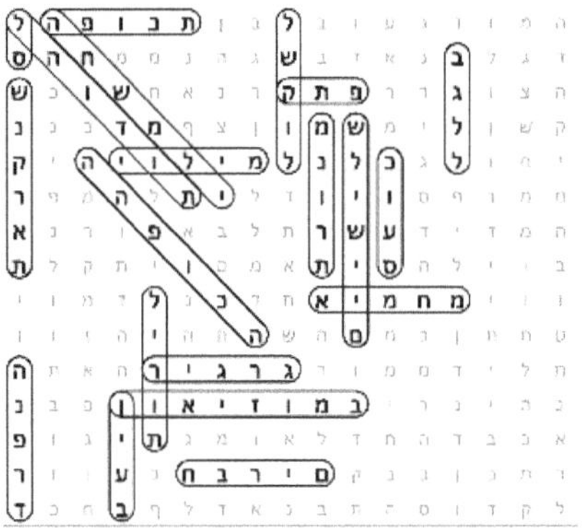

Puzzle 21

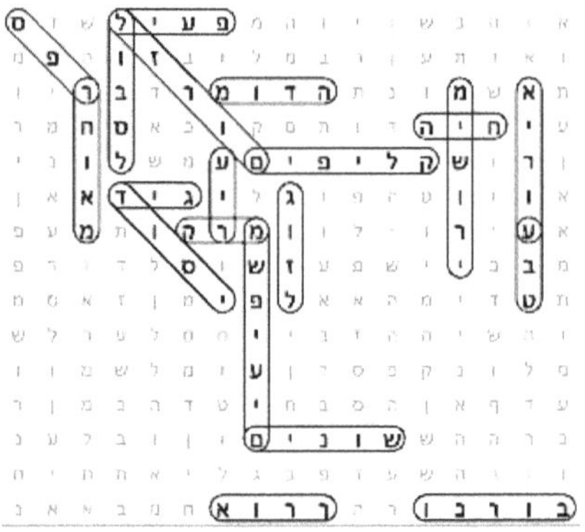

Puzzle 22

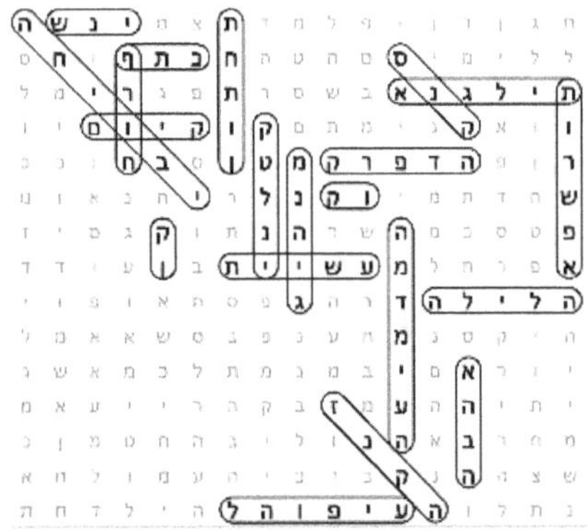

Puzzle 23

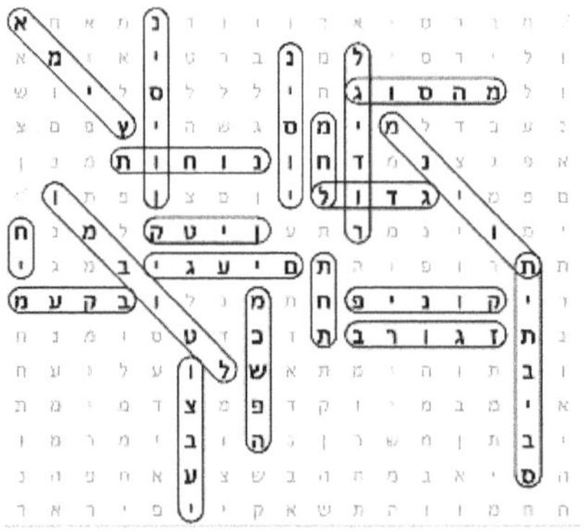

Puzzle 24

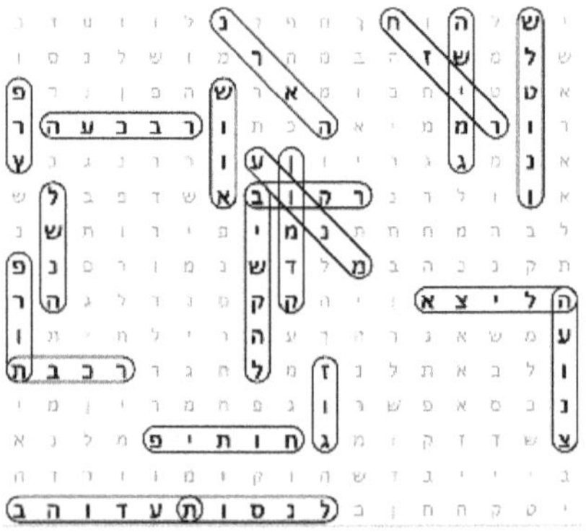

Puzzle 25

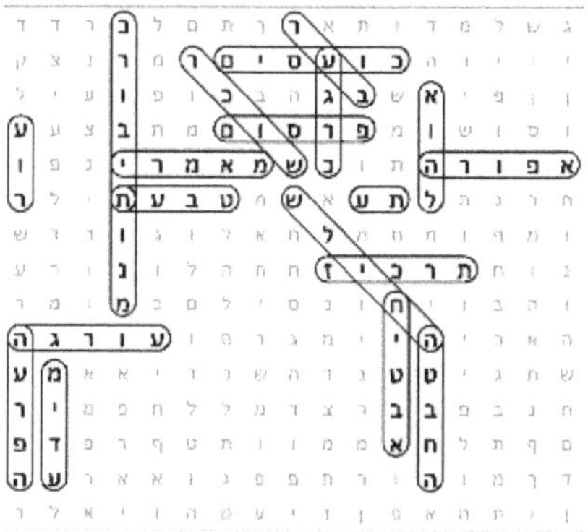

Puzzle 26

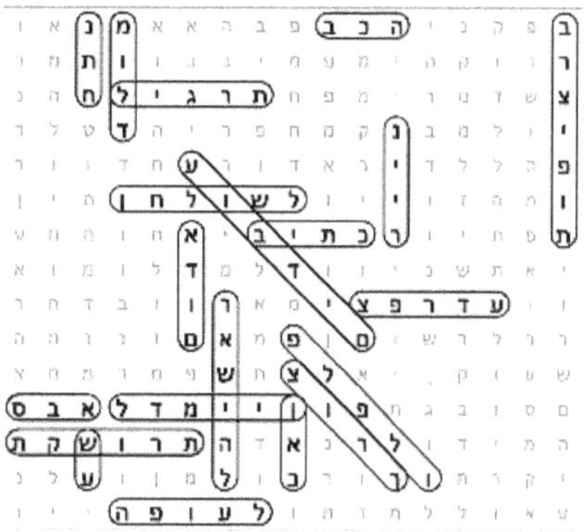

Puzzle 27

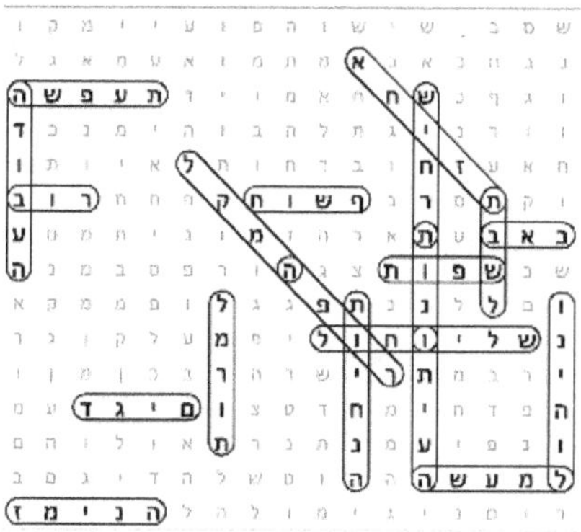

Puzzle 28

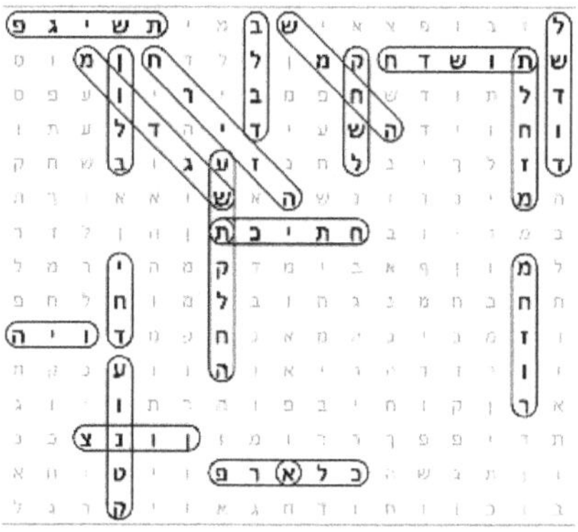

Puzzle 29

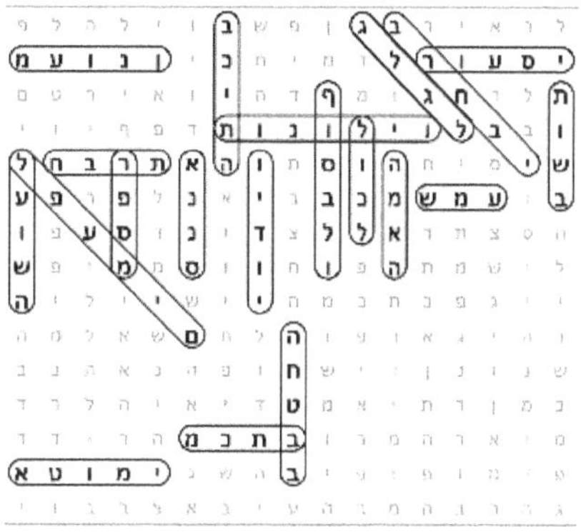

Puzzle 30

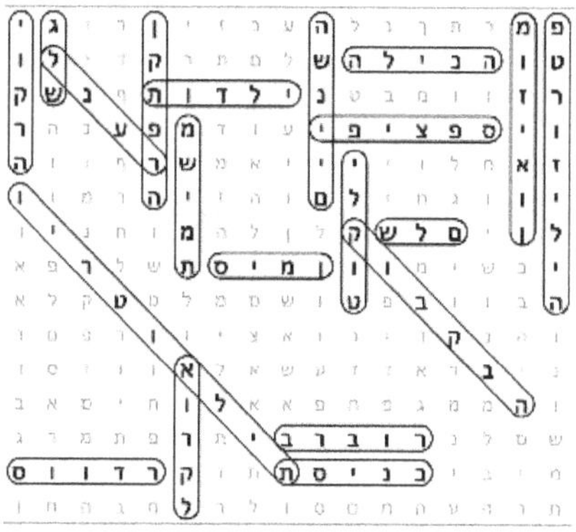

Puzzle 31

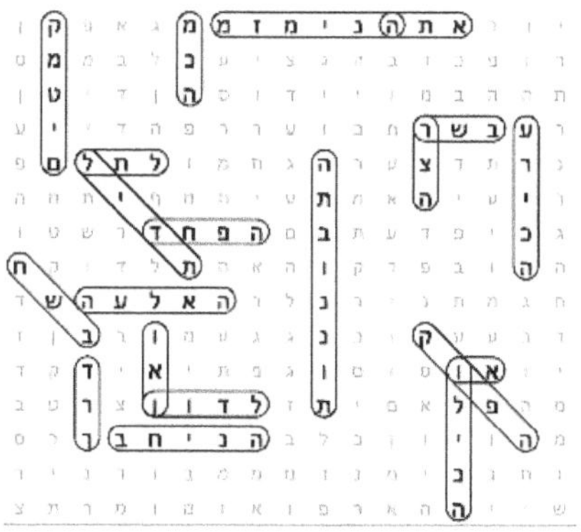

Puzzle 32

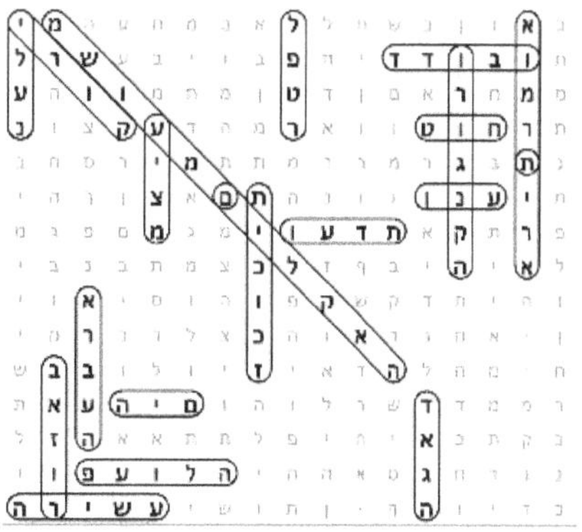

Puzzle 33

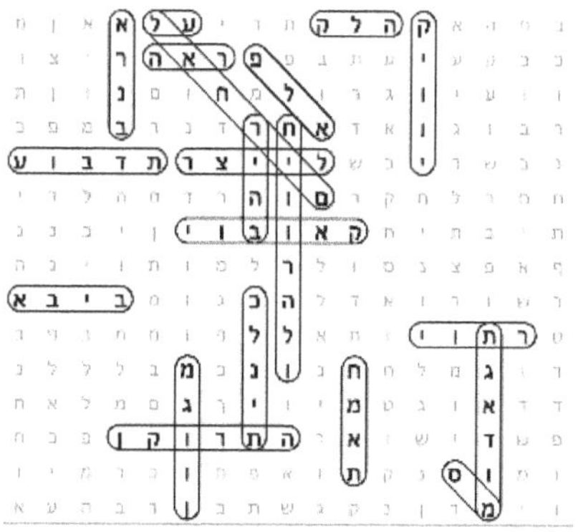

Puzzle 34

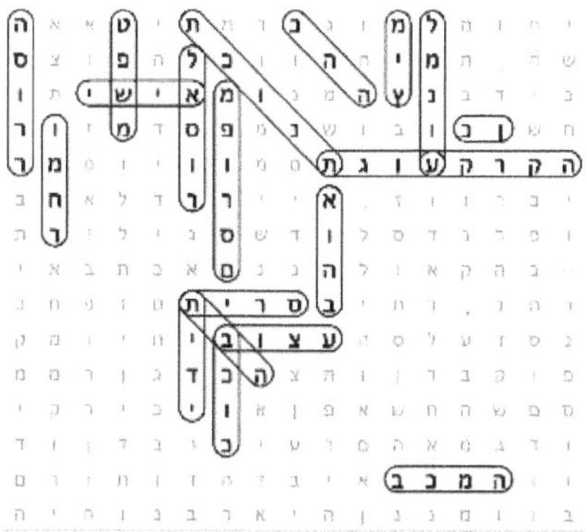

Puzzle 35

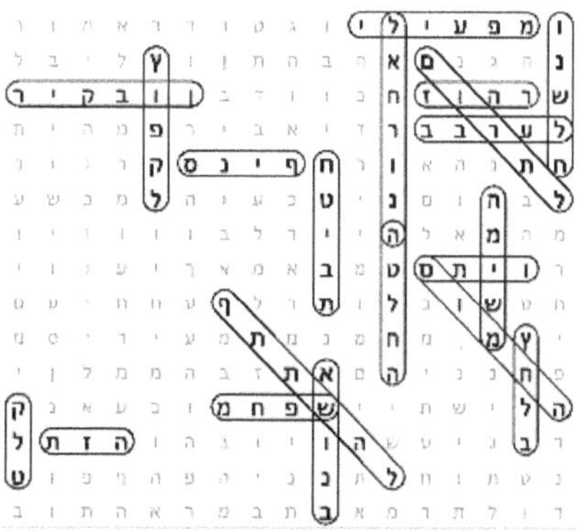

Puzzle 36

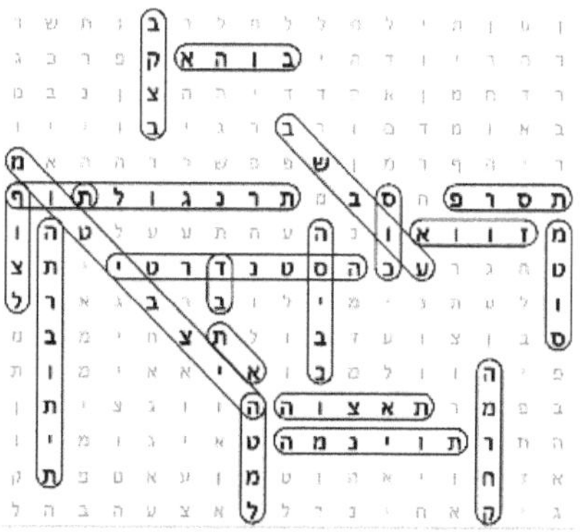

Puzzle 37

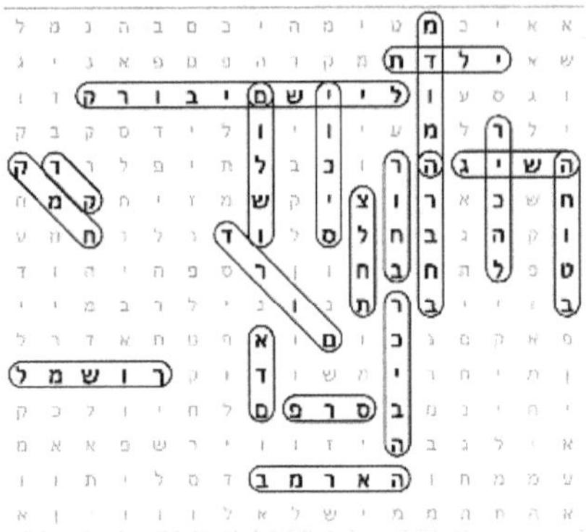

Puzzle 38

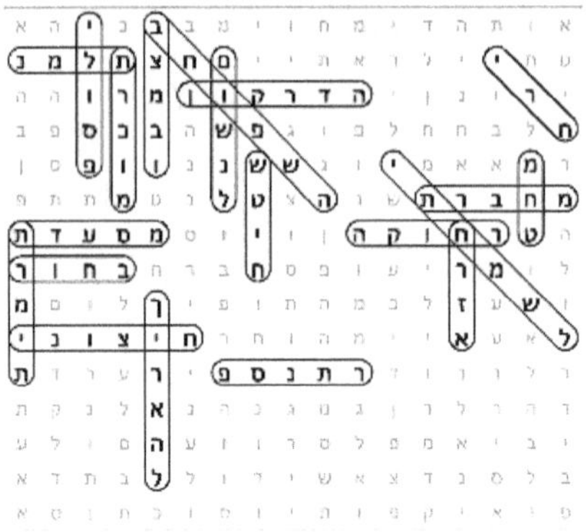

Puzzle 39

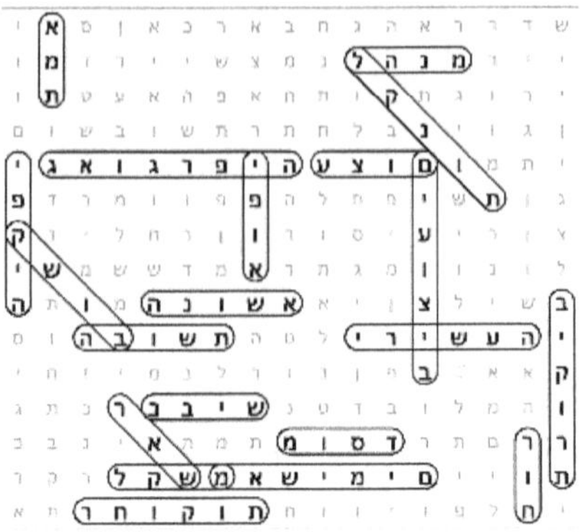

Puzzle 40

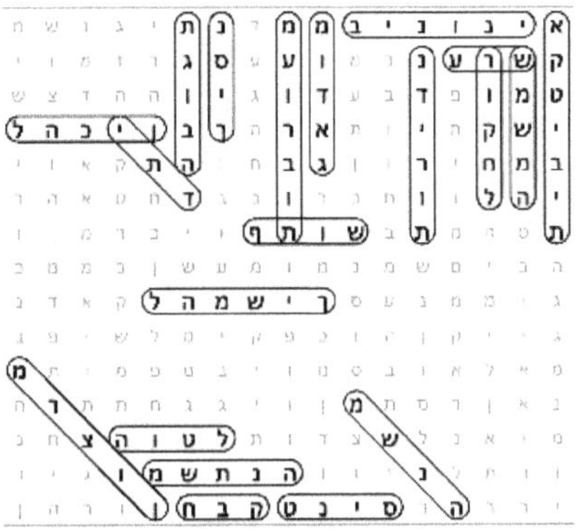

Puzzle 41

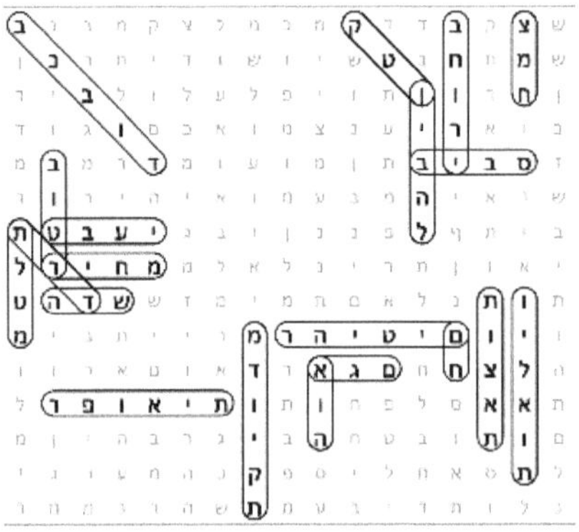

Puzzle 42

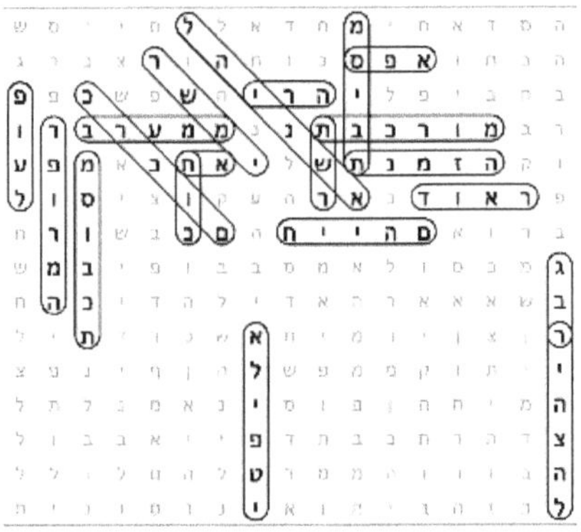

Puzzle 43

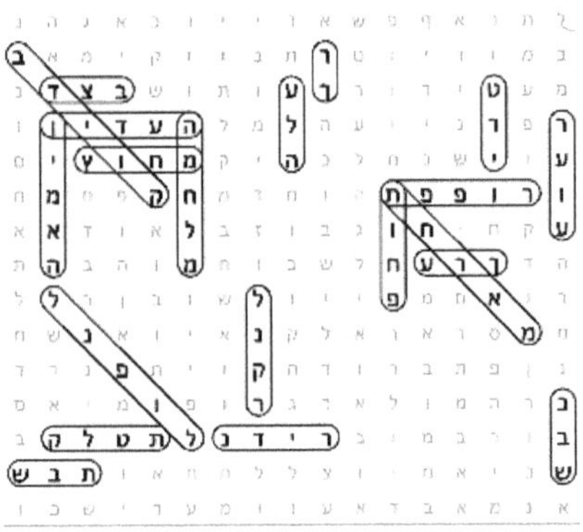

Puzzle 44

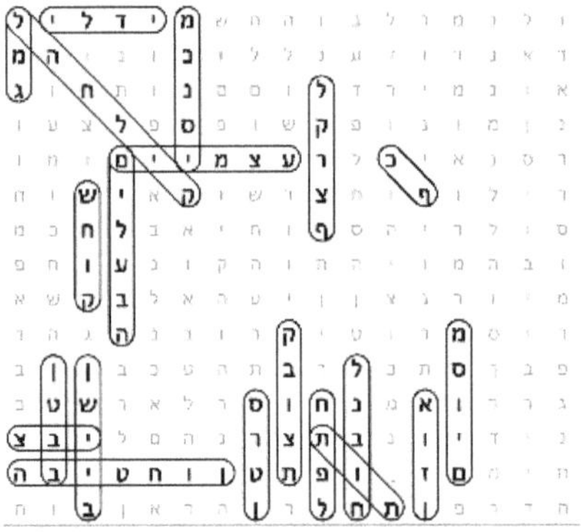

Puzzle 45

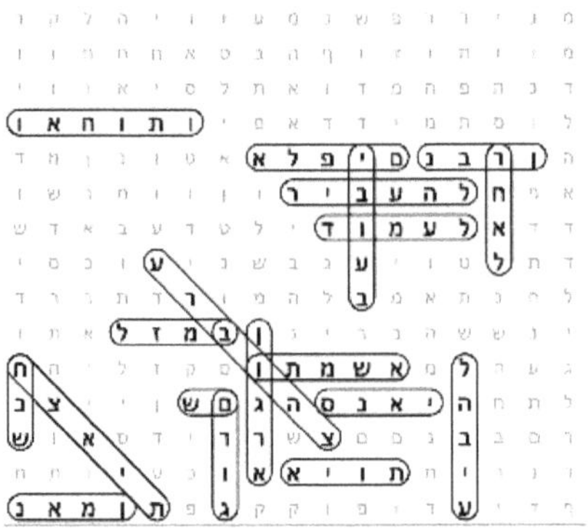

Puzzle 46

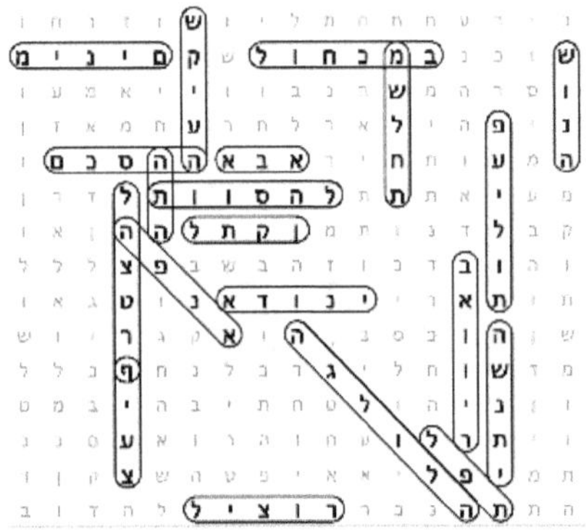

Puzzle 47

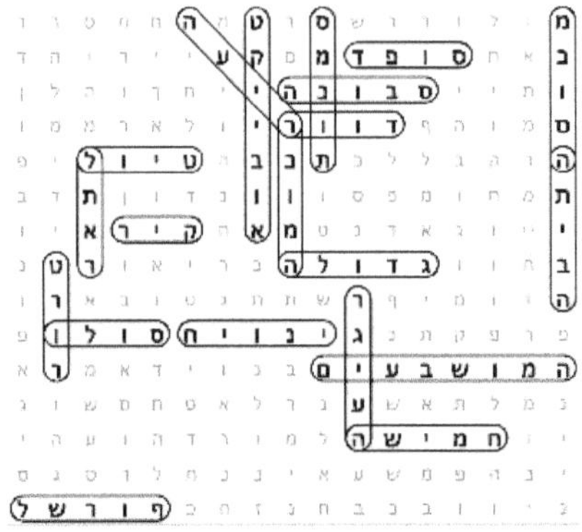

Puzzle 48

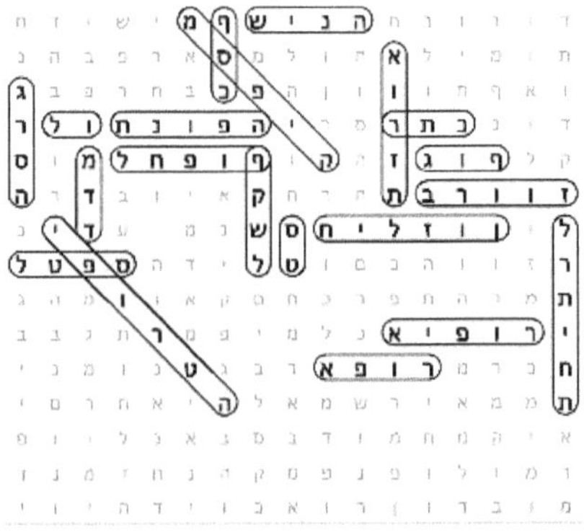

Puzzle 49

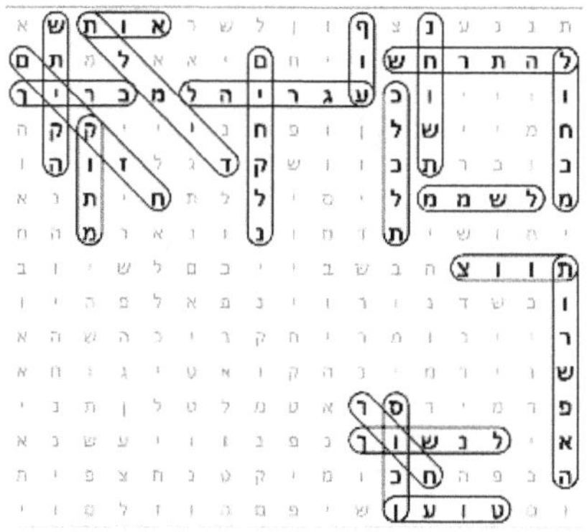

Puzzle 50

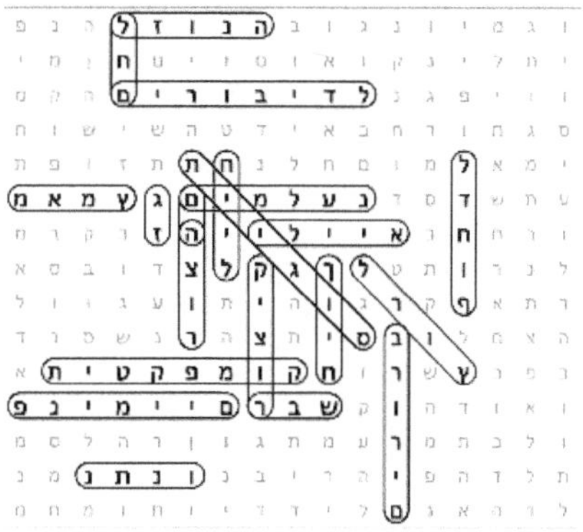

Puzzle 51

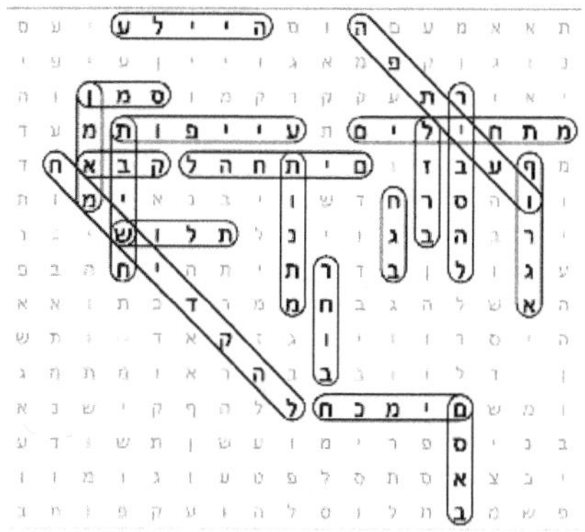

Puzzle 52

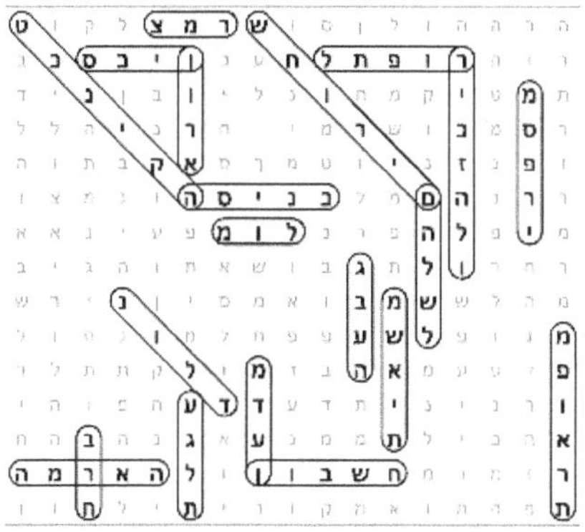

Puzzle 53

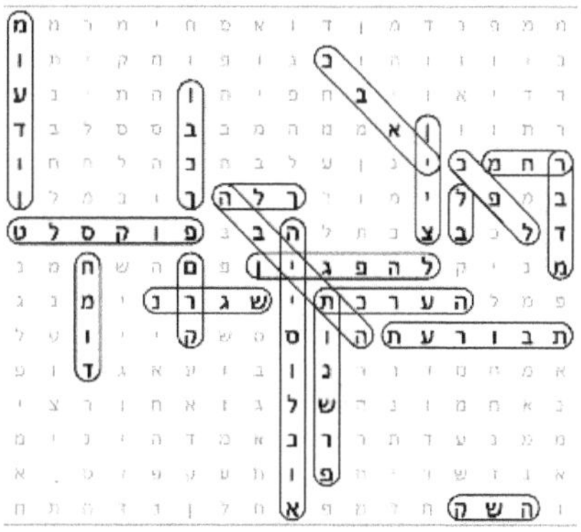

Puzzle 54

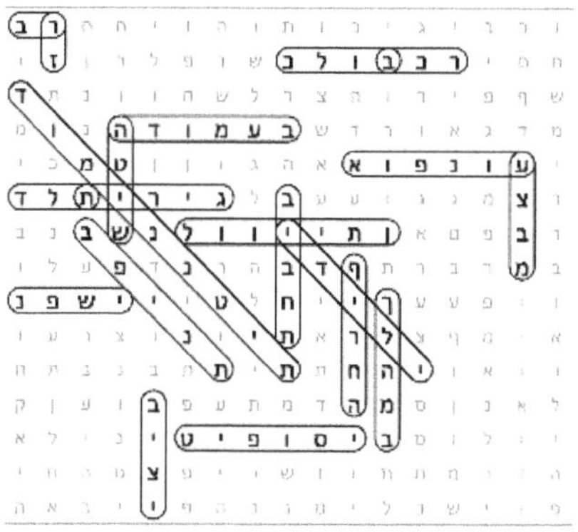

Puzzle 55

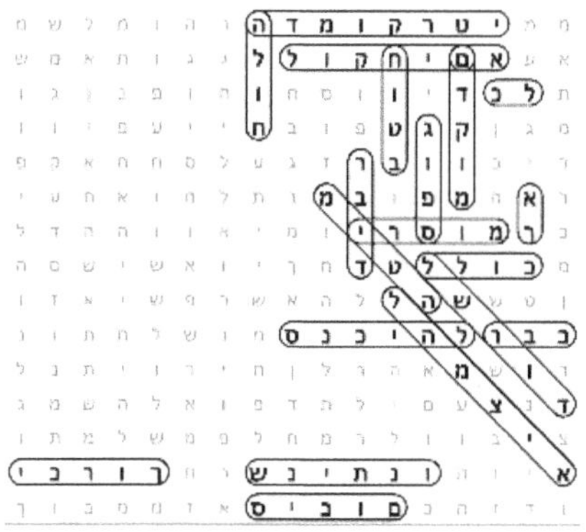

Puzzle 56

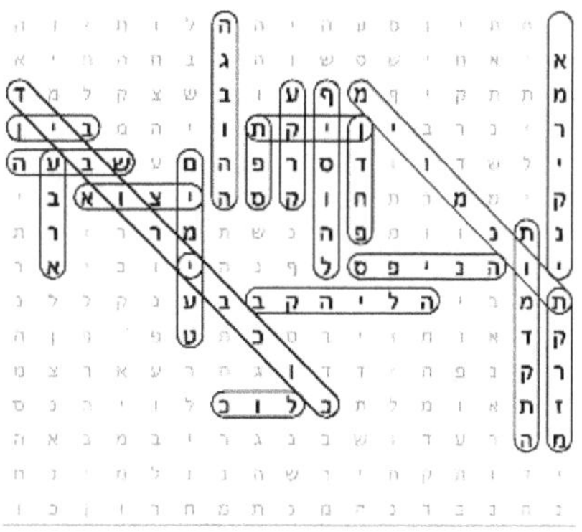

Puzzle 57

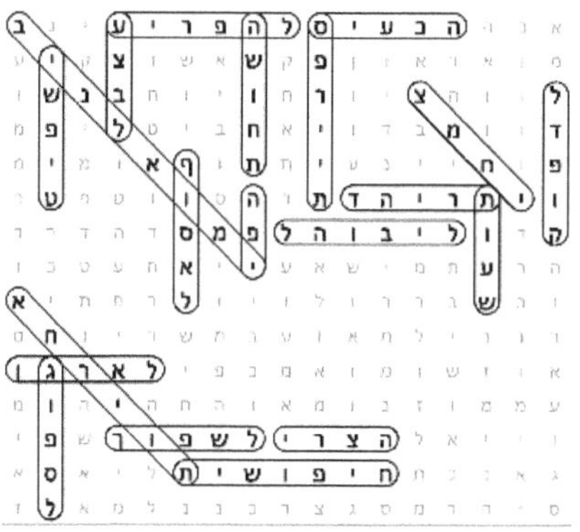

Puzzle 58

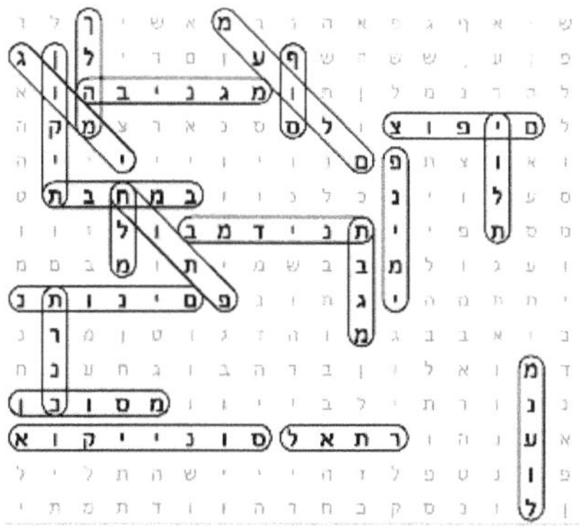

Puzzle 59

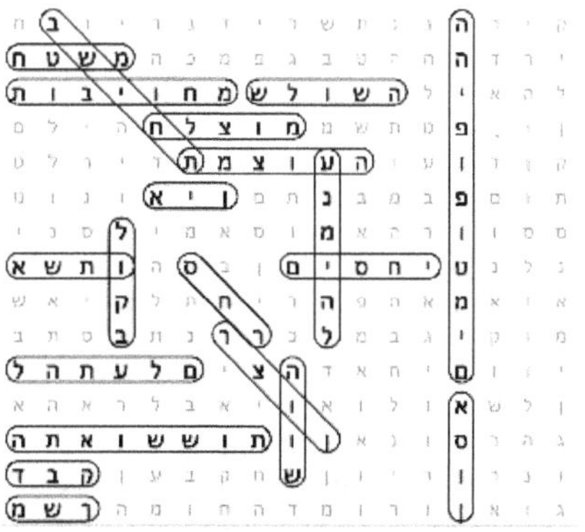

Puzzle 60

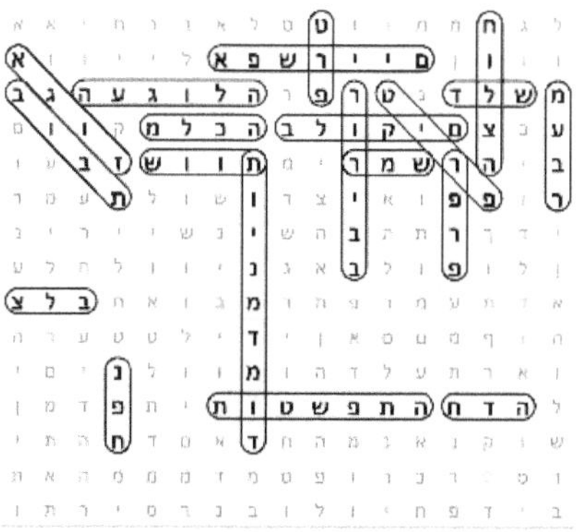

Puzzle 61

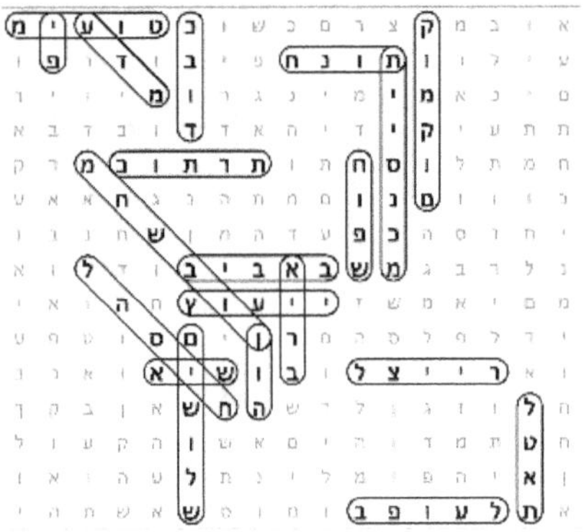

Puzzle 62

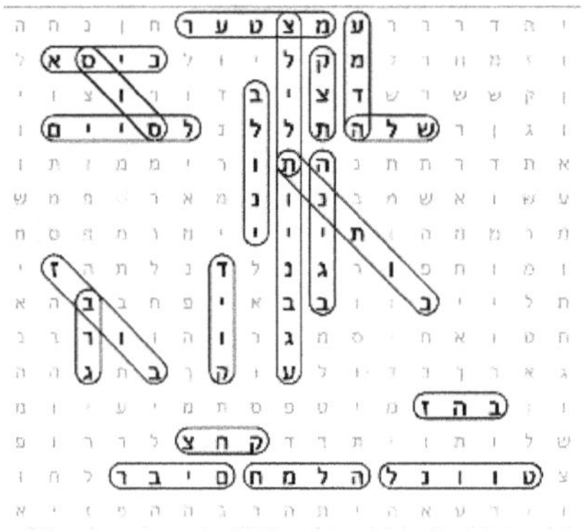

Puzzle 63

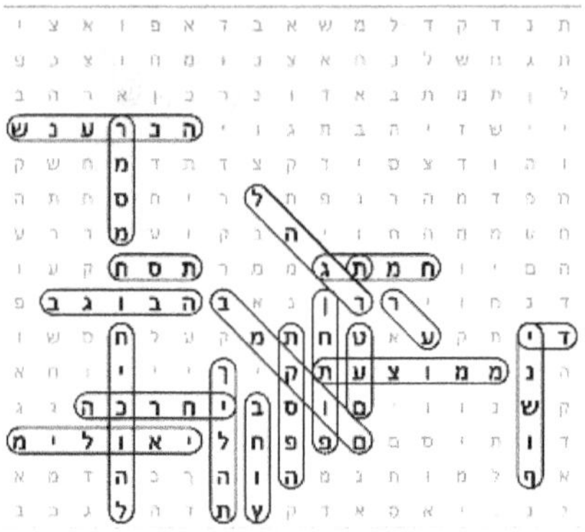

Puzzle 64

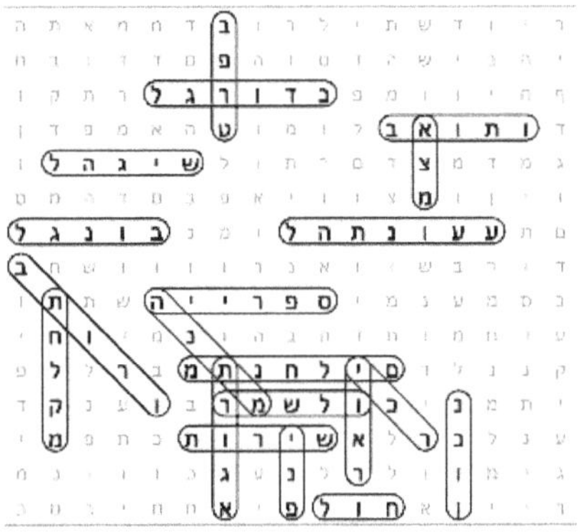

Puzzle 65

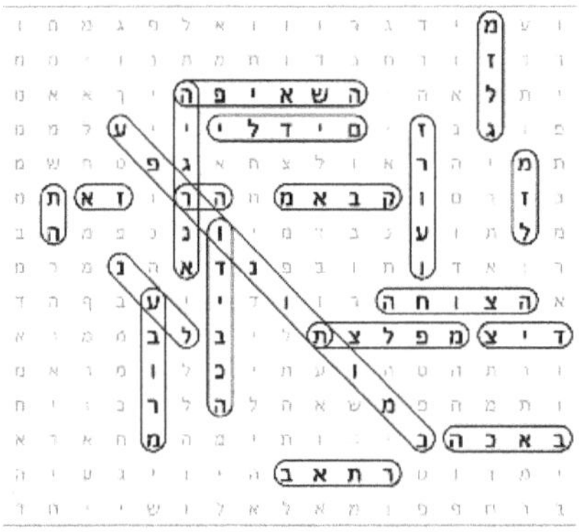

Puzzle 66

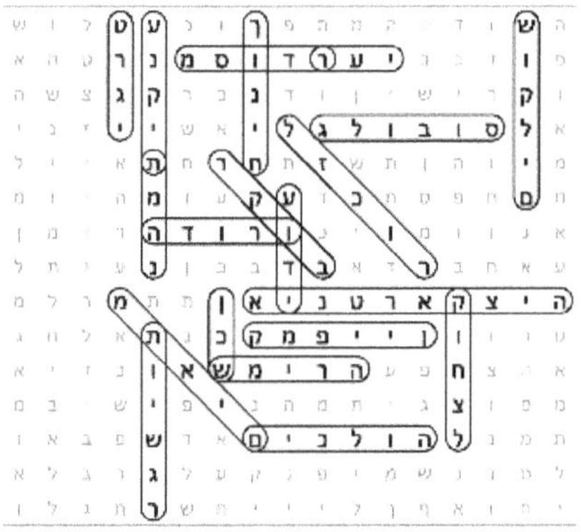

Puzzle 67

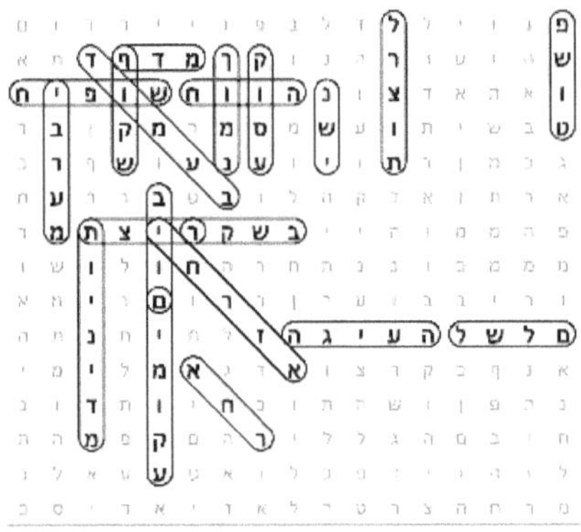

Puzzle 68

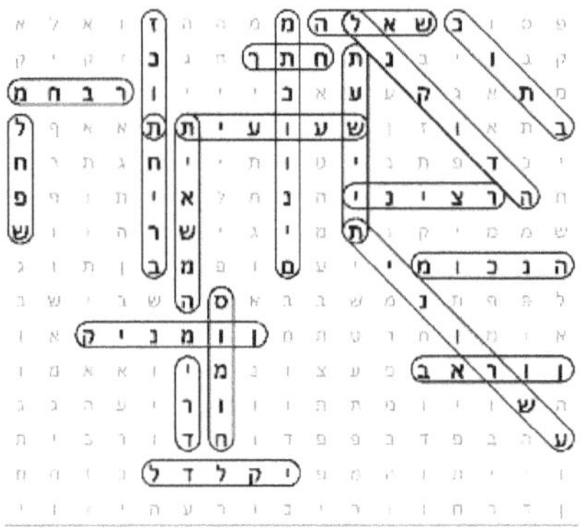

Puzzle 69

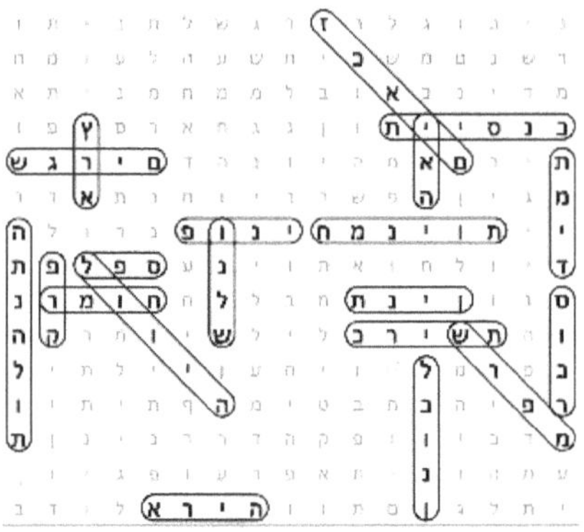

Puzzle 70

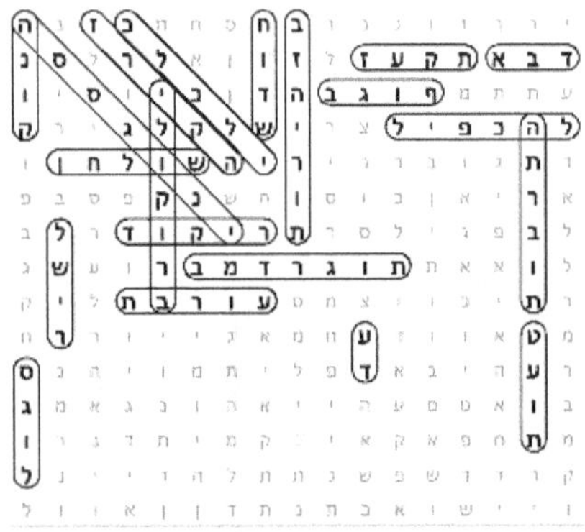

Puzzle 71

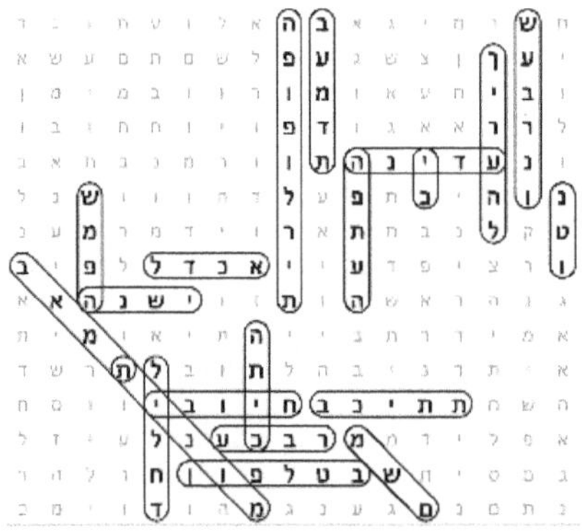

Puzzle 72

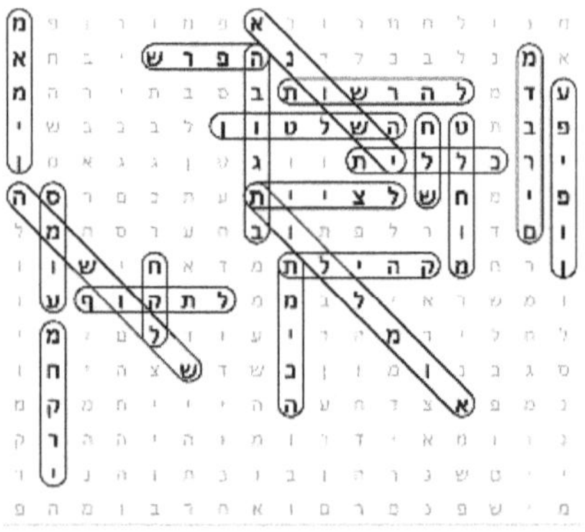

Puzzle 73

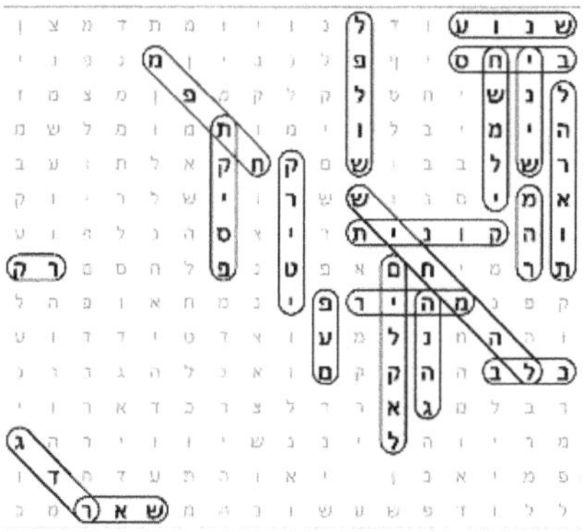

Puzzle 74

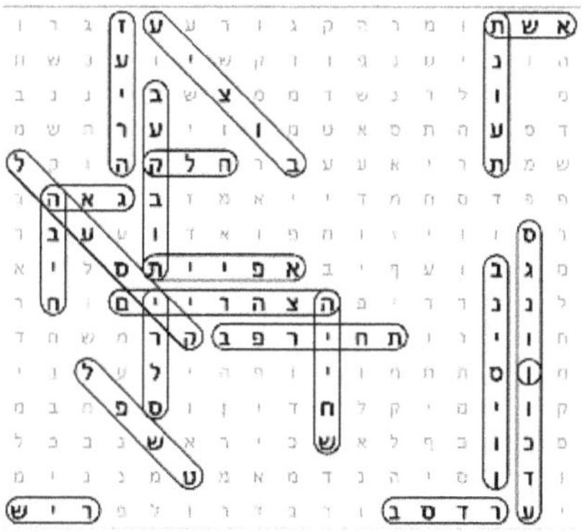

Puzzle 75

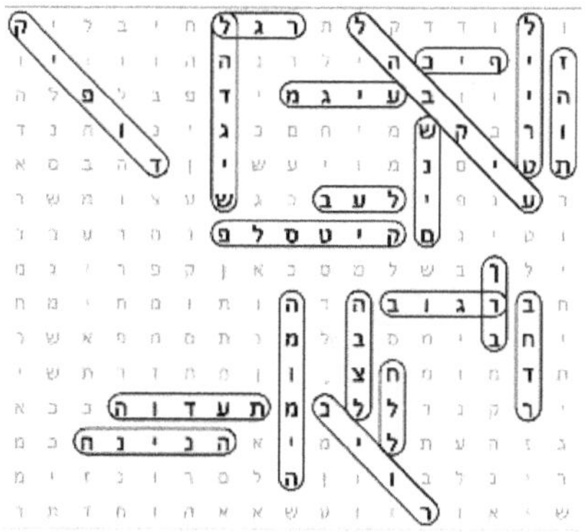

Puzzle 76

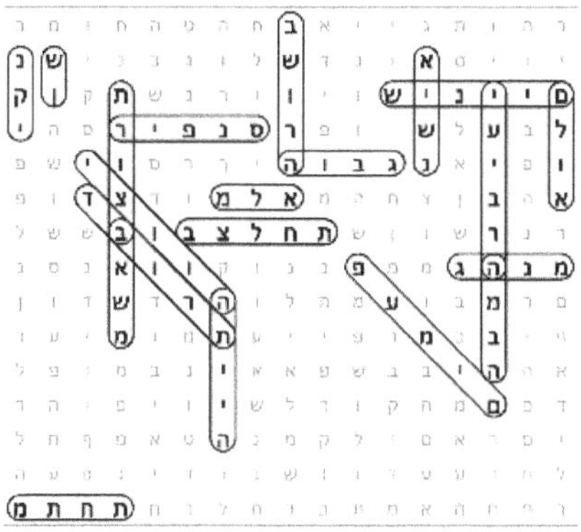

Puzzle 77

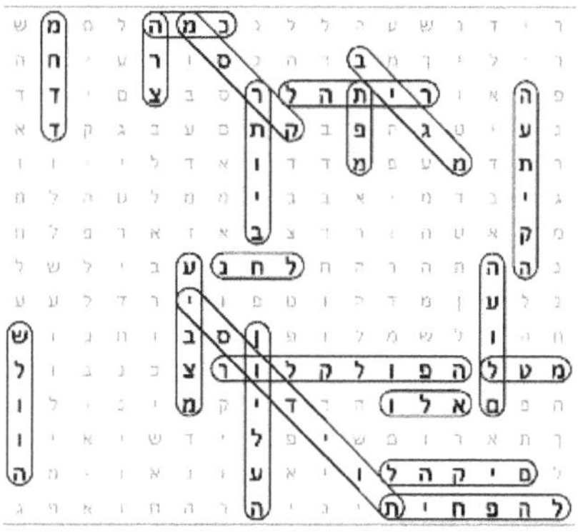

Puzzle 78

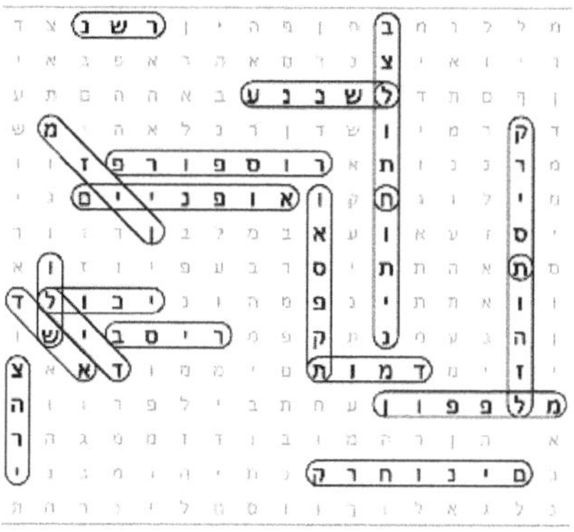

Puzzle 79

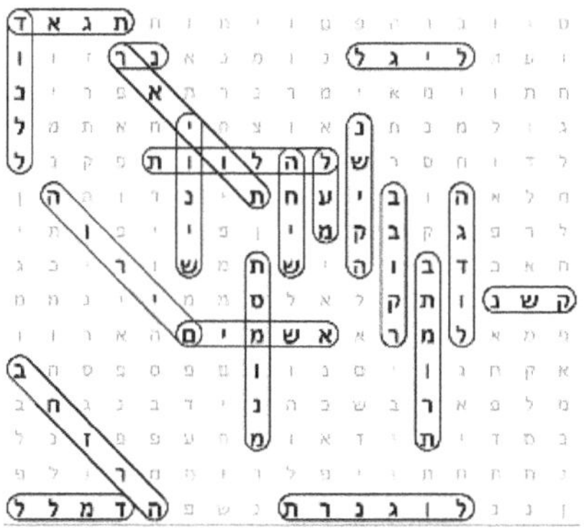

Puzzle 80

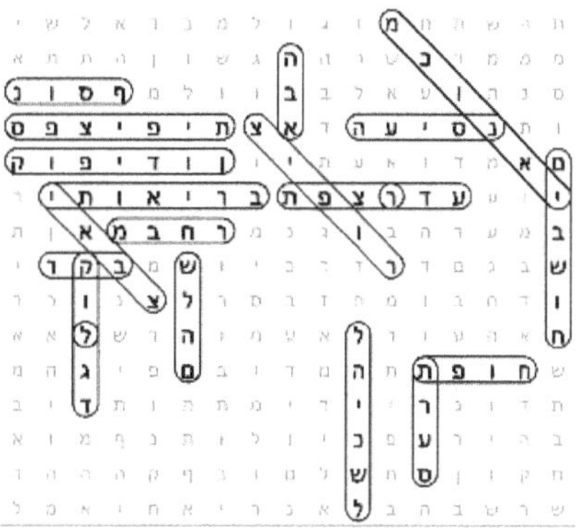

Puzzle 81

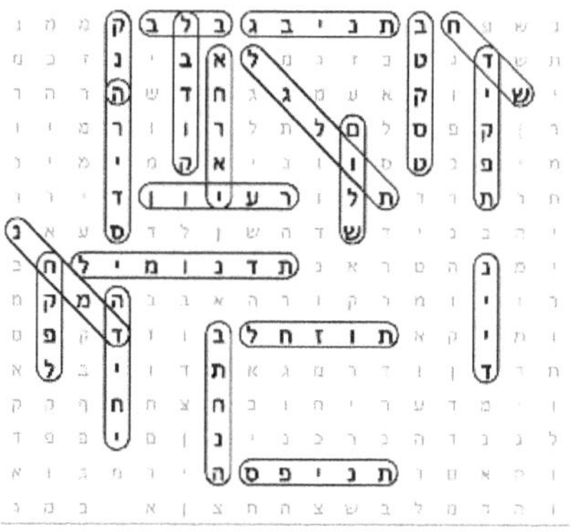

Puzzle 82

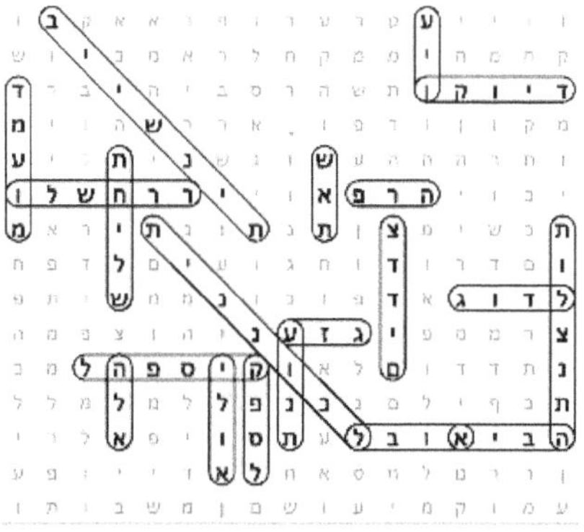

Puzzle 83

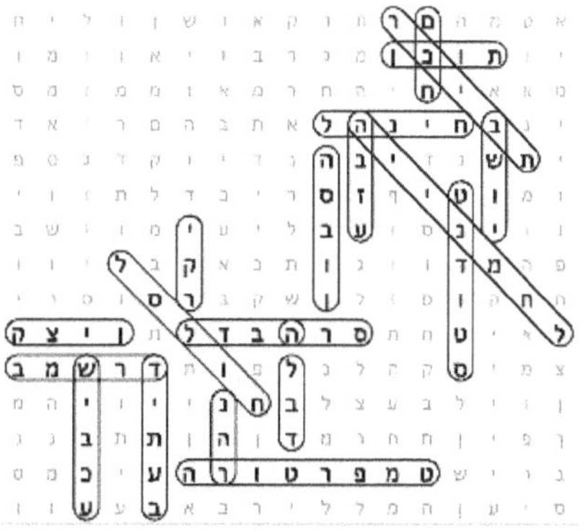

Puzzle 84

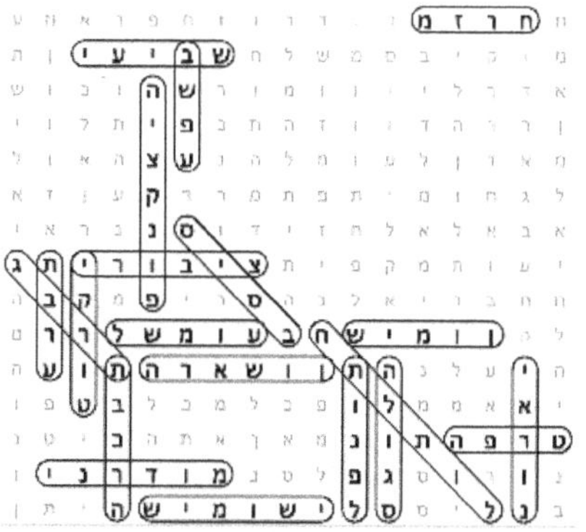

Puzzle 85

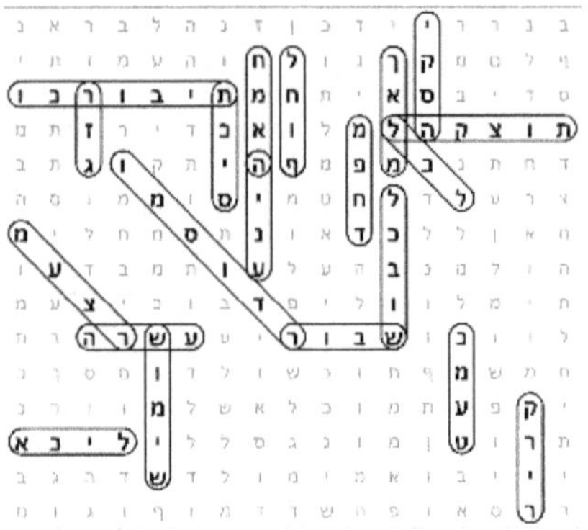

Puzzle 86

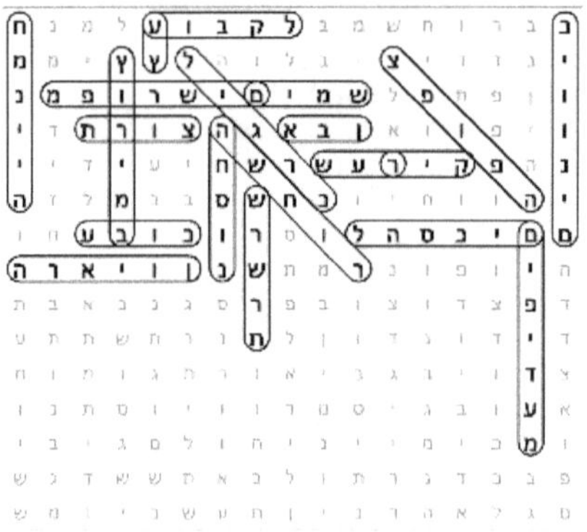

Puzzle 87

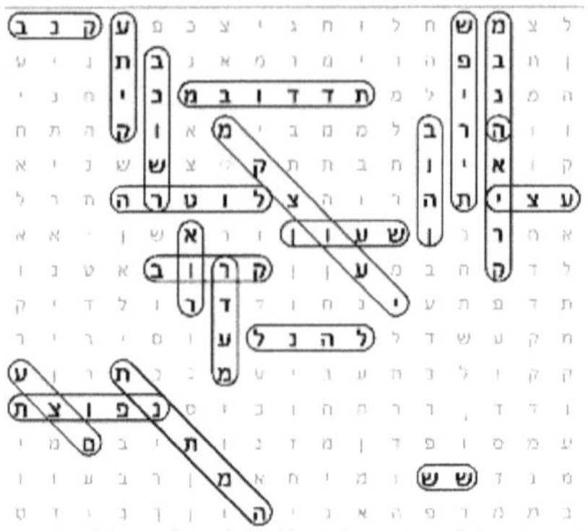

Puzzle 88

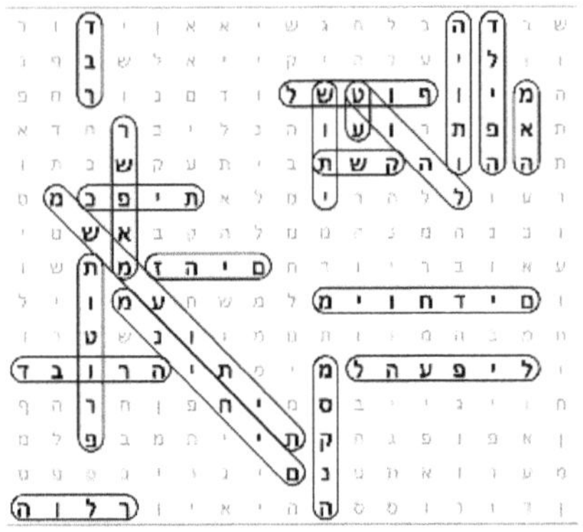

Puzzle 89

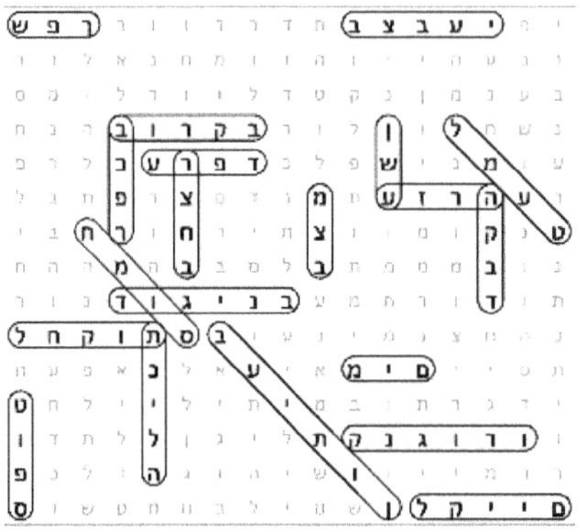

Puzzle 90

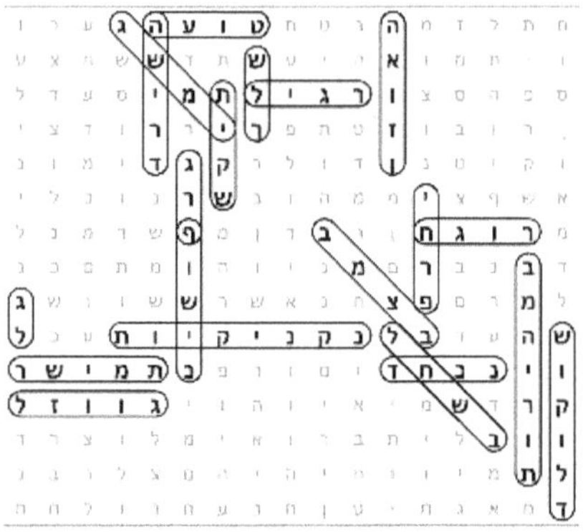

Puzzle 91

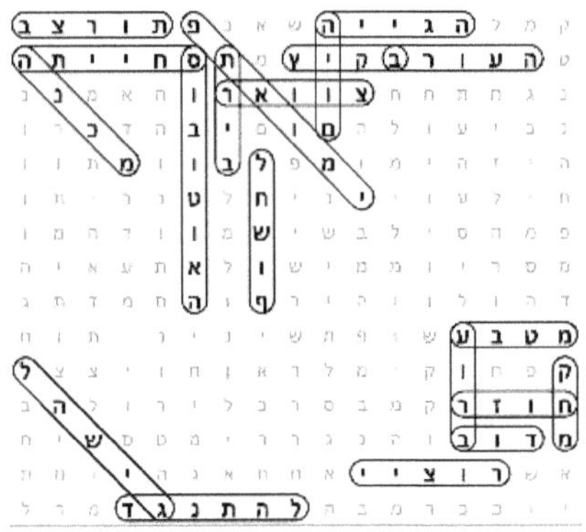

Puzzle 92

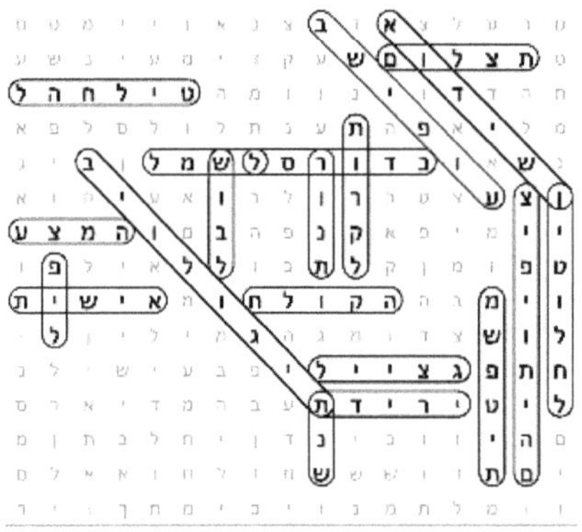

Puzzle 93

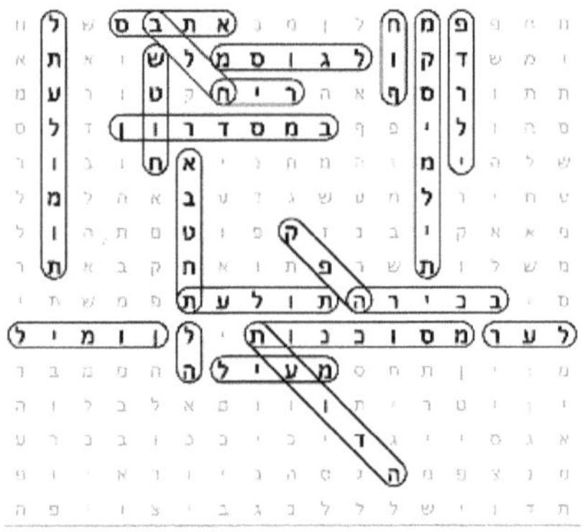

Puzzle 94

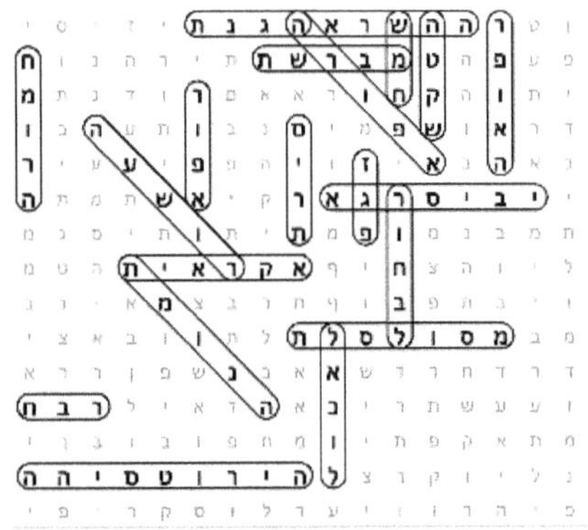

Puzzle 95

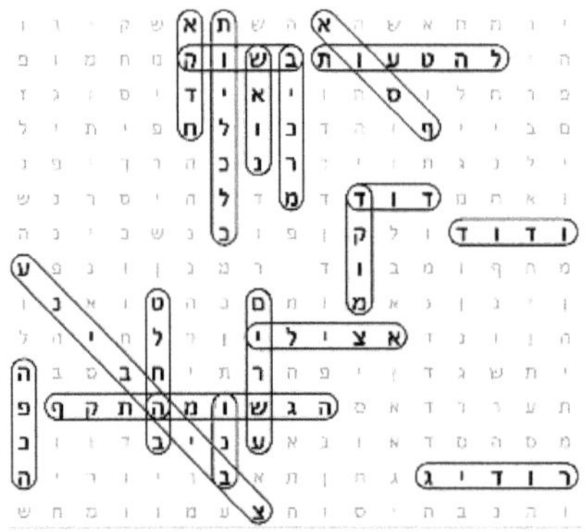

Puzzle 96

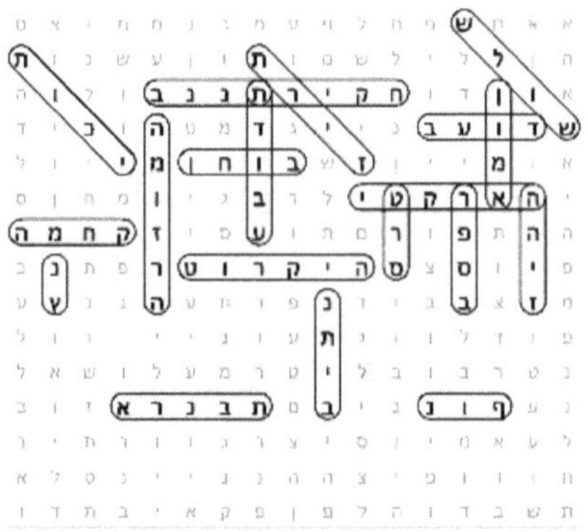

Puzzle 97

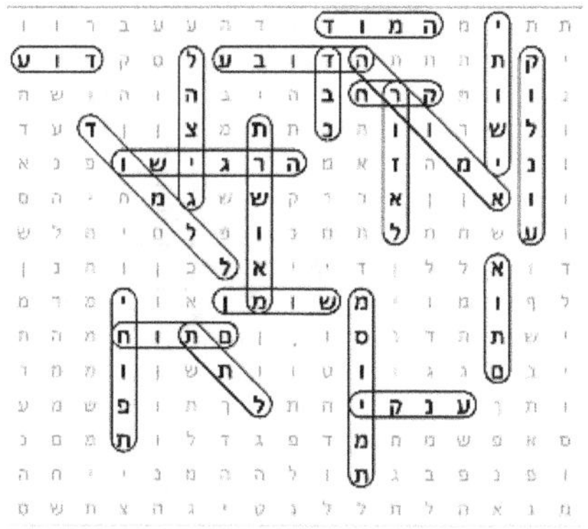

Puzzle 98

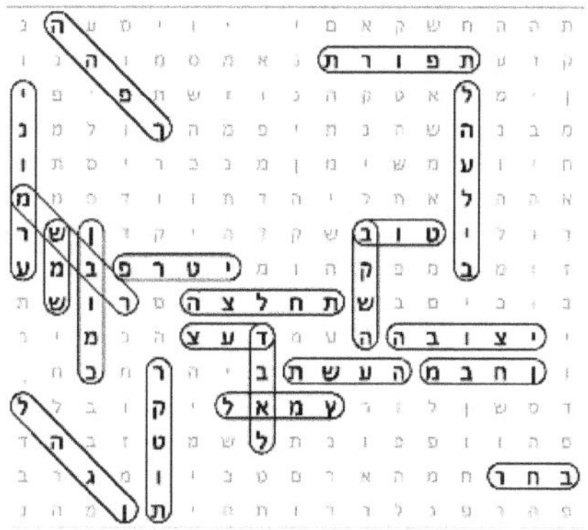

Puzzle 99

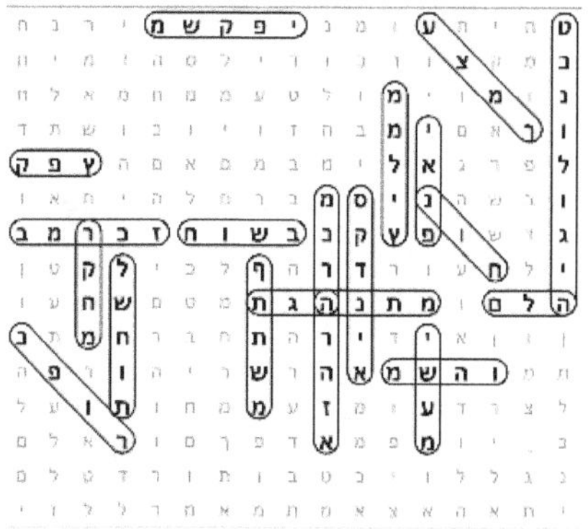

Puzzle 100

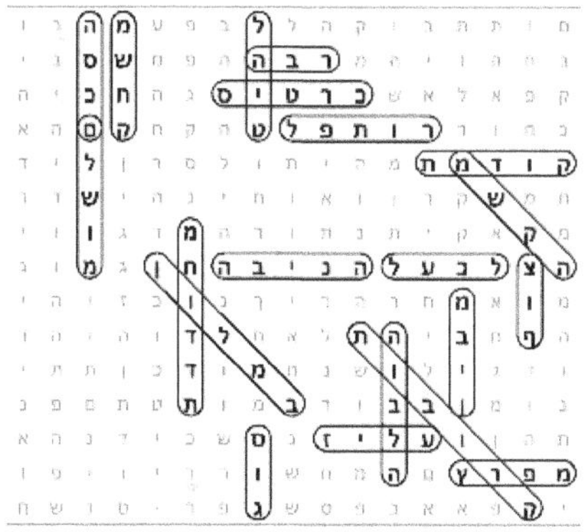

Puzzle 101

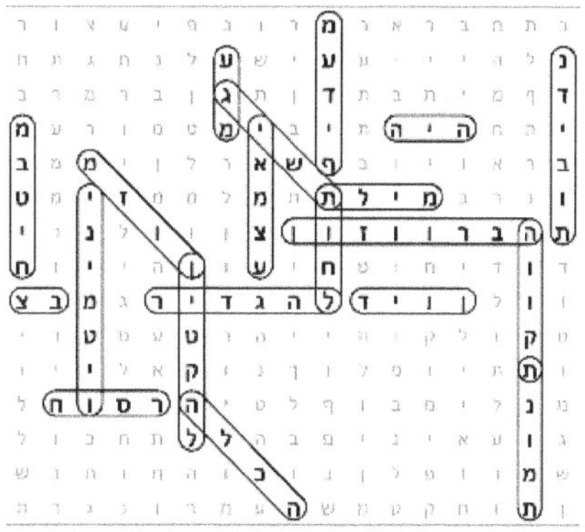

Puzzle 102

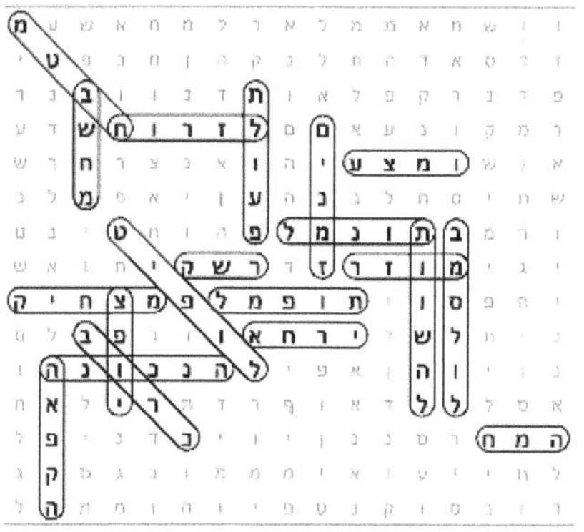

Puzzle 103

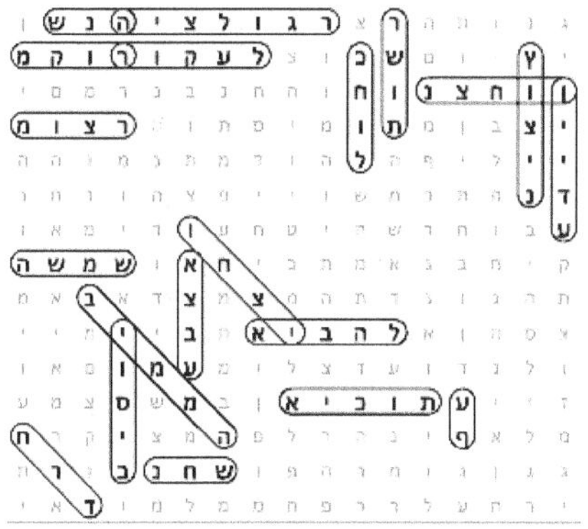

Puzzle 104

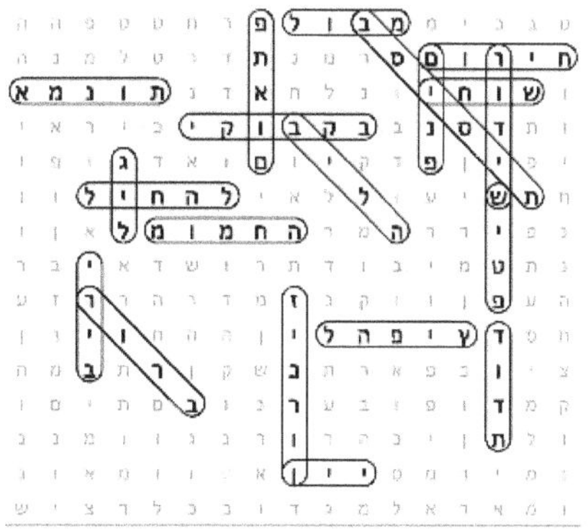

Puzzle 105

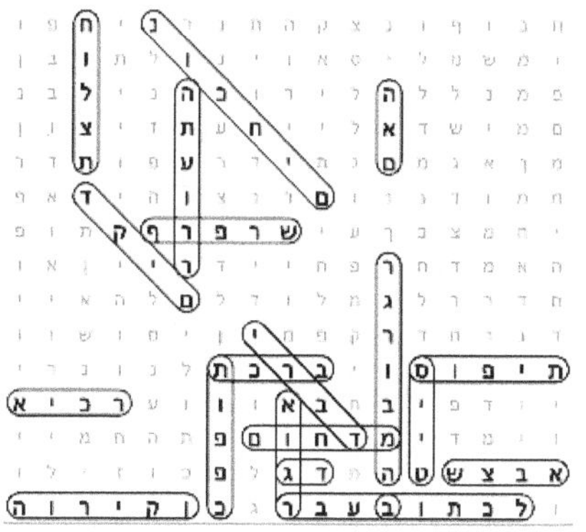

Puzzle 106

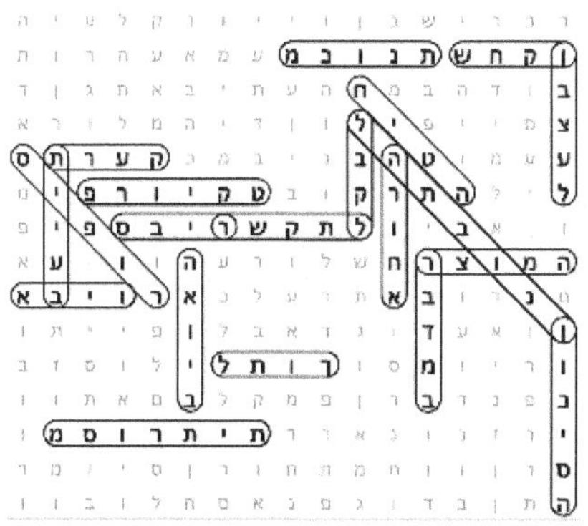

Puzzle 107

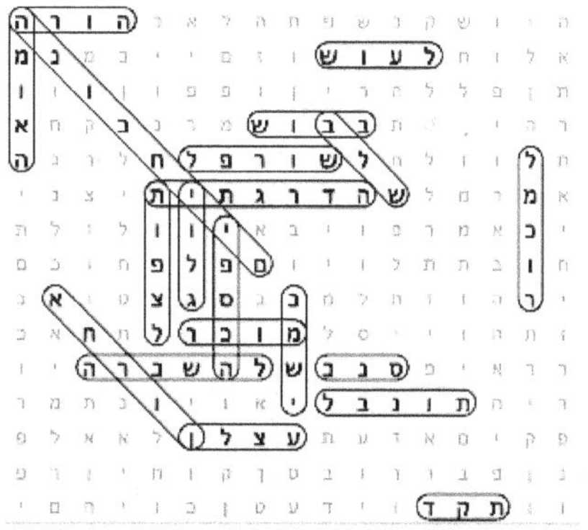

Puzzle 108

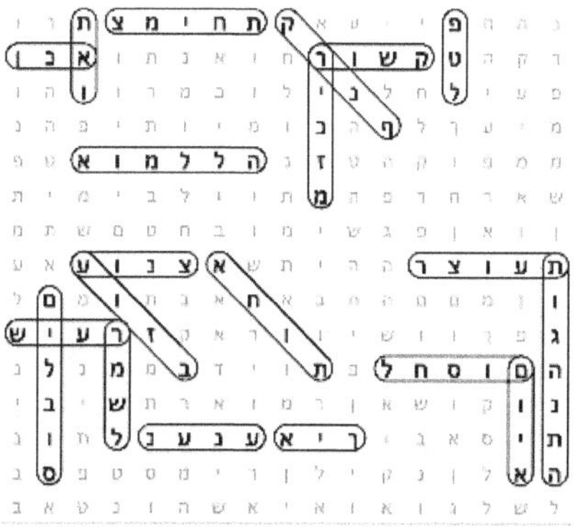

Puzzle 109

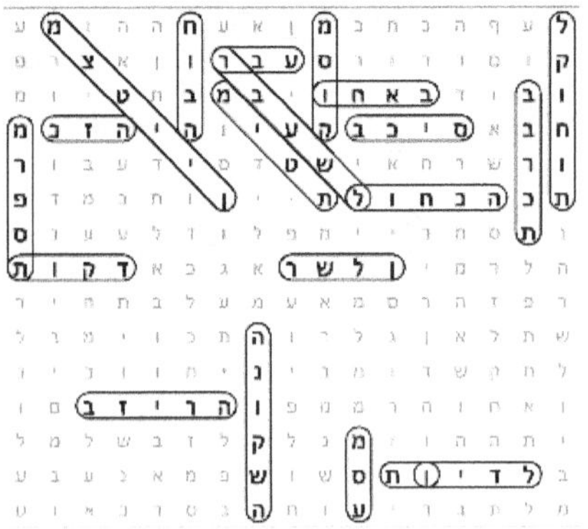

Puzzle 110

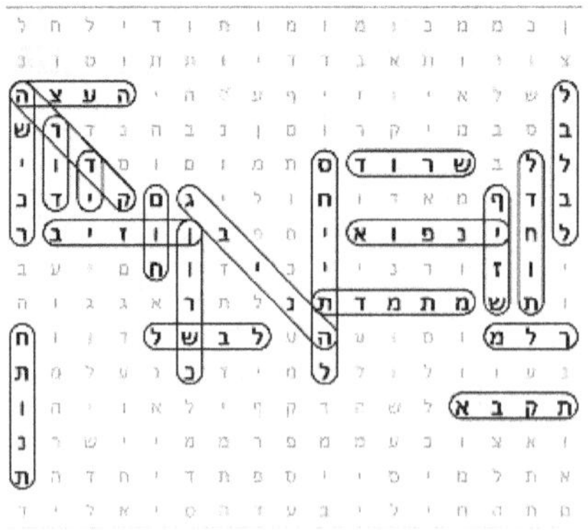

Puzzle 111

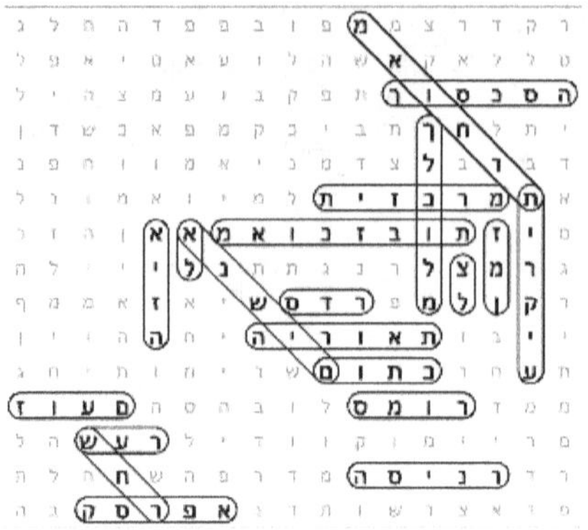

Puzzle 112

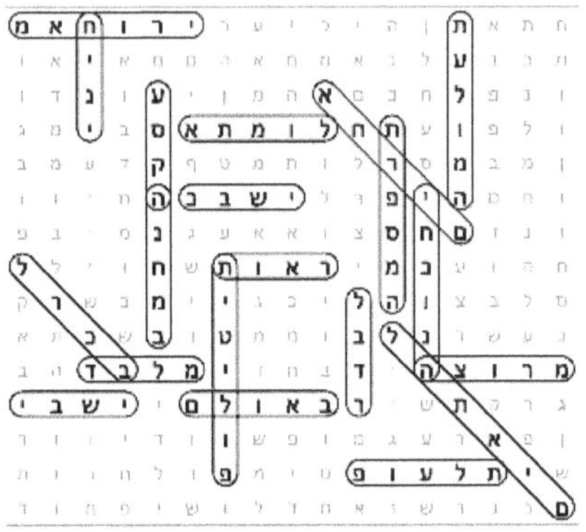

Puzzle 113

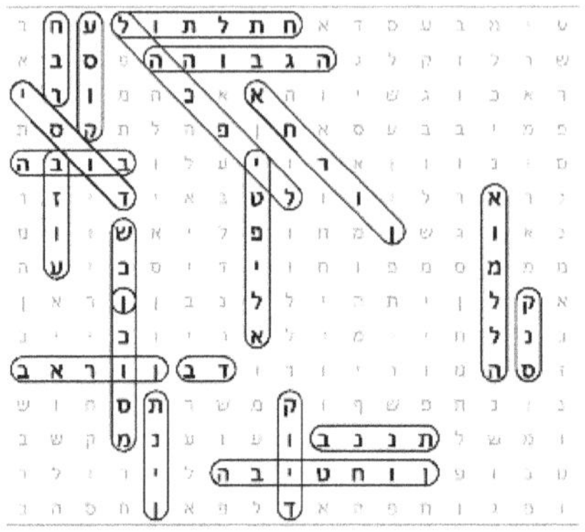

Puzzle 114

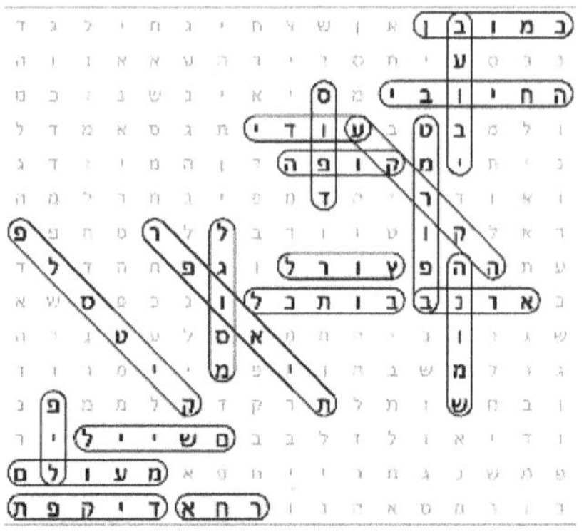

Puzzle 115

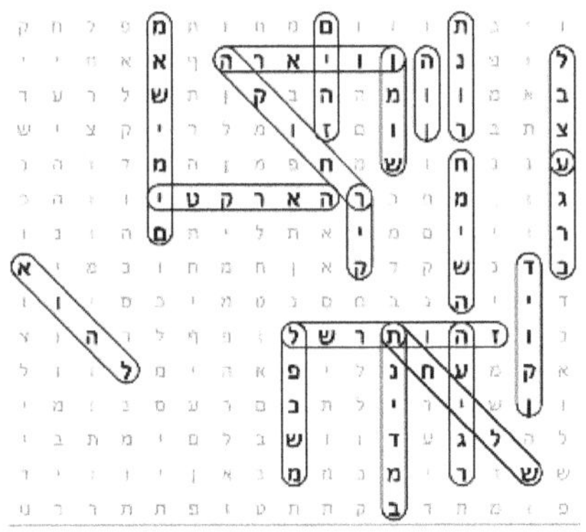

Puzzle 116

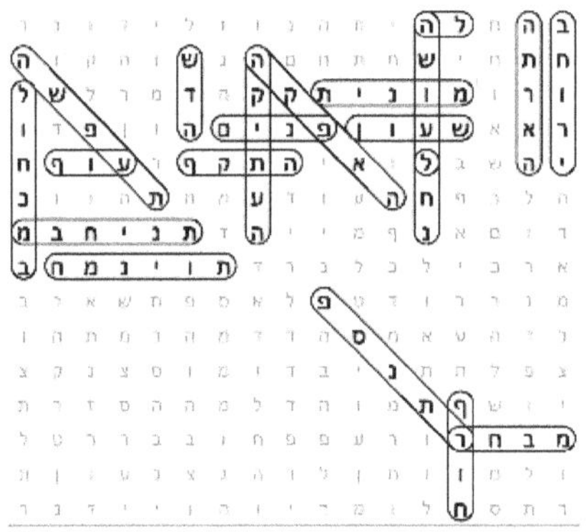

Puzzle 117

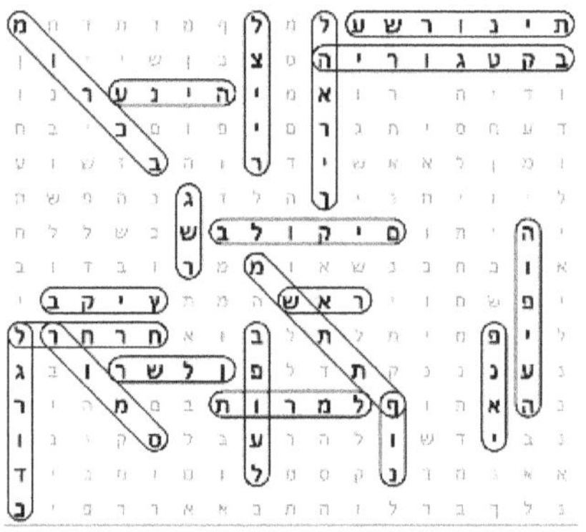

Puzzle 118

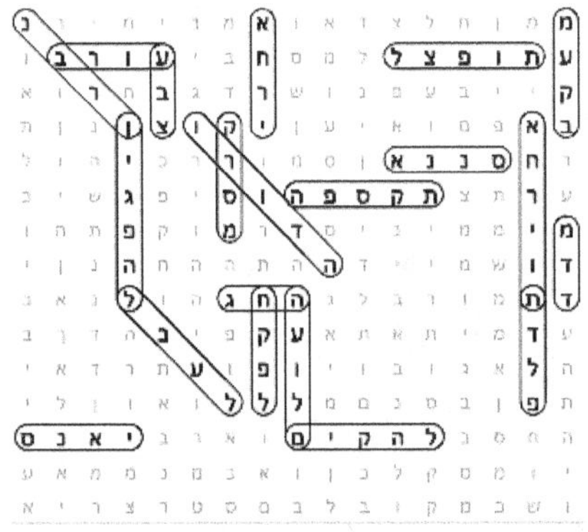

Puzzle 119

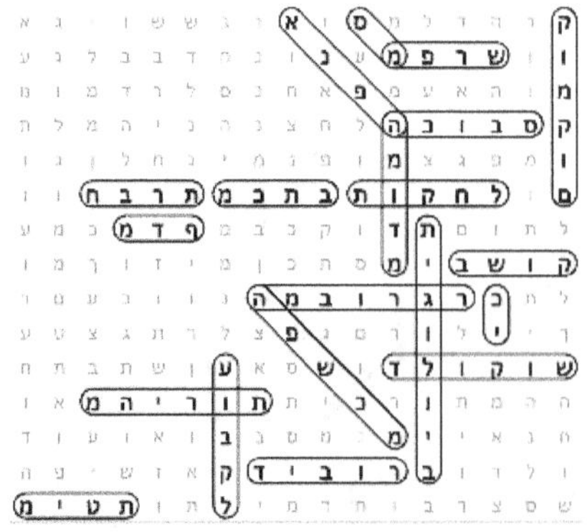

Puzzle 120

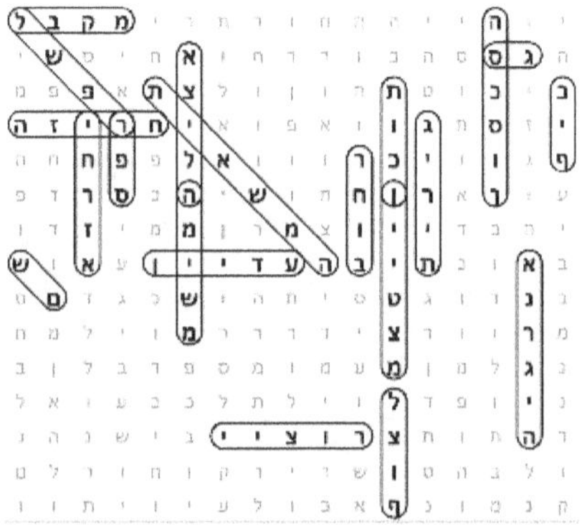

Puzzle 121

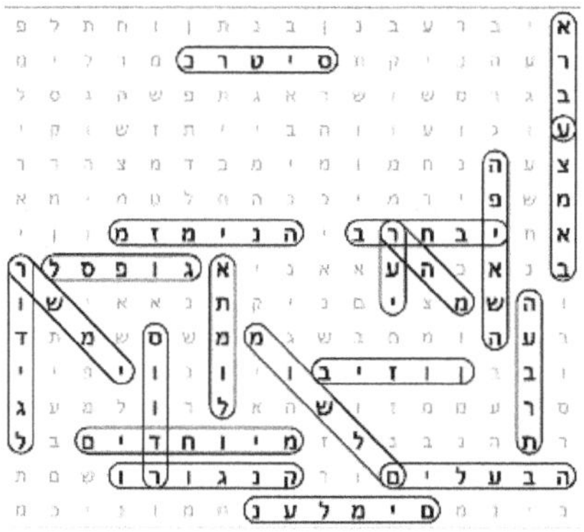

Puzzle 122

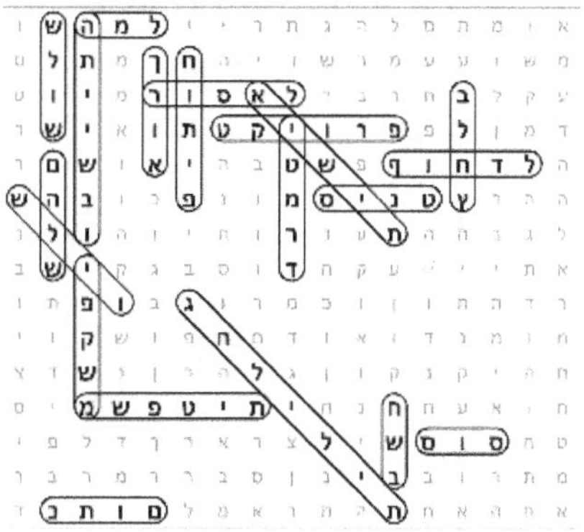

Puzzle 123

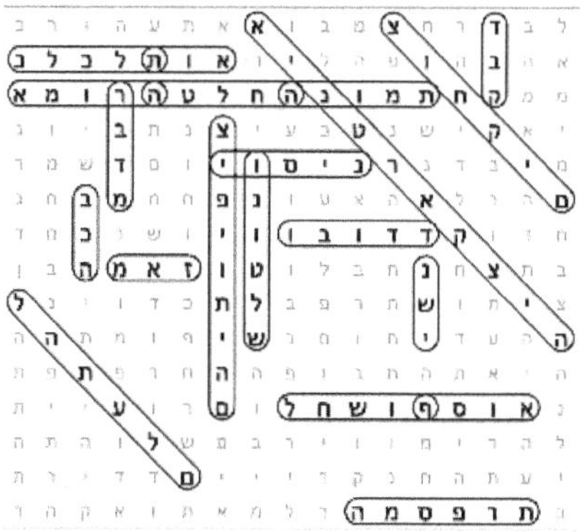

Puzzle 124

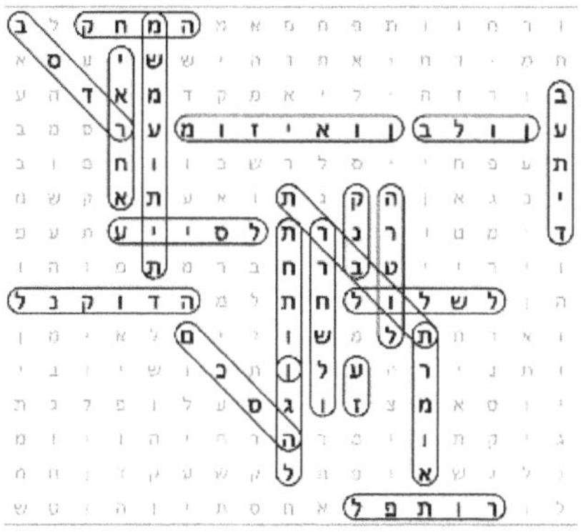

Puzzle 125

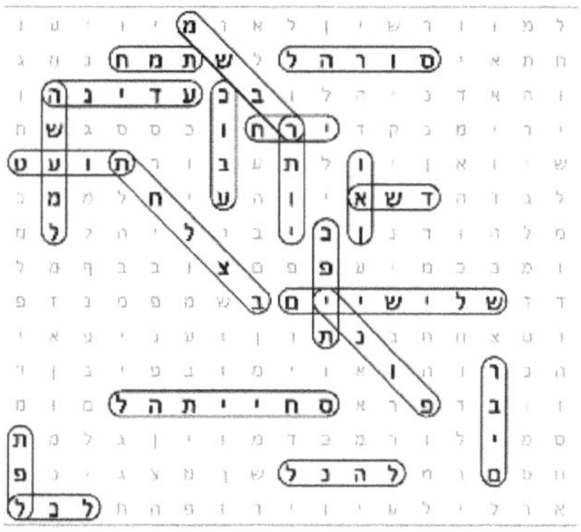

Puzzle 126

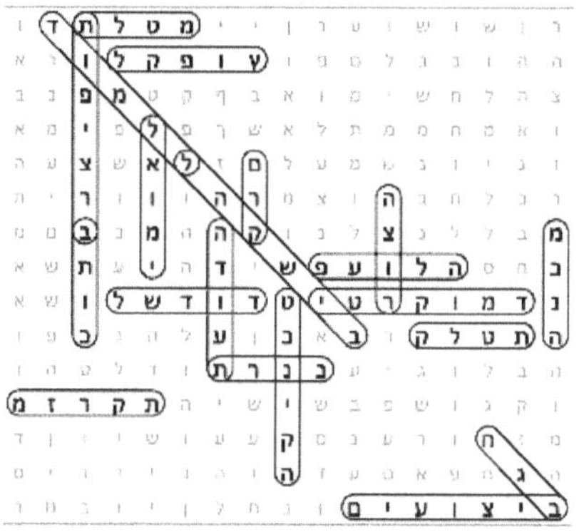

Puzzle 127

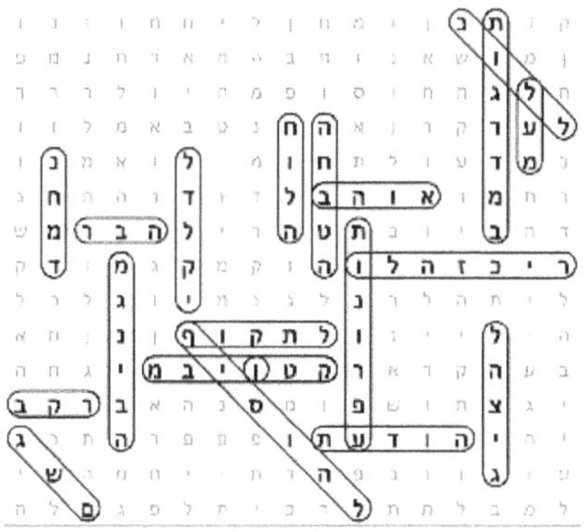

Puzzle 128

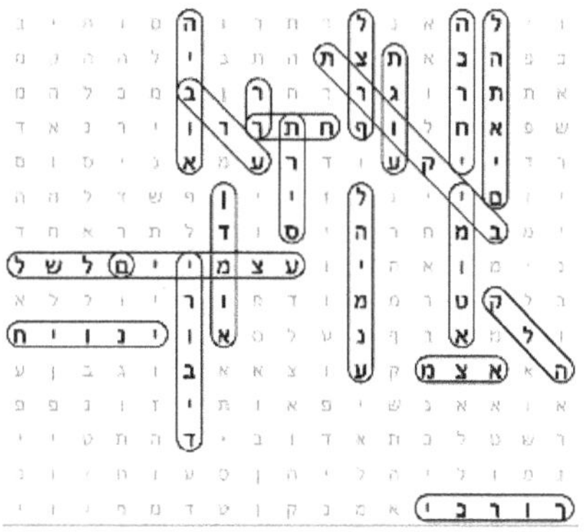

Puzzle 129

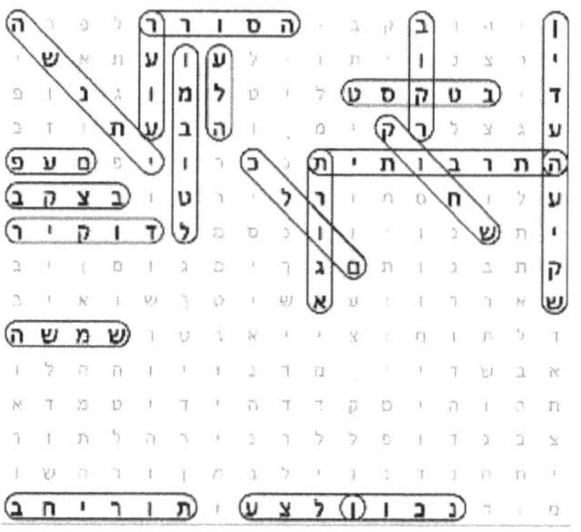

Puzzle 130

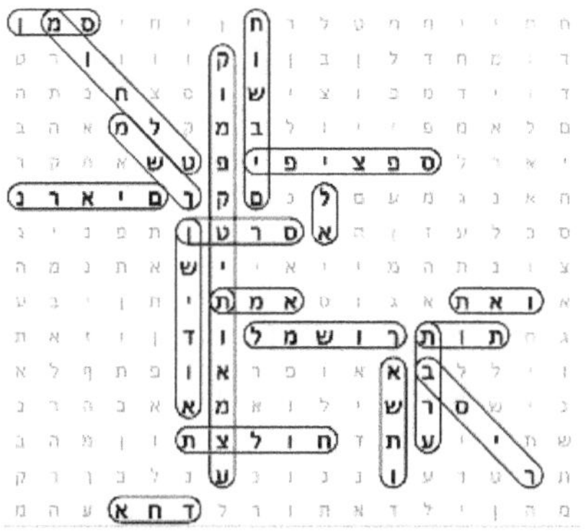

Puzzle 131

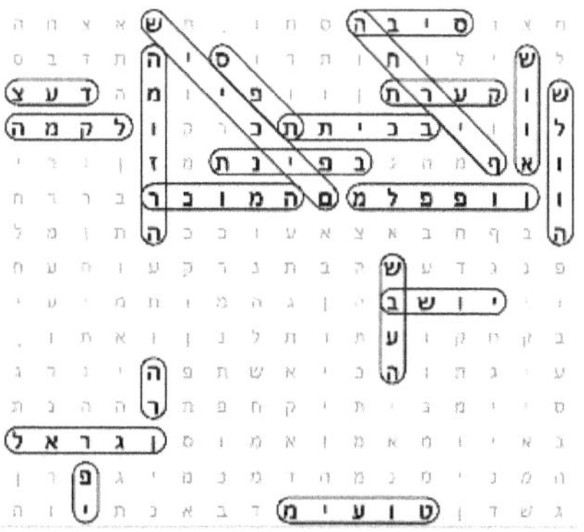

Puzzle 132

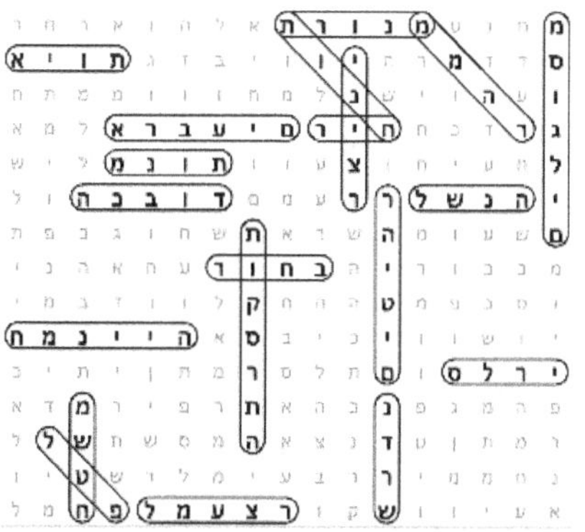

Puzzle 133

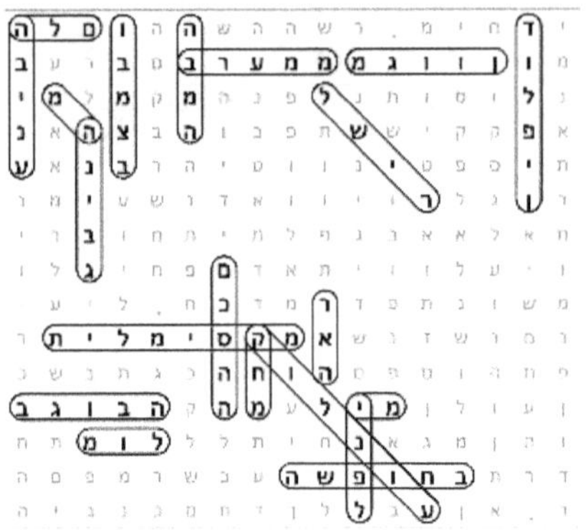

Puzzle 134

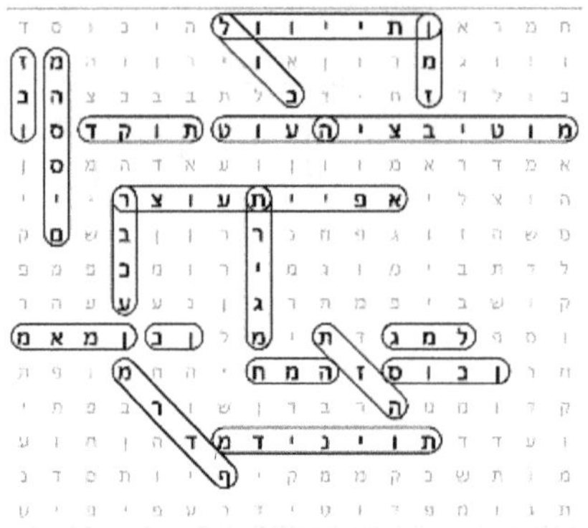

Puzzle 135

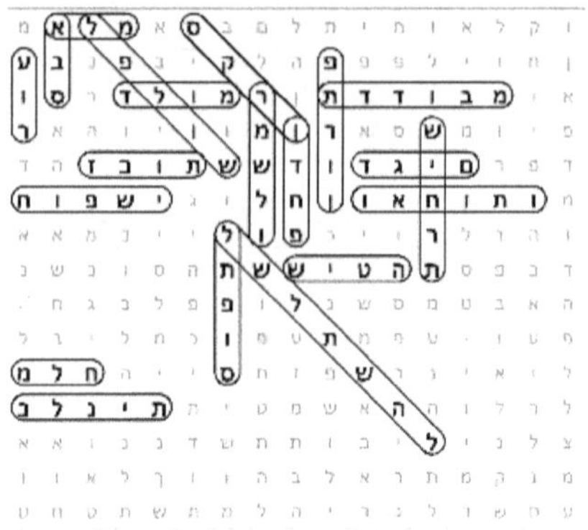

Puzzle 136

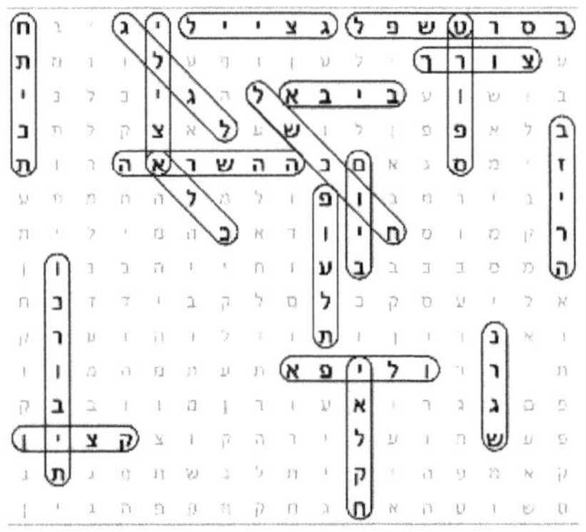

Puzzle 137

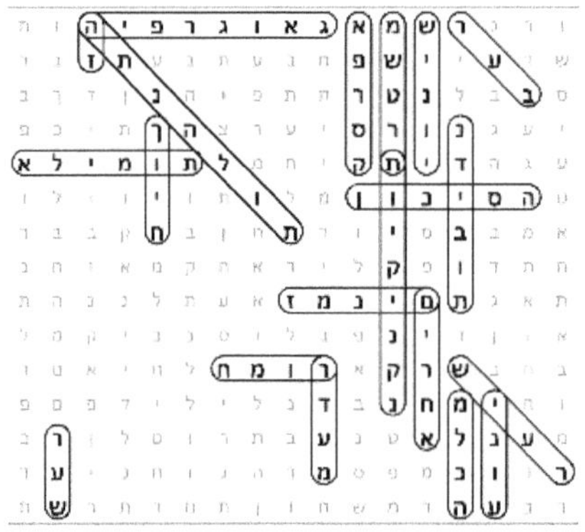

Puzzle 138

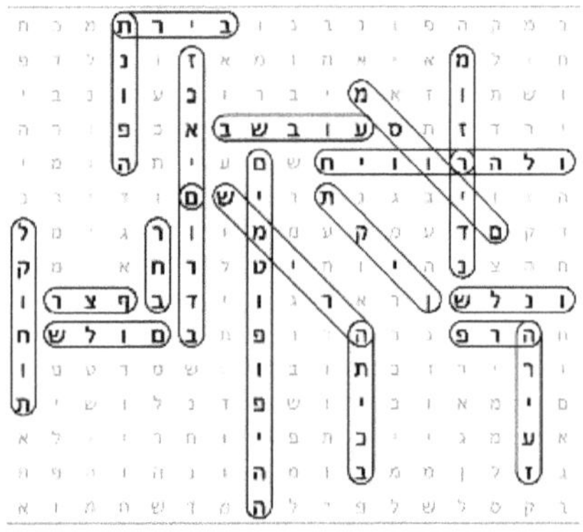

Puzzle 139

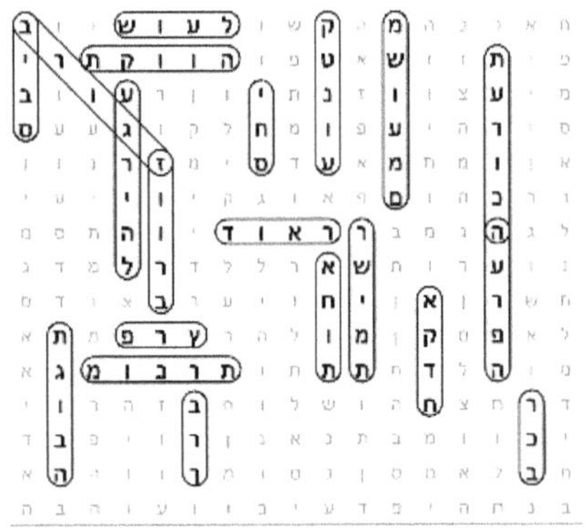

Puzzle 140

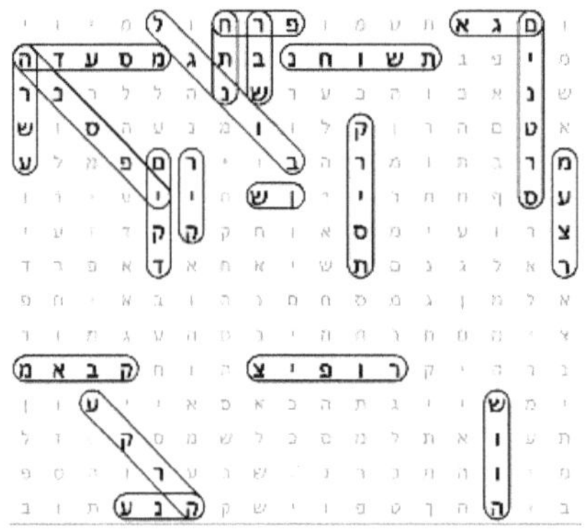

Puzzle 141

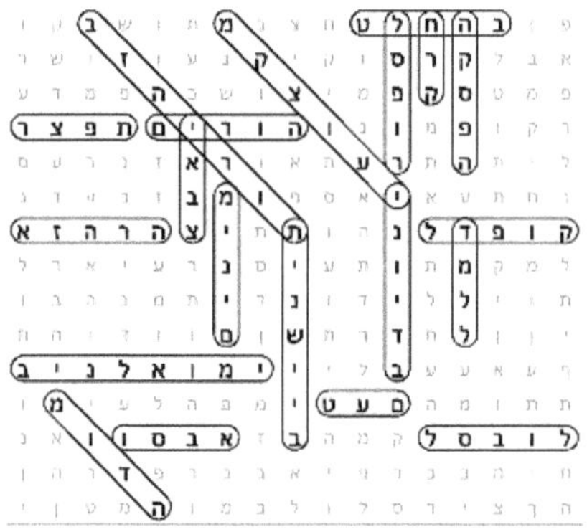

Puzzle 142

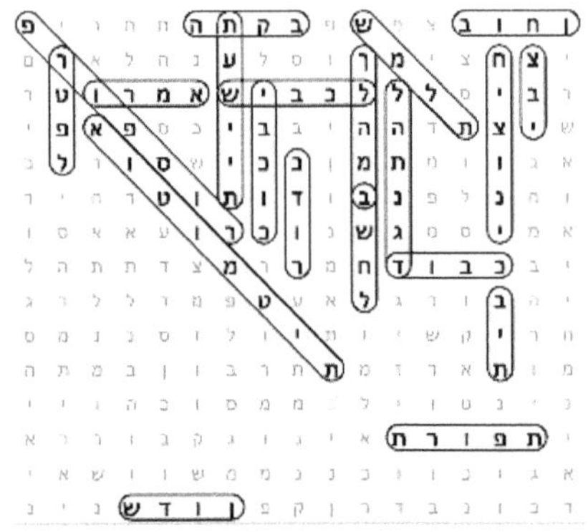

Puzzle 143

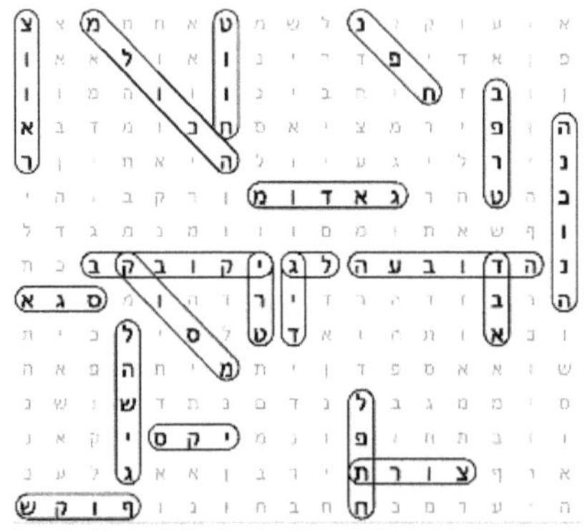

Puzzle 144

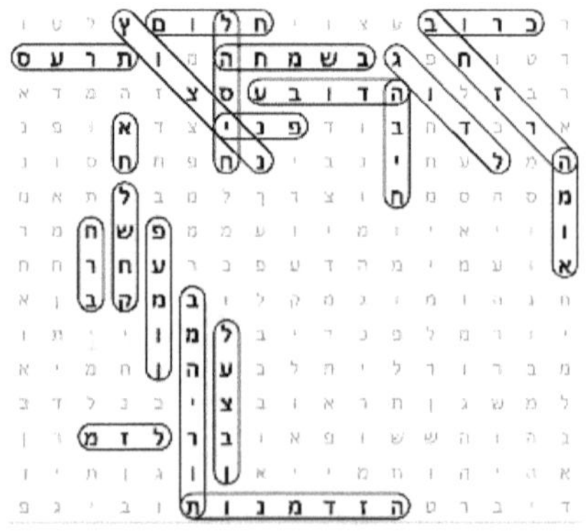

Puzzle 145

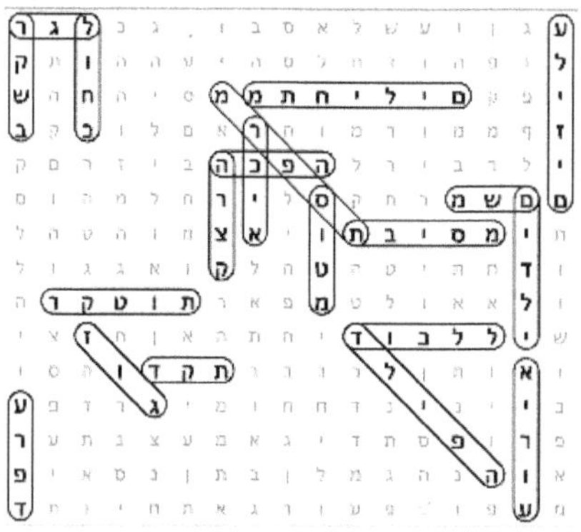

Puzzle 146

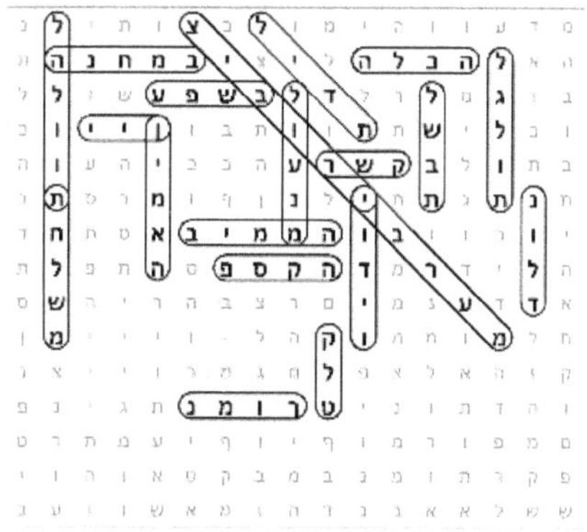

Puzzle 147

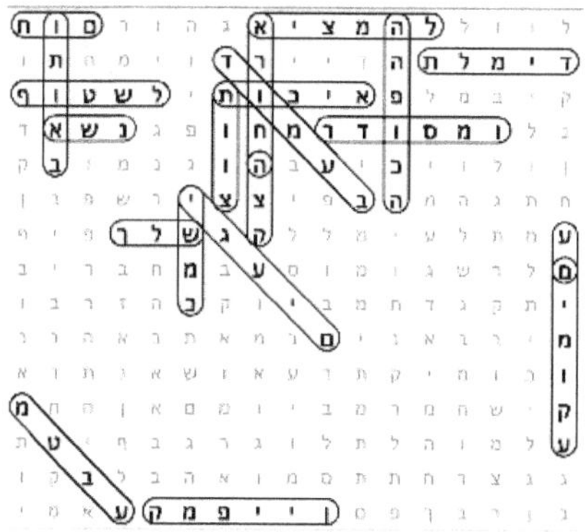

Puzzle 148

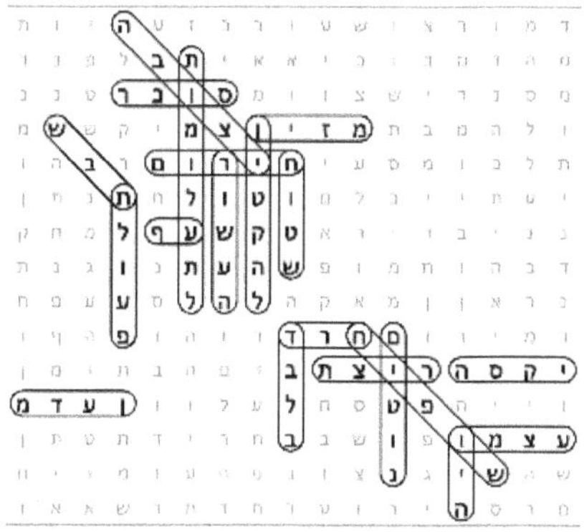

Puzzle 149

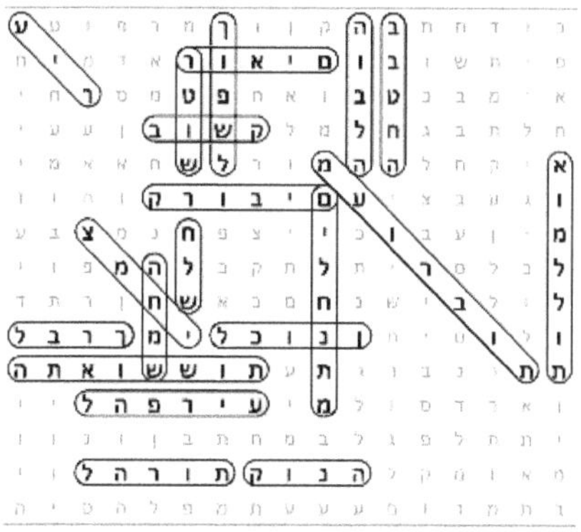

Puzzle 150

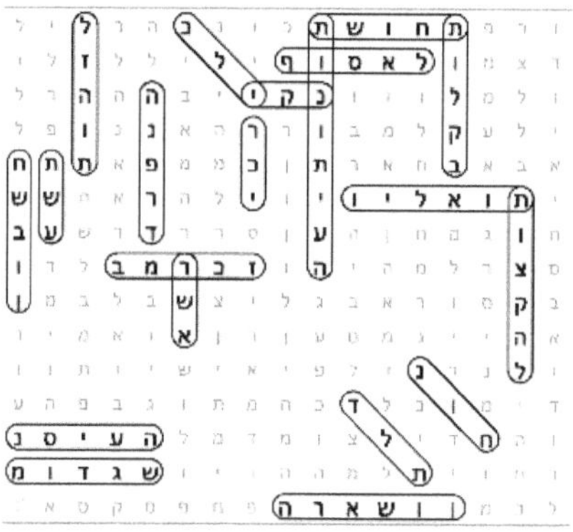

Puzzle 151

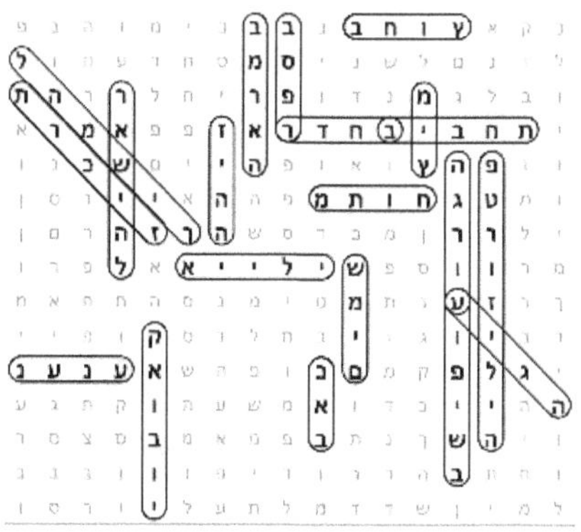

Puzzle 152

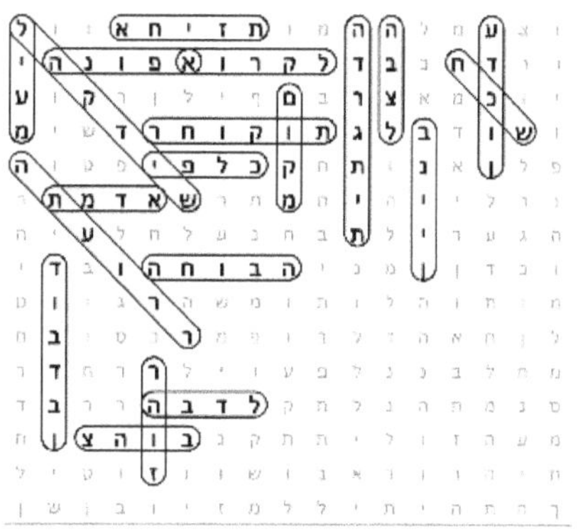

Puzzle 153

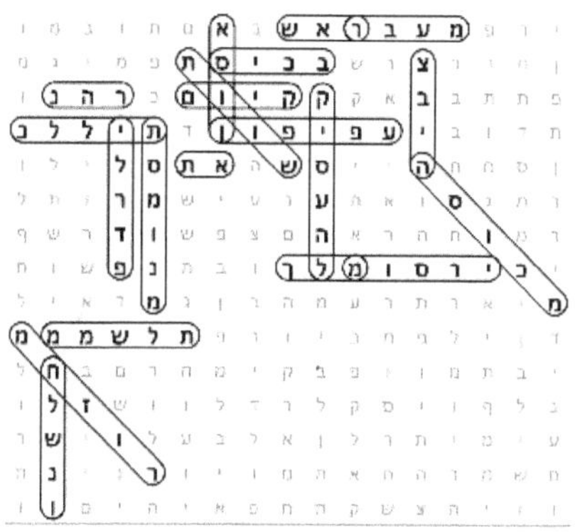

Puzzle 154

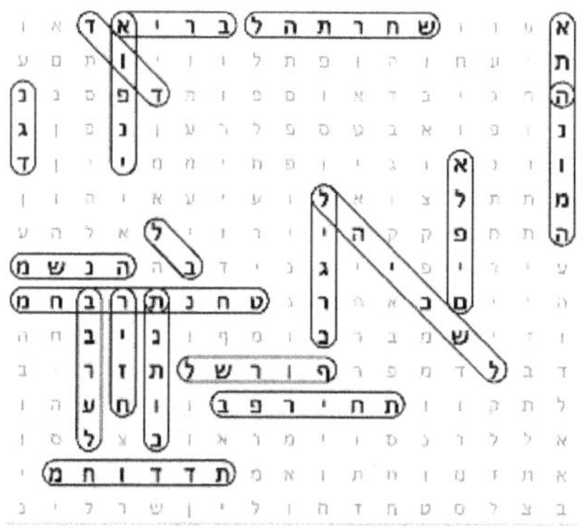

Puzzle 155

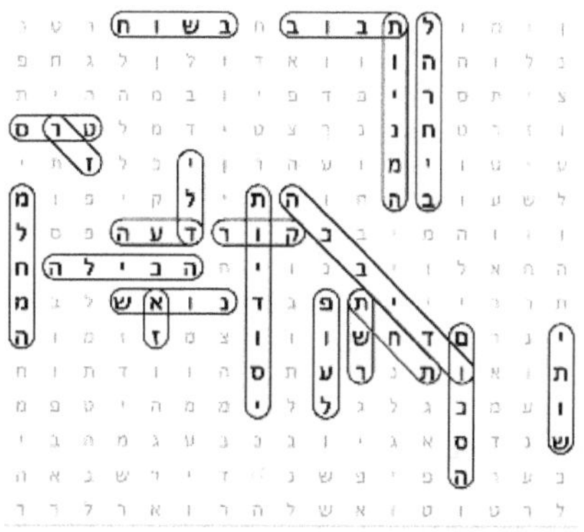

Puzzle 156

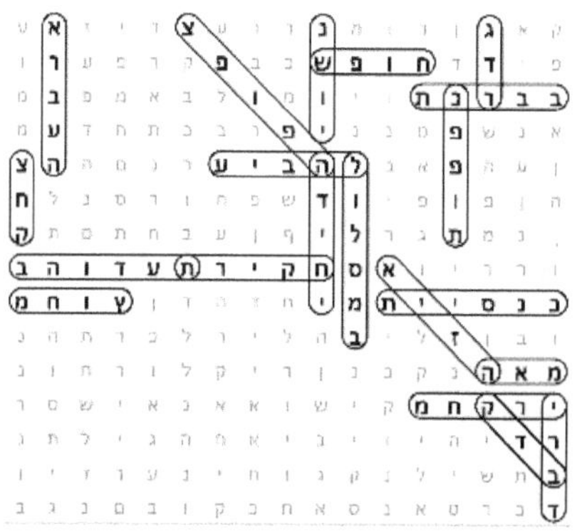

Puzzle 157

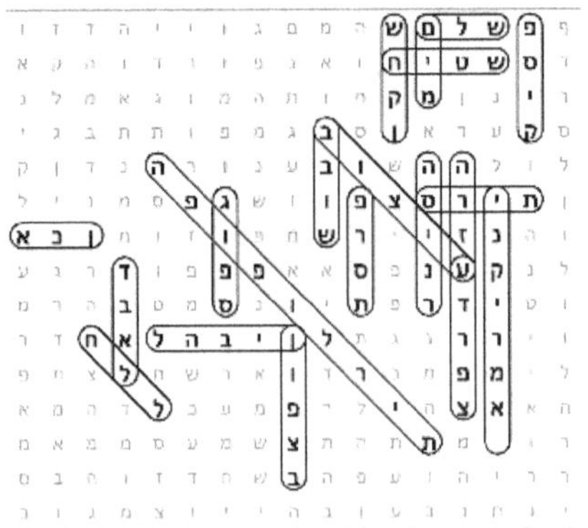

Puzzle 158

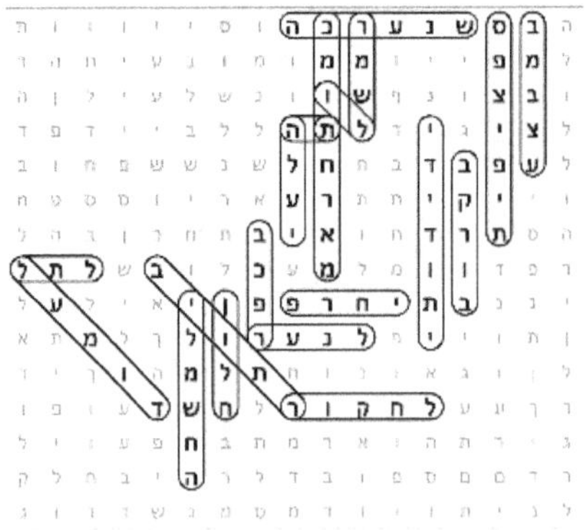

Puzzle 159

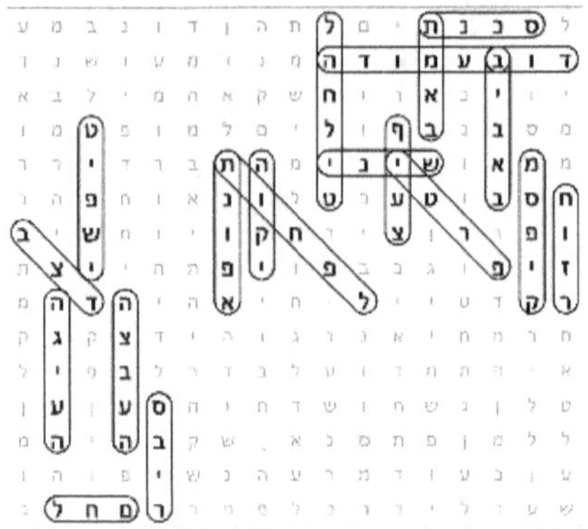

Puzzle 160

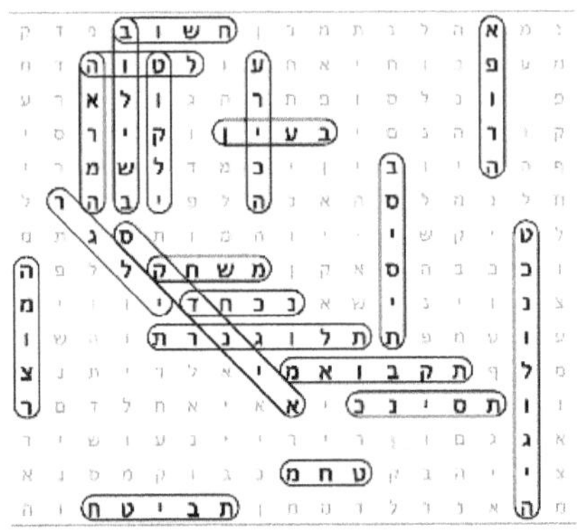

Puzzle 161

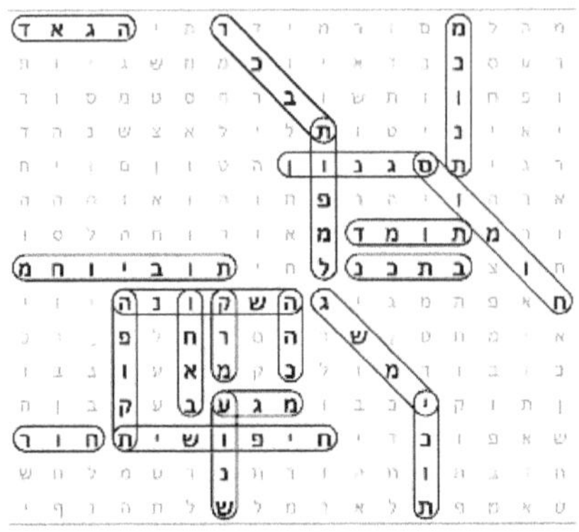

Puzzle 162

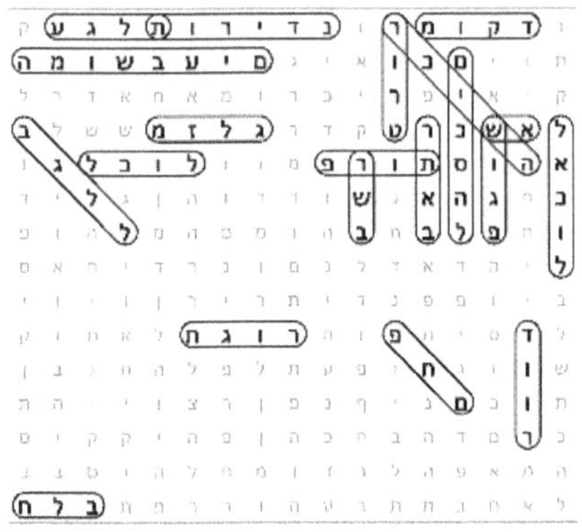

Puzzle 163

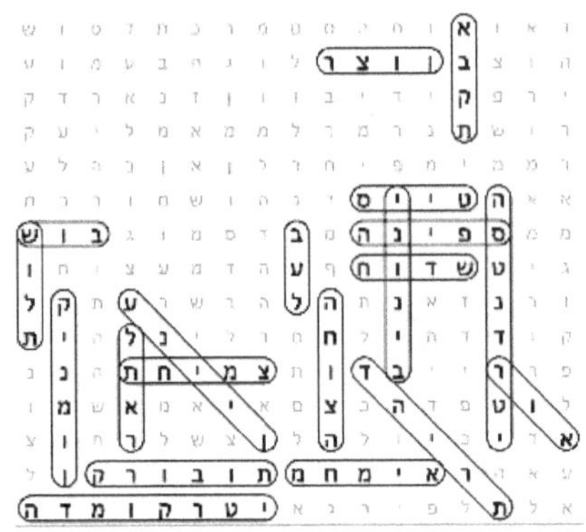

Puzzle 164

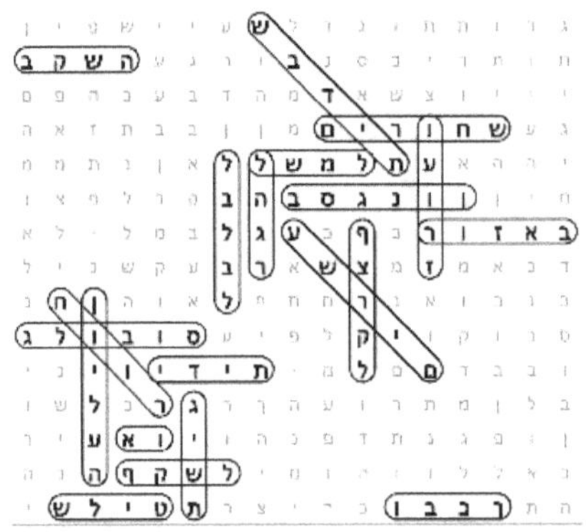

Puzzle 165

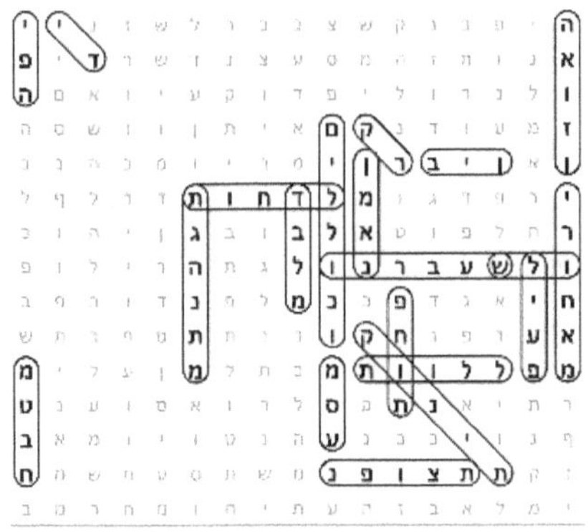

Puzzle 166

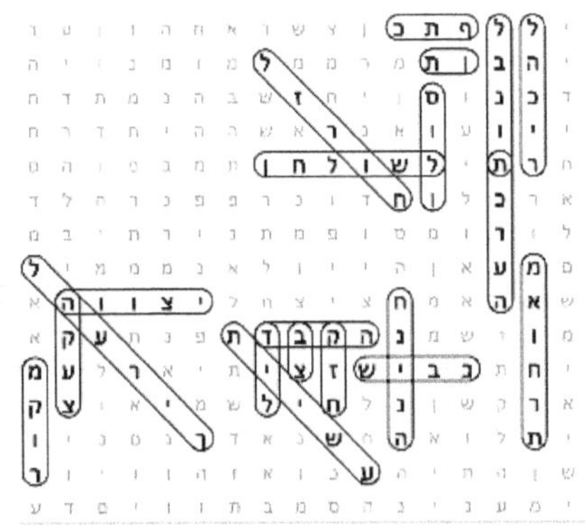

Puzzle 167

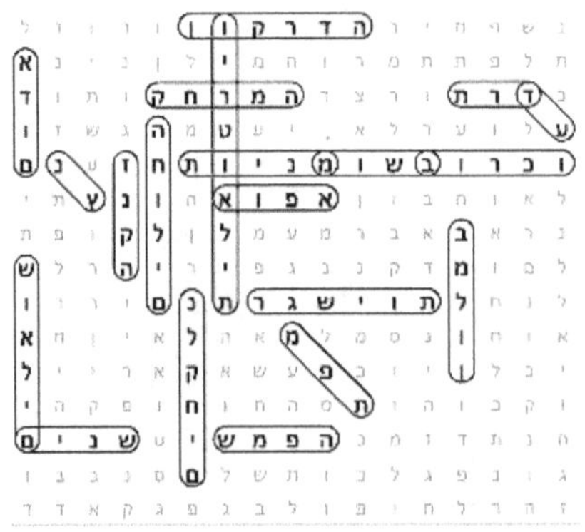

Puzzle 168

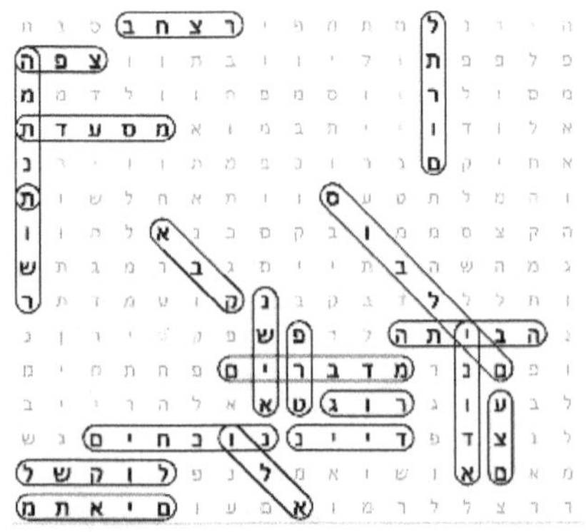

Puzzle 169

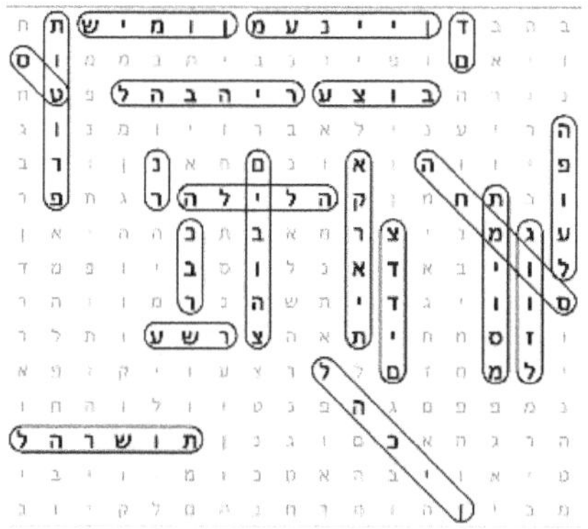

Puzzle 170

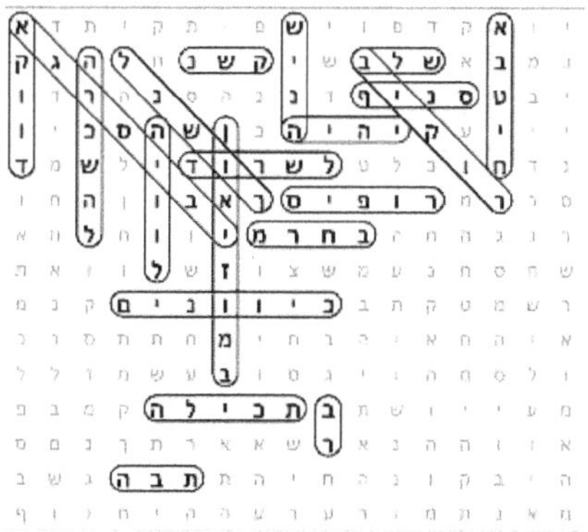

Puzzle 171

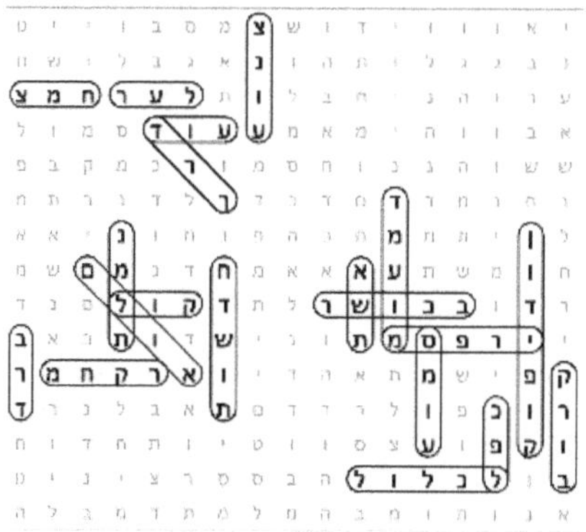

Puzzle 172

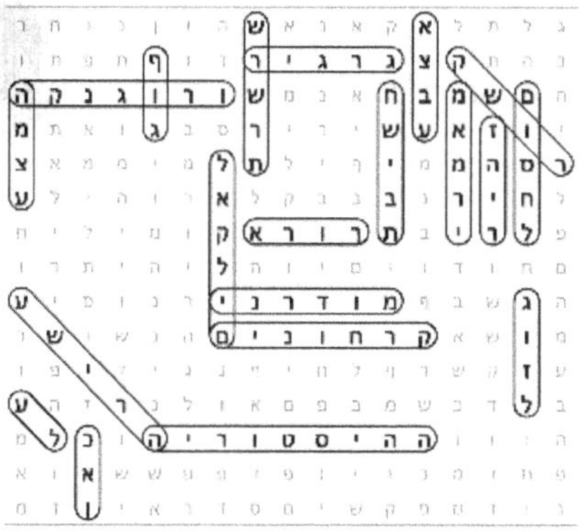

Puzzle 173

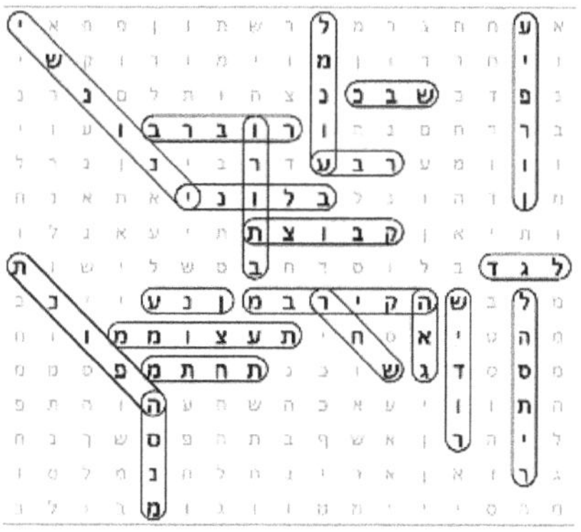

Puzzle 174

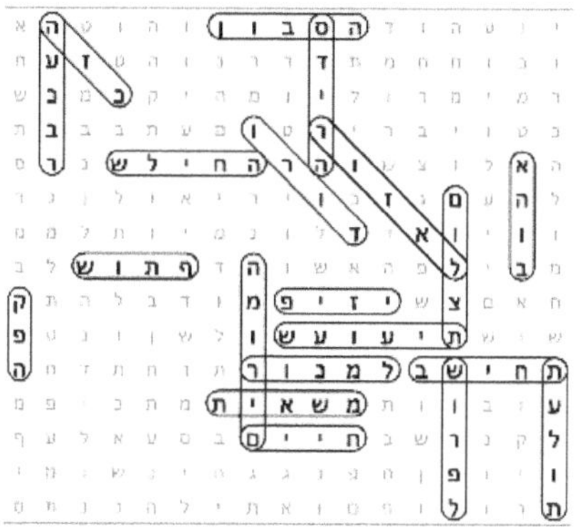

Puzzle 175

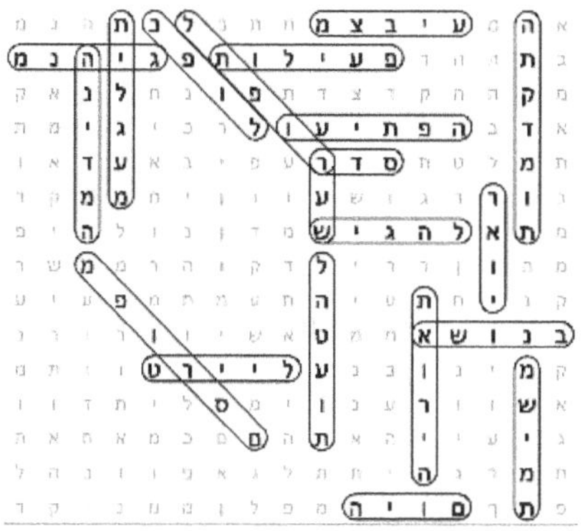

Puzzle 176

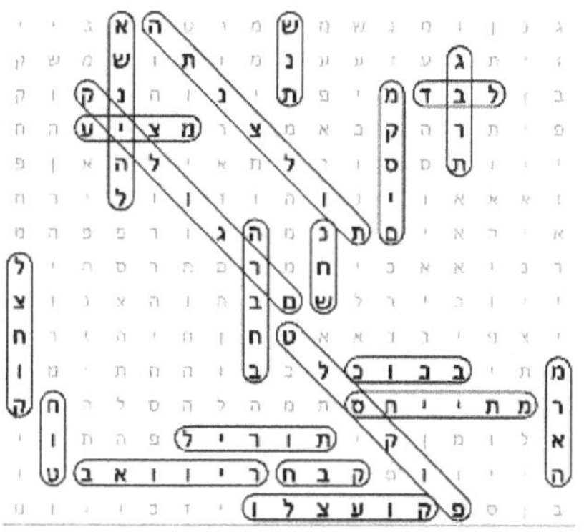

Puzzle 177

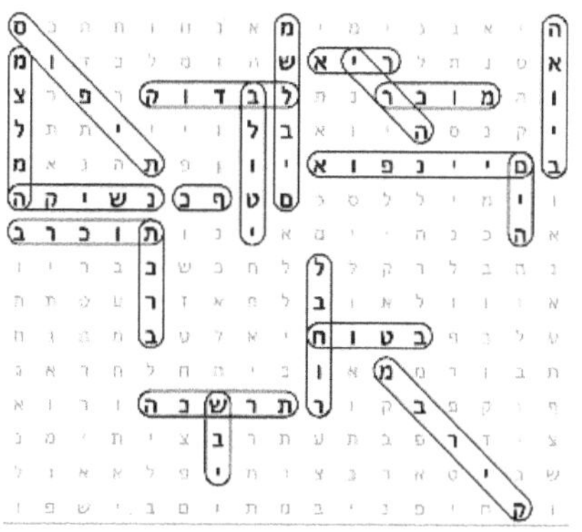

Puzzle 178

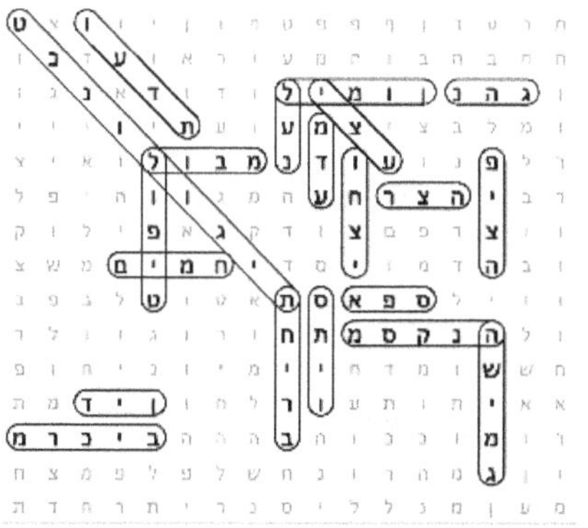

Puzzle 179

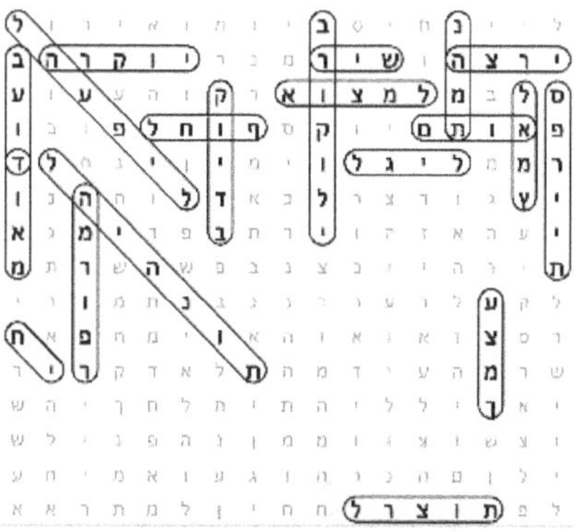

Puzzle 180

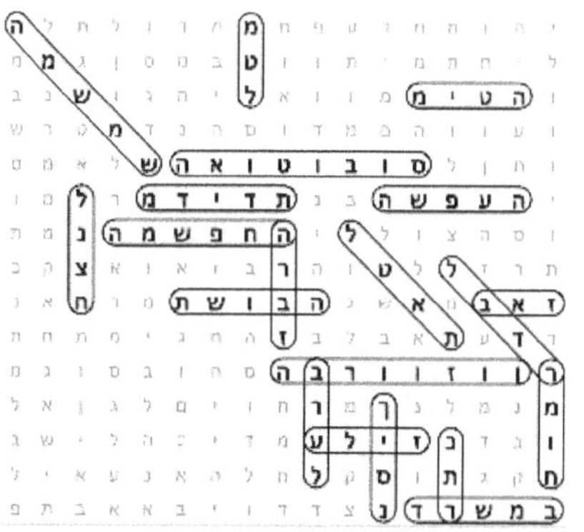

Puzzle 181

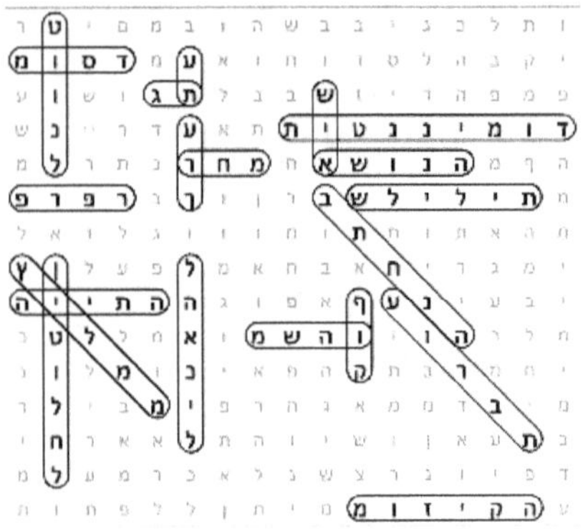

Puzzle 182

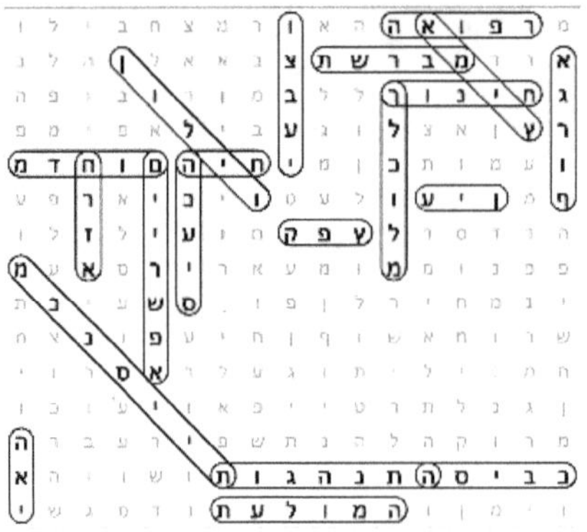

Puzzle 183

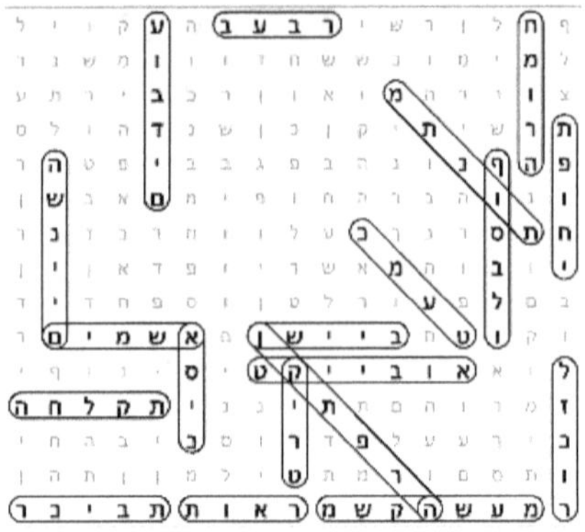

Puzzle 184

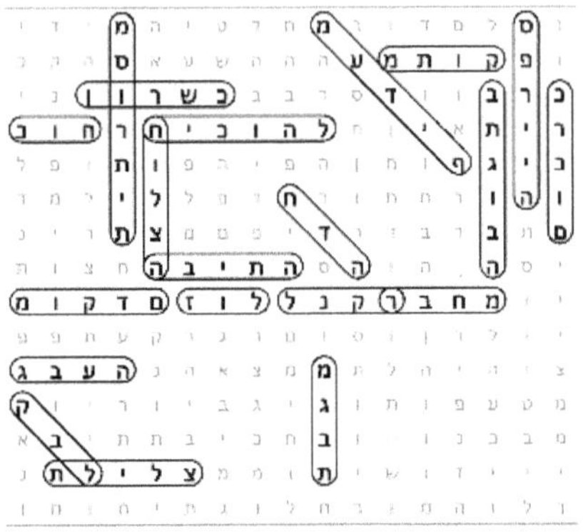

Puzzle 185

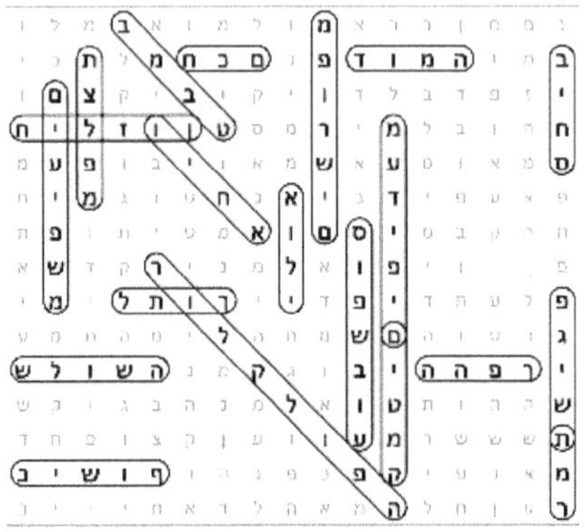

Puzzle 186

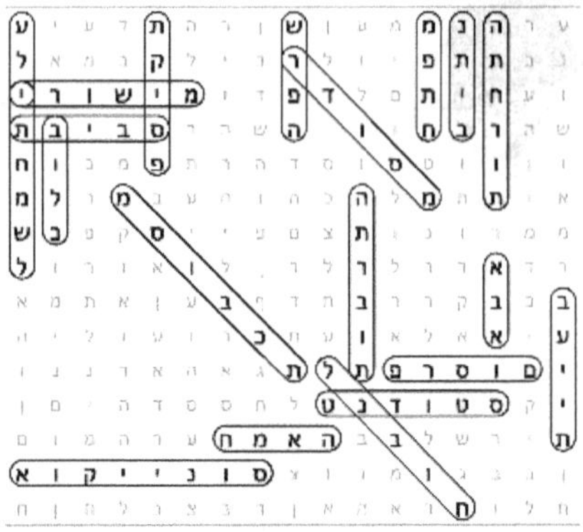

Puzzle 187

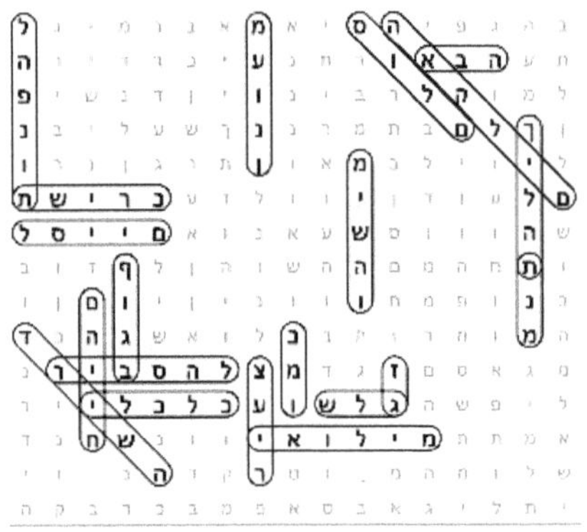

Puzzle 188

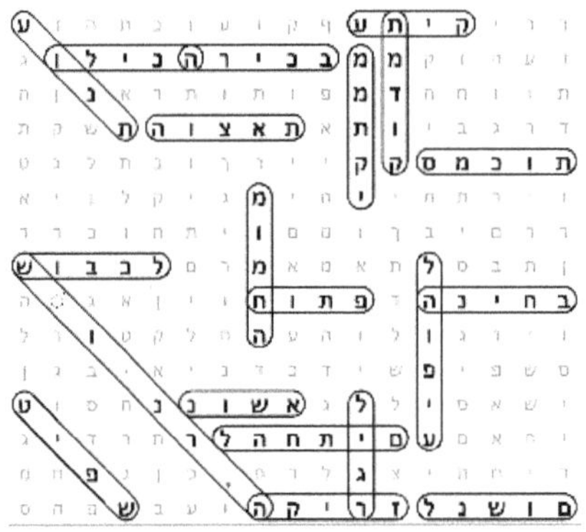

Puzzle 189

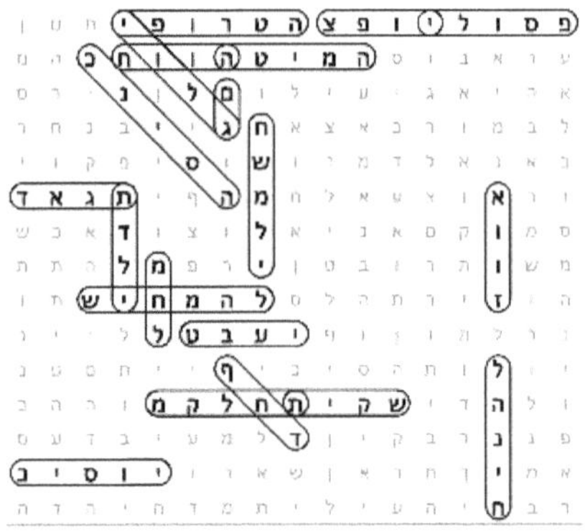

Puzzle 190

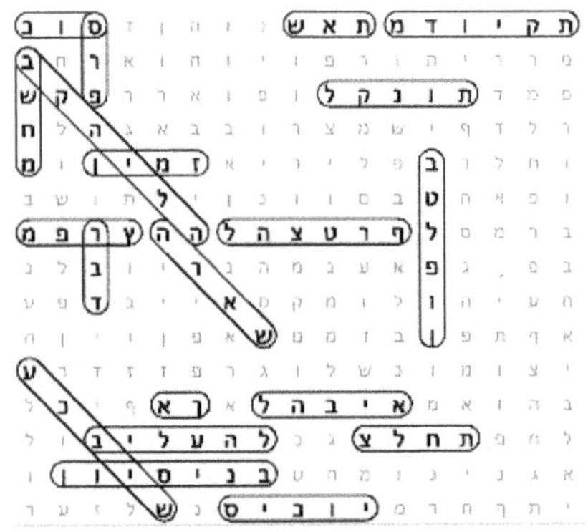

Puzzle 191

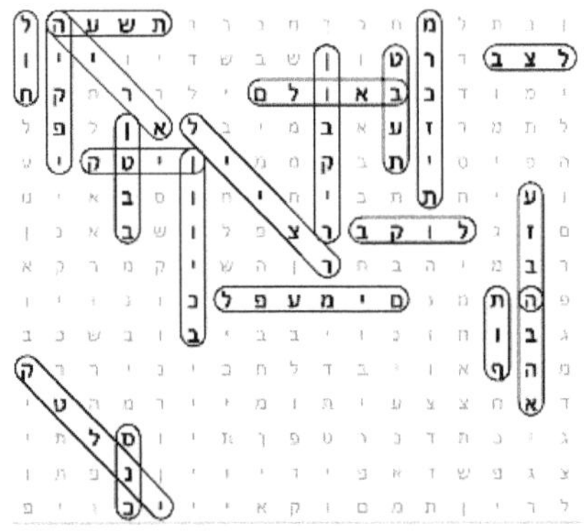

Puzzle 192

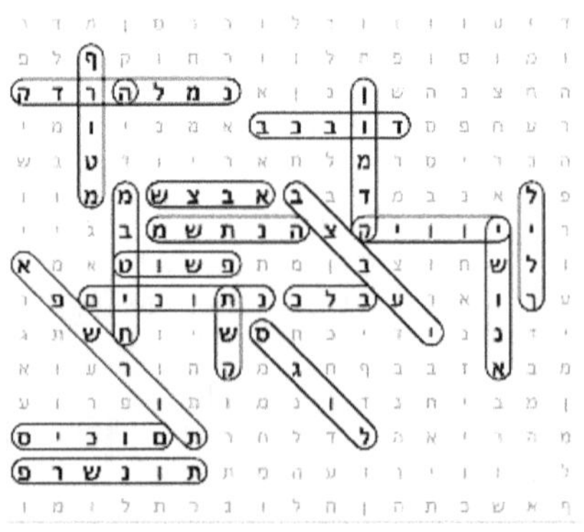

Puzzle 193

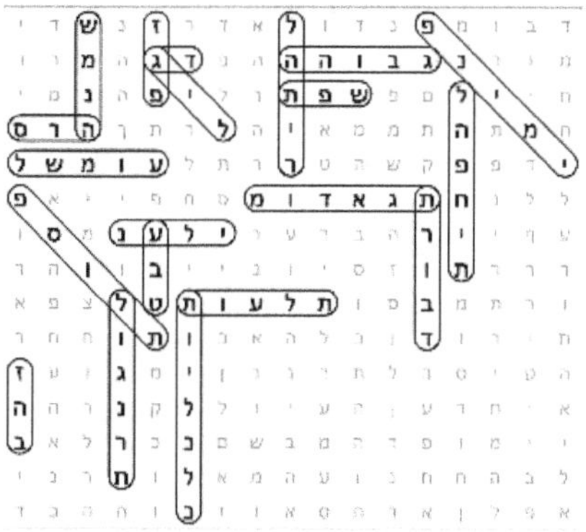

Puzzle 194

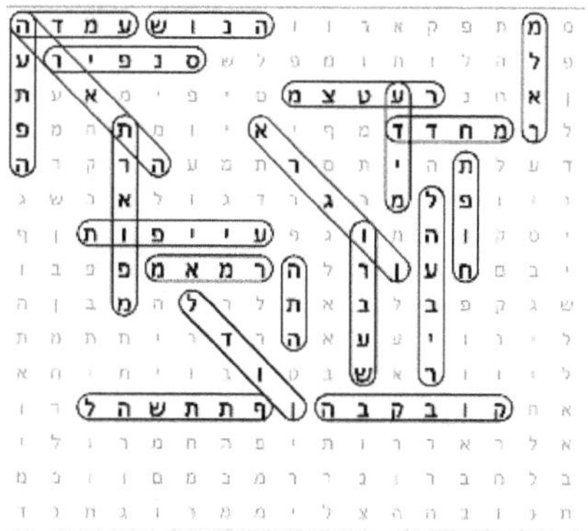

Puzzle 195

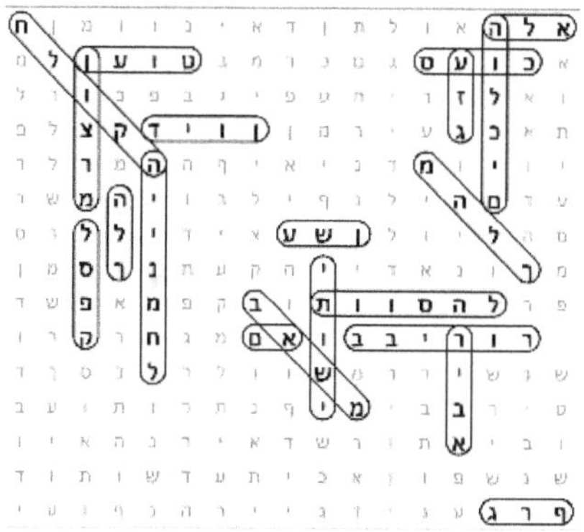

Puzzle 196

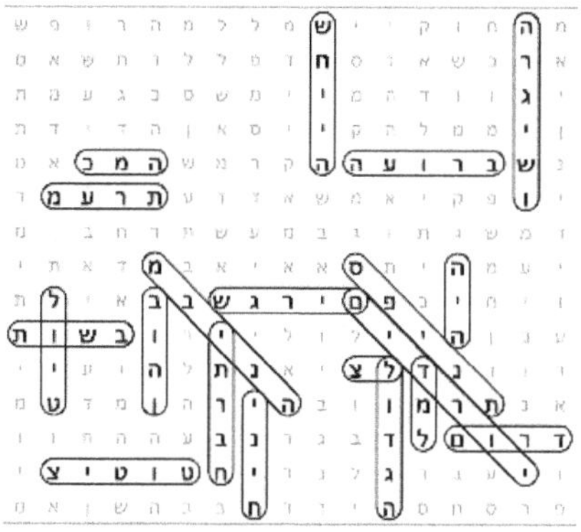

Puzzle 197

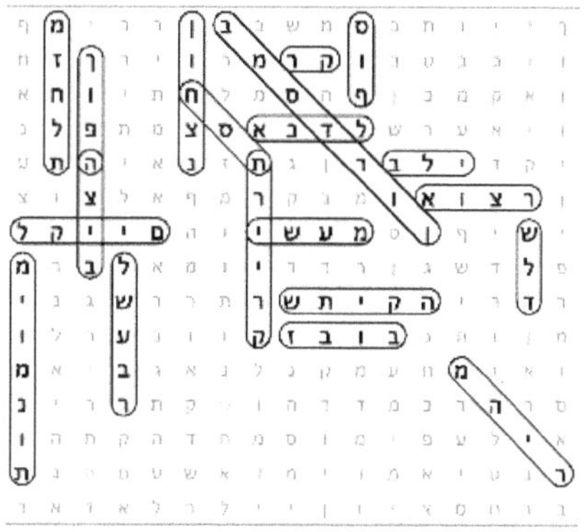

Puzzle 198

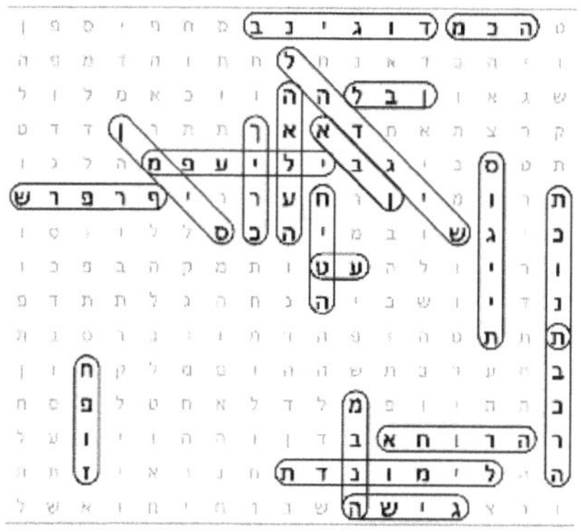

Puzzle 199

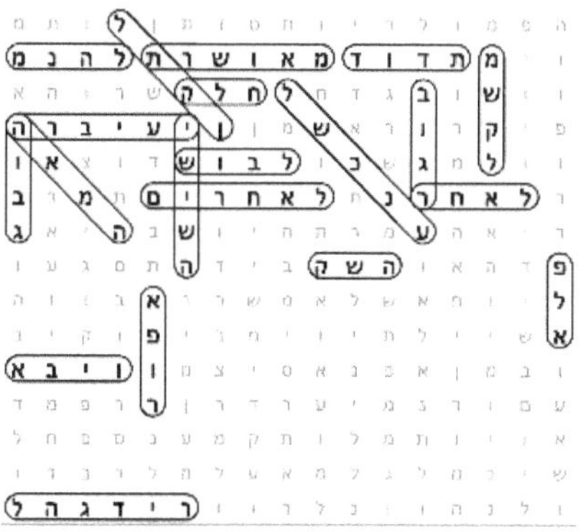

Puzzle 200

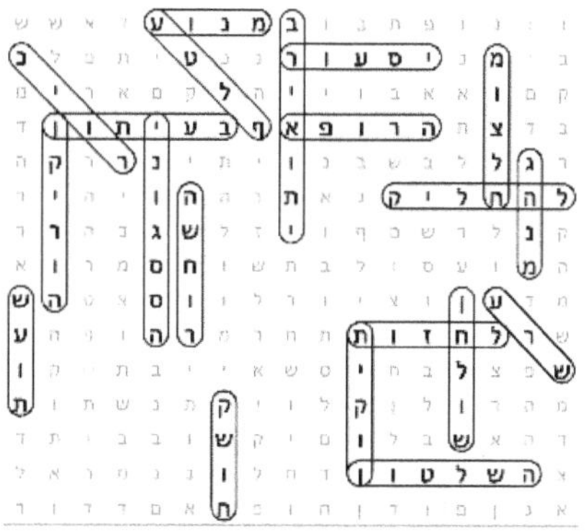

Puzzle 201

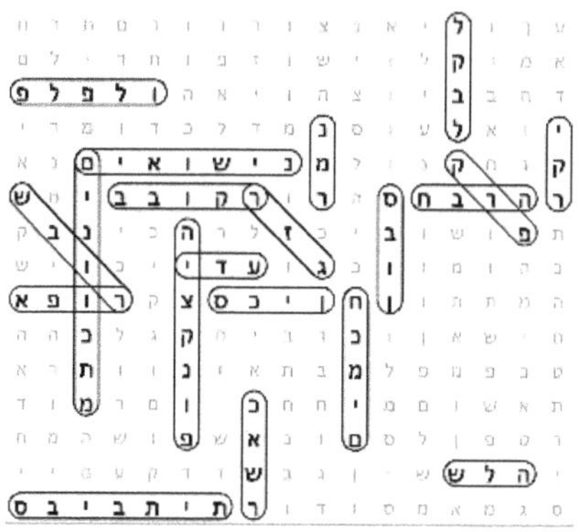

Puzzle 202

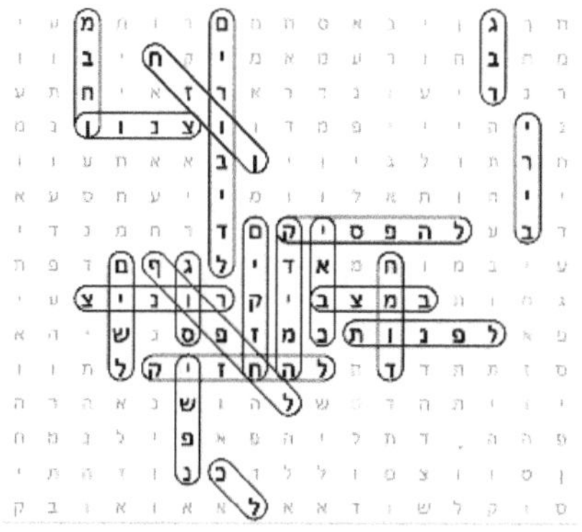

Puzzle 203

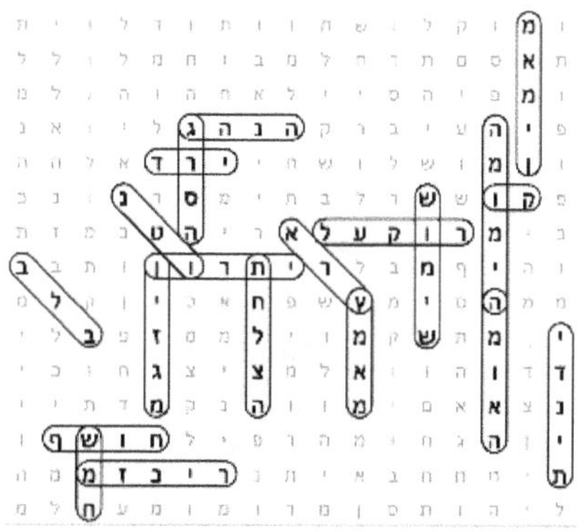

Puzzle 204

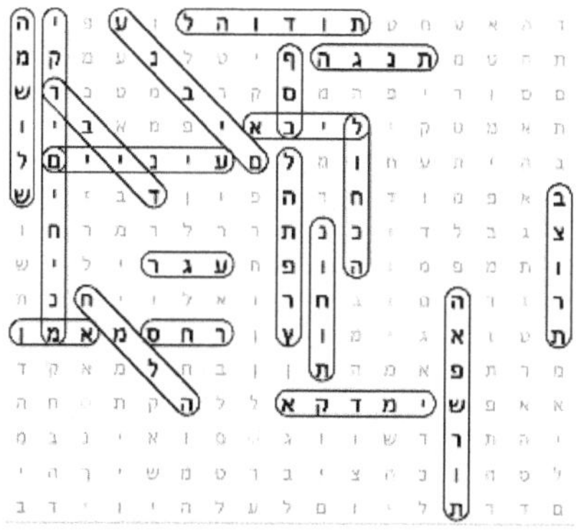

Puzzle 205

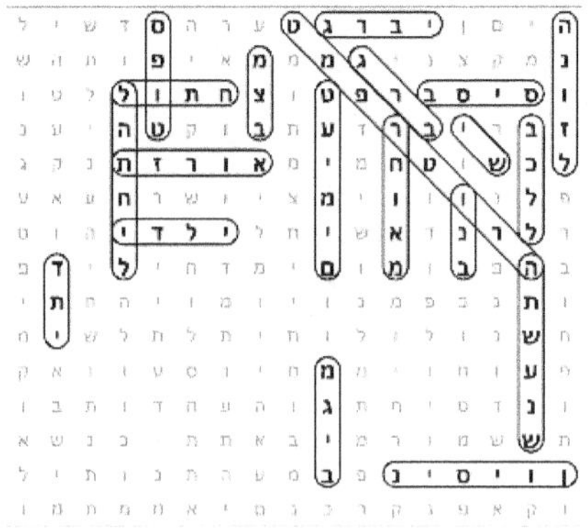

Puzzle 206

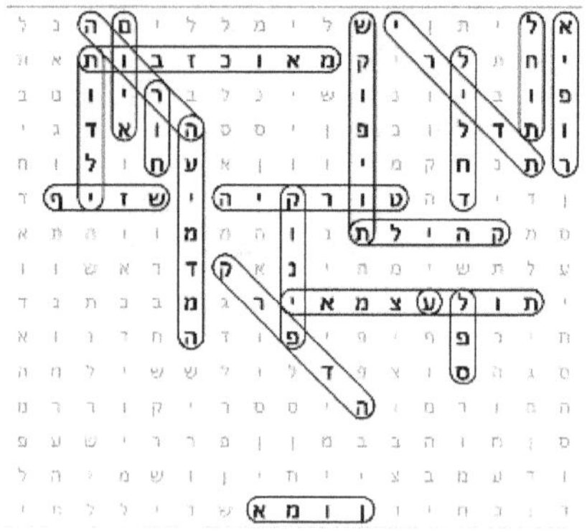

Puzzle 207

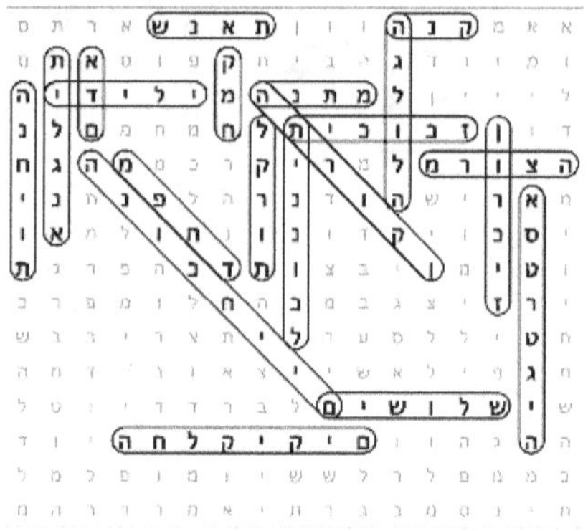

Puzzle 208

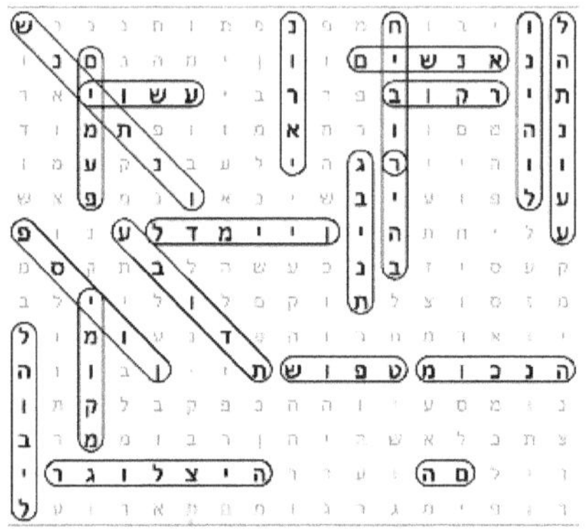

Puzzle 209

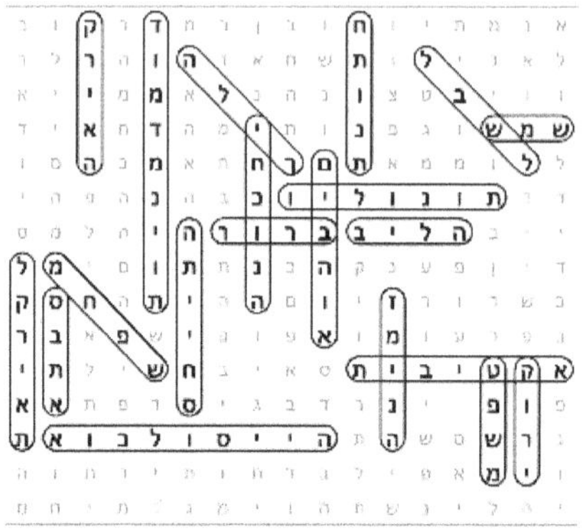

Puzzle 210

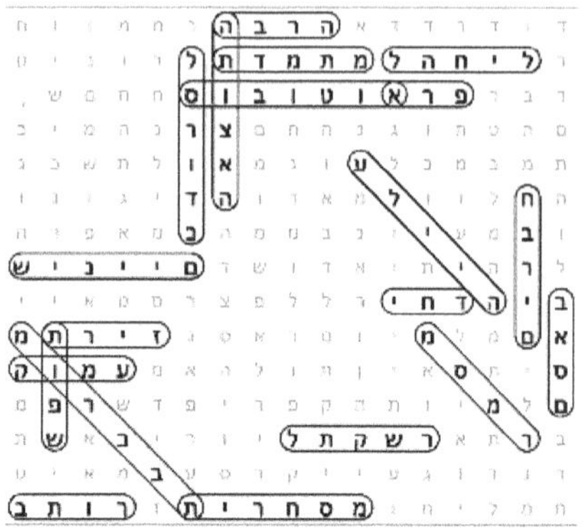

Puzzle 211

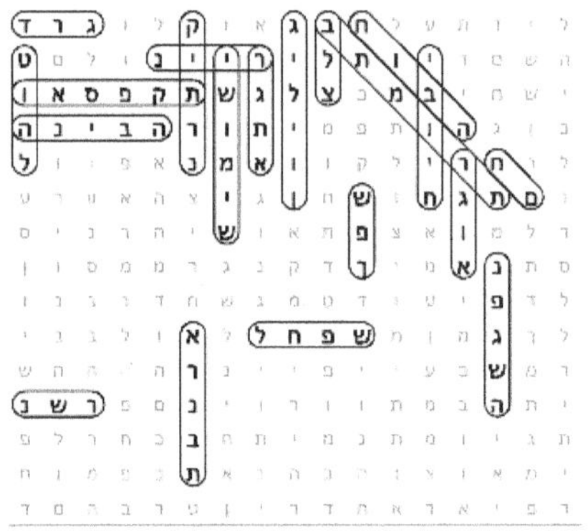

Puzzle 212

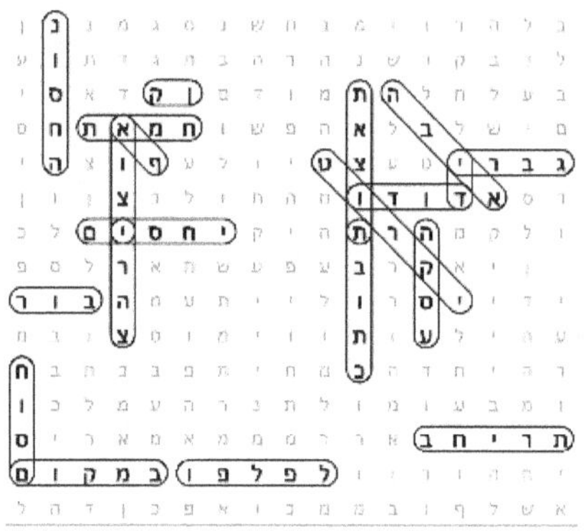

Puzzle 213

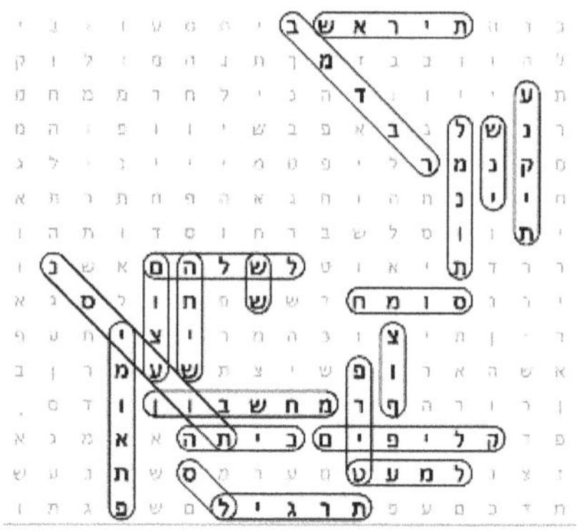

Puzzle 214

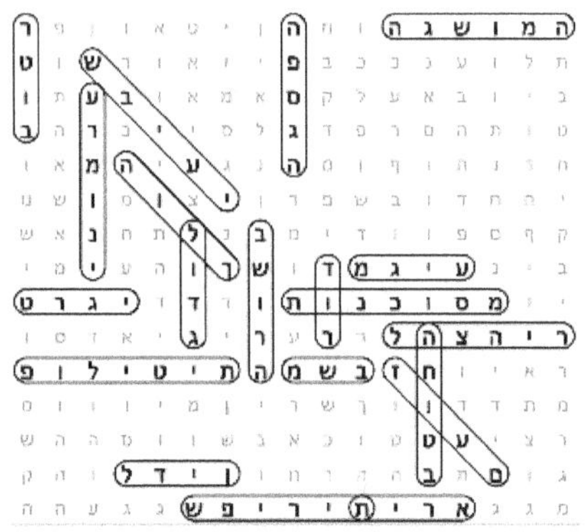

Puzzle 215

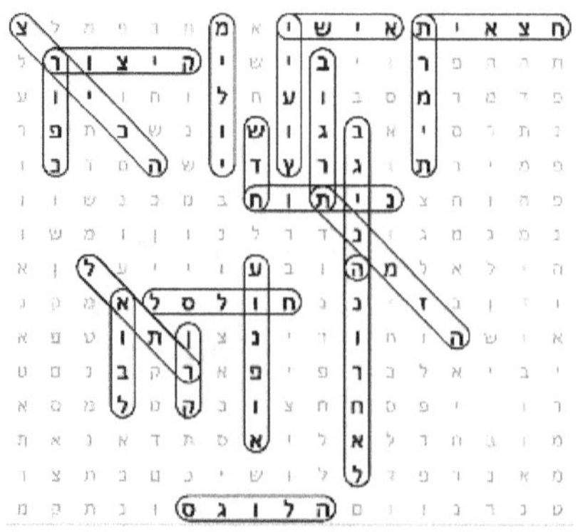

Puzzle 216

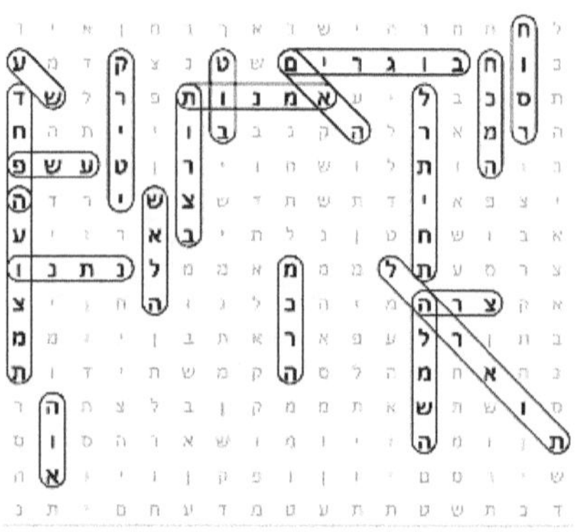

Puzzle 217

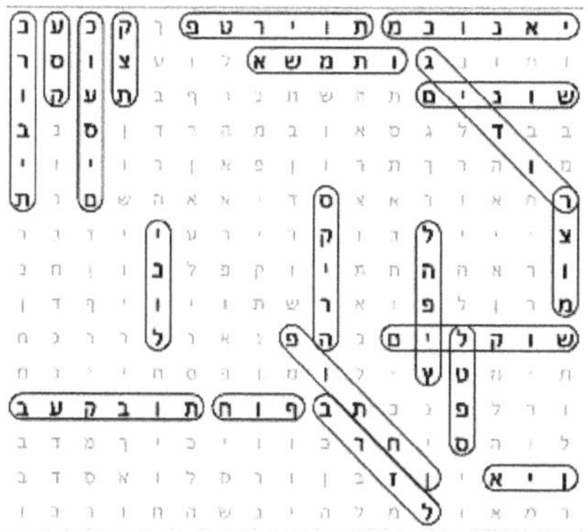

Puzzle 218

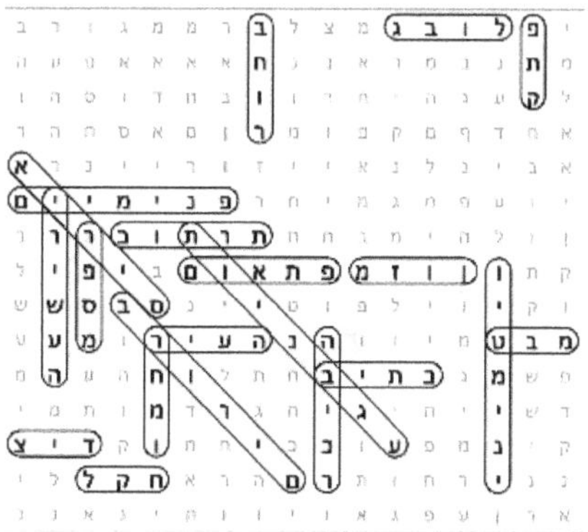

Puzzle 219

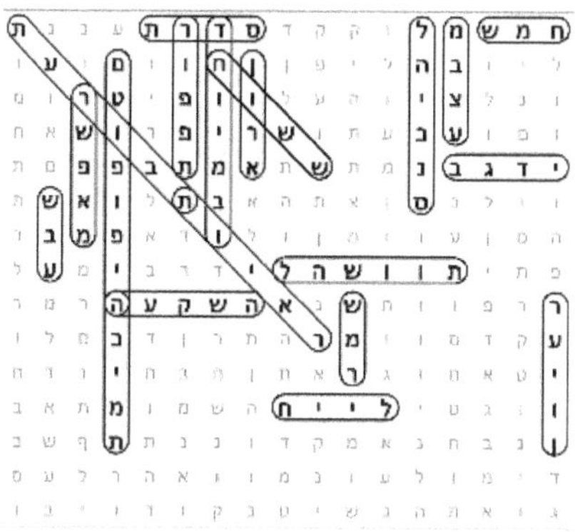

Puzzle 220

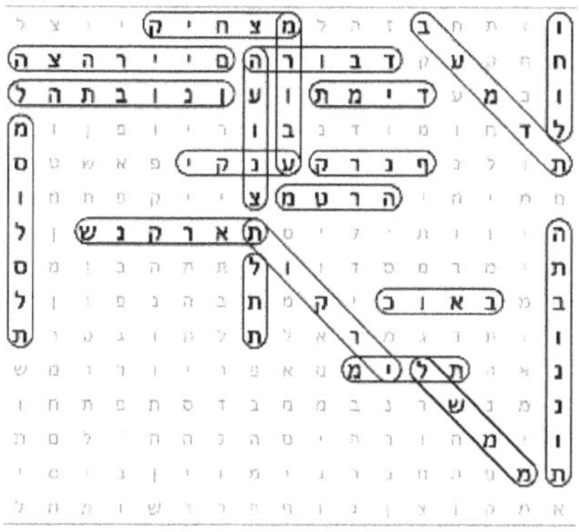

Puzzle 221

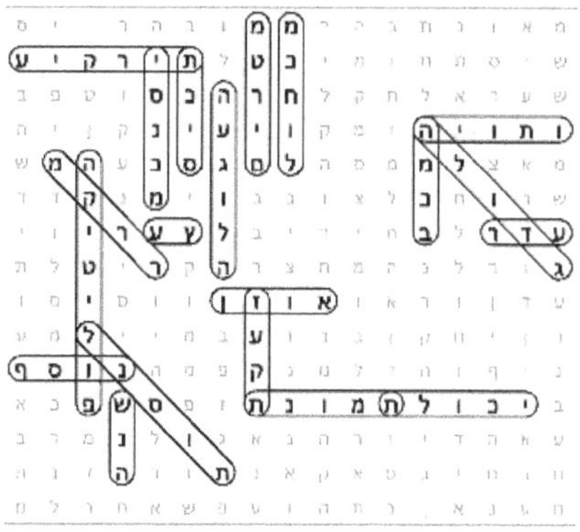

Puzzle 222

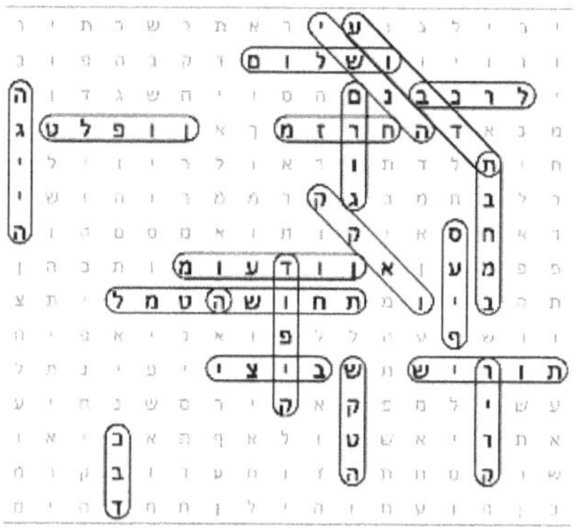

Puzzle 223

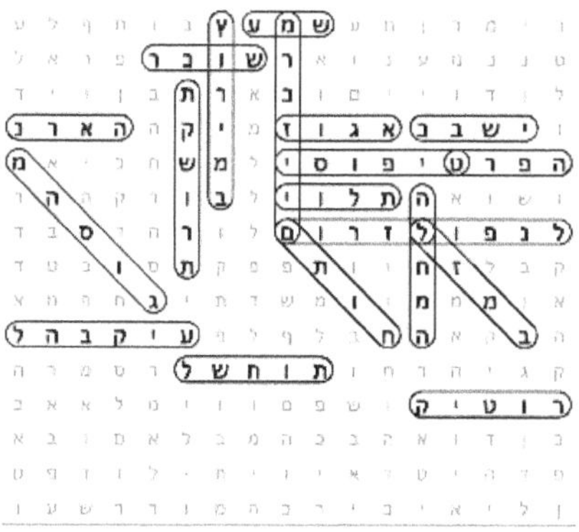

Puzzle 224

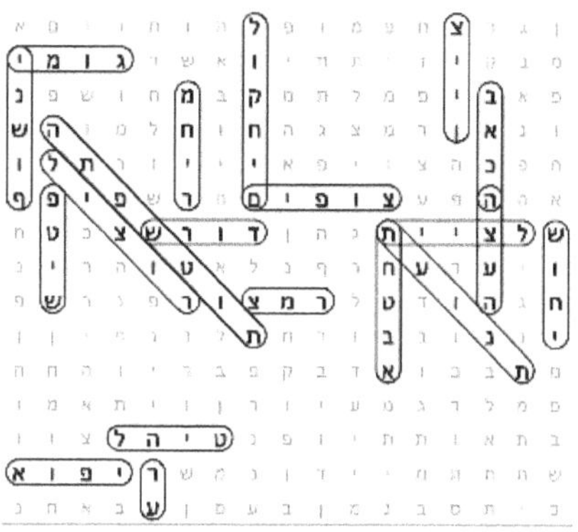

Puzzle 225

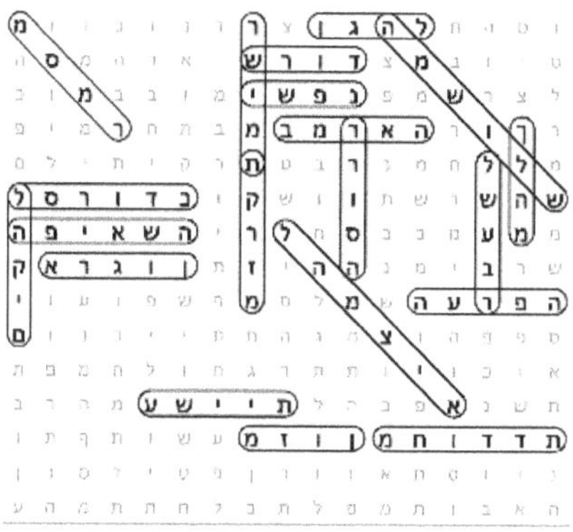

Puzzle 226

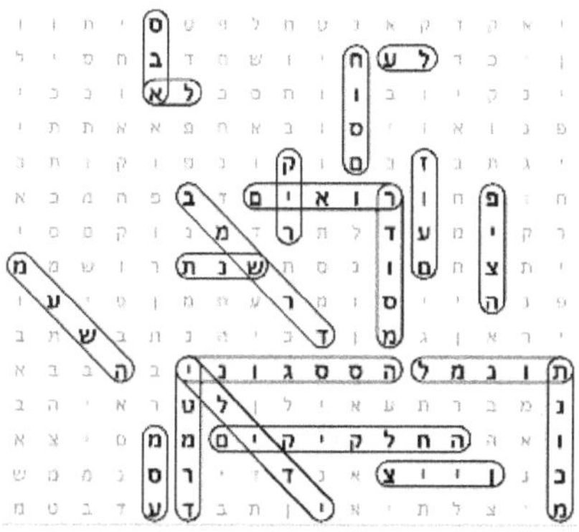

Puzzle 227

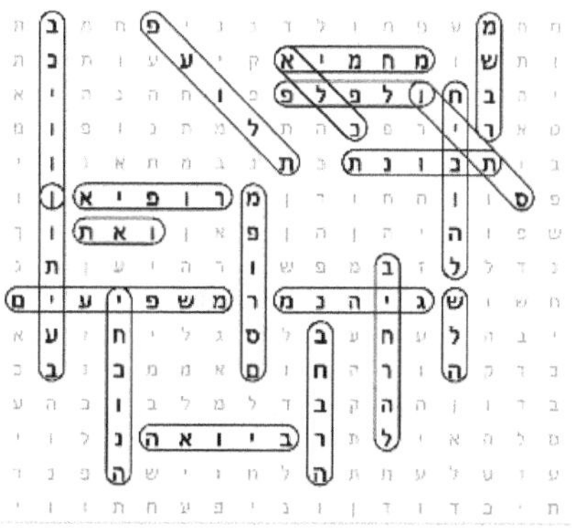

Puzzle 228

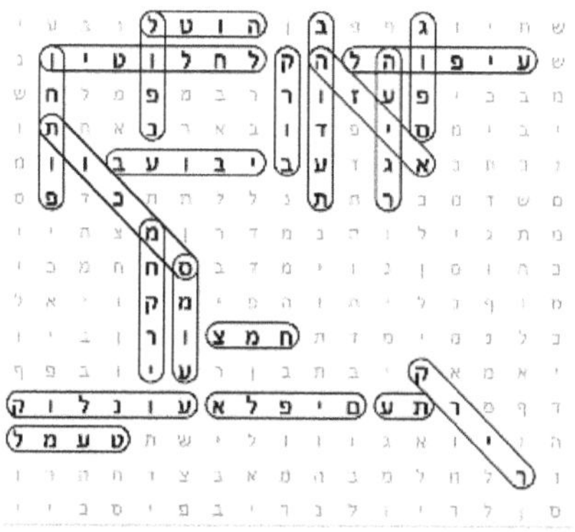

Puzzle 229

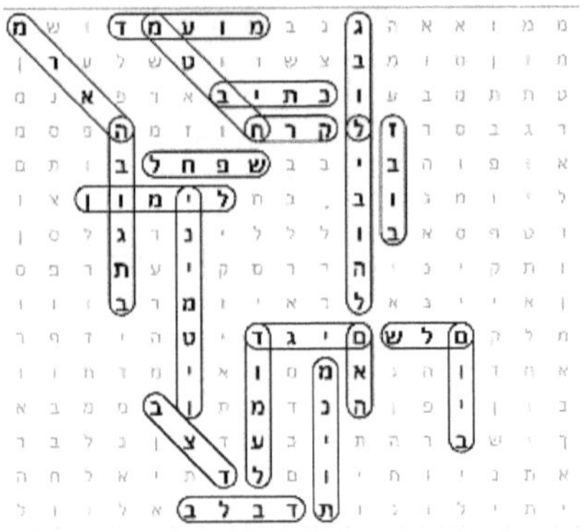

Puzzle 230

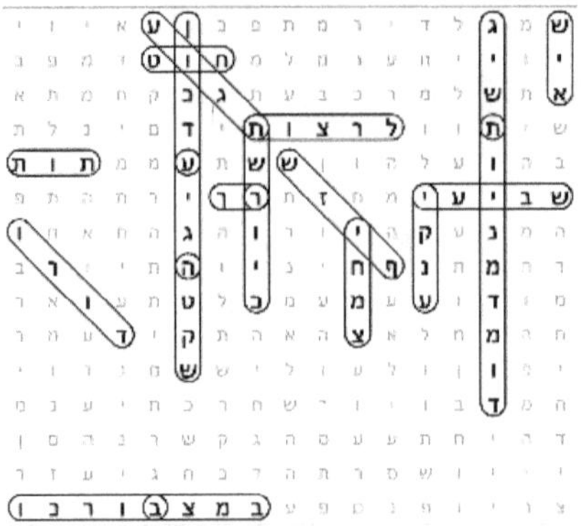

Puzzle 231

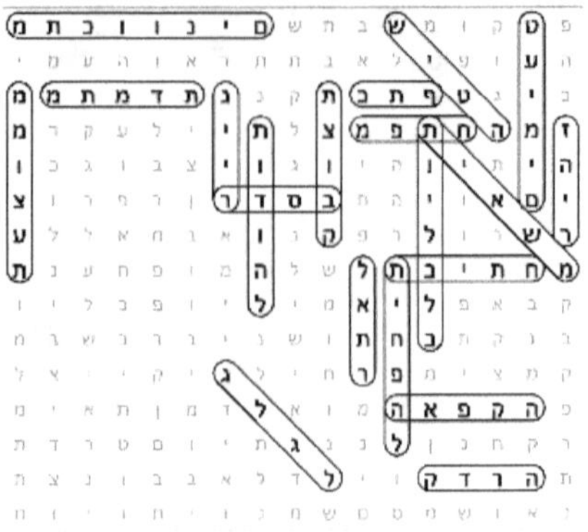

Puzzle 232

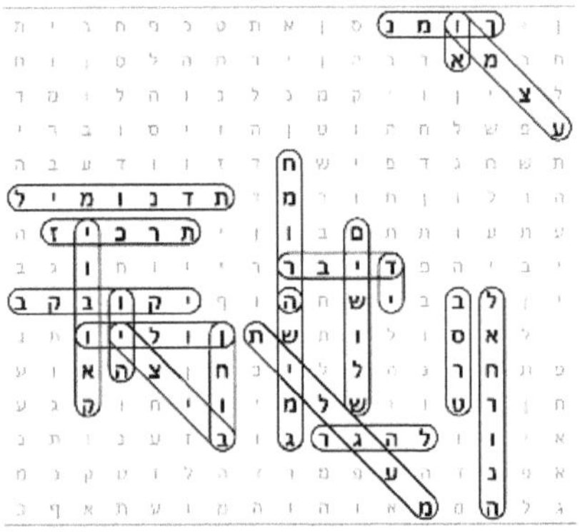

Puzzle 233

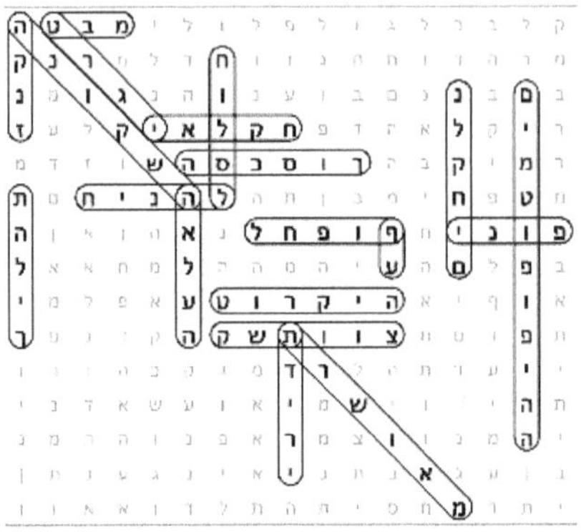

Puzzle 234

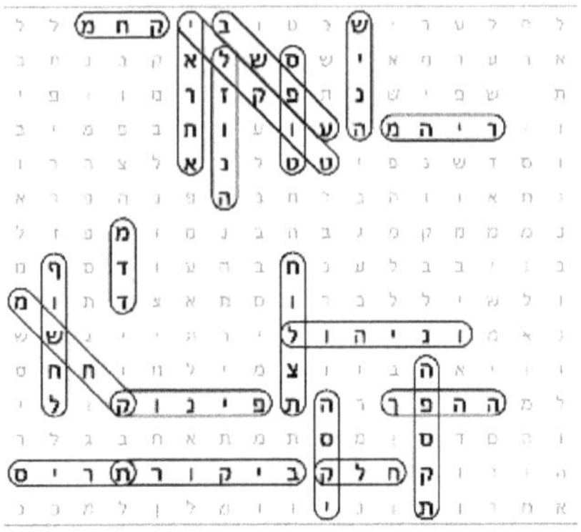

Puzzle 235

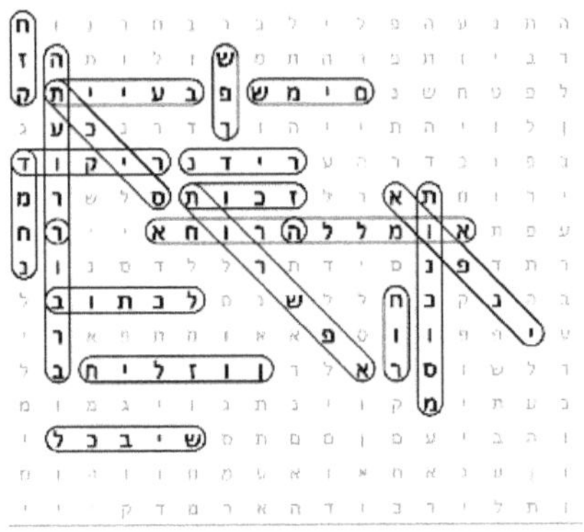

Puzzle 236

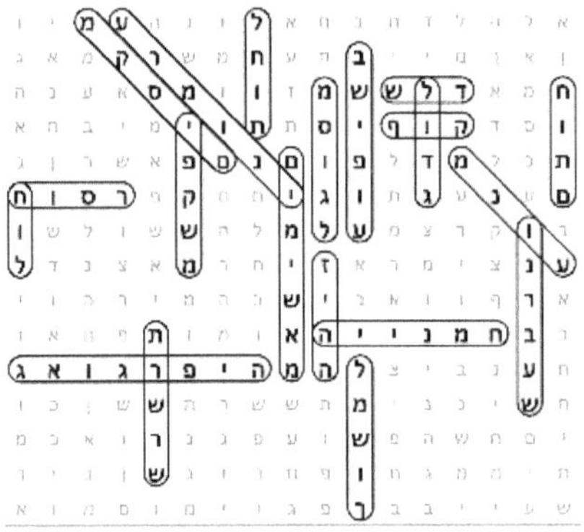

Puzzle 237

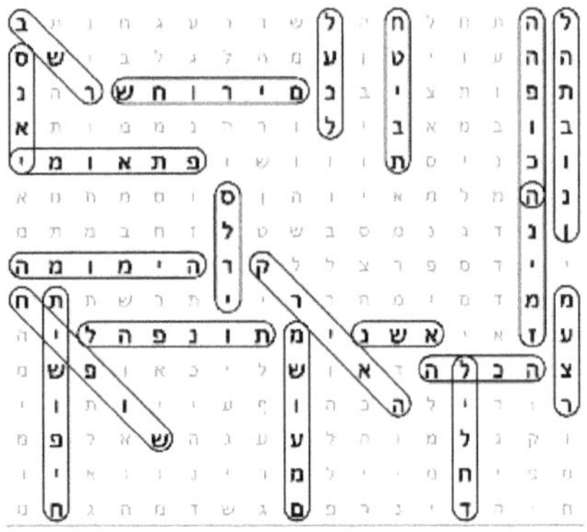

Puzzle 238

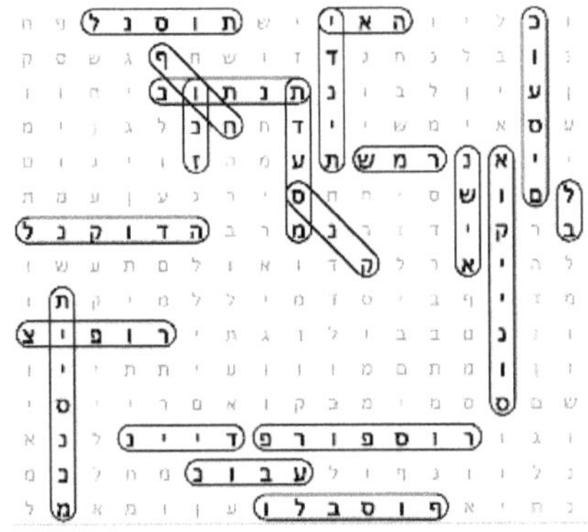

Puzzle 239

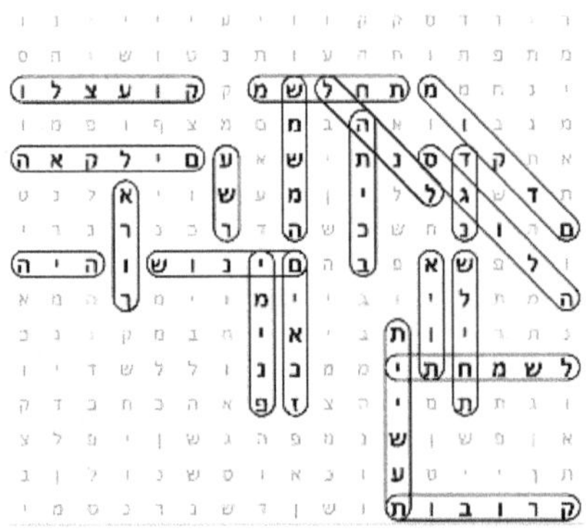

Puzzle 240

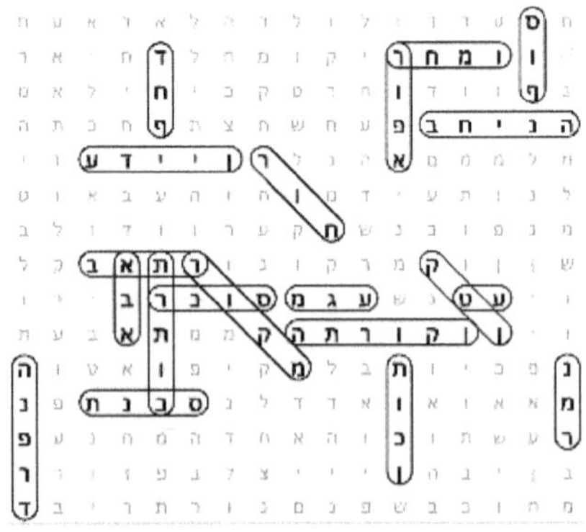

Puzzle 241

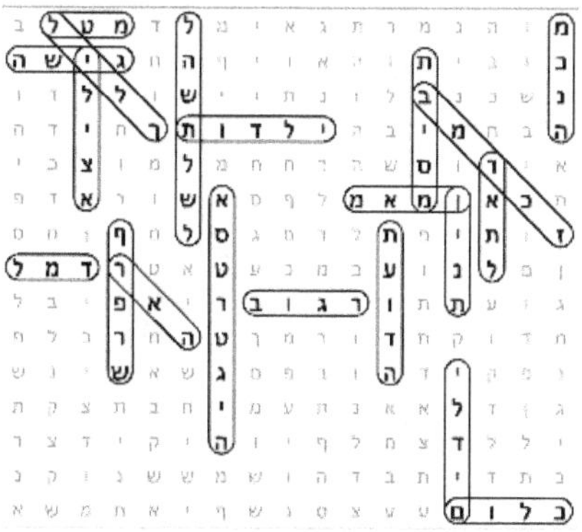

Puzzle 242

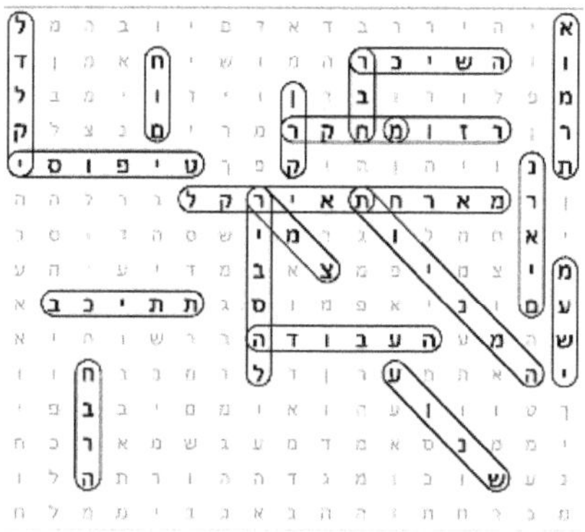

Puzzle 243

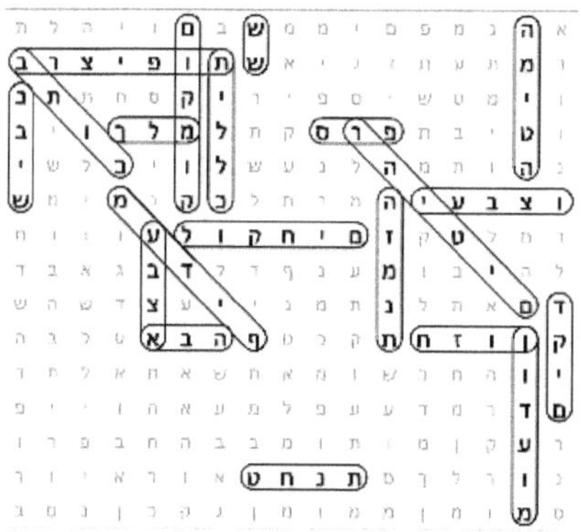

Puzzle 244

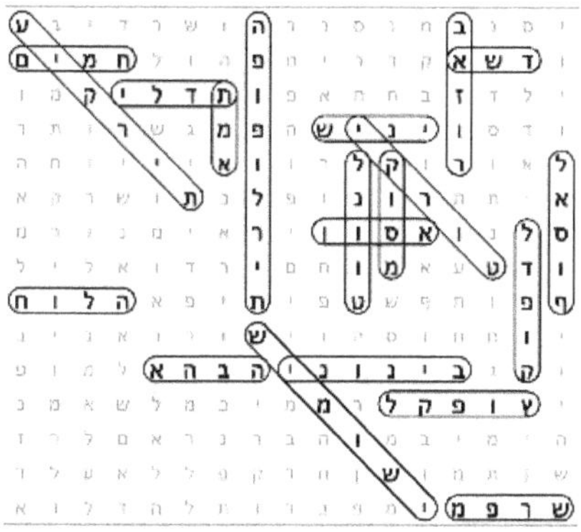

Puzzle 245

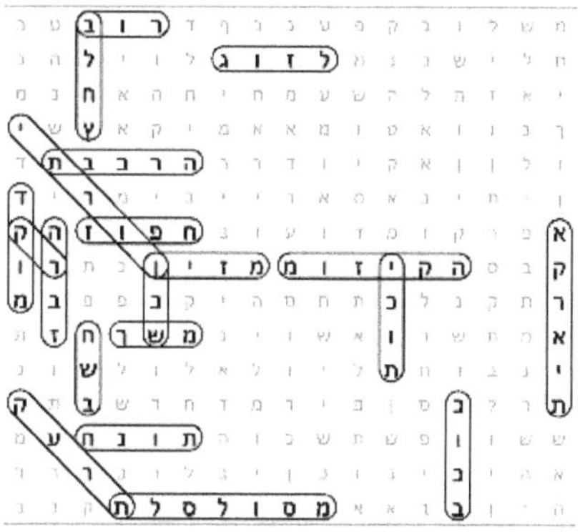

Puzzle 246

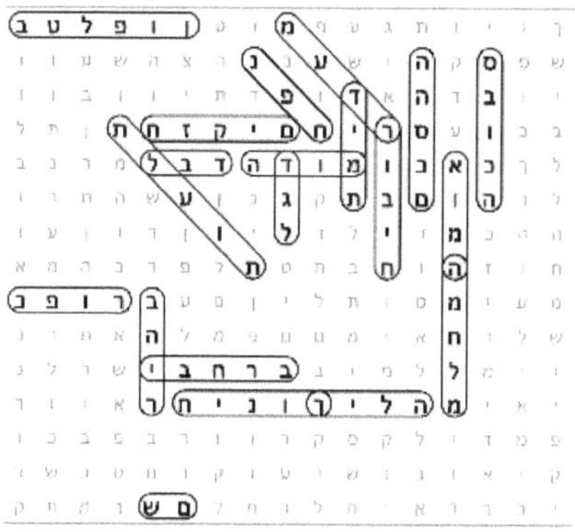

Puzzle 247

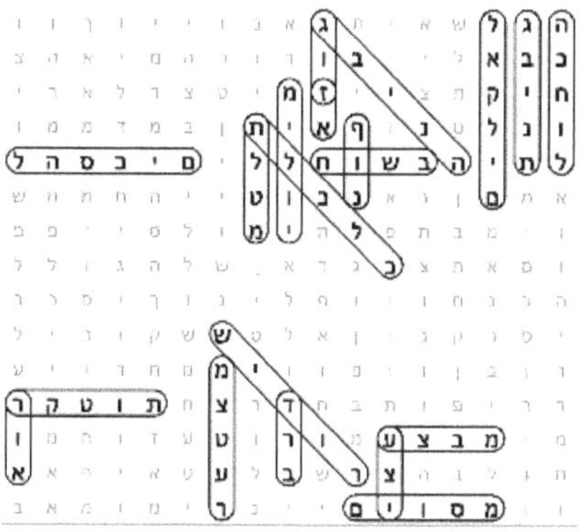

Puzzle 248

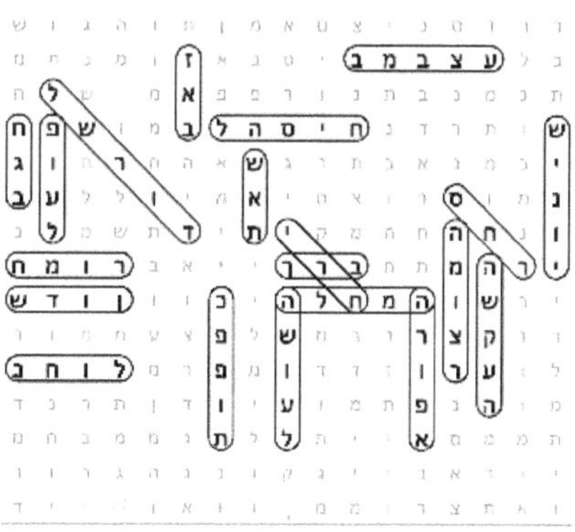

Puzzle 249

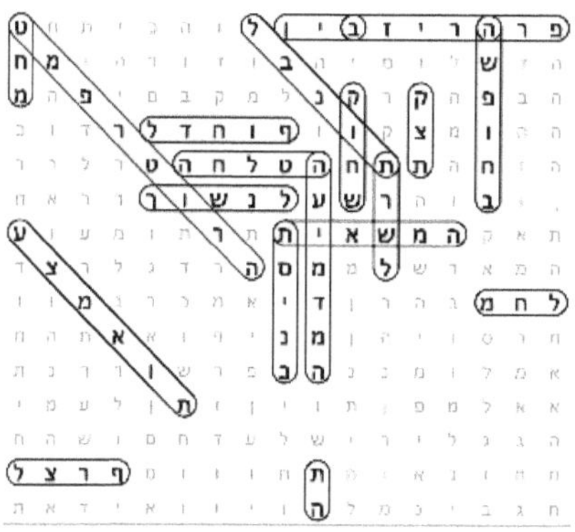

Puzzle 250

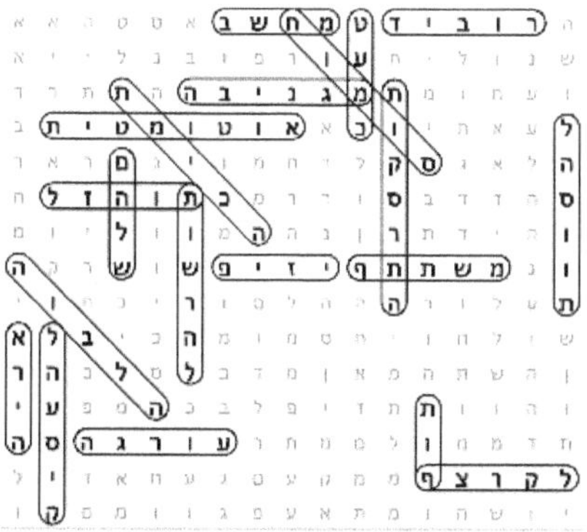

Puzzle 251

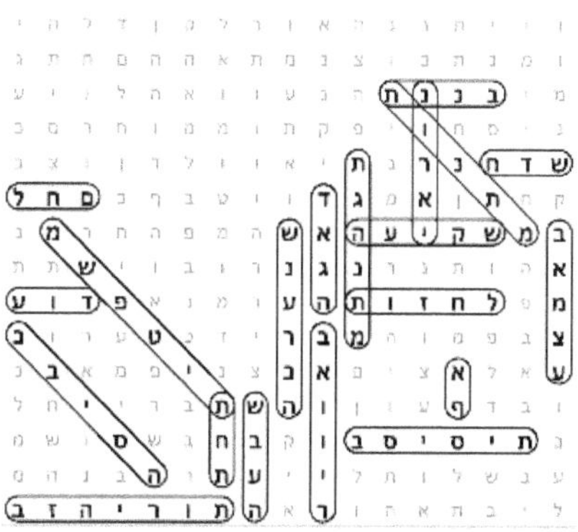

Puzzle 252

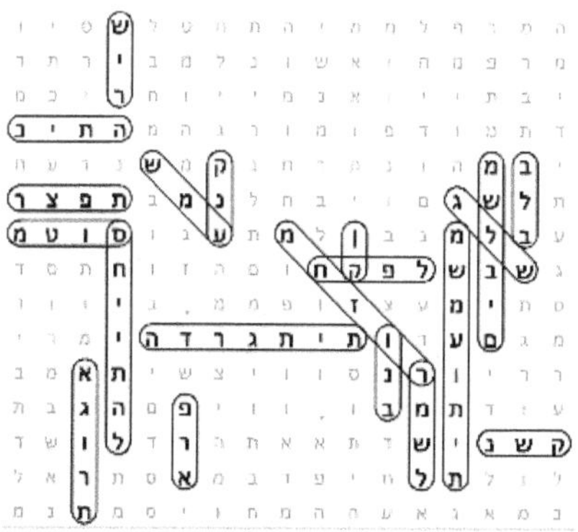

Puzzle 253

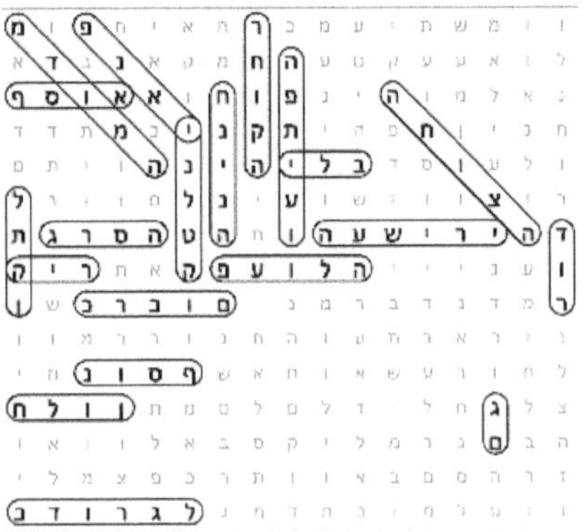

Puzzle 254

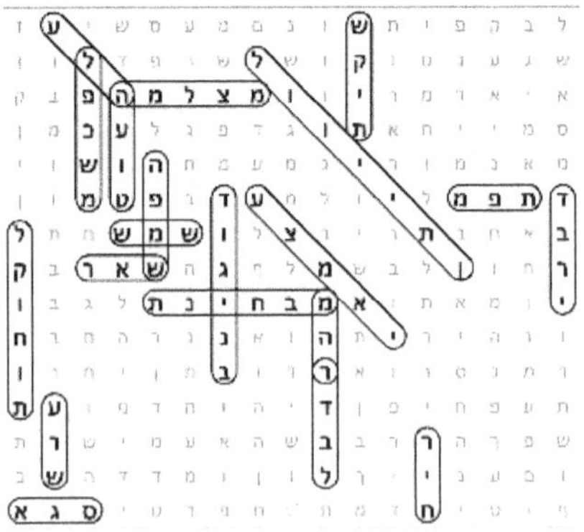

Puzzle 255

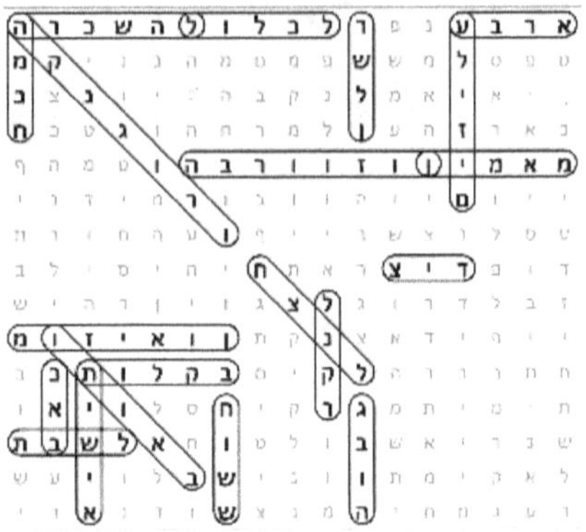

Puzzle 256

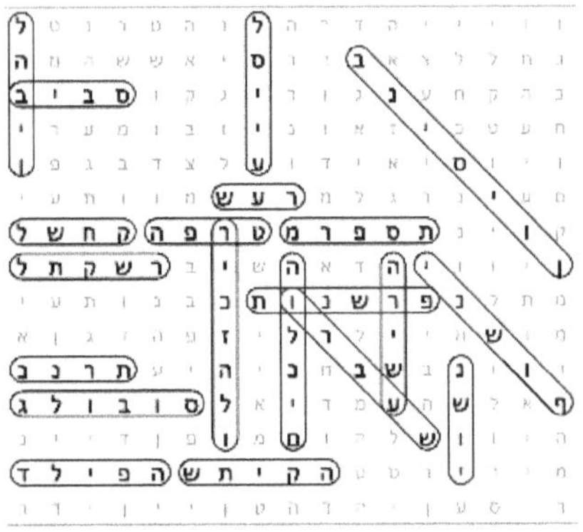

Puzzle 257

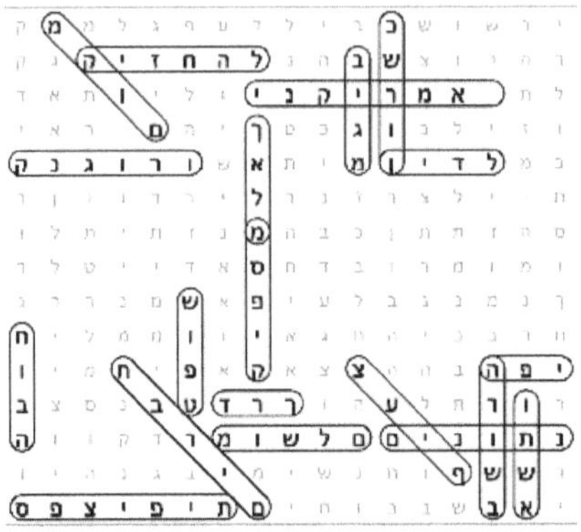

Puzzle 258

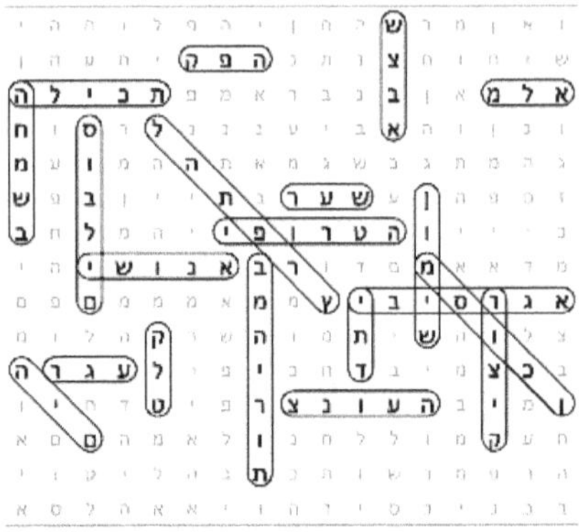

Puzzle 259

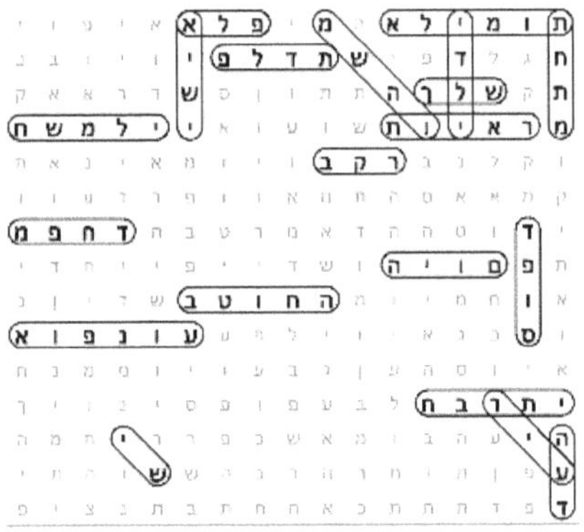

Puzzle 260

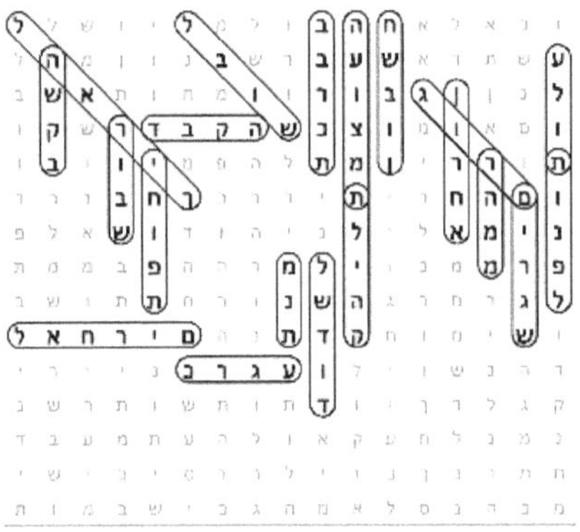

Puzzle 261

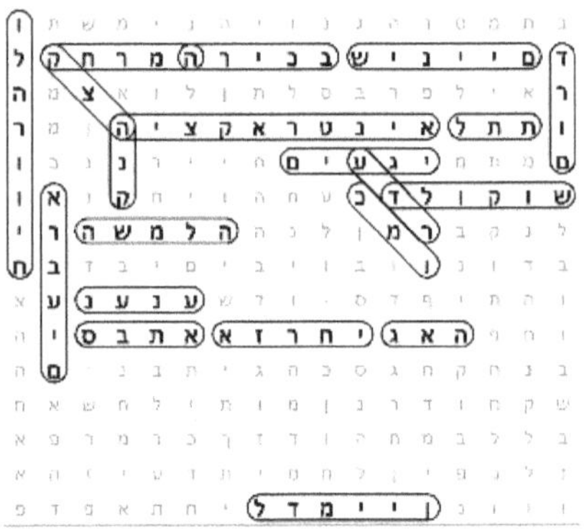

Puzzle 262

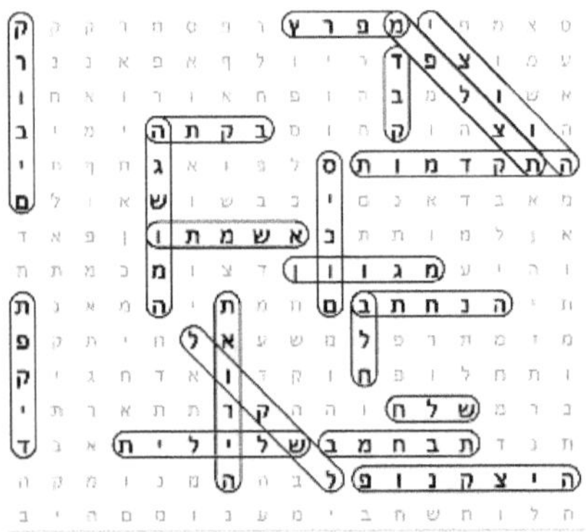

Puzzle 263

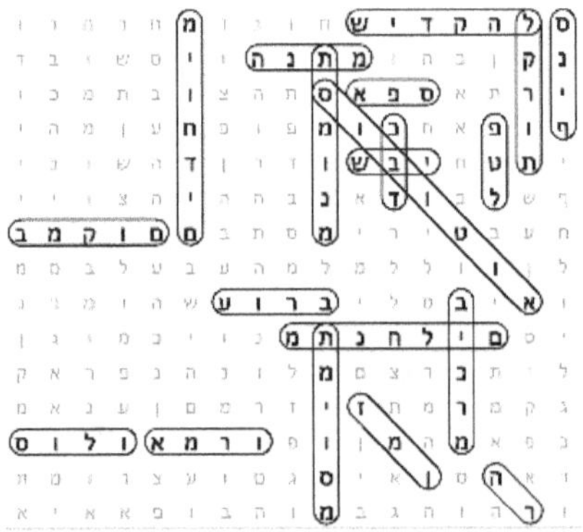

Puzzle 264

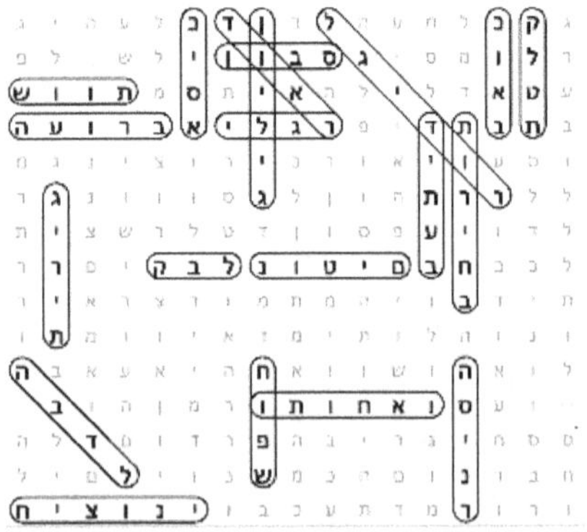

Puzzle 265

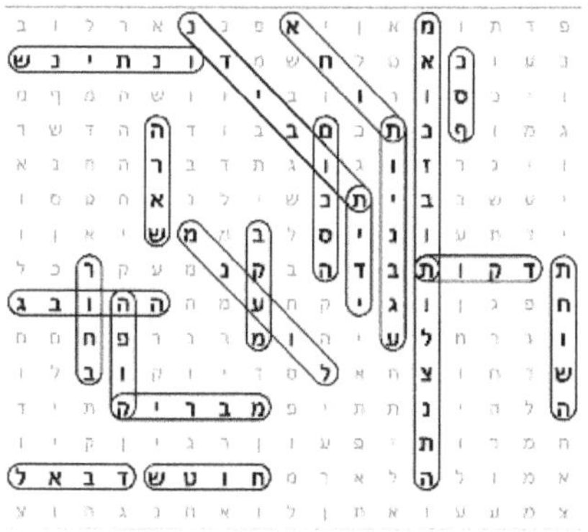

Puzzle 266

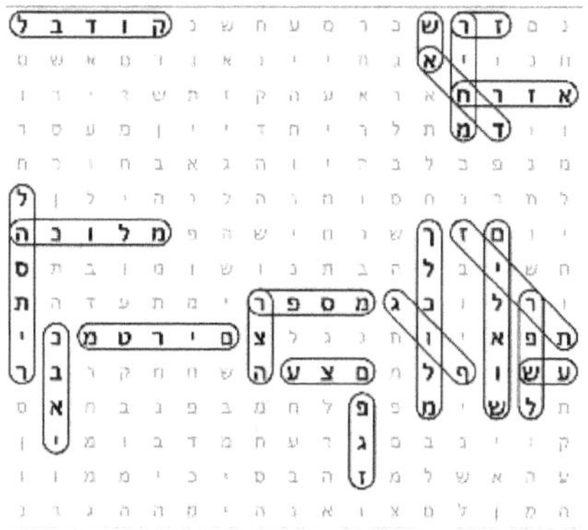

Puzzle 267

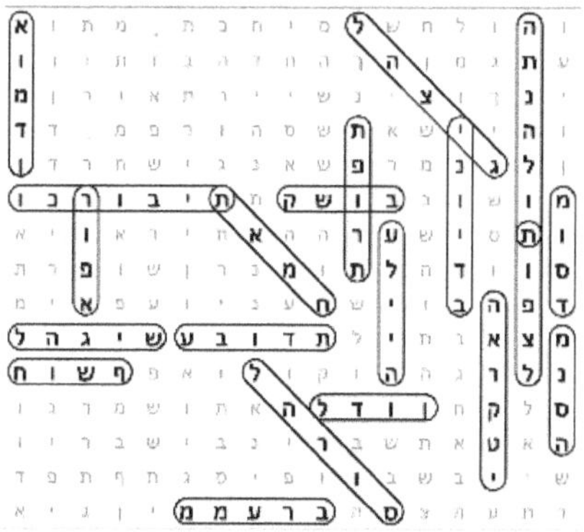

Puzzle 268

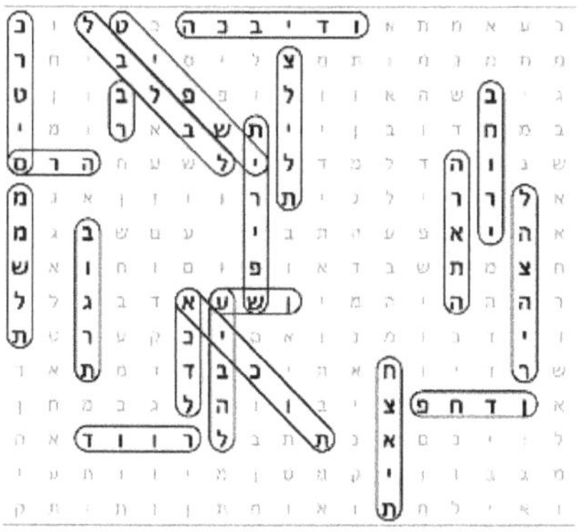

Puzzle 269

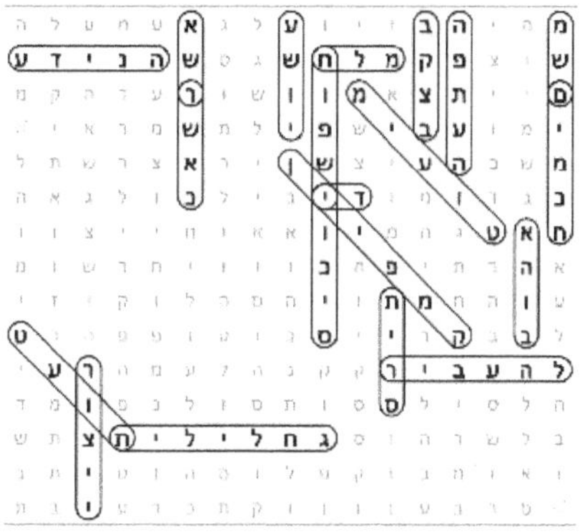

Puzzle 270

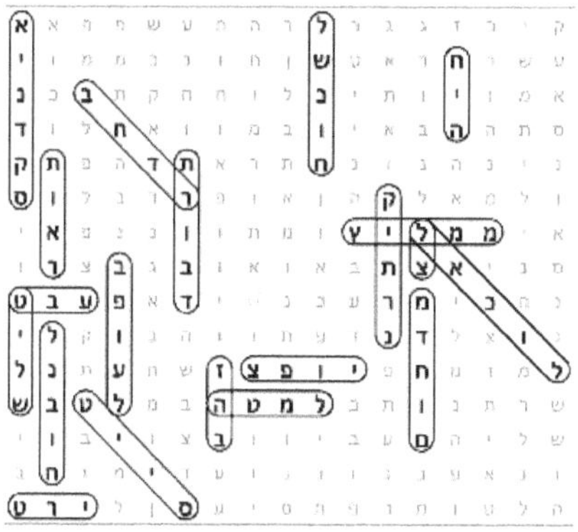

Puzzle 271

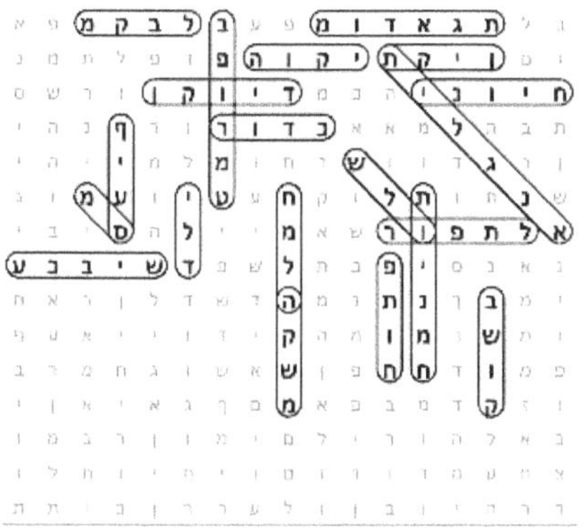

Puzzle 272

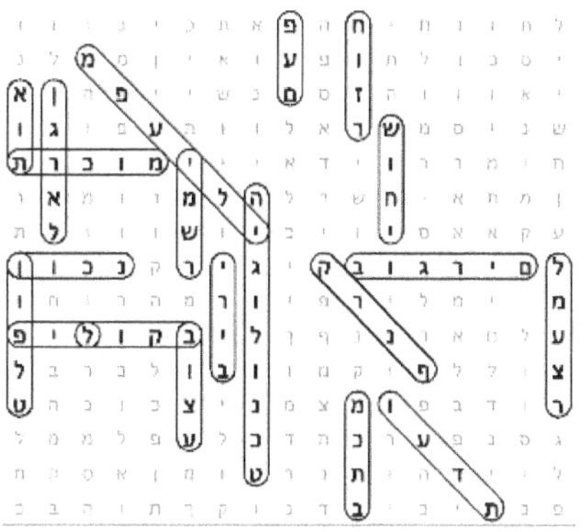

Puzzle 273

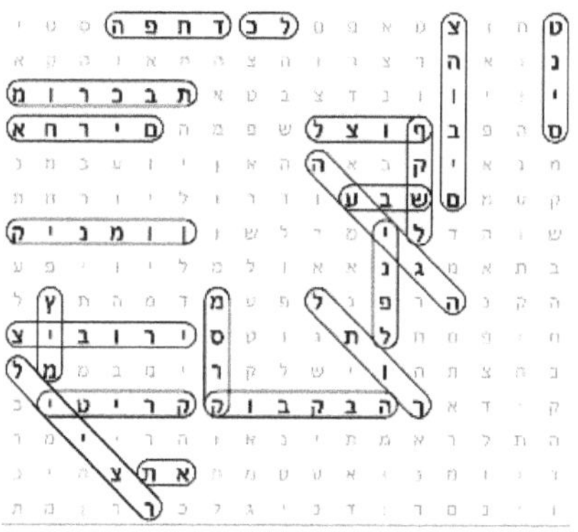

Puzzle 274

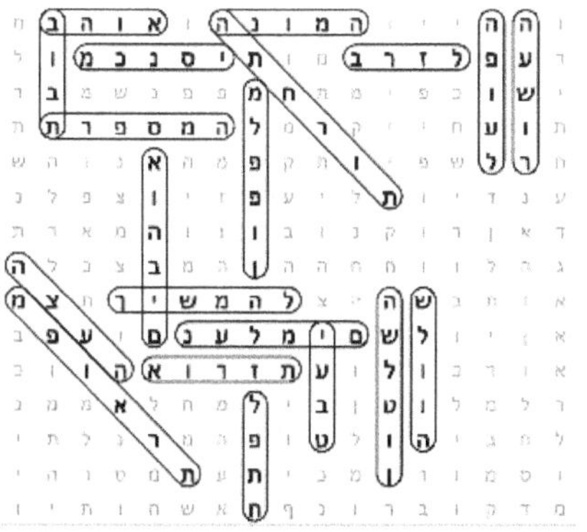

Puzzle 275

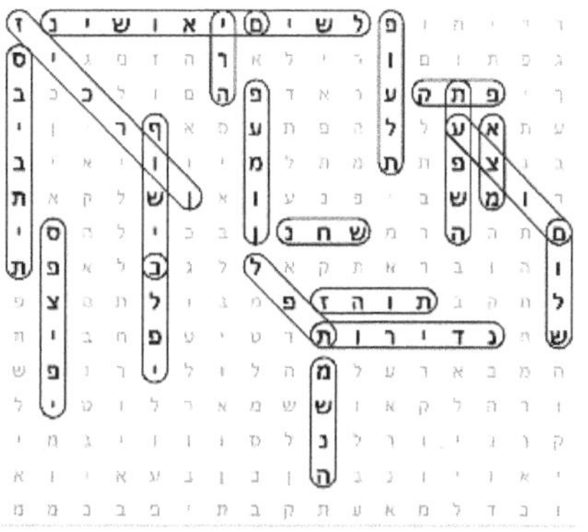

Puzzle 276

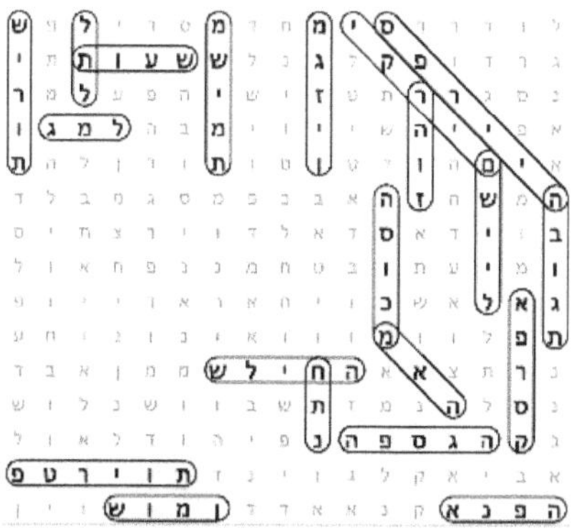

Puzzle 277

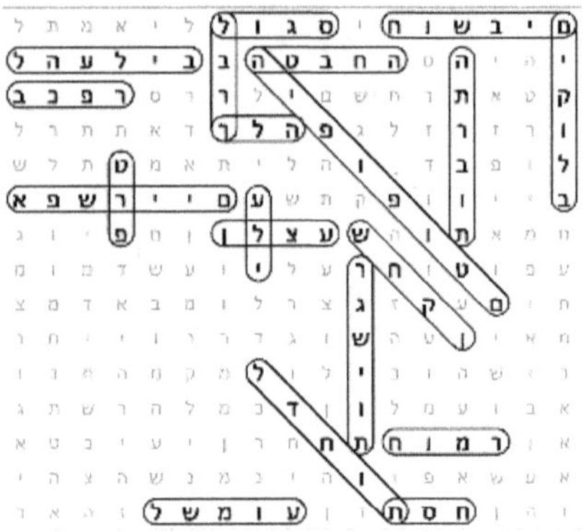

Puzzle 278

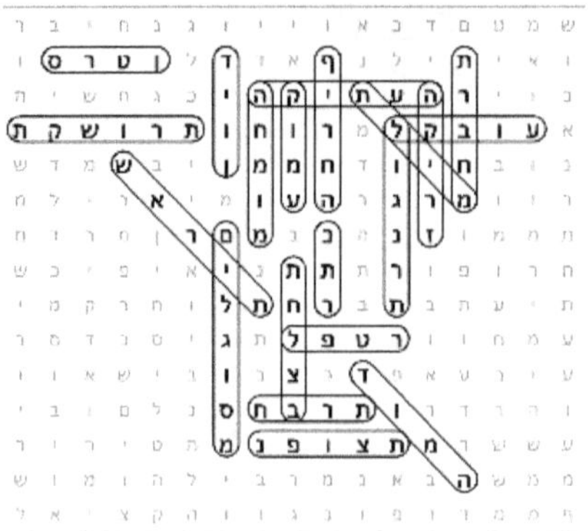

Puzzle 279

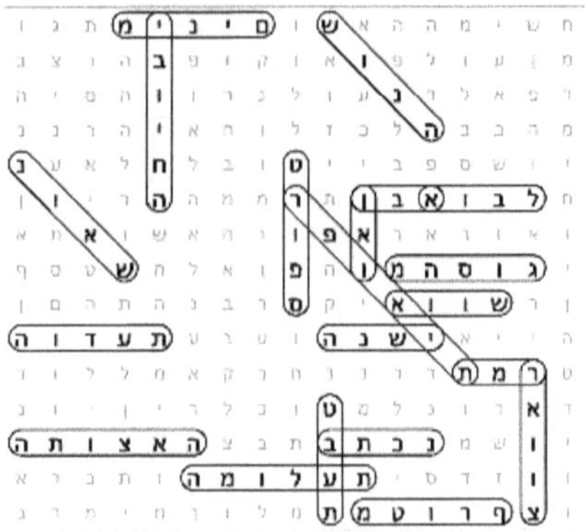

Puzzle 280

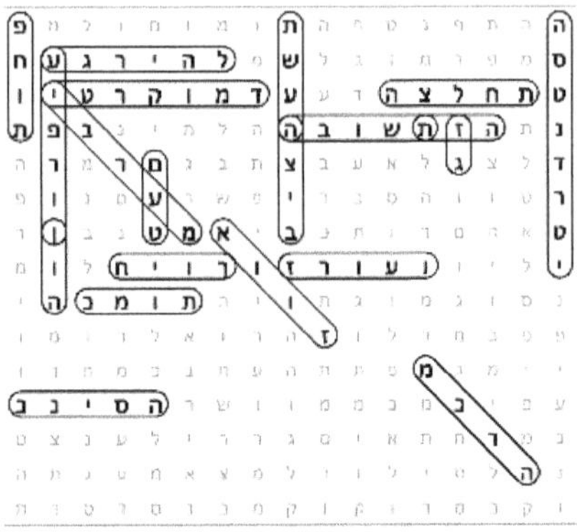

Puzzle 281

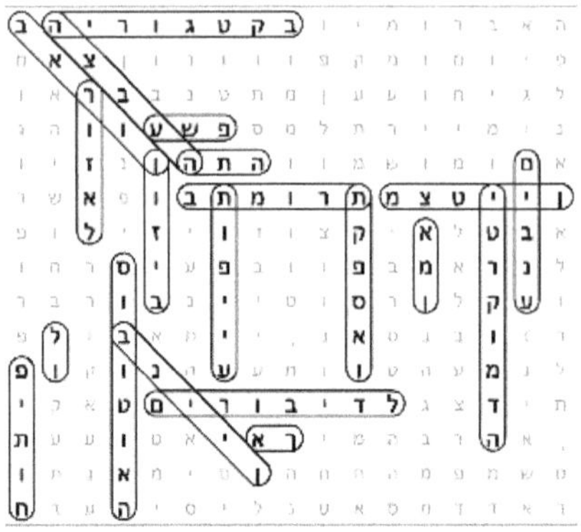

Puzzle 282

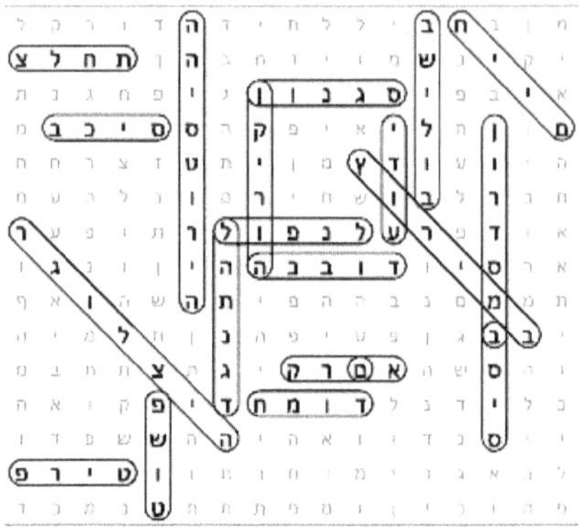

Puzzle 283

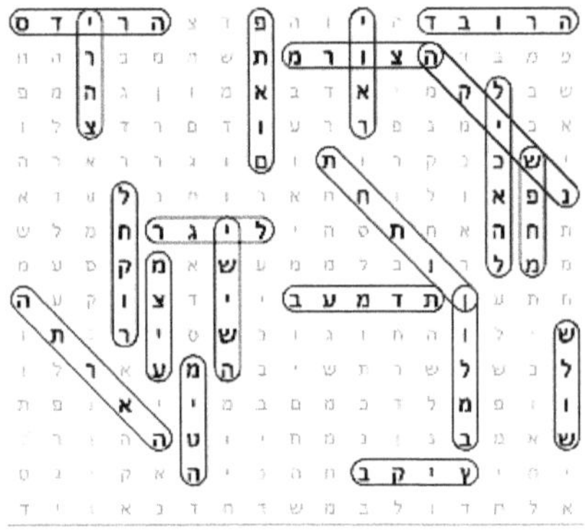

Puzzle 284

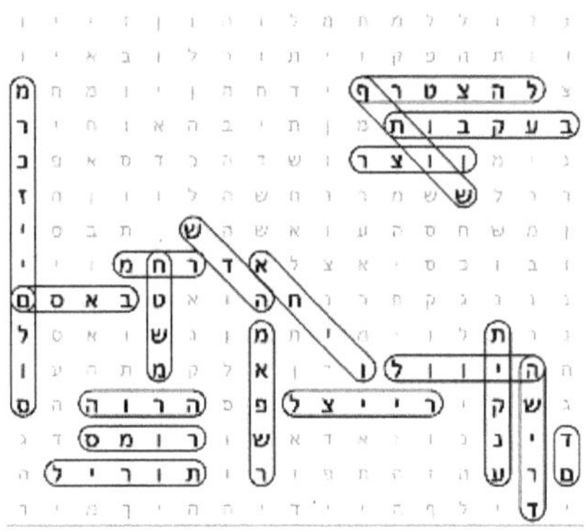

Puzzle 285

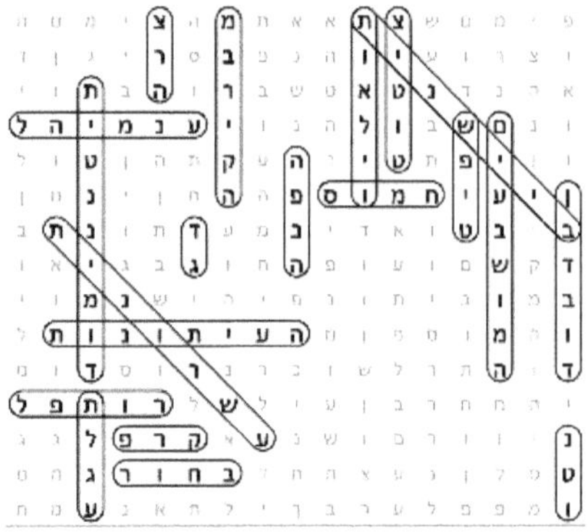

Puzzle 286

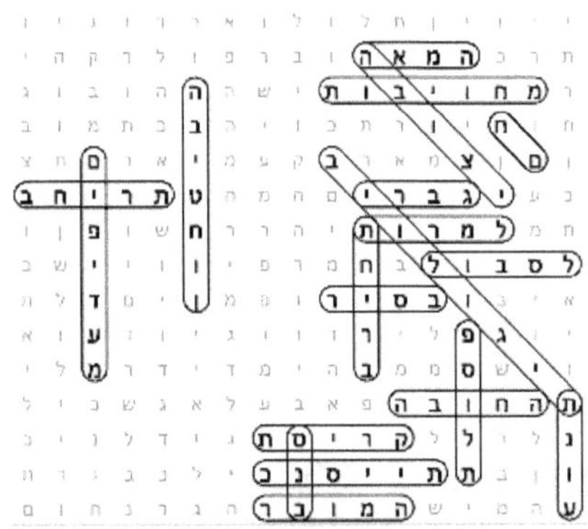

Puzzle 287

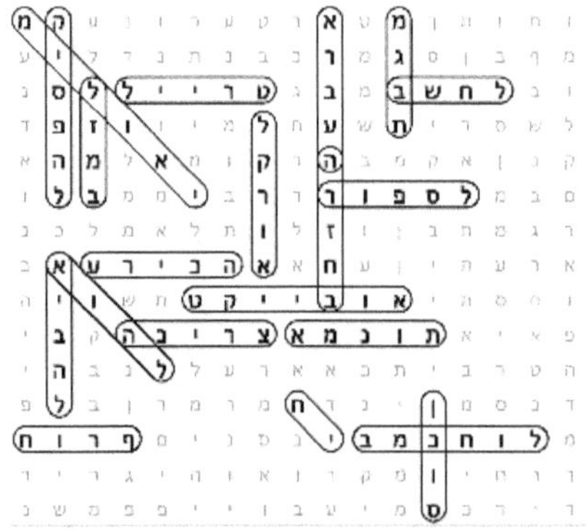

Puzzle 288

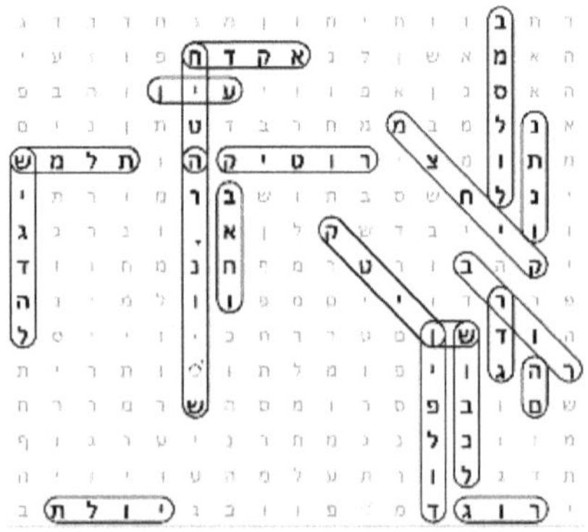

Puzzle 289

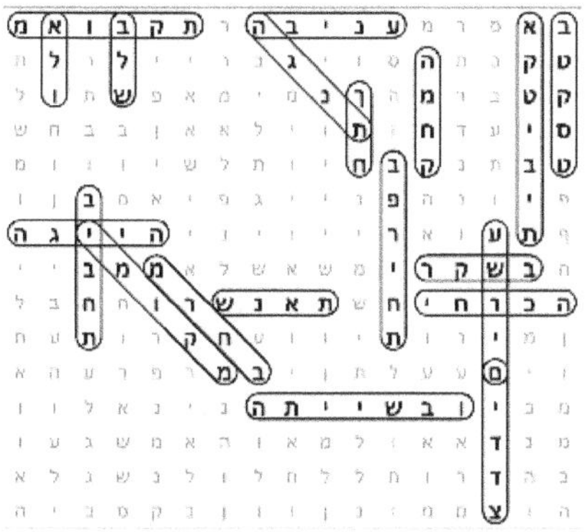

Puzzle 290

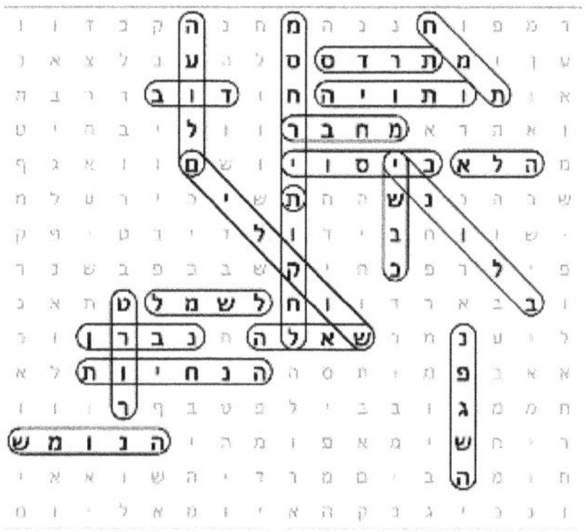

Puzzle 291

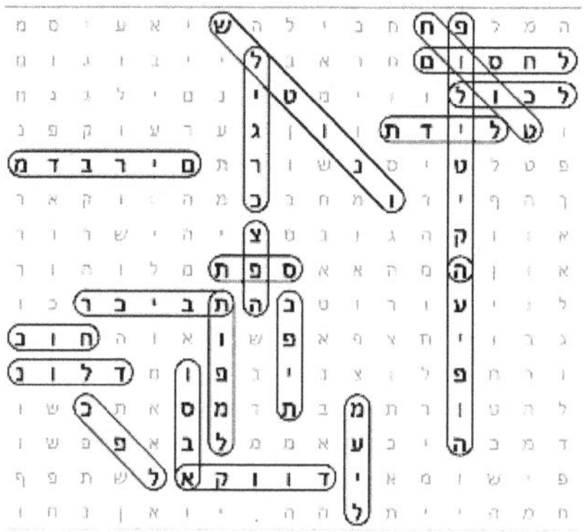

Puzzle 292

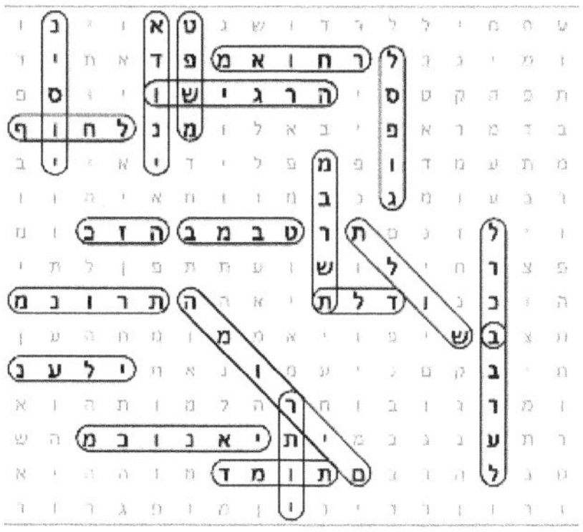

Puzzle 293

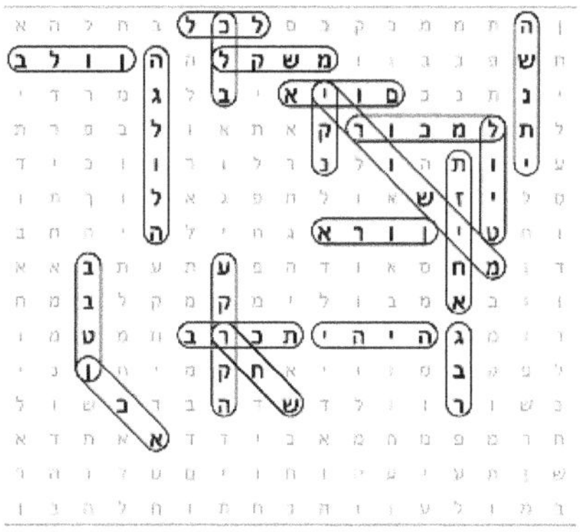

Puzzle 294

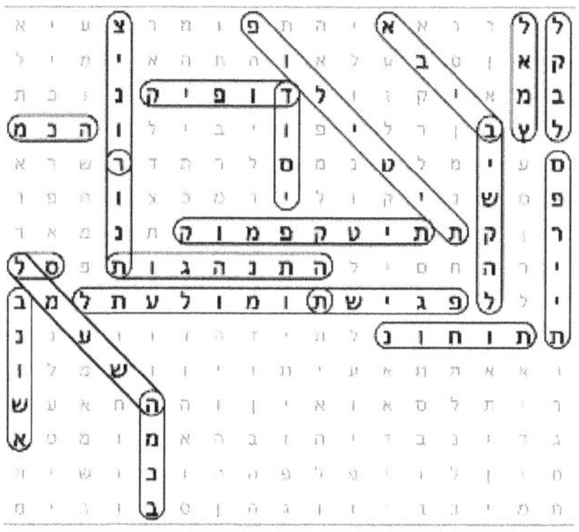

Puzzle 295

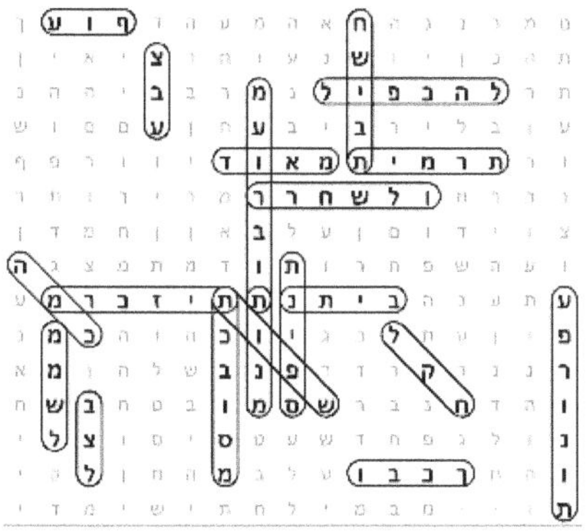

Puzzle 296

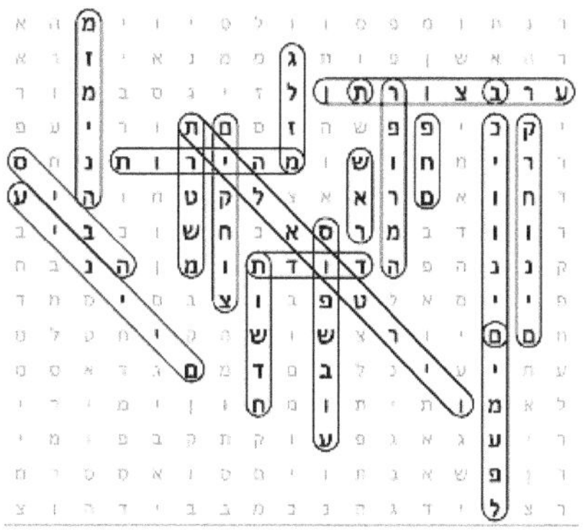

Puzzle 297

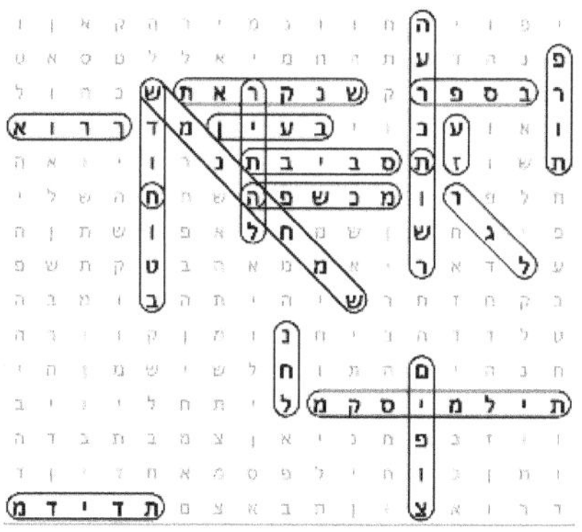

Puzzle 298

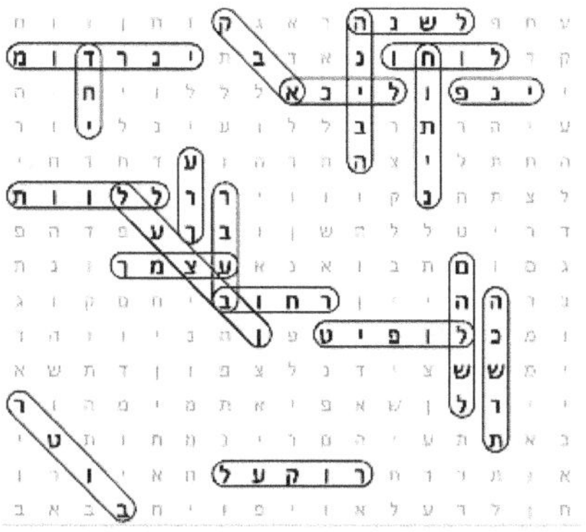

Puzzle 299

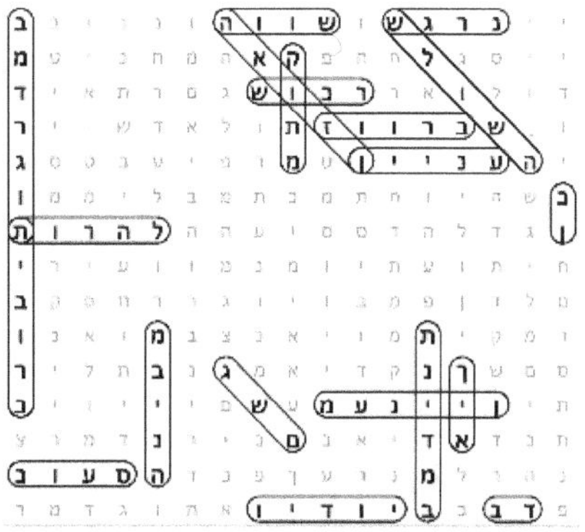

Puzzle 300

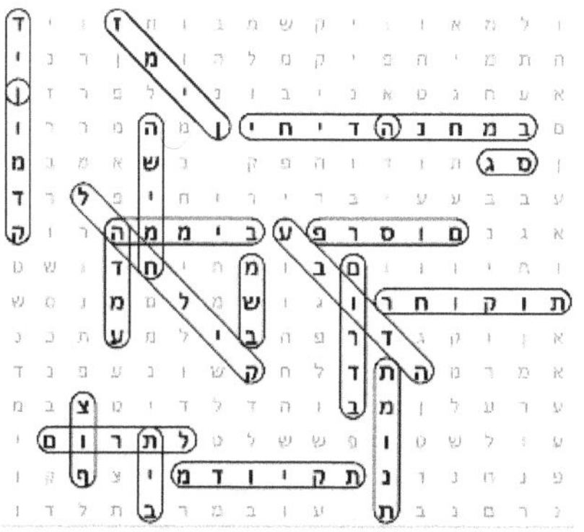

Puzzle 301

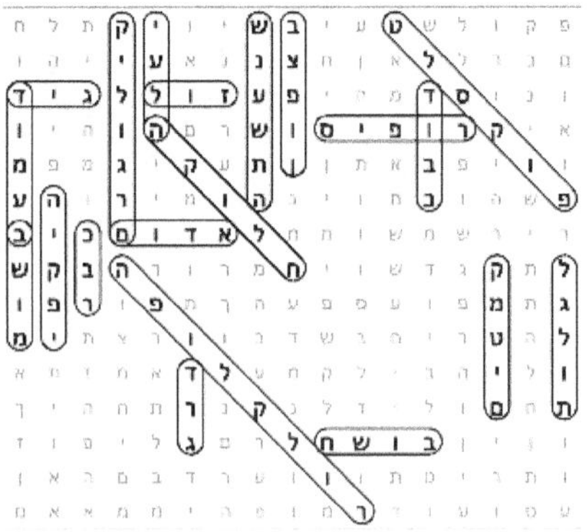

Puzzle 302

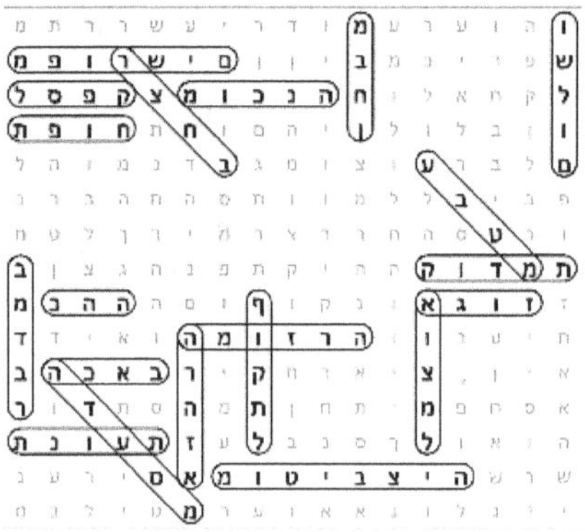

Puzzle 303

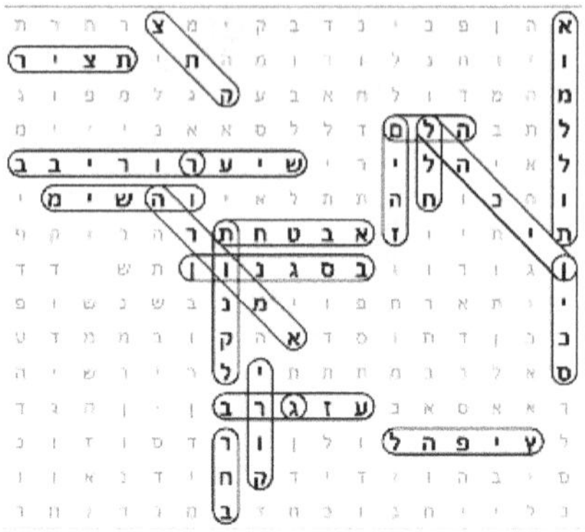

Puzzle 304

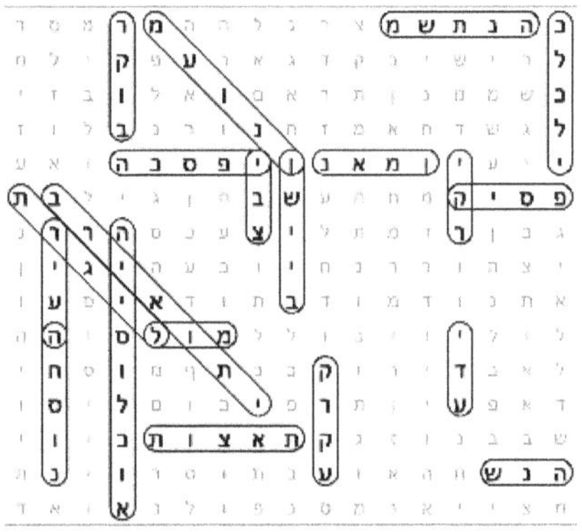

Puzzle 305

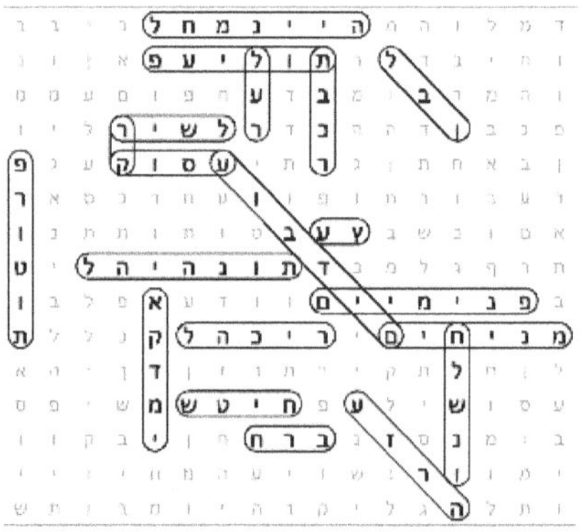

Puzzle 306

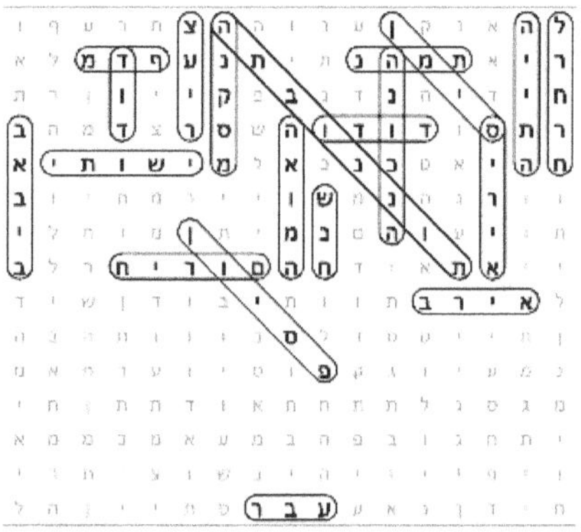

Puzzle 307

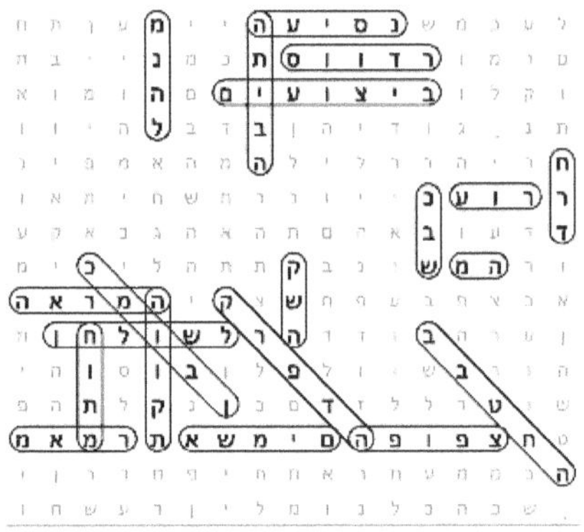

Puzzle 308

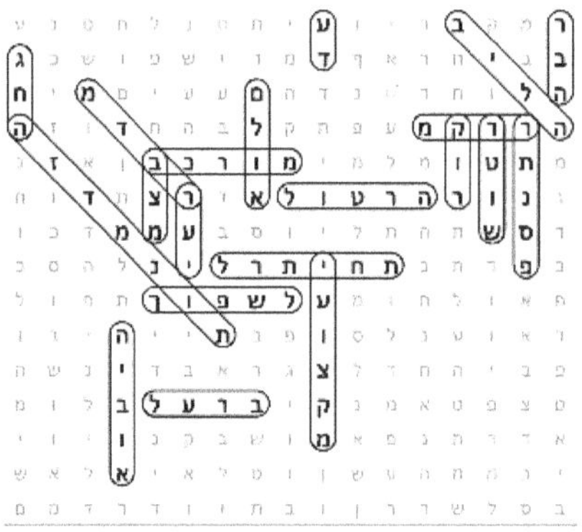

Puzzle 309

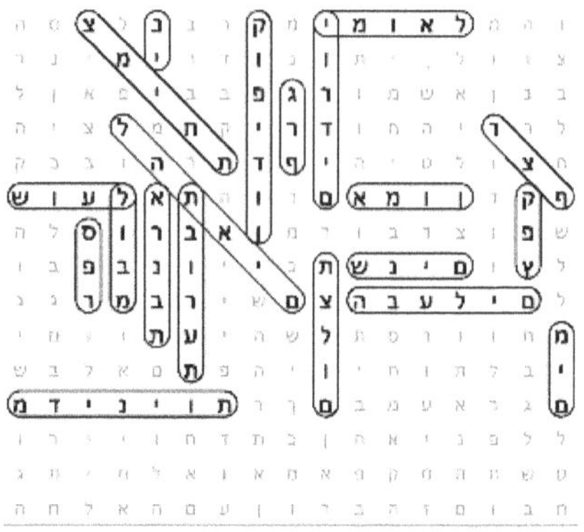

Puzzle 310

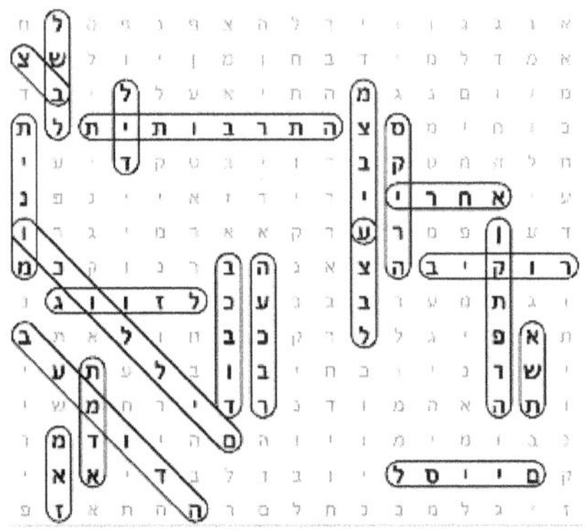

Puzzle 311

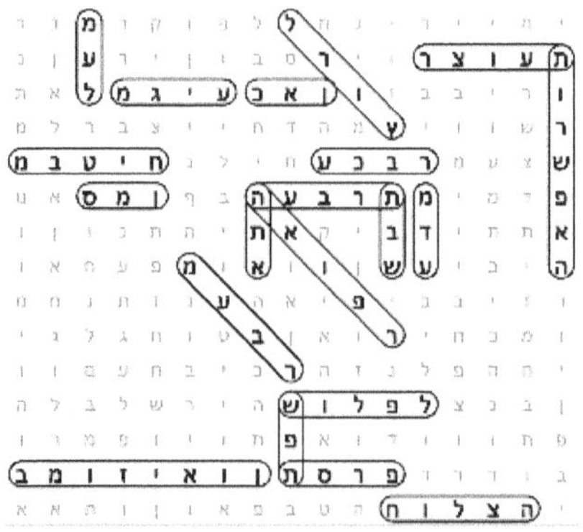

Puzzle 312

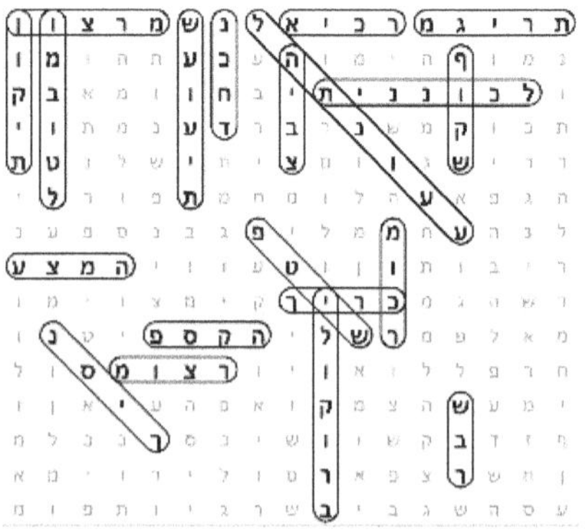

Puzzle 313

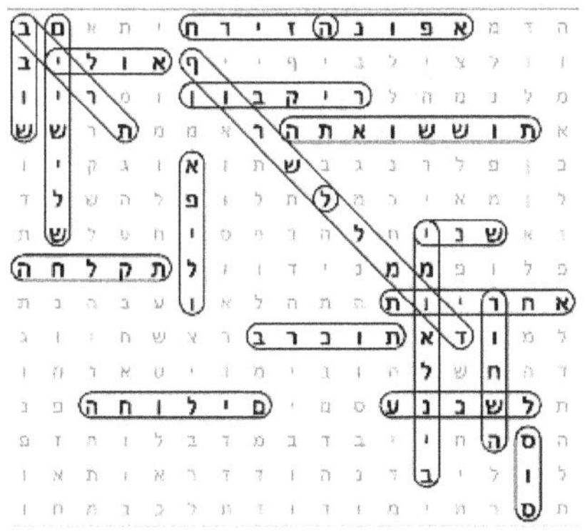

Puzzle 314

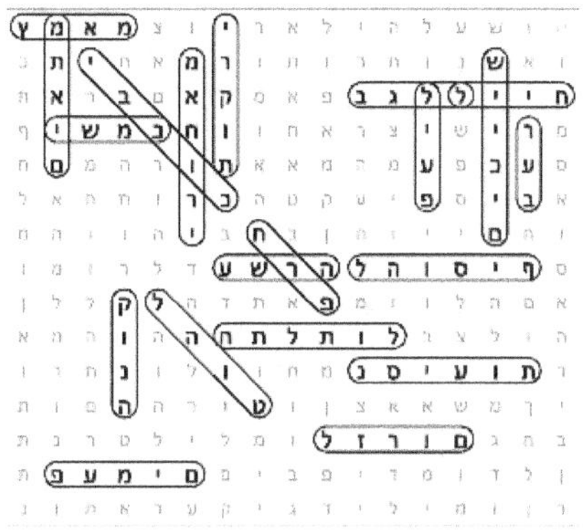

Puzzle 315

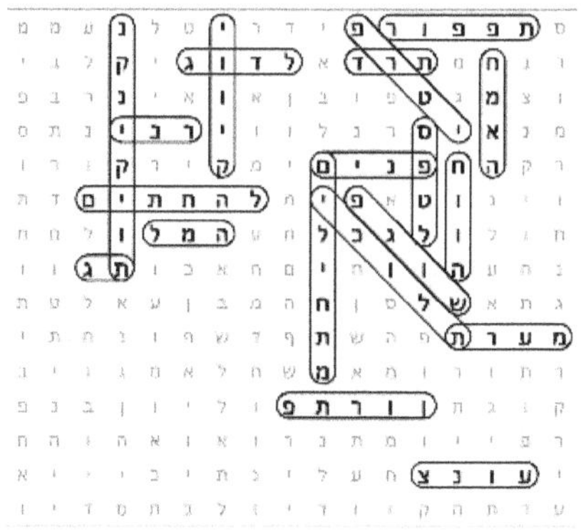

Puzzle 316

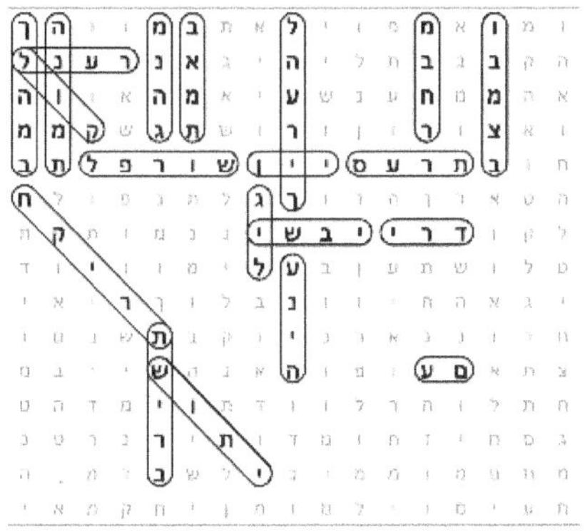

Puzzle 317

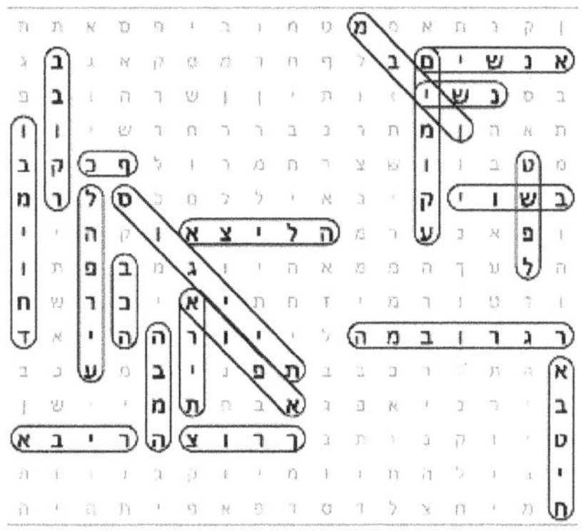

Puzzle 318

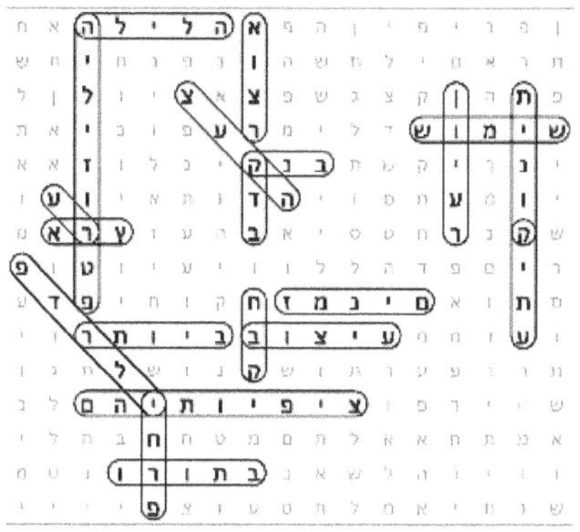

Puzzle 319

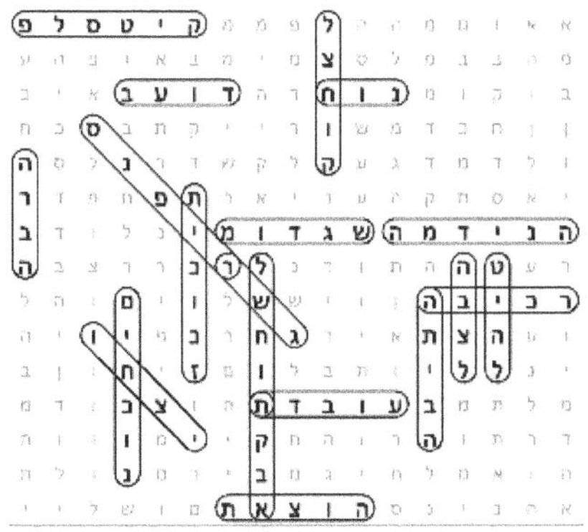

Puzzle 320

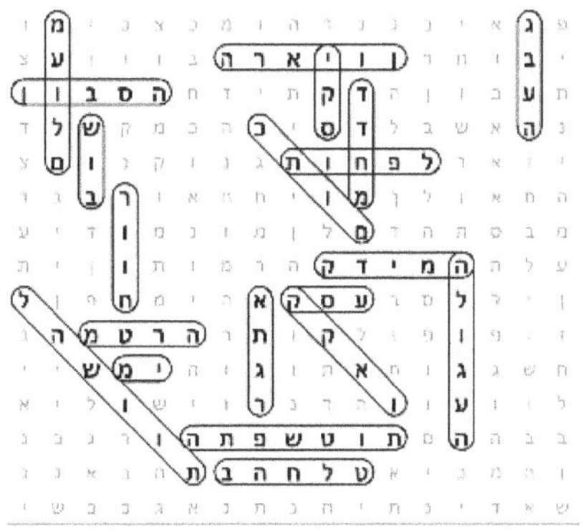

Puzzle 321

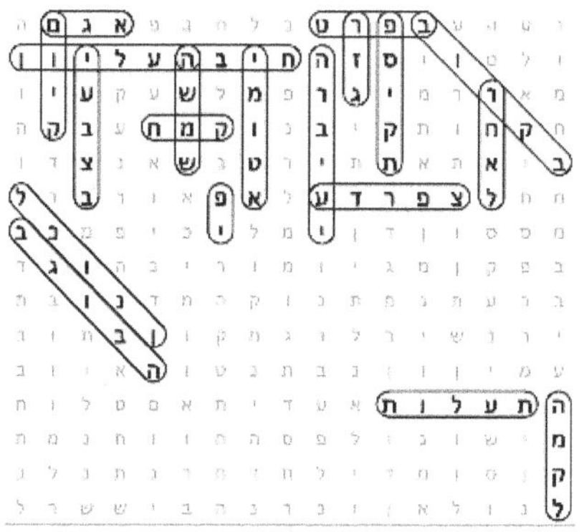

Puzzle 322

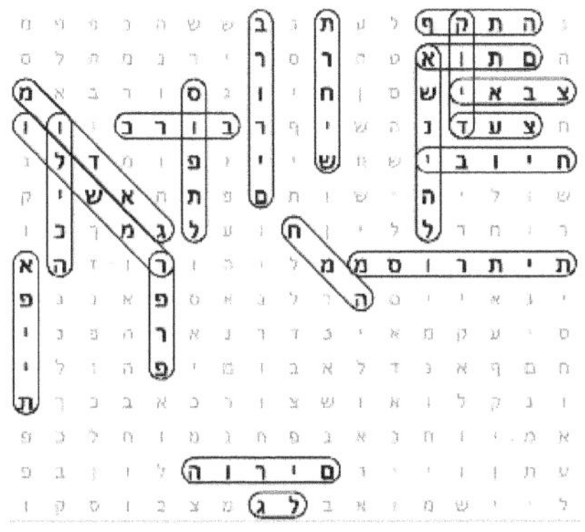

Puzzle 323

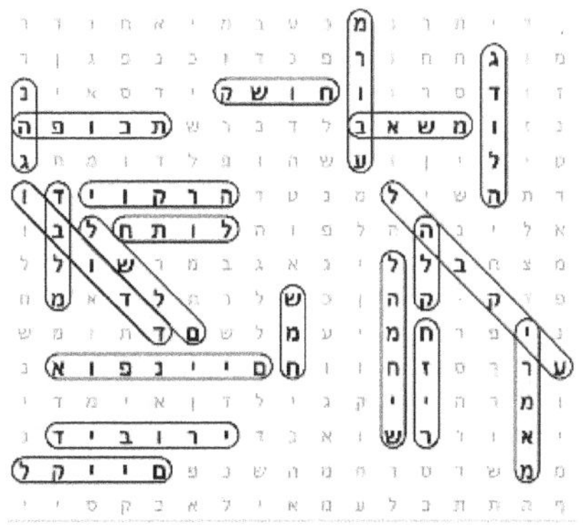

Puzzle 324

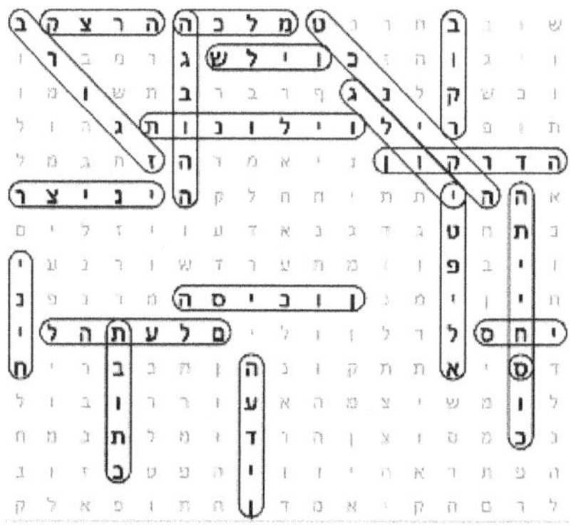

Puzzle 325

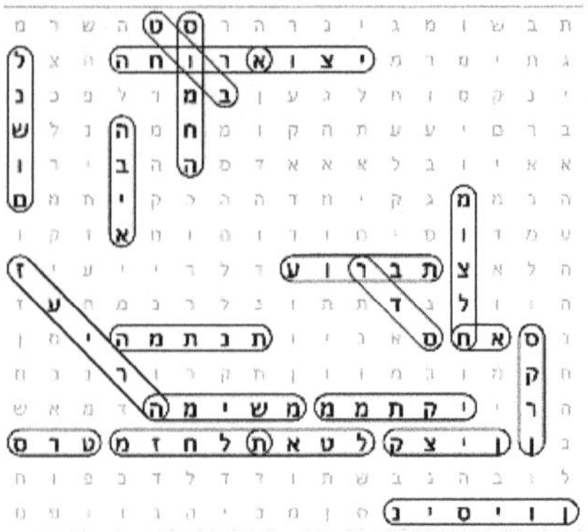

Puzzle 326

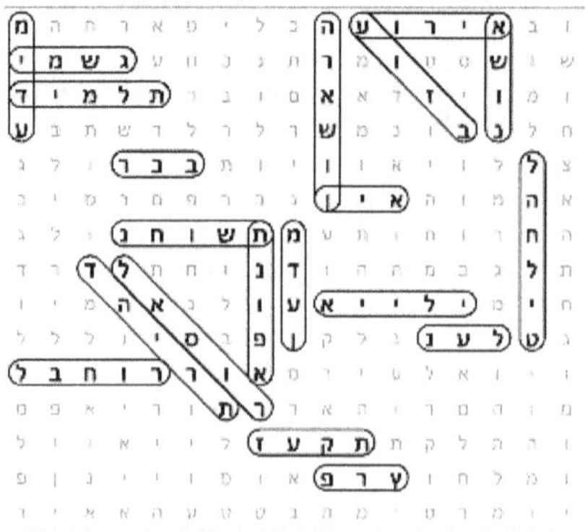

Puzzle 327

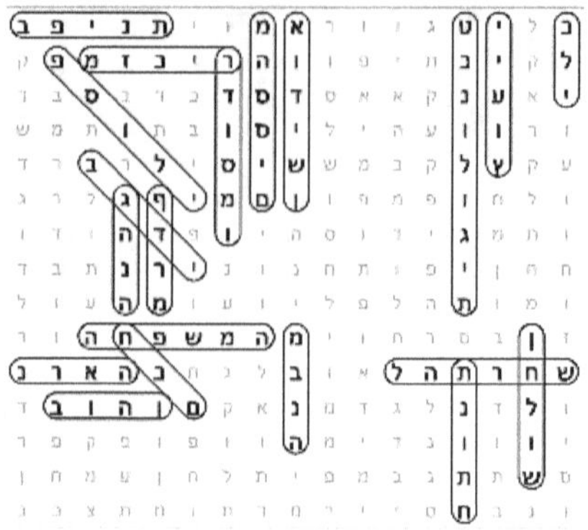

Puzzle 328

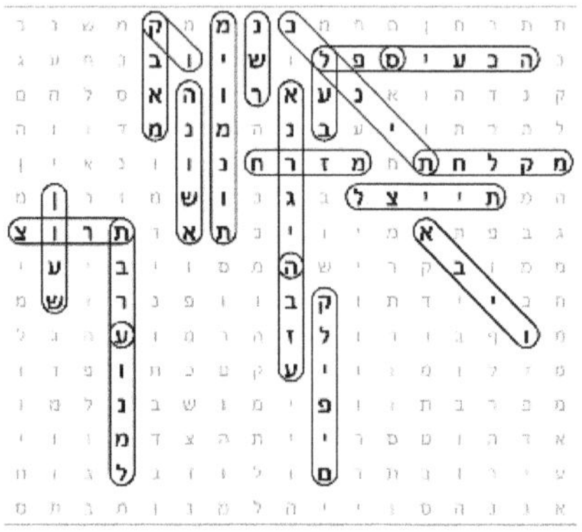

Puzzle 329

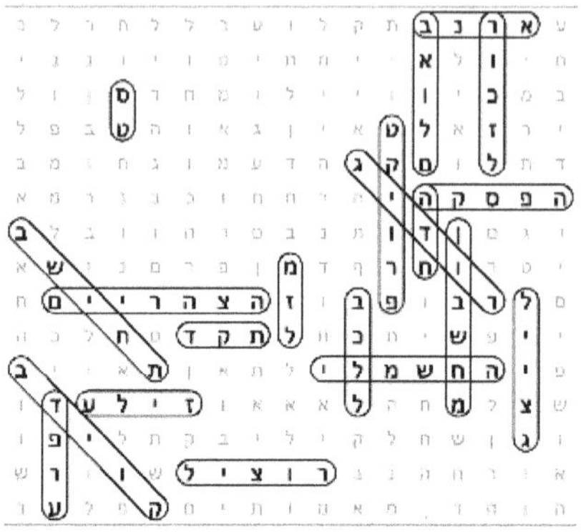

Puzzle 330

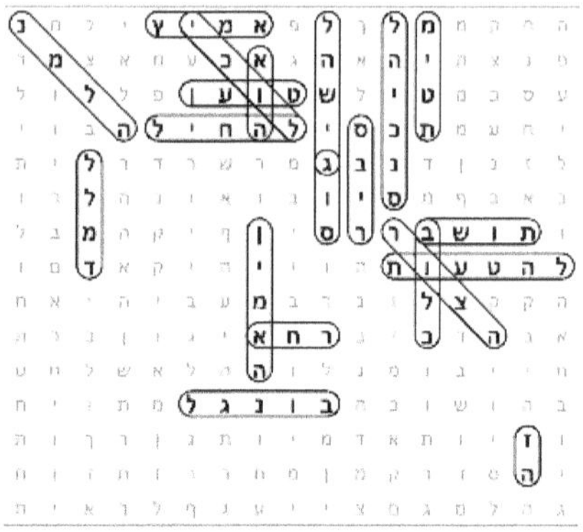

Puzzle 331

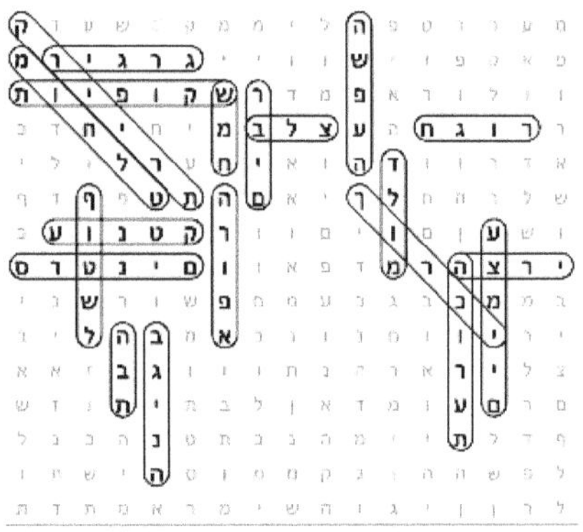

Puzzle 332

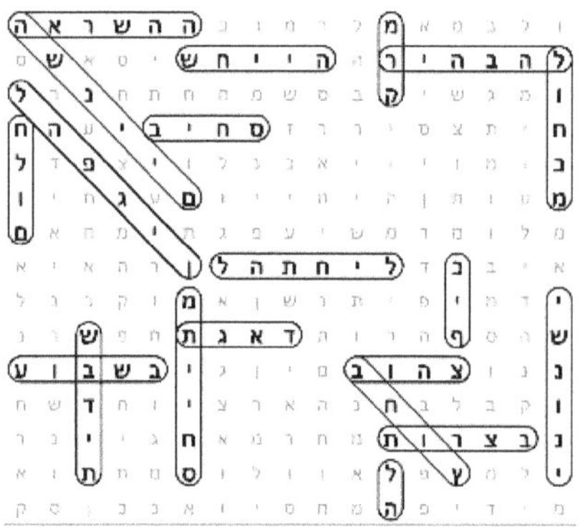

Puzzle 333

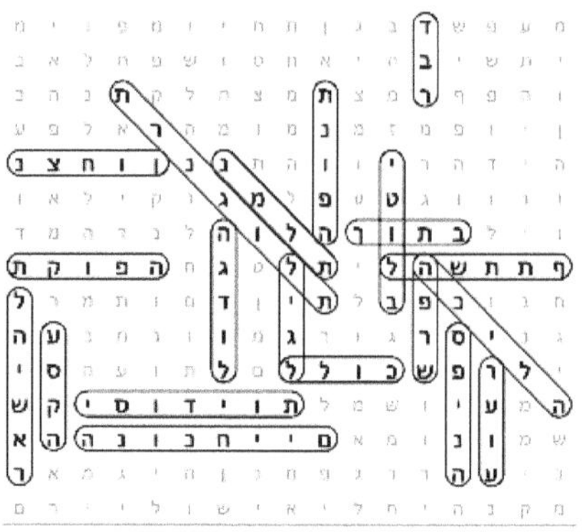

Puzzle 334

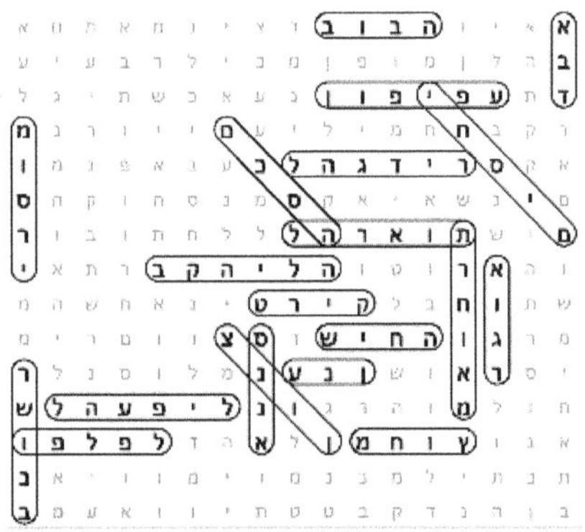

Puzzle 335

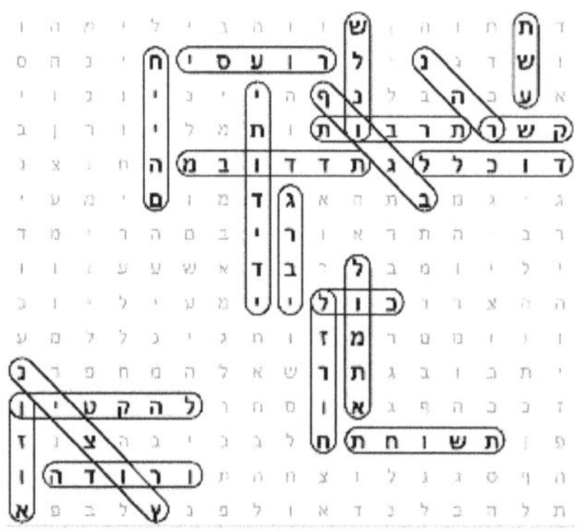

Puzzle 336

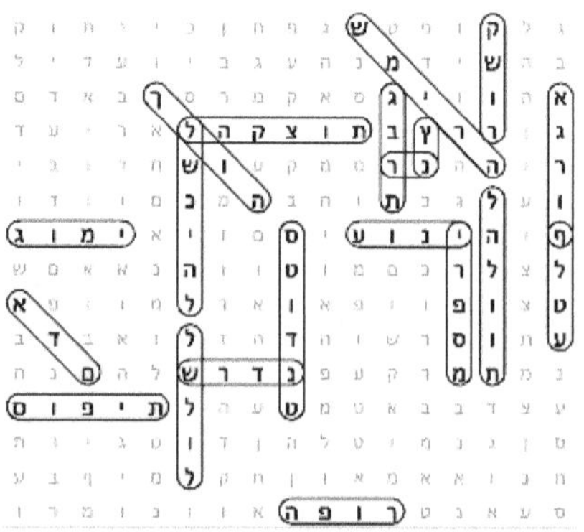

Puzzle 337

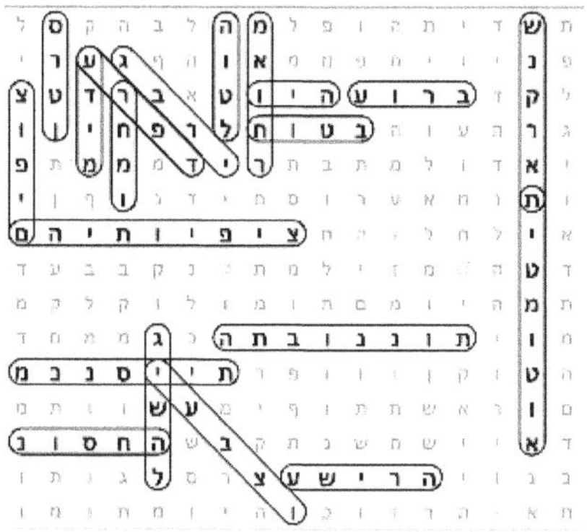

Puzzle 338

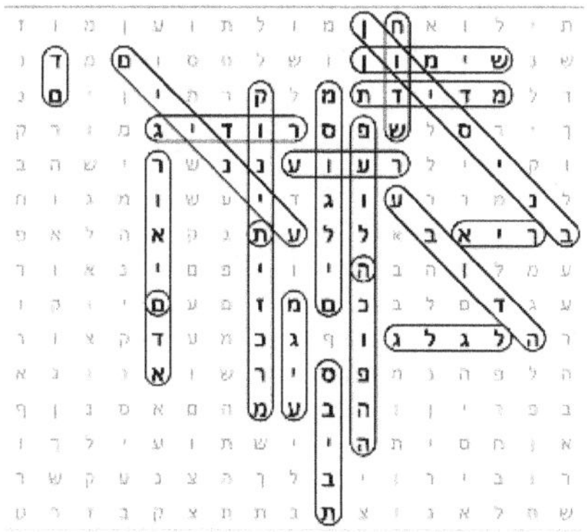

Puzzle 339

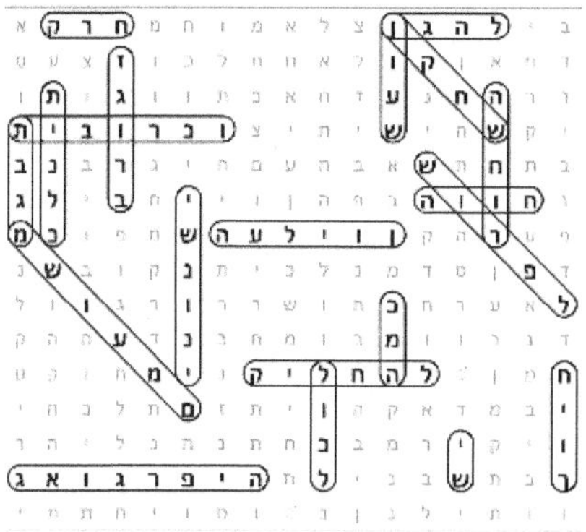

Puzzle 340

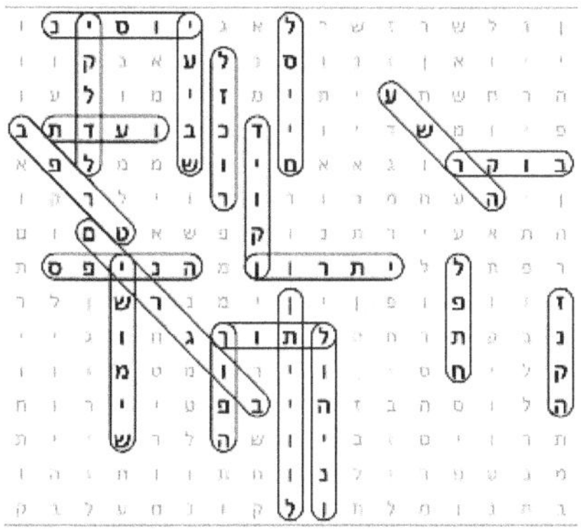

Puzzle 341

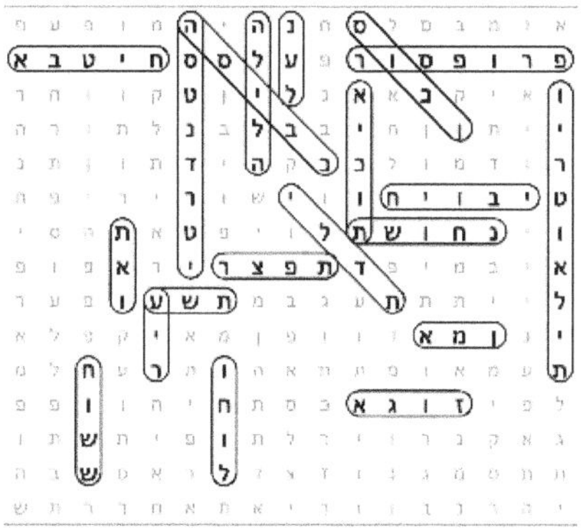

Puzzle 342

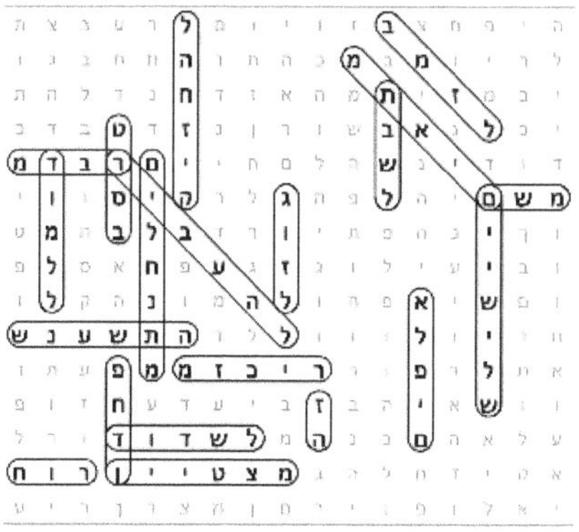

Puzzle 343

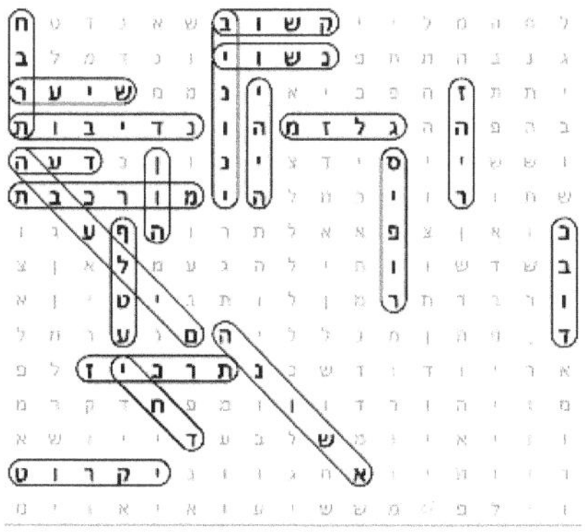

Puzzle 344

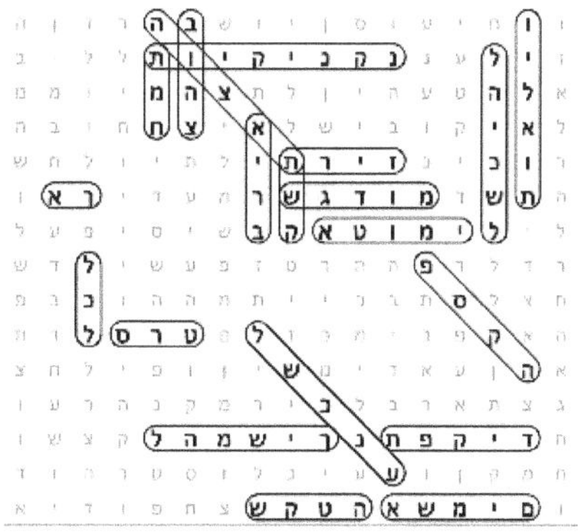

Puzzle 345

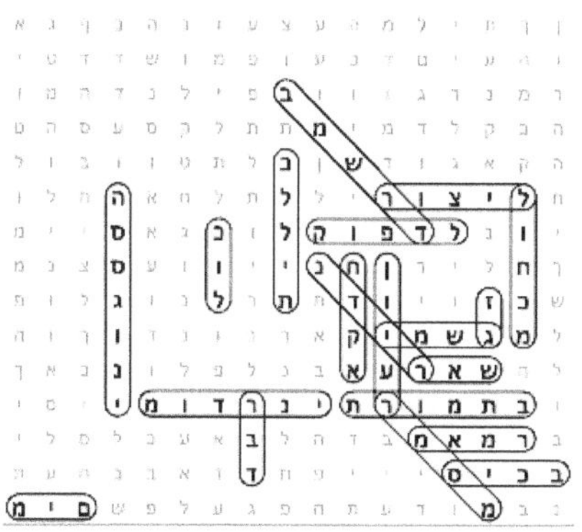

Puzzle 346

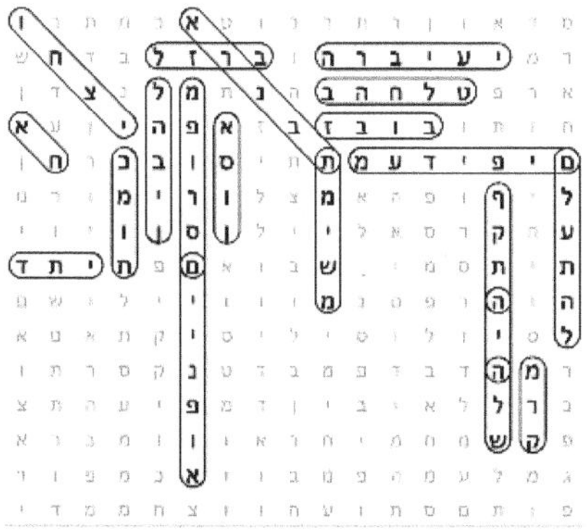

Puzzle 347

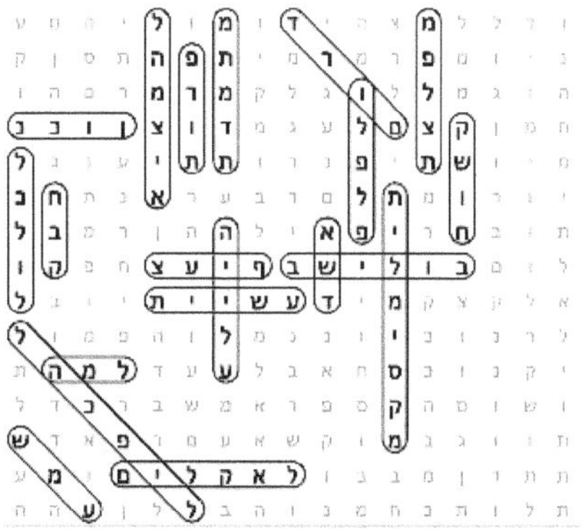

Puzzle 348

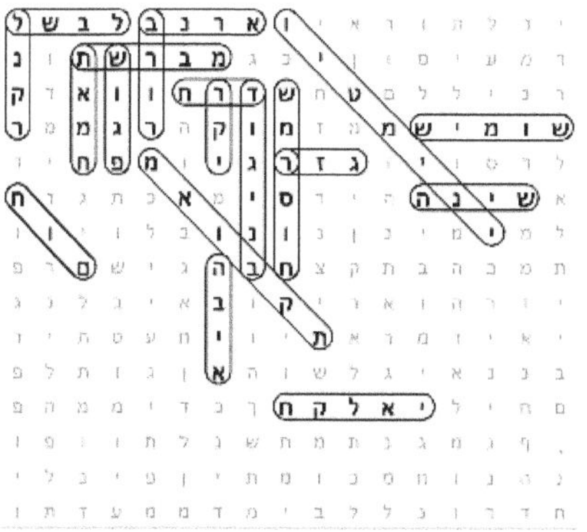

Puzzle 349

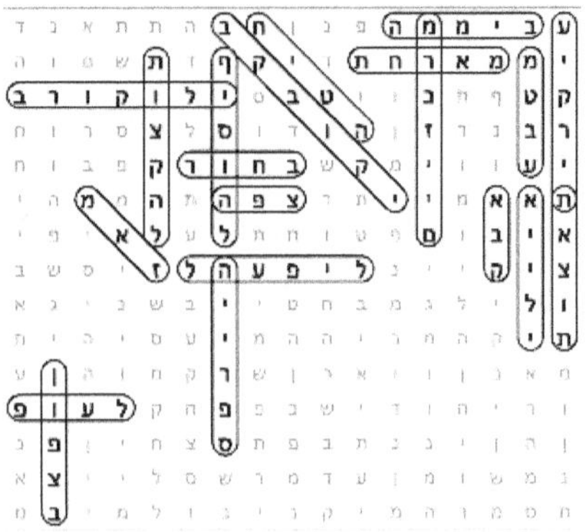

Puzzle 350

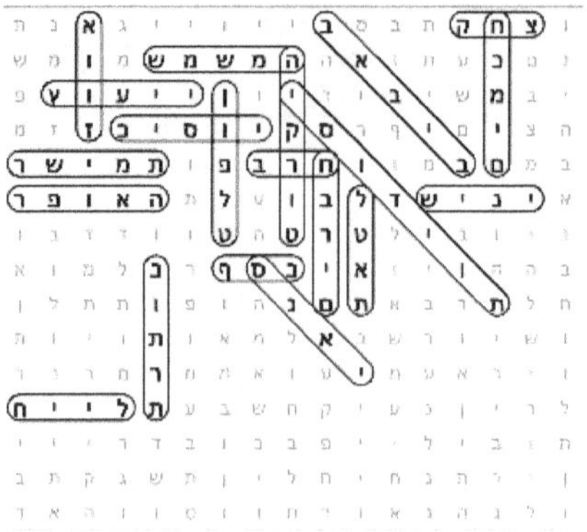

Puzzle 351

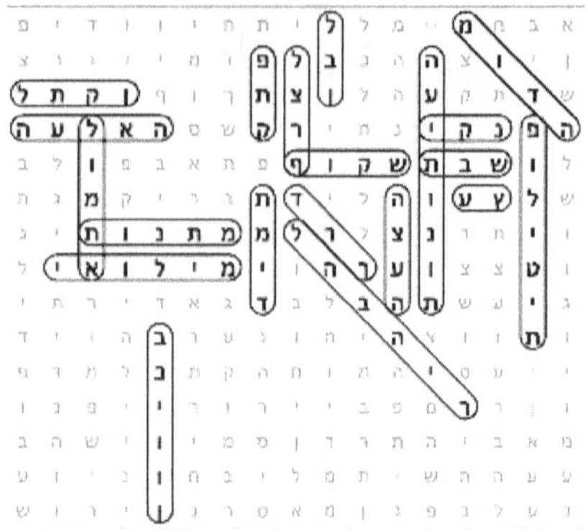

Puzzle 352

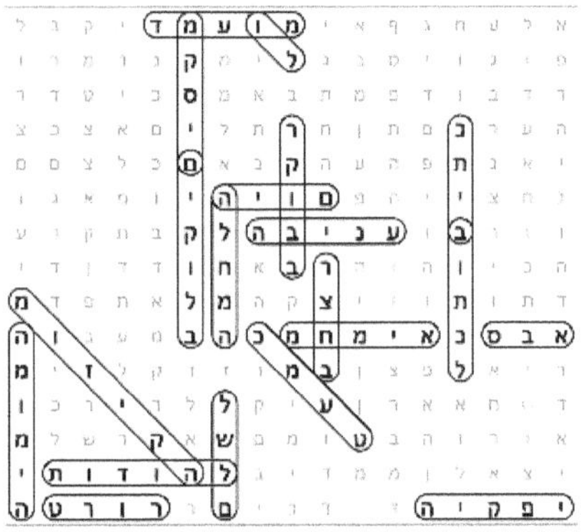

Puzzle 353

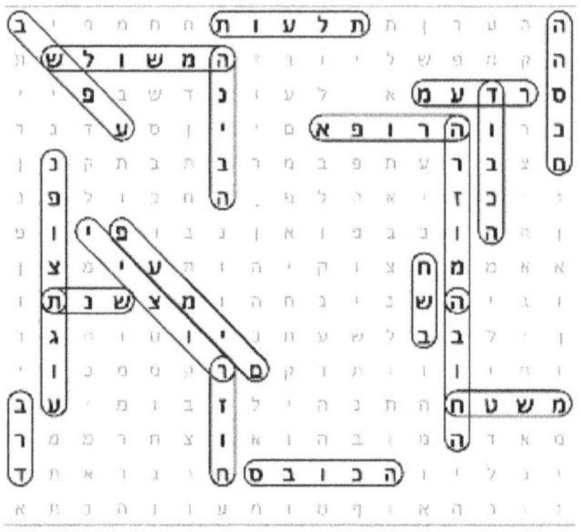

Puzzle 354

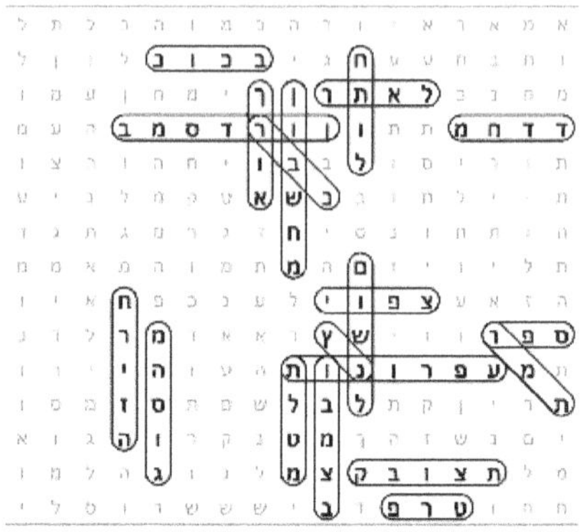

Puzzle 355

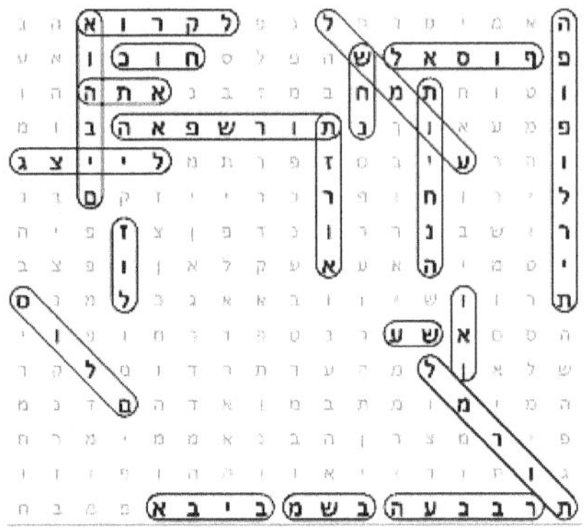

Puzzle 356

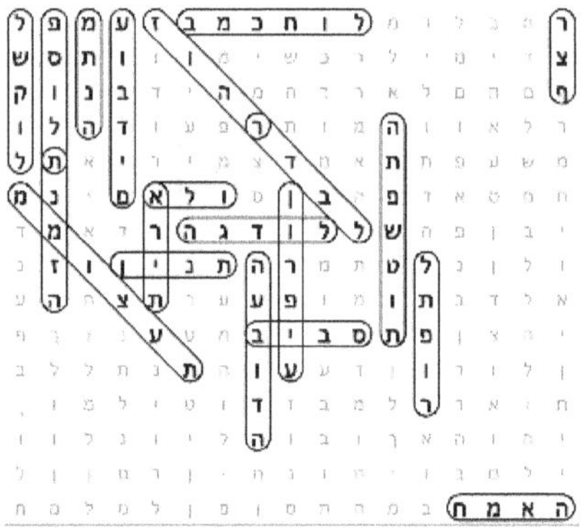

Puzzle 357

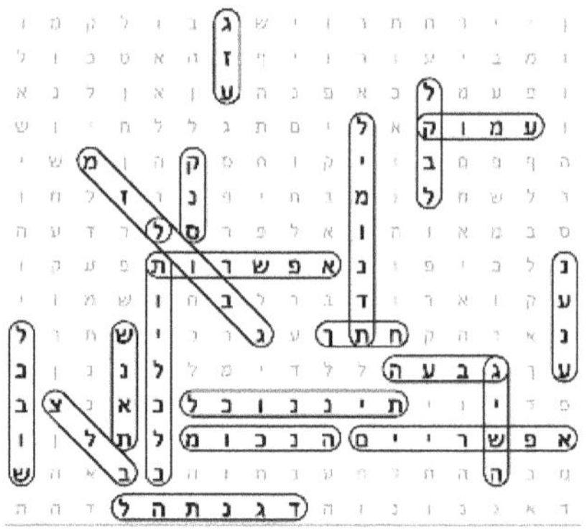

Puzzle 358

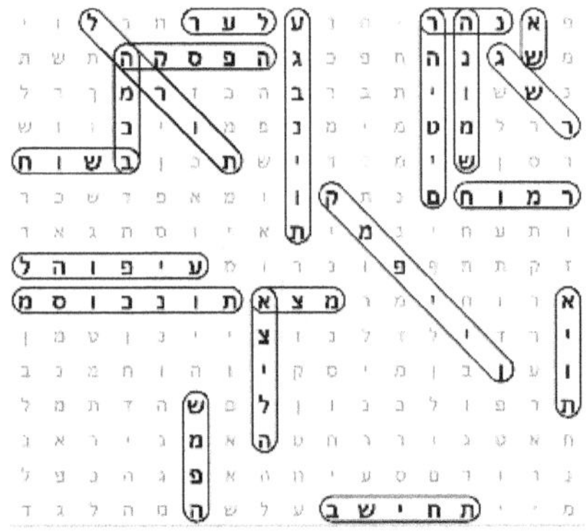

Puzzle 359

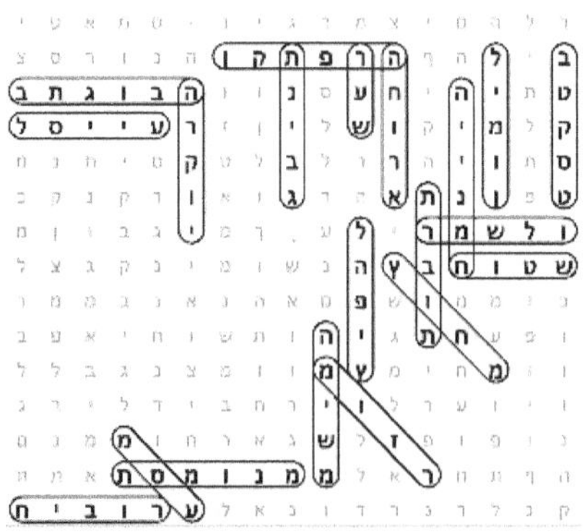

Puzzle 360

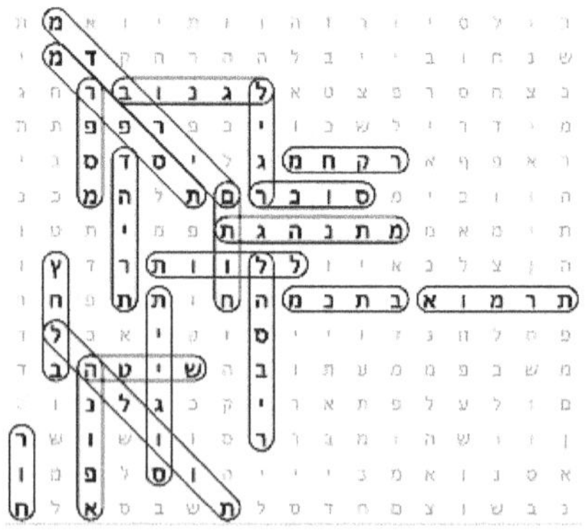

Puzzle 361

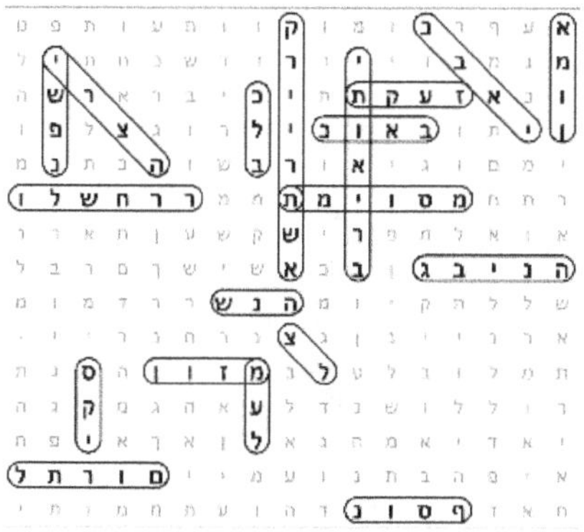

Puzzle 362

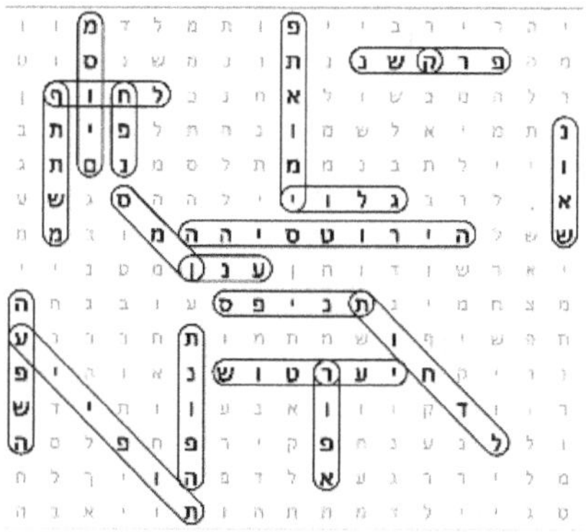

Puzzle 363

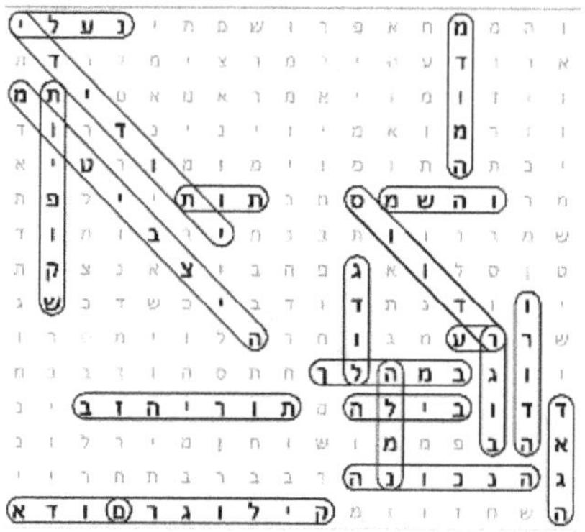

Puzzle 364

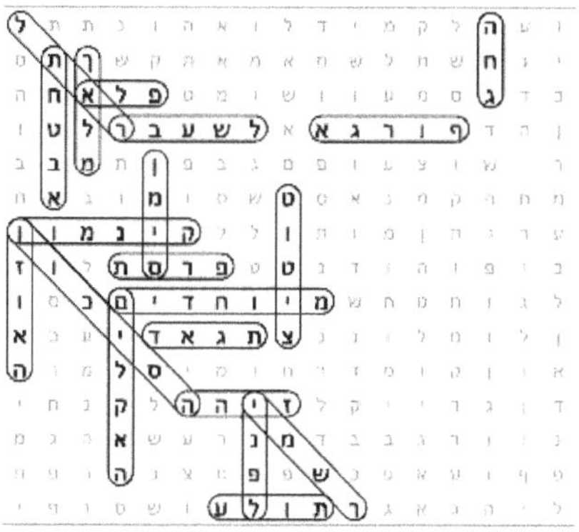

Puzzle 365

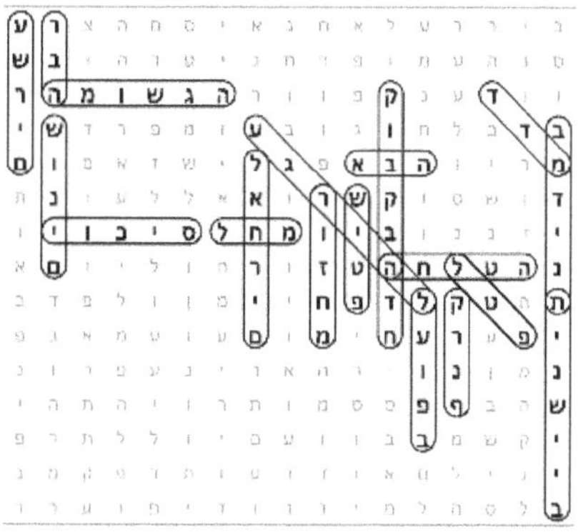

Puzzle 366

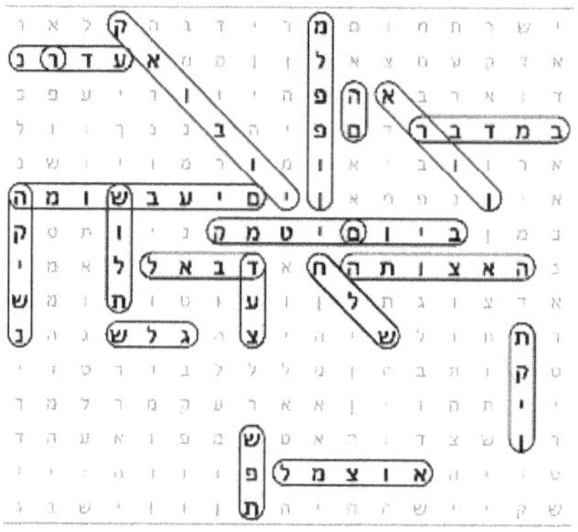

Puzzle 367

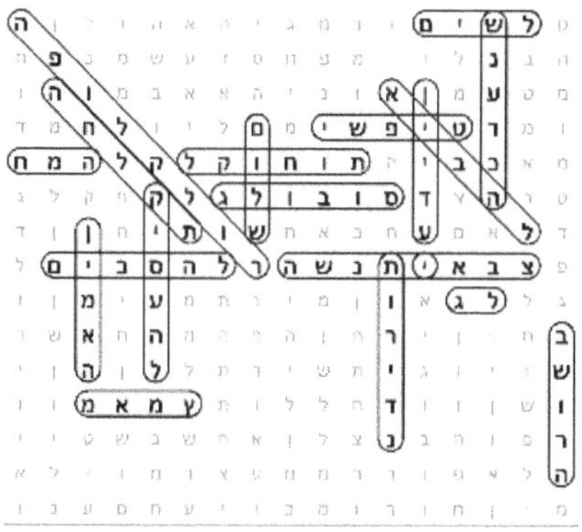

Puzzle 368

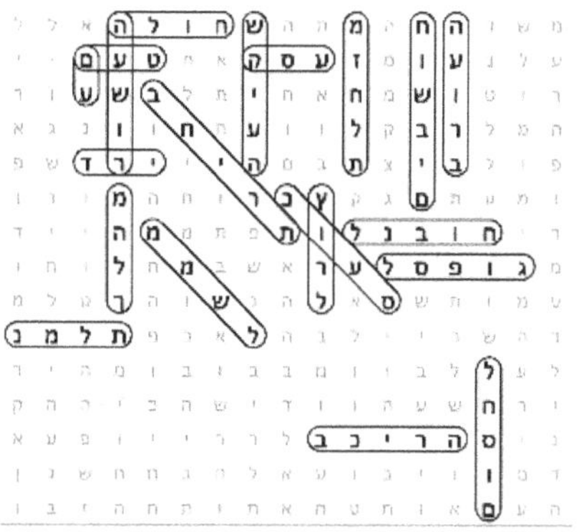

Puzzle 369

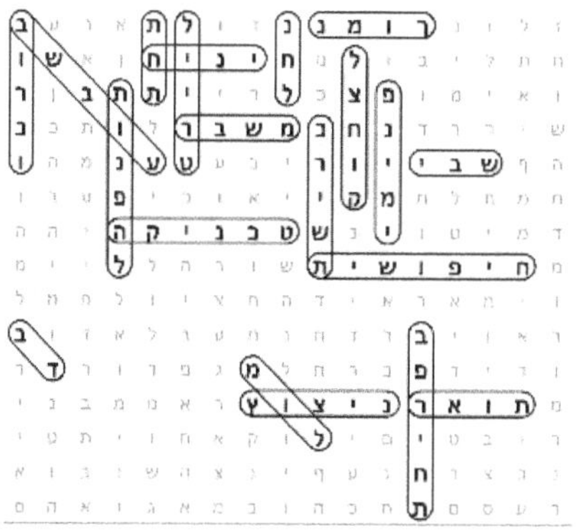

Puzzle 370

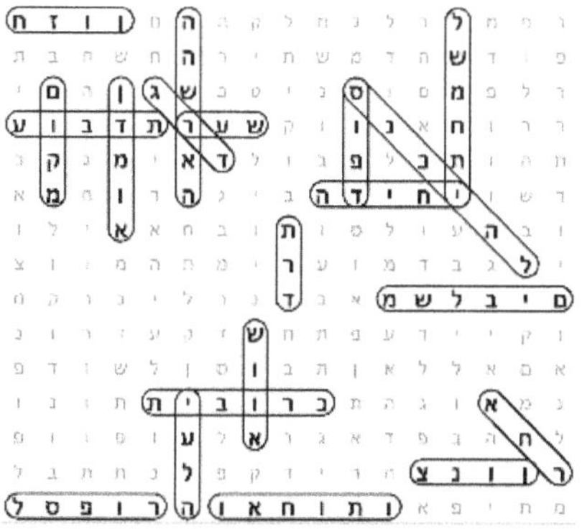

Puzzle 371

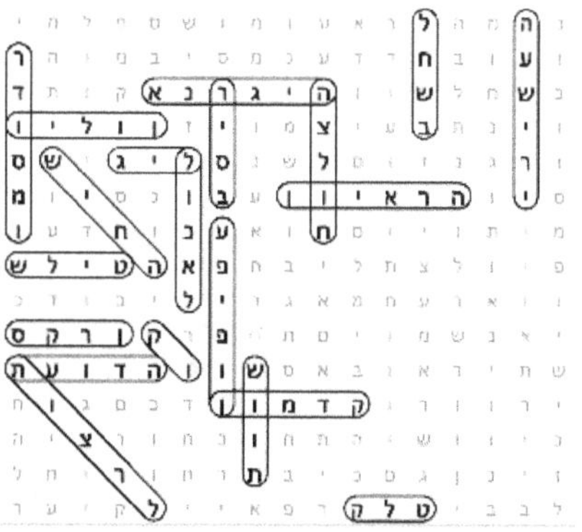

Puzzle 372

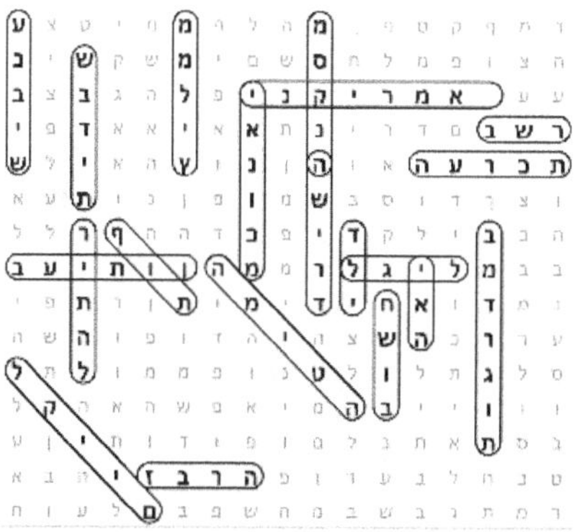

Puzzle 373

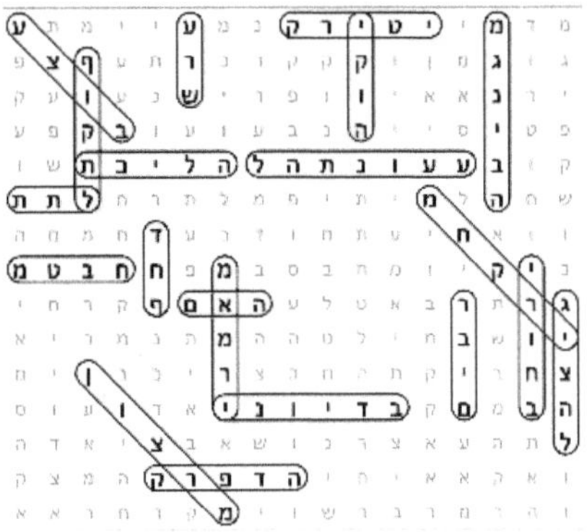

Puzzle 374

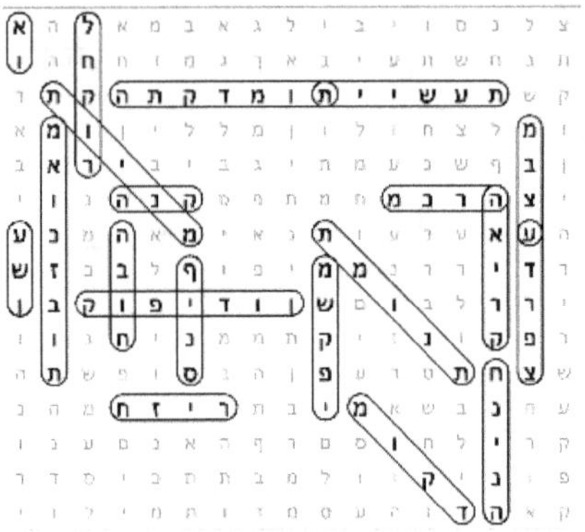

Puzzle 375

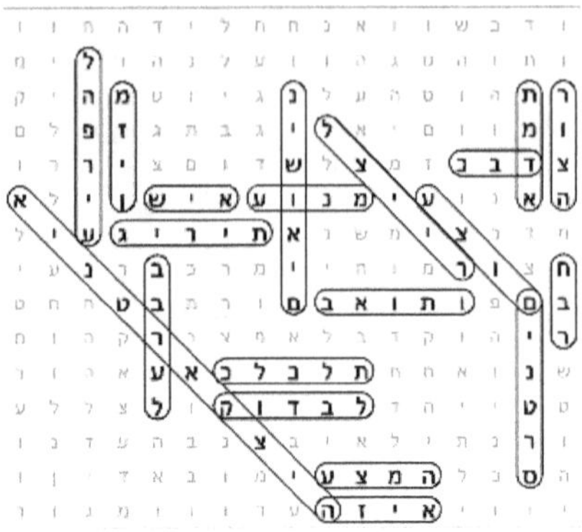

Puzzle 376

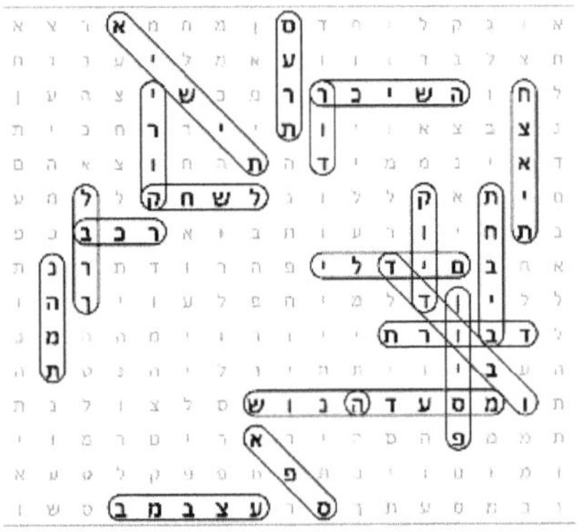

Puzzle 377

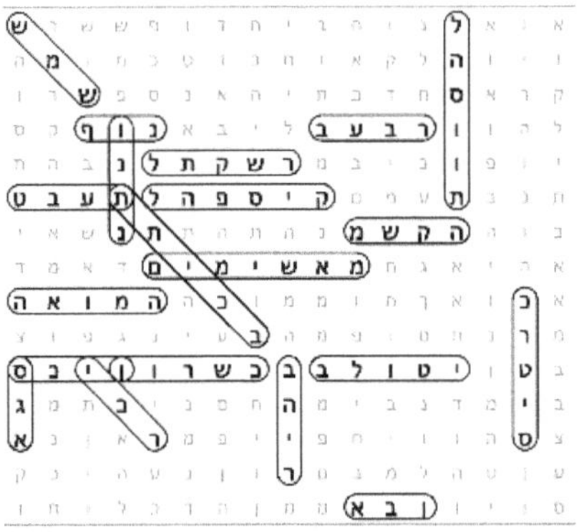

Puzzle 378

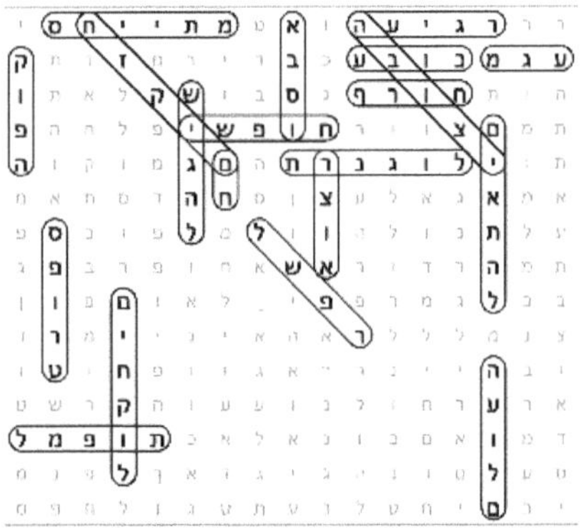

Puzzle 379

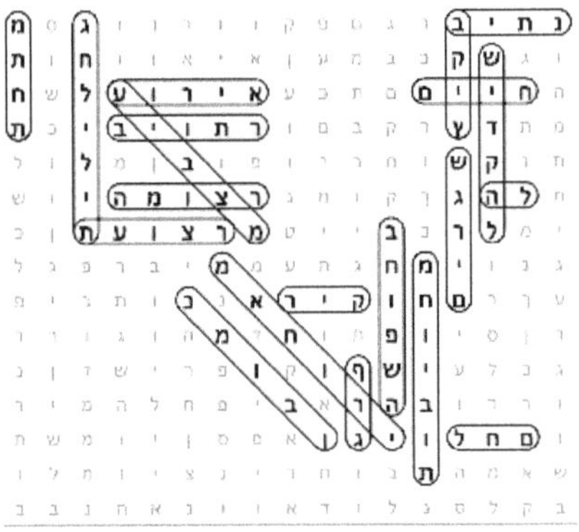

Puzzle 380

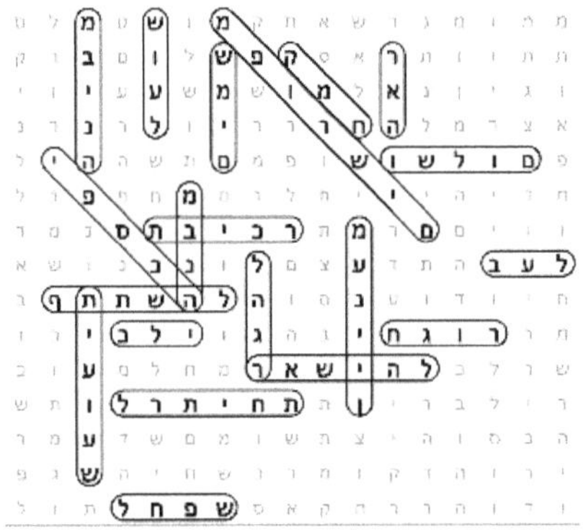

Puzzle 381

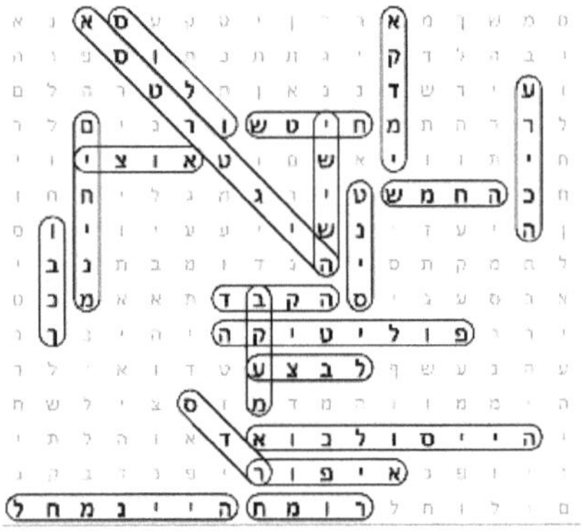

Puzzle 382

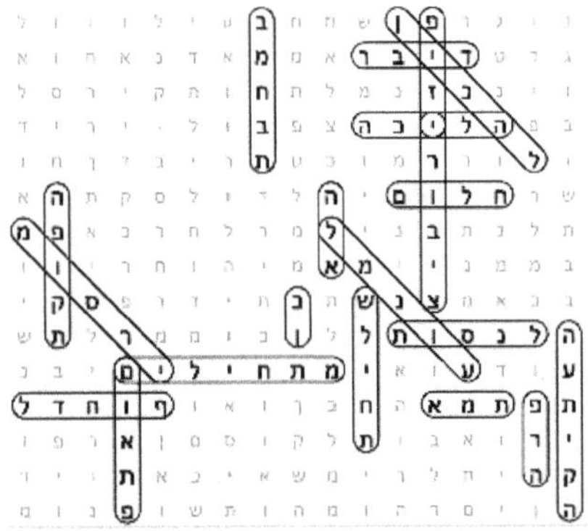

Puzzle 383

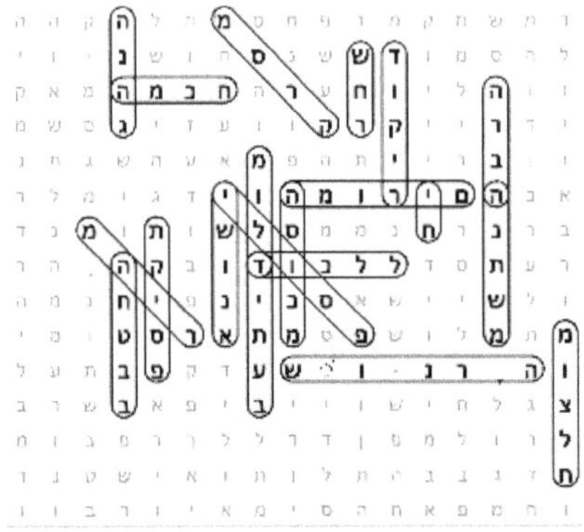

Puzzle 384

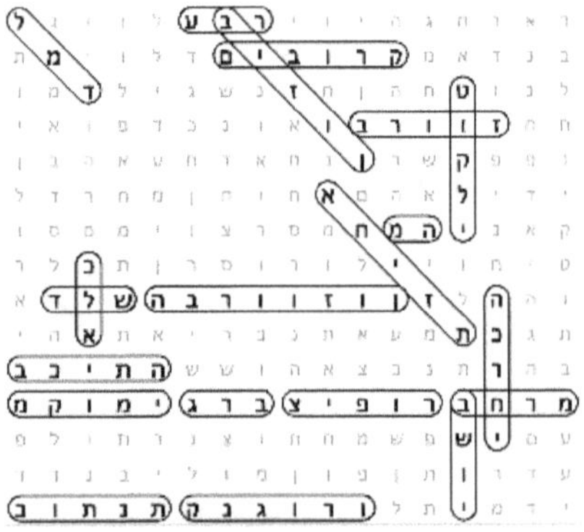

Puzzle 385

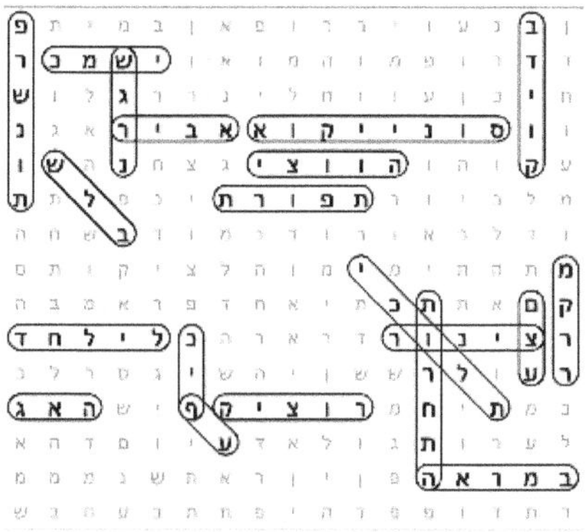

Puzzle 386

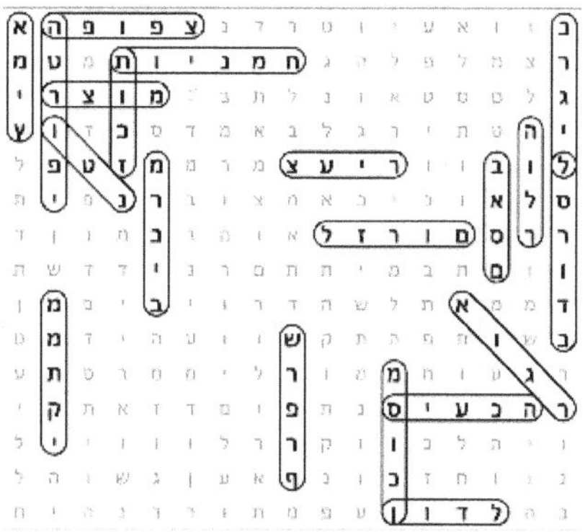

Puzzle 387

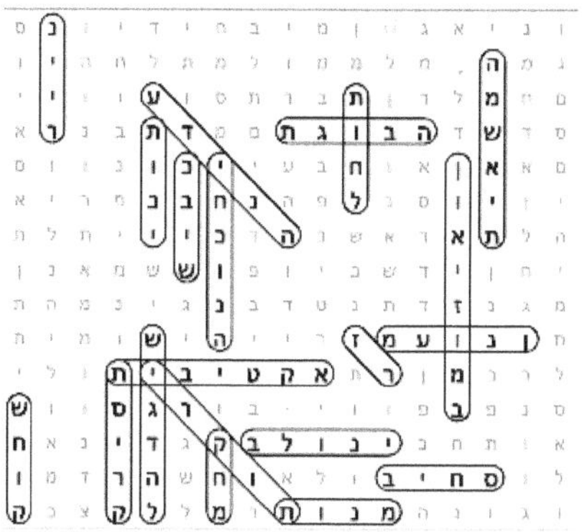

Puzzle 388

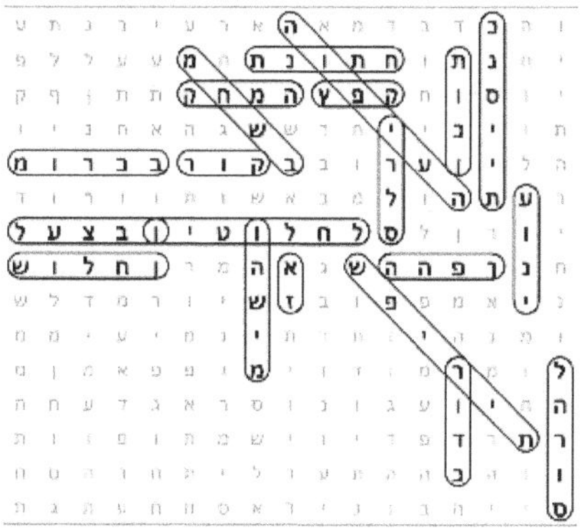

Puzzle 389

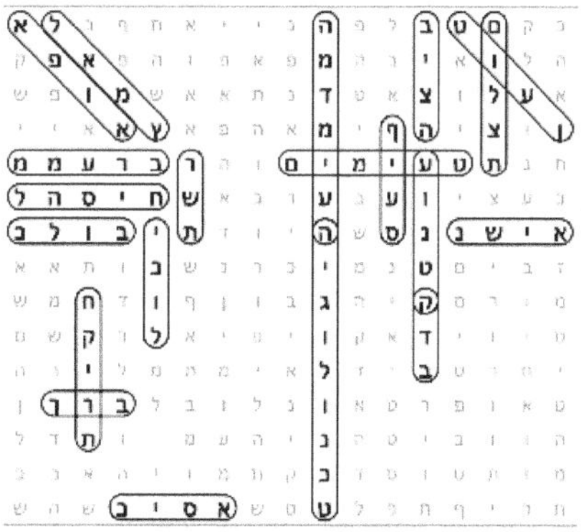

Puzzle 390

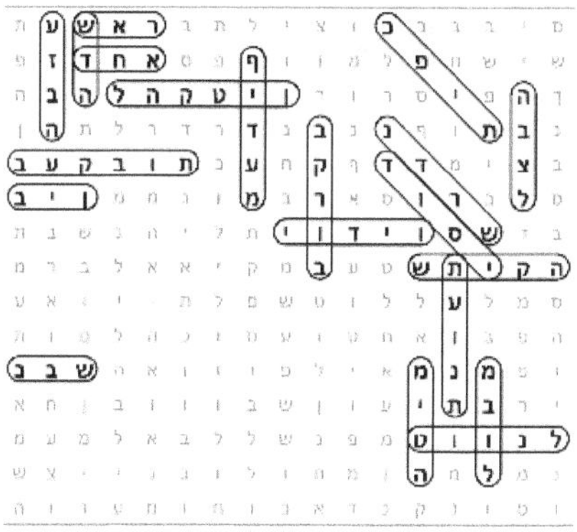

Puzzle 391

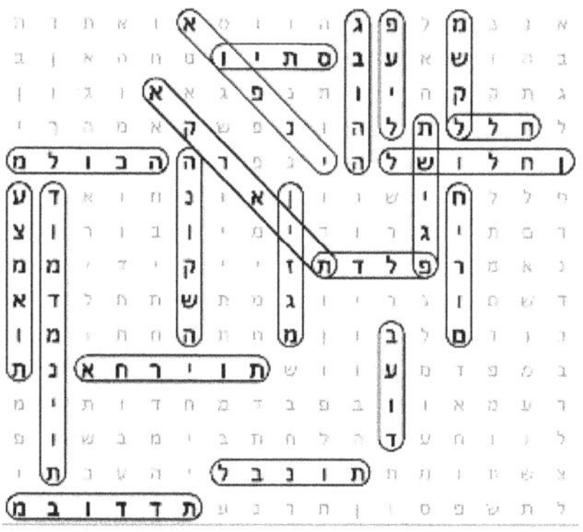

Puzzle 392

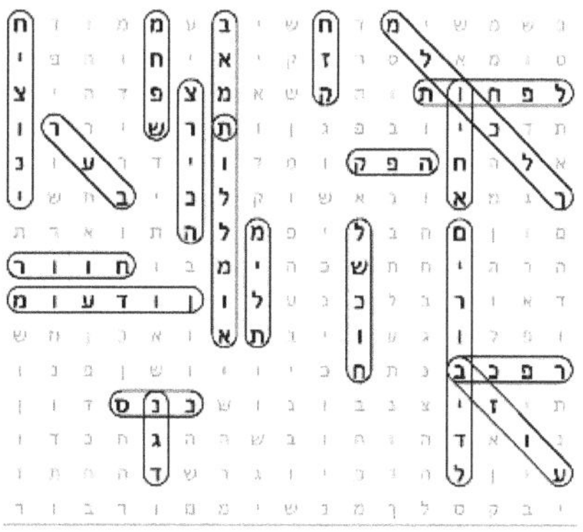

Puzzle 393

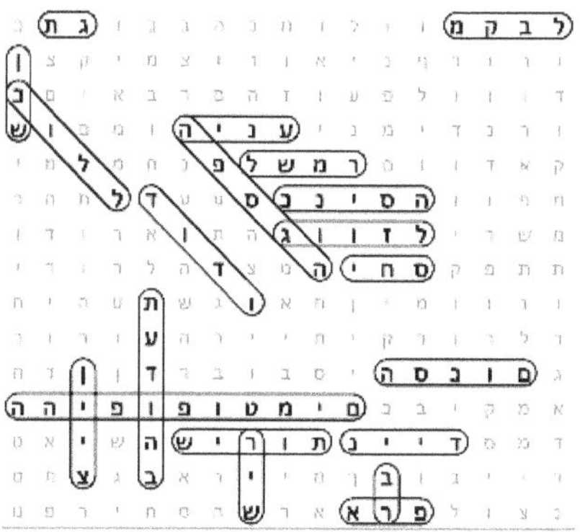

Puzzle 394

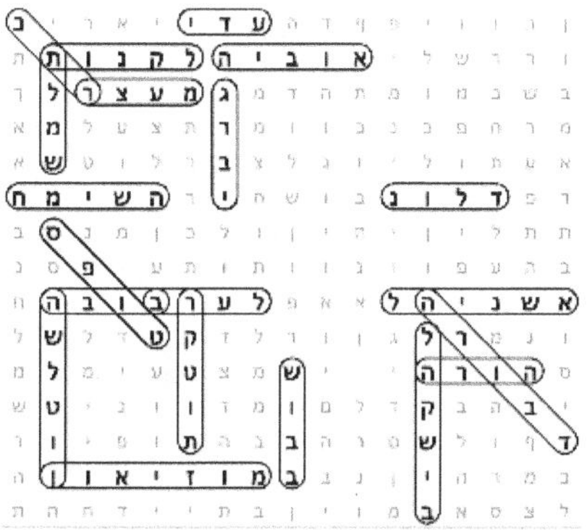

Puzzle 395

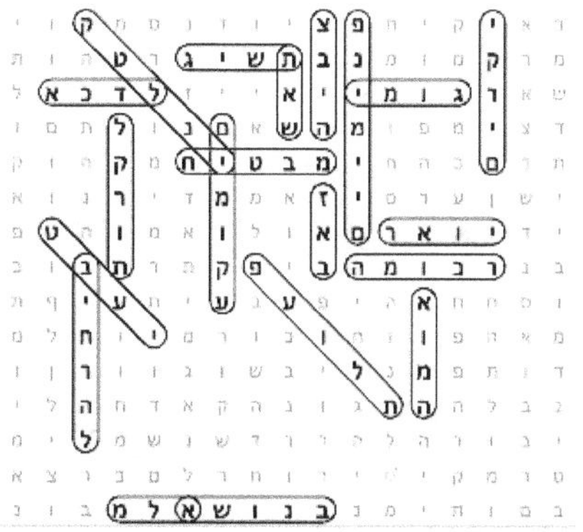

Puzzle 396

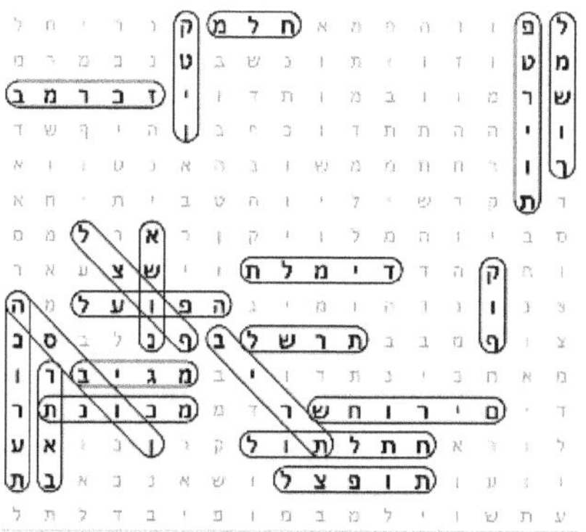

Puzzle 397

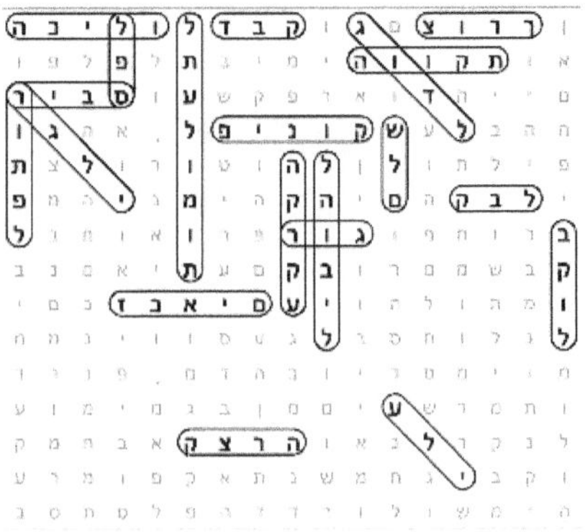

Puzzle 398

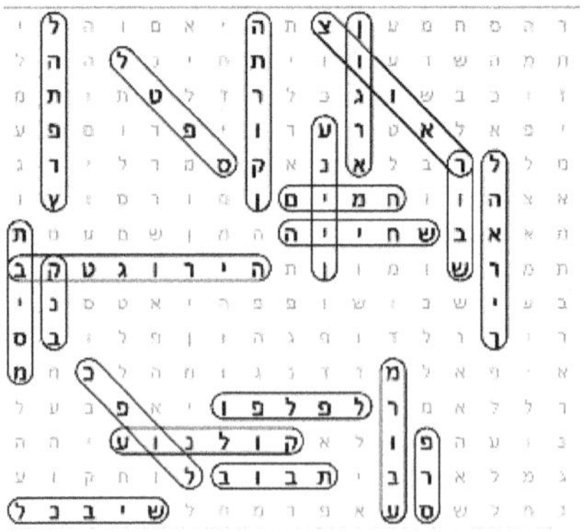

Puzzle 399

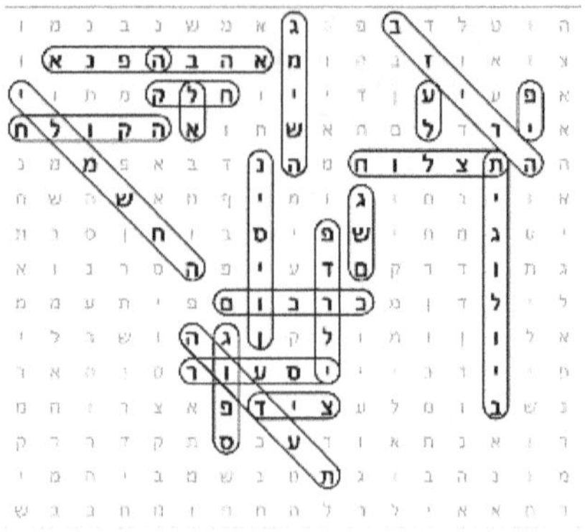

Puzzle 400

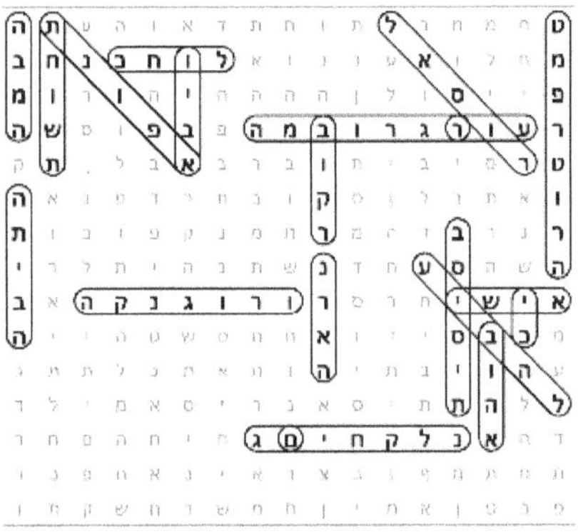

Puzzle 401

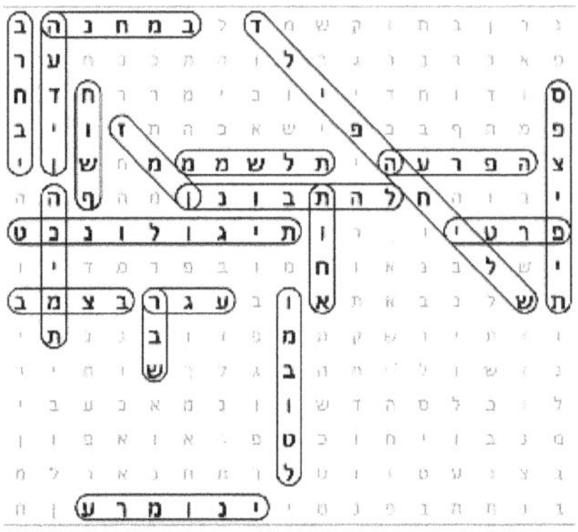

Puzzle 402

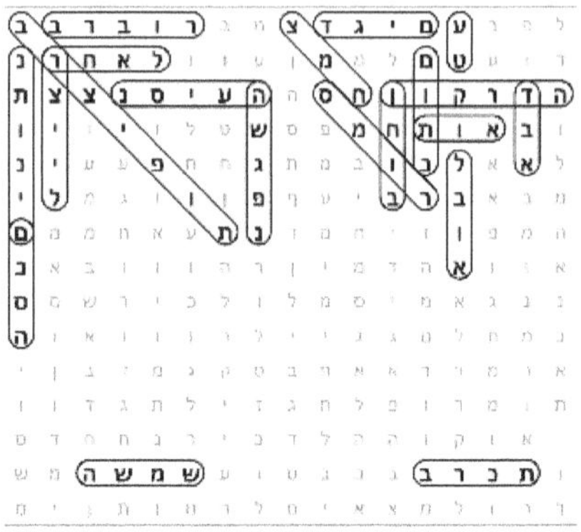

Puzzle 403

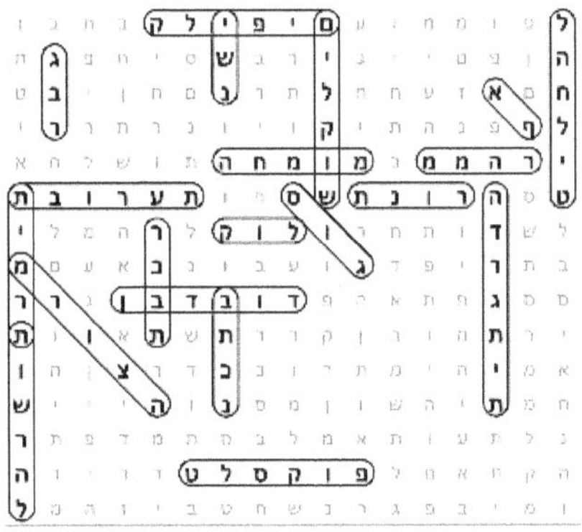

Puzzle 404

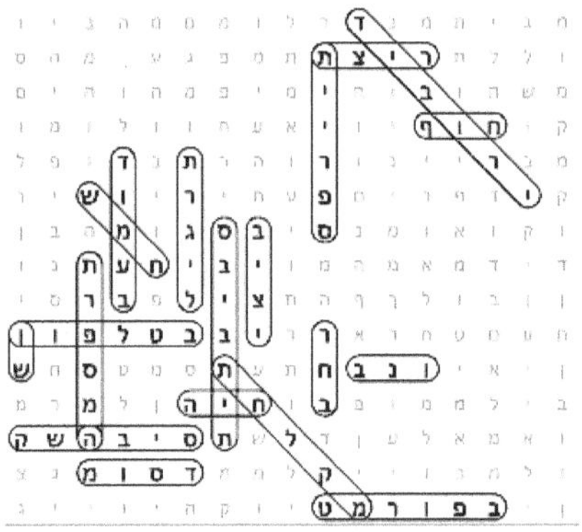

Puzzle 405

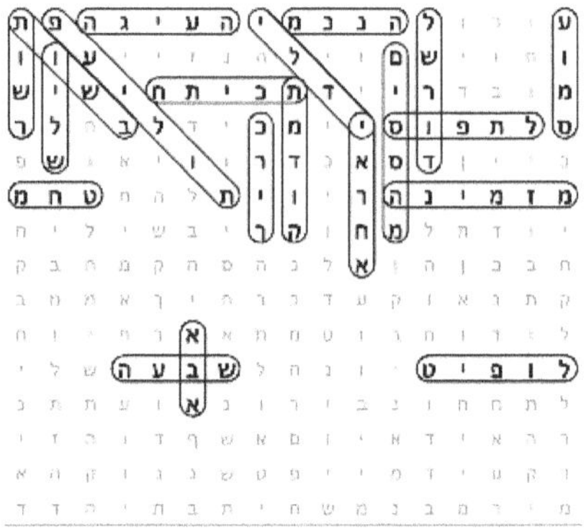

Puzzle 406

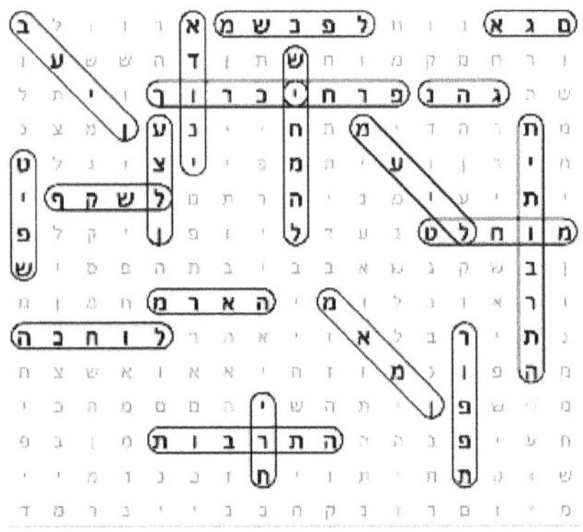

Puzzle 407

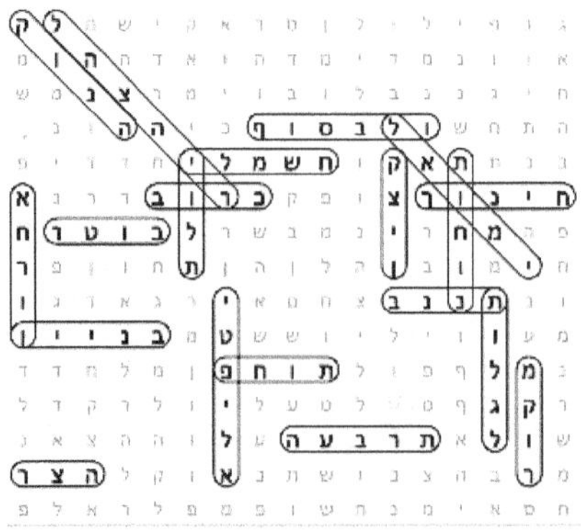

Puzzle 408

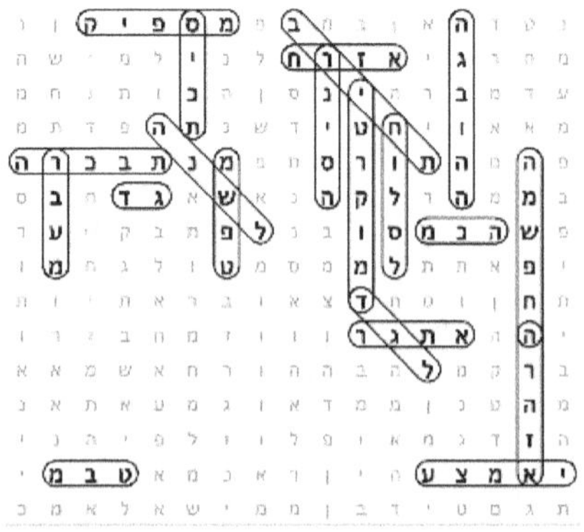

Puzzle 409

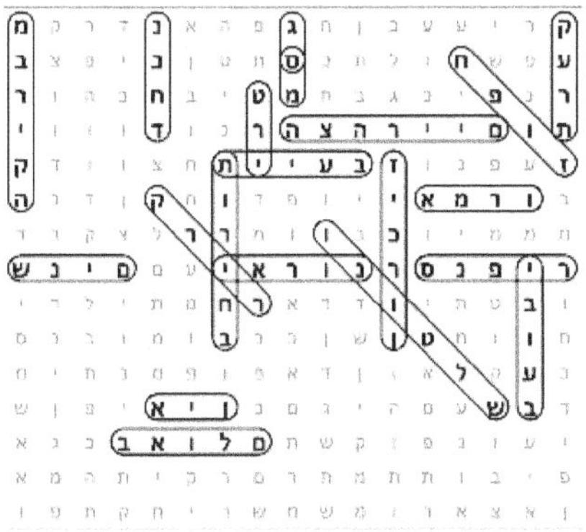

Puzzle 410

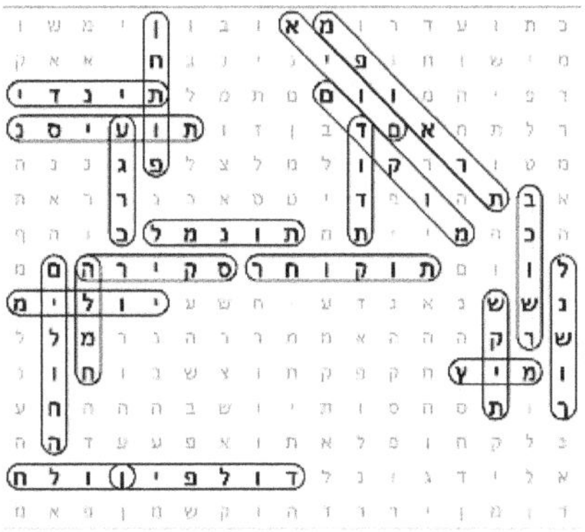

Puzzle 411

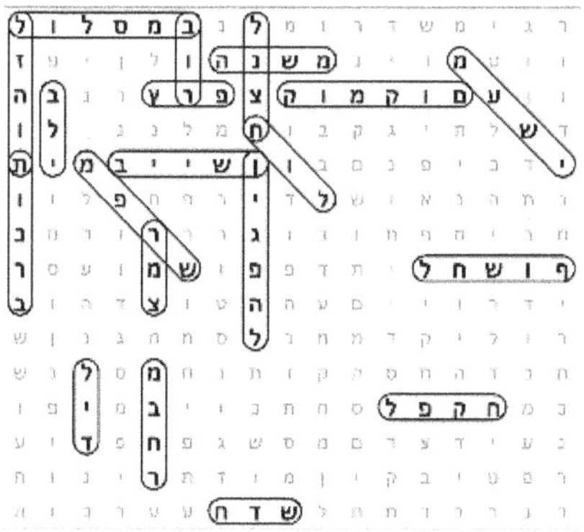

Puzzle 412

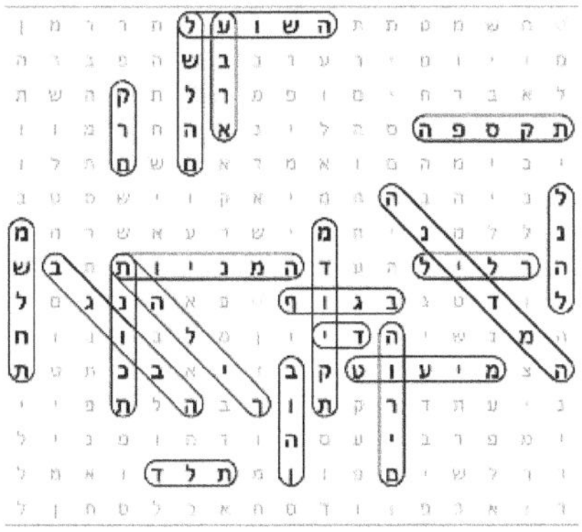

Puzzle 413

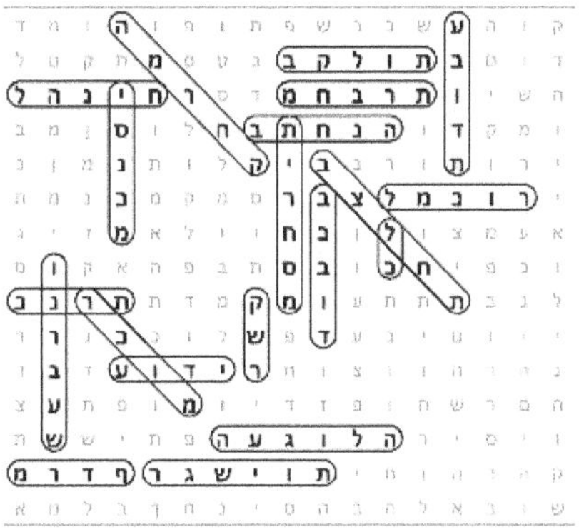

Puzzle 414

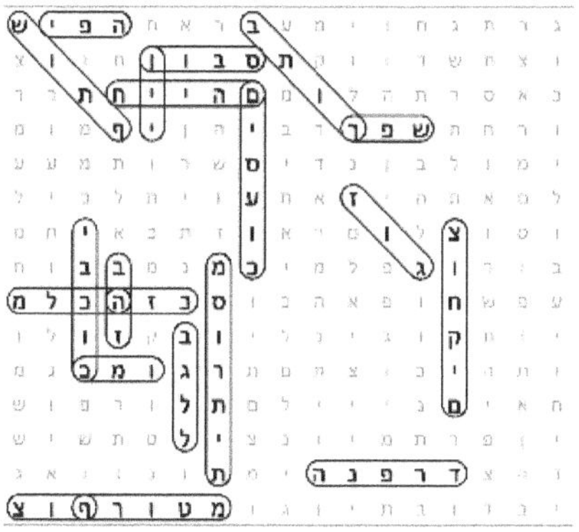

Puzzle 415

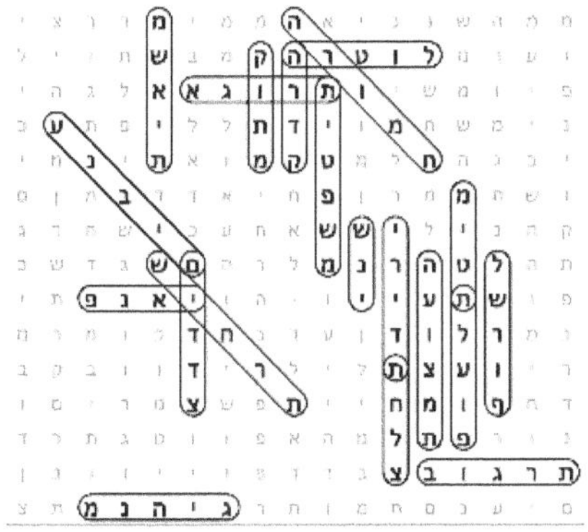

Puzzle 416

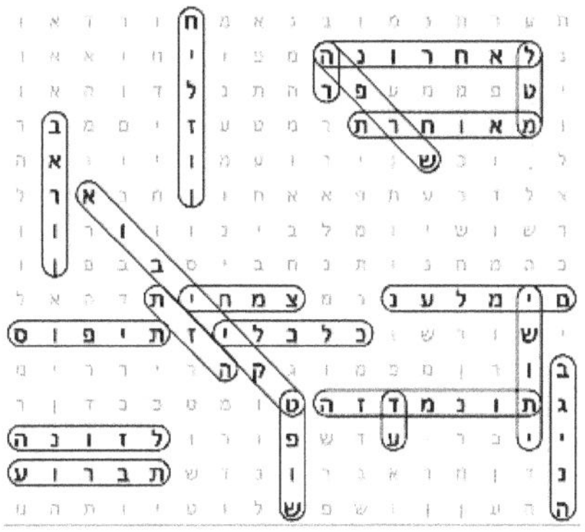

Puzzle 417

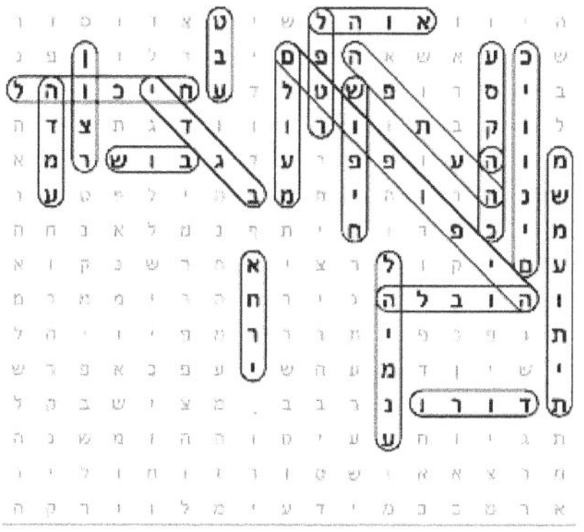

Puzzle 418

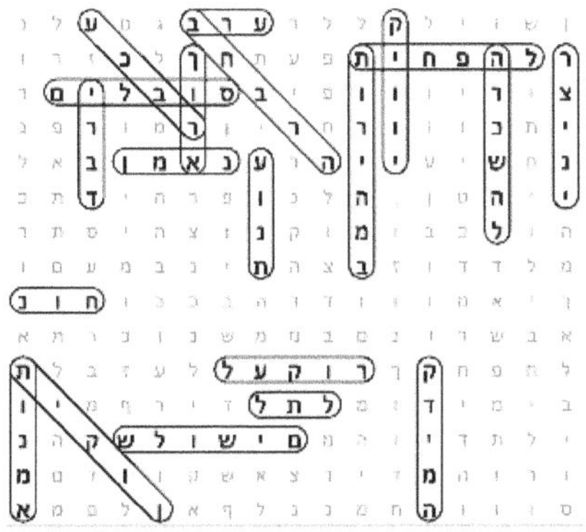

Puzzle 419

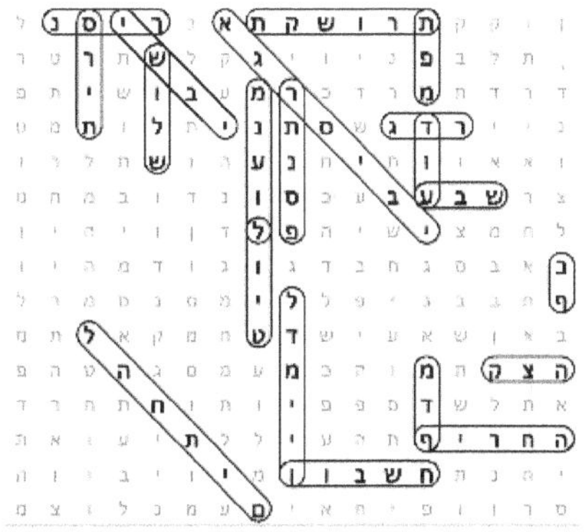

Puzzle 420

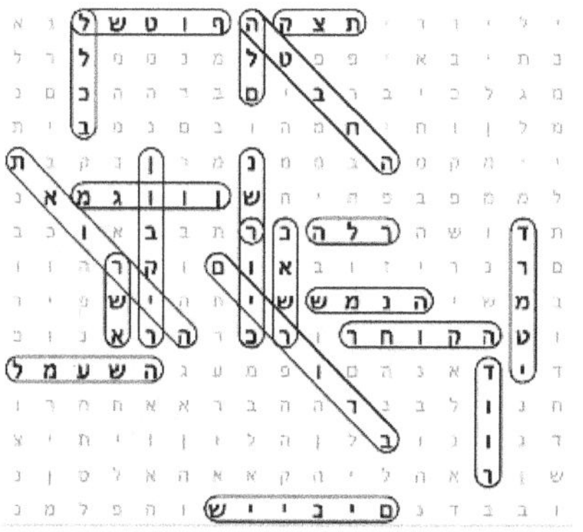

Puzzle 421

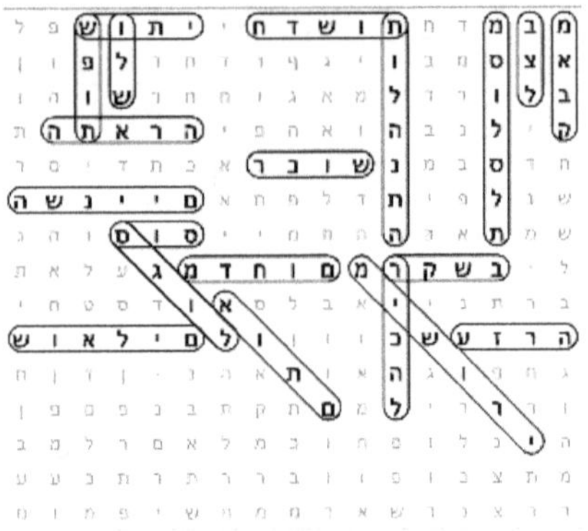

Puzzle 422

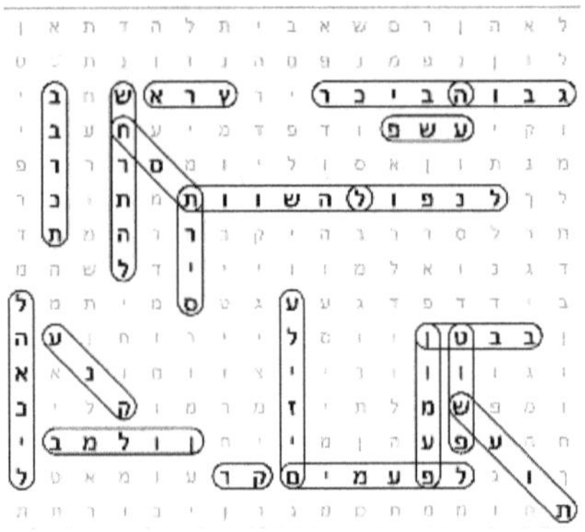

Puzzle 423

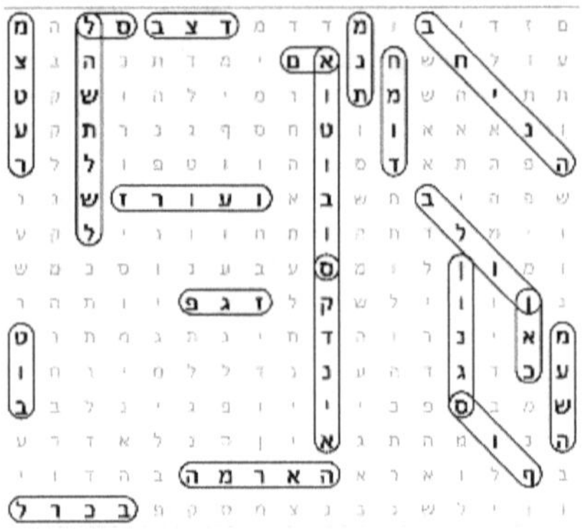

Puzzle 424

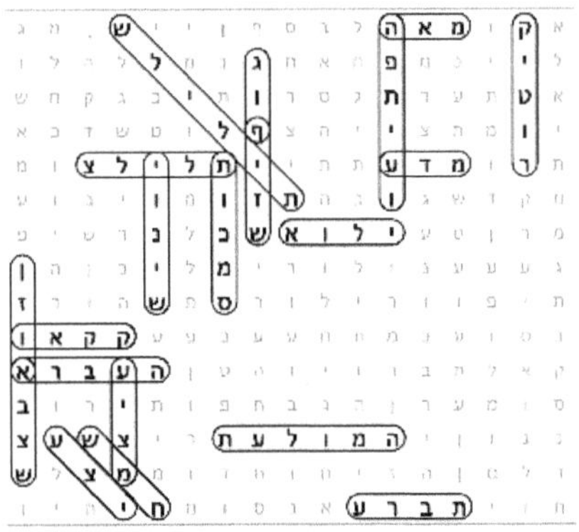

Puzzle 425

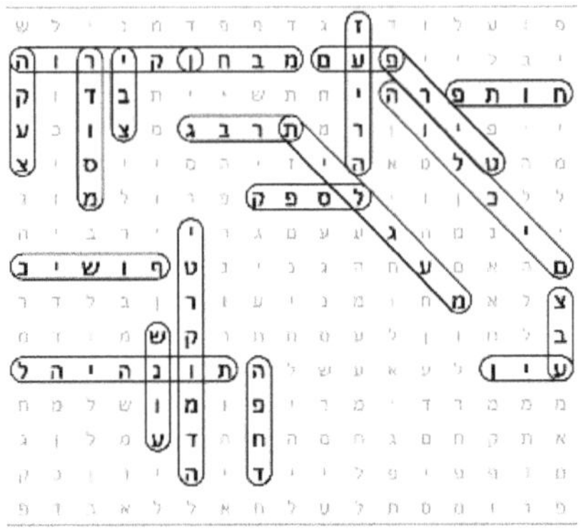

Puzzle 426

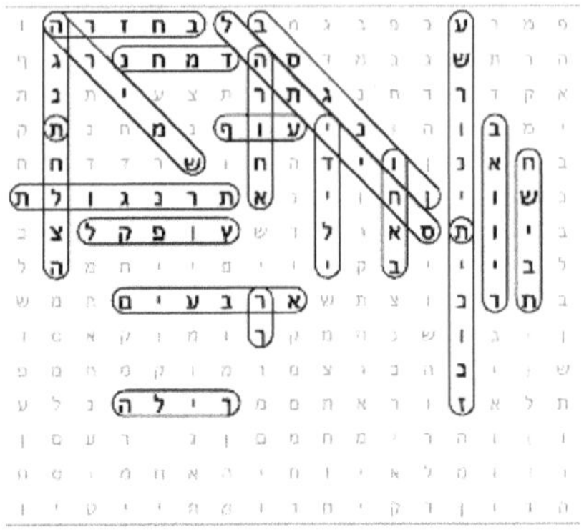

Puzzle 427

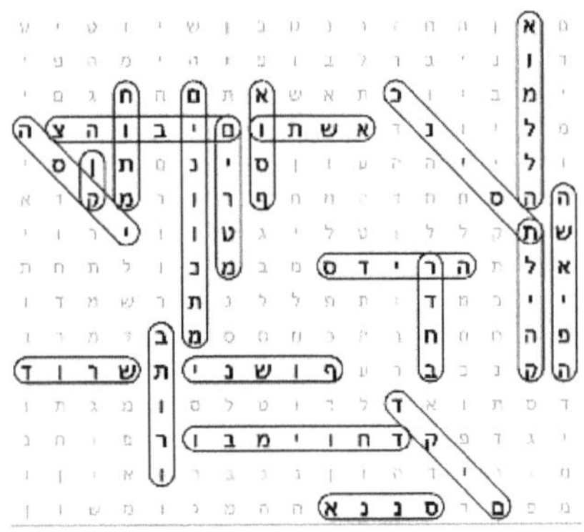

Puzzle 428

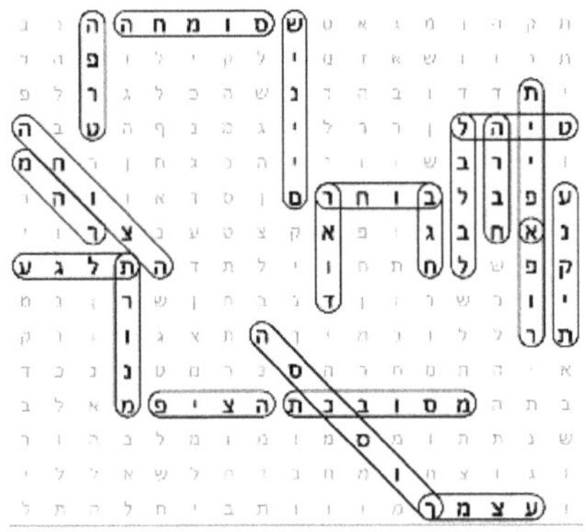

Puzzle 429

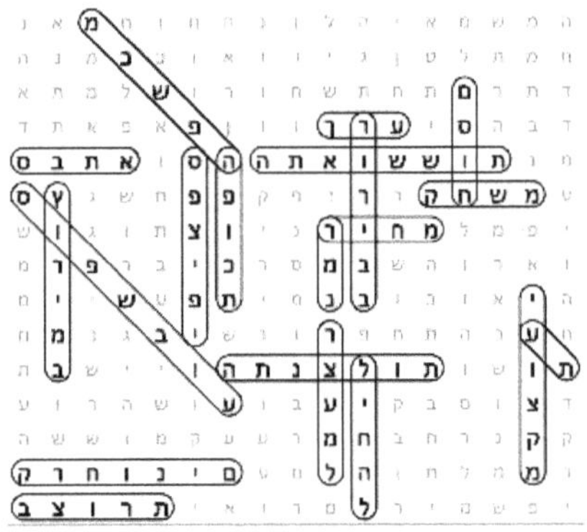

Puzzle 430

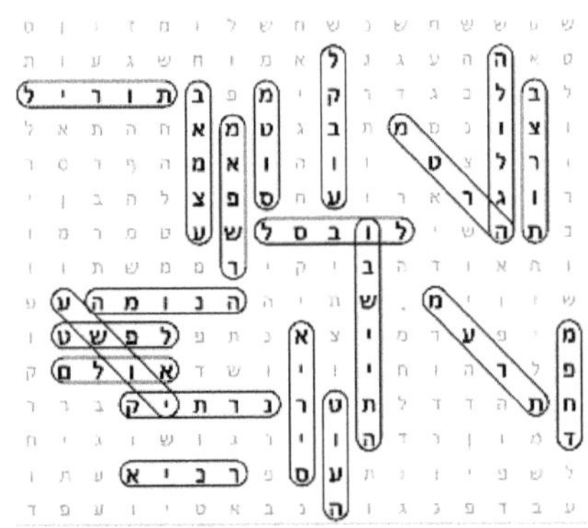

Puzzle 431

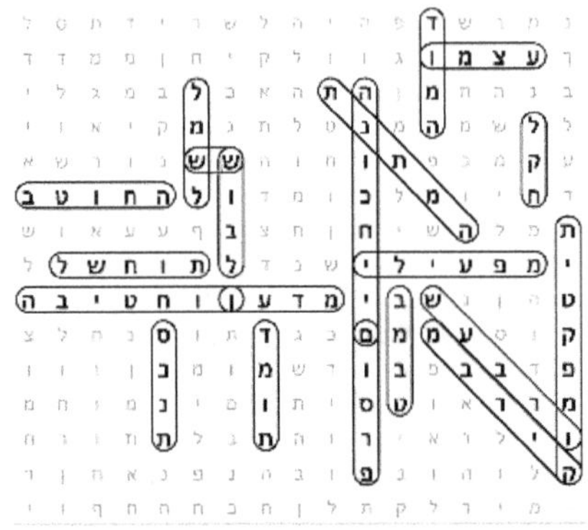

Puzzle 432

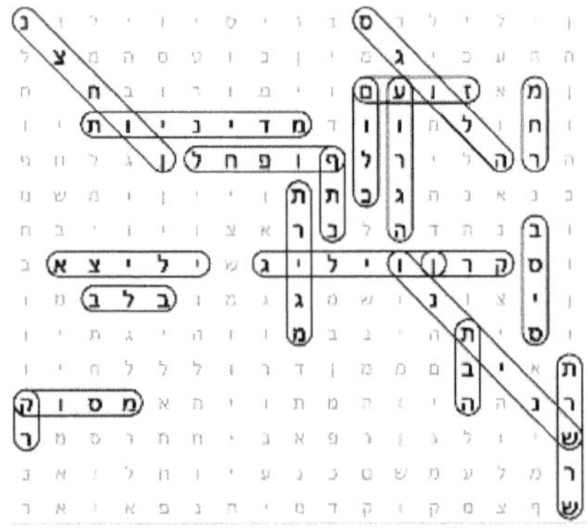

Puzzle 433

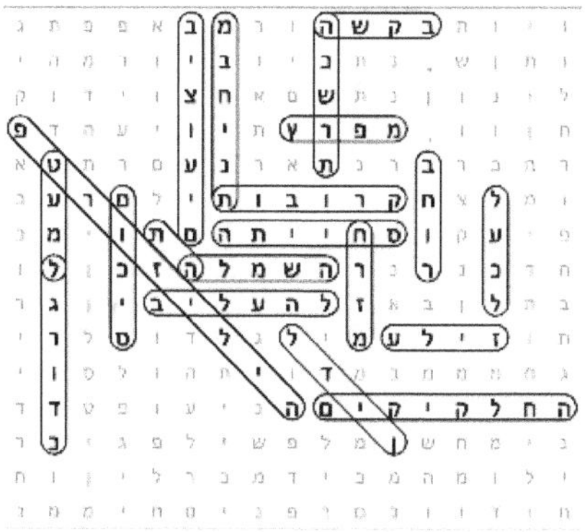

Puzzle 434

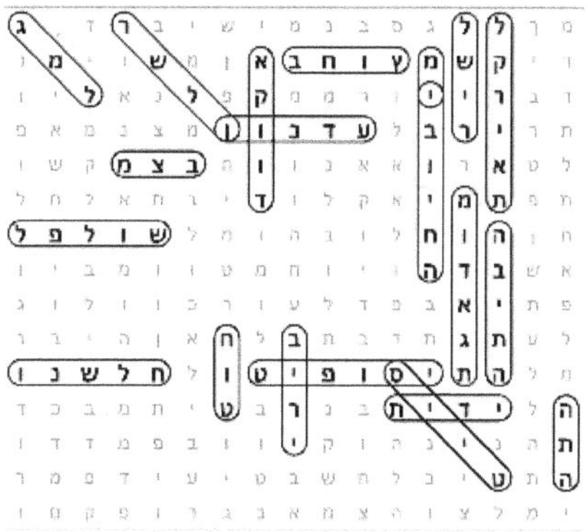

Puzzle 435

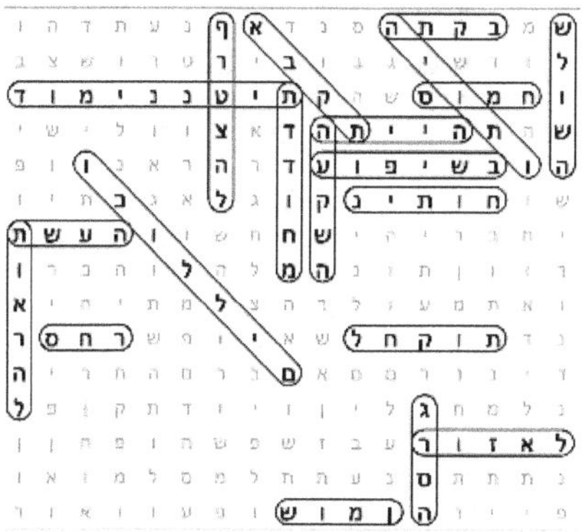

Puzzle 436

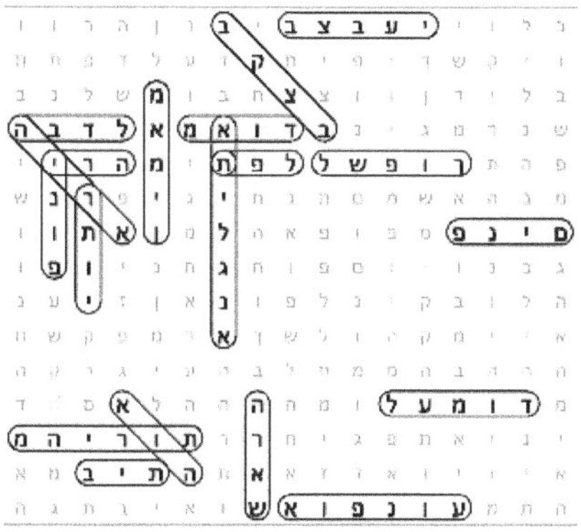

Puzzle 437

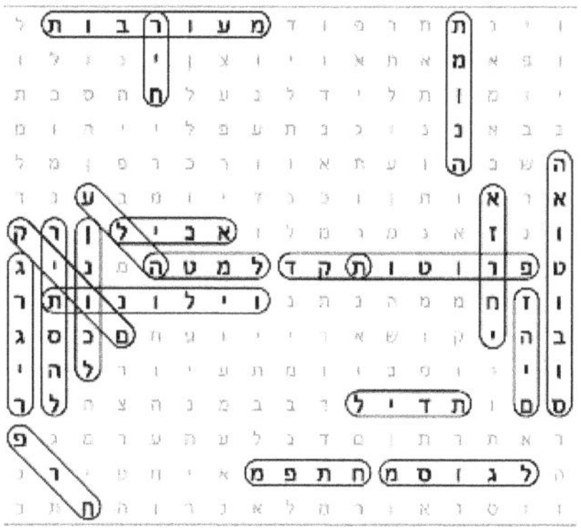

Puzzle 438

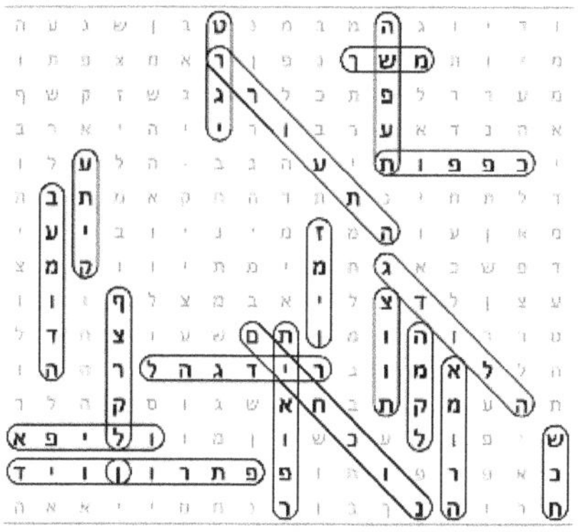

Puzzle 439

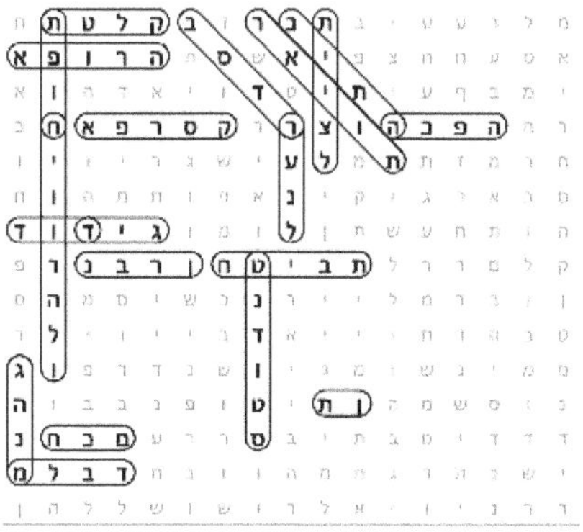

Puzzle 440

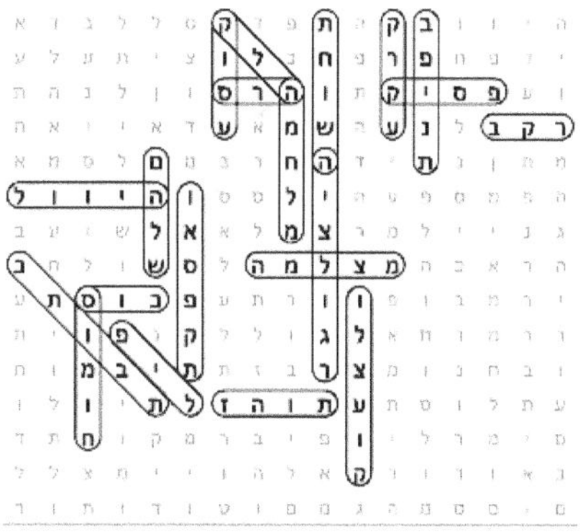

Puzzle 441

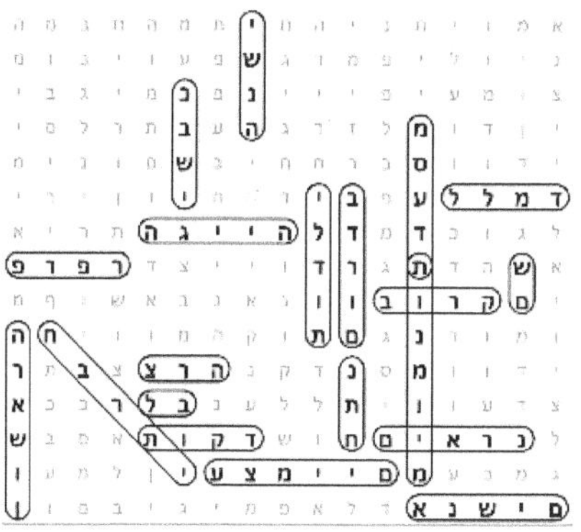

Puzzle 442

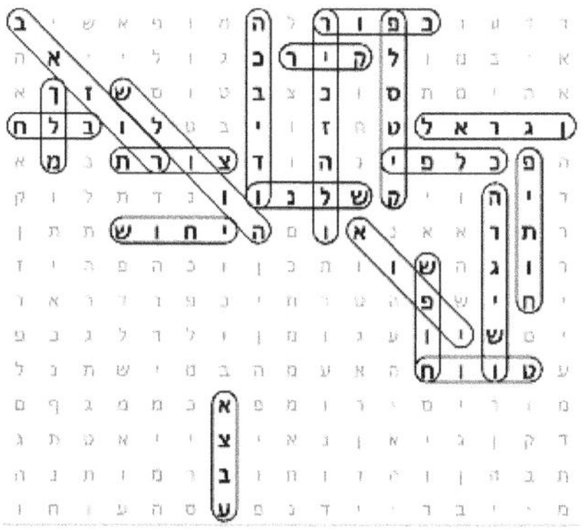

Puzzle 443

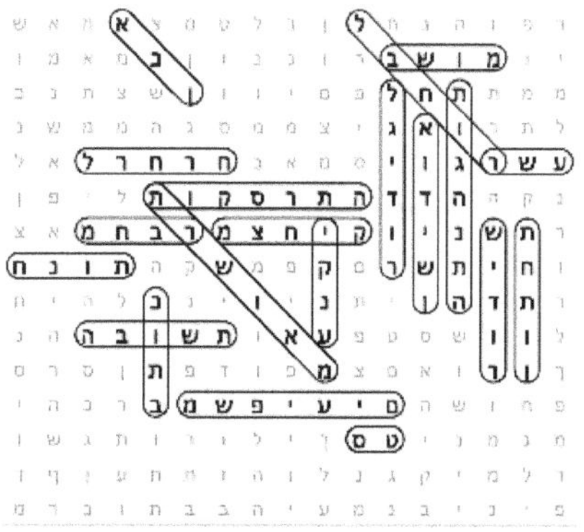

Puzzle 444

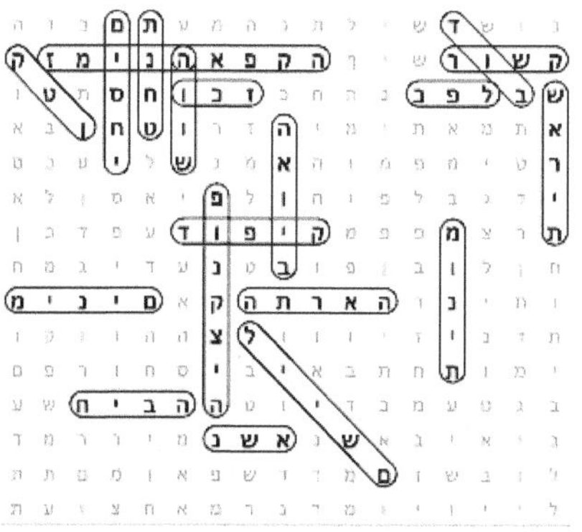

Puzzle 445

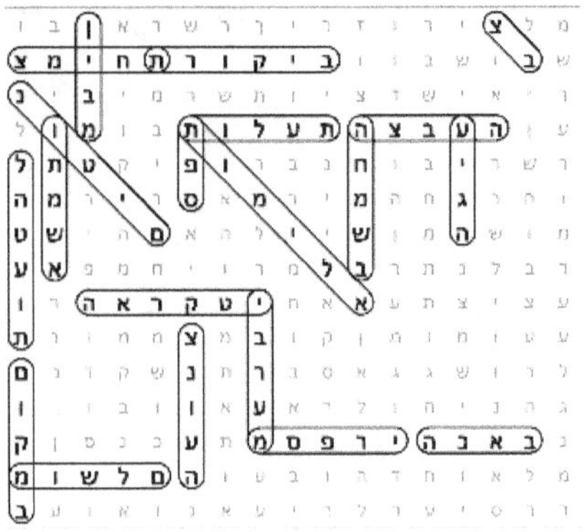

Puzzle 446

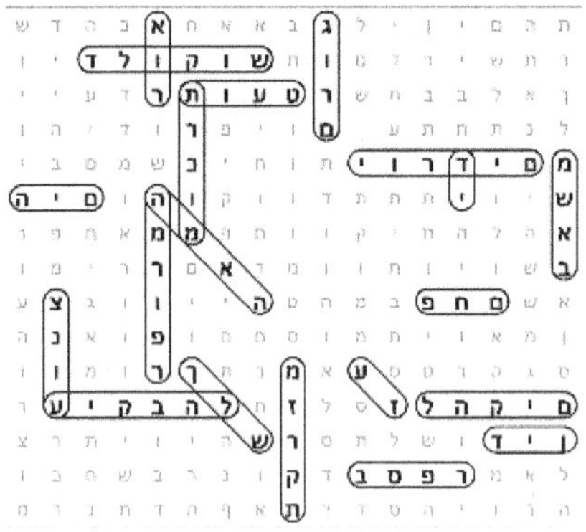

Puzzle 447

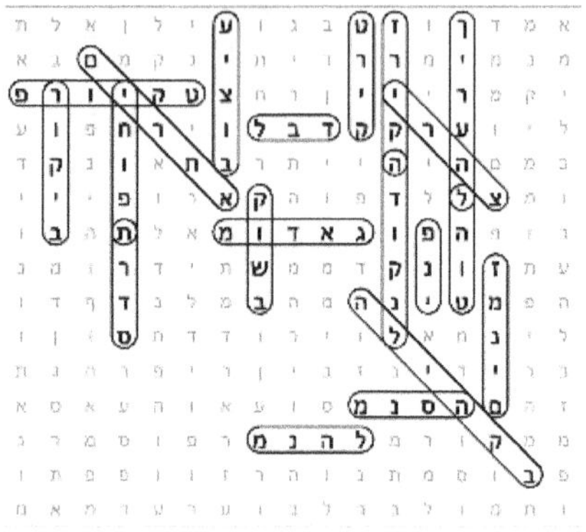

Puzzle 448

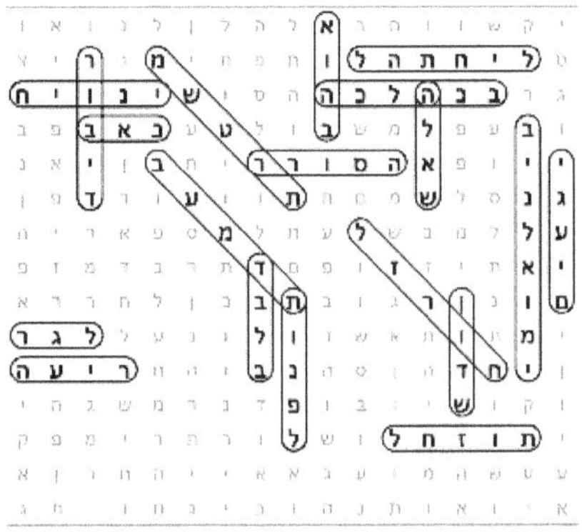

Puzzle 449

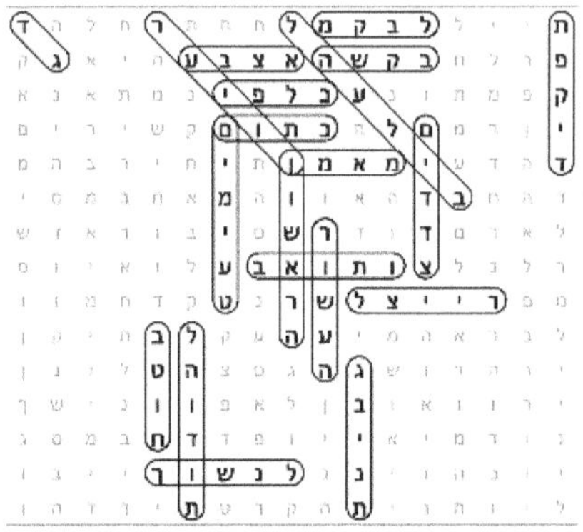

Puzzle 450

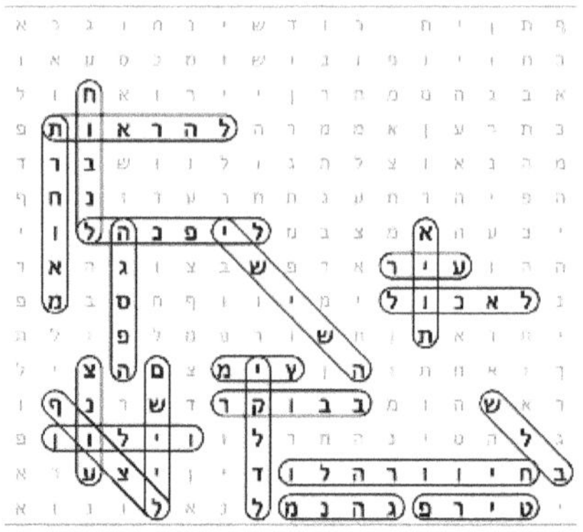

Puzzle 451

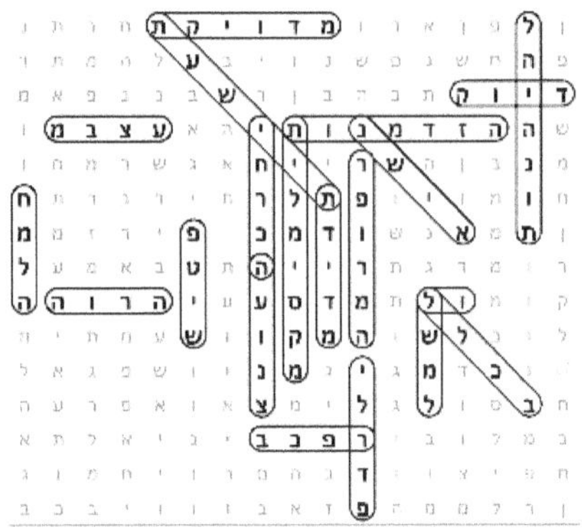

Puzzle 452

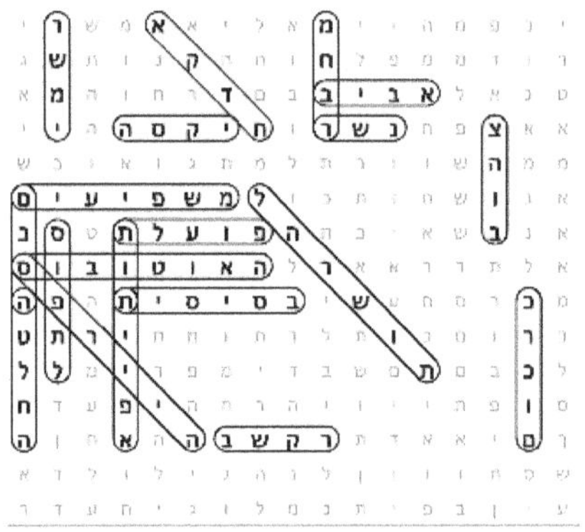

Puzzle 453

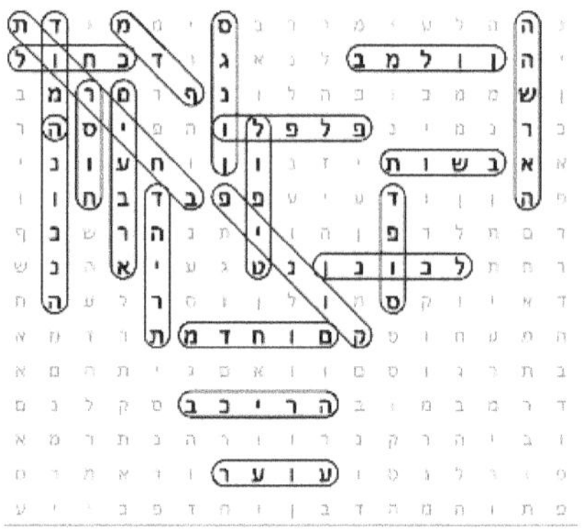

Puzzle 454

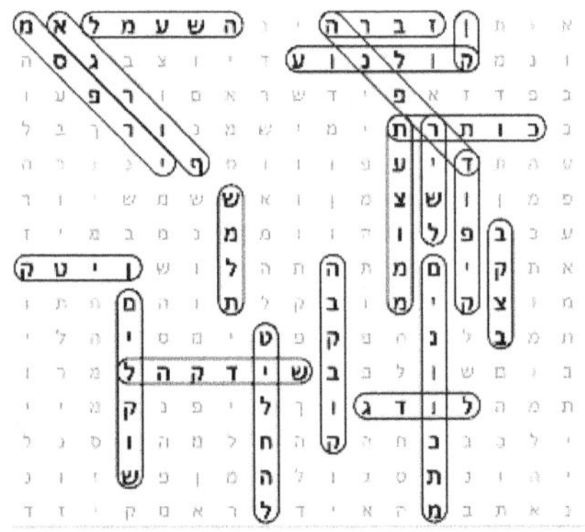

Puzzle 455

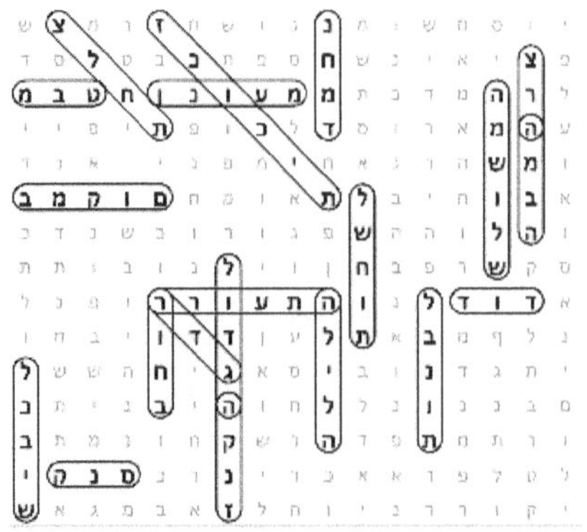

Puzzle 456

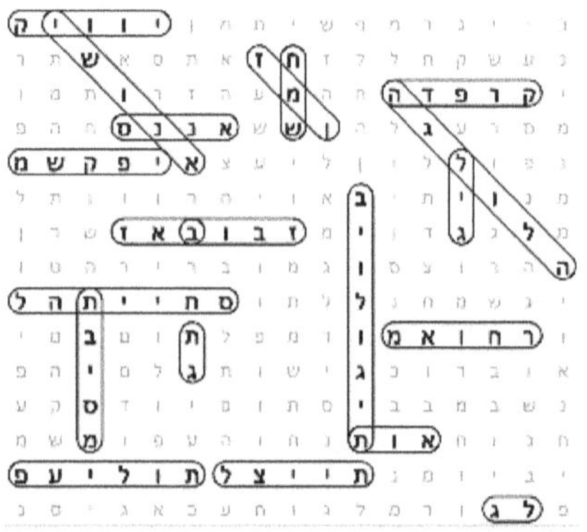

Puzzle 457

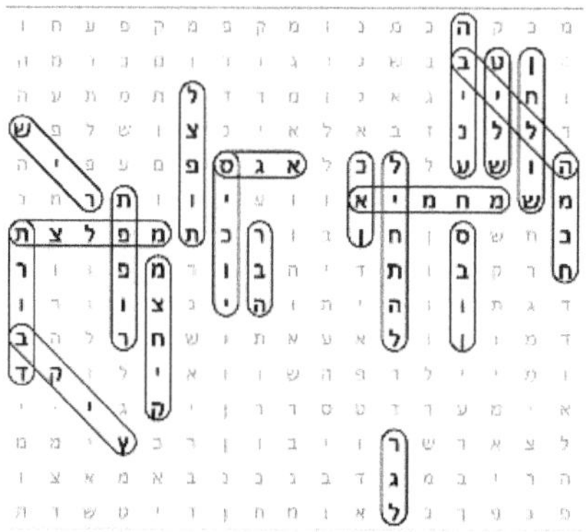

Puzzle 458

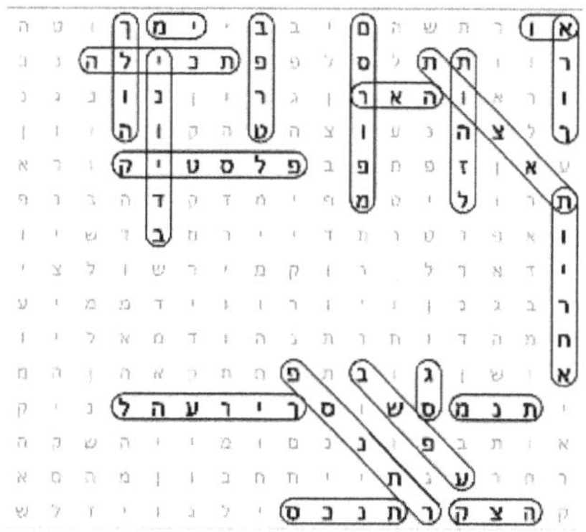

Puzzle 459

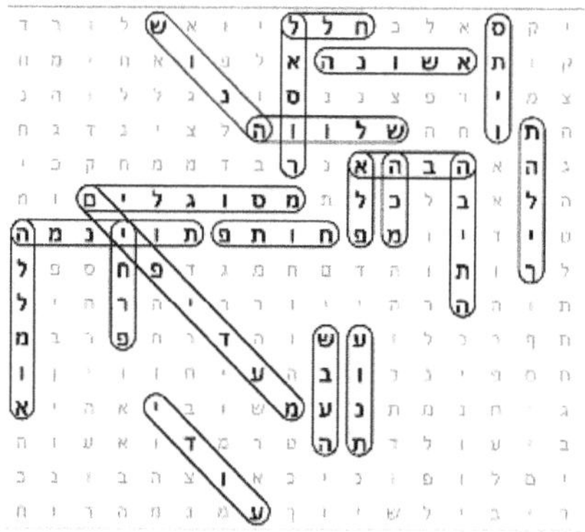

Puzzle 460

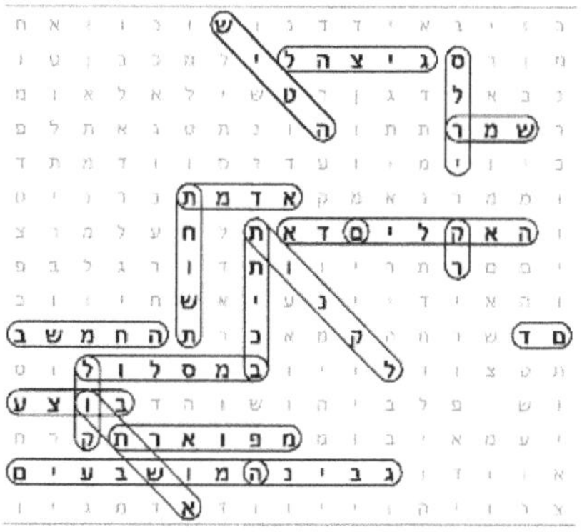

Puzzle 461

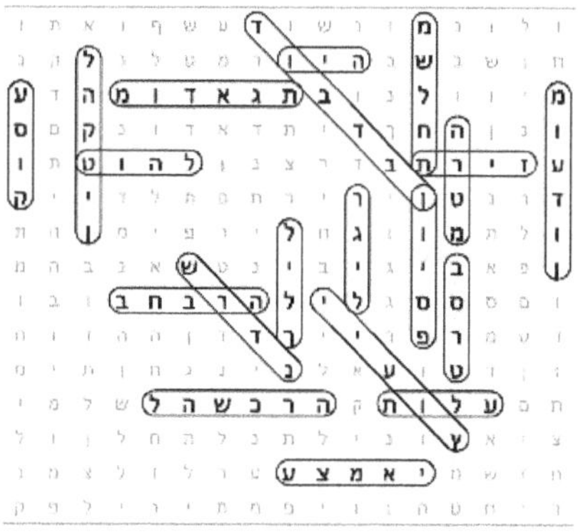

Puzzle 462

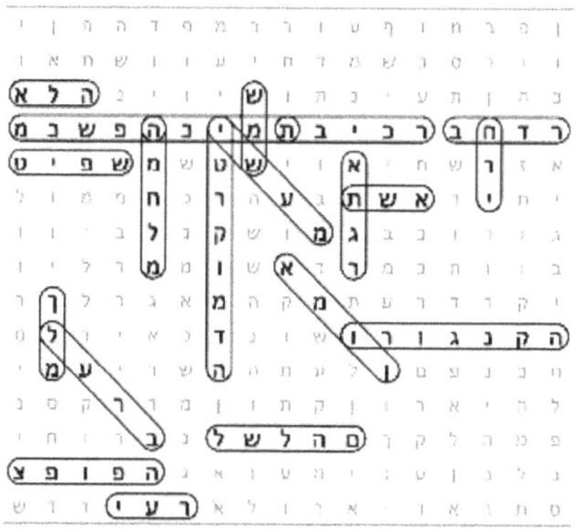

Puzzle 463

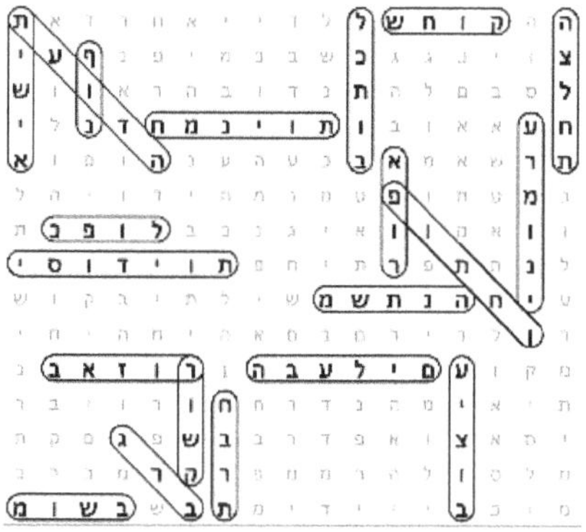

Puzzle 464

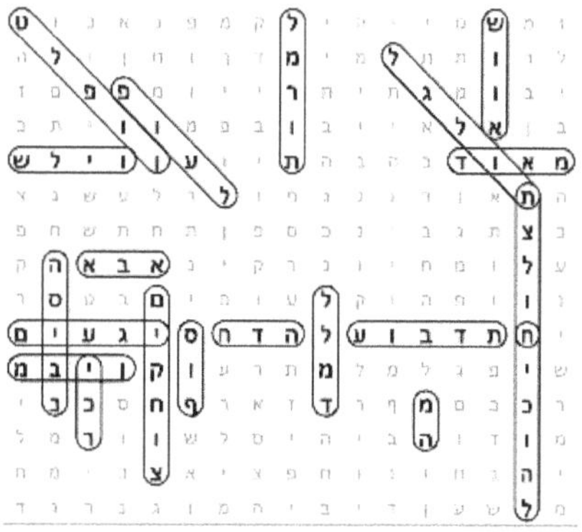

Puzzle 465

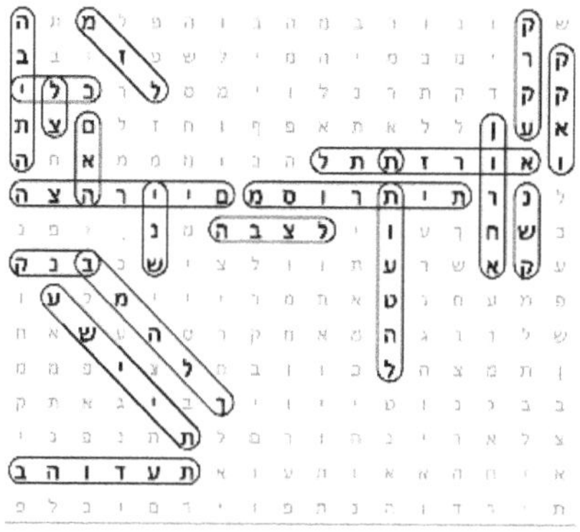

Puzzle 466

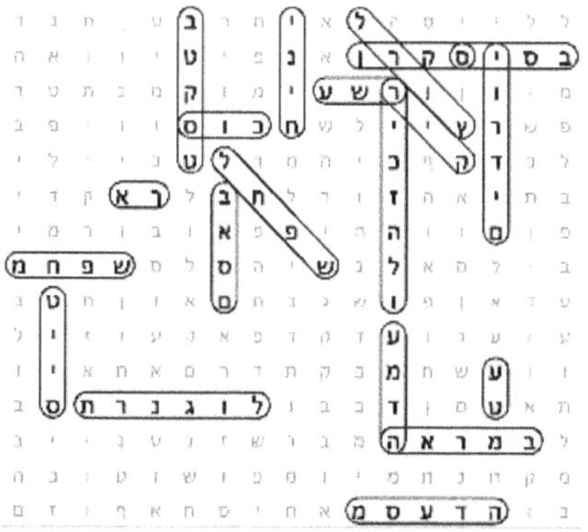

Puzzle 467

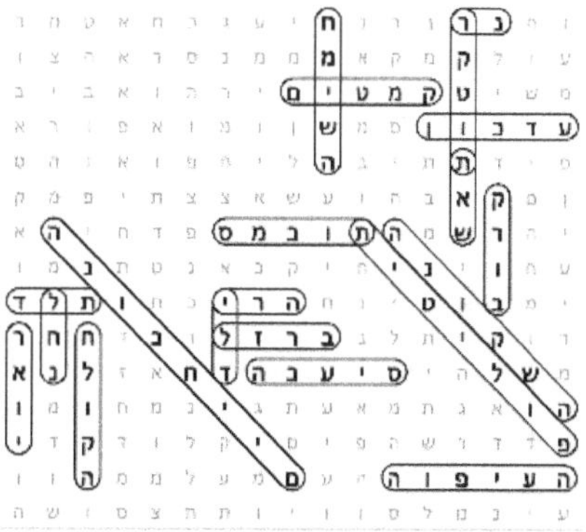

Puzzle 468

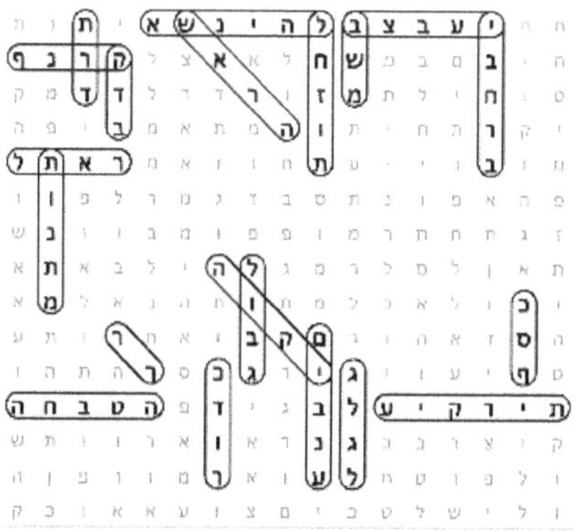

Puzzle 469

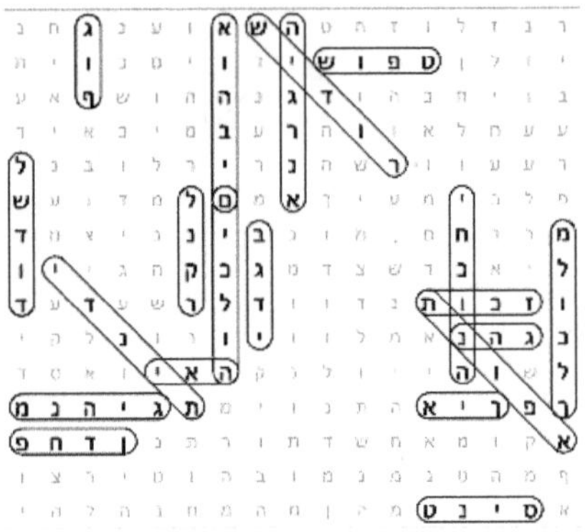

Puzzle 470

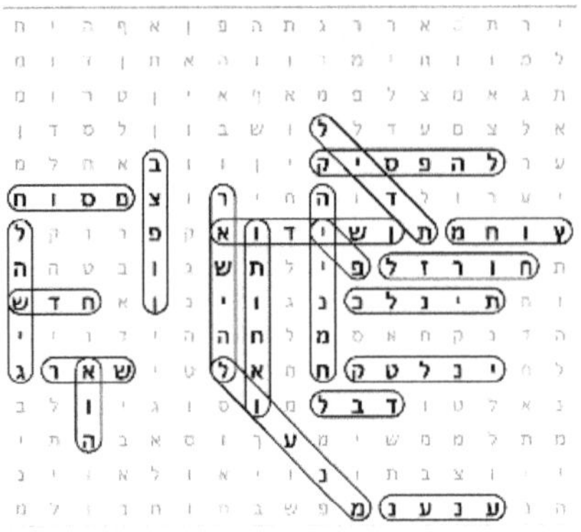

Puzzle 471

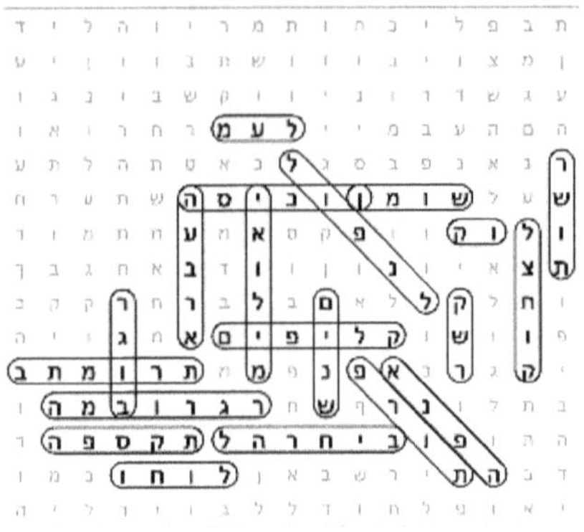

Puzzle 472

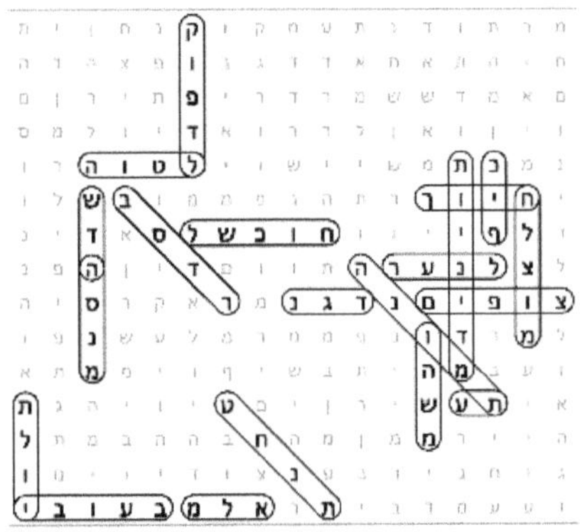

Puzzle 473

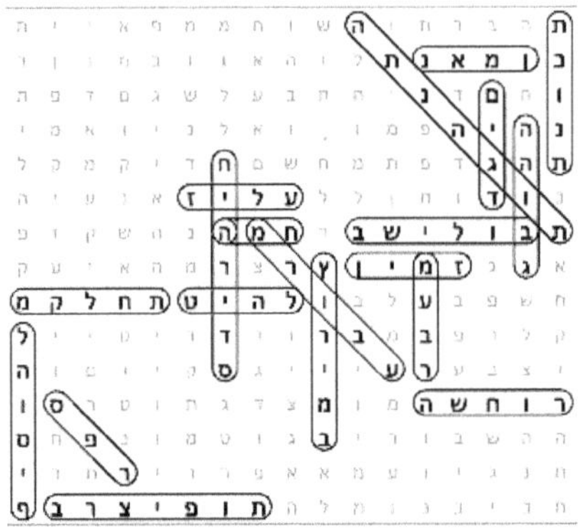

Puzzle 474

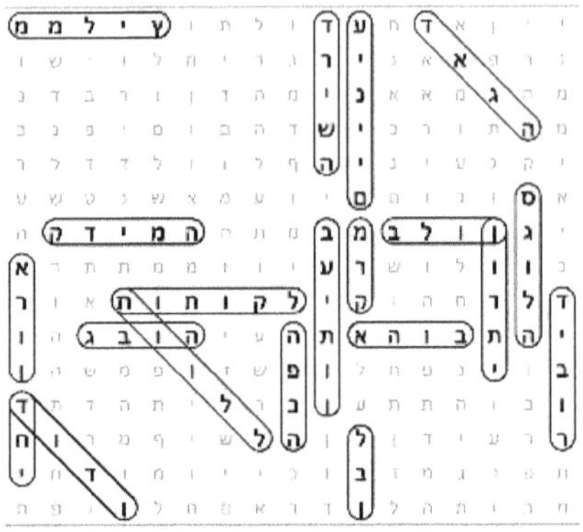

Puzzle 475

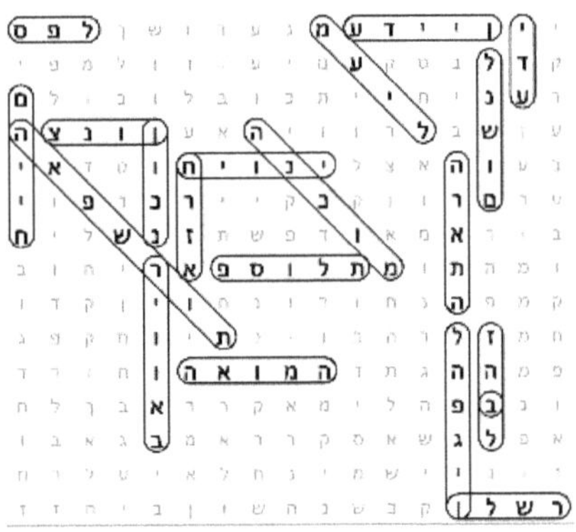

Puzzle 476

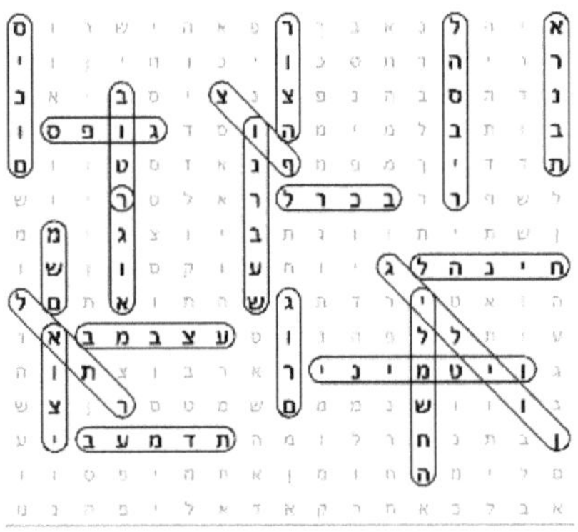

Puzzle 477

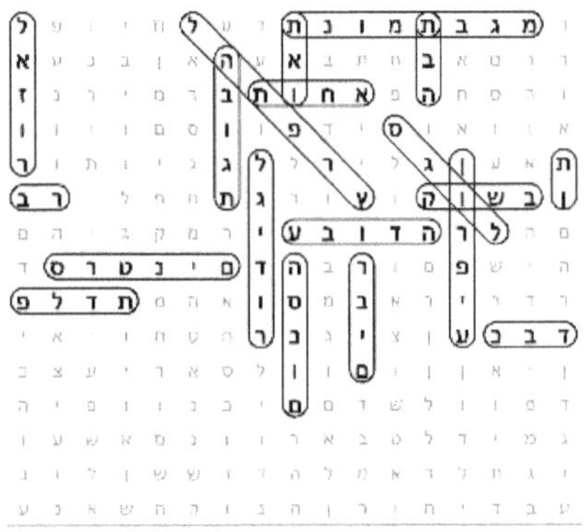

Puzzle 478

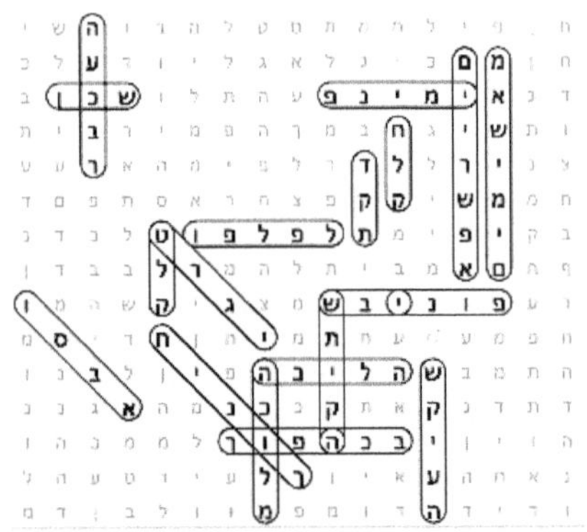

Puzzle 479

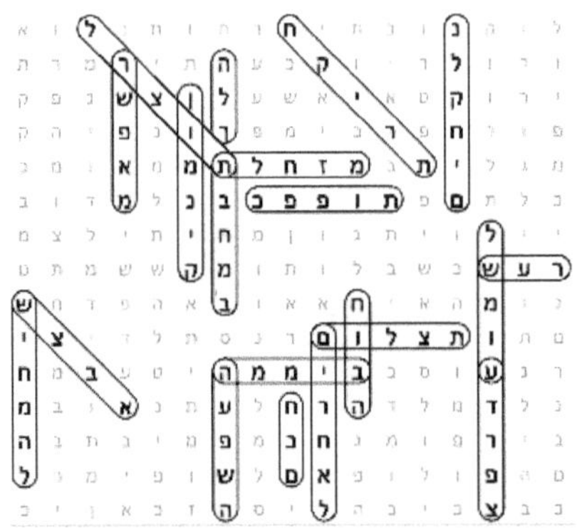

Puzzle 480

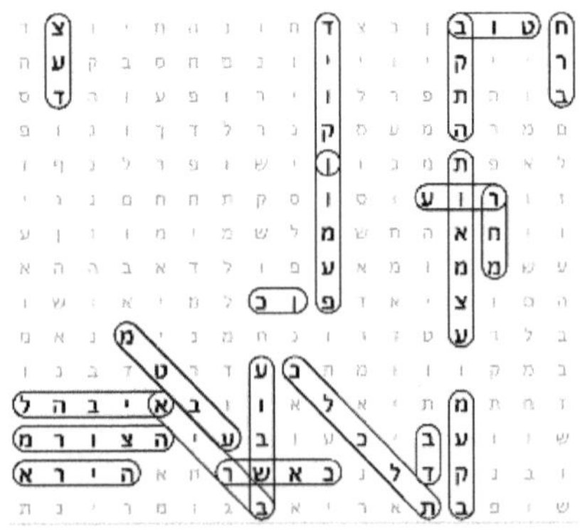

Puzzle 481

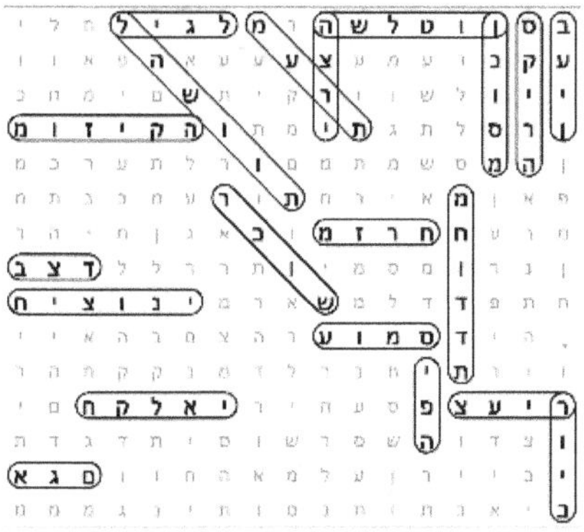

Puzzle 482

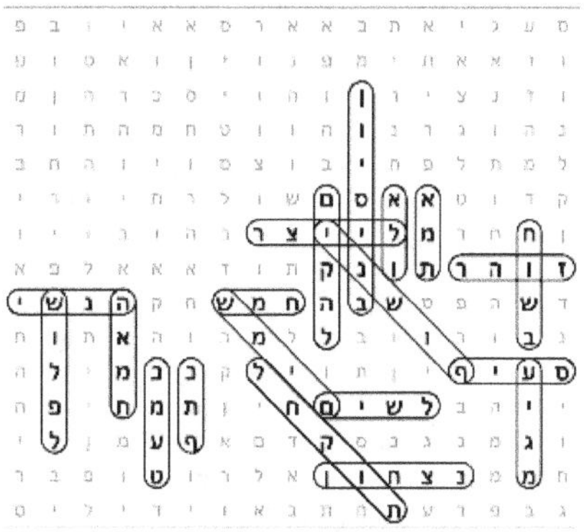

Puzzle 483

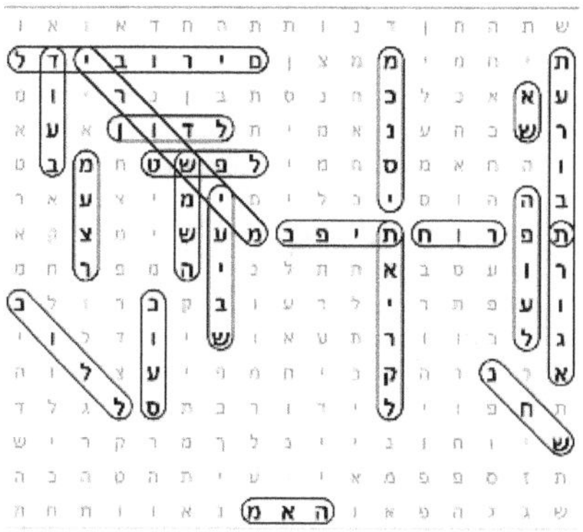

Puzzle 484

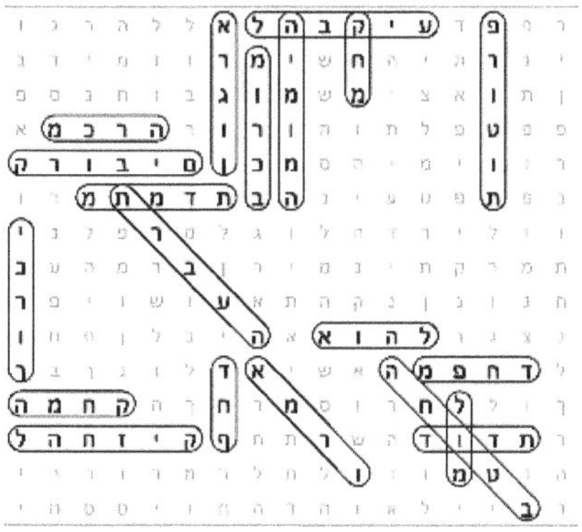

Puzzle 485

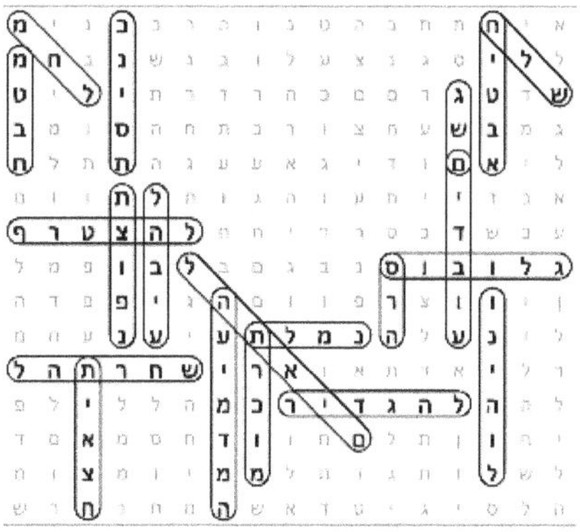

Puzzle 486

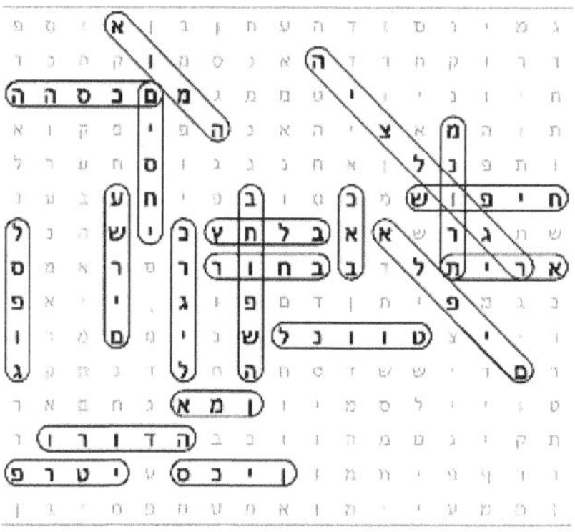

Puzzle 487

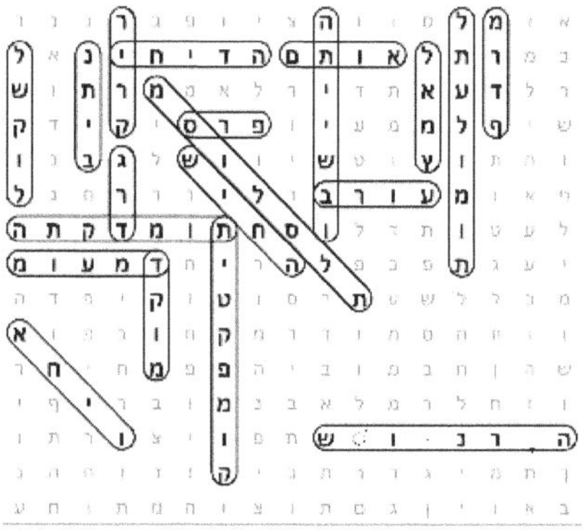

Puzzle 488

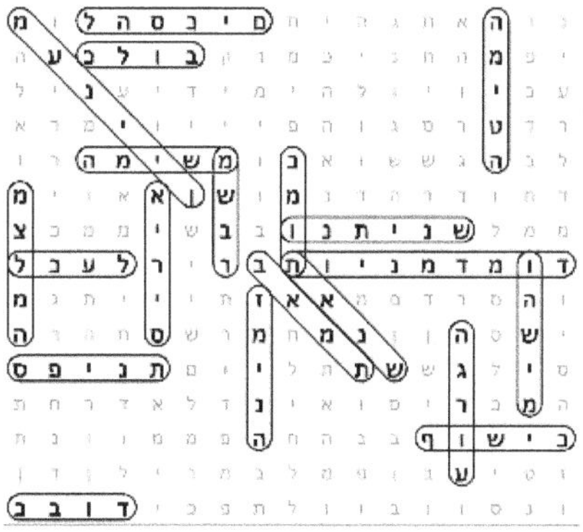

Puzzle 489

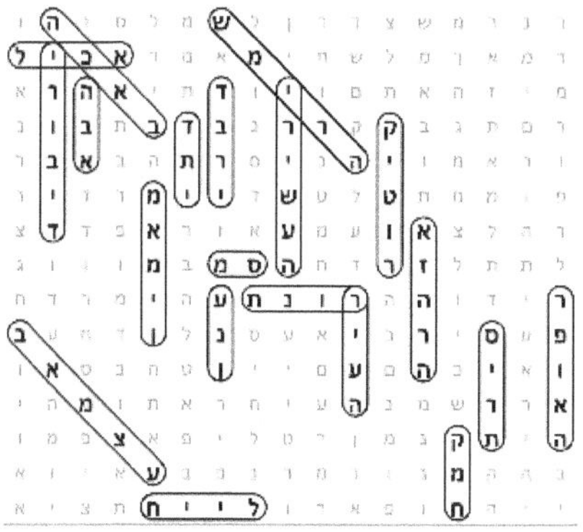

Puzzle 490

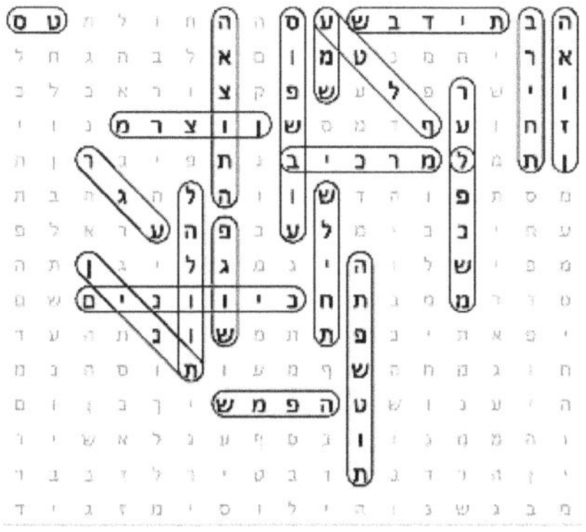

Puzzle 491

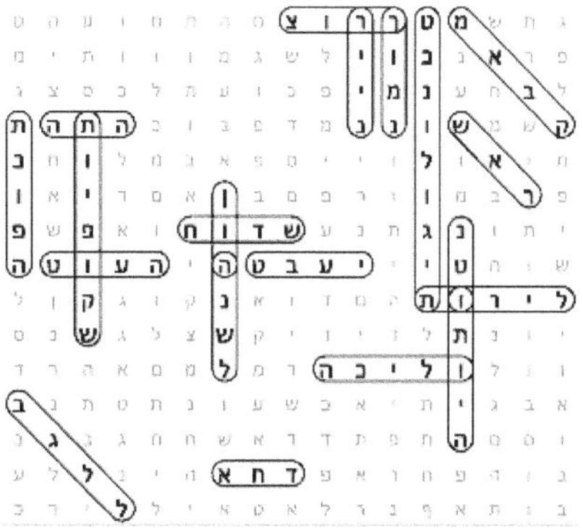

Puzzle 492

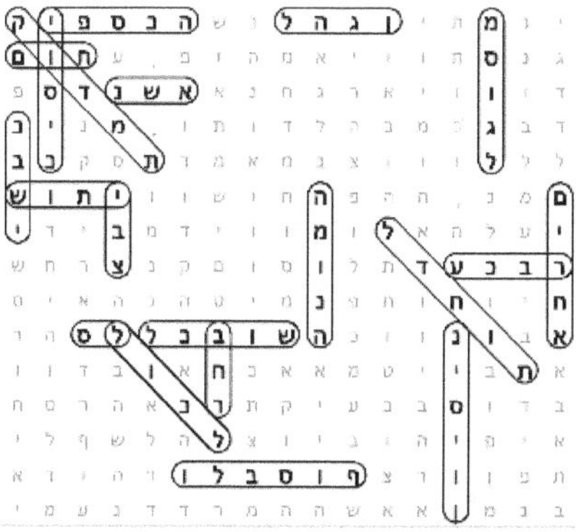

Puzzle 493

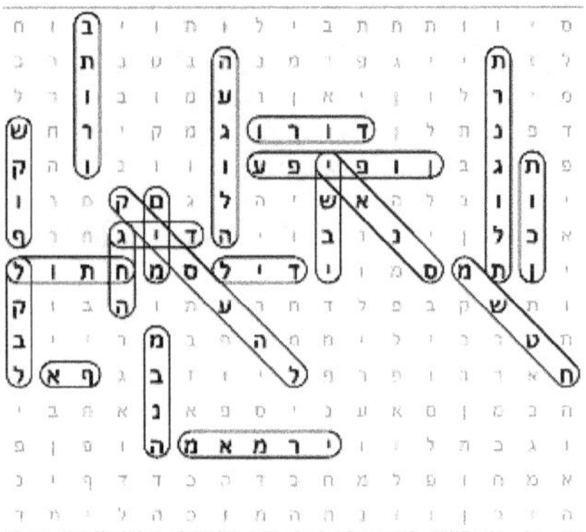

Puzzle 494

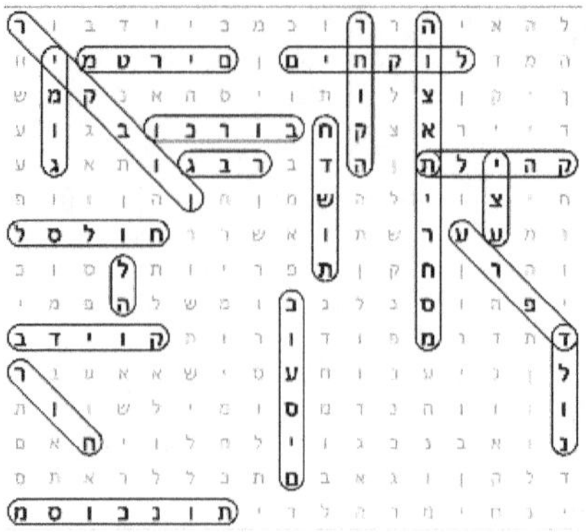

Puzzle 495

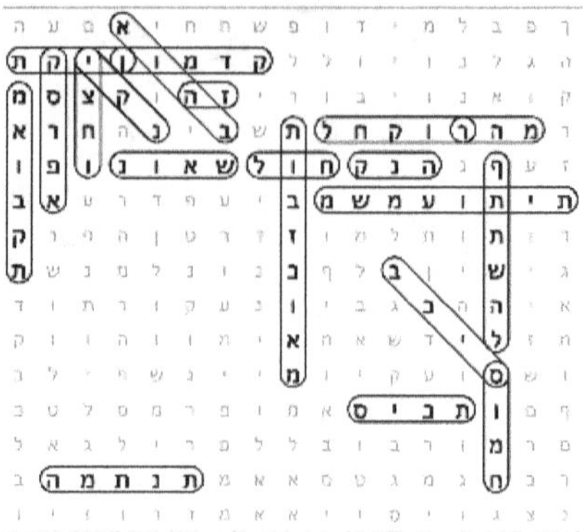

Puzzle 496

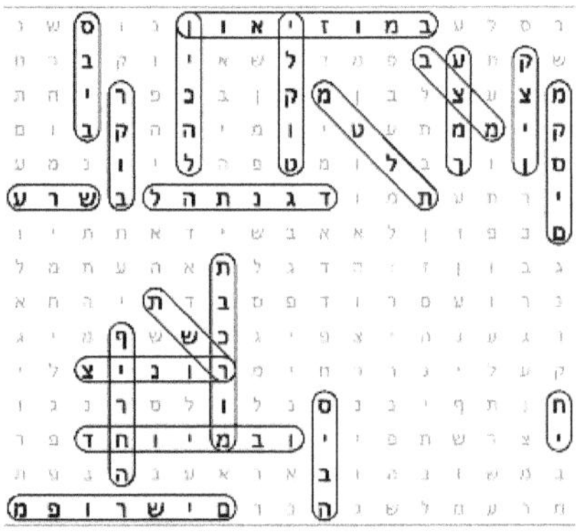

Puzzle 497

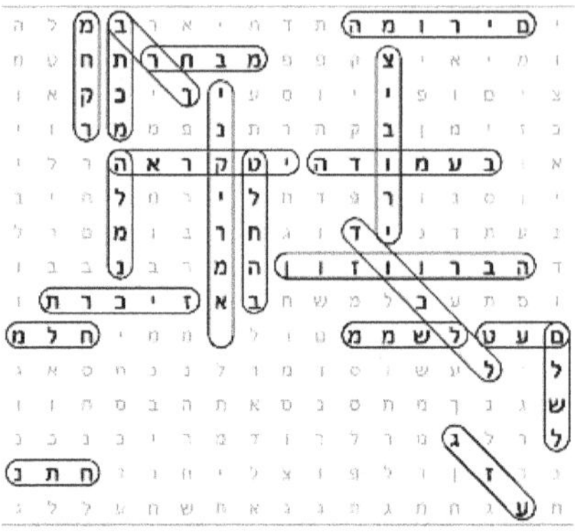

Puzzle 498

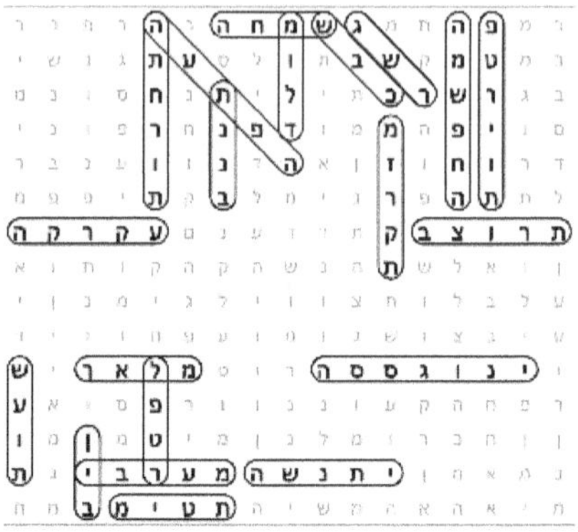

Puzzle 499

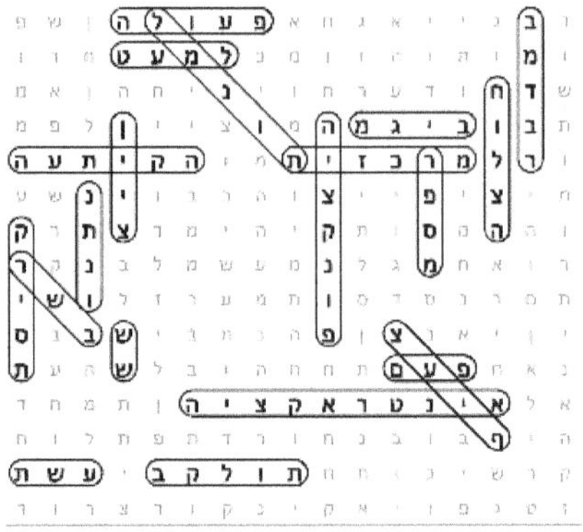

Puzzle 500

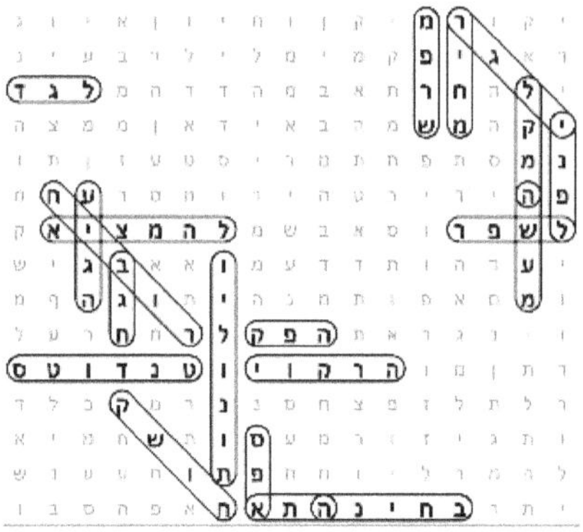

Congratulations

You made it!

We hope you enjoyed this book as much as we enjoyed making it. We do our best to make high quality games.

These puzzles are designed in a clever way to actively spark the brain and make it sharp and quick!
Did you love them?

A Simple Request

Our books exist thanks to the reviews you post on Amazon. Could you help us by leaving a review now?

Here is a short link which will take you to your Amazon orders review page.

BestBooksActivity.com/Review50

MONSTER CHALLENGE!

Challenge #1

Ready for Your Bonus Game? We use them all the time but they are not so easy to find. Here are **Synonyms**!

Note 5 words you discovered in each of the Puzzles noted below (#21, #36, #76) and try to find 2 synonyms for each word.

Note 5 Words from ***Puzzle 21***

Words	Synonym 1	Synonym 2

Note 5 Words from ***Puzzle 36***

Words	Synonym 1	Synonym 2

Note 5 Words from ***Puzzle 76***

Words	Synonym 1	Synonym 2

Challenge #2

Now that you are warmed-up, note 5 words you discovered in each Puzzle noted below (#9, #17, #25) and try to find 2 antonyms for each word. How many lines can you do in 20 minutes?

*Note 5 Words from **Puzzle 9***

Words	Antonym 1	Antonym 2

*Note 5 Words from **Puzzle 17***

Words	Antonym 1	Antonym 2

*Note 5 Words from **Puzzle 25***

Words	Antonym 1	Antonym 2

Challenge #3

Wonderful, this monster  challenge is nothing to you!

Ready for the last one? Choose your 10 favorite words discovered in any of the Puzzles and note them below.

1.	6.
2.	7.
3.	8.
4.	9.
5.	10.

Now, using these words and within a maximum of six sentences, your challenge is to compose a text about a person, animal or place that you love!

Tip: You can use the last blank page of this book as a draft!

Your Writing:

MEGA DEALS

NOTEBOOK:

SEE YOU SOON!

Delta Classics Team

www.ingramcontent.com/pod-product-compliance
Lightning Source LLC
Chambersburg PA
CBHW082140120626
46553CB00010B/2723
9798896708681